Walter Huder
Von Rilke bis Cocteau

Walter Huder

Von Rilke bis Cocteau

33 Texte zu Literatur und Theater
im 20. Jahrhundert

Mit einem Nachwort von
Werner Mittenzwei

edition q

Die Deutsche Bibliothek – CIP-Einheitsaufnahme

Huder, Walter:
Von Rilke bis Cocteau : 33 Texte zu Literatur und Theater
im 20. Jahrhundert / Walter Huder. Mit einem Nachwort von
Werner Mittenzwei. – Berlin : Ed. q, 1992
ISBN 3-928024-62-0

Abbildung auf dem Umschlag: Porträt Walter Huder.
Lavierte Federzeichnung von Christoph Nies (1981)
Lektorat: Jürgen Jahn/Dr. Jürgen Schebera

Gesamtherstellung: Ebner Ulm
Printed in Germany
ISBN 3-928024-62-0

Anstelle eines Vorworts

Was ergibt sich noch zu sagen, wenn nicht gar zu bekennen, nachdem das druckreife Manuskript für diese Publikation vorliegt? Tua res agitur, hieß es im alten Rom. Ich aber dachte immer, wenn ich schrieb, daß es um die Sache geht.

Ich schrieb alle meine Texte, von denen etwa ein Viertel in dieser Ausgabe vorliegt, nicht für den Kommerz; denn die sogenannten Fachzeitschriften, Jahrbücher und Festschriften, in denen die Texte bisher erschienen, zahlen im allgemeinen nichts oder nur wenig Honorar. Es ging also niemals um Geld, und gerade deshalb auch nicht um Anpassung, sondern vielmehr um Widerstand, vor allem aber um Freundlichkeit und Aufklärung gegenüber dem Leser, also um kritische Phantasie.

Aufklärung erweist sich dabei als ein Weg zur Wahrheitsfindung, deren Objekte, ob Literatur oder Theater, jedoch als nichts anderes gelten als ein „Vorgefundenes unter Vorgefundenem", trefflicher formuliert als Erlebtes neben Erlebtem, jeweils abhängig von den sozialen und existentiellen Verhältnissen, formal und fundamental jedoch relevant zu ihrer Wahrheit. Es vollzieht sich ein dialektischer Erkenntnisprozeß, demnach ein Weg mit vielen Abschieden und wenigen Entdeckungen, an dessen Ende der Tod steht, die Aufhebung der Person im Nichts. Wie hatte doch Georg Kaiser gesagt: „Das Leben ist eine Beunruhigung des Todes." Darum ging es mir.

Ich habe zu danken Ulrich Dietzel von der Akademie der Künste zu Berlin für die mühevolle Auswahl der Texte, Jürgen Jahn für die aufmerksame Arbeit des Lektorats, Jürgen Schebera für die editorische Besorgung und Betreuung, nicht zuletzt aber Werner Mittenzwei für das freundschaftlich zugesagte Nachwort. Ich erhoffe mir von der Leserschaft Zuneigung und Interesse. Ich widme diese Publikation Gerhard Wolfram.

W. H.

Umkehr der Räume. Ein Beitrag zur Erkenntnis der Spätdichtung Rainer Maria Rilkes

Das Leben Rilkes ist geradezu tragisch gesegnet mit einem Reichtum an Krisenjahren. Wie kaum ein zweiter scheint er immer wieder dem fast grausigen Anspruch des Zwischenraums überantwortet zu sein. Es sind Krisenketten von zahlreichen, bitter empfundenen Schaffenspausen, von beklemmender Produktionsschwäche zwischen den großen Dichtungen, persönliche, seelische und körperliche Bedrängnisse. Indessen läßt sich aber auf dem Grunde der echten Krisen vor 1922 kaum etwas anderes wahrnehmen als das ins erschließende Bewußtsein auslaufende und dort immer breiter und beinahe schon gestirnt sich vollziehende Erlebnis der in ständig neue und höhere Mächtigkeiten des Lebens projizierten Kindheitsangst. Die aus der Kindheitsangst herausreifende Frage nach der Bewältigung des Daseins erlöst sich schließlich nach vielen Umwegen als Leistung des Dichters in der reinen Klage der „Duineser Elegien", im orphischen „Doppelbereich", im Bild des „Weltinnenraums". An der Oberfläche der dichterischen Produktion erscheinen diese Krisen als Schweigen des Reifens, als die Drosselung der Stimmen über der schweren Süßigkeit der noch inneren Frucht. Der geheimnisvolle und eigenartige genetische Zusammenhang zwischen der großen Kindheitskrise des Dichters und der Daseinsklage der Elegien kennzeichnet die Krisen bis 1922 nicht als jeweils nur für sich gültige, eigentliche Zwischenräume, sondern als schweigende Stationen auf dem Weg zur Geburt der Elegien und Sonette. Was an sich literaturwissenschaftlich vom Werk her nachweisbar sein mag, wird auch von Rilke selbst in Briefzeilen ausgesprochen.

Anders ist die Krise des Jahres 1925, in der Vorhalle des Todesjahres. Sie hat prämortalen Zuschnitt. Im September 1925 schreibt Rilke an seinen Verleger Anton Kippenberg wie an die Fürstin Marie von Thurn und Taxis von „vielfältigen Hemmungen", denen er ununterbrochen ausgesetzt sei, „von der Gesundheit her sowohl als auch von seiten der eindringlichsten Einwirkungen von außen". Er trage „das

Gewicht einer immensen Beunruhigung". Er bekennt: „Ich werde dieses Jahr, 1925, zu den schlimmsten rechnen, die ich seit den Heimsuchungen der Kindheit erinnern kann, wie jenes hat es mich bis in meine physischen Grundlagen erschüttert und, wer weiß, verändert, und hat mit den Kindheitsnöten irgendeine innerste Unentrinnbarkeit gemein, die dadurch noch fühlbarer wird, daß man das Leben nicht mehr vor sich hat." In diesem Jahr scheint sich also im Gegensatz zu den andern, eben nur deduktiven Krisen der vorgängigen Jahre eine zweite echte, eigenständige Heimsuchung an die Seite jener andern großen in der Kindheit zu stellen. Die Kindheitskrise und die des Jahres 1925 stehen sich korrelativ gegenüber, die eine am Eingang und die andere am Ausgang des Lebens entstanden. Die Kindheitsangst bezog sich aufs Dasein, aufs Leben. Jetzt wird die Nähe, der Anhauch des schon nahenden Todes spürbar und steigert den Raum der persönlichen Beengung in die unheimliche Vorstellung eines im Unbekannten schon vollzogenen Weltgerichts: „dieses 1925",– die Mitte unserer Jahrhunderthälfte – „manchmal mein ich, nicht nur diese Seite, die es *mir* zukehrt, wäre so drohend und verhängnisvoll, ganz als wär's wirklich das Datum eines uns noch unbekannten aber schon gefällten Urteils, durch das die Erde, ich weiß nicht wozu, verdammt worden ist".

Noch im gleichen Jahr, im November 1925, entsteht in Muzot das Gedicht „Gong", in dem sich dieser „aus unsichtbarem Mund" der Wirklichkeit quellende Urteilsspruch am Menschen und in den Räumen des Daseins vollstreckt, ein Gedicht, das in der Rilke-Forschung noch kaum beachtet wurde, obzwar es paradigmatisch in die Perspektiven der Spätdichtung Rilkes hineinleuchtet als Wortwerdung jener zweiten großen, diesmal von fast unmittelbarer Erkenntnis begleiteten Heimsuchung des Dichters, zugleich als Kulminationspunkt innerhalb des Weltbewußtseins Rilkes nach der Gründung des „Weltinnenraums", der Stellung des Menschen in ihm und des bewußtgewordenen strömenden Bezugsereignisses zwischen den „beiden Reichen", dem „Reiche der Neige", dem „Hiesigen", dem so gefährdeten „Sichtbaren" und dem „reinen Bezug", dem „Unsichtbaren" mit seinem „höheren Rang der Realität", in der die „vollzählige Zeit" herrscht und alles „unendliche" und „transparente" Gegenwart hat. Dieses Gedicht wirkt wie eine unvermutete Wasserscheide im Bild der „inneren Landschaft". Die „ewige Strömung" nimmt plötzlich einen reziproken Verlauf. Dabei wird der Mensch, einst zur „Verwandlung" und „Rettung" der Erde berufen, aus der Weltbedeutung ausgeklammert. Eine „Umkehr der Räume", eine aus der Tiefe des

Seins herandrängende Revolution begibt sich, nicht lärmend, sondern verkündet mit dem dreimaligen Gongschlag eines unheimlichen Schweigens:

Gong

Nicht mehr für Ohren . . .: Klang,
der, wie ein tieferes Ohr,
uns, scheinbar Hörende, hört.
Umkehr der Räume. Entwurf
innerer Welten im Frein . . .,
Tempel vor ihrer Geburt,
Lösung, gesättigt mit schwer
löslichen Göttern . . .: Gong!

Summe des Schweigenden, das
sich zu sich selber bekennt,
brausende Einkehr in sich
dessen, das an sich verstummt,
Dauer, aus Ablauf gepreßt,
um-gegossener Stern . . .: Gong!

Du, die man niemals vergißt,
die sich gebar im Verlust,
nicht mehr begriffenes Fest,
Wein aus unsichtbarem Mund,
Sturm in der Säule, die trägt,
Wanderers Sturz in den Weg,
unser, an Alles, Verrat . . .: Gong!

Im Bild- und Wortmaterial dieses Gedichts begegnet das Repertoire der Elegien und der Sonette, jener beiden großen Dichtungen, die drei Jahre vorher entstanden waren. Mit den gleichen Dingen sind auch die gleichen Räume gegenwärtig: die Räume „innerer Welten" und die „im Frein", aber in einem reziproken Verhältnis zu ehedem, mit einem Gefälle vom „Unsichtbaren" ins „Hiesige". So sind es zwar die gleichen Symbole, doch wie in einem Kaleidoskop haben sich durch eine Drehung der Hülse die gleichen bunten Steine neu geordnet und sind in dieser neuen Konstellation zu anderen Symbolen geworden. Trotz gleicher Grundsubstanz hat sich die Wirkungsweise gewandelt. Sinn und Bild haben sich anders verknüpft.

Das Bild für die Erschütterung, die eine Transaktion des „Weltinnenraums" ins „Freie" auslöst, eine Umkehr also jener in den Elegien und Sonetten gegebenen Orientierung eines Zusammenhangs von außen und innen durch die formende Hand des Dichters und die Liebe des Menschen überhaupt, ist der in der Dichtung Rilkes bisher nicht genannte Gong.

Der Gong, auch soviel wie Tamtam, eine zum Teil aus edlen Metallen gehämmerte Scheibe, zur Mitte hin konkav, ist bei den Chinesen und Malaien ein Schlaginstrument von dröhnendem, nachhallendem Ton, ein Instrument der Nachrichtenübermittlung in sakralem oder mächtigem Gebrauch. Sein Ton ist unmusikalisch, also unmenschlich, ist undefinierbar und darum unheimlich. Im neuen Orchester wird der Gong zur Hervorbringung starker, abschreckender Effekte gebraucht. Hier im Gedicht Rilkes wandelt sich das sonst von Menschenhand geschlagene Objekt zu einem Subjekt aus Funktionssubstanz. Der Gong ist bloßer Klang, etwas Selbsttönendes, also nicht mehr ein greifbares, sichtbares und dem Menschen untergeordnetes, sondern ein selbständiges, unsichtbares, da ja nur aus akustischer Funktions-Substanz bestehendes und aus sich selbst wirkendes Ding. Ein echt Rilkesches Bild! Die Vorstellung „aus unsichtbarem Mund" scheint zunächst ungewöhnlich, ist aber sensuell-empirisch begründet, da ja der Gong Nachrichten übermittelt, also verkündet, spricht, ohne Lippen um den konkaven Teil seiner seltsam öffnungslosen Mundhöhle zu besitzen. Dieses Ding aus Klang wandelt sich jedoch nicht nur in seiner existentiellen Substanz und Stellung, sondern auch in seiner Funktion. Das Tönen wird zum Hören. Der Mund wird Ohr. Also eine Umkehr in die korrelativ entgegengesetzte Funktion. So kommt es zu einem dreifachen Wandel, entsprechend der in drei Klangwellen, in Anschlag, Ertönen und Nachhallen verlaufenden akustischen Funktion des Gongs, ein Dreitakt, der in den drei Gongschlägen und in noch anderer Weise im Gedicht immer wiederkehrt, zu einem Wandel vom Objekt zur Funktion, in ihr zur Umkehr ins Gegenteil und darin zur Subjektivierung.

Einst waren „Stimmen" vernehmbar als „die ununterbrochene Nachricht" aus dem „Innenraum", dem Raum der Verwirklichung des wahren und vollkommenen Seins. Wir waren dank der orphischen Leistung, dem „Vor-Gesang" des Dichters nachfolgend, die „Hörenden jetzt und ein Mund der Natur". Erkenntnis und Bekenntnis der Wirklichkeit vollzogen sich durch den Menschen. Doch was sind wir jetzt: „scheinbar Hörende". Wir täuschen die Geste des Hörenden vor, sind als hörend sich Gebärdende, Scharlatane, Gaukler, Puppen, die den Draht der eigenen leeren Bewegung bedienen, ohne Sinn zu haben. Wir bilden uns das Hören ein, sind aber in Wirklichkeit taub, sind verschlossen in akustischer Beziehungslosigkeit, in Beziehung zum Gültigen, zum „unsichtbaren" Wesen der Welt. Die Wand einer selbstverschuldeten Taubheit steht zwischen unserem ein Erkennen nur vorspielenden Ich und der „nicht mehr" erkennbaren Welt. Da wir aber gar nicht zu erkennen vermögen, weil die Instanz unseres Erkennens verfallen ist, wissen wir auch nicht einmal von diesem unserem Los. Wir sind nicht mehr ansprechbar, sind für das Wort, für die unmittelbarste Objektivation des Geistes nicht zu erreichen. Wie also sollten wir dann des „Rühmens" noch fähig bleiben?

Da der Mensch seinen Sinn im Zusammenhang der Weltverwirklichung verloren hat, da er sich seines „Auftrags" der „Verwandlung" der Dinge in ihr eigentliches Sein als unfähig erwies, wirkt sich der „Innenraum", der Kern des Seins nunmehr selbst aus und konstituiert sich selbständig mit seinen Entwürfen „im Frein", im „Hiesigen", in der einst vornehmlich menschlichen Domäne. Die Welt hat ihre sich verwirklichende Seinsweise des Erkennens und Gestaltens dem dereinst dafür berufenen und ausgebildeten Menschen aberkannt und wieder selbst übernommen. Sie ist sich selbst Ohr und Mund geworden. Sie „bekennt" sich als „Summe des Schweigenden" „zu sich selber", hört in diesem Selbst-Bekenntnis auch den Menschen, aber, da er ja entthront ist, eben nur noch als irgendeinen Teil der Wirklichkeit mit und formt ihre Entwürfe, ihre Universalien, ihre „Pläne", die reinen Ideen selbst. Die Sterne, früher: sie „brachen ins Knie unter dem ringenden Aufblick" des Menschen, die Tempel, einst „im Gehör", also im Erkenntnisraum des Menschen beheimatet, das Fest, der Wein und die Säule, in den Elegien und Sonetten gerühmte herrliche Leistungen des Menschen, die dem „Engel" „ans Knie" zu reichen vermochten, sie alle entstehen jetzt jenseits des menschlichen Tuns, jenseits von Menschengeist und Menschenhand, unmittelbar aus dem Schoß „innerer Welten". Hier sind die Verse eines anderen Gedichts der benachbarten Zeit anzuhalten:

> Wir könnten wissen. Leider, wir vermeidens;
> verstießen lange, was uns nun verstößt.

Das große Selbst-Wissen der Wirklichkeit, das sich nunmehr jenseits des verstoßenen Menschen konzipiert, gestaltet sich als Tempel. Seine Gedanken sind Räume der Frömmigkeit. Dieses Wissen ist vollzählig, nicht „Stückwerk", ist „Summe", ist in seiner Analyse „gesättigt" mit den Inbegriffen des Seins, also ohne Fragerest, problemlos, ist Wohnung der „Götter", es beinhaltet somit auch das Irrationale als einen vom Erkennen liquidierten Stoff. Dieses Wissen ist deswegen vollzählig, weil es das Produkt einer Erkenntnis *ohne* Unterschiede darstellt. Wohl ein „Entwurf" „im Frein", eine Gestaltung, eine Bildung des Begreifbaren, also Begriff, zugleich aber noch vor der Geburt, noch im Schoße seiner Zeugung ruhend, noch unentbunden, noch in der ernährenden Verbindung mit dem Sein, also dem irrationalen In-Halt der Wirklichkeit noch zugehörig, noch im Blutkreislauf des Unbegreiflichen. Es ist Sein und Dasein zugleich. Es ist nicht Abstraktion, sondern „Einkehr in sich". Es kreist gerade durch seine Entäußerung in sich selbst zurück. Die durch eine Unterscheidung aufbrechenden Antinomien sind von vornherein behoben. Alle Gestaltungen dieses Wissens haben ihren Gegensatz in sich eingeschmolzen. Die Existenzform dieses Wissens ist ausgegossen mit ihrer liquidierten Negation. Da diesen Gestaltungen ihre Negation als Existenzfülle einverleibt ist, steht sie nicht mehr außerhalb als drohende Gefahr. Während die menschliche Erkenntnisweise das Sein dadurch in sich zu begründen vermeint, indem sie das Nichtsein von allem Seienden unterscheidet, das Nichts hinausstellt und damit zum Feind des Seins zwingt, gestaltet die erkennende Selbstverwirklichung der Wirklichkeit, nachdem sie den dazu unfähigen Menschen aus ihrem Dienst entlassen hat, ihre Gebilde aus der Substanz ihrer Vereinigung. Es sind Geburten des Seins aus dem Nichts, sind Teile aus ihrem Gegenteil.

Die Konzeption des Welt-Wissens ist schöpferisch. Die Form der Idee bedient sich zu ihrer Verwirklichung der sie verneinenden Substanz und wandelt sich in dieser kontradiktischen Bezogenheit ab. Ein Ohr aus Klang, ein Bekenntnis aus Schweigen, eine „Dauer, aus Ablauf gepreßt", Geburt aus „Verlust", „Säule" aus „Sturm", sie alle sind Variationen des „unsichtbaren" Bildvorgangs der kreisenden „Summe" eines sich dialektisch verwirklichenden Welt-Wissens, das im Gong sein Symbol fand.

„Dauer, aus Ablauf gepreßt": also Kondensation einer Bewegung zum Körper, in dem sich die mit der Bewegung gesetzte Zeit verräumlicht. Mit der Raumwerdung der Zeit ist die „vollzählige Zeit" gegründet, die sich nach dem Schema der kreisenden „Summe" durch „Einkehr in sich", also kreisend zurückgewinnt und damit selbst erhält, ohne dabei das Wesensmoment der Funktionalität einzubüßen. Die zu sich kommende Zeit hebt ihre Tragik durch sich selbst auf. „Um-gegossener Stern": das strahlende Gestirn, sonst der Erde „gegenüber", ist aus der Form des Lichts in die der Finsternis, „der dunkelen Erde" umgegossen. Es geht nicht mehr um die „Verwandlung" der Erde ins Gestirn, sondern in entgegengesetzter Richtung wird das Gestirn ein „Hiesiges", verwirklicht sich in irdischer Erscheinungsform. Von dieser Inkarnation des Welt-Wissens ermutigt, wendet sich der Dichter an die „im Verlust" geborene „Summe" der Wirklichkeit mit einem Anruf, der einer Liebeswerbung gleichen mag: „Du, die man niemals vergißt". Im Grunde handelt es sich dabei nicht um eine übertreibende Schwärmerei, sondern um die Feststellung der Tatsache, die sich in diesem Zusammenhang ergibt, daß man ja gar nicht vergessen kann, was nicht zum Inhalt des menschlichen Erinnerungsraumes wurde. Und so bleibt der Mensch vor den Toren des Festsaals, nicht mehr imstande, Glanz und Vorgang der Feier dieser seltsamen homogenen Hochzeit zu begreifen, dieser Vermählung der Wirklichkeit mit sich selbst. Der Mensch ist ausgeschlossen aus der Teilhabe des Festes, das seinen Sinn in sich selbst trägt und den Menschen nicht mehr meint, das „an Erinnerung sich fortgibt, ohne uns gewährt zu sein". Dort fließt Wein „aus unsichtbarem Mund". Wie der „Klang" nicht mehr gehört wird, sondern selber hört, wird auch der „Wein" nicht mehr getrunken, sondern nimmt einen umgekehrten Weg, fließt aus dem Mund, dem Erbrochenen gleich. Ein geradezu entsetzliches Bild. In den Sonetten galt der „Wein" als Symbol des orphischen Liedes. Jetzt erbricht ihn der Mund der übervollen Wirklichkeit ohne die „Kelter" des Dichters. Das Blut des „Innenraums", einst vom Dichter zu menschlichem Genuß in „Wein" verwandelt, stürzt jetzt in den irdischen Saal eines grausigen Festes unmenschlicher Mächte. Und die so gerühmte „Säule", sie „stand einmal unter Menschen, mitten im Schicksal . . ., im vernichtenden, mitten im Nichtwissen-Wohin . . ., und bog Sterne zu sich aus gesicherten Himmeln", herrliche Leistung aus Menschenhand, stark und sicher, „als ein Unsriges", so daß sie dem Menschen, dem „Schwindendsten" unter all dem Schwindenden, noch Halt sein konnte. Jetzt ist sie ein Wirbelsturm mythischer Schallwellen, nicht mehr menschlich bezogen oder in frommer menschlicher Arbeit errichtet, sondern Siegesmal jenseitiger Invasion in hiesigen Bereich. Wie also vermöchten wir's dann noch, uns an sie zu lehnen, uns an ihr aufzurichten, da uns der Weg unter den Füßen weggerissen wird? Und so stürzt der Mensch, der „Wanderer", in seinen Weg, ertrinkt in seinem Dahin-Gehen. An dieser Stelle des Gedichtes wird plötzlich bewußt, daß unter all den aus den Elegien und Sonetten übernommenen Symbolen die menschlichen Bilder fehlen bis auf dieses eine, den „Wanderer". Die großen, daseinerfüllenden Gestalten, die „Liebende", der „Held", das „Kind", die „Mutter", die „Tänzerin", ja selbst „Orpheus", sie alle sind aus diesem neuen, ganz andersartigen Erlebnisraum verbannt. Ihre einst auf den „Innenraum" hineilenden und so das Dasein ermöglichenden Funktionen werden jetzt in umgekehrter Wirkungsweise von der Wirklichkeit selbst ausgeführt. Zum Vollzug dieser Funktionen entwirft und gestaltet sich die Wirklichkeit ihrer eigenen, außermenschlichen Bildungen. Die einzige dem Menschen verbliebene Erscheinungsform ist der „Wanderer", der „Heimatlose", der in sein Schicksal hineinstürzt und versinkt.

Die letzte Zeile schleudert die Konklusio aller bisherigen Prämissen dem stürzenden Menschen erbarmungslos vor die strauchelnden Füße: „unser, an Alles, Verrat . . .: Gong!" Da wir von der Wirklichkeit an „Alles" verraten sind, ist kein Ding, kein einziges Etwas mehr, das uns aufnimmt, es sei denn das Nichts. Aber auch dieses ist von den neuen Gestaltungen beseitigt, absorbiert und also nicht mehr für uns. Wer an alles verraten ist, verraten von seinem letzten Bezugspunkt, findet nirgends Be-Wahrung, ist ausgeschlossen aus jeglicher Korrelation, hat nur noch das eigene Dunkel zum Vertrauten. Der Mensch ist isoliert, „zu ferne für die Angestaltung, zu nahe für die Abkehr hingestellt". In der sternenlosen Nacht des abgetrennten Ichs versinkt die Klage des vereinsamten Individuums:

> Mein Dunkel, mein Dunkel, da steh ich mit dir,
> und alles geht draußen vorbei.

Unter formalem Aspekt betrachtet, stehen Gehalt und Gestalt des Gedichtes in einem echten Durchdringungsverhältnis und bestätigen auf diese Weise die Transparenz und die Identität des Kunst-Dings mit sich selbst. Dafür nur einige Kriterien: Da es sich um eine „Nicht mehr für Ohren" bestimmte Klangfigur handelt, die in einzelnen Bildvariationen litaneiend abgewandelt wird, kommt es zum Verzicht auf den für das Ohr so gefälligen Reim. Das Ignorieren des menschlichen Hörens, das plötzliche Haltmachen vor dem Ohr wird formal unmittelbar nach der Feststellung dieser Tatsache und vor dem Klangeinsatz, also im ersten Vers zwischen „Ohren" und „. . . : Klang" durch das Fehlen einer Senkung, durch eine stumme Silbe, die sich mit den drei Punkten in ein Schweigefeld dehnt, veranschaulicht.

Das Gedicht besteht aus drei unregelmäßigen Strophen, aus einundzwanzig Versen, deren jeder von drei Hebungen getragen wird. Dabei erkennt man als Versfuß den dreisilbigen Daktylus oder noch eher den dreisilbigen Anapäst in der Versgestalt des Prosodiakos, den die Griechen ursprünglich für ihre Marsch- oder Prozessionslieder verwendeten. Dreimal ertönt, stets am Schluß einer der drei Strophen, jeweils präludiert von drei stummen Punkten, das apokalyptische „Gong!"

Mit dunkel hämmernden Klängen steht dieses Gedicht hart „an dem Ausgang der grimmigen Einsicht" und ragt als erschütterndes Denkmal menschlichen Schicksals der „Welttiefe gegenüber".

1958

Über Salomo Friedlaender/Mynona

Er hieß Salomo Friedlaender und nannte sich später auch Mynona, in Umkehrung des Wortes anonym, entstammte einer jüdischen Arztfamilie und wurde ein Philosoph und Schriftsteller. Dieser tüchtige Saltoschläger der Anonymität, geradezu zirzensische Sprachartist beim Versuch, sich aus der Person des Philosophen immer wieder in die Namenlosigkeit eines Groteskenschreibers zu katapultieren, nicht ohne dort eine Kehrtwendung um hundertachtzig Grad zu vollziehen, er wurde am 4. Mai 1871 in Gollantsch, nordöstlich von Posen, geboren, also sechs Tage vor dem Frieden von Frankfurt, in dem Preußen über Frankreich triumphierte. Aus der östlichsten Provinz des auf Blut gegründeten Reiches der Machtpolitik Bismarcks kommend, wurde er heranwachsend ein Sohn der Wilhelminischen Epoche, gegen deren Politik wie Wirtschafts-, Kunst- und Wissenschaftsbetrieb er jedoch, als sie auf ihrem Zenith stand, mit scharfer, ja sarkastischer Feder anrannte. Und als ihre Hybris wacklig zu werden begann, verstand er es, seine reaktionären Zeitgenossen und den Zensor mit Scheingefechten herzhaft-peinlich zu irritieren. Seine Groteskensammlung mit dem bombastisch-verdächtigen Titel „Schwarz-Weiß-Rot" (1916) schießt nämlich nicht auf die chauvinistischen Reichsfarben, sondern auf Newton zugunsten der Farbenlehre Goethes.

Nach den Jahren der Kindheit in Posen studierte Friedlaender in München, Berlin und Jena, wo er dann 1902 auch promovierte, jedoch nicht in Medizin, mit der er sein Studium begonnen hatte, sondern in Philosophie. Das Thema seiner Dissertation formulierte er als „Versuch einer Kritik der Stellung Schopenhauers zu den erkenntnistheoretischen Grundlagen der ‚Kritik der reinen Vernunft'". Dann wurde Berlin sein Weidrevier und Arbeitsort: das Café des Westens als Debattiersalon, der Kurfürstendamm, vom Tauentzien bis Halensee und von Halensee zurück bis zur Gedächtniskirche stundenlang durchschritten, als Diskussionsboulevard, nachts natürlich, allein schon der stärkeren Stimulation und des amüsanteren Fluidums wegen, aber auch das Berlin der scharfen Denktätigkeit am Arbeitstisch und das Berlin der Druckerschwärze mutiger Gazetten nicht nur der zwanziger Jahre, nicht mehr jedoch nach 1933.

Im Herbst 1933 wurde Friedlaender/Mynona von den deutschen Faschisten zur Emigration gezwungen. Seinen Sohn Heinz Ludwig internierten bei Kriegsausbruch die Franzosen, bis ihm 1942 die Flucht in die neutrale Schweiz gelang, wo er aber erneut in einem Lager landete. Einst war Friedlaender/Mynona Zentrum eines geradezu glitzernden Freundeskreises gewesen, zu dem unter anderen nicht nur der Oberdada Johannes Baader, Nelly und Theo von Doesburg, Doris Hahn, Samuel Lublinski, Walter Mehring, Walter Rheiner und Paul Scheerbart, sondern auch Hans Arp, George Grosz, Raoul Hausmann, Hannah Höch und Lothar Homeyer sowie Alfred Kubin, Ludwig Meidner, Kurt Schwitters und Arthur Segal zählten. Jetzt im Pariser Exil vereinsamte er mehr und mehr. Er starb in der Metropole Frankreichs am 9. September 1946. Sein Grab befindet sich auf dem dortigen Friedhof Pantin.

Rückschauend wird deutlich, daß Berlin, auf dem Weg zwischen Posen und Paris, also zwischen den Polen von Kindheit und Alter liegend, der geographisch-geistige Kernpunkt dieses „deutschen Voltaire" war, den man auch den „Charlie Chaplin der deutschen Philosophie" genannt hat und der in trefflichem Gefälle mit Spinoza, Georg Christoph Lichtenberg, Jean Paul, Christian Morgenstern, Paul Scheerbart und Gustav Meyrink verglichen wurde.

Als sein „wichtigstes Buch" hat Friedlaender zwar den bisher nicht im Druck erschienenen Text „Das magische Ich. Elemente des kritischen Polarismus" bezeichnet. Doch vor dem Abschluß dieses Werkes lag ein langer Gedankengang, ja eine Gedankenreise, die Odyssee eines intellektuellen Magiers, dessen Passion das Denken war, so impulsiv und sinnenfroh auch seine Natur sein mochte. Er erwies sich in der Tat als ein „Kenner und Könner". Eine stattliche Reihe ebenso präzis wie brillant geschriebener, in ihrer Diktion an Schopenhauer und Nietzsche heranreichender Texte kennzeichnet den Arbeitsweg des Philosophen Friedlaender, so z. B.: „Schopenhauer. Seine Persönlichkeit in seinen Werken", „Logik" und „Psychologie" (sämtliche 1907), dann vor allem „Friedrich Nietzsche. Eine intellektuelle Biographie" (1911), wodurch er selbst den nicht selten konsternierten Georg Simmel in Erstaunen setzte, ferner „Wie durch ein Prisma. Gedanken und Blicke im Zeichen Kants", „Kant für Kinder" (beide 1924), „Katechismus der Magie" (1925), „Der Philosoph Ernst Marcus als Nachfolger Kants" (1930) und „Kant gegen Einstein" (1932). Bereits die Titel dieser Auswahl lassen Friedlaender als Kant-Fan erkennen und apostrophieren ihn sozusagen als Neukantianer, wiewohl andererseits sein gleichzeitiges Verhältnis zu Nietzsche mit dem Platons zu Sokrates verglichen werden könnte.

Aus allen philosophischen Schriften Friedlaenders ragt die bis heute in ihrer Deklaration unwiderlegte „Schöpferische Indifferenz" (1918) heraus. Es ist Friedlaenders ureigenstes, für ihn typisches Werk, gewissermaßen unter dem Dreiergestirn Kant, Hegel und Nietzsche entstanden. Diese systematische Darlegung der Polaritätsphilosophie in der Nachfolge Goethes, Schellings und Okens, wiewohl zugleich von unverwechselbarer Friedlaenderscher Prägung, war von ihrem Autor gedacht als „eine absolute Freiheitslehre und immoralistische Ethik". Getrieben von den Notwendigkeiten der Aufklärung, der Bildung und dementsprechend des Fortschritts, von Notwendigkeiten an der Schwelle des technischen Zeitalters, die zwar nicht großsprecherisch zu Devisen erhoben, aber als solche begriffen wurden, sodann erregt gleichermaßen gegen Reaktion wie Radikalismus, suchte Friedlaender im Satz der Polarität das rettende, allerdings neu zu durchdenkende Erzaxiom am Vorabend der pluralistischen Gesellschaft, der die Staatengruppen trennenden Blockpolitik und der gegensätzlichen Weltlager. Dabei ging es ihm nicht etwa nur darum, diesen fundamentalen Ansatz lediglich analytisch auszuwerten, etwa nur zum Zweck eines erschließenden Gedankenprozesses, zum Wetzen abstrakter Gehirn-Messer, sondern vor allem um dessen Nutzbarmachung innerhalb der Existenz überhaupt.

Ausgehend vom „Nichts", dessen verkannter Aktionsträchtigkeit sich schon Hegel verschrieben hatte und später Sartre verschreiben würde, vom „Nichts" als dem generellen und zentralen Punkt der „Indifferenz", zeichnete er die Entfaltung, ja Entfaltungsreihen der vielfachen Unterschiede des Daseins nach, die wie zwei von dorther gespreizte Schenkel einerseits mit negativen und andererseits mit positiven Ambitionen ins Unendliche sich staffeln und dadurch die Welt, wenn nicht selbst den Weltschoß auseinanderzuspalten scheinen. Und eben dieses „Nichts" der vorgegebenen Spaltung, mit dem zwar erst alle Unterscheidung und somit auch das Denken, die typisch menschliche Funktion, einzusetzen vermag, das aber trotzdem als Negativum schlechthin, als jeglicher Anlaß zur Negation verschrien ist, als Teufel im Bodensatz des Seins, erklärte Friedlaender zum schöpferischen Kulminationspunkt, zum rettenden Engel für das Sein. Ähnlich hatte Cartesius den generellen Zweifel produktiv und umfunktioniert und Hegel seinen Begriff des Nichts zu positiver

Wirkung aktiviert. Bei diesem Unternehmen hatte Friedlaender nicht etwa die Absicht, Vernebelung herbeizuführen oder den Stellenwert eines egalisierenden und damit zugleich liquidierenden Kompromisses zu schaffen. Im Gegenteil! Es ging ihm vielmehr um die Erschließung eines logischen Fundaments zu allgemeiner Synthese. Ausgerechnet im „Nichts“ wird von ihm das bindende Gelenk aller nur möglichen Gegensatzpaare entdeckt, der Angelpunkt aller Widersprüche, Antinomien und Kontroversen, die ja de facto gerade dort, nämlich im „Nichts“, miteinander verkoppelt bleiben, wo sie auseinanderzulaufen beginnen. Und so resultiert aus dieser Entdeckung die jubelnde These: „Die Extreme streiten nicht gegeneinander, sondern um Harmonie; sie werden einander niemals los und man befaßt sich, wie man es auch anstelle, immer mit beiden.“

Inwieweit dieser dialektische Idealismus, ja Optimismus seitdem praktikabel wurde bzw. überhaupt praktikabel zu werden vermag, ist ein ebenso gesellschaftliches und historisches Phänomen wie Problem. Jedenfalls wollte Friedlaender bei seinem mit ebensoviel Pathos wie Nüchternheit gestarteten Versuch, das Endliche und Unendliche als untrennbaren Prozeß zusammenzudenken, Satyr und Gott gleichzeitig zu sehen, bei diesem inszenierten Balanceakt der unüberwindlichen Extreme, bei dieser Proteustat seiner Arbeit um Erreichung eines allgemeinen Gleichgewichts, einer allgemeinen Harmonie keinem Scheinfrieden, sondern der existenzbildenden Respektierung und Verwertung der Gegensätze das Wort reden. Nicht passive Blasphemie war seine Absicht, nicht träge Gleichgültigkeit gegenüber den Extremen, sondern „Zugänglichkeit zum Entgegengesetztesten“. Himmel und Hölle, gut und böse, Licht und Dunkel, Schönheit und Häßlichkeit, ja alle Differenzen der Erfahrungswelt sind nur dann richtig zu beurteilen, wenn man sie jeweils zusammensieht. Das absolute Gute oder Böse z. B. sind eine Sache des Dogmatismus, der Schwarzweiß-Malerei. Hinsichtlich der „schöpferischen Indifferenz“ geht es um eine kompensierende Tat-Sache der Freiheit, nicht um Freiheit des Chaos, der Anarchie, des Dionysischen, sondern um Freiheit als Gesetz, um Freiheit der Öffnung nach beiden Seiten, um das geleistete Bewußtsein, sich selbst stets im „Schneidepunkt aller [. . .] Kontraste“ zu wissen. So mag, wie es sich Friedlaender gerade auch für unser Zeitalter erhoffte, die so notwendige „Orthopädie der Welt“ gelingen.

Friedlaender, dieser philosophische Pagenkopf kantisch-hegelscher Provenienz vor allem des Berlins der zwanziger Jahre, erotogener Magier ohne den kategorischen Imperativ des direkten Zugriffs, wie von einschlägigen Zeugen berichtet wird, Platoniker aus sarkastischer Geistesverliebtheit, war aber nicht nur Philosoph, sondern auch Schriftsteller, ein echter Literat. Er nutzte gewissermaßen die Polarität der beiden Berufe im Sinne seiner „schöpferischen Indifferenz". Als Groteskenschreiber Mynona wurde er zum Propagandisten seines Denkens, seiner Theorien, betätigte er sich im Hinblick auf das Publikum, also innerhalb der Polarität zwischen Schriftsteller und Leser, als „Kammerjäger der Seelen". Er selbst bezeichnete seine Grotesken, die zum Besten und Originellsten ihrer Art nicht nur innerhalb der deutschsprachigen Literatur zählen, als „schattenhaften Vorspuk der paradiesisch unverzerrten Welt", ja „des Himmels in uns". Gespenster werden zu Automaten, zu Robotern. Romantik läßt sich in technische Bestandteile zergliedern, Spuk programmieren und das Interieur des Paradieses an den fünf Fingern abzählen. Allein mit diesen wenigen Beispielen erwies sich Mynona, der auf dem Kopf stehende „Herr Anonym" aus der Halenseer Johann-Georg-Straße als ein vorauseilender Zeitgenosse des ersten Viertels unseres Jahrhunderts. „Rosa, die schöne Schutzmannsfrau" (1913), „Die Bank der Spötter" (1919), „Der Holzweg zurück" (1931), „Der lachende Hiob und andere Grotesken" (1936) sind nur einige, wiewohl wichtige Titel seines schriftstellerischen Oeuvres, das zumeist von Kubin und Homeyer illustriert wurde.

Er hieß Salomo und war tatsächlich auch ein Weiser. Er hat nicht nur der zeitgenössischen Naturwissenschaft die Notwendigkeit der Vernunft als wissenschaftliche Vorbedingung nicht etwa oktroyiert, weil es naturgemäß dessen gar nicht bedarf, jedoch gelegentlich regelrecht gepredigt, um durch die Gehirnrinde der verkalkten oder vereisten Snobs ihrer Zunft zu dringen. Warum? Nur aus Gründen abstrakter Wissenschaftlichkeit? Dies wohl auch; denn er war ein Philosoph! Vor allem jedoch aus Gründen der Menschlichkeit. Wohin naturwissenschaftliche Experimente ohne das Ethos der Vernunft, der Humanität führen können, haben die KZ-Ärzte bewiesen. Er hat, in seinem verschätzten Gegensatz zur sogenannten reinen mathematischen Physik, deren kühle Methoden in die Bereiche der Ideologie und Politik übertragen, dort zu Dogmatismus und Abstraktionismus, ja zur Machtbrutalität führen können, einen neuen Newton gefordert, „der nicht nur Mathematiker, sondern auch Dynamiker", also vor allem primär Mensch ist. Er hat in seiner Schrift „Kant gegen Einstein" (1932) zwar Einstein mißdeutet und doch zugleich mit logischer Selbstverständlichkeit im Zeitalter der triumphierenden Relativitätstheorie auf die Notwendigkeit der objektiven, will sagen richtigen Maßbestimmung gepocht. Er unternahm dies in bewußtem Gegensatz zur modernistischen Unterscheidung zwischen progressiv klingender relativer und reaktionär erscheinender absoluter Messung oder Wertung. Denn ein Objekt, so sagte er, läßt sich ja gerechtermaßen nicht in Relation „zum Beobachter" (das wäre Subjektivismus), sondern nur in Relation zu den anderen Objekten, zur Nachbarschaft, richtig feststellen und einschätzen. Hier wirken die Thesen Friedlaenders ins Gesellschaftspolitische hinein.

Salomo Friedlaender alias Mynona – sein Doppelname erinnert an die Polarität des spielerischen Problems wie des tragischen Schicksals der Namenspracht und der Namenlosigkeit. Seine Lebensarbeit wirkt insofern wie ein Bekenntnis.

1972

Gerhart Hauptmann
Naturalist im Banne des Expressionismus

Mochte Arno Holz innerhalb der deutschen Literatur vor allem der Theoretiker des Naturalismus gewesen sein, wenn nicht sogar der Vater jenes bis damals konsequentesten Stils auf dem Wege zur Tatsächlichkeit, so wurde Gerhart Hauptmann zum tüchtigsten Praktiker, ja Pragmatiker dieser Richtung. Die Uraufführung seines Stückes „Die Weber" am 26. Februar 1893 durch die Freie Bühne lieferte dafür den schlagendsten Beweis. Sie zwang selbst seine kaiserliche Majestät zum Rückzug. Wilhelm II. räumte seine ihm angestammte Loge im Theater und ließ sie mit Brettern vernageln. Die auf der Bühne demonstrierte soziale Tatsächlichkeit hatte eine nicht mehr zu hintergehende Wahrheit bloßgelegt. Hauptmanns nicht nur literarischer Weg führte wiederholt an eine Grenze, und zwar in mehrfachem Sinne: politisch, sozial, stilistisch, thematisch und nicht zuletzt charakterlich. Alfred Kerr, der von sich sagen konnte, einstens der Dramatik Hauptmanns auf der Bühne zum Durchbruch verholfen zu haben, verwarf zu Recht als Emigrant das mehr als peinliche Verhältnis seines Lieblingsautors zu den Machthabern des Dritten Reiches. Dies mag man zur Sache des Menschen Gerhart Hauptmann zählen. Stilistisch und thematisch, also für den Schriftsteller, kam es zur eindeutigen Grenzberührung, wenn nicht gar zur Kollaboration mit dem seit etwa 1906 auf den Plan tretenden Expressionismus. Auch die Neuromantik, ja selbst der Dadaismus blieben nicht ohne Wirkung auf Hauptmanns Produktion.

Hauptmann darf gewiß mit an erster Stelle genannt werden, wenn es darum geht, die repräsentablen Köpfe jener letzten, längst im Aussterben befindlichen Dichter-Generation aufzuzählen, durch welche die deutsche Literatur noch einmal Weltliteratur zu werden vermochte. Hauptmann zählt ja bekanntlich mit Hermann Hesse und Thomas Mann zu den letzten drei Deutschen der Vorkriegsgeneration, denen der Nobelpreis für Literatur verliehen wurde; denn Heinrich Böll reüssierte erst durch die Gruppe 47. Auf diese und vielfach andere Weise hat das gleich- und anderssprachige Ausland es sich nicht nehmen lassen, Hauptmann als einen der anerkannten Repräsentanten nicht nur der deutschen, sondern überhaupt der zeitgenössischen Literatur wiederholt herauszustellen. Es gelingt schneller, jene Sprachen zu nennen, in die Hauptmanns Werke nicht übersetzt wurden, als all die vielen anderen, in denen Übertragungen, nicht selten sogar des Gesamtwerkes, mit immer neuen Auflagen erschienen sind. Als der siebzigjährige Dichter-Greis mit dem Habitus, Nimbus und gewiß auch der natürlichen Ähnlichkeit eines Goethe, die er selbst halb ärgerlich, halb nicht ohne Stolz allemal abstritt, im Jahre 1932 eine Vortragsreise durch Amerika unternahm, da soll sich diese spendende wie einheimsende Weltwanderung schließlich zum größten Triumphzug gesteigert haben, den ein deutscher Schriftsteller jemals in dieser westlichen Weltgegend erfahren durfte.

Der historische Blick wandert von dieser triumphalen Fahrt Hauptmanns durch Amerika zu seiner letzten irdischen Reise hinüber, die seine sterblichen Reste von Agnetendorf nach Hiddensee unternahmen, vom Bett des Sterbens zum Bett des Sarges, vom Fuß der Berge zum Fuß des Meeres, und man erfährt von dort eine ähnliche Repräsentationsgeste des Auslands gegenüber dem Dichter Hauptmann. Ja es erscheint wie ein mythisches, gewährendes, vielleicht sogar heiter zu nennendes Lächeln des sogenannten historischen Schicksals, daß der Sarg des Verstorbenen unter den angesichts der Zeitverhältnisse bombastisch zu nennenden Ehrenbezeugungen einer sowjetischen Kompanie transportiert wurde. Jener deutsche Schriftsteller, der es verstanden hatte, dem es gelungen war, während der Herrschaftsjahre des deutschen Faschismus von 1933 bis 1945 zu Hause zu bleiben, wurde von Repräsentanten des gleichen Auslands, das diesen deutschen Faschismus zu Boden geworfen hatte, mit einer Art von Staatsbegräbnis zur letzten Ruhe gebracht. Viele durchaus nicht geringer einzuschätzende deutsche Schriftsteller, denen die Emigration zunächst ein vorläufiges Leben rettete, starben vereinsamt im Ausland, in der Fremde, zumeist unbekannt, in bitterster Not. Und sie wurden dort sehr rasch oder nachlässig zur Erde gebracht. Ernst Tollers Asche lag viele Jahre lang, übersehen, irgendwo in New York, in einer Zigarrenschachtel, im Regal einer amerikanischen Firma. Georg Kaisers sterbliche Überreste mußten sieben Jahre in der Schweiz auf ihre Beerdigung warten. Carl Einsteins Leib wurde als Wasserleiche eingegraben. Wie vollendet und faszinierend mutet dagegen das Leichenbegräbnis Hauptmanns an. Und man fragt sich, ob seinem Wesen nicht die gleiche magische Faszination zueigen war, die seiner Erscheinung allgemein nachgesagt wurde.

Die Magie des Kreises erscheint wie ein bestimmendes Symbol über Hauptmanns Existenz und deren Beschluß. Kongruent zu diesem Gesetz seiner Natur vollzog sich auch sein Lebensgang: kreisend wie der eines Naturdinges. An den Hängen des schlesischen Riesengebirges ins Leben getreten, verließ Hauptmann sein Leben, ein gern mit barocker Geste, nicht gerade immer mit logischer Konsequenz, aber arbeitend, ja zäh, selbst bis zur Resignation und zur dichterischen Vergreisung ertragenes Leben, wiederum im Schatten seines Gebirges. Das schlesische Riesengebirge war mehr als ein Milieuhintergrund oder Motivspender vieler seiner Werke, so etwa für „Die Weber" (1892), „Die versunkene Glocke" (1896), „Fuhrmann Henschel" (1899), „Rose Bernd" (1903), ja sogar für „Hamlet in Wittenberg" (1935), den man gerade darum auch eher „Hamlet in Breslau" nennen könnte. Dieser Geburtsraum war der für Hauptmann notwendige und darum immer wieder gesuchte Mutterraum, Produktionsraum seines Lebens. Er war Angelpunkt seiner Existenz: aus Sorge um die Realität seiner Kunst, aber auch aus Sehnsucht nach jenen Bezirken des menschlichen Daseins, die offenbar nicht an die unerbittliche Kausalkette der Natur gelegt sind, und schließlich aus Mitleid, ja Mitleiden mit den ins sogenannte Schicksal der Geschichte verflochtenen Menschen seiner Welt. Aus der Bannmeile der historischen Tatsächlichkeiten und des sozialen Mitleids entzog sich jedoch Hauptmanns Sehnsucht recht häufig in die Bereiche des Imaginären und Mythischen. Es war der Weg vom Realen zum Irrealen, vom Tatsächlichen zum Magischen, literaturgeschichtlich gesehen von den „Webern" (1892), dem „Florian Geyer" (1896), dem „Fuhrmann Henschel" (1899), der „Rose Bernd" (1903) zu „Hanneles Himmelfahrt" (1894), zur „Versunkenen Glocke" (1896), zur „Insel der großen Mutter" (1916–1924), zum „Meerwunder" (1933/34) und zur „Atriden-Tetralogie" (1941 ff.). Es war einerseits der Weg der Dichtung Hauptmanns: einmal vom Natürlichen ins Märchenhafte und das andere Mal vom Geschichtlichen zum Mythischen. Und es war andererseits auch der Weg des Leibes Hauptmanns, der gleichsam legendär behaftet aus der Gebirgserde stieg und in die Erde am Meer wollte.

Als die letzte Jahrhundertwende erfolgte, trat Hauptmann gerade ins mittlere Jahrzehnt seines langen Lebens ein. Damals kehrte sich, kulturgeschichtlich gesehen, die Historie geradezu in einem Tümpel der Gesinnungsvielfalt, in einem Labyrinth der Formtendenzen, in einem Irrgarten der Ismen um. Realismus, Naturalismus, Neuromantik und Neuidealismus sind nur einige der Etiketten, nach denen man damals griff und für die man sogar auf eine Fahne schwor. Wohin tendierte Hauptmann? Der Realismus mit seiner wirklichkeitsgetreuen Darstellung der gegebenen Tatsachen, der natürlichen Verhältnisse und Vorgänge, mit seinen so gut verständlichen, phantasiefreien und unspekulativen, eben einfachen sprachlichen Mitteln, mit seinem geschärften Blick fürs Richtige wie Rechte forderte für seine Produktion gütige Einsicht wie kritische Registratur, gewiß unter dem Gesichtspunkt einer künstlerischen Auswahl. Er lehnte idealistischen Hochflug und individualistische Phantasterei ab. Der Blick des Realisten öffnete sich dem Menschen des Alltags, seiner Arbeit, seinen Sorgen, seinem Milieu. Freude am Detail war erwacht. Der Entwicklung wurde das Interesse zugewandt. Der Entwicklungsroman gewann an Boden und quittierte berechtigte Anerkennung. Das realistische Drama avancierte zu einer gültigen Kunstform. Um die Jahrhundertwende jedoch benahm sich dieser klassische Realismus bereits saturiert, er war, wie es schien, inzwischen zu einem Weidrevier für Epigonen geworden.

Der Naturalismus hatte längst den verlorenen Faden des Realismus aufgegriffen und weitergeführt, indem er sich realistischer noch als real an die Naturverflochtenheit des Tatsächlichen hielt. Dichtung wurde durch ihn zu einem gerade noch ästhetischen Protokoll fast naturwissenschaftlich ergründeter Fakten, wurde eben Literatur ohne Anspruch auf Poesie. Naturalistische Dichtung sollte Wiedergabe, genaueste Wiedergabe kleinster Erfahrungseinheiten sein. Deshalb wurden Präzision, Sekundenstil, Reportage und minutiöse Zustandsschilderung vom Autor gefordert. Die Welt sollte in ihren bisher übergangenen, darum abseitigen, vernachlässigten Teilen mit Überschärfe vor das Auge treten. Solche naturalistische Wirklichkeit läßt sich am schnellsten und eindrucksvollsten in den Elendsquartieren der Großstadt, in den stinkenden Krankenhäusern, bei den Geistesgestörten, Alkoholikern und Dirnen finden. Zola, Tolstoi und vor allem Dostojewski hatten das bereits bestens gekonnt. Die menschliche Wirklichkeit war für die Naturalisten nichts als ein Produkt ihrer natürlichen Erbfaktoren im Kampf mit der natürlichen Welt. Vererbung und Anpassung an die Umgebung wurden als Grundkräfte des gesellschaftlichen und individuellen Lebens anerkannt. Verflochtenheit in die Anlage stellte man nicht nur im physischen, sondern auch im psychischen Bereich fest. Von Anfang an ist der Mensch gefesselt. Ein Geflecht von Schlingen der unerbittlichen Kausalkette wartet in seinem Leben auf ihn. In diese Öse hakten Hauptmanns Erkenntnisse ein. So erkennt der Fuhrmann Henschel am Schluß seiner verfehlten Existenz: „Ane Schlinge ward mir gelegt, und in die Schlinge da trat ich halt nein." Der Rose Bernd ging es nicht besser auf ihre Weise. Auch sie ist ja nur noch „von Schlinge zu Schlinge getreten, daß" sie „gar ni mehr zur Besinnung gekomm". Sie vermochte sich gar nicht zu besinnen. Der seiner Triebwelt restlos ausgelieferte Huhn in „Pippa" (1906), dieser rothaarige Klotz mit triefenden Augen, der ein ganzes Glas brühheißen Grog mit einem Mal in seine Kehle stürzt, dieser uralte Pan der schlesischen Bergwelt, er kann nichts anderes als dem Diktat seiner Gier gehorchen und deshalb zerstören. Selbst noch Pater Christophorus, eine Figur der Hauptmannschen Spät-, ja Altersdichtung, stöhnt unter dem Bekenntnis, daß die Glaubenskraft des Menschen, obwohl Intensität nach seraphischer Höhe, nach einer Metaphysik der irdischen Natur des Menschen, dennoch nichts vermag gegen den Abgrund der Dämonen und Titanen. In „Michael Kramer" (1900) können weder Vater noch Sohn anders sein oder anders werden, als sie nun einmal beide angelegt sind, wiewohl sie doch Vater und Sohn sind, also der Natur nach einander so nahestehen. Gemäß ihrer Anlage und den Einwirkungen ihrer Umwelt verhäkelt sich ihre Existenz, ein Netz, dem sie nicht entrinnen. Und mögen sie auch ihre Entschlüsse als Ergebnisse ihres freien Willens auslegen, im Grunde handelten sie immer nur so, wie sie auf Grund der vorgegebenen Ursachen handeln mußten. Die Kette der Kausalität ist anscheinend nicht zu sprengen.

In diesem Zusammenhang erwacht die Frage nach der Person des Menschen, die sich angeblich durch einen freien Willen auszeichnet. Mit der Frage nach der Person und dem freien Willen erwacht zugleich die Frage nach der Moral, die eine Entschlußfähigkeit voraussetzen muß. Entschließen, sich frei entscheiden kann nur jener, der nicht von vornherein gefesselt ist. Wer aber handeln mußte, wie er gehandelt hat, den kann man nicht zur Verantwortung ziehen. Schuld und Sühne sind unsinnige, unangebrachte Begriffe in einem solchen Weltspiel. Eine klare, gültige Relation zwischen Schuld und Sühne wird angesichts solcher Verkettung illusorisch. In „Dorothea Angermann" (1926) wirft Hubert diese Frage auf: „Die Frage ist: sind wir für das, was mit uns geschieht, verantwortlich? War es zu ändern oder nicht? Nein, wir sind nicht verantwortlich. Der Zufall, andere nennen ihn Vorsehung, ist verantwortlich. Das benimmt uns wenigstens den Gedanken der Schuld." Mit diesem Zustandsbekenntnis ist ein Ort erreicht, der in tragischer Umkehrung dem Paradiese gleicht, ein Ort ohne Schuld. Die Welt ist insofern zwar wie das Paradies ein Lokal, in dem von Schuld nicht die Rede sein kann, doch dieses Paradies der Welt erweist sich als eine dunkle Idylle. Dort spendet sich das Leben nicht dem Menschen, sondern wird von ihm erlitten. Derart ist es in seinem Prinzip beschlossen. Also zieht Dorothea Angermann folgendes Fazit ihres Lebens und des Lebens überhaupt: „Das Leben selbst ist die Brutalität. [. . .] Es kümmert sich nicht im allergeringsten darum, ob das verlorene Kind die Treber der Schweine frißt oder selbst von den Schweinen gefressen wird und ob es zurückkehrt oder nicht. Das blieb mir noch übrig zu erfahren, denn diese ganze furchtbare Wahrheit kannte ich immer noch nicht!" Wahrheit der Tatsächlichkeit! Wahrheit, die aus der Tatsächlichkeit auftaucht! Was in „Dorothea Angermann" (1926) noch als Erfahrungstatsache, als gewissermaßen empirische Erkenntnis, als Wahrheit a posteriori festgestellt wird, erscheint in der „Iphigenie in Delphi" (1940), also innerhalb mythischer Sphäre, in historischer Entrückung, als ein Wissen a priori, als vorgegebene, nicht deduzierte Wahrheit. Da wie dort aber handelt es sich um die gleiche Verkettung des Menschen, der sein Leben zu erleiden hat. Am Schlusse der „Iphigenie in Delphi" (1940) verkündet der Oberpriester Pyrkon, spricht es gewissermaßen ex kathedra, wie ein Sokrates, der die scharfe, eisige Wahrheit schon vorweg gewußt hat, für den es dazu des tragischen Lebensdialogs gar nicht bedurft hätte: „Doch wer zum Opfer einmal ausersehen / von einer Gottheit – ob es auch so scheint, / er habe ihrem Spruche sich entwunden –: die Moiren halten immer ihn im Blick."

Unter solchem Zwangsprinzip der Verkettung, der Auslieferung an unbezwingbare, vorgegebene Kräfte, sah Hauptmann auch die Welt Griechenlands. Hellas war für ihn nicht das Land Apolls, der Harmonie, der zwar erregenden, aber ebenso zum Einklang tendierenden Pole, war für ihn nicht das Land der Schönheit, keine klassische oder romantische Imagination ewig menschlicher Sehnsucht, sondern Ort absolut mythischer Tragik. Nicht Athen, sondern Delphi, also nicht die strahlende Stadt der Kunst, Wissenschaft und Schönheit, sondern die düstere Einöde des sibyllinischen Raunens, des dunstenden Opferblutes, des seherischen Rausches wählte er sich zur Vergegenwärtigung der griechischen Antike. Dort wurde ihm jener Sinn des Tragischen zuteil, wie er ihn in seiner ersten autobiographischen Schrift „Griechischer Frühling" (1907) mitteilt, nämlich „als die schaudernde Anerkennung unabirrbarer Blutbeschlüsse der Schicksalsmächte". Und über die griechische Tragödie schreibt Hauptmann: „Blutdunst stieg von der Bühne, von der Orchestra in den brausenden Krater der schaudernden Menge und über sie in die olympischen Reihen blutlüsterner Götterschemen hinauf." [. . .] „Eine wahre Tragödie sehen, hieß, beinahe zu Stein erstarrt, das Angesicht der Medusa erblicken, es hieß, das Entsetzen vorwegnehmen, wie es das Leben heimlich immer, selbst für den Günstling des Glücks, in Bereitschaft hat." Zweifellos gelangte Hauptmann durch diese Vorstellungen in eine unmittelbare Nachbarschaft zu den Gedanken Goethes, die den Italienreisenden während der Fahrt von Cento nach Bologna auf die Idee gebracht haben sollen, eine „Iphigenie in Delphi" zu schreiben, nicht zuletzt jedoch in die Nachbarschaft der späten Fragmente Hölderlins.

Hauptmanns tragische Helden sind also leidende Helden, Helden der Passivität. Aktivität wäre ja von vornherein sinnlos. In den Stücken Hauptmanns sind weit mehr Situationsvergegenwärtigung, Charakterstudien, Monologe, Bekenntnisse, Besinnungen, eben ein Versakken der Handlung als ein dramatischer Aktivismus festzustellen. Er tritt lediglich episodenhaft auf. Die Tat erstickt in einem Meer von lauter Tatsächlichkeit. Die Grenzen des menschlichen Handelns werden stets und überall deutlich. Die eindrucksvollsten Figuren Hauptmanns sind Dulder, Erleidende, Abwehrende. Rose Bernd befindet sich in ständiger, fast statischer Abwehr. Fuhrmann Henschels Unternehmungen sind letztlich nichts als Abwehrmaßnahmen. Bei allem, was auch immer er tut, ist er schon ins Erleiden eingetreten. In „Michael Kramer" (1900) erleiden sich Vater und Sohn gegenseitig. In den „Webern" (1892) erscheint ein ganzes Dulderkollektiv. Hannele erduldet ihr kleines Mädchendasein. Ja selbst Figuren, die von ihrer geschichtlichen Tatsächlichkeit her als Tatmenschen überliefert sind, wie etwa Florian Geyer oder Odysseus oder Agamemnon, sie werden bei Hauptmann zu Heroen des Leids, werden Grenzfälle des Willens zur Tat.

Solche Gefangenschaft entweder in den Ketten der natürlichen Kausalität oder in den Ketten der mythischen Schicksalshaftigkeit erregt die Kräfte der Sehnsucht nach Befreiung. Andererseits erweckt die Fülle der Dulder auch Intensität des Mitleids, vor allem des sozialen Mitleids. Schließlich verführt die Überschärfe des realen Sehens zu einem Spukhaftwerden des Tatsächlichen. Der Sekundenstil des naturalistischen Reihens in der Darstellung muß folgerichtig in einem ekstatischen Stakkato der Sprache gipfeln. Das Zurückgreifen auf Uräußerungen des Menschlichen gelangt zum Schrei.

Explosion in die absolute Freiheit des Individuums, soziales Mitleid, Sehnsucht nach einem echten, totalen, leibhaftigen Paradies auf Erden, Telegrammstil und Schrei, das aber sind Tendenzen und Akzente, die den Naturalisten Hauptmann an die Grenze einer Bewegung verweisen, die gegen alles Dagewesene der Literatur, gegen Realismus und Naturalismus, gegen Jugendstil und Neuromantik, gegen Impressionismus und Neoklassizismus zu Felde zog, die sogar einen völlig neuen Menschen aus der Taufe heben wollte, nämlich an die Grenze jener Kulturwende, die sich selbst Expressionismus nannte.

Der Expressionismus zerschnitt gleichsam, aus dem Kern der praktizierten Wirklichkeit stoßend, die Haut der naturalistischen Oberfläche. Er stieß sozusagen eine lodernde Fackel des Geistes in das Dunkel der Natur. Er zersprengte die gewohnten naturwissenschaftlichen Definitionen mit der visionären Kraft der Tiefenschau. Sein Aktivismus versuchte genauso die Lethargie der Neuromantiker, die statuarische Sterilität der Neoklassizisten wie die sklavische Passivität des Naturalismus hinwegzufegen. Nicht Natur-Eindruck, nicht schönen Schein wollte der Expressionist, sondern statt Natur-Eindruck den Wesens-Ausdruck, statt schönem Schein das elementare, ursprüngliche Sein, die Inbrunst einer Eruption der ewig jungen Tiefe. Nicht das Ab-Bild wie im Naturalismus, sondern das Sinn-Bild vermag, wie er prophezeite, die Wahrheit der Welt zu erschließen. Freiheit des flammenden Geistes gegen die Fesseln der dumpfen Natur! Nicht Ausweglosigkeit und Verzweiflung wie im Naturalismus, sondern Entgrenzung und Erlösung, Erfüllung aller zurückgestellten Hoffnungen, nicht Relativität, sondern Sicherheit, nicht Genauigkeit, sondern Ekstase, nicht Aufhebung von Gut und Böse, sondern Identität beider! Das war die Parole. Mit lebendigem Leib wollte man ins Paradies. Alfred Wolfenstein formulierte das Chaos der Stimmen: „Der erneute Mensch wird diejenige Kunst lieben, von der er selbst sich gezeugt fühlt. Eine neue Einheit von Leben und Kunst kann triumphieren. Diese Einheit wird nicht wie in vergangener Epoche dadurch entstehen, daß die Natur die Kunst bestimmt: Sondern die Schöpfung der Kunst soll zur Schöpfung des Lebens werden." Derart drangen vom Expressionismus her, gleich einem Sirenengesang, über die Mauer des feindlichen Lagers verheißungsvolle Antworten und solidarische Zusprüche auf die Fragen und Bedürfnisse, die in der Welt Hauptmanns offenstanden. Das Bedürfnis nach Erlösung steht ja den naturalistischen Figuren Hauptmanns förmlich als Kainszeichen auf der Stirn geschrieben. In „Pippa" (1906) zeigt es sich mit Hellriegels schwelgerischer Sehnsucht nach dem Süden. In den „Ratten" (1911) äußert es sich listig und ängstlich, elementar und klügelnd als Sehnsucht nach Mutterschaft. Sehnsucht nach unberührter Reinheit ist es in „Vor Sonnenaufgang" (1889), nach der Gnade eines angeblich ungetrübten geistigen Seins in den „Einsamen Menschen" (1891), nach dem behütenden Ort der Heimat im „Bogen des Odysseus" (1914) und nach besänftigender Heiligkeit im „Armen Heinrich" (1902). Überall wird das Ziel der Vollkommenheit, da es die Natur dem Menschen vorenthält, gerade deshalb fast widernatürlich ersehnt, gesucht, erstrebt.

Doch nicht nur Sehnsucht trieb Hauptmann an die Grenze des anderen, ja feindlichen Lagers. Die intensive Konzentration des Naturalisten auf das Detail führte zu einer Übertreibung und damit zu einer Denaturalisierung der natürlichen Gegebenheiten. Der Gegenstand wurde überscharf gesehen. Durch solche Übertreibung erhielt das Reale plötzlich irreale Erscheinung. Weil die Glaubhaftigkeit der Realität bekanntlich an Gewöhnung geknüpft ist, vermittelte das jetzt unmittelbar gewordene Ungewohnte den Eindruck der Unwirklichkeit. Ungewohnt wirkten bereits die Dinge, die der klassische Realismus mit seinem Drang nach Genauigkeit ans Licht zerrte, die Grundteilchen der Materie, das Elementare. Der übertriebene Realismus aber, der sich dann im Naturalismus verabsolutierte, sah die Dinge nicht nur mehr mit bloßem Auge, sondern wie durch ein Vergrößerungsglas. Dadurch gewannen die Dinge unübliche, eben ungewohnte Dimensionen.

Durch solche Überschärfe wird das Milieu in den „Ratten" (1911) geradezu spukhaft. Die Ratten werden im Spiel über ihre naturalistische Statisterie hinaus zum Symbol, zu einer Chiffre für das Ganze. Damit war in Paradestücken des Naturalismus, wenn auch auf einem anderen Wege, wenn auch mit anderer Gestaltungsabsicht und anderem Gestaltungswillen, dennoch formal das erreicht, was eigentlich der Expressionismus prinzipiell und durchgehend wollte. Mehr noch. Der Expressionismus plädierte für den Schrei als mythische, als eklatante Uräußerung. In Schreien offenbaren sich die Urexpressionen der Lust und des Schmerzes. Expressionistische Dichtung wurde Schrei-Lyrik und Schrei-Dramatik genannt. Georg Kaiser häuft in seinen Stücken die Kolonnen der Rufzeichen, um das gerufene Wort in den Schrei zu zwingen. Innerhalb der Regieangaben der expressionistischen Dramen rangiert der Hinweis „schreiend" an erster Stelle. Wie aber äußert sich der Mensch in den vielfachen Wirtshausszenen der Hauptmannschen Dramen, Szenen, die fast alle mit einem Streit enden? Es wird mit Worten gepoltert. Schrei auf Schrei häuft sich und begräbt die echte Rede unter sich. In „Pippa" (1906) stößt Huhn den gellenden, dadaistisch klingenden Schrei „Jumalei" aus. In ihm faßt er alles zusammen, was er eruptiv zu äußern imstande ist. Es ist sein Todesschrei. Dieser Besessene, Tobsüchtige, dieser Satyr der Gier, des geschlechtlichen und des zerstörenden Urtriebes, er spricht auch sonst mit ungewöhnlicher, polternder Sprache, in die sich Tierlaute mischen. Ihm ist das Wort nicht gemäß. Er trommelt, vollführt ein Tamtam des Todes. Trommeln des Urwalds, mythische Schreie der Korybanten, das aber wollte ja doch gerade der Expressionismus, der das primitivste Negerlied über die Lyrik Goethes stellte.

Die Figuren des Expressionismus, Vergegenwärtigungen des Wesens, nicht der Erscheinung Mensch, sind bekanntlich keine Charaktere. Eine Psychologie liegt ihnen fern. Sie sind alle Typen, festgelegte Variationsformen des Menschen überhaupt. Der Typ aber bedarf des Merkmals, des Kennzeichens. Bei Georg Kaiser marschieren im „Gas"-Diptychon (1918, 1920) keine Menschen mit Namen, sondern Blaufiguren und Gelbfiguren auf. Die Koralle im gleichnamigen Drama bezeichnet und identifiziert als einziges Merkmal einen Menschen und sein Schicksal. Ja gerade aus der Verwechslung eben dieses Merkmals, des Zeichens, ergibt sich der Konflikt. Nicht der Charakter, sondern das Zeichen entscheidet. Das Zeichen deutet und bedeutet alles.

Wer die sehr diffizilen und peinlich genauen Regieangaben der Dramen Hauptmanns durchsieht, stellt fest, wie eine zunehmende Abkehr von der charakterisierenden zur typisierenden Bühnenangabe sich durchsetzt. Ihre diffizile Genauigkeit und definierende Exaktheit sind mehr und mehr nichts anderes als Zeichengebung, als eine Häufung, eine Verschärfung von Zeichen. Schon in den Anweisungen des „Friedensfestes" (1890) ist das feststellbar, noch deutlicher aber in „Dorothea Angermann" (1926), vor allem jedoch in „Pippa" (1906).

Huhns rote Haare, triefende Augen und klotzige Figur machen ihn als einen bestimmten Typ erkennbar, eben als Triebmenschen. Hellriegels Art zu reden bezeichnet ihn als Romantiker. Ja, die besondere Sprechweise aller Figuren dieses Dramas verdeutlicht und begrenzt ganz bestimmte Typen. Der Hüttendirektor trägt nicht eine besondere, einmalige, eben individuelle Kleidung, entsprechend seinem nur ihm eigenen Charakter, sondern er trägt die Kleidung und hat das Benehmen eines nicht charakteristischen, sondern typischen Vertreters seiner Art. Sämtliche Figuren des Stückes erscheinen als Vertreter ihres Typs. Hauptmann hat selbst über sein dramatisches „Glashüttenmärchen" gesagt, insbesondere über die Figuren der Pippa und des Hellriegel und über deren Relation: „Ich dachte an eine Vermählung des deutschen Genius in der Gestalt des Michel mit dem Ideal südlicher Schönheit, wie es sich in Pippa verkörpert." Ein Charakter indessen verkörpert sich selbst. Der Typ jedoch steht für eine Vielheit, die sich mit ihm bezeichnet. Hier bezeichnet Michel, allein schon der Name ist typisch gewählt, den deutschen Menschen, Pippa indessen die Südländerin, darüber hinaus nicht einmal den realen Deutschen oder die reale Südländerin, sondern, wie es auch hier heißt, den „Genius", das „Ideal", also das dem Realen genau Entgegengesetzte.

Der Expressionismus liebte in seinen Dramen keine reale Handlung, sondern einen Aktivismus des Zeichens. Er ließ Symbole handeln. Zumindest ließ er Symbole zum treibenden Fakt werden. In Carl Sternheims „Die Hose" (1911) ist eben die Hose, sei's bewußtes, sei's unbewußtes Zeichen, jedenfalls unmißverständliches Zeichen des Ansatzes, des Antriebs, der die Sache ins Laufen bringt. Die meisten expressionistischen Dramen Georg Kaisers beginnen mit einem Zeichen: Glockenzeichen, Schriftzeichen, Sirenengeheul. Die Pantomime, die bloße Geste, gewann damals in der Dramatik wieder an Boden. In Georg Kaisers „Schellenkönig" (1895/96) und „Der Protagonist" (1921) füllt die Pantomime ganze Passagen des Spiels.

Auch in Hauptmanns „Pippa" (1906) verdichtet sich das Kerngeschehen, ja kreist die gesamte Handlung des Spiels um eines der pantomimischen Urzeichen des Menschen, nämlich um den Tanz, worauf schon im Titel verwiesen wird. Das Drama heißt ja: „Und Pippa tanzt". Pippa stirbt tanzend. Mehr noch. Der Tod Pippas vollzieht sich völlig unrealistisch. Nachdem Huhn tobsüchtig trommelnd, also nicht sprechend, sondern durch Urformen der rhythmischen Pantomime, den Tanz Pippas angefeuert hat, zerbricht er auf dem Gipfel seiner Ekstase das kostbare Glas aus Murano in seinen sich verkrampfenden Fäusten. Er zerbricht damit das Symbol der Schönheit, somit das Symbol Pippas, und also auch die Identität dieses Symbols, nämlich die Existenz Pippas. Der symbolische Vorgang des Zeichenzerbrechens zieht magisch den realen Vorgang des Todes von Pippa nach sich. Ähnliche Vorgänge magischer Dramatik sind aus Kleists „Penthesilea" (1808) und Ionescos „Die Unterrichtsstunde" (1951) bekannt.

Der Expressionismus plädierte für Visions-Kunst, die er exemplarisch demonstrierte. Seine Art, die Welt zu sehen, sollte visionär, nicht optisch sein. Die Schau wurde von ihm als urtümliches Erkenntniserlebnis dem naturwissenschaftlichen und fotografischen Sehen des Naturalismus entgegengestellt. Das innere Bild sollte Gewicht haben. Das Bild des Wesens. Diese Visions-Kunst oder Kunst der Visionäre, die sich gegen den Intellekt, gegen das logische Verarbeiten und deshalb angebliche Verschachteln des Empfangenen wandte, die an die Stelle des Erkennens und Forschens eben die sogenannte Schau setzte, das unmittelbare Erlebnis kraft seelischer Empfindsamkeit, die statt Logismus die Ekstase wollte, die das Prophetische und Sibyllinische anstelle des Protokollierenden und Überlegten betonte, diese Visions-Kunst suchte ihre Motive im Ungewöhnlichen, jenseits des bekannten Bereichs, vielmehr im Bereich des Wunderbaren, des Transparenten, des Traumhaften, des Exotischen, der Seelentiefe, ja im Seelenabgrund.

Auch Hauptmann, der Naturalist, griff nach Themen und Produktionskräften des Visionären, des Traumhaften, der Magie. Schon im „Festspiel in deutschen Reimen" (1913), das man von ihm als nationales Sprachdenkmal aus Anlaß des hundertjährigen Gedenktages der Leipziger Schlacht gegen Napoleon erbeten hatte, hängt er wie in einem Puppenspiel die Heroen dieser Zeit an Drähte auf und läßt sie, von oben gelenkt, wie Marionetten agieren. Das ist eine demonstrative Hinwendung zum Transzendentalen, zu einer Kraft, die über der Geschichte steht und von oben her, da sich die Fäden in ihrer Hand befinden, alles lenkt. Hauptmanns Märchendramatik und seine Beiträge zum Traumspiel enthalten zahlreiche Verwirklichungen des Visionären. In „Elga" (1905), einer Nachdichtung von Grillparzers „Kloster von Sendomir" (1827), verwandelt sich die Erzählung des polnischen Mönches in eine einwandfreie Traumhandlung. Elgas Mann und Elgas Liebhaber haben beide den gleichen Traum, vereinigen sich insofern zugleich mythisch und real im gemeinsamen Traumbild mit der gemeinsamen Geliebten, die wie ein Dämon, nackt und mit glühenden Augen, über Knochenberge und Knochentäler tanzt. Das ist kaum noch ein naturalistisches, als vielmehr schon ein surrealistisches Bild. „Die versunkene Glocke" (1896) zählt einwandfrei zur Märchendichtung, getaucht in die Atmosphäre, ja lebend aus der Atmosphäre der nicht beschreibbaren und nicht zu berechnenden Mächte. In „Hanneles Himmelfahrt" (1894) erfüllen die visionären Träume des mißhandelten Hannele, diese Kreationen ihrer Phantasie, die reale Atmosphäre mit Traum-Wirklichkeit. Ihre Tatsächlichkeit besteht aus visionärer Substanz. Der erste Akt von „Und Pippa tanzt" (1906) spielt noch ganz im realistischen Milieu. Von Akt zu Akt aber bewegt sich die dramatische Kurve immer mehr in imaginäre Räume, in Räume, die schon ihrem Inventar nach mit Gegenständen der erträumten Welt ausgestattet sind, so zum Beispiel mit jenem venezianischen Schiff, in dem Hellriegel seine beseligende und zuletzt von Entsetzen erfüllte Traumfahrt unternimmt. Wohl beginnt also der Weg im Realen, aber er entflieht dem Boden der Realität und hebt sich wie der Dampf aus den Schneeschluchten des Gebirges in die Räume des Phantastischen, des Traumhaften, wo die Gespenster, die wilde Jagd sich austoben.

In der Dichtung „Die Insel der Großen Mutter" (1916–1924) und in der Erzählung „Das Meerwunder" (1933/34) begibt sich Hauptmanns Visions-Kunst schließlich in imaginäre Weltgegenden außerhalb seiner schlesischen Heimat. Der Klub der Lichtstümpfe in der letztgenannten Erzählung ist eine verschworene Gemeinschaft der Ungewöhnlichen, der Abseitigen, die alle ihrem kleinen Tagwerk zwar sehr real, ja realistisch nachgehen, die sich aber von Zeit zu Zeit zu Sitzungen versammeln, wo es alles andere als real oder realistisch zugeht, wo vielmehr dem imaginären und metaphysischen, ja dem spukhaften Kult geradezu gefrönt wird. In dieser Gemeinschaft berichtet nicht, sondern verkündet Cardenio, unmittelbar vor dem Tode, also an der Grenze seiner Existenz, die Legende seines Lebens. Dieses Leben war nicht von den Kräften des Realen und Logischen bestimmt, sondern von jenem magischen Meerweib, das seine Frau wurde und doch ein Tier blieb, das ihn in unbekannte Fernen trieb, eine Chimaira am Bug seines Lebensschiffes. Was sich dort abspielt, geschieht zwar als Wunder, als Magie, und dennoch mit dem Anspruch auf Tatsächlichkeit. Deshalb fordert auch Cardenio von seinen Zuhörern nicht die Kraft der Erkenntnis, sondern die des uneingeschränkten Glaubens. Er lehnt alle Beweisführung von vornherein ab und verkündet die Wahrheit des Seins mit dem schaumbedeckten Mund eines Rasenden. Hauptmann selbst hat einmal über seine Traumdichtung mit dem bezeichnenden Titel „Der große Traum" (1928) gesagt: „Mir ist diese Dichtung Erlebnisform." Und weiter heißt es: „Der Traum ist mir stets eine grauenhaft große Erlebnisquelle gewesen."

Was bleibt als Frage? Sind die hier im Vergleich zitierten Zeichen des Hauptmann'schen Oeuvres, also: der Weg Hauptmanns zum Typischen, seine Überschärfe des Blicks, sein Griff nach dem Elementaren, dem Wesenhaften, dem fast metaphysisch Grundsätzlichen, sein soziales Mitleid, seine Visions-Kunst, sind das Magische und Märchenhafte seiner Motive, sind all diese Zeichen auch Zeugen für eine Teilnehmerschaft am Expressionismus? Stand Hauptmann also doch im Banne dieser epochalen Kraft? Ja, überschritt er nicht gelegentlich die Grenze?

Eine kritische Antwort auf diese Frage wird den Naturalisten Hauptmann, wenn man ihn so nennen kann, nur an die Grenze des Expressionismus verweisen. Sein Verharren in der Passion, im Erleiden, seine geradezu demütige Unterlassung der Aktion, wie er sie in den kritischen Jahren von 1933 bis 1945 fast resignativ und tragisch gezeigt hat, unterscheiden ihn auch bei benachbarter Thematik oder Form eindeutig vom expressionistischen Metier, ja von der Zielsetzung dieser tragischen Kulturrevolutionäre. Denn die Expressionisten erkühnten sich ja, den Kahn entschlossen von den alten Ufern abzustoßen, mochte man auch nicht wissen, wohin er treiben oder getrieben werden würde. Expressionismus wollte Tat, ja Tatsächlichkeit des Wortes, forderte grenzenlose Aktivität, selbst im Erleiden. In Hauptmanns Stück „Indipohdi" (1920), zu deutsch „niemand weiß es", steht ein Satz, der die Grenze des Autors zum Expressionismus zu markieren imstande ist: „Und sieh, Tehura, er, der Mensch, / der sich von seinem Muttergrunde loslöst, um seine Todeshöhe zu ersteigen, / hat nur noch Macht zu leiden, nicht zu tun."

1966

Über Theodor Däubler

Er war einer der letzten Nomaden des Abendlandes. Else Lasker-Schüler inthronisierte ihn als „Fürsten von Triest“. Walter Mehring erklärte ihn zum „Mystiker“. Für ihn war er der „leibhaftige Jupiter tonans“. Kurt Pinthus reihte ihn unter die expressionistischen Neutöner seiner „Menschheitsdämmerung“ ein. Für die einen galt er sogar als Dadaist, für die anderen wieder als legitimer Nachfahre Dantes. Ein halbes Jahrhundert hindurch bereiste er Europa, Österreich, Deutschland, die Schweiz, Frankreich, England, Skandinavien, jedoch vor allem den Süden und Südosten: Italien, Sizilien, den Balkan und Griechenland, und über die Grenzen Europas hinaus Ägypten; nicht selten in Anzügen, die andere abgelegt hatten, und mit einer Reisetasche, in der kaum mehr als eine Zahnbürste, ein Hemd und das monströse Manuskript seines „Nordlicht“-Poems steckten.

Italien war für Däubler jedoch nicht so sehr Reise- oder gar Sehnsuchtsziel, sondern mehr selbstverständlicher Besitz, Vater- und Mutterland in einem, Ort der Rückkehr. Indessen lockte ihn Griechenland als ein Territorium des geistigen Abenteuers, ja der geistigen Eroberung. Dort erst wurde er zum Bakchos seiner Literatur und Existenz, zu einem germanischen Sokrates, zu einem Zeus als Zigeuner aus Triest, zur verspäteten Seele eines hellenistischen Staufers. Mochte er sein Hauptwerk, „Das Nordlicht“, zwar „am Fuß des Vesuvs“ begonnen und in Genf, der Stadt Calvins, überarbeitet haben, erst in Athen, im Anblick der Akropolis gelang ihm seine Vollendung. Wiewohl er verliebt war in typisch italienische Gedicht-Formen: in Sonette, Terzinen und Stanzen, erwies er sich doch als Lyriker ohne Kompromisse im griechischen Stil der Hymnen, wurde erst das Hymnische der Hellenen sein Lebensstil, ja seine besondere Existenzform. In der Bibel heißt es: „Im Anfang war das Wort.“ Goethe läßt seinen Faust verkünden: „Im Anfang war die Tat.“ Däubler aber setzte an den Schluß seiner „Hymne an Sizilien“, seines Gesanges auf Neugriechenland, den Vers: „Es wurde unsre ganze Welt zuerst gesungen." Seine Dichtungen klingen heute wie Gesänge eines Dionysos-Zuges ohne Sänger und Gefolge.

Däubler war übrigens schon zu seiner Zeit ein Dichter ohne Echo. Die Klage, die er in seinen Briefen darüber führt, hat erschütternde Akzente. Und er ist bis heute ein Dichter ohne Echo geblieben. Insofern zählt sein Werk zur ungesellschaftlichen Kunst, was zumeist auf Alterswerke zutrifft, nur daß dies bei Däubler auch bereits für die Verse der Jugendzeit gilt.

So mag es nicht erstaunlich sein, daß Däublers Erscheinung bekannter wurde als sein Œuvre. Während es kaum eine Illustration seiner dichterischen Imaginationen gibt, existiert eine Vielzahl von Porträts seiner Person. Lehmbruck, Barlach, Dix, Pankok und Felixmüller, Schlichter, Stumpp, Gulbransson, Dolbin und Huf haben u. a. versucht, den intellektuellen Januskopf dieses Mannes bildkünstlerisch zu entdecken. Sein Kopf erinnerte an den Löwen, den Donatello für das Standbild Marzocco in Florenz schuf. Seine Erscheinung präsentierte nicht nur einen intellektuellen Koloß, nicht nur einen Pan mit dem Kopf von Marx oder Brahms, die Gestalt eines attischen Flußgottes, eines Neptuns auf der Straße, den die Passanten gelegentlich mit Hermann Bahr verwechselten, sondern auch einen Clochard unter den Brücken Europas, einen Pilger der Ästhetik im Staub der antiken Landschaften.

Theodor Däubler wurde am 17. August 1876 in Triest geboren, in jener Stadt des damals österreichischen Istrien, die auch James Joyce so starke Eindrücke vermitteln konnte. Gewiß ist Triest nicht das einzige tertium comparationis zwischen Joyce, dem Ulysses von Dublin, und Däubler, diesem deutschen Odysseus, der, im Sternbild des Löwen geboren, eben wie ein lyrischer Löwe die Mittelmeer-Zonen bereiste, Insel um Insel, Küste um Küste, gleich einem alten Seefahrer – und er ist ja Schiffsjunge gewesen –, die Sterne und Sternbilder als Zeichen der Orientierung stets im Blickfeld. Auch hinsichtlich der Staatszugehörigkeit zeigte er sich odysseeisch. Erst war er österreichischer, dann italienischer und zuletzt preußischer Staatsbürger, wozu sogar die bayerische Staatskanzlei ihren Segen geben mußte.

Es wird berichtet, daß der Müller-Verlag lediglich hundert Exemplare der stattlichen Ausgabe seines „Nordlichts" absetzen konnte, nämlich jene hundert Exemplare, „die Däubler (selbst) bei verschiedenen Buchhandlungen aus seinen letzten Ersparnissen gekauft hatte". Und trotzdem nahmen die unterschiedlichsten Gremien, Richtungen und Weltanschauungen Däubler für sich in Anspruch. So wurde er z. B. von den Expressionisten aufs Schild gehoben und er bekannte: „Schwer genug an mir war zu tragen.“ Die Berliner Dadaisten setzten ihn auf einen Thron, den Grosz, Huelsenbeck und Mehring umtanzten. Pfemferts „Aktion“ publizierte mehr als zwei Jahrgänge hindurch nahezu verschwenderisch seine Texte und Verse. Die Sektion für Dichtkunst der Preußischen Akademie der Künste räumte Däubler ihren geräumigsten Sessel ein, der ihm auch nach der *Gleichschaltung* von 1933 nicht gekündigt wurde. Der deutsche PEN-Club kürte ihn zu seinem repräsentabelsten Präsidenten, dessen Auftreten während der Kongresse in Oslo, Wien, Den Haag und Budapest nicht zu übersehen war. Däubler war aber nicht nur fotogen. Er vermochte in Gesellschaft auch klug und spannend zu plaudern. Er wurde auf Empfängen meist rasch zum Mittelpunkt. Und so schlief er nicht nur wie ein Bettler am Seine-Ufer von Paris, stampfte er nicht nur wie ein Pilger über die steinigen Wege zum Berge Athos, saß er nicht nur wie jener Fremdling im „Malte“ Rilkes, soeben von seinem Esel gestiegen, auf den Stufen zur Akropolis oder als einer der Hirten in der Provence am Rande seiner Herde, sondern verkehrte auch in Universitätskreisen, unter Industriellen, stand im Blitzlichtfeuer der Reporter auf Pressebällen und wurde so nicht selten zum ausfüllenden Titelblatt einer Illustrierten. Dennoch war die ihm erwiesene Aufnahme unterschiedlich. Da wurde sein Auftritt bewundert, dort aber auch verspottet.

Der Dualismus der Herkunft und Existenz Däublers: Süden und Norden, zweisprachig aufgewachsen, in der Mentalität einerseits verstiegen und überspannt, andererseits wieder kalkulierend und realistisch, das eine Mal mit grollender Donnerstimme, das andere Mal mit gütig-sanftem Flüsterton sprechend, in den schattigen deutschen Wald genau so verliebt wie in die sonnenweißen Marmorkolonnaden Italiens, einerseits nur Autor von Exklusivausgaben prominenter Verlage, andererseits aber auch Kolumnist von Provinzblättern, diese gelegentlich bis zur Schizophrenie ausartende dialektische Duplizität oder Ambivalenz des Charakters und Stils, sie war eine grundsätzliche Anlage seiner Person. Sie befähigte ihn jedoch zum Brückenbauer, zum pontifex linguarum. Ganze Gesänge der „Divina Commedia“ kannte er auswendig, schrieb futuristische Verse in italienischer Sprache, noch ehe Marinetti sein Manifest formuliert hatte. Er schuf Nachdichtungen z. B. von Verlaine und d'Annunzio, die dem fremdsprachigen Organismus dieser Verse einen adäquaten Sprachleib im Deutschen vermittelten. Er wirkte wie ein Nachfahre der spätgriechischen Enzyklopädisten mit gesamteuropäischen Ambitionen, wie ein Renaissance-Mensch und eine Barockfigur der Moderne, Gelehrsamkeit mit Phantasie verschmelzend, figurativ mediterran und doch schwelgerisch gleich einem Hyperboreer. Stefan George gab sich priesterlich, Däubler jedoch augurenhaft.

Der Autor des „Nordlichts" fühlte sich für das Abendland, ja für die Welt verantwortlich. Der spekulative Entwurf für sein monströses Poem erscheint wie das positiv gefaßte Zukunfts-Konzept eines väterlichen, sich sorgenden praeceptors mundi. Diese Phantasmagorie Däublers, die in Quantität wie Qualität, in Stilart und Thematik nicht weit entfernt ist vom ebenso monströsen „Phantasus"-Gedicht des Arno Holz, die ihren Autor in die Nachkommenschaft Klopstocks einreiht und in die Nachbarschaft von Julius Slowacki stellt, wurde bereits kurz nach dem Erscheinen der ersten, also der Florentiner Fassung, als Gegenstück zu Oswald Spenglers „Untergang des Abendlandes" beurteilt. Sie versucht, dem Kulturskeptizismus der Jahrhundertwende, dem damals auch die Expressionisten mit ihrer Idee von der *Erneuerung des Menschen* entgegentraten, durch Mystizismus und Symbolismus zu begegnen. Ein mystizistischer Optimismus wird verkündet. Kein abstraktes System, sondern ein phantastischer Entwurf liegt diesem Werk zugrunde, eine literarische Variante von Hegels Vorstellung der dialektischen Welt-Entwicklung aus dem ungeklärten Zustand dunkler Substanz zur Transparenz reiner Idee.

Während der Utopist Campanella, den Däubler mit größtem Interesse studiert hat, seine Idee der Welterlösung als *Cità del Sole,* also lediglich als Sonnen-Stadt etablierte, baute Däubler diese Vorstellung wie ein Sonnen-Nietzsche zu einem *Impero del Sole,* also zu einem Sonnen-Reich aus. Die von Giordano Bruno mit dem Feuertod bezahlte Überzeugung, daß Gott und Welt in ihrer gemeinsamen Unendlichkeit zusammenfallen, so daß dadurch die Welt wieder in Gott aufgeht, schattierte Däublers Imagination von der Rückkehr der Erde zur Sonne mit naturphilosophischen Akzentuierungen.

Innerhalb der deutschen Literatur hatte bereits die Romantik den Sehnsuchtsruf des „Nachhause" angestimmt, dies nicht ohne Anlehnung an die urchristlichen Vorstellungen von der Heimkehr aller Wesen in den Schoß Gottes. Rilke dogmatisierte in den „Sonetten an Orpheus": „alles Vollendete fällt/heim zum Uralten." Däubler nützte für seine Darstellung der gleichen Tendenz mit poetisierender Kraft die inzwischen gewonnenen Forschungsergebnisse der Naturwissenschaft, u. a. der solaren Astronomie, aus. Die von der Sonne einstmals abgefallene Erde leidet unter dem Heimweh nach ihrem Ursprung. Das Leben auf Erden ist nichts als Ausdruck und zugleich Realisation dieses Heimwehs. Der Sublimierungsprozeß der irdischen Individuen von Pflanze zu Tier und schließlich Mensch tendiert zum Geist als höchster Form der Natur, wie es Goethe nicht anders empfand. Im Geist, symbolisiert durch das Nordlicht, ist die Heimkehrreife zum Ursprung, zur Sonne erreicht. Was für Novalis die *Nacht*, für Rilke der *Weltinnenraum*, für Kafka das *Gesetz*, für Meidner das *Sternenmeer*, für Trakl die *Schwermut* und für Hesse das *Glasperlenspiel* waren, signalisierte Däubler als *Nordlicht*, dargestellt im gleichnamigen Werk als ein in drei Etappen erzähltes Märchen vom tragischseligen Glück der Menschheit. Die drei Fassungen dieser Dichtung, die Florentiner, Genfer und Athener, stehen wie ein Sonnenfries am letzten Großtempel der abendländischen Lyrik. War Georg Kaiser in seinen Stücken ein *Denkspieler*, so hat sich Däubler in der gleichen Zeit mit seinem Poem als *Wortspieler*, als waghalsiger Fassadenkletterer der Sprache erwiesen.

Von der Imagination des „Nordlichts", diesem Schluß des deutschen Idealismus, mußte Däublers Weg, der Weg eines modernen Vorsokratikers mit monistischer Tendenz („Alles Erlebte gipfelt in einem Geistigen. Jedes Geschehen wird sein Typisches."), als wandernde Kalkulation eines metaphysischen Mathematikers, der alles, was ist, auf den Nenner Sonne brachte, aus Italien und Deutschland in den Orient führen, ins Land des Orpheus, den noch Cocteau einen „Priester der Sonne" nennt. Däubler wurde zum singenden Felix Dahn von Athen, zum Cicerone von Hellas, zum Swedenborg Attikas, zum Evangelisten Johannes vom Berge Athos. Dort begann sein Denken sich zu disziplinieren, adaptierte sein schwärmerischer Stil die Möglichkeiten des erläuternden geographischen und historischen Protokolls.

Während Winckelmanns Griechenland-Vorstellung eine klassizistische Projektion des dazumal sowohl monströsen wie idyllischen Zeitgeistes war, eine Übertreibung des kleindeutschen Wunschdenkens, Hölderlin dabei ohne die Hilfe eines protestantischen Pietismus nicht auskam und später Gerhart Hauptmann den tragischen Charakter der hellenischen Welt von der unerbittlichen Kausalität des naturalistischen Daseins her entwarf, wurde Däublers Griechenland-Bild primär von der Landschaft bestimmt. Däublers Essays, Berichte, Skizzen und Verse aus Hellas summieren sich wie die Blätter für einen literarischen Atlas der sogenannten Wiege des Abendlandes. Ein Landschaftsgemälde beginnt zu entstehen, ohne je beendet zu werden. Antike und Gegenwart, Mythos und Geographie dieses Landes verschmelzen miteinander.

Däubler, dessen Lieblingsstil die Romantik als christlicher Ausklang des antiken Bauwillens war, der in der Gotik nicht eine Gestaltung, sondern lediglich eine Ornamentierung des Raumes sah, der den Barockbaumeister Johann Balthasar Neumann verehrte und bewunderte, der als Sprachschöpfer den Naturalismus der Sprache mit seinem *intellektuellen Stil* überwand, er war nicht das, was man einen Menschen der Aktualität nennt. Der Fluß der Geschichte umging diesen Monolithen. Er scheint von der Tagespolitik so wenig gewußt zu haben wie die Mönche am Berge Athos vom Weltkrieg. Demokratie und Sozialismus waren für ihn Signale, die seine Antennen nicht zu registrieren vermochten. Sein Sozialismus und seine Demokratie, selbst im Engagement für Johannes R. Becher, waren vormarxistisch. Er hat weder gegenüber dem Ersten Weltkrieg, noch hinsichtlich der Inflation, ja nicht einmal gegenüber dem Hitler-Faschismus eine Stellung bezogen. Vielleicht traf auf ihn doch das zu, was Thomas Mann unter einer mythischen Gestalt verstand.

Als Däubler, von Gestalt zwar ein Fleischkoloß, in der Struktur aber ein diffiziles Wesen, seit 1932 hoffnungslos an Lungentuberkulose erkrankt, am 13. Juni 1934 in St. Blasien im Schwarzwald starb, schrieben noch einmal die Zeitungen Europas, deutsche, Schweizer, italienische, tschechische, französische, ja selbst russische Blätter über ihn. Der damals bereits geächtete Barlach gab der Totenmaske Däublers die gültige Form. Edschmid und Grosz erinnerten sich auch später noch seines Erbes. Der Vater Däublers überlebte seinen Sohn. Sidow und Kemp verdanken wir Erst- und Neuausgaben seiner Werke. Toni Sussmann, seine Lebensfreundin, und Döblin vermittelten die Gründung des jetzt eröffneten Theodor-Däubler-Archivs bei der Akademie der Künste, in dem sein letzter Nachlaß gegenwärtig ist. Das Grab Däublers betreut die Stadt Berlin auf dem Waldfriedhof Heerstraße, unweit der Gräber von Grosz und Ferdinand Bruckner. Auf der Grabplatte stehen einem Testament gleich die Verse: „Ich bin der Glaube an die Macht der Sonne / Die Welt versöhnt und übertönt der Geist.“

1968

Alfred Wolfenstein und seine Produktion

Er wurde am 28. Dezember 1883 als Sohn eines Kaufmanns in Halle an der Saale geboren, also im gleichen Jahr wie die Elsässer Schickele und Stadler. Doch später, als er zu veröffentlichen begann, machte er sich fünf Jahre jünger, um zur jungen Garde der Expressionisten zu zählen, jünger als Benn, Herrmann-Neiße, Heym, Loerke und Trakl. So kommt es, daß die meisten Literaturgeschichten und sonstigen Abhandlungen dieser Art ein falsches Geburtsjahr nennen, obwohl Wolfenstein selbst bereits in seiner autobiographischen Schrift von 1921 die Sache richtiggestellt hat.

Als der Autor von Kurt Pinthus um eine autobiographische Notiz für die Anthologie „Menschheitsdämmerung" (1920) gebeten wurde, äußerte er sich bewußt ahistorisch. Er schreibt: „Geboren wurde ich an vielen Tagen. [. . .] Biographie gibt es nicht." De facto aber war er gemäß seines richtigen Geburtsdatums wie alle Schulpflichtigen Halles rechtzeitig in die dortige Grundschule gekommen. Doch vor dem regulären Abschluß der folgenden Gymnasialzeit brachten ihn die Eltern als Lehrling in einer Holzhandlung unter. Hatte er vorher das Schulgebäude als „Gefängnis" empfunden, so benutzte er jetzt gewisse Örtlichkeiten des Holzplatzes gern zur stillen Lektüre oder zur Niederschrift erster lyrischer Ergüsse. Erhalten davon blieb keine Zeile.

Nach einem Zwischenaufenthalt in Dessau siedelte 1901 die Familie Wolfenstein nach Berlin über. Im dortigen „Askanischen Gymnasium", das er wie Kurt Hiller, Rudolf Kayser und andere Altersgenossen seiner Couleur absolvierte, mußte der Zugereiste aus Platzmangel um zwei Klassen zurückstecken. Nach dem Abitur (1905) studierte Wolfenstein an der Berliner Universität Jura, wo er 1910 promovierte. Anschließend war er zusammen mit C. F. W. Behl als Gerichtsreferendar in Moabit tätig. „Der starre Schematismus und verzopfte Bürokratismus des Rechtsbetriebs bedrückten ihn schrecklich; er ächzte buchstäblich darunter." Doch weit mehr als die Gesellschaft wirkte der urbane Koloß Berlin, die Häuserballung, auf den gewiß stattlichen, wiewohl sensiblen und häufig fußkranken jungen Mann. Er war zwar bei Feten auf Studentenbuden anzutreffen, organisierte sogar zusammen mit Matthias und Seyerlen das vielstimmige literarische Kabarett „Die feindlichen Brüder", für das so gegensätzliche Leute wie Benn, Hiller und Rubiner gewonnen werden konnten, fand aber doch nicht so recht einen gesellschaftlichen Anschluß. Er las sehr viel Shelley und Dostojewski. Sie wiesen ihm den Fluchtweg in die Literatur. Doch Wolfenstein fand auch Kontakte, die ihn förderten, darunter den zunächst wohl wichtigsten mit Pfemfert, vermittelt durch Else Lasker-Schüler. In der „Aktion" vom 5. Februar 1912 erschien sein erstes Gedicht unter dem Titel „Mitwelt". Den ersten Prosatext, die Rezension „Hebung der Prostitution", hatte „Das Blaubuch" in seiner fünften Ausgabe von 1910 veröffentlicht. Bis 1914 blieb Pfemferts Zeitschrift das wichtigste Publikationsorgan des frühexpressionistischen Lyrikers, aber auch Essayisten und Rezensenten Wolfenstein. Auf Empfehlung von Musil brachte S. Fischer im Mai 1914 unter dem Titel „Die gottlosen Jahre" den ersten Gedichtband des inzwischen Dreißigjährigen heraus, vom Gönner sogar trefflich besprochen. Es sind Verse „extremer Bewußtseinslyrik", Stadtgedichte vor allem, rhythmische Reflexionen eines erschütterten Intellektuellen. Max Brod setzte sich damals von Prag aus auch bei Kurt Wolff für ihn ein.

An einem Oktobertag des Jahres 1914 trafen sich Kurt Hiller, Wolfenstein und Rudolf Kayser im Berliner Café des Westens, wo sie beschlossen, der „Gesinnung", die sie hatten, und der „Bewegung", die sie wollten, „den Namen ‚Aktivismus' zu geben". Seinem späteren Bericht über diesen Taufakt fügt Hiller die Bemerkung bei, „daß die beiden Herren: Kayser und Wolfenstein, der Sache, die uns damals verband, später untreu wurden".

Als geradezu personifizierte Diskrepanz zwischen Politik und Dichtung zählt Wolfenstein zu den Prototypen des Expressionismus.

Wohl Anfang 1915 kam Wolfenstein nach München, wo er mit Rilke, Georg Kaiser, Becher und Toller zusammentraf. Rilke las dort innerhalb seiner Vortragsabende im Picasso-Saal auch Gedichte von Wolfenstein. Die Kontakte mit Georg Kaiser, dem er 1920 als erster einen Solidaritätsbrief ins Münchener Gerichtsgefängnis am Neudeck schrieb und in dessen Berliner Debattier-Klub er später verkehrte, sind leider nur spärlich dokumentiert.

Die Beschäftigung mit dem Werk Bechers regte Wolfenstein zu einer Beurteilung des Expressionismus an, wie sie sonst in seinen

Schriften kaum zu finden ist. Er spricht von „mancher Tollheit des Expressionismus" und ist der Meinung, daß „das Chaos damals in Vers und Prosa strudelte". Becher brachte ihn auch darauf, über die „soziale Funktion", ja über die „politische Rolle" der Schönheit nachzudenken. Zweifellos sei es für ein politisches Gedicht notwendig, daß in ihm „Gesinnung und Kunst [. . .] miteinander verschmolzen" sind. Doch es wirke „gegenrevolutionär", sobald ihm die Schönheit fehlt. Insofern sei Werfel ein positives Beispiel; denn „er donnert auf einer Flöte".

In Toller sah Wolfenstein sein Dichterideal verwirklicht, ein Paradigma der „humanen Revolutionsgesinnung", die immer erneut erstrebte Einheit von „Dasein und Dichten", eben einen „Dichter im Lebendigen", sowohl „in der Wahrheit" als auch „in der Wirklichkeit". Kein Wunder, daß er 1939 im Nekrolog ihn als seinen „Lieblingsbruder" bezeichnet.

Wolfenstein war inzwischen Mitarbeiter wichtiger beziehungsweise für den damaligen Literaturbetrieb symptomatischer Publikationsorgane geworden. So veröffentlichte er Verse oder Texte in den Zeitschriften „Arkadia", „Die neue Rundschau", „Wieland", „Das Zeit-Echo" und „Sirius". Entscheidend für die weitere Entwicklung aber wurde seine Verbindung zu den „Weißen Blättern", also zu René Schickele, dessen pazifistische Gesinnung er teilte und dessen Existenz-Stil ihm sympathisch war. Im gleichen Sinne, als Korrespondent der ‚Weißen Blätter', besuchte Wolfenstein am 24. Mai 1916 Rolland, für den er ein Jahr später ein Sonett der Freundschaft und Verehrung schrieb. Rolland wiederum nahm ein treffliches Protokoll über den damaligen Besuch in sein „Journal des années de guerre 1914–1918" (1952) auf.

Einen besonders willkommenen Gesprächspartner während der Münchener Zeit, also bis 1924, fand der zum Unterhalten und Debattieren allzeit aufgelegte Wolfenstein in Gottfried Kölwel. Damals hängte er auch seinen Juristen-Beruf an den Nagel und arbeitete nur noch als freier Schriftsteller. 1916 schloß er mit Henriette Hardenberg die Ehe, die zehn Jahre dauerte. Ende 1916 war der zweite Gedichtband druckreif, der dann im folgenden Jahr unter dem Titel „Freundschaft" erschien.

Wolfensteins Begriff der Freundschaft ist schillernd. In ihm sind seine mehr philanthropischen als sozialen Tendenzen genauso aufgehoben wie jener „große Zwiespalt" von „Menschenzuneigung und Einsamkeit", unter dem er als Großstadtmensch und Jude litt, nicht zuletzt aber seine Münchener Erfahrungen mit dem einen wie mit dem anderen Geschlecht. So gedanklich bestimmt, ja intellektuell Thematik und Struktur seiner Lyrik erscheinen mögen, sind dennoch die vielfachen, oft bizarren, dann wieder verschlüsselten erotischen Vergleiche oder Bilder in seinen Gedichten nicht zu übersehen.

Kubistischen Stil zeigte Wolfensteins erste dramatische Arbeit, die 1917 unter dem Titel „Die Nackten" erschien. Es ist ein zur Abstraktion neigendes Chorwerk, in dem der „‚menschliche' Kämpfer" mit den Parteien der „Stehenden", der „Schreitenden" und der „Rennenden" konfrontiert wird, womit Reaktion, Zivilisation und Revolution gemeint sind, zu deren Apostrophierung auf „Bauch", „Stirne" und „Arm" angespielt wird.

Schon zwischen 1911 und 1913 hatte Wolfenstein auch Prosa geschrieben, eine Reihe von Novellen, die 1918 unter dem Titel „Der Lebendige" erschienen, zumeist erzählte Varianten zur Lyrik der zeitlichen Nachbarschaft. Im gleichen Jahr traf er mit Friedrich Burschell zusammen, mit dem er bis in die Prager Exil-Zeit befreundet blieb. Mit ihm erlebte er auch die wenigen Tage der Münchener Räterepublik und deren Zerschlagung. Gewiß engagierte er sich, jedoch nicht als Parteimitglied. Jene Worte „Seht, da geht der Oberbolschewik!", mit denen eine übelwollende Nachbarin die Weißgardisten auf ihn hetzte, aus deren Haft er dann wie durch einen Zufall wieder freikam, trafen nicht seine politische Gesinnung. Er erwartete damals alles andere als die Gründung eines marxistischen Staates. Ihm ging es mehr um die Konkretisierung jenes „Traumes vom guten Volk", wie er ihm in den „Nackten" (1917) vorschwebte, wobei er dem Dichter eine Rolle zuwies, die er von Gustav Landauer in tragischer Form verwirklicht sah.

1919 erschien die Sammlung „Menschlicher Kämpfer" als „Buch ausgewählter Gedichte". Auch wenn Pinthus diesen Band „ein programmatisches Buch jüngster Dichtung" nennt und Loerke ihn sogar als „eine zusammenhangvolle Vision des Künftigen" bezeichnet, ist er doch primär eine lyrische Rekapitulation von Bekenntnissen und Reflexionen des Wolfensteinschen Ichs. Werfels Vorstellungen von einem „empfindsamen Nervenlyriker" treffen auf viele Verse der Sammlung zu. Auch Rollands Urteil, das die Gedichte Wolfensteins als „nicht zu überhörende Manifeste einer neuen Generation" versteht, schießt über das Ziel hinaus. Wolfenstein war weder Organisator noch Wortführer einer ganzen Generation. Er war viel zu individuell, als daß er sich zum Maßstab für die Gesinnung einer Epoche geeignet hätte.

Wolfenstein hat sich in seinen theoretischen und kritischen Texten, ob Manifeste oder Aufsätze, Essays oder Rezensionen, die er zwischen 1910 und dem Vortag seines Todes schrieb, mit ebenso vielfältigen wie immer wieder gleichen Themen befaßt, mit Themen jedoch, von denen er sich selbst betroffen fühlte. Erst bei der Formulierung transponierte er die Probleme in die Gesellschaft. Er hat grundsätzliche Fragen behandelt wie „Die Wahrheit über den Menschen" (1919) und aktuelle, pragmatische Probleme angeschnitten wie „Das Neue" (1919), „Aufruf gegen ein Gift" (1919), „Die Entweihung der Gewalt" (1920), aber auch „Vom Geist des Rundfunks" (1932) und „Übersetzungskunst" (1941). Auf der Suche nach einer neuen Ästhetik, ja vor allem Poetik „im Banne des Expressionismus" verfaßte er die Schriften „Kämpfer Künstler" (1915/1916), „Über die Lebendigkeit der Kunst" (1917), „Äußere Dichtung" (1919), „Bildersturm" (1920) und „Der Anti-Poet" (1926). Seiner jüdischen Herkunft bewußt, untersuchte er Themen wie „Das neue Dichtertum des Juden" (1922) und „Jüdisches Wesen und neue Dichtung" (1922). In die erste Reihe der Theoretiker des Expressionismus schob er sich allerdings mit seiner für die damalige Kulturrevolution so gebrauchbaren und deshalb auch so oft zitierten Passage aus „Der Menschliche Kämpfer" (1919): „Der erneute Mensch wird diejenige Kunst lieben, von der er selbst sich gezeugt fühlt. Eine neue Einheit von Leben und Kunst kann triumphieren. Diese Einheit wird nicht wie in vergangener Epoche dadurch entstehen, daß Natur die Kunst bestimmt: Sondern die Schöpfung der Kunst soll zur Schöpfung des Lebens werden."

In seinen Rezensionen, zumeist durch Zeitschriften wie „Die Aktion", „Die neue Kunst", „Die neue Rundschau", „Die neue Schaubühne" und „Die literarische Welt" veröffentlicht, befaßte er sich gern mit Werken oder Ideen verwandter Geister. So schrieb er über Gerhart Hauptmann, Francis Jammes, Musil, Rilke, Brod, Lichtenstein, Loerke, Sorge, Kesten und Toller, aber auch über Verlaine, Shelley, Victor Hugo und Heine. Doch er schoß auch scharf, so zum Beispiel auf Ernst Blass. Dankbar und gerecht grüßte er in einem Aufruf Eduard Beneš, den Präsidenten seines ersten Asyllandes nach 1933.

Die biographischen Notizen Wolfensteins sind mehr unter programmatischem als unter historischem Aspekt zu betrachten. Die bisher nicht im Druck erschienene Selbstdarstellung von 1921 schließt mit einem Bekenntnis: „Die Periode des Gedichts liegt für jetzt hinter mir. Ich glaube nun auf der Erde zu beginnen, die nicht Stadt und nicht Land ist, mit dem Drama, das sich vom lyrischen Ich wie der Wald vom Baum unterscheidet." Doch vor dem intensiven Beginn seiner dramatischen Schaffensperiode setzte die Tätigkeit auf zwei anderen Gebieten literarischer Arbeit ein, auf dem der Übersetzung und auf dem der Herausgeberschaft.

Kenner des Metiers wie Stefan Zweig, Diebold, Hardekopf und Ernst Robert Curtius haben die Brillanz und Meisterschaft der Wolfensteinschen Übersetzungskunst bestätigt, für die es typisch war, wie Schickele sehr richtig erkannte, daß sie auch das Unübersetzbare eines Werkes wiederzugeben vermochte. Derart hat Wolfenstein zwischen 1921 und 1941 unter anderem Nezval, Shelley, Poe und Brontë, ferner Molière, Victor Hugo, Rimbaud und Flaubert übersetzt. Seine Übertragungen der Molièrschen Komödien, 1922 in vier Bänden erschienen, sind bis heute unübertroffen.

Für Wolfensteins Tätigkeit als Herausgeber wurden zwei Anreger entscheidend. Es waren Musil und Herbert Günther. Für die beiden Jahrbücher „Die Erhebung" (1919, 1920) hatte Musil Wolfenstein als Herausgeber vorgeschlagen, der sich dann bei der Auswahl der Texte als kluger Entdecker und dokumentierender Illustrator des kulturellen „Zeitgeistes" erwies. Günther, Herausgeber der 1929 erschienenen und 1933 verbotenenen Anthologie „Hier schreibt Berlin", konnte seinen Verleger für ein Pendant zum genannten Sammelband gewinnen, und zwar unter dem Titel „Hier schreibt Paris". „Ich trat", so berichtet er, „den Auftrag an Alfred Wolfenstein als vorzüglichen Kenner Frankreichs ab und habe es nicht bereut." Das Buch erschien 1931.

Als Krönung seiner Herausgebertätigkeit empfand Wolfenstein selbst die Anthologie „Stimmen der Völker" (1938). Der Untertitel lautet: „Die schönsten Gedichte aller Zeiten und Länder". Die Übernahme des Titels der Sammlung Herders von 1778/79 war als Bekenntnis zu dessen Idee gedacht. Wolfenstein gliederte seine Auswahl in zwei Teile: „Das Morgenland" und „Das Abendland". Fünfunddreißig Völker und dreiunddreißig Jahrhunderte kommen lyrisch zu Wort, idyllisch und revolutionär, kontemplativ und didaktisch, mit abstrakten und konkreten Tendenzen, unter formalen und thematischen Aspekten ausgewählt. Der Bogen reicht vom ägyptischen Sonnenkönig Amenophis IV. bis zu Werfel. Leider fehlt das „Dies irae" der christlichen Lateiner. Während Schickele in seiner Rezension des Buches es für typisch hielt, daß „das Problem der Ästhetisierung des Stoffes" nirgends so zum Ausdruck komme wie hier, nannte Hesse die Anthologie ein „Welt-Gedichtbuch". – In seiner Schrift „Das Theater inmitten der Kunstwandlung" (1921) tendiert Wolfenstein bewußt zu einer Verwirklichung des Zeittheaters im Gegensatz zum Kunsttheater. 1928 heißt es in einem Text, der für die „Blätter der Piscatorbühne" bestimmt war: „Das Theater [. . .] verwirklicht die Kunst zwischen lebendigen Menchen." – Die meisten frühen szenischen Versuche hat Wolfenstein in Zeitschriften veröffentlicht, so unter anderem den dramatischen Text „Die Seele" (1918), eine Vorform des Einakters „Die verlorene Stimme" (1926/27), der wiederum die Thematik des Stückes „Bäume in den Himmel" (1926) erneut aufgreift. Ging es im szenischen Text „Die Seele" um den Widerstreit von Liebe und Kunst, erschreckt im Einakter „Die verlorene Stimme" der deplacierende Zentralsatz: „Entlarven Sie den Künstler, diesen Affen des Schöpfers! Das ist kein Gott und kein Mensch." Die Szenen „Wunderaugenblick" (1919) und „Ein Aufrührer" (1921/22) erarbeiten das Spiel „Der Flügelmann" (1924), für das Jakob Steinhardt äquivalente Holzschnitte entwarf. Die szenischen Bilder einer geradezu ritualen Konfrontation von Militär und Volksmasse sind ohne Einfluß des Chassidismus auf den Autor nicht vorstellbar.

1924 begab sich der Dramatiker Wolfenstein nach Berlin, in die damalige Metropole des europäischen Theaterlebens. Dort residierte Kerr als Kritikerpapst. Und er fällte das Urteil: „Wolfenstein ist ein wertvoller Schriftsteller." Wolfenstein blieb beim Zeitstück. 1925 erschien der Einakter „Rohzart und seine Hand", grotesk, komödiantisch, ein Spiel von der sich verständigenden Faust der Revolution gegen die herrschende Klasse der Ausbeuter.

Auch das Drama „Der Narr der Insel" (1925), dessen szenische Ansätze bereits in den Texten „Vorspiel" (1917) und „Ein Freund" (1920) erkennbar sind, hat Wolfenstein bewußt als Zeitstück geschrieben. Schon 1919, nach dem Bankrott der Wilhelminischen Epoche, hatte der Autor die Frage nach demjenigen gestellt, der eventuell „die menschliche Lösung in der Fülle der Lebendigen vollbringt". Die Antwort lautete: „Das ist nicht der Gute; der Mensch ist nicht gut, er wird es. Auch nicht der Schlechte; endlos ist das Böse und doch nicht ewig. Der Schlechte verhindert die Welt, der Gute wäre ihr himmlisches Ende. Aber das unendliche Leben möglich macht nur der Erneuerer Mensch; [. . .] der Revolutionär, der ‚menschliche' Kämpfer." Das gleiche Thema wird sechs Jahre später im Stück „Der Narr der Insel" szenisch konkretisiert. Es sind alles Söhne, deren konträre Weltanschauungen innerhalb eines dialektischen Denkspiels miteinander konfrontiert werden. Sie vergegenwärtigen zugleich die gespaltene Sohngeneration nach einer restlos verpielten Väterzeit.

„Der Gute" und „der ‚menschliche' Kämpfer" treten als unterschiedliche Brüder auf, wie Schattenbilder von Danton und Robespierre, wie Inkarnationen von Idealismus und Realismus, von „Abstraktion und Wirklichkeit", von Zeit und Raum, das Vergängliche und das Beständige darstellend. Der eine, ein verspäteter Rousseau, ist Individualist mit Ambitionen für Naturseligkeit, ein sogenannter „vornehmer Mensch". Der andere indessen, ein gebändigter Karl Moor, ist Kollektivist, ein planender Revolutionär im Untergrund der Weltstadt. Er kämpft für eine echte „Volksversammlung", für einen realistisch fundierten Staat des sozialen Fortschritts und weiß sich als Kopf der Revolution eins mit den jetzt noch „Hungernden". Der eine ist Platoniker, geht von der Idee aus, nicht von den Verhältnissen. Sein Zeichen ist die „Sonne", das Prinzip der Plotinschen Welt-Spekulation. Er will als Bar-Prediger „zaubern", mit Spiegelungen überreden. Der andere aber ist Aristoteliker, der aus der expansiven Kraft der Entelechie die notwendige Gestalt der Welt zu entwickeln versucht. Er arbeitet im dunklen Keller des Revolutionskomitees, dem Schnittpunkt des Kanalisations-Systems der kommenden Freiheit, und will mit Argumenten überzeugen.

Der Dritte in der Typen-Konstellation des Stückes, „der Schlechte" also, wird von einem Gesinnungs-Faschisten dargestellt, von einem Geheimbündler zur Ausrottung niederer Klassen. Er vermischt zur Durchsetzung seines Ziels geschickt die konträren Gedanken der beiden Brüder, wie im Begriff des Nationalsozialismus die nationalen und sozialistischen Tendenzen täuschend zusammengebunden wurden. Sein politisches Resümee ist mehr als nur eine Anspielung auf das, was acht Jahre später Tatsache zu werden begann: „Verschwörung – das können wir auch. Dann fliegen wir einmal wie Dämonen in schwarzen Hemden über die Dächer und hageln Granaten und roden dies überflüssige Menschendickicht. / Dann wird unser Führer bestimmen, was wieder aufgebaut wird. Der diktiert auf Leben und Tod und macht hier anders Luft und sorgt dafür, daß nicht wieder Massen mit ihrem Jammergeschrei die Welt verblöden." Im gleichen Jahr wie diese Sätze erschien übrigens der erste Band von Hitlers „Mein Kampf".

Das Drama „Bäume in den Himmel" (1926) hat einen Vorläufer in dem Einakter „Sturm auf den Tod" (1923). Vergleicht man das Stück mit Georg Kaisers „Der Fall des Schülers Vehgesack" (1914) oder Johsts „Der junge Mensch" (1916), deren Stoff und Impetus einem ähnlichen Milieu entstammen, ohne jedoch den Zeitstil zu überziehen, dann wird Wolfensteins Tendenz deutlich. Sehr bewußt hat er dem Hauptheldes seines Stückes den Namen Prosper gegeben. Die Prosperität der Jugend, quellende Manie nach der Jahrhundertwende, wird in den Anfang der zwanziger Jahre transponiert. „Ich weiß jetzt erst recht", bekennt der Wortführer und Initiator der mehrfachen Befreiungsaktionen des Spiels, „wir Jungen nach dem wilden Kriege sind voll von rasendem Verlangen" nach genereller „Befreiung", nach dem „Paradies", womit nicht „Bürgerfreiheit, Handelsfreiheit, Bordellfreiheit" gemeint sind, sondern „Sturm auf den Tod". Wie an vielen Stellen des Wolfensteinschen Oeuvres klingt auch in diesem Stück vorwegnehmend Sartre an, so zum Beispiel in der Sentenz: „Wer tötet, wird gleich dem, der stirbt!"

Im Stück „Die Nacht vor dem Beil" (1927) wird ein Teilthema des Dramas „Der Narr der Insel" (1925) zum Zentralthema ausgebaut. Dennoch handelt es sich nicht um ein Exempel literarischer Sprossung, da eine Reihe vorher oder parallel entstandener Texte szenischer oder theoretischer Art sich mit der gleichen Sache befassen, so zum Beispiel der Dialog „Entbrenne", die Szenen „Das Beil auf der Waage", „Mörderischer Freund" und die Abhandlung „Henkersdienst". Es geht um die Todesstrafe, deren Befürworter hier angesichts einer Hinrichtung „Mördermacher", „Mitmörder", „Mördersmörder" genannt werden.

„Die Nacht vor dem Beil" ist eine dramatische Revue mit Lehrspielcharakter, ein Stationenstück, eine szenische Fotomontage aus den letzten acht Stunden eines zum Tode Verurteilten. Der Versuch, ihn vor dem Beil zu retten, scheitert an den Verhältnissen. Mit der Uraufführung in Erfurt am 28. Januar 1929 stand das Stück auf dem Spielplan einer deutschen Bühne, als gerade im Rechtsausschuß des Reichstages die Abschaffung der Todesstrafe diskutiert wurde. Es löste nicht nur eine Zeitungsdebatte über „Zeittheater" und „Diskussionstheater" aus. Ein reaktionäres Blatt kanzelte es als „bolschewistische Mache" ab, „wie sie besser der gerissenste Parteidemagoge der Linksparteien nicht fertigbrächte".

Hundert Jahre vorher hatte Victor Hugo in seinem Prosatext „Der letzte Tag eines zum Tode Verurteilten" geschrieben: „Die brutale Frage, ob Leben oder Tod, stellt sich nicht vor dem Tribunal, sondern vor dem Schafott, nicht vor dem Richter, sondern vor dem Henker." Dementsprechend heißt es auch am Schluß des Wolfensteinschen Stückes: „Feuer ans Schafott!"

Wolfensteins Tendenzstück gegen die Todesstrafe, das nicht nur an Leo Tolstois Drama „Und das Licht scheinet in der Finsternis" (1900) und an Leonhard Franks Erzählung „Die Ursache" (1915), sondern auch an Wassermanns Romane „Der Fall Maurizius" (1928) und „Etzel Andergast" (1930) erinnert, illustriert vielfältig den Background und die Nachbarschaft des Zentralthemas: den Hang zur Lynchjustiz, den Krieg als Enthemmer der Mordlust, die Mitschuld der Gesellschaft am Verbrechen, die Zweifelhaftigkeit der Humanität unter Staatsbürokraten, die gleichzeitige Logik und Absurdität der juristischen Sühnekette „Tod für Tod", die Tatsache, wie schnell Rechtslehrer ins Lager der gesetzgebenden Gewalt überlaufen, und die Begnadigung eines zum Tode Verurteilten als Dienst- und Verdienstausfall für den Scharfrichter. Dessen Tüchtigkeit bringt Kopflohn. Er heißt Schmidt und demonstriert die Einheit von „Beamter" und „Ungeheuer", indem der Beamte das Ungeheuer im Menschen deckt und zudeckt, während das Ungeheuer den Beamten erzeugt.

Das Schauspiel „Celestina" (1929) basiert auf dem gleichnamigen spanischen Roman, der zwischen 1483 und 1495 entstand und als dessen Verfasser Fernando de Rojas, Bürgermeister von Salamanca, gilt. Was Wolfenstein an dieser Geschichte aus Kuppelei und Intrige gereizt haben mag, ist wohl der Totalanspruch der Titelheldin an sich und die Welt, in der die Lieblingsmotive des Autors wie „Schönheit", „Freundschaft", „Liebe", „Freiheit" und „Paradies" gleich einem melodischen Rezitativ immer wiederkehren. Doch der Schluß dieses Wunschdenkens ist mehr als resignativ. Er ist tragisch, ist eine Zurücknahme in den Tod. Celina bittet vor ihrem selbst inszenierten Ende, daß ihr Haus, von dem es anfangs hieß, es müsse „von Allen erhalten werden für Alle, ohne Unterschied", das wie ein Welt-Symbol ins Spiel gebracht wurde, restlos beseitigt werde. Denn: „Verflucht ist mein Haus. Niemand kam zu mir."

Neben all diesen Bemühungen als Dramatiker hatte Wolfenstein auch als Prosaist weitergearbeitet. 1924 war die Novelle „Unter den Sternen" erschienen. 1928 folgte der Prosaband „Bewegungen". Sie vergegenwärtigen zwei Richtungen des Autors, die den Eindruck hinterlassen, als wären sie in einen Sog geraten. Feststellbar sind einerseits eine zunehmende Todes-Phantasie und andererseits eine vermehrte Auflehnung gegen die moderne Zweck-Gesellschaft, die nach der Devise existiert: „Wer sich nicht einordnen läßt, läßt sich nicht verwenden."

Wolfenstein hat sich immer wieder mit den Verfolgten und Geschlagenen solidarisch erklärt. Er war insofern ein deutscher Barbusse. Als am 10. Mai 1932 der spätere Träger des Friedens-Nobelpreises Carl von Ossietzky seine Gefängnishaft antreten mußte, zu der ihn wegen angeblichen Verrats von Staatsgeheimnissen ein Gericht der Weimarer Republik verurteilt hatte, war Wolfenstein neben Toller und Feuchtwanger unter denen, die ihn demonstrativ bis zum Gefängnistor begleiteten.

Der 30. Januar 1933 wurde für Wolfenstein zur ärgsten Zäsur des

Lebens. Auch sein Name stand auf der Abschußliste der deutschen Faschisten, die jetzt an die Macht gekommen waren. Gerade noch rechtzeitig entging er dem Zugriff der Gestapo. Er floh am 4. März 1933 nach Prag, ähnlich wie Ferdinand Bruckner und die Brüder Mann. Im gastlichen Asylland erhielt er die tschechoslowakische Staatsbürgerschaft. Unter der Nummer 119 der Ausbürgerungsliste 95c des „Deutschen Reiches" vom 1. März 1939 wird sein Name genannt.

Der Aufenthalt in Prag war für Wolfenstein die letzte Atempause vor der Flucht in den Tod. Noch einmal versuchte er, sich auf allen nur möglichen Gebieten der Literatur zu betätigen. Er schrieb für dortige und andere deutschsprachige Zeitungen oder Zeitschriften des Auslands, so für das „Prager Tagblatt" und die in Prag erscheinende „Neue Weltbühne", ferner für „Die Welt am Sonntag", die „Jüdische Rundschau", die „Pariser Tageszeitung", den „Aufbau", „Das neue Tagebuch" und die „Basler Nationalzeitung". Eine Reihe von Gedichten entstand, in denen das Emigrantenschicksal bespiegelt und zu europäischem Bewußtsein, ja zu abendländischer Verantwortung aufgerufen wird. Angeregt durch die Tatsache, daß der Prager Rundfunk sein Hörspiel „Turandot" nach Gozzi, dann der Sender Melnik sein Hörspiel „Leben Victor Hugos" inszenierten und das Prager Marionetten-Theater „La Scène" seine Komödie „Rohzart und seine Hand" (1925) aufführte, schrieb er das Schauspiel „Figaro" und übersetzte das Stück „Song of The Drums" von Ashley Dukes. Beide Manuskripte sind leider verschollen. Ferner plante Wolfenstein eine Übersetzung des „Don Quichotte", eine „Geschichte der Ostindischen Compagnie" bis zum Opiumkrieg und eine „Geschichte Berlins". Doch zur Ausführung dieser Pläne kam es nicht mehr.

Mit Rolland korrespondierte damals Wolfenstein über seinen letzten Prosaband „Die gefährlichen Engel" (1936). Es sind dreißig Kurzgeschichten moralisch-philosophischen Inhalts. Vor allem geht es um die Ambivalenz der menschlichen Natur, um deren eigene Gefährlichkeit und gleichzeitige Bedrohung von außen. Aus jüdischer Tradition heraus werden vor allem Gewissen und Gerechtigkeit aufgerufen, um den Kampf für die Humanität zu entscheiden.

Als Hitler-Deutschland im März 1939 auch die Rest-Tschechoslowakei okkupierte, entkam Wolfenstein abermals im letzten Moment seinen Verfolgern. Mit Unterstützung eines in Prag arbeitenden Hilfskomitees für deutsche Emigranten war es ihm möglich, nach Paris zu fliegen. Dort half ihm zunächst Philippe Soupault, den er von früher kannte. Am 14. Juni 1940 eroberten die deutschen Faschisten auch Paris. Wolfenstein floh bis zur Loire. Vor seinen Augen flog die Brücke in die Luft, die Rettung bedeutet hätte. Er fiel in die Hände der Gestapo und wurde im Pariser Gefängnis „La Santé" inhaftiert. Dort entstand Sommer 1940 der letzte Gedicht-Zyklus Wolfensteins unter dem Titel „Ein Gefangener". Er beginnt mit den Versen: „Du schreibst rasch vor dich hin, / Aus Angst, den Verstand zu verlieren." Der Schluß lautet: „Warte. Wartet. Es kommt der Tag." In acht Gedichten mit einem geradezu fliehenden, immer weiter ausholenden Rhythmus werden nicht nur Not und Bedrängnis, sondern auch die Bewußtseinsinhalte des Gefangenen lyrisch protokolliert. Und wie einst Spinoza seinen Trost in der Philosophie suchte, schreibt jetzt der Gestapo-Häftling Wolfenstein: „O Kunst, mein Trost und Halt – Und draußen erreichst du niemand, von hier / Ich schreibe wie in der Wüste, für mich – O Trost, du bist bei mir!" Gesinnung und Pathos der Verse erinnern an Schubarts politische Lieder. Nach drei Monaten Haft kam Wolfenstein frei. Eine Namensverwechslung war der Grund.

Die nächsten vier Jahre lebte Wolfenstein in Nizza, zunächst ungefährdet in der dortigen „Pension Miramar", doch dann, als die Gestapo ihr Unwesen auch im unbesetzten Frankreich zu treiben begann, von Angst gepeinigt in der Rumpelkammer eines verfallenen Gartenhauses, aus dem er sich nur nachts an die frische Luft traute. Aus Sicherheitsgründen ließ er sich von den französischen Behörden einen Ausweis auf den Namen Albert Worlin ausstellen. Und er arbeitete trotz allem weiter, machte sich Gedanken über die Aufgabe der Emigranten nach der Zerschlagung des Hitler-Regimes in Deutschland, konzipierte einen Gedichtband unter dem Titel „Gang", stellte Übersetzungen her und schrieb vor allem seinen letzten Roman „Frank – Geschichte eines jungen Menschen unserer Zeit". Frank ist der Name seines Sohnes, der damals als Flieger der „Royal Airforce" gegen den deutschen Faschismus kämpfte.

Stefan Zweig, Herman Kesten und später auch Thomas Mann setzten sich dafür ein, Wolfenstein die Ausreise nach Brasilien beziehungsweise nach USA zu ermöglichen. Doch alle Bemühungen scheiterten. Wolfenstein ging nach Paris, das am 24. August 1944 befreit worden war. Dort lebte er in dem kleinen „Hotel Crébillon" im Quartier Latin. Durch die Jahre der Verfolgung geschwächt, außerdem herzleidend, mußte er ins „Hôspital Rothschild" eingeliefert werden. Am 20. Dezember 1944 schrieb er seinen letzten Brief, gerichtet an seine Schwester Loew. Am 22. Januar 1945 wählte er den Freitod, wie Stefan Zweig, Toller, Tucholsky, Ernst Weiß, Hasenclever, Walter

Benjamin, Carl Einstein und Egon Friedell. Vier Tage später wurde er auf dem „Cimetière Parisien de Patin" beigesetzt.

1972

August Stramm
Impressionist im Banne des Expressionismus

August Stramm stand in seinem sechsundzwanzigsten Lebensjahr, als sich die letzte Jahrhundertwende mit all ihrem Aufwand an öffentlichem Pomp vollzog. Das neue Jahrhundert begann mit einer Orgie der Oberfläche. Doch es war ein Tanz auf dem Vulkan. Die tragende Kulturgesinnung Europas war dünner als eine Eierschale. Das Bewußtsein einer wachsenden Zivilisationskrise steigerte sich rasch zum brennenden Fieber. Nietzsche hatte vom Menschen als dem Mörder Gottes gesprochen. Das sichernde Weltgefühl versiegte. Der alte Werte-Bau roch steril, und alle überkommenen Formen klangen hohl. Skepsis schnitt in die Haut des alten Kosmos und ließ ihn platzen. Durch das gähnend sich weitende Loch grinste das Gorgonenhaupt der vernachlässigten, unbewältigten Wirklichkeit. Ihr gegenüber erwies sich die Definitionskraft der Wissenschaften abermals als unzulänglich. Sie sperrte die Dinge in sterbende Begriffe, anstatt mit ihnen zu leben. Eine Kulturwende wurde notwendig. Und sie setzte ein mit neuer Form- und Lebenskraft. Unmittelbar aus dem Kern der Wirklichkeit wurde sie geboren. Es war ganz natürlich, daß ihre Stoßrichtung zuerst gegen alle alten Gesetze zielte, die sich ja nicht bewährt hatten. Auf einem blanken Welt-Tisch sollten die neuen Gaben gesammelt werden. Eine Generation von Söhnen vertrieb ihre Väter mit Sack und Pack. Und wie ihren impressionistischen Vätern zum Trotz taufte sie sich selbst mit lauter Kehle *Expressionismus*.

Der französische Maler Hervé hatte diesen Terminus kurz nach der Jahrhundertwende geprägt. Worringer belegte 1911 mit ihm die neue Kunst eines Cézanne, Matisse und van Gogh. Bald wurde er zum fast magischen Leitwort, nach dem sich eine Unzahl furioser und radikaler Aufrufe, Programme und Zirkel orientierte. Der Münchner Revolutionsball proklamierte die Zuständigkeit des Expressionismus auch für die neue literarische Aktion Deutschlands. Die Fackel eines neuen Formwillens und eines neuen Lebensgefühls wird jetzt in alle Wohnungen der Kunst geworfen, um nach einem Gericht über alle Traditionen die Bildwerdung der Wirklichkeit neu zu gründen. Nicht Natur-Eindruck und schönen Schein, sondern Wesensausdruck und elementares Sein will man.

Gegen die intellektuelle Definition, die nur erstarrte Bruchstücke der Wirklichkeit bietet, wird die geistige Intuition gesetzt, die in den Fluß der Wirklichkeit hinabtaucht, um bereichert aus ihm emporzuschnellen. Geist gilt nicht mehr als ein bloßes Organ zur Weltbewältigung, sondern als *die* Seinsweise des Menschen. Nicht das Ab-Bild, sondern das Sinn-Bild vermag die Wahrheit der Welt zu erschließen. Nicht die mehr oder weniger naturalistische Impression, sondern die expressive Aktion rettet das Leben.

Die Form der neuen Kunst wird nicht von draußen den Dingen übergeworfen oder aufkonstruiert, sondern sie ereignet sich als deren ureigener Wesensausdruck von innen. Von der Ekstase bis zur Schwärmerei, von der Dämonie bis zur All-Liebe, vom Pathos bis zum Schrei, von der Vision bis zur Entgrenzung der Sinne reicht die Spannweite der neuen Stimmen, die gegen die ästhetisierenden Lügen des Impressionismus, gegen die häkelnde Versponnenheit der Neuromantik und gegen die Unfreiheit wie Ausweglosigkeit des Naturalismus revoltieren. Sie proklamieren das neue Weltbild der Humanität, der Eigentlichkeit, der Freiheit und der Erlösung des Menschen. Es geht um die unmittelbare Sinnlichkeit des Absoluten, um die Einkehr ins Paradies mit lebendigem Leib.

Expressionismus klingt heute kaum noch wie ein Fanfarenstoß. Seine bizarre Landschaft wurde zum Steinbruch gemacht, den es auszubeuten gilt. Um seine Zuständigkeit und Analyse wird hinter wissenschaftlichen Schreibtischen und in Traktaten gestritten. Mehr und mehr einst gepriesene Zeugen werden aus dem Fleisch dieser letzten großen stilbildenden Epoche unserer Literatur herausgeschnitten. Das Prinzip der Ordnung, mit dem ein wissenschaftliches Tun steht oder fällt, und die Einmaligkeit eines jeden Kunst-Dings, die in dessen Wesen verwurzelt ist, stehen hier in ihrem letztlich unüberwindbaren Widerstreit. Es ist zweifellos eine Frage der Zeit, daß auf Grund des zunehmenden Spezialistentums die Monographien gegenüber den nach Ganzheit des Aspekts suchenden Literaturgeschichten heute im Vorteil sind. Aber es ist dies zweifellos eine Frage der *Zeit*. Und die Zeit ist das Fließende.

Die Expressionisten verbanden mit ihrem neuen Lebensgefühl und mit ihrem neuen Formwillen die Forderung eines unmittelbaren Ausdrucks und einer Sprache als Aktion. Das mußte auf dem Terrain der Dichtung wohl einen Aufschwung der Lyrik und der Dramatik, nicht aber der Epik bedeuten, es sei denn, sie bediente sich lyrischer oder dramatischer Modulation. Lyrik will ja Ausdruck, möglichst unmittelbaren, ungebrochenen Ausdruck des Gefühls. Dramatik sodann geschieht als Handlung, als Aktion zwischen den Polen gegensätzlicher Kräfte. Ja, sie lebt von dynamischer Spannung. So boten sich wohl diese beiden Möglichkeiten dichterischer Verwirklichung dem neuen, expressiven Empfinden als äquivalente Formen an. Die Epik aber hielt sich peripher. Sie bedarf ja der entfernten Zeugenschaft, der Reflexion, der breiten Verarbeitung. Der epische Faden will wie eine lange Zündschnur abbrennen, um am Schluß entweder die Explosion zu entzünden oder zu verpuffen. Der Expressionismus hingegen will nur Explosion, ja Explosionsreihen am liebsten.

August Stramm als Kronzeuge

Wer den Kronzeugen expressionistischer Dramatik sucht, findet Georg Kaiser, was nicht bedeutet, daß Georg Kaiser ein ausschließlich expressionistischer Dramatiker war. Er ist wohl der Klassiker, aber auch gleichzeitige Überwinder der expressionistischen Dramatik. Wer nach dem Kronzeugen expressionistischer Lyrik sucht, nach jenem Dichter, der als Lyriker das Programm der Expressionisten bis zur letzten Grenze sprachlicher Möglichkeit erfüllte, bis zu einer Grenze, hinter der der Schrei und das Stammeln beginnen, der findet August Stramm. In ihm gewahrt man zwar nicht den größten, wiewohl den konsequentesten expressionistischen Lyriker, von dem Herwarth Walden, der Initiator der Sturm-Bewegung, gesagt hat: „August Stramm ist das lyrische Genie unserer Zeit. Er hat der deutschen Dichtung neue Wege gewiesen, indem er eine neue Wortkunst geschaffen hat."

Als zu Beginn der zwanziger Jahre, viele Jahre nach dem Tod des Dichters, sein von Paul Hindemith vertontes Drama „Sancta Susanna" in Hamburg als Oper uraufgeführt wurde, schrieb eine Zeitschrift: „August Stramm, der Goethe des Expressionismus".

Max Reinhardt soll nach der Premiere seiner Inszenierung von August Stramms Drama „Kräfte" in den Berliner Kammerspielen voll Enthusiasmus gerufen haben: „Auf diesen Mann habe ich gewartet!"

Wohl hatte der nazistische Zensor des Dritten Reiches die Dichtungen August Stramms als „entartete Kunst" zunächst auf den Index gesetzt, doch er strich sie später aus der Liste der Vernichtung und des Verbots mit der arisch-snobistischen Bemerkung: Sie könnten das Volk nicht verderben, da dieses sie doch nicht verstehen würde! . . .

Wer war dieser „Goethe des Expressionismus", dieses „lyrische Genie" jener revolutionären Epoche, dieser Kronzeuge der expressionistischen Lyrik, auf dessen „absolute Wortkunst" sich die Formzertrümmerer schon der vorzwanziger Jahre beriefen, jene zum Schrei und zur ekstatischen Gebärde sich bekennenden Neuerer, denen die primitivste Negerlyrik wertvoller erschien als der ganze „Faust" Goethes? Wer war dieser konsequenteste Verwirklicher jener flammenden Wortrevolution, dieser Held auf dem Schild der leidenschaftlichsten Epoche deutscher Literatur?

Dichter und Biedermann

Aus der Feder seiner leiblichen Tochter, die ihren Vater vergötterte, fließt folgende Nachricht: „Das Bild seines häuslichen Sonntagvormittags wäre die Zierde jedes Hefters der seligen ‚Gartenlaube' gewesen. Eine braune Samtjoppe, eine lange Studentenpfeife mit Troddeln. So stand er vor der Staffelei im blauen Dunst seines Studierzimmers und – malte. Er malte saubere kleine Stilleben und Landschaften für den Familiengebrauch mit feiertäglicher Begeisterung. Sein Weib in weißer Tändelschürze lugte durch die Tür."

Mit dem gleichen biedermännischen Blick, unter dem er als idyllischer Sonntagsmaler seine eigenen Liebhaberbildchen pinselte, beurteilte er auch, kopfschüttelnd und lächelnd, die Gemälde und Skulpturen, die damals Herwarth Walden, also sein eigener Verleger, in den Sturm-Ausstellungen der Potsdamer Straße zeigte. Dort sah er die bahnbrechenden Bilder und Gebilde eines Kokoschka, Chagall, Schwitters und Wauer. August Stramm nannte das alles „Verrücktheiten". Er hatte kein Gefühl für die äquivalente Nachbarschaft der anderen Künste. Selbstbesessen lebte er immer nur in seine eigene dichterische Mitte hinein. Nur dafür hatte er einen Sinn. Dieses zentrische Gesetz seines Wesens mag der eigentliche Grund für seine künstlerische Isolation gewesen sein. Sein Verhältnis zum Dramatiker Hermann Essig hatte lediglich den Charakter einer Familienfreundschaft. Die intensiven Begegnungen mit Hans Blüher sind zwar noch recht unaufgeklärt, dürften aber doch wohl für die künstlerische Mitte August Stramms unerheblich gewesen sein. Erstaunlich bleibt, daß August Stramm keinen Freund im Sturm-Kreis fand, wiewohl der gleichnamige Verlag und die gleichnamige Zeitschrift längst seine Dichtungen veröffentlichten. Sie sollen Kernpunkte für die Diskussionen dieses Zirkels gewesen sein. Die Freundschaft zu

Walden und dessen Frau Nell speiste sich zweifellos mehr aus einer existentiellen als aus einer künstlerischen Wurzel. Herwarth Walden, dem August Stramm seine Dichtungen förmlich auslieferte und zur Auswahl, ja selbst zur Umformung anheimgab, wurde ihm zum Anwalt des vereinsamten Ichs. Er gab ihm Rückendeckung und Hilfe gegenüber der taktlosen Kritik der Öffentlichkeit wie gegenüber der eigenen Unsicherheit.

Über zwanzig Jahre hatten jeder Verleger und jede Zeitschrift seine für das traditionelle Kunstempfinden schockierend wirkenden Dramen und Gedichte zurückgewiesen, indessen die lieblichen Erzählungen und Verse seiner Frau, die die Tochter eines Redakteurs der „Vossischen Zeitung" war, einen enormen verlegerischen und finanziellen Umsatz aufweisen konnten. Besonders über die Sonntagsbeilagen versetzten sie die Herzen der Leser in Rührung.

Im Hause Waldens fand der Einsame jene erste Selbstbestätigung seiner dichterischen Existenz, die ihm bislang nur die beiden noch schulpflichtigen Kinder, denen er sonntagvormittags seine Verse vorlas, nicht aber die eigene Frau zu geben vermochte. Ihr hatte er seine brünstigen Liebesgedichte als knabenhaft gemeinte Überraschung auf den Nachttisch gelegt. Doch sie war verständlicherweise mehr als ratlos, wenn sie vor dem Einschlafen jene aus urtümlicher Inbrunst zuckenden, wie mit den Hufen eines halbgöttischen Zentaurs gestampften Verse las:

> Meine Augen schwingen in deinen Brüsten/dein Haupt beugt glutrot weichen Schatten/drauf!/Der Atem schämigt hemmend/das Gewoge./Mich krallt die Gier/und herbe Dünste bluten/in seinen Ketten/rüttelt/der Verstand.

Wenn die Schockierte obendrein den Titel solcher Verse las, der hier lautet: *Verhalten,* so vermochte sie nur noch mit ihrem frührilkeschen Sonntagsbeilagen-Stil zu antworten: „Es sind so fremde Lieder, dein Von-Der-Liebe-Singen . . ." Ihr Gefühlsstil entsprach jenem, den der pflichtgetreue höhere Postbeamte und spätere Hauptmann der Reserve August Stramm pflegte, dem Stil des Sonntagmalers, Familienvaters und mit Anstand resignierenden Gatten einer Vertreterin der pietistisch angehauchten Frauenemanzipation. Der Stil des Dichters August Stramm aber schien ihr dämonisch, schauerlich, vormenschlich.

Das Lebenstelegramm des Menschen August Stramm ist rasch umrissen. Geboren am 29. Juli 1874 in Münster in Westfalen, Sohn eines

Eisenbahnbeamten und einer frommen Katholikin, Gymnasiast in Eupen und Aachen, seit 1893 Posteleve der deutschen Reichspostverwaltung, nebenbei Student der Philosophie, 1909, also bereits im reifen Mannesalter, Doktorand in Halle an der Saale, schließlich gut etabliert als Postinspektor beim Reichspostministerium in Berlin, aber auch als Hauptmann der Reserve treuer Diener seiner kaiserlichen Majestät, dies nicht nur mit Paradebegeisterung und Mannesstolz, sondern auch mit einem fast verbissenen Pflichtbewußtsein bis zum Tod auf dem russischen Schlachtfeld in der dritten Mittagsstunde des 1. September 1915. Doch dieser Westfale mit einem Beamtengesicht, wie es preußischer nicht sein konnte, war auch ein Dichter, der sein Diktat aus einer Welt empfing, die ganz und gar anders war als jene, in der er geboren wurde, hauste und starb.

Werkzeug zweier Welten

Man darf ihn wohl einen Zwitter seiner umgreifenden Existenz nennen, ein Werkzeug zweier Welten, denen er sich aber beiden – und vielleicht war das seine existentielle Leistung – mit scheinbar ungeteilter Intensität und ungebrochenem Pflichtbewußtsein unterwarf. Er war ein Zentaur mit einem blitzenden Kneifer auf der Nase, den er abnahm, wenn er mit nackten Augen in die Wahrheit seiner Welt hineinsah. Von vier Uhr morgens bis zum Bürobeginn stampfte er in seinem Zimmer beim Schein der grünen Schreibtischlampe seine Verse, hämmerte sie zur Verdichtung auf ihre letztmögliche Härte zusammen, ein seltsamer Schmied der dichterischen Unterwelt. Im aufklärerisch geordneten preußischen Beamten- und Militärstaat, dessen Grundpfeiler eines Beamten und Offiziers er ja sogar mit sich selbst in vorbildlicher Weise verwirklichte, war er ein mythischer Satyr im Rock eines höheren Postbeamten, der listig genug den Stil des Telegramms, also den Stil seines Dienstes, zum dichterischen Phänomen gesteigert hat. Er war ein radikaler Anarchist des Wortes, aber mit ordensgeschmückter Soldatenbrust. Wohl stürzte er das grammatikalische und logische Reglement der Sprache um, doch unter den Freistellungsschein vom weiteren Kriegsdienst, den ihm sein Verleger erwirkt hatte, setzte er nicht die Unterschrift seines Einverständnisses, sondern beugte sich dem Reglement des Militärs. Er wollte, wie er selbst formulierte, nicht „vor sich selbst ein Schweinehund werden . . ."

Vor diesem Zentaur und Satyr des Gefühls und Geistes, vor diesem

Anarchisten der Sprache und dennoch zugleich biederen Hausvater, pflichttreuen Beamten und ergebenen Soldaten stand nicht nur die eigene Frau ratlos. Die deutsche Öffentlichkeit und ihr Organ, die deutsche Presse, lieferten ihm gegenüber eines der bekannten Schulbeispiele im typisch deutsch-germanischen Vergreifen des Taktgefühls. Während eine französische Zeitschrift bereits 1914 die neue Kunst eines August Stramm mit sicherem Blick erkannte und würdigte, kursierte noch 1915 in der deutschen Presse eine geschmacklose Parodie auf August Stramms Gedicht „Sturmangriff", in der dem Dichter zum besseren Anschauungsunterricht und zur Kur seines Schaf-Genies vierzehn Tage Schützengraben verordnet werden. Dieses Rezept hätte nur noch an einem Toten ausprobiert werden können. August Stramm zählte damals bereits zu den Gefallenen.

Auch die dichterische Wirklichkeit August Stramms war zwittrig. Er wurde nicht in den Expressionismus hineingeboren, er ist eigentlich ohne Wegbereiter. Selbst wenn ein solcher gewesen wäre, die literarische Isolation Stramms hätte ihn gewiß unausgeschöpft gelassen. August Stramm ist ein gutes Jahrzehnt älter als die eigentliche Generation des Expressionismus etwa mit Stadler oder Werfel. Er erwacht in einem Bewußtseinsmilieu, das von den Naturalisten bestens ausstaffiert ist. Doch aus diesem naturalistischen Stilempfinden bricht er auf.

Die dramatischen Versuche

Am deutlichsten verraten seine dramatischen Versuche seinen Weg vom Naturalismus zum Expressionismus. Zu diesem Ziel hin war seine Natur angelegt. Dafür wird die Tatsache bedeutsam, daß er in jungen Jahren Negersagen nachzudichten begann, daß er also jene dichterische Substanz aufgriff, die später von den revolutionären Expressionisten über die eines Goethe gestellt wurde. Hier erinnert man sich all der Nachrichten aus jener Generation, die fast jedem dieser künstlerischen Figuren eine Sympathie für das Exotische nachsagen, einem Gauguin und Pechstein, einem Zech und Trakl, einer Lasker-Schüler und einem Kaiser. Auffallend ist, daß die beiden Kronzeugen der Formzertrümmerer, nämlich der Lyriker August Stramm und der Dramatiker Georg Kaiser, nicht nur die emsigsten Formbändiger, Feilenden und zur Klarheit des Formalen Strebenden waren, sondern auch die entschiedensten Exotiker, da sie nicht wie Trakl oder Pechstein Südseeromantik und wie Zech Indianermythos, sondern afrikanische Neger ins innere künstlerische Gespräch und in ihren schöpferischen Willen einbezogen. August Stramm mit seinen Negersagen, Georg Kaiser durch seine „Gespräche mit Negern". Hier scheiden sich Barock und Romantik im gleichen Weltgefühl.

Die dramatische Versuchsreihe August Stramms setzt ein mit einem Michael-Kohlhaas-Drama, „Die Bauern", und mit dem tragischen Spiel „Das Opfer". Wie die Negersagen sind auch diese beiden Dichtungen nicht erhalten geblieben, zumindest liegen sie nicht im Druck vor. Die ersten beiden Bände der 1919 postum erschienenen gesammelten Dichtungen enthalten die Dramen „Die Unfruchtbaren", „Rudimentär", „Sancta Susanna", „Die Heidebraut", „Erwachen", „Kräfte" und „Geschehen". Formal liegt zwischen den ersten vier und den folgenden drei Dramen eine Zäsur.

„Die Unfruchtbaren", Berliner Studentenszenen, und „Rudimentär", ein Dirnen- und Zuhälter-Akt, baden sich förmlich in einem Konzentrat naturalistischer Lauge. Diese Verdichtungstendenz zeugt aber bereits für die gärende Natur des Dichters, der den Weg zum Absoluten nicht durch eine Flucht aus der Realität, sondern durch deren Konzentration sucht. Er verdichtet den Ausdruck der Erregung in dialektische Bruchstücke, in Lautfetzen, in Ausrufe, wie sie die Straßen ja tatsächlich durchpoltern. Während sich der naturalistische Laut ins Vulgäre verflacht, verdichtet er sich bei August Stramm zu urtümlicher Ballung. Im Naturalismus ist es Lautbildung der Kehle. Bei August Stramm ist es Schrei aus der Seele. Dorthin zielt sein absoluter Formwille, der nur dem unmittelbaren Ausdruck das Recht eines Sinnträgers zuerkennt.

Das bedeutet Beseitigung aller Zwischenstationen zwischen dem Gefühl und seiner lautlichen Darstellung, so etwa der Bewußtwerdung und der sprachlichen Modulation. Reflexion und grammatikalische oder logische Ordnungsprinzipien, jegliches sekundäre Regulativ werden als hemmend und verfälschend empfunden. All die Bestandteile eines Dramas, die vorher durch eine logische, intellektuelle, überlegende oder planende Bearbeitungsmaschinerie des Gehirns laufen, so etwa Mitteilung, Bericht, Monolog oder Disput, fallen mehr und mehr weg. Schließlich bleibt kaum noch etwas anderes übrig als die bloße Handlung, die nackte dramatische Aktion, die von Schreien, Gestöhn und anderen Urlauten akzentuiert wird. So kommt es, daß die Dramen August Stramms kaum noch einen Sprechtext, besser gesagt Lauttext, besitzen, als vielmehr von Regieangaben aufgefüllt sind. Ihr Umfang beschränkt sich auf wenige Seiten.

Die Dramen „Kräfte", „Erwachen" und „Geschehen" haben als

Spätdichtungen gegenüber der ersten Dramenreihe die Erfahrungen der dazwischenliegenden Lyrik ausgewertet. Allein schon mit ihren abstrakten Titeln entheben sie sich aller konkreten, naturalistischen Vorstellung, eben dem Gegenständlichen, der Begrenzung ins empirische Bild. Sie verdichten sich in ihrer dramatischen Figuration in so konsequenter Weise auf Aussagen des Wesens durch Urgebärden, daß sich bald nur noch der Rhythmus ihrer Figuren ereignet, von Lautreihen oder Lautpunkten abgesteckt.

Diese Dramen brechen aus der Realität im landläufigen Sinne aus. Sie suchen die Wirklichkeit jenseits des Realen. Hier erinnert man sich eines Ausspruchs von Ehrenstein: „Real ist alles, nur die Welt ist es nicht.“ Julius Bab hat diese Dramen August Stramms „mystische Pantomimentexte mit gesprochenen Interjektionen“ genannt.

Der Lyriker

Der Lyriker Stramm ging den gleichen Weg wie der Dramatiker, den Weg vom Realen zum Irrealen, vom Ortsgebundenen zum Raumentgrenzten, vom Punktualen zum Unendlichen, vom Konkreten zum Absoluten. Realraum wird Wesensraum. Daseinsraum wird Seinsraum. Wer die Bedeutung des Lyrikers allein auf das Formale, also auf die sogenannte „absolute Wortkunst“ festlegt, wird dem Wesen dieses Dichters nur zur Hälfte gerecht. Er übergeht das Motiv, das den Formwillen reizte.

Die Thematik ist schnell umgriffen, da sie sich in den Titeln seiner beiden Gedichtbände niederschlägt, deren erster Band den Titel „Du“ und deren zweiter, postum erschienener den Titel „Tropfblut“ trägt. Dem ersten Zyklus hat Stramm als Liebesgedichte „Seinem Du / der treuesten Lebensgefährtin / Else Krafft-Stramm“ zugeeignet. Der zweite Zyklus umfaßt zumeist Kriegsgedichte, den unmittelbaren Ausdruck des tödlichen und dennoch erlebten Entsetzens. Er erschien auf Wunsch des Dichters erst nach Beendigung des Krieges (1919), wiewohl gar manches Gedicht bereits in der Zeitschrift „Sturm“ eine Vorveröffentlichung gefunden hatte. Da die Auswahl der Gedichte für diese beiden Bände von Walden besorgt wurde und der gesamte schriftliche Nachlaß August Stramms bis auf Unbedeutendes in den Bombennächten des letzten Weltkriegs in Flammen aufgegangen sein soll, ist es schwer zu sagen, ob sich die lyrische Produktion des Dichters tatsächlich auf diese beiden schmalen Bändchen begrenzt.

Liebe und Tod sind also die einzigen Themen, die er vom persönlichen Erlebnis abgelöst und in die immer noch personenhaften, aber urmenschlichen Gänge zurückverfolgt hat, um nur noch ihr Wesen ins Ausdrucksbild zu bannen. Das Urthema der Liebesmelodie soll angeschlagen werden. So verdichtet sich die menschliche Liebesbegegnung über die elementare Gewalt des Geschlechts zu einem Liebeskampf wie zwischen zwei Halbgöttern. Wie zwischen einem Satyr und einer Nymphe erklingt urgestaltige Liebe mit kristallklarem, irdisch duftendem Balgen, Kichern, Keuchen, Streicheln und Fluchen und Verströmen. Archaische Idylle ertönt im Urakkord. Was Böcklin und Stuck mit ihren Flußgöttern, Satyren, Nymphen und Sphinx-Variationen als elementare Naturmacht mythischer Fleischlichkeit malerisch darzustellen strebten, was später Picasso in seinen Satyrgestalten mit dem Zeichenstift auf letzte lineare Grundformen genial und sicher zurückführte, das ist August Stramm mit dem Mittel sprachlicher Lautstöße nicht weniger genial gelungen. Letzte Vereinfachung, Beschränkung aufs gerade noch Notwendige der Sprachfigur, Aufgabe aller Satzzeichen und Vorwort-Floskeln, zunehmender Verzicht auf Adverb und Adjektiv kennzeichnen seinen Stil, der schließlich den Satz des Menschenmundes in einen ekstatischen Lautrhythmus des Kosmischen erhöht. Am Schluß der Wort- oder Laut-Reihe sticht als einzig verbliebene Interpunktion das geradezu phonetische Rufzeichen in den angrenzenden Raum des Schweigens.

Das Gedicht „Freudenhaus“ ist noch im naturalistischen Milieu beheimatet. Es hat deshalb noch Tendenz, noch moralisierende Symbolik, den reziproken Sinn der Freude dieses Hauses verdeutlichend. Doch aus der gegenläufigen Konkretisierung läuft es dennoch bereits auf den Grundnenner zu. Es geht den Weg vom konkreten Ort zum abstrakten Urbild „das Geschlecht“.

Lichte dirnen aus den Fenstern
die Seuche
spreitet an der Tür
und bietet Weiberstöhnen aus!
Frauenseelen schämen grelle Lache!
Mutterschöße gähnen Kindestod!
Ungeborenes
geistet
dünstelnd
durch die Räume!
Scheu

im Winkel
schamzerpört
verkriecht sich
das Geschlecht!

Dieses Haus, das sich mit zynischem Beigeschmack Freudenhaus nennt, ist menschenlos. Unmenschliches begibt sich dort. Von keiner Person ist die Rede. Das Bewußtsein der Person könnte ein Hindernis darstellen. Personlosigkeit gehört zum Wesen des Vorgangs, der dort ausgeübt wird. Erinnerung und Einmaligkeit kennt die Liebe, nicht aber die Lust. Freudenhaus-Begegnung ist Begegnung zwischen personlosen, namenlosen Individuen. Die entmaterialisierten Restbestände der dort sich abspielenden Vorgänge bestimmen die Atmosphäre. Sie dringt nach außen, weil die Öffentlichkeit gewollt ist. Lichte, nicht Lichter, also nicht die umrissene Bestimmbarkeit, sondern das Irrwischhafte eines Leuchtens, Werbens und Verführens dirnen aus den Fenstern. Wie Dirnen auf die Straße gehen, so benimmt sich auch das Dirnen-Zeichen. Die Seuche ist das Aushängeschild. Sie benimmt sich unflätig wie ihre Erzeugerinnen. Wer dieses Haus betritt, wirft sich in den Schoß der Ansteckung, nicht nur physiologisch. Der Letztbietende bei dieser Auktion von Lustlauten ist das Verhängnis, die Seuche. Hier werden Frauenseelen widernatürlich umgekehrt. Frauliche Scham schlägt in vulgäres Gelache um. Die Natur des Mutterschoßes ist durch immerwährenden, handwerklich vorweggenommenen Kindertod derart unterboten, daß dieser Widersinn nicht etwa erschüttert, sondern nur noch langweilt. Die reine Natur der Liebe, ihr herrliches Gefäß, flieht wie ein scheues Tier, verstört vom Kampf zwischen Scham und Empörung, in den abseitigen Winkel des Hauses.

Dieses Geschlecht, das im „Freudenhaus" zu einem Untermieter des Staubes wurde, feiert in dem Gedicht „Trieb" das dionysische Fest seiner ungetrübten Eigentlichkeit. Ohne intellektuellen Beigeschmack von Degeneration oder Mißbrauch, ganz auf die Personenschaft von Ich und Du gestellt, vollzieht sich der Rhythmus seiner Wesensfunktion.

Schrecken Sträuben
Wehren Ringen
Ächzen Schluchzen
Stürzen
Du!

Grellen Gehren
Winden Klammern
Hitzen Schwächen
Ich und Du!
Lösen Gleiten
Stöhnen Wellen
Schwinden Finden
Ich
dich
Du!

Bis auf die polaren Ausklänge hat jeder Vers zwei Worte, jedes Wort zwei Silben, jedes Versmaß als tanzender Trochäus zwei Takte. So ist auch die formale Grundstruktur des Gedichtes auf den Zweiklang von Ich Du angelegt. Jeder Vers bildet mit all seinen Teilen eine lautliche und sinnmäßige Korrespondenz dieser beiden Urtakte, der Urmelodie des Menschlichen und des Lebens, eben der Urmelodie Ich und Du, die sich in das Tor seligen Findens hineinsingt: „Ich/dich/Du!"

Auch die im Band „Tropfblut" zusammengefaßten Kriegsgedichte durchlaufen, wenn auch in Sprüngen, den Weg vom Naturalismus zum Expressionismus, von der Naturverdichtung zur Wesensaussage. Das Gedicht „Patrouille" verhält sich noch ganz auf der Ebene des Gedichtes „Freudenhaus". Da wie dort wird nach dem Prinzip einer gravierenden naturalistischen Verdichtung gearbeitet.

Die Steine feinden
Fenster grinst Verrat
Äste würgen
Berge Sträucher blättern raschlig
Gellen
Tod.

Wieder ist kein Mensch genannt. Patrouillengang ist ja hinterlistiger Raubzug auf Menschen. Finsternis der nächtlichen Natur und Verfinsterung des Menschen verschlingen gleicherweise alle menschliche Gestalt. Der heimtückische Vernichtungwille des Menschen überträgt sich auf die Natur, die das vorvollzieht, was mit dem Patrouillengang geplant ist: Feindschaft, Verrat, Heimtücke und Vernichtung. Das dämonische Gebaren der Natur wird vom technischen Mordschlag gellend zerrissen. Das entsetzliche Ergebnis solchen Tuns folgt auf dem Fuße: „Tod." Man glaubt eines der Bilder von Kubin vor sich zu haben, nur daß man es nicht sieht, sondern hört. Das ganze Erlebnis eines Patrouillenganges ist hier mit all seiner Vielfalt an Angstmomenten und Zufällen gefiltert bis auf das Konzentrat seiner wesentlichsten Inhalte. Nur jene Teile bleiben übrig, die sich unauslöschlich in die Erinnerung eingraben. Das Protokoll einer seelischen Blitzlichtreihe mit unmittelbarster Kontrastwirkung schnellt in die Gegenwart.

In den weiteren Gedichten hat August Stramm das Kriegserlebnis auf ein Seinsgeschehen zurückgeführt, das den Lebenssinn umkehrt. An dieser geradezu ontologischen Form des Kriegserlebens gleiten alle Fragen existentieller Art ab. Daher tauchen die Gedanken einer sozialen, politischen oder gar moralischen Problematik des Krieges in diesem Zusammenhang gar nicht auf. Der Krieg und der Tod werden jenseits der Bewußtseinsgrenze, ohne Reflexion, jenseits von Pflicht und Moral erlebt und unmittelbar ins sprachlich gerade noch Mögliche eingestaltet. Ein Brief August Stramms vom 12. Januar 1915 aus dem Felde bezeichnet dieses Empfinden auf der ontologischen Existenzstufe sehr deutlich: „Alles schüttert unter mir, um mich, in mir. Und ich stehe wie ein Krampf, haltlos, fundamentlos, ins Nichts geklammert, verankert und erstarrt in der Grimasse des Willens und des Trotzens."

Der Dichter ist also in die Mitte des Grauens gestellt. Der menschliche Wille als Vollzieher des Gewissens wird zur Grimasse. An diesem Ort versagt die Kraft unmittelbarer Gestaltung. Das Grauen hat nur einen Ausdruck, den des erstarrenden Verstummens. Die Frage nach dem Sinn ist weit aufgerissen. Sie taumelt im gleichnamigen Gedicht Antwort suchend durch die Räume des Daseins. Sie rast durch die Natur, über das Firmament, brütet im Schmerz, haucht in den Stürmen, erschrickt im Schweigen und geht und geht eine bittere Wanderschaft, noch einmal über Lieben und Leben und Sterben, ein endloses Gehen ins eisige Nichts:

Und
Stämme schlanken weiten Himmel
und
Herzen schwanken brüten Schmerz
und
Halme hauchen welle Stürme
und
Schweigen schrickt
und

beugt und geht
und
Gehen Gehen
Wege Ziele Richtung
und
Gehen Gehen
Lieben Leben Tod
und
Gehen Gehen
endlos wellen Stürme
und
Gehen Gehen
endlos halmt
das Nichts

1960

Der Dichter – Zeiger der Weltenuhr
Über Georg Trakl

Georg Trakl wurde am 3. Februar 1887 in Salzburg geboren. Er war das vierte der sechs Kinder des Eisenhändlers Tobias Trakl und dessen zweiter Frau Maria, einer geborenen Halik. Nach den Jahren der Kindheit und Jugend in der Vaterstadt, einem mißglückten Besuch des dortigen Gymnasiums und einem dreijährigen Apothekerpraktikum studierte er in Wien Pharmazie, wurde Magister dieser Fachschaft und schließlich Medikamentenakzessist im Garnisonsspital zu Innsbruck. Mehrere Versuche, sich in Wien zu etablieren, vielleicht als Schreiber in einem Ministerium, schlugen fehl. Reisen, die ihm Freunde spendierten, führten ihn nach Venedig, auf die Hohenburg in Igls, an den Gardasee und nach Berlin, wo die Begegnung mit Else Lasker-Schüler bedeutsam wurde. Eine mehr als brüderliche Liebe verband ihn mit seiner Schwester Margarete. Seine Dichtungen erschienen zunächst in der Zeitschrift „Der Brenner", dann im Verlag Kurt Wolff in Leipzig. Nach dem Tode Trakls besorgte 1917 Karl Röck die erste Gesamtausgabe im gleichen Verlag. Übertragungen ausgewählter Teile erschienen in englischer, französischer, rumänischer und tschechischer Sprache. Die Gesamtausgabe wurde 1939 bzw. 1949 durch Wolfgang Schneditz im Otto Müller Verlag in Salzburg wiederholt und aus dem Nachlaß ergänzt.

Nach der Schlacht bei Grodek im Herbst 1914 hatte man dem Sanitätsoffizier Trakl in einer galizischen Scheune 90 Verwundete überantwortet. Er vermochte keinem zu helfen. In dieser verzweifelten Ohnmacht griff er zur Pistole, um sich selbst zu entleiben. Der Versuch mißlang durch den Zugriff seiner Kameraden. Trakl wurde in die psychiatrische Abteilung des Militärspitals nach Krakau gebracht. Dort starb er in der Nacht vom 3. zum 4. November 1914 an der Überdosis eines Betäubungsmittels. Das Zeichen dieses Todesdatums hatte er in seinem Werk antizipiert. Man entdeckt es im Gedicht „Helian", das Rilke als Schlüsselgesang der Existenz Trakls auffaßte. Wie in einem lyrischen Strudel kreist dort das Wort von der „schwarzen Novemberzerstörung". Der frühverstorbene Trakl, der sein Leben lang unter dem Stern des Todes stand, zählt zur Bruderschaft der in den Tod verliebten Jünglinge deutscher Literatur, die mit den Schatten Höltys, Novalis', Kleists, Hölderlins, Büchners und Heyms ein schwarzes Silberlicht in den Restraum des Abendlandes wirft.

Trakls Dichtung ist abendländische Dichtung. Das Abendland ist mit seiner Geschichte, seinem Bewußtsein und seiner Sinnlichkeit nicht nur Inhalt und Form, sondern auch Mentalität und Schicksal dieser Dichtung, die im Raum zwischen Salzburg und Tirol entstand und von Galizien her ihren Ausklang erfuhr, die mit der sentimentalen Leichtfüßigkeit einer Sonate Mozarts in Salzburger Gärten einsetzt und mit der makabren Ballung einer Symphonie Bruckners echohaft von den Wänden der Alpen zurückrollt. Bereits die ersten Klänge der Traklschen Dichtung sind meisterhaft. Man könnte sich einbilden, das Talent des Jünglings habe unmittelbar nach der Reife gegriffen, weil ihm das Leben nicht die Zeit zur Reifung gönnen wollte. Trakls Dichtung ist eine Dichtung des Abends als Vorgesang der Nacht. Als Weg in die Nacht, ja auf den Gipfel der Nacht kennzeichnet Trakl selbst seinen dichterischen Lebensgang, den er in bewußter Bezogenheit zum brüderlichen Schicksalsfreund, wohl Novalis oder Hölderlin, ins Bild ruft.

> Unter Dornenbogen
> O mein Bruder klimmen wir blinde Zeiger gen
> Mitternacht.

In diesen drei Verszeilen werden die Fragen nach dem Ort, nach der Tat und nach dem Sinn des Dichters beantwortet. Der Gang des Dichters ist kein gravitätisches Schreiten, wie es George priesterlich zelebrierte, kein männlicher Mänadentanz, wie ihn Rilke praktizierte, auch kein Höhenflug, zu dem man im Zeitalter des Geniebegriffs und des Idealismus ansetzte, keine schäumende Lebensfahrt in der Kalesche des „Schwager Kronos", kein Flanieren in einem dionysischen Arkadien nach der Manier der Anakreontiker, kein Segeln im Narrenschiff und kein Triumphzug unter dem Jubel der Masse, vor allem kein Erringen des Lorbeers aus der Hand des Herrschers oder gar einer göttlichen Muse. Der Gang des Dichters ist vielmehr ein Erklimmen, ein mühseliges Ersteigen, kein Gang durch Triumphbögen, sondern ein Gang „unter Dornenbogen", also ein Kreuzweg, eine Straße der Schmerzen, ein Kanal der Dornen-Architektur. Zugleich aber ist er ein Weg in der Geschichte, beschritten auf dem Zifferblatt der Weltuhr, über ein eingeteiltes, zubemessenes Rund, ein Weg im Kreise, ein Weg, dessen Verlauf geschichtlich in später, in letzter Stunde stattfindet. Mit diesen beiden Worten „gen Mitternacht" gibt sich Trakls Dichtung als eschatologische Dichtung zu erkennen. Als ein Weg empor zum Scheitel der Nacht und zugleich als ein Weg hinab zur letzten Stunde ist es ein dialektischer Weg, ein Weg des steigenden Fallens, eine Chaussee unter den Ästen Heraklits, der Scholastik, Hegels und Nietzsches. Der Dichter ist auf dem Zifferblatt der Geschichte der „Zeiger", also der sinnvolle Teil, wie der Zeiger die Uhr erst sinnvoll macht. Mit der Existenz als Zeiger wird die zentrale Relation des Dichters auf dem Kreisbild der Geschichte nachgewiesen. Mit seiner Spitze zeigt er die Stunde an, die es geschlagen hat. Mit seiner Wurzel ist er an das unsichtbare Uhrwerk der Historie geschraubt, an das gekettet, was die Geschichte im Innersten bewegt. Als „Zeiger" verweist er jedoch nur auf die Zeichen der Zeit. Er gibt nicht die Zeichen, sondern verbindet lediglich die an sich gegebenen Zeichen mit dem Kern, der zwar alles bewegt, aber selbst zeichenlos ist.

Der Dichter als Zeiger der Weltuhr des historischen Seins, als Mittler und Sinngeber zwischen dem ontologischen Funktionszentrum, der inneren Bewegung, und der existentiellen Chiffre, dem äußeren Zeichen, ist trotz dieser exquisiten Bedeutung mit Blindheit geschlagen, ein „blinder Zeiger". Er ist einer, dem sich sein Tun von einer ihm unbekannten Zentrale her aufdrängt, der von dorther getrieben wird. Der Dichter ist demnach nicht mehr ein Sprechender, kein Erfinder, sondern einer, der mit sich selbst die Gegenwart nur anzeigt, der auf die vorgezeichnete Stunde verweist, die nunmehr erreicht ist. Der Dichter ist nicht mehr ein „Stiftender" im Sinne Hölderlins, sondern ein blinder, aber bestimmter Deuter. Wie der Zeiger weiterrückt, ist sein Tun ein Nebeneinanderreihen. Tatsächlich ist Trakls Dichtung ein Aufzeichnen, genauer gesagt, ein Aufzeigen der Folge von Bruchteilen der Weltstunde. So heißen seine Gedichte: „Der Abend", „Dämmerung", „Die Nacht" oder „Abendlied", „Nachtlied", „Stundenlied", weiter gefaßt: „Im Winter", „Im Frühling", „Sommer", „Sommersneige", „Der Herbst des Einsamen", „Winternacht" oder „Frühling der Seele", „Herbstseele", schließlich die fließende Kontinuität bezeichnend: „Unterwegs", „Der Wanderer" und „Untergang".

Zum hymnischen Sprachbild wurde das Nacheinander mythisch-historischer Gegenwart aus Vergangenheit und Zukunft in jenem Gedicht, dem Trakl mit lakonischer Selbstverständlichkeit den Titel „Psalm" gegeben hat. Gewiß begegnet uns hier eine Sprache von so gültiger Fügung, wie sie in den biblischen Psalmen gelang. Sie ist hymnisch, aufs Rühmen eingestellt und erfüllt damit jenen dichterischen Auftrag, den Rilke in seiner „Duineser Elegie" als wesentlich preist. Aber was ist das für ein Rühmen? Das Gedicht beginnt mit folgenden Versen:

> Es ist ein Licht, das der Wind ausgelöscht hat.
> Es ist ein Heidekrug, den am Nachmittag ein Betrunkener verläßt.

Es erklingt also das zwar rühmende, aber blinde Registrieren einer gar nicht mehr vorhandenen Gegebenheit. Wohl wird das Licht, allerdings mit der unbestimmten Deklarierung als „ein Licht", aber mit der ganzen ursprünglichen Kraft des Wortes „Es ist" zunächst dinghaft in den Raum gestellt, somit als seiend bestätigt. Doch sofort, ja gleichzeitig ist der vernichtende, alle Aussage und Bestätigung zurücknehmende Relativsatz gegeben, der den Hauptsatz relativiert: „ein Licht, das der Wind ausgelöscht hat". Ein Licht aber, „das der Wind ausgelöscht hat", ist nicht mehr sichtbar, ist eigentlich gar kein Licht mehr, höchstens ein Licht, das ein Blinder meinen könnte. In dieser blinden, wiewohl zeigenden Registratur werden alle weiteren Dinge annullierend aneinandergereiht, nicht nur als Dinge um ihrer selbst willen, sondern auch als Repräsentanten oder Symbole verlorener Weltzeiten. Der dritte Vers lautet:

> Es ist ein Weinberg, verbrannt und schwarz mit Löchern
> voll von Spinnen.

Das Kulturgut, in dem die Erbschaft des himmlischen Abendmahls, die Verflüssigung des Sonnenfeuers, das Blut der Wahrheit, eben der Wein gedeiht, reift und geerntet wird, ist „verbrannt", also nicht mehr fruchtbar, ja gar nicht mehr da, ist zudem „schwarz", ist also abermals nur Blinden sichtbar, da ja die Kraft des Schwarz darin besteht, nicht mehr als Farbe zu leuchten, als vielmehr zugestrichen zu sein, den Verschluß der Farben zu bewirken, dies im Gegensatz zum Weiß, das noch nicht Farbe ist und alles zu werden vermag. Später folgt der Vers:

> Es ist ein leeres Brot, das am Abend den schwarzen Kanal heruntertreibt.

Der Kahn, das Tragende über den verschlingenden Wassern, ist durch seine Leere inhaltslos, sinnlos geworden. Er ist ohne Steuermann. Selbst Charon, der Fährmann des Todes, ist nicht mehr. Das Gefährt treibt ziellos auf einem „schwarzen Kanal" in die Tiefe. Die Anonymität der Beseitigung ist restlos. Innerhalb dieser ins Dunkel und in die Negation stürzenden Seinsregistratur taucht die Vision seliger Erinnerung an die Farbenpracht des paradiesischen Seins auf. Es ist das Bild einer Südseeinsel, das an Gauguin und Pechstein erinnert und die Gleichgestimmtheit der Generation dieser Zeit erweist. Bei Trakl heißt es:

> Es ist eine Insel der Südsee,
> Den Sonnengott zu empfangen. Man rührt die Trommeln.
> Die Männer führen kriegerische Tänze auf.
> Die Fraun wiegen die Hüften in Schlinggewächsen und Feuerblumen,
> Wenn das Meer singt.

Es gibt also noch einen Ort paradiesischer Geborgenheit. Er liegt als Insel ausgespart und abseits in den Wogen der Geschichte. Es ist ein von Natur her isoliertes Lokal, in dem jener Gott erwartet wird, der als „Sonnengott" den Inbegriff aller Sichtbarkeit und Wärme darstellt. Der Tag der Inselbewohner ist erfüllt vom Einklang mit der Natur. Krieg ist dort noch nicht zur Vernichtung ausgeartet, sondern ein Spiel. Das Meer verschlingt nicht als „Woge der Nacht" den Tag des Lebens, sondern „singt" den Frauen den Tanzrhythmus des Lebens vor, den Rhythmus der Fruchtbarkeit. Es ist ein Ort ohne Verlust. Doch kaum ist dieses Bild vor den Augen der Erinnerung, also des inneren Sehens, entstanden, wird es alsbald wieder zurückgenommen. Es folgt der vernichtende Nachsatz: „O unser verlorenes Paradies."

1908, also an der Schwelle zu seinem dichterischen Existenzraum, notierte Trakl unter einem fotografischen Selbstporträt den Leitsatz: „Nur dem, der das Glück verachtet, wird Erkenntnis." Diese Auslieferung des Glücks an die Wahrheit erinnert mit historischem Abstand an das existentielle Bekennertum Giordano Brunos. Für die Wahrheit seiner Existenz legte Trakl den Leib auf den glühenden Rost des Lebens. Den Weg zur Wahrheit formulierte er mit den Worten „Offenbarung und Untergang", wobei der Begriff der Offenbarung mit dem der Vision gleichgesetzt wird. Trakl erfährt und vermittelt seine Erkenntnis in Bildern. Das Begriffliche oder Rationale ist im Bildhaften restlos aufgehoben. Die Bilder sind nicht analysierbar. Man muß sie erleben, geistig und sinnlich zugleich. Sie sind Schlüssel, ja Tür zur Erkenntnis und Raum der Erkenntnis selbst, also Möglichkeiten der Entdeckung. Ohne Reflexion, ohne jenes bei Hölderlin noch gegebene Bestreben nach geistiger Klärung, ist in Trakls Dichtung die geschaute Wahrheit geradezu fleischlich vorhanden. Der Tod erscheint als sinnliches Ereignis von schrecklicher Pracht, schwelgend in barocker Fülle des Beschlusses, wohl erfüllt von erhabenem Entsetzen, aber ohne heldisches Pathos, eine makabre Realität, eine unbarmherzige Lust ohne Distanz. Trotzdem sind die Bilder nicht die Wahrheit selbst, sondern, wie es heißt, „die stillen Spiegel der Wahrheit". Wo werden sie zuteil? Wieder gewinnt man die Antwort nur aus den Chiffren der Texte, in denen die Worte „Traum und Umnachtung" dominieren.

Im Traum schlagen sich die Fenster der „Offenbarung" auf. Die gewohnheitsmäßige, oberflächliche Bewußtseinsebene wird unterschritten, die übliche Zensur des Intellekts umgangen. Das Zurückpfeifen des schauenden inneren Auges durch die gesellschaftlichen, logischen und ästhetischen Normen findet nicht statt. Dort begibt sich das, was Trakl mit dem Wort „Untergang" signalisiert hat, das Unterschreiten der Oberfläche, das Gehen unterhalb der Lichtgrenze des Tages, der Aufenthalt am Ort der „Umnachtung". Alle Zerstreuungen durch das Licht sind dort ausgeschaltet. Eine Konzentration auf das Antlitz der Wahrheit ist gewährleistet. Um in die tiefen Kanäle des Seins, ja in die Adern des Seinsschoßes, in die Lage des Hinabtauchens zu gelangen, zu der die Natur des Menschen nicht allgemein veranlagt ist, vor der sie sich sogar sträubt (daher die Schreie im Traum, in der Umnachtung, bei Untergang und Offenbarung!), bedarf es dazu einer Verdichtung der seelischen Schwerkraft. Dieses Lot, Senkblei der Seele, das den Faden der Erkenntnis in die Tiefe trägt, ist die „Schwermut", der Trakl alle dekadenten, versponnenen oder romantischen Züge nimmt, die er vielmehr wie seine Schwester begrüßt:

> Gewaltig bist du dunkler Mund
> Im Innern, aus Herbstgewölk
> Geformte Gestalt,
> Goldner Abendstille.

1906 trat Trakl mit den Aufführungen der Einakter „Totentag" und „Fata morgana" im Salzburger Stadttheater zum erstenmal als Dichter an die Öffentlichkeit. Das erste Stück fand geteilte Aufnahme, das zweite fiel beim Publikum und bei der Presse durch. Von 1906 bis zum Tode verblieben nur acht Jahre. In diesen acht Jahren vollzog sich Trakls dichterische Existenz, begab sich sein Weg von den Anklängen an Lenau, Mörike, Baudelaire und Rimbaud zu sich selbst, der Weg vom Salzburger Barock in die Alpenwelt Tirols, formal als Weg von der Idylle zur Ode.

Idylle, Diminutivum des griechischen Wortes eidos, das die Schau, das Geschaute, das Bild des Wesens bedeutet, ist ja aufs Bildhafte, Visionäre hingeordnet. Insofern wird die Idylle unter dem Einfluß des Salzburger Barock zum entsprechenden Ausdrucksmittel Traklscher Bildtechnik. Sie liebt die Aufreihung eines Genrebildes, das friedvoll Bukolische, den Rückgriff aufs Archaische, auf die Vorstellungen selbstbesessener Urzeit, die Darstellung von Hirten, Bauern, des Ländlichen, Arkadischen, oft Spielerischen. All diese Momente haften auch der Traklschen Frühdichtung an, wiewohl mit einem typisch Traklschen, zum „Untergang" drängenden Akzent, behängt mit den Gewichten der „Schwermut". Trakl schreibt negative Idylle. Ein Beispiel für die fast folkloristische Leichtigkeit, aber auch für die Konsequenz und Echtheit bereits der frühen Idyllen-Dichtung Trakls:

Sommer

Am Abend schweigt die Klage
Des Kuckucks im Wald
Tiefer neigt sich das Korn,
Der rote Mohn.

Schwarzes Gewitter droht
Über dem Hügel.
Das alte Lied der Grille
erstirbt im Feld.

Nimmer regt sich das Laub
Der Kastanie.
Auf der Wendeltreppe
Rauscht dein Kleid.

Stille leuchtet die Kerze
Im dunklen Zimmer;

Eine silberne Hand
Löschte sie aus;

Windstille, sternlose Nacht.

Der Sommer wird als ländliche Zeit erlebt. Damit ist typische Idyllenthematik aufgegriffen. Bekannt ist die gern geübte Praxis, den Frühling mit dem Bild des Morgens und den Winter mit dem Bild der Nacht zu verknüpfen, so daß die Kopulationen Frühling-Morgen und Winter-Nacht zu lyrischen Gebrauchsbildern geworden sind. Trakl ordnet dem Sommer das Bild des Abends zu. Mit dem Abend klingt abendländisches Zeitgefühl an. Vor den Augen des malenden Dichters, der in den Sommer-Abend hinausschaut, schlagen sich in den ersten drei Strophen drei Blickfächer auf, die aber alle ihre Schließe in der letzten, also vierten Strophe besitzen.

Die erste Strophe beginnt: „Am Abend schweigt die Klage / Des Kuckucks im Wald." Schon die Minnesänger haben den Kuckuck für ihre Sommerlieder eingefangen. Hier hilft er durch sein Schweigen jenes Ereignis vorzubereiten, auf das alle folgenden Strophen hinzielen. Der Kuckuck ist jener Vogel, der nicht im Mutternest zur Welt kommt, ein Ausgesetzter noch vor der Geburt, ein Fremdling und Heimatloser von Anfang an. Daher ist ihm „die Klage" über diesen bei der Geburt bereits mitgegebenen Verlust der Behütung als Eigenart seiner Stimme bestimmt. Wer den Ruf des Kuckucks zählt, will die Kalkulation der verbliebenen Restzeit des Lebens erfahren, wobei jedoch dieser sibyllinische Spruch gleichermaßen leicht und ernst genommen wird. Der Kuckuck ist ein Schicksalsvogel mit idyllischem Anstrich. Sein Ruf ist zugleich Schlag der Lebensuhr, Ruf der noch zu erhoffenden Lebensdauer, und Memento mori, Ruf der Vergänglichkeit, also ein Doppelruf im Zweiklang von Leben und Tod, die gleichzeitige Verkündigung der Lebensfrist und des Todesjahres. Doch der Todesvogel des Sommernachmittags nimmt seine Lebenslage am Abend zurück. Die Nacht steht bevor, die Zeit des Schlafes, in dem sich Tod und Leben vereinigen, in dem der Mensch den Tod im Leben vorwegnimmt. Die Nacht ist aber auch die Tageszeit der Liebe, jener Vereinigung, aus der neues Leben entsteht. Der Blick des abendlichen Zeugen ruht indessen auf dem Wald, auf dem dunklen Saum, der den Horizont umfriedet. Der Waldsaum ist die Woge der Natur um die Ordnung der menschlichen Flächen und Stätten, zu denen der Blick des Beschauers jetzt einwärts wandert und damit dem angestrebten Mittelpunkt näherrückt. Es beginnt eine Bewegung der Einkehr. Sie macht Station bei dem Kornfeld, das dem Walde vorgelagert ist, wandert dann weiter einwärts zu dem näher liegenden Mohnfeld. Die Farben werden menschlicher, zum Blute strebend, erst das Dunkelgrün des Waldes, dann das satte Gold der Ähren, schließlich das blutige Rot des Mohns. Korn und Mohn neigen sich „tiefer", vollziehen also ebenfalls eine intensivierte Richtung nach innen, zu ihrem irdischen Kern introvertiert. War schon vorher im Kuckucksruf ein Zweiklang enthalten, der Doppelruf von Leben und Tod, aus der Kehle eines Tieres, so schließen sich jetzt auch die Pflanzen zum Zweiklang zusammen, wiederholen den Doppelruf, wiewohl in der ihnen eigenen Art der Sprache durch Farben, in Gold und Rot. Das Feld ist sowohl ein Gabentisch des Brotes, der Ernährung, des Lebens, aber auch ein Träger des Mohns, der Pflanze des Schlafes, des Wahnsinns, des Todes.

Auch die zweite Strophe beginnt mit einem sich verengenden Blick- und Erlebniskreis: „Schwarzes Gewitter droht / Über dem Hügel." Der Kreis haftet diesmal jedoch nicht am Boden, sondern wölbt sich gleich einem Regenbogen über die Erde und bezieht somit die Substanz der Atmosphäre ein. Sein Radius steht senkrecht auf dem des ersten Kreises. Es bildet sich eine Kugel. Der Abend rundet sich nach allen Seiten hin ab. Die Reife des Sommers wird zu einem geradezu geometrischen Symbol aus erdhafter und atmosphärischer Substanz. Dabei holt der Blick der zweiten Strophe weiter aus, beginnt über dem Waldhorizont der ersten Strophe, den ein „Hügel" übersteigt, der zudem von einem „Gewitter" überlagert ist. Eine Entladung der Energien des Himmels hinab in den Schoß der Erde steht bevor. Wieder wird die Richtung nach innen gezogen und zugleich das Zentralereignis am Ziel des gesamten Liedganges fast kosmisch präludierend vorweggenommen: die liebende Begegnung. Der Blick gleitet über das Feld zurück. Die Grille, das Heimchen, hat den Brautgesang beendet. Stille ist eingetreten. Nur in der großen Stille der Sommernächte, wenn das Korn die am Tage aufgenommenen Sonnenstrahlen in Reifung umzusetzen beginnt, ist das „Lied der Grille" hörbar. Es ruft an die Grenze des Zentrums, vor das Heim, vor das Haus, vor den Wohnort der Menschen und den Ort der Liebe.

Die dritte Strophe gehorcht diesem Ruf und registriert einleitend: „Nimmer regt sich das Laub / Der Kastanie." Dieser Blick auf den Baum vor dem Haus umgreift zugleich die irdische Körperlichkeit der Baumkrone und die himmlische Atmosphäre zwischen seinen Zweigen, die stillstehende Luft. Die Baumkrone als Kleid des Baumes bereitet assoziativ das nächste Bild vor: das rauschende „Kleid" der Geliebten „Auf der Wendeltreppe". Da die gesamte Natur schweigt, wird das raunende Märchen menschlicher Seligkeit vernehmbar. Es verkündet die nahende Geliebte. Die Natur hat ihre Vorbereitungen abgeschlossen und verstummt demütig vor dem Einsatz des Zweiklangs zweier menschlicher Herzen.

Die vierte und letzte Strophe nimmt den Blick vom hinausschauenden Fenster zurück ins Innere des Zimmers der Liebe. Er wird dort zu einem strahlenden Licht, das die Geliebte erwartet. Die sich verzehrende, aufrechte Kerze der Sehnsucht besänftigt sich verlöschend in der „silbernen Hand" der Angekommenen. Es heißt bewußt: „Eine silberne Hand." Intimität und Anonymität durchdringen sich mit natürlicher Ehrfurcht. Die Hand der Geliebten erstrahlt vom Silber ihrer phosphoreszierenden Haut, erinnernd ans Meer, an den Schoß des Lebens. Die naturhafte Farbe wird noch überboten durch das Silber der Transparenz, in das die Strahlen innerer Erregung und der Schimmer der Festlichkeit, ja des Numinosen einer himmlischen Leiblichkeit einmünden. Was bedarf es noch eines anderen Lichts? Selbst die Sterne verdunkeln vor dieser Strahlenkraft. Der Schoß der Nachtkugel des Sommers hat sich geschlossen: „Windstille, sternlose Nacht".

Ein Weg, einmal von der Natur der Pflanzen und Tiere, und einmal vom Äther des Himmels und der Baumkronen, hin zum Menschen, hat sich kreisend geschlossen. Eine Idylle zwar, und doch ein kosmisches Gedicht. Der Zweiklang von Ich und Du ist zum Einklang gelangt. Demütig steht der Mann vor der Frau, steht das Ich vor dem Du. Nicht ein Vers nennt ja das Ich. Und selbst das Du wird in dem „dein" der Zugehörigkeit aufgehoben, in dem „dein" aller Liebesbriefe, aller liebenden Bekenntnisse. Die Zeit der Liebe ist der Sommer, mehr noch: Liebe ist Sommer. Also ist nicht der Frühling (das liebende Erwachen), auch nicht der Herbst (der die Früchte der Liebe gebiert), sondern der Sommer (der das frühlingshafte Erwachen der Liebe erfüllt, und zugleich die Frucht des Herbstes beginnt) das gültige Bild der Liebe. Gültige Liebe wird demnach nicht gegenwärtig im Lenzrausch der Verliebtheit und nicht in der Frucht des Kindes, sondern in der bloßen Einheit des Ich und des Du.

Aus der Kleinräumigkeit der Idylle führt der Weg zur Großräumigkeit der Ode. Lied wird zum Gesang. An die Stelle des Menschen tritt die Menschheit, an die Stelle des Lebens die Geschichte. Da wie dort aber begegnet die gleiche Reihungstechnik, indessen die Farben immer transparenter und bedeutungsreicher werden. Menschheitsgeschichte wird rhapsodisch als feierliches Bekenntnis zur Wirklichkeit gesungen. Es erfolgt der Choralgesang einer Einzelstimme. Ein visionärer Bilderbogen wird geboten. Die in ausgewählten Bildern rezitierte Menschheitsgeschichte ist jedoch nicht Weltgeschichte, sondern abendländische Historie, gemalt als Triptychon, als dreiteiliger Flügelhalter für die Messe des Todes. Das Mittelstück wurde zweimal gestaltet, einmal als „Abendländisches Lied“ und einmal in der dreiteiligen Ode „Abendland“, gewidmet der Dichterin Else Lasker-Schüler.

Das „Abendländische Lied“ hebt an mit der Gebärde der Erinnerung, weiht die erste Strophe der vorgeschichtlichen Zeit, entfaltet in den beiden Mittelstrophen, also in der zweiten und dritten, das Bild des christlichen Abendlandes, um in der vierten, also letzten Strophe die Verlorenheit der modernen Situation zu betonieren, wobei wie bei Kleist, Hölderlin und Rilke allein die Liebenden aus der Versteinerung des Menschheitsantlitzes erlöst werden. Durch die Liebenden vollzieht sich auf Erden göttlicher Einklang. Liebe ist religiöses Ereignis, göttliche Handlung. Den Liebenden erklingt der süße Auferstehungsgesang, die Verkündigung des ewigen Lebens:

> O, die bittere Stunde des Untergangs,
> Da wir ein steinernes Antlitz in schwarzen Wassern beschaun.
>
> Aber strahlend heben die silbernen Lider die Liebenden:
> *Ein* Geschlecht. Weihrauch strömt von rosigen Kissen
> Und der süße Gesang der Auferstandenen.

Diese Verse zeigen stellvertretend für viele andere, wie bei Trakl das Christliche ganz inständig geworden, dem Weltbild seiner Dichtung restlos einverleibt ist, wie es sich in seiner Vergegenwärtigung und Wirkung vom Vorchristlichen nicht mehr unterscheidet. Der Gegensatz zum Weltlichen ist wieder aufgehoben. Es ist mit seinen Bildgestalten und Wirkkräften zu einem untrennbaren, ja selbstverständlichen Teil der abendländischen Welt geworden.

Gewissermaßen links und rechts von diesem Zentralbild abendländischer Historie gestaltete Trakl zwei überdimensionale Seitenflügel, auf dem einen die Antike, auf dem anderen die Epoche des Christentums darstellend. Zwei große Geschichtsblätter schlagen sich auf, die sich als Ganzes dialektisch unterscheiden und in einzelnen Zeichen miteinander korrespondieren. Die einzelnen Motive beider Bilder gliedern sich jeweils um eine Zentralgestalt, deren Name den Titel der Gesänge liefert. Für das elysische, archaische Zeitalter der Antike sind es Name und Gestalt des Knaben Elis, für das christliche Zeitalter, das mit dem Heiland anhebt, sind es Name und Gestalt des Mannes Helian. Wiederum ist also historische Konkretheit in absoluten Namensbildern einverleibt.

Die Dichtung „Elis“: der erste Bildteil ist auf Goldgrund gemalt, auf den Grund der Vollkommenheit und Göttlichkeit. Die fünf Strophen bilden drei konzentrisch gestufte Kreise. Die Farbe Gold erscheint in der ersten und fünften Strophe, die Farbe Blau in der zweiten und vierten Strophe, während das Bildinnere zur dritten Strophe hin von seligem Rosa strahlt. Man sieht gleichsam in den Spiegel der „runden Augen“ des Knaben Elis, in seinen unschuldig staunenden Blick, in dessen Iris und Pupille die glückhafte Zeit der Liebenden, der Fischer, der Hirten und der Sänger sich spiegelt. Unter der Eiche, dem uralten Baum der Götter, schlug am Morgen des vollkommenen Tages Elis seine „runden Augen“ auf, um am Abend als Abendstern das Gold des Tages im Kahn seines Herzens über den Weiher der Nacht zu fahren. Und es heißt:

O! wie gerecht sind, Elis, alle deine Tage.

Das alttestamentliche Prädikat „gerecht“ wird mit der antik-elysischen Elis-Gestalt verknüpft. Der antike Knabe hat die Gestalt Adams, den Gottes Hand gebildet hatte. Doch bereits im Vorgesang heißt es:

O, wie lange bist, Elis, du verstorben.

An seine Stelle tritt im anderen Flügelbild die Gestalt des Helian, der im geradezu gewalttätigen „Schweigen des verwüsteten Gartens“ der Ölbäume, des anderen Paradieses, seine Stirne mit der Dornenkrone bekränzt und dessen „Odem eisiges Gold trinkt“, also die Fülle der Werte zurücknimmt.

An den Wänden sind die Sterne erloschen
Und die weißen Gestalten des Lichts.

Doch es bleibt der schmale Spalt der Hoffnung für den Enkel jeder Zeit, also für die dritte Generation, weil:

Der stille Gott die blauen Lider über ihn senkt.

Dichtung Georg Trakls! Eine männliche Sybille unserer letzten Gegenwart ruft in die Zeit, nicht belehrend, nicht warnend, auch nicht beschwörend, sondern nur rufend, dies aber mit dem Vollklang bezwingender Sternzeichen, Signale in Bildern. Und wir fragen die

Frage, die auch Rilke gestellt hat: „Wer mag er gewesen sein?" Er, der seine Dichtung „Offenbarung und Untergang" mit den Sätzen beschließt:

Mit silbernen Sohlen stieg ich die dornigen Stufen hinab, und ich trat ins kalkgetünchte Gemach. Stille brannte ein Leuchter darin und ich verbarg in purpurnem Linnen schweigend das Haupt; und es warf die Erde einen kindlichen Leichnam aus, ein mondenes Gebilde, das langsam aus meinem Schatten trat, mit zerbrochenen Armen steinerne Stürze hinabsank, flockiger Schnee.

1964

Abraham Goldfaden und das jiddische Theater

Jiddisches Theater, als dessen unbestrittener Vater Abraham Goldfaden genannt wird, ist undenkbar ohne jiddische Sprache und Literatur. Wo war der Ursprung des jiddischen Theaters, dessen Werke nahezu ausschließlich in der sonst so selten glücklichen Kooperation, ja Aktionseinheit von Autorenschaft und Bühnenpraxis entstanden, wo oft sogar, so auch im Falle Goldfadens, Autor, Chef der Theatergruppe, Regisseur und Hauptheld der betreffenden Inszenierung in einer Person vereinigt waren? Zwar ist als frühestes Theaterstück in deutsch-jüdischer Mundart das „Spiel von Ahasverus" bekannt, das 1708 anonym in Frankfurt/M. erschien und zur Gattung der sogenannten Purim-Spiele zählt, die im deutschen Getto zumeist von jüdischen Wanderstudenten aus Hamburg, Frankfurt/M. und Prag „mit außerordentlichem Aufwand von Dekorationen, Maschinerien und sonstigen szenischen Effekten" aufgeführt wurden und beim Publikum sehr beliebt waren. Doch nicht aus diesen Maskenspielen des 18. Jahrhunderts mit ihrem geradezu barocken Dilettantismus und zumeist recht naiven Gelegenheitswert entwickelte sich das eigentliche jiddische Theater, auch nicht aus jener jiddischen Dramatik des 19. Jahrhunderts, wie sie etwa von Salomon Ettinger, Abraham Bär Gottlober und Israel Axenfeld verfaßt wurde, die primär für Lektüre, also nicht für Aufführungen gedacht war. So empfiehlt auch der unbekannte Autor des Stückes „Reb Chaimel, der Kozen" seinen Text sehr bewußt nicht etwa einem Theaterpublikum, sondern einer Gemeinde von Lesern, die davon, wie er meint, weit größeren Nutzen haben könne.

Echtes jiddisches Theater begann man vielmehr jenseits des deutschen Sprachbereichs zu spielen, vor allem in den Gebieten des slawischen Ostens, wo unter den Nachkommen jener jüdischen Flüchtlinge, die seit dem 12. und 14. Jahrhundert vom Westen kamen, aus der sogenannten deutsch-jüdischen Mundart durch Bereicherung anderer Sprachelemente, so z. B. des Russischen und anderer slawischen Sprachen, aber auch des Griechischen und natürlich des Hebräischen, das Jiddische entstanden war. Die ersten Ansätze einer jiddischen Literatur sind im gleichen Raum zu Beginn des 19. Jahrhunderts erkennbar. Zwei entgegengesetzte Intentionen, der Chassidismus und der Rabbinismus, bestimmten dort die Entstehung. Der Chassidismus war vor allem eine Sache des ostjüdischen Proletariats, das nicht wie die ostjüdische Oberschicht und deren Gelehrte Hebräisch, sondern Jiddisch sprach. Der schlaue Rabbi Nachmann von Bratzlaw empfahl deshalb seinen chassidischen Genossen, da ihnen ja das Hebräische fremd war, eben jiddisch zu beten. Und um der breiten Masse verständlich zu werden, zeichneten dann auch die Chassidim die Legenden ihrer Wunderrabbis in Jiddisch auf. Im Gegensatz dazu lehnte aber der vom Baltikum her ausstrahlende Rabbinismus mit seiner strengen Talmudgelehrtheit und seinem westlich aufgeklärten Rationalismus das Jiddische in jeglicher Form ab. Man berief sich dabei auch auf Moses Mendelssohn, den Freund Lessings. Er hatte das Jiddische als Kauderwelsch, als mißratenes Deutsch abgekanzelt. Da aber nun einmal das Jiddische die Sprache des Volkes war, entschlossen sich schließlich sogar die Maskilim, die Aufklärer und Vertreter der Haskala mit ihrem pragmatischen Hang für Fortschritt und Logik, auch ihre Bücher in Jiddisch zu schreiben. So begann Mendel Lefin aus Satanow unter gleichem Aspekt eine Übersetzung der Bibel ins Jiddische.

In der Sprache dieser ersten Zeugnisse jiddischer Literatur dominiert aber noch zumeist das antiquierte Iwri-Teutsch, das Hebräisch-Deutsch der alten Frauengebete, der Techinot. Zudem ist sie nicht selten durch deutsche Modernismen verballhornt. Was allerdings die in einem manirierten Jiddisch abgefaßten Texte der Maskilim mit den späteren Texten der echten jiddischen Literatur gemeinsam haben, sind ihre kritische Haltung und ihre pädagogische Tendenz. Sie üben Kritik weniger an der nichtjüdischen Umwelt, die ja übermächtig und darum doch nicht zu ändern war, als vielmehr an den internen Mißständen innerhalb der Gemeinden. Dort die Verhältnisse zu ändern, ist das pädagogische Ziel der meisten Schriften, wobei man sich gern unterhaltsamer sprachlicher Mittel bediente. Es ist eine Literatur der Volksklage und der Selbstkritik. Ein Gleiches begegnet später in den Stücken des jiddischen Theaters, die einerseits mit zumeist historischen Themen das schwere Schicksal des jüdischen Volkes darstellen oder andererseits mit Lehrstücken vor allem auch humoristischer Natur erzieherisch wirken wollen. Bedingt durch die ökonomischen und gesellschaftlichen Verhältnisse, daß z. B. den im zaristischen Rußland lebenden Juden die öffentlichen Bildungsmöglichkeiten und die Verfügung über Produktionsmittel im allgemeinen verwehrt waren, konnten jedoch nur wenige Texte der Maskilim in Buchform erscheinen. Sie zirkulierten zumeist lediglich als Manuskripte, die dann verlorengingen oder während der häufigen Pogrome vernichtet wurden.

Zu den ersten Autoren echter jiddischer Literatur zählen J. B. Levinsohn (1788–1866) mit seinen pädagogischen Beispielen aus der Hefker-Welt, Michael Gordon (1823–1890) mit seinen aufklärerischen, gesellschaftskritischen Texten und Jehuda Löb Gordon (1830–1892) mit seinen einerseits klagenden, andererseits aber auch recht humoristischen Versen. In der Prosa und Lyrik gerade dieser drei Autoren wird das Jiddische zur Literatursprache. Stücke in jiddischer Sprache für das lebendige Theater zu schreiben begann jedoch erst Abraham Goldfaden (1840–1909). Gerade auch deshalb wird er allgemein als „Vater des jiddischen Theaters“ bezeichnet. Er verwendete bei der Herstellung seiner Stücke, darunter mehr als 30 Melodramen, zumeist die Erfahrungen der wandernden jiddischen Volkssänger des 19. Jahrhunderts. Sie hatten begonnen, ihre Gesänge in Dialogform vorzutragen, um dadurch die Spannung beim Publikum zu erhöhen. Schließlich bauten sie ihre Vorträge sogar zu Einaktern aus. Das gelang besonders gut, selbst aus dem Stegreif, den Badchanim, den Berufsspaßmachern, die man gern zur Unterhaltung einer Hochzeitsgesellschaft engagierte. Einer der bedeutendsten unter ihnen war Eliakum Zunser, der seine Texte sogar drucken ließ. In der literarischen Tradition der Badchanim mit ihren Arrangements aus Klage, Lehre und Unterhaltung produzierte dann Goldfaden seine Texte. Er ist der Erfinder der Figur eines Sabbatsengels, des Schabsiel, der trauernd und klagend herumirrt, weil die Juden nicht mehr die Gebote des Sabbats einhalten. Doch Schabsiel findet einen Leidensgenossen im Schabbesgoi, der sich dem Trunk ergeben hat, weil er aus den gleichen Gründen arbeitslos wurde. Der Schabbesgoi wurde als Nichtjude von den gläubigen Juden zur Verrichtung der am Sabbat zwar untersagten, aber erforderlichen Arbeiten gemietet. Doch da die Juden am Sabbat jetzt arbeiten, selbst das Licht in ihren Häusern anzünden und wieder löschen, ja sogar kochen und Geschirr waschen, ist er ohne Verdienst.

Abraham Goldfaden, 1840 in Schitomir geboren, war der Sohn eines Handwerkers aus dem Süden. Obwohl er in seiner Vaterstadt, dem Zentrum der Haskalá, der Aufklärung, studierte, sympathisierte er mit dem Chassidismus. In seiner Arbeit verbanden sich beide Richtungen. Von Beruf Lehrer, Redakteur und Herausgeber jiddischer

Zeitschriften, trat er 1866 mit seiner Volksliedersammlung „Das Jüdele“ hervor. 1876 gründete er in Jassy seine erste jiddische Theatertruppe. Sie bestand nicht etwa aus Berufsschauspielern, sondern aus ehemaligen Handlungsgehilfen, arbeitslosen Lehrern, Vorbetern und Handwerkern. Mit seiner bunt zusammengewürfelten Truppe reiste er durch Rumänien und Rußland, erfüllte das Bedürfnis seines Publikums nach Unterhaltung und Aufklärung und erntete überall Applaus, aber auch Anregung für weitere Taten. Goldfaden arbeitete wie sein späterer Kollege Ferdinand Bruckner aus Sofia zugleich als Theaterdirektor, Regisseur, Darsteller, Autor und Liederkomponist. Seine Stücke sind eine kluge Mischung aus Tragödie, Lustspiel, Posse, Oper, Operette und Varietétricks, also Totaltheater im ursprünglichsten Sinne. Am populärsten wurden seine Stücke „Die Hexe“ (1879) und „Sulamith“ (1880). Gern gespielte Stücke seines Repertoires waren aber auch „Bar Kochbar“, „Schmendrick“, „Die Kischufmacherin“, „Doktor Almasada“, „Die Bobe mit 'm Einikel“, „Die beiden Kuni Lemil“ und „Der Lügner oder Taudrus blos“.

Wenn später in allen jüdischen Zentren der Welt jiddische Bühnen entstanden, so ist dies letzten Endes auf A. Goldfadens Urinitiative zurückzuführen. Kein Wunder, daß das Staatliche Jüdische Theater in Polen nach der Befreiung des Landes und der Vertreibung der faschistischen Okkupanten seine Arbeit 1949 in Lodz mit der Inszenierung einer szenischen Gedenk-Collage unter dem Titel „Der Traum von Goldfaden“ begann.

Dem Ensemble Goldfadens entstammte Israel Gradner, der eine eigene jiddische Theatertruppe ins Leben rief, die vor allem Stücke von Joseph Lateiner (1853–1935) spielte. Lateiner zählte nach 1885 zu den Hauptinitiatoren des jiddischen Theaters in Amerika. Er verfaßte zusammen mit Beer Horowitz etwa 250 Stücke, die mit Gesang, Tanz und überraschenden Theatereffekten ausgestattet waren, darunter das Gesellschaftsspiel „Das jüdische Herz“. Das Talent von Horowitz wiederum bestand vor allem darin, deutsche, französische, englische und russische Literatur sozusagen als Fundgrube zur Herstellung eigener Stücke thematisch auszuwerten. So schrieb er z. B. seinen „Sabbataj Zewi“ nach Molières „Tartuffe“ und seinen „Abaranel“ nach Kotzebues „Einsiedler von Formentera“. Die Adaptionstechnik von Horowitz hat viele Jahre hindurch innerhalb der Produktion für das jiddische Theater Schule gemacht.

Von Goldfadens Unternehmung angeregt, gründeten sodann auch Leon Lerner und Schumer-Scheiwitz weitere jiddische Theater-Truppen in Rußland. Sie machten mit ihnen sogar der Truppe des Erzvaters beträchtliche Konkurrenz, bis nach der Ermordung des Zaren Alexander II. ein Ukas der russischen Regierung 1883 die Existenz des jiddischen Theaters dortzulande plötzlich in Frage stellte. Auf Betreiben vor allem orthodoxer Kreise und infolge zunehmender Pogromstimmung wurden alle weiteren Aufführungen jiddischer Stücke im Zarenreich verboten. Erst die Oktoberrevolution schuf 1917 neue Voraussetzungen für die Weiterentwicklung des jiddischen Theaters in Rußland. Andererseits trug dieses Verbot dazu bei, daß das jiddische Theater des Ostens nach dem Westen, vor allem nach Galizien, Rumänien, in die spätere Tschechoslowakei und nicht zuletzt nach Amerika sich ausbreitete. Zu den Emigranten, die damals die Praxis des jiddischen Theaters in die Welt hinaustrugen, zählte 1887 auch der Altmeister Goldfaden. In New York kam es zur Gründung bedeutender jiddischer Bühnen (u. a. Peoples Theatre, Thalia-Theatre, Grand-Oriental-Theatre), die dort versuchten, die östliche Tradition unter den neuen gesellschaftlichen Bedingungen fortzusetzen.

Jene geradezu traditionelle Tendenz der jiddischen Literatur, vor allem aktuelle, insbesonders soziale Probleme sozusagen an Ort und Stelle und sofort aufzugreifen, setzte sich auch in der Neuen Welt unmittelbar durch. In diese Richtung zielten auch die Stücke „Jankel Beule" (1898) von Leon Kobrin und „Gebrochene Herzen" (1903) von Salomon Libin. Dem 1872 in Witebsk geborenen und 1892 nach Amerika exilierten L. Kobrin gelang es, der in New York arbeitenden jiddischen Theatergruppe von Boris Thomaschewskij die richtigen, ja die geradezu erwarteten Stücke zu liefern. Er selbst hatte es in den ersten Jahren der Emigration nicht leicht, mußte er doch tagsüber in einer Fabrik arbeiten, um nachts seine Stücke schreiben zu können. Zu seinen Hauptwerken zählen die Stücke „A Mörder aus Liebe", „Der Lebenssturm", „Minna", „Der Naturmensch", „Zurissene Ketten" und seine Getto-Dramen von 1903. Ihm sind auch die Übersetzungen vieler Werke aus der russischen, französischen und englischen Literatur ins Jiddische zu danken.

Einer der impulsivsten Initiatoren des jiddischen Exiltheaters in Amerika war 1890 Jakob Gordin. Als ehemaliger Schauspieler wußte er, wie man bühnensichere Stücke schreiben muß. Zudem wurde der bisherige Lebensweg des 1853 in Mirgorod geborenen Proletariers auch für dessen Produktion während der Exiljahre bestimmend. Er hatte sich nacheinander vom einstigen Hafenarbeiter zum Schauspieler, Lehrer, sozialen Agitator, Redakteur und schließlich Dramatiker hinaufgearbeitet. Sein besonderer Beitrag zum Repertoire des jiddischen Theaters ist das sogenannte Familienstück unter sozialen

Aspekten. Gerade auch deshalb schulte er sich an der Dramatik von Ibsen, Gerhart Hauptmann und Strindberg. Er bearbeitete nicht nur Lessings „Nathan der Weise" und Schillers „Kabale und Liebe" für die jiddische Bühne, sondern schrieb auch das Stück „Gott, Mensch und Teufel" nach Goethes „Faust" und „Der Eid" nach Gerhart Hauptmanns „Fuhrmann Henschel". Unter seinen etwa 80 Bühnenwerken nehmen die Stücke „Die Freiheit", „Mirele Efros" und nicht zuletzt „Jiddischer Kenig Lear" eine Sonderstellung ein, ein Stück, das vor allem durch Jakob P. Adler seine trefflichste szenische Interpretation fand. Adlers und Gordins Lebenswege weisen übrigens starke Parallelen auf. Gordin starb 1909 im amerikanischen Exil.

Schon 1910 erwies sich die Aufführung seines „Jiddischen Kenig Lear" in Lodz als Paradebeispiel für Totaltheater und Lehrstückpraxis, viele Jahre vor Erwin Piscator und Bertolt Brecht. Am Tag vor der Premiere erkundigten sich die Mitglieder der angereisten Truppe bei der Bevölkerung nach den Verhältnissen in der Stadt, ob der Bürgermeister korrupt sei, die Kanalisation in Ordnung wäre oder Kinder etwa gar in Fabriken arbeiten müßten. Die Sünden der Stadtväter wurden daraufhin demonstrativ in das Stück eingebaut, dessen Aufführung dann mit seinen Couplets, Sprechpassagen und Tänzen, aber eben auch mit seinen sozialkritischen Texten und Demonstrationen zugleich ästhetisches Vergnügen und Gesellschaftskritik bot.

Gleichsam ein Maler des ostjüdischen Genres auf der Bühne ist Schalom Rabinowitsch, der sich Scholem Alechem nannte. Sein „Tewje der Milchiger" feiert in dem Musical „Anatevka" noch heute Triumphe auf den Brettern der internationalen Theaterwelt. Scholem Alechem wurde 1859 in Perejaslaw geboren. Nach kurzer Amtszeit als Kronrabbiner in einer russischen Kleinstadt widmete er sich fast ausschließlich seiner schriftstellerischen Tätigkeit. 1888 gab er in Kiew die Zeitschrift „Die jüdische Volksbibliothek" heraus. Er war übrigens nicht unvermögend. Doch auch er mußte 1905 nach Amerika emigrieren, kehrte aber zwei Jahre später nach Europa zurück und starb 1916 in Kopenhagen. Sein schöpferischer Humor und seine sprachliche Charakterisierungskunst werden vor allem in den Stükken „Beim Prisiv", „Beim Dokter", „Das Gymnasium" und „Verstreut und versprengt" deutlich. Dabei erweist er sich nicht so sehr als Politiker, sondern vielmehr als Psychologe des reizvollen Schauspiels der Erdenkreatur. Neben Mendele Mocher Sforim gilt er als eines der stärksten Talente der jiddischen Literatur, die er mit seinen Bildern der kleinen jüdischen Welt des Ostens bereicherte. Dafür erfand er auch die typischen Judenstädtchen Masapewke und Kasriliwke.

Die jiddischen Meisterwerke von Scholem Alechem übersetzte dessen Schwiegersohn Izchak Dow Berkowitz ins Hebräische. Er wurde 1885 in Sluzk bei Minsk geboren, ging 1905 nach Amerika, kehrte aber bereits 1907 nach Europa zurück, natürlich zusammen mit dem Vater seiner Frau. Muni Weisenfreund verdankt er den Erfolg seines Stückes „Mosche Hazor", das wie seine Erzählungen vor allem realistische Züge trägt.

Auch den 1881 in Kutno geborenen Schalom Asch trieb es bald wieder aus dem amerikanischen Exil nach Europa zurück. Mit seiner Novelle „A Städtel" hatte er früh seine schriftstellerische Begabung bewiesen. Als Autor des jiddischen Theaters arbeitete er skizzenhaft, zumeist mit lyrischen Ambitionen. Sein bühnenwirksames Stück „Der Gott der Rache" wurde auch von Max Reinhardt in Berlin inszeniert. Ihm lag vor allem die Milieuschilderung, weniger die Ausarbeitung von Charakteren innerhalb seiner Stücke, von denen „Mit dem Strom", „In der Nacht", „Der Sündige", „Messianische Zeiten", „Familie Großglück" und nicht zuletzt „Mottke der Dieb", eine fast liebevolle Zeichnung der jüdischen Unterwelt Warschaus, mit die bekanntesten sind. Scholem Asch starb 1957 in Israel.

Auffallend ist die Tatsache, daß die meisten Autoren des jiddischen Theaters bei der Herstellung ihrer Stücke von ihrer früheren Tätigkeit entweder als Schauspieler oder als Journalisten profitieren konnten. Sie kannten also bereits die Welt des Theaters und wußten schon, wie man verständlich zu schreiben hat, ehe sie für die Bühne selbst zu produzieren begannen. Ossip Dymow z. B., der 1878 in Bialystok geboren wurde und zunächst Forstwirtschaft studierte, begann seine schriftstellerische Laufbahn als Feuilletonist für politische Witzblätter. Sein Stück „Nju", das in mehrere Sprachen übersetzt und auch verfilmt wurde, hat Max Reinhardt mit Elisabeth Bergner in der Titelrolle in den Berliner Kammerspielen inszeniert. Dymow begann übrigens erst nach seiner Übersiedlung nach Amerika, wo er 1925 gemeinsam mit Rudolf Schildkraut die Leitung der jiddischen Bühne „Unser Theater" in New York übernahm, jiddische Stücke zu schreiben, unter anderem „Bronx Express" und „Die Braut".

Immer wieder wurde in Rußland von revolutionären Kräften des jiddischen Theaters versucht, das Aufführungsverbot von 1883 zu durchbrechen. So hatte Perez Hirschbein illegal eine junge jiddische Künstlertruppe in Odessa gebildet, die das Niveau der jiddischen Bühne zu heben unternahm, der es um Aktualität, um moderne Themen innerhalb des Repertoires ging. Eine Synthese von Realistik und Symbolik wurde angestrebt. Hirschbein wurde 1880 in Kleschtschel bei Grodno geboren. 1905 trat er mit dem hebräischen Drama „Mirjam" an die Öffentlichkeit. Sehr bald aber schrieb er nur noch jiddische Stücke, denn nur sie wurden vom jüdischen Proletariat verstanden. Er wurde zu einem Meister des jiddischen Volksstücks. Zu seinem Oeuvre zählen „Die verlassene Schenke", „Im fernen Winkel", „Die Töchter des Schmieds", „Grüne Felder", „Die Tierleiche", „Auf'n Scheidweg", „Beim Breg" und „Der Letzte". 1911 erschien in Warschau eine Auswahl seiner Stücke unter dem Titel „Vun Weg zu Weg".

Einen sehr entschiedenen Schritt weiter als Hirschbein auf dem Weg zum jiddischen Lehrstück des Proletariats ging David Pinski, eines der stärksten Talente des jiddischen Theaters, sozusagen dessen Bertolt Brecht. Er hatte den gesellschaftlichen Horizont sondiert. 1873 in Mohilew geboren, lebte er in Moskau, Warschau, Berlin und Zürich. 1899 reiste er auch nach Amerika, um dort die Verhältnisse zu studieren. Zusammen mit J. Schloßberg gab er ab 1904 die sozialistische Wochenschrift „Der Arbeiter" und ab 1912 das literarisch-sozialistische Blatt „Die jiddische Wochenschrift" heraus. Seine überragende Stellung in der modernen jiddischen Literatur ist unbestreitbar. Er war einer der ersten, der in seinem Werk den jüdischen Arbeitertypus dargestellt hat, der die Arbeiterklasse als Avantgarde des Humanismus im jiddischen Theater vorstellte. Zu seinen vom Naturalismus geprägten Stücken zählen „Eisik Scheftel", „Jankel der Weißschmied" und „Familie Zwi".

Anders als David Pinski, trotz bitterster Erfahrungen mit dem reaktionären Machtapparat, schrieb H. Leivick seine Stücke vom jüdischen Proletariat, symbolistisch, mit magischen Elementen durchsetzt. Sein bekanntestes ist „Der Golem" (1921). Leivick wurde 1888 in Igumen bei Minsk geboren, 1906 aus politischen Gründen zu vier Jahren Zuchthaus verurteilt und nach Abbüßung der Kerkerhaft 1912 zu lebenslänglichem Aufenthalt nach Sibirien deportiert. 1922 beendete er „Fetzen" und 1923 „Das Königreich der Armen".

Wie Jizchak Leib Perez (1851–1915) mit seinen Stücken voll religiöser Ambitionen tendierte auch Semjon Juschkiewitsch, der 1868 in Odessa geboren wurde und 1927 in Paris starb, zur metaphysischen Thematik, wiewohl er sie im Gegensatz zu Perez humoristisch aufzulockern versuchte, so in den Stücken „Der Hunger", „Der König", „Die Heiratskomödie", „Miserere", „In der Stadt", und vor allem in „Mendel Spiwak".

Zu den Lieblingsautoren einer der bedeutendsten jiddischen Theater-Truppen, nämlich der Wilnaer Truppe, zählte neben Asch, Hirschbein, Pinski, Nomberg, Arnstein, Kobrin, Perez und Alechem der Autor Salomon Seinwil Rapoport, der sich Sch. An-Ski nannte. Mit seinem Stück „Der Dybbuk", inszeniert von David Herman, gastierten die Wilnaer u. a. auch in Bukarest. Sch. An-Ski wurde 1863 in Witebsk geboren. Schon in jungen Jahren schloß er sich den russischen Kämpfern für Freiheit und gegen den Zarismus an. 1894 flüchtete er nach Paris, kehrte aber 1905 nach Rußland zurück, wo er jiddisch zu schreiben begann. Im Gegensatz etwa zu Perez stellte er das Chassidisch-Mystische nicht in ästhetisierter Form, sondern realistisch dar, so in den Stücken „Der Dybbuk" und „Tag und Nacht".

Schon 1912 hatte in Wilna Jakob Ben-Ami mit seiner Amateur-Truppe jiddisches Theater gespielt. Die später auch im Westen bekannt gewordene eigentliche Wilnaer Truppe wurde erst im Februar 1916 gegründet. Sie spielte zunächst in einem Zirkusgebäude und dann im Wilnaer Stadttheater. Obwohl die Truppe hervorragende Schauspieler besaß, lag ihre Stärke nicht so sehr in der hervorstechenden Einzelleistung ihrer Mitglieder als vielmehr im Ensemblespiel, wie man es bisher in solcher Vollkommenheit im jiddischen Theater nicht erlebt hatte. Nach einer Tournee durch die polnischen Provinzen zerfiel die Truppe 1921 in zwei Gruppen, von denen eine über Wien nach Rumänien ging, während die andere als Jüdisches Künstlertheater zunächst in Berlin, Amsterdam und Antwerpen auftrat, um anschließend nach Amerika auszuwandern. Die rumänische Gruppe gastierte abwechselnd in Bukarest, Jassy, Czernowitz und anderen Städten Rumäniens, bis sie 1929 nach Polen zurückkehrte, um mit großem Erfolg in Lemberg, Krakau und Warschau aufzutreten, wo die Dramatisierung des „Kiddusch Haschem" von Schalom Asch zwischen März 1928 und Mai 1929 nahezu 200 Vorstellungen erreichte.

Warschau kann übrigens die andere Wiege des jiddischen Theaters genannt werden. Esther Rachel Kaminskas Leistung als „Mutter der jiddischen Bühne" ist dort unvergessen. Sie wurde 1870 in Porosowo bei Grodno geboren und starb 1926 in Warschau. Dort hatte sie 1892 am Theater Eldorado debütiert. Nach ihrer Heirat (1893) mit dem Schauspieler und Theaterdirektor A. J. Kaminski wanderte sie mit dessen jiddischer Theatergruppe durch die polnischen Provinzen und durch Rußland. 1908 kam es zu ihrer Berufung an das in Warschau neugegründete Jiddische Theater. Es folgten Gastspiele in Petersburg (1908), wo sie als „jüdische Duse" gefeiert wurde, dann in New York (1909 und 1911), London (1913) und Paris (1913). Nach 1918 setzte sie ihre Theaterarbeit in Polen fort. Berühmt wurde sie vor allem in den Frauenrollen der Stücke von J. Gordin. Ihre Tochter Ida Kaminska, mit der sie bereits 1905 in dem Stück „Mirele Efros" von Gordin in Warschau aufgetreten war, setzte die Familientradition auf mehreren jiddischen Bühnen Polens fort, vor allem aber im späteren Staatlichen Jüdischen Theater, das nach dem Zweiten Weltkrieg zuerst in Lodz, dann in Wroclaw arbeitete und heute über ein eigenes Haus in Warschau verfügt. Das Jiddische Arbeiter-Theaterkollektiv Orfeusz, für das Mieczyslaw Berman seine avantgardistischen Szenenbild-Kollagen entwarf, präsentierte in Warschau vor allem zu Beginn der dreißiger Jahre ein bewußt antifaschistisches Repertoire. Der Überfall Hitler-Deutschlands auf Polen und die im sogenannten Generalgouvernement unter dem verbrecherischen Decknamen einer „Endlösung der Judenfrage" arbeitende Vernichtungsmaschinerie der SS liquidierten für Jahre nahezu restlos auch das jiddische Theaterleben in Polen. Dennoch wurde sogar in den Vernichtungslagern mit einer geradezu übermenschlichen Kraft des Selbstbewußtseins jiddisches Theater gespielt. Und es überlebte.

Es überlebte auch das jiddische Theater in Rußland trotz jenes generellen Aufführungsverbots vom Jahre 1883. Nach dem Sieg der Oktoberrevolution wurde mit staatlicher Unterstützung 1918 in Leningrad ein jiddisches Theater gegründet, das sich die Aufgabe stellte, moderne szenische Kunst den jüdischen Arbeiterschichten zu vermitteln. Als Leiter wurde Alexander Granowski berufen, der mit seinem Ensemble 1920 nach Moskau übersiedelte, um dort das Jiddische Kammertheater zu etablieren, das später den Namen Moskauer Jüdisches Akademisches Theater erhielt. Im Gegensatz zur Habima, die ausschließlich auf hebräisch spielte, war es eine jiddische Bühne. Auf der Suche nach neuen Theaterformen verzichtete Granowski bewußt auf die alte Bühnentradition, ja sogar auf Berufsschauspieler. Dem szenischen Naturalismus wurde der Kampf angesagt. Bei jeder Inszenierung ging es darum, die echten Theaterelemente des betreffenden Stückes herauszuarbeiten. Dafür wurden, wenn es notwendig war, monate-, ja gelegentlich sogar jahrelange Proben angesetzt. Großen Wert legte Granowski auf die musikalische Behandlung des Wortes. Ihm gelang es, daß innerhalb jeder Inszenierung Spielfreude und Theaterbesessenheit der Beteiligten durch streng rationalistische Theatermethoden entfesselt werden konnten. Zu seinem Mitarbeiterkollektiv zählten unter anderem Marc Chagall, R. Falk, Joseph Achron und Alexander Krein. Gastspielreisen unternahm das Ensemble nach Witebsk, Minsk, Kiew, Gomel, Odessa, Charkow und in westliche Länder, wo es vor allem 1928 in Berlin Beifallsstürme des Publikums auslöste.

Die gegenwärtige Situation des jiddischen Theaters sowie der jiddischen Literatur ist nach ihrer Entwurzelung durch die Machtpolitik Hitlers trotz vereinzelter, sehr aktiver Versuche des Neubeginns nach 1945 problematisch geblieben. Selbst wenn das jiddische Theater und die jiddische Literatur auf Grund der gesellschaftlichen und politischen Bedingungen mehr und mehr nur noch historisch zu betrachtende Phänomene oder ihre eigenen Epigonen werden sollten, bleiben sie dennoch mit ihren epochalen Leistungen ein Reservoir der Avantgarde von Bühne und Literatur, wiewohl zugleich eine von der sogenannten Kultur des Abendlandes verspielte Chance. Der in Radzymin (Polen) 1904 geborene jiddische Schriftsteller Isaac Bashevis Singer, in dessen Werk der schreckliche Untergang seines Volkes erschütternde Spuren hinterlassen hat, schrieb in diesem Zusammenhang mit verständlicher Bitterkeit: „Eine sterbende Sprache liebt Gespenster. Sie lieben Jiddisch und sie sprechen Jiddisch.“ Doch der Zeiger der sogenannten Weltenuhr war ja wiederholt trügerisch. Wie heißt es doch am Schluß eines der vielen jiddischen Witze: „Der sejger is a guter, ober der wajser tojg ojf kaporess!“

1971

Die goldenen zwanziger Jahre? Geschichte, Utopie und Wirklichkeit

Die zwanziger Jahre sind seit vierzig Jahren Geschichte geworden, wie die sechziger Jahre in vierzig Jahren Geschichte sein werden. Wie für uns heute Georg Kaiser, Walter Hasenclever, Ricarda Huch, selbst Thomas Mann mehr und mehr unter historischem Aspekt stehen, insoweit sie die damalige Zeit literarisch repräsentierten, so werden in gleicher Weise die Fürsten und Epigonen etwa der Gruppe 47, heute noch zum Teil Schlager oder Stars, Rattenfänger oder Präzeptoren, morgen bereits Museumsstücke, Bevölkerer eines literarischen Wachsfigurenkabinetts sein. Geschichte ist zwar nicht vergeßlich, aber unbarmherzig in ihrer Zuweisung zum Reservoir der Vergangenheit. Was aus der Vergangenheit stammend dennoch aktuell wird, vermag dies nur durch eine gezielte Renovierung, durch eine Aufmöbelung für die Gegenwart, wie es seinerzeit etwa die Inszenierungen des „Tasso" und des „Peer Gynt" durch die Schaubühne am Halleschen Ufer in Berlin bewiesen haben. Die naturgetreue Nachbildung einer Reinhardt-Inszenierung indessen würde in einem heutigen Theater ein Pfeifkonzert auslösen. Konzerte bei Bier und Bockwurst, wie sie in der alten Berliner Philharmonie zu historischen Denkwürdigkeiten avancierten, sind im heutigen Philharmoniebau von Hans Scharoun, im Zirkus Karajani, wie er im Volksmund heißt, in diesem Amphitheater der Töne und der konzentrisch angelegten Weinberge für das Publikum einfach nicht mehr vorstellbar. Als Rabindranath Tagore, der große bengalische Dichter, Maler, Musiker und Philosoph, zu Beginn der zwanziger Jahre, angetan mit einem riesigen Betttuch, der Silberbart und die Silbermähne im Winde wehend, über den Berliner Kurfürstendamm schritt, jubelten ihm die Passanten voll echter Begeisterung zu, begleiteten ihn nicht wenige Enthusiasten sogar bis ins nächste Hotel, um dort, zu seinen in Sandalen steckenden Füßen gelagert, dem Worte zu lauschen, das über seine Lippen quoll. Heute würde man ihn in solchem Aufzug für einen vergammelten Gammler, eventuell noch für einen Heiland der Pop-Art halten. Man würde schmunzeln, und im Ernstfall würde sogar die dafür bekannte Berliner Polizei eingreifen, weil sie den lieben guten Tagore mit einem monströsen Atomwaffengegner verwechselte, der seine Demonstration nicht ordnungsgemäß angemeldet hat.

Hegels Ästhetik verweist hinsichtlich der Erkenntnis des Phänomens Kunst auf drei fundamentale Faktoren: Wirklichkeit, Künstler und Kunstwerk, die in ihrer Relation unabdingbar miteinander verknüpft sind. Verwandelt sich einer dieser drei Faktoren, dann ändern sich zwangsläufig die beiden übrigen. Da sich seit den zwanziger Jahren die Wirklichkeit, also die Verhältnisse gewandelt haben, sind auch der Künstler und das Kunstwerk in entsprechend andere Zuständigkeiten, Stile und Formen getreten. Das sogenannte Bleibende in der Kunst sind sein Wahrheitskern und die Unabdingbarkeit der echten Form. Die Themen und Methoden, das Milieu und der Stil erweisen sich als relativ, historisch und zeitbedingt. Die Literatur der zwanziger Jahre hat die Jugend der zwanziger Jahre enthusiasmiert. Ob sie das gegenüber der heutigen Jugend zu erreichen vermag, ist eine Frage der Wahrheitspotenz, der Trefflichkeit in der Formulierung und des reizvollen Engagements. Melancholie und Generationsneid spielen dabei keine geringe Rolle. Gleiche Situationen von heute und vorgestern verbinden häufiger das Heute und Vorgestern über das Gestern hinweg, so wie Enkelkinder meist besser mit ihren Großeltern als mit ihren Eltern harmonieren. Großpapas steiler Kintopp und Stummfilm (also der zwanziger Jahre) wirken heute faszinierender als der flache Film der Ufa-Väter (also der Film der folgenden dreißiger Jahre). Die Swingle-Singers modernisierten mit ihren zerhackenden Heulbojenrhythmen nicht Richard Wagner, den von Hitler vergötterten Bayreuther, sondern den Leipziger Sachsen, Johann Sebastian Bach, weil die klare Mathematik Bachs von vorgestern dem intellektuellen Realismus von heute stärker entspricht als die mythologisierende Verschwommenheit des Judenhassers Wagner von gestern. Kurt Weills schnoddrige Soho-Romantik der trefflichen Brecht-Songs von vorgestern und die Musik der aus dem Vorgestern bis in unsere letzten Tage überlebenden Duke Ellington und Louis Armstrong kitzeln viel mehr den aktiven oder wartenden Nonkonformismus von heute als die von gestern stammende Schleichmusik Franz Grothes und der „Choral von Leuthen".

Die Literatur der zwanziger Jahre als Monolith, etwa als definierbarer Unterschied oder gar Gegensatz zur Literatur des vorausgehenden und des folgenden Jahrzehnts, ist eine Erfindung der Literaturwissenschaft in falsch verstandener Nachfolge Albert Soergels, Paul Fechters und Wilhelm Duwés, ist ein geschneiderter Anzug mit schlecht genommenen Maßen, ist so etwas wie ein literaturgeschichtliches Postfach. Es ist schwer einzusehen, daß die literarischen Größen von damals in der Silvesternacht des Jahres 1919 einen so entscheidenden Umbruch, eine so unverkennbare Volte vollzogen haben sollen, die von heute auf morgen eine neue Literatur auf die Beine stellte, nämlich die besondere der zwanziger Jahre. Rainer Maria Rilke schrieb seine „Duineser Elegien" über die Wegmarke des 31. Dezember 1919 hinweg. Sie wurden zwar 1922 beendet und gelten als eines der Werke der zwanziger Jahre. Doch ihr Beginn reicht weit in die zehner Jahre zurück. Ihre Wurzeln stecken sogar im Jugendstil. Ihr weltanschauliches Ergebnis wirkt angesichts der dazwischenliegenden Jahre des Krieges und der Nachkriegszeit nahezu peinlich. Die echte Bedeutung des Rilkeschen „Malte Laurids Brigge", der 1904–1910 entstand, haben sie trotz ihres schönen Gewandes nie erreicht. Auch Georg Kaisers „Gas"-Diptychon wurde genau über die Eingangsschwelle der zwanziger Jahre hinweg geschrieben. „Gas" und „Gas. Zweiter Teil" sind zusammen ein Werk beider Jahrzehnte, repräsentieren sowohl die Literatur der zehner als auch der zwanziger Jahre, einerseits den Gaskrieg, andererseits die Gasproduktion betreffend. Thomas Mann begann seine „Bekenntnisse des Hochstaplers Felix Krull" zu Beginn der zwanziger Jahre, schrieb jedoch an ihnen über die Grenzmarke nicht nur der dreißiger, sondern auch der vierziger und sogar noch der fünfziger Jahre hinweg. Der 1922 begonnene Roman erschien nach seinem Abschluß erst 1954. Zweifellos ist der Hochstapler, diese Menschenform, die mit ungedeckten Schecks bezahlt, die den Schein als Wirklichkeit nimmt, die Ruhm kassiert, wo nichts Rühmendes vorliegt, die, wie der Berliner sagt, Gamaschen trägt, aber keine Socken an den Füßen hat, zweifellos ist diese Menschenform typisch sowohl für die zwanziger als auch für die dreißiger wie vierziger und unsere Jahre.

Die zwanziger Jahre erscheinen demnach viel mehr als Chiffre für eine bestimmte historische Haltung, für eine kulturelle Atmosphäre, für einen übermütigen Lebensstil und nicht so sehr als Bezeichnung für eine Epoche, für eine klar definierbare Einheit. Ein Fächer von Weltanschauungen, von Stilarten und philosophischen Vorstellungen schlug sich in diesem Dezennium auf. Die Wurzeln aller Ambitionen reichen aber weit zurück, die meisten bis ins 19. Jahrhundert. Und ihre Zweige dringen über die 1933 ins Exil vertriebene deutsche Literatur bis in die Gegenwart. Die Kinderverse des Günter Grass z. B. verwerten dadaistische Elemente, die aus den zwanziger Jahren stammen. Der Dramenstil Friedrich Dürrenmatts ist u. a. eine Auswertung und Weiterentwicklung von Georg Kaisers und Bertolt Brechts Entdeckungen innerhalb der Dramatik der zwanziger Jahre. Nelly Sachs, die Nobelpreisträgerin von 1966, ist eine junge Schwester des Rainer Maria Rilke und der Else Lasker-Schüler der zwanziger Jahre.

Zweifellos waren die zwanziger Jahre klimatisch so etwas wie eine kulturelle Hitzezone, eine Zeit des Überdrucks und deshalb des Ausdrucks, was ja mit Expressionismus gemeint ist, der damals zwar bereits seinen Gipfel überschritten hatte, aber am stärksten zur Wirkung gelangte: in den Theatern, in den Kabaretts, in der Mode, in der Verlagswelt. Es war eine Situation des Druckkessels. Historisch eingepfercht zwischen den Vernichtungsschlachten des Ersten Weltkriegs und der scheußlichsten Diktatur Deutschlands, aufgewühlt vom Klassenkampf, wie er blutiger nie in Deutschland tobte, von Straßenschlachten, von der Wirtschaftskrise, von Arbeitslosigkeit, von den rigorosen Auswirkungen des Versailler Vertrags, beherrscht von Besatzungsregimen und einer sich zwar demokratisch gebenden, aber zumeist korrupten eigenen Regierung, entstand das Bewußtsein einer Improvisation, einer Vorläufigkeit und zuletzt einer Endzeit. Hektik bestimmte den Stil. Einerseits holte man nach, was die vorausgegangenen Kriegsjahre von 1914 bis 1918 nicht zugelassen hatten. Andererseits nahm man vorweg, was die kommende Zeit nach 1933 nicht zulassen würde. Ein Tanz auf dem Vulkan fand statt. Frühling und Herbst stürzten sozusagen ineinander. Deshalb erzeugten diese zwanziger Jahre mehr Atmosphäre als Stil, waren sie mehr Situation als Geschichte, brachten sie mehr Literatur und Journalistik zustande als das, was man hochtrabend Dichtung nennt. Die bedeutenden lyrischen Former des Expressionismus, Georg Trakl, Ernst Stadler, Georg Heym und August Stramm, hatte bereits der Krieg, die Zeit der zehner Jahre verschluckt. Die für diese Zeit bestimmenden Kräfte der Philosophie – Nietzsche, Kierkegaard, Freud, Bergson und auch Husserl – sind Kinder früherer Jahrzehnte. Die zwanziger Jahre werten lediglich ihr Erbe aus, sind also insofern nicht Felder der Aussaat, sondern der Ernte. Harmonie und Sympathie darf man auf einer Tenne und in einem Weidrevier nicht suchen. Pathos herrschte. Ekstase triumphierte. Der konkrete Blick war verstellt. Die Lust wurde zum ernsten Geschäft gemacht. Sie war kein heiteres Spiel mehr wie im „West-östlichen Divan" Goethes. Die Wahrheit erschien als grelles Plakat, nicht als erkannter, definierter Zielpunkt. Barock und Romantik, nur selten Aufklärung und protokollierender Realismus galten für die Söhne dieser Zeit als gute Mutter und altvordere Schwester.

Vergleicht man die zwanziger Jahre des 20. Jahrhunderts mit denen des 19. Jahrhunderts, dann entdeckt man zwischen 1920 und 1930 eine Atomisierung des Stils und der Gesinnung im Vergleich zum Jahrzehnt zwischen 1820 und 1830. Damals, in den zwanziger Jahren des 19. Jahrhunderts, konnte man von so etwas wie einem nahezu klar umgrenzten Zweiparteiensystem innerhalb der deutschen Literatur sprechen, das von Klassik und Romantik gebildet wurde. Jetzt aber, in den zwanziger Jahren des 20. Jahrhunderts, existierte sozusagen ein Tümpel der Gesinnungsvielfalt, ein Labyrinth der Formtendenzen, ein Irrgarten der Ismen, die teils miteinander, teils auseinander, nicht selten aber gegeneinander agierten, theoretisierten, produzierten und den Ordnungssinn der späteren Literaturwissenschaft reichlich durcheinanderbrachten. Realismus, Naturalismus, Impressionismus, abgestandener Jugendstil, Neuklassizismus, Neuromantik, Neuidealismus, Expressionismus und Dadaismus sind nur einige jener Etiketten, nach denen man in den zwanziger Jahren griff, die man auf die Fahnen schrieb und für die man auf die Bücherbarrikaden stieg. Heinrich Mann und in gewisser Weise auch dessen Bruder Thomas Mann, vor allem aber Arnold und Stefan Zweig, Joseph Roth und Emil Ludwig z. B. blieben auch in den zwanziger Jahren noch beim Realismus oder bauten ihn auf Grund der inzwischen gewonnenen Erfahrungen aus.

Der Realismus mit seiner wirklichkeitsgetreuen Darstellung der gegebenen Tatsachen, der natürlichen Verhältnisse und Vorgänge, mit seinen so gut verständlichen, phantasiefreien und unspekulativen, eben einfachen sprachlichen Mitteln, mit seinem geschärften Blick fürs Richtige und Rechte – er hatte zu Beginn der zwanziger Jahre bereits eine glorreiche Tradition hinter sich. Eine enorme Schar großer, gewichtiger und echter Vertreter saßen in seinem jahrzehntelangen Kometenschweif, der bis ins 19. Jahrhundert zurückreichte: so Gottfried Keller, Conrad Ferdinand Meyer, Theodor Storm. Gütige Einsicht wie kritische Registratur, gewiß unter dem Gesichtspunkt einer künstlerischen Auswahl, hatten sich durch ihn von idealistischem Hochflug und individualistischer Phantasterei entfernt. Dem Menschen des Alltags, seiner Arbeit, seinen Sorgen und seinem Milieu war der Blick des Realisten geöffnet. Freude am Detail war erwacht, so bereits in Jeremias Gotthelfs Dorfgeschichten und noch in Thomas Manns bürgerlichem Dekadenzroman „Buddenbrooks", der zwar 1901 erschienen war, aber erst in den zwanziger Jahren vom Leserpublikum verschlungen wurde. Der Entwicklung hatte man im Realismus das Interesse zugewandt. Der Entwicklungsroman hatte schon im 19. Jahrhundert mit Wilhelm Raabe, Otto Ludwig und Theodor Fontane an Boden gewonnen und erweiterte jetzt in den zwanziger Jahren sein Terrain mit Thomas Manns „Der Zauberberg" (1923) und Alfred Döblins „Wallenstein" (1920). In den Spuren Christian Dietrich Grabbes hatte schon im 19. Jahrhundert Friedrich Hebbel auch für das realistische Drama eine gültige Kunstform gefunden. Gerhart Hauptmann baute sie in den Dramen um die Jahrhundertwende, aber auch noch während der zwanziger Jahre, etwa mit seinem Stück „Dorothea Angermann" (1926), weiter aus. Schien der Realismus bereits vor der Jahrhundertwende saturiert und ein epigonenhaftes Mühsal geworden zu sein, wie es die Professorenromane eines Gustav Freytag und Felix Dahn zu beweisen schienen, in denen der Realismus der Geschichte zu einer Maskerade in historischen Kostümen ausgeartet war, so gab ihm Heinrich Mann mit seinem historisch-kritischen Roman „Der Untertan" (1918) am Eingang der zwanziger Jahre neue Impulse und zusätzliche Richtungen.

Auch der Naturalismus, sozusagen radikaler Sohn des Realismus, beschrieb sein besonderes Blatt innerhalb des Stilfächers gerade auch der zwanziger Jahre. Der Positivismus hatte sich zuletzt den Realisten ins Genick gesetzt und ihren Blick noch unmittelbarer an die harten Tatsächlichkeiten geheftet, deren Kausalität unüberwindbar schien. Naturalistische Dichtung ist ein gerade noch ästhetisches Protokoll der Natur, ist nahezu naturwissenschaftliche Wiedergabe, ja genaueste Wiedergabe kleinster Erfahrungseinheiten. Präzision, Sekundenstil, Reportage, minutiöse Zustandsschilderung werden gefordert. Solche naturalistische Wirklichkeit ließ sich am schnellsten und eindrucksvollsten in den Elendsquartieren der Großstädte, in den Krankenhäusern, bei den Geistesgestörten, Alkoholikern und Dirnen, aber auch im Dekadenzlabyrinth des Adels, im Schlafzimmer und Boudoir der oberen Zehntausend, in den versnobten Offizierskasinos und geldgeilen Konferenzräumen der Konzerne, nicht zuletzt jedoch in den Unterständen und Granatlöchern der Massenschlachten des Ersten Weltkriegs finden. Zola, Tolstoi und vor allem Dostojewski waren die Bahnbrecher dieser Darstellungsart gewesen und wurden als Lehrmeister nicht nur von den Naturalisten der zwanziger Jahre anerkannt.

Auch Expressionisten wie Paul Zech, Hans Henny Jahnn und Arnolt Bronnen berichten, wiewohl mit Ekstase, von der minutiösen Ausführlichkeit und Selbständigkeit des dreifachen Krieges: 1. auf dem politisch-historischen Schlachtfeld, 2. im gesellschaftlichen Sexualgestrüpp und 3. in der individuellen Seele des Menschen. Zechs Gedichtband „Golgatha" (1920) und seine „Neuen Balladen von den wilden Tieren" (1930) sind mit Brennglasschärfe gearbeitet, was eigentlich naturalistischer Tendenz entspricht. Zechs Rimbaud-Verlaine-Drama „Das trunkene Schiff" (1924), in der Berliner Volksbühne mit Szenenbildern von George Grosz und unter der Regie von Erwin Piscator am 21. Mai 1926 uraufgeführt, seziert von Szene zu Szene die Natur des Dichterischen, ist vulkanisch wie die Natur und unerbittlich wie sie. Jahnns Brutalstück „Die Krönung Richards III." (1921) erspart dem Publikum kaum eine Phase der tierischen Herkunft menschlicher Natur hinsichtlich des von Sigmund Freud deklarierten Sexual- und Selbsterhaltungstriebs. Dagegen ist die heutige Pornowelle ein Baby. Bronnens Stück „Exzesse" (1923), am 7. Juni 1925 von Heinz Hilpert auf der „Jungen Bühne" des Berliner Lessing-Theaters mit Roma Bahn, Walter Franck und Eugen Klöpfer uraufgeführt, demonstriert mit einer Überkompensation an Naturalismus Exzesse der Jugend, „die sich", wie Alfred Kerr darüber berichtet, „bis zum Erbrechen besäuft oder die Schreie ihrer Geilheit ins Parkett schmettert". Drastik und Perfektion solcher Art erreichte nicht einmal Ferdinand Bruckners Stück „Krankheit der Jugend" (1926), das wegen seines ungeschminkten Naturalismus Proteststürme im Parkett hervorrief; denn das wollte sich der Bürger nicht bieten lassen.

Theodor Pliviers Erstling „Des Kaisers Kuli", der 1929 als Roman beendet und 1930 als Schauspiel geformt wurde, trug die Tradition des Naturalismus noch über die historische Grenze der zwanziger Jahre weiter. Pliviers spätere Romane „Stalingrad" (1945), „Moskau" (1952) und „Berlin" (1954) haben ihre stilistischen und weltanschaulichen Wurzeln im Naturalismus der zwanziger Jahre. Wie in Norman Mailers Roman „Die Nackten und die Toten" (1948) tritt nicht mehr der Mensch, sondern der Krieg selbst als Held auf. Seine bestialische Natur dominiert und handelt mit undurchschaubarer Logik der Kausalität. Der Mensch ist nichts als ein Gegenstand, mit dem entweder etwas geschieht oder aber nichts geschieht.

Gerade auch die Naturalisten oder naturalistisch betroffenen Schriftsteller der zwanziger Jahre bestätigten erneut, wie recht die geistigen Väter des naturwissenschaftlichen Weltbilds und seiner Weltinterpretation hatten, so etwa Büchner, Darwin, Feuerbach und Marx: Die menschliche Wirklichkeit ist nichts als ein Produkt ihrer natürlichen Erbfaktoren im Kampf mit der natürlichen Umwelt. Vererbung und Anpassung an die Umgebung sind die Grundkräfte des gesellschaftlichen und individuellen Lebens. Die Welt erweist sich als ein soziales Kräftespiel, als eine aus „Kraft und Stoff", wie Georg Büchner es formuliert hatte, sich im Lebenskampf bestimmende Wirklichkeit. Diese Verflochtenheit in die Anlage gilt aber nicht nur im physischen, sondern auch im psychischen Bereich. Strindberg und Ibsen hatten bereits vor den zwanziger Jahren in ihren Werken die Handlungsfreiheit des Menschen an dessen unentrinnbare seelische Wurzelgeflechte geknüpft. Rilkes dritte „Duineser Elegie" (1923) protokolliert mit lyrischen Sätzen geradezu ein Krankheitsbild von der willenlosen Verflochtenheit des Menschen in seine naturhafte, ihm vorweggenommene Herkunft. Da heißt es von dem Exponenten der jungen Generation: „Aber *innen*: wer wehrte,/hinderte innen in ihm die Fluten der Herkunft?/[. . .] wie er sich einließ./[. . .] wie er verstrickt war,/mit des innern Geschehns weitschlagenden Ranken."

Ernst Barlach, dem 1924 der Kleist-Preis zuerkannt wurde, transponiert diese Macht der Natur, also der Anlage, der Ursachen, der vorgegebenen Zuständigkeiten, der natürlichen Fesseln, des Triebs und der Naturmechanik ins Skurrile, Groteske, ja Legendenhafte und Surreale. Seine Stücke „Die echten Sedemunds" (1920), „Der blaue Boll" (1926) und „Die gute Zeit" (1929) gleichen buntgewirkten Wandteppichen kleinkarierter Boshaftigkeit und Unverbesserlichkeit des Menschen, sind dramatische Legenden irdischer Kreatürlichkeit, eine Profilierung des norddeutschen Kleinmilieus. Von Anfang an, so demonstrieren diese Stücke, ist der Mensch an eine Kette gelegt. Ein Geflecht von Schlingen der unerbittlichen Kausalbindung aus gesellschaftlichen, historischen, physischen und psychischen Faktoren wartet in seinem Leben auf ihn.

Seit der Jahrhunderwende hatten sich jedoch bereits mehrere Strömungen gegen den saturiert erscheinenden Realismus wie gegen die Miesmacherei und das sklavische, wiewohl nicht selten phantasievolle Naturnachäffen des Naturalismus gewandt. Dieser Widerstandskrieg, dieses Kesselsprengen setzte sich in den zwanziger Jahren fort. Da war z. B. der hochtrabende Neoklassizismus, der mit feierlicher Miene zwar zur Neubesinnung auf die ältere klassische Stiltradition, zu Zucht und Strenge der Sprache und Formkunst aufrief, in Wirklichkeit aber als Restaurator des überholten und ausgehöhlten Wertgefüges fungierte, das doch nicht mehr zu retten war. Die sogenannten dichterischen Verwirklichungen dieser Schöngeisterei bei Wilhelm von Scholz, Paul Ernst und Rudolf G. Binding vermochten nicht zu überzeugen. Scholz und Binding waren so labil in ihrem Ethos, daß ihre späteren Ambitionen für Hitlers Kulturdemagogie nicht einmal als Fahnenflucht bezeichnet werden können. Ihr literarischer Plüsch der zwanziger Jahre erhielt lediglich in den dreißiger Jahren eine kitschige Verbrämung aus Blubo-Imitation. Binding war in den zwanziger Jahren und blieb auch in den dreißiger Jahren der Bestsellerautor und Star des konservativen Bürgertums, Fabrikant von Backfischliteratur und Büchern deutscher Selbstgefälligkeit wie erotisierender Größe des Rassenideals. Seine Kriegserzählung mit dem bezeichnenden Titel „Unsterblichkeit" (1921) ist ein Paradebeispiel für Zuckerbäckerheroik, während im Gegensatz dazu Erich Maria Remarques Kriegsbuch „Im Westen nichts Neues" (1929) unerschrocken die Dinge beim Namen nennt.

Walter von Molo popularisierte den Neoklassizismus durch volkstümliche Schreibweise und epische Vervielfältigung des Nationalbewußtseins. Daß seine Fridericus-Rex-Trilogie „Der Roman meines Volks" (1929) weit mehr und höhere Auflagen erreichte als Alfred Döblins Roman „Berlin Alexanderplatz" (1929), als diese epische Collage eines Großstadt-Porträts, und daß von Molos Bücher nicht wie die Werke Döblins 1933 geächtet und verbrannt wurden, ist nur ein Beleg für das damalige Urteil über den Wert des einen und den Unwert des anderen.

Wie der Neoklassizismus war sodann die noch in den zwanziger Jahren sich ausbreitende Neuromantik darum bemüht, ein Sammelbecken für artverwandte Gegenströmungen zum materialistischen Naturalismus zu bilden. Doch auch sie war für die meisten Antinaturalisten höchstens ein Durchgangsstadium. Der Neuromantik ging es um Gefühlsbetontheit, Musikalität, Freiheit der Phantasie, Verachtung der Gegenwart und Hinwendung zum Wunderbaren, zu Sage, Metaphysik und Erotik. Leider wurden aus all diesen Tendenzen sehr bald Gefühlsduselei, dekadentes Leiern, Kastratenzärtlichkeit, Neigung zur Schwäche, Müdigkeit, Reizbarkeit und Perversität. Daran konnte selbst die zeitweilige Neuromantik von so renommierten Leuten wie Hofmannsthal, Rilke und Hesse nichts ändern, am allerwenigsten aber die später dem Nationalsozialismus hörig gewordene Agnes Miegel. Ricarda Huchs Bedeutung innerhalb der Neuromantik bleibt jedoch unbestritten. Ihr Buch über den „Freiherrn vom Stein" (1925) ist eine Demonstration der Freiheit als Pflicht im Rahmen staatlicher Ordnung. Vor Ricarda Huch hat keine Dame der deutschen Literatur so viel Zivilcourage bewiesen wie sie im Jahre 1933. Ihre uneingeschränkten kritischen Äußerungen zur Diktatur der Faschisten haben leider durch Gertrud von Le Fort und Ina Seidel, die es sich hätten leisten können, keine Nachfolge gefunden.

Der einzige echte Gegner und vorläufige Überwinder sowohl der fadenscheinigen Plänkeleien der Neuromantik und des Neoklassizismus als auch der fundierten Argumente des Naturalismus war der Expressionismus. Schon in den beiden letzten Jahrzehnten des 19. Jahrhunderts vorbereitet, trat er etwa 1906 auf den Plan. Mochte sein Gipfel kreativer Tatsächlichkeit zwar bereits vor Beginn der zwanziger Jahre überschritten sein, so fand er doch gerade in den zwanziger Jahren selbst sein breitestes und stärkstes Wirkungsfeld. Der künstlerische Lebensstil, das Theater, das Kabarett und die Verlagswelt, aber auch das gesellschaftliche Milieu, ja die Atmosphäre der zwanziger Jahre atmeten, schillerten und sprühten in Farben, Formen und Abarten des Expressionismus.

Der Expressionismus zerschnitt gleichsam, aus dem Kern der Wirklichkeit stoßend, die Haut der naturalistischen Oberfläche. Er stieß eine lodernde Fackel des Geistes in das Dunkel der Natur. Er zersprengte die naturwissenschaftlichen Definitionen mit der von Bergson und Husserl gelernten visionären Kraft der Tiefenschau. Sein Aktivismus, den Kurt Hiller, Ludwig Rubiner, Franz Pfemfert und Ludwig Meidner propagierten, fegte genauso die Lethargie der Neuromantiker, die statuarische Sterilität der Neoklassizisten wie die Passivität des Naturalismus hinweg. Nicht Natur-Eindruck, nicht schönen Schein, nicht senile Stilskelette wollte der Expressionist anerkennen oder der Welt bescheren, sondern statt Natur-Eindruck, statt schönem Schein das elementare, ursprüngliche Sein, statt seniler Stilfalten die Inbrunst der Eruption ewig junger Tiefe. Nicht das Ab-Bild wie im Naturalismus, sondern das Sinnbild vermag, so sagte man, die Wahrheit der Welt zu erschließen und damit eine neue, endlich echte Welt zu propagieren. Freiheit des flammenden Geistes gegen die Fesseln der dumpfen Natur, das war die Parole. Nicht Ausweglosigkeit und Verzweiflung im Stil des Naturalismus, sondern Entgrenzung und Erlösung, Erfüllung aller bislang zurückgestellten und unterdrückten Hoffnungen, nicht Relativität, sondern Sicherheit, nicht Genauigkeit, sondern Ekstase, nicht Aufhebung von gut und böse, sondern Identität beider. Alfred Wolfenstein, Verfasser der Dramen „Der Narr der Insel" (1925) und „Die Nacht vor dem Beil" (1929), formulierte das Chaos der expressionistischen Stimmen: „Der erneute Mensch wird diejenige Kunst lieben, von der er sich selbst gezeugt fühlt. Eine neue Einheit von Leben und Kunst kann triumphieren. Diese Einheit wird nicht wie in vergangener Epoche dadurch entstehen, daß die Natur die Kunst bestimmt: Sondern die Schöpfung der Kunst soll zur Schöpfung des Lebens werden."

Damit setzte eine der intensivsten Kulturrevolutionen im Herzen Europas ein. Aber sie war eine gesellschaftliche Utopie; denn Kultur ist allein über das Medium der Kunst nicht zu verwirklichen. Kultur läßt sich nicht auf den Sektor der Kunst beschränken. Kultur ist eine Sache der Totalität des Menschen, seiner religiösen, wissenschaftlichen und künstlerischen Ambitionen, seines politischen Bewußtseins, seiner Weltanschauung, selbst seines Intimbereichs, der Verhältnisse, in denen er lebt, leben muß und die er sich einrichtet. Diese Einschränkung schmälert nicht die Bedeutung und das Engagement der Expressionisten. Kaiser, Toller, der junge Hasenclever, der junge Brecht, Sternheim, Mombert, Wolfenstein, Rubiner, Else Lasker-Schüler, um nur einige der bedeutendsten zu nennen, kreierten die letzte stilbildende Epoche der deutschen Literatur. Ohne sie ist die heutige deutschsprachige Literatur nicht denkbar. Ihre Hauptwerke mit expressionistischer Emphase, zumeist vor den zwanziger Jahren entstanden, aber gerade in den zwanziger Jahren am stärksten stilbestimmend und derart in den Literaturgeschichten verzeichnet, sind Paradebeispiele eines besonderen Weltbewußtseins und klassische Maßstäbe ihrer Art.

Mehrere Zentren dieser expressionistischen Bewegung etablierten sich im deutschen Sprachraum: in Leipzig, in München, in Zürich, in Hannover. Revolutionsbälle fanden statt. Zeitschriften wurden gegründet: „Die Aktion", „Der Sturm", „Die Weißen Blätter" und andere. Die Achse dieses revolutionären Karussells aber war Berlin. Im „Café Größenwahn" und im späteren „Romanischen Café" trafen sich die avantgardistisch sich gebenden Literaten, Journalisten und Intellektuellen Berlins, die Damen im befransten Sackkleid und mit Topfhut, mit Zigarettenspitze von 50 Zentimetern Mindestlänge, mit blauschwarzer Tusche unter den Augen, mit möglichst sichtbarer Haut bis über der Herzgegend und mit einem Glitzerblick, der nie wieder getroffen wurde, oft nachgeahmt, nie erreicht, den heute höchstens Marlene Dietrich noch zu offenbaren vermag, ehe sie mit durchgedrücktem Kreuz nach dem selbst angestellten und gesungenen Fragespiel „Sag mir, wo die Männer sind?" ihre Verbeugungen vor dem Publikum absolviert.

Die literarischen Köpfe der expressionistischen „Geistesrevolution" zeigten unterschiedliche Neigungen hinsichtlich eines politischen Engagements. Die meisten Expressionisten standen wie die meisten heutigen Intellektuellen links, wiewohl sie sich kaum an eine

Partei banden. Bertolt Brecht z. B. ist nie Mitglied der Kommunistischen Partei gewesen. Es gab sowohl Sympathie als auch Aversion gegenüber einer politischen Aktivität. Beide Tendenzen waren weniger von konkreten Einsichten in die gesellschaftlichen und politischen Verhältnisse als vielmehr zumeist von Enthusiasmus bestimmt. Einige Beispiele für die politischen Gegensätze, ja für die politische Schizophrenie und Tragik im expressionistischen Lager: Ernst Toller, Gustav Landauer und Erich Mühsam zählten zu den Köpfen der Münchener Räteregierung. Toller und Mühsam saßen deshalb zu Beginn der zwanziger Jahre in Festungshaft, wozu sie von reaktionären Gerichten Bayerns verurteilt wurden. Landauer wurde sogar von bayerischen Weißgardisten im Gefängnis erschlagen. Carl Einstein, der Verfasser von „Bebuquin" (1912), dem ersten Exempel „absoluter Prosa", ferner des Stückes „Die schlimme Botschaft" (1921), aber auch Karl Jakob Hirsch, der spätere Verfasser des zeitkritisch-satirischen Romans „Kaiserwetter" (1931), hatten während der Berliner Novemberrevolution von 1918 auf der Seite von Spartakus gekämpft. Sie hatten ihre Überzeugung von der Möglichkeit einer deutschen Republik der Humanität mit dem Einsatz ihres Lebens bestätigt. Im Gegensatz zu diesen stand René Schickele, der noch 1902 zusammen mit Otto Flake und Ernst Stadler eine Aktionsgemeinschaft für progressive Dichtung im Elsaß gegründet, dann 1914 wie Hermann Hesse und Romain Rolland gegen den Kriegswahn aufgerufen und an den Verstand der Völker appelliert, Pamphletgedichte der Empörung gegen den Krieg geschrieben und mit seinem Stück „Hans im Schnakenloch" (1914) den Irrsinn des Völkermordens glossiert hatte. Dieser gleiche René Schickele schrieb später retrospektiv über seine Vorstellungen eines republikanischen Deutschlands in den zwanziger Jahren: „Ich wünschte ein ästhetisches Deutschland."

Georg Kaiser, der Klassiker des expressionistischen Dramas, Freund Landauers und Tollers, hatte noch 1923 in seinem Aufsatz „Historientreue" die enthusiastischen Sätze geschrieben: „Fehlte mir ein Stern – ein Erdteil: ich würde ihn entdecken. Alles wird notwendig, was dem tollwütigen Menschen Gnade erwirbt. Dazu Vermittler ist der Dichter. Aus menschlichen Wirr- und Untaten den Sinn heraussuchen – ihm die Bluthände immer und immer wieder waschen; das sagt sein Befehl." Marxistisch klingt sogar auf den ersten Eindruck hin sein damals geäußertes Bekenntnis: „Meine szenischen Werke haben stets denselben Ausgangspunkt: das Bedürfnis, diejenigen zu verteidigen, die im Schatten leben." Doch trotz dieser realistischen Kundgebungen stellte Georg Kaiser schließlich die generelle

Forderung auf, daß innerhalb aller Gebiete der menschlichen Existenz, im Gesellschaftlichen, Künstlerischen, Wirtschaftlichen, Politischen und Familiären, „nichts als Hygiene" zu herrschen habe. Hygiene aber ist eine Sache der Sterilität, der Antiseptik des Normalverbrauchers, frei von geistigen Bazillen und dem Zustrom kreativer Phantasie. Das erinnert an die bürgerliche Hygiene des demagogischen Satzes, daß Ruhe des Bürgers erste Pflicht sei.

Andererseits zählt zu den bedeutendsten Romanen der zwanziger Jahre „Der Zauberberg" (1924) von Thomas Mann, der Roman kreativer, geordneter Antihygiene. Um Krankheiten begegnen zu können, bedarf es bekanntlich der Erzeugung von Antikörpern, die aber gerade durch gelenkte Ansteckung, durch Impfung, also durch dosierte Verseuchung erzeugt werden. Die Dadaisten in Zürich und Berlin erzeugten mit Absicht Unsinn, um dem Sinn zur Bedeutung zu verhelfen, um den Sinn des Seins endlich herauszulocken und ihm zur Macht zu verhelfen. „Geistesrevolution", die „Geistigen", der „Geist" sind nicht nur Schlagworte, sondern die am liebsten verwendeten Begriffe der Expressionisten. Sie kennzeichnen eine Überschätzung des sogenannten Geistes im gesellschaftlichen Leben. Denn: Geist *und* Sinnlichkeit, Recht und Macht, Seele und Leib bedingen das Leben des Menschen. Nur Sinnlichkeit, nur Macht und nur Leib sind Phänomene des Tierischen. Nur Geist, nur Recht und nur Seele aber sind gespenstisch.

Wie jedes Jahrzehnt und jeder Stil hatten auch die zwanziger Jahre und der Expressionismus eigene Porträtisten, talentierte Denkmalspfleger ihrer Genossen. Der aus Bernstadt in Schlesien stammende Ludwig Meidner, der Prager Emil Orlik, Max Oppenheimer, der seine Zeichnungen kurz und bündig mit Mopp signierte, aber auch Georg Tappert, Rudolf Schlichter, dessen Sohn heute ein Schlemmerlokal in Berlin unterhält, B. F. Dolbin, Conrad Felixmüller, George Grosz, Egon Schiele und Karl Jakob Hirsch waren die bedeutendsten und produktivsten Porträtisten jener Zeit und ihrer Köpfe. Sie veröffentlichten u. a. in den Zeitschriften „Die Aktion", „Der Sturm", „Der Querschnitt" und „Das Junge Deutschland". Sie trafen jeder auf seine Weise mit ihren Porträts das Gesicht der Zeit und der wahrhaftigen Zeitgenossen. Nicht Ästhetik, sondern Wahrheit war die Parole. Die rigorose, gewalttätige und unflätige Wahrheit schien durch alle Schminke in ihren Bildern hindurch. Während Meidner die Propheten und Prediger der Zeit bezeichnete, machte George Grosz die Verhältnisse deutlich, in denen die Expressionisten, diese Utopisten, ihre Evangelien verschwendeten; denn sie waren Literaten, nicht Politiker, nicht Wissenschaftler, kaum Philosophen. Gerade weil die zwanziger Jahre künstlerische Feuer entfachten und keine Klärung der Verhältnisse bewirkten, waren sie so tragisch, wurden sie schließlich doch das Aufmarschgebiet der ärgsten Diktatur, wurden es trotz eines geradezu heroischen künstlerischen Engagements.

In diesen zwanziger Jahren lebte und fuhrwerkte in Berlin, von Fontane entdeckt, der Starkritiker des Theaters und der Kultur jener Zeit, Alfred Kerr, der Erbe Heines und Nachfahre Lessings, Meister der exaktesten Ironie, produktiver Stilist, ästhetischer Trommler, kreativer Sprachpraktiker, der von sich sagte: „Ich glaube, daß die Sprache meine Sendung hienieden war: zugunsten Deutschlands. (Entschuldigen!) Ich habe den bloß auf lutherisch kennengelernten Stil des Alten Testaments verpreußt. Die Grammatik befreit. Die Kastelei gemordet. Die limpidezza gehöht." Kerr war Republikaner vom Scheitel bis zur Sohle, ein wirklich freier Schriftsteller, der, wo es um die einmal erkannte Wahrheit ging, kein Blatt vor den Mund nahm. Er, der damals wie ein Darwin des Künstlerischen wirkte, den Ausscheidungskampf des Wahren und Schöneren betreibend, prägnant in den Sätzen, strotzend vor Sinnlichkeit, bestechend im Protokoll, würzend wie Süßigkeit des geistigen Vergnügens, dieser wonnige literarische Bock und Prellbock (wo gibt es ihn heute?), er schrieb über die Weimarer Republik, das Staatsgebilde der goldenen zwanziger Jahre, folgende Verse:

Wer hat die schönsten Schäfchen?
Und klassische Musik?
Wer schläft das tiefste Schläfchen?
Eine gewisse, eine gewisse,
eine gewisse Republik.

Wer sieht ein täglich Morden
Und findet keinen Rat?
Wer duldet Landsknechthorden
Als rüden Staat im Staat?
Wer quirlt mit milden Händchen
Im Topf der Politik?
Wem mangelt dies Talentchen?
Einer gewissen, einer gewissen,
einer gewissen Republik.

Sie hat ein reines Wollen
Und einen sanften Sinn.
Bevor noch Köpfe rollen,
Streckt sie schon ihren hin.
Wer schläft das tiefste Schläfchen
Trotz Militärmusik?
Wer hat die schönsten Schäfchen?
Eine gewisse, eine gewisse,
eine gewisse Republik.

Diese Verse von Kerr, den die Nazis schon in den goldenen zwanziger Jahren auf ihre Abschußliste setzten, erinnern an einen anderen, trefflichen Kritiker jener Zeit: an Kurt Tucholsky, nicht wie Kerr Berliner aus Breslau, sondern Berliner aus Moabit, der aber ebenso wie Kerr von Hitler geächtet wurde. Er schrieb als Ignaz Wrobel, Theobald Tiger, Peter Panter, Kaspar Hauser und als eben Kurt Tucholsky selbst, also mit fünf Namen, gleichsam mit allen fünf Sinnen in der Zeitschrift „Die Weltbühne", deren Redakteure vor und nach ihm Siegfried Jakobsohn und Carl v. Ossietzky waren, unverfälschte und unerschrockene Männer der Humanität. Ossietzky wurde nicht erst von Hitler verfolgt, sondern auch bereits von der Justiz der Weimarer, der so viel gepriesenen, so exemplarisch herausgestellten Weimarer Republik, wegen seiner freimütigen und gerechten Meinungsäußerung zu längerer Haft verurteilt.

In den zwanziger Jahren kam es auch zur Gründung einer Sektion für Dichtkunst bei der Preußischen Akademie der Künste, der drittältesten Kulturinstitution ihrer Art in Europa. In ihrer konstituierenden Sitzung im Jahre 1926 konzentrierte sich die neue Sektion bezeichnenderweise auf ein einziges Diskussionsthema, dem eine protestierende Resolution gegen das vom Staat angekündigte „Schmutz- und Schundgesetz" folgte, ein Protest gegen die Schleichwerbung für abermalige Zensur. Die neue Sektion protestierte auch gegen den zunehmenden Einfluß reaktionärer, faschistischer Kräfte auf die Kulturpolitik in der Weimarer Republik, protestierte gegen die schändlichen Verurteilungen von Johannes R. Becher wie Hatvány und veranstaltete ein Akademieseminar an der Berliner Universität mit Themen wie „Kunst und Staat", „Kunst und Gesellschaft", „Kunst und Politik". Die stärksten Impulse der Demokratisierung vermittelten Heinrich Mann, Leonhard Frank und Alfred Döblin dieser Sektion, die gerade deshalb als erste dann von Hitler zerstört wurde.

Natürlich war diese aufgeregte und aufgeweckte Zeit nicht ohne literarische Fehden. Sie streuten ja das Salz in die Suppe, waren Gelegenheiten zu Schlagzeilen in der „Vossischen Zeitung", genannt „die alte Tante Voss", im „Berliner Tageblatt", im „Börsen-Courier" und in der „Roten Fahne". Sie wurden auf hauseigenem Terrain, in der Literatur selbst ausgetragen. Alfred Kerr z. B., der Gerhart-Hauptmann-Fan und Impressionist, hatte kein Gespür für expressionistischen Stil. Tollers Dramen rezensierte er zwar glimpflich, weil ihn wohl die Gestalt des feurigen Jünglings faszinierte, ein positiver Vaterkomplex des alten Fuchses aus der Berliner Douglasstraße gegenüber dem Frühlingsstürmer der Münchener Räterepublik. Georg Kaisers Stücke wurden von Kerr generell verrissen. Und Kaiser antwortete auf literarischem Schlachtfeld, auf dichterischer Walstatt. Er schrieb die Komödie „Papiermühle" (1927), deren tragisch-komische Hauptfigur, deren peinlicher Held ein Kritikus ist, ein verbohrter Rezensent, der Teufel soll ihn holen, ein Meister der Papiermühle, ein Müller des peinlichsten Pappmachés. Gemeint ist Kerr. Das Porträt der zwanziger Jahre bliebe unvollständig, würde nicht auch auf jene Elaborate verwiesen, die vor dem Parnaß der Gewalt warteten, der sich ihnen dann am 30. Januar 1933 öffnete; auf die Literatur der Vor-Blubo-Zeit, des Rassenhasses, der angeblichen germanischen Volksseele als Retter der Menschheit, der Schollenmythik, und auch auf ein sogenanntes Werk, das dann, wiewohl in schlechtem Deutsch verfaßt, aber raffiniert gestaffelt, die Teufelsbibel der Deutschen in den dreißiger Jahren wurde, die sie ernst nahmen, ohne sie zu analysieren, nämlich Hitlers „Mein Kampf" (1925), genau in der Mitte dieses Jahrzehnts entstanden. Hitler und diejenigen, die ihm schreiben halfen, sie wußten, wie und womit man den chauvinistischen Bildungshunger der sogenannten Großdeutschen befriedigt: mit einer Philosophisterei im Stil der Courths-Mahler und im Tonfall Bismarcks, mit Themen von Deutschlands Weltgeltung und Weltpostulat, mit einer Literatur des Biertisches, des Koteletts, der Mensur, des gestutzten Kaiserbarts, des germanischen Mutterschoßes und der trauten Brunhilden-Jungfer, immer jedoch mit dem Ziel, den Nährboden für die Ideologie des Faschismus, für die Macht im Staate und darüber hinaus zu bereiten.

Porträt der zwanziger Jahre, die man immer noch und so gern die goldenen nennt, Porträt eines Jahrzehnts deutscher Literatur, ein deutsches Porträt, bis heute nicht wirklich erkannt, das in Wirklichkeit aber, kaum daß es in die Welt sah, sich verzerrte, offensichtlich jedenfalls an jenem 10. Mai 1933, als in Deutschland die Scheiterhaufen der Kultur brannten, zu Asche wurde und bis 1945 im Land seiner Sprache nur noch gedemütigte, peinliche oder fratzenhafte Gesichter übrigließ.

1972

Walter Hasenclever und der Expressionismus

Wer nach Walter Hasenclever fragt, der am 8. Juli 1890 in der alten Kaiserstadt Aachen als Sohn eines Sanitätsrats geboren wurde und am 21. Juni 1940 als inhaftierter Emigrant in einem französischen Lager starb, nachdem er am Abend vorher, verängstigt durch die Nachricht vom Anmarsch der deutschen Truppen, eine Überdosis Veronal genommen hatte, der in Oxford, Lausanne, Leipzig und Bonn Jura studieren sollte, sich aber fast ausschließlich mit Literatur, Philosophie und Geschichte befaßte, der in Leipzig Mitglied des dortigen Expressionistenzirkels war, der in Dresden, Berlin, Paris, Nizza, Marokko und Hollywood lebte, der viele Reisen unternahm, der sowohl mit Franz Werfel, Kurt Pinthus, Ernst Deutsch, Oskar Kokoschka, Ernst Toller und Kurt Wolff, als auch mit Ernst Rowohlt, Ludwig Meidner, Kurt Tucholsky, Rudolf Leonhard, Paul Wegener und Jean Giraudoux befreundet war, der nicht nur u. a. 24 Dramen, fünf Gedichtbände, zwei Romane und viele Schriften, sondern auch Filme, so für Greta Garbo, und ungefähr 300 Artikel bzw. Feuilletons, vor allem für das Berliner „8-Uhr-Abendblatt" geschrieben hat, wer also nach diesem Walter Hasenclever fragt, tut gut, die Deklarationen in Frage zu stellen, die wie Kränze an seinen Sarg gelehnt sind. Es heißt: er war Expressionist, Jüngling und Weiser.

Der Expressionismus, ein schillernder und mehr schattierender als bestimmender Begriff, gilt als Name für die letzte stilbildende Epoche der deutschen Literatur. Auf der Suche nach den Signalen einer Zeit, nach Sätzen, die für die Mentalität und Besonderheit ihrer Epoche bezeichnend sind, die nicht definieren, also begrenzen, beschließen, sondern wie synthetische Urteile für die Vielfalt aller Zeitgenossen aus dem Munde eines Einzigen, eines Präzeptors seiner Generation, eines im Kern Getroffenen und Erregten stammen, überrascht die Lektüre folgender Zeilen:

Ich hab's so weit gebracht, nichts zu lieben und im Augenblick alles zu lieben und im Augenblick alles zu vergessen ... Ich hab' alle Figuren angenommen. Dort war ich Stutzer, dort Wildfang, dort tölpisch, dort empfindsam, und meine größte Conquête (Entdeckung) machte ich, da ich nichts war ...

Diese Zeilen schrieb nicht Walter Hasenclever, von dem sie stammen könnten, weil er als Expressionist „alles zu lieben" und als Buddhist „alles zu vergessen" trachtete, der in Leipzig als ein „Stutzer" und in Berlin als ein „Wildfang" auftrat, der als politischer Dichter nahezu „tölpisch" und als Jünger Swedenborgs „empfindsam" sich gab, dessen letzte tragische Entdeckung im Freitod aber die bittere Erkenntnis war, nichts zu sein angesichts einer Übermacht aus Angst und drohender Gefahr. Diese Zeilen schrieb vielmehr 1775, also 165 Jahre vor dem Tode seines Dichterkollegen Hasenclever, der Exponent des „Sturm und Drang" Friedrich Maximilian Klinger, der Autor der Dramen „Die Zwillinge" (1775) und „Wirrwarr" (1776) und des Romans „Fausts Leben, Taten und Höllenfahrt" (1791).

Der „Sturm und Drang" mit Herder, Lenz, Klinger, Wagner, Heinse, dem jungen Goethe und dem jungen Schiller war eine Revolte gegen Aufklärung und Rokoko, wie 135 Jahre später der Expressionismus als Sturm gegen Naturalismus und Impressionismus sich gab, ja gebärdete. Wie den Vertretern des „Sturm und Drang" schien es auch den Expressionisten wieder einmal an der Zeit zu sein, die Väter zu vertreiben, die Freiheit gegen die Konvention zu setzen, die Pistole des vernichtenden Ekels der Peitsche der Vernunft entgegenzuhalten, wie es der Sohn am Schluß des gleichnamigen Dramas von Walter Hasenclever mit der pubertierenden Wollust dessen demonstriert, was er für den „Geist der Zeit" hält.

Walter Hasenclever war noch nicht einmal zehnjährig, als die letzte Jahrhundertwende mit all ihrem Aufwand an öffentlichem Pomp sich vollzog. Das neue, das 20. Jahrhundert begann sozusagen mit einer Orgie der Oberfläche. Es war ein Tanz auf dem Vulkan, der dann 1914 mit den Pistolenschüssen von Sarajewo zum ersten und 1939 mit dem gestellten Überfall der SS auf den Sender Gleiwitz zum zweiten Mal ausbrach. Die tragende Kulturgesinnung Europas war dünner als eine Eierschale. Das Bewußtsein einer wachsenden Zivilisationskrise steigerte sich in der Generation der Söhne rasch zum brennenden Fieber. Nietzsche hatte vom Menschen als dem Mörder Gottes gesprochen. Das sichernde Weltgefühl versiegte. Es wurde mit Plüsch zugedeckt. Der alte Wertebau roch steril und alle überkommenen Formen klangen hohl. Die Skepsis verband sich etwa um 1906 mit revolutionärem

Sinn. Eine Kulturwende wurde notwendig. Und sie setzte ein mit neuer Form- und Lebenskraft. Die alten Gesetze und Formen, die sich nicht bewährt hatten, wurden vom Tisch gewischt, wurden zertrümmert. Eine Generation von Söhnen stand auf und taufte sich selbst, gleichsam den impressionistischen Vätern zum Trotz, mit lauter Kehle als Expressionismus.

Der französische Maler Hervé hatte diesen Terminus kurz nach der Jahrhundertwende geprägt. Worringer belegte 1911 mit ihm die neue Kunst eines Cézanne, Matisse und van Gogh. Bald wurde er zum fast magischen Leitwort, nach dem sich eine Unzahl furioser und radikaler Aufrufe, Programme und Zirkel, ja ein ganzer Lebensstil orientierte. Walter Hasenclever war ab 1909, also mit dem Beginn seiner Leipziger Jahre, daran beteiligt. Der Münchener Revolutionsball proklamierte schließlich die Zuständigkeit des Expressionismus auch für die neue literarische Aktion Deutschlands. Nicht wie bisher Natur-Eindruck und schönen Schein, sondern Wesens-Ausdruck und elementares Sein wollte man. Zum Gegensatz für intellektuelle Definition wird die geistige Intuition. Geist gilt nicht mehr als ein bloßes Organ des Denkens und Erkennens, sondern als die Seinsweise des Menschen. Würde man einen Computer mit den Texten expressionistischer Lyrik füttern, dann spuckte er gewiß das Wort „Geist" als Dominante aus. Das trifft auch auf Walter Hasenclevers Texte aus der Zeit von etwa 1910 bis 1925 zu. Er ruft in ihnen mit enthusiastischer Gebärde:

> Kehr mir zurück, mein Geist, im Blut verrieben;
> ...
> Aus dem Kadaver steigt das fremde Land
> Hinauf zu einer andern Sonnenuhr.

Solche Verse haben, wie es scheint, mit Realismus nichts mehr gemein. Nicht das Ab-Bild, sondern das Sinn-Bild, so glaubt man, vermag die Wahrheit der Welt zu erschließen. Nicht die mehr oder weniger naturalistische Impression, sondern die expressive Aktion rettet das Leben. Die Form der neuen Kunst wird den Dingen nicht übergeworfen, sondern ereignet sich als Wesensausdruck. Ekstase, Schwärmerei, Dämonie, All-Liebe, Pathos, Schrei, Vision und Entgrenzung der Sinne, das sind die Tendenzen und Themen der neuen Stimmen, die alles Bisherige verwerfen, wiewohl bereits Goethe im gleichen Stil die Verse schrieb:

Die Sonne tönt in alter Weise,
In Brudersphären Wettgesang,
Und ihre vorgeschriebene Reise
Vollendet sie mit Donnergang.

Die Expressionisten plädierten für eine Sprache als Ausdruck und Aktion, als sinnliche Tätigkeit des Geistes. Das muße auf dem Terrain der Literatur wohl einen Aufschwung der Lyrik und Dramatik, weniger der Prosa bedeuten, es sei denn die Epik bediente sich lyrischer und dramatischer Modulation. Lyrik will ja Ausdruck, möglichst unmittelbaren, ungebrochenen Ausdruck des Gefühls. Dramatik wiederum geschieht als Handlung, als Aktion zwischen den Polen gegensätzlicher Kräfte. Walter Hasenclever war Lyriker und Dramatiker. Erst in den letzten Lebensjahren, als von Expressionismus nur noch literaturgeschichtlich und epigonal die Rede sein konnte, entstanden seine Romane. Walter Hasenclevers Gedichtbände „Städte, Nächte und Menschen" (1910), „Der Jüngling" (1913), „Tod und Auferstehung" (1917) und „Gedichte an Frauen" (1922) tendieren zwar mit ihrer Thematik, selten aber mit ihrer Form zu den Zielen des expressionistischen Programms. Es ist eine Lyrik, die kaum alte Formen sprengt und neue Formen kreiert. Selbst heftige Verse klingen konventionell. Ihr Reim bleibt gut, wenn nicht korrekt gefügt. Dissonanzen haben wenig Chancen. Die Synkope ist ohne Belang. Rhythmen, Konstellationen und metrische Überraschungen, wie sie aus den Versen der älteren Kollegen Ernst Stadler, Georg Trakl und Georg Heym bekannt sind, scheinen im Vergleich zur Lyrik Walter Hasenclevers auf einem anderen Blatt des Dichterischen zu stehen. Der gewiß schäumende Inhalt fügt sich bei ihm zumeist in die alten Formen, selbst die Themen revolutionärer Natur. Das Theatralische jedoch spielt dabei eine beträchtliche Rolle. Da heißt es:

Du bist so stark! Sei was dein Auge sah!
Wie im Theater fülle alle Ränge –
Lausche dem Spiel – du bist es selber ja.

Ferner:

Entflieht den Jünglingen und werdet Greise!
Horcht. Seid geschickt. Im Spielen immer neu.

Oder:

O Süßigkeit, die Menschen zu erschüttern!
Der Vorhang stürzt. Wir brechen auf.

Immer wieder werden Bildrequisiten der Bühne, der „Vorhang", das „Spiel", die „Ränge", das „Theater" verwendet. Ein Jüngling spielt die Rolle des Lyrikers, ja selbst des singenden Volkstribuns. In den Leipziger Gedichten schlüpft Walter Hasenclever, so belehrt der Vergleich, in die verbürgerlichte Rolle des Leipziger Studenten Goethe, des Stutzers, des Frauenhelden, des Epikureers, des altklugen Doktoranden, wenn er etwa schreibt:

So mußt du lernen dir die Welt betrachten:
Laß einen Abstand zwischen dir und ihr.
Erfülle ihn mit Weibern und mit Schlachten,
Mit einer Zeitung, einem Glase Bier.

In seinem Lebensbericht für Anthologie „Menschheitsdämmerung" von Kurt Pinthus (1920) notierte Walter Hasenclever:

1909 war ich in Lausanne, dann kam ich nach Leipzig, wo ich den Herausgeber dieser Anthologie kennenlernte. Eingeführt von ihm in die Bezirke der Liebe und der Wissenschaft, überflügelte ich bald den Meister. Ich reiste mit ihm nach Italien und frequentierte die Ärzte.

Walter Hasenclevers vielfache Flucht in Liebe und Liebschaft war Existenzdurst, war ein mannbar gewordener Rest der Kindheitsangst, war die Reaktion seiner mutterlosen Knabenzeit. Auch seine gesellschaftliche Verschmitztheit, seine Lust, gern zu lachen, sein Hang zur leichten, wenn nicht frechen Komödie und seine charmante Art, aufzutrumpfen, scheinen nicht zuletzt aus einem Nachholbedürfnis zu stammen. Sein Charakter war viel zu differenziert angelegt, als daß sich diese Reaktion des Seelischen nicht eingestellt hätte. Wenn das Wesen eines Jünglings die reifste und darum letzte Situation der natürlichen Selbstbesessenheit eines männlichen Individuums ist, die geradezu schöne Sympathie zum Tode enthält und die gelegentlich wie von Weltschmerz erfüllte, wenn nicht resignative, aber auch auftrumpfende Entwicklungsstufe männlicher Schönheit darstellt, das Stadium des absoluten Apoll, dann war Walter Hasenclever ein Leben lang Jüngling. Sein Gedichtband „Der Jüngling" (1913) ist ein Selbstporträt in Versen, eine Spiegelung des eigenen Ichs auf lyrischen Wellen, Schmeichelei des eigenen Konterfeis, poetische Selbstbelehrung, Narzißmus mit expressivem Elan in traditioneller Staffage.

„Der politische Dichter" Walter Hasenclever, wie er sich selbst dem Publikum in dem gleichnamigen Sammelheft vorstellt, das 1919 als zweite Flugschrift der Reihe „Umsturz und Aufbau" erschien, verfaßte seine Verse und Sätze am Sekretär hinter noblen Großstadtvorhängen, am Marmortisch der Hotel-Boudoirs, klangvoll, angriffslustig, einfallsreich, das gewiß, aber nicht in den Reihen der demonstrierenden Arbeiter, nicht an den Barrikaden der Revolution, nicht im Hinterhof, nicht vor der Stempelstelle der Arbeitslosen, sondern im geheizten Appartement, das Sektglas in Reichweite, vielleicht noch auf der Bude intellektueller Hitzköpfe, während draußen auf den Straßen die Kolonnen von rechts und links aufeinanderprallten und übereinander herfielen, während Hitler bereits an seinem Teufelsprogramm bastelte, für dessen Niederschrift ihm dann die staatlich subventionierte Festungshaft in Landsberg Zeit und Gelegenheit gab, während alles, was „der politische Dichter" Walter Hasenclever entscheiden wollte, tatsächlich woanders entschieden wurde.

„Der politische Dichter" Walter Hasenclever war insofern ein Paradigma, ein Exempel für die Linksintellektuellen von damals und ist es wohl auch noch für die von heute. Seine Verse erreichten nicht die Massen. Sie wurden eher im Salon als im Versammlungsraum akzeptiert, obwohl der Autor selbst predigend durch die Lande reiste. Walter Hasenclever war viel mehr hastiger Enthusiast als Lehrer der Revolution, viel mehr pazifistischer Anarchist als sozialistischer Programmatiker, kein späterer Bertolt Brecht und kein damaliger Johannes R. Becher, bei allem Radikalismus zu überschwenglich und intellektuell, um den Widerhall bei den revolutionären Kräften finden zu können. Dennoch entdeckt man in seinem lyrischen Werk Sätze, die aktuell geblieben sind, die trefflich formuliert wurden, die noch heute anwendbar sind, deren Aphorismus Gültigkeit hat, wie etwa die Verse:

Nicht Kriege werden die Gewalt vernichten.
Stellt Generäle an auf Jahrmarktfesten.

Oder:

Nicht mehr in Waffen siegt ein Volk, Du weißt es;
Denn keine Schlacht entscheidet seinen Lauf.

Oder der eventuell für die Nachkriegssituation des geteilten Deutschlands ausmünzbare Vers:

Halt ein im Kampf! Auch drüben brennen Herzen.

Der Dramatiker Walter Hasenclever schrieb sein erstes Stück als achtzehnjähriger Student in Oxford, und zwar recht forsch, wie er es deklariert, als „Eine Kritik des Lebens in Dramenform". Den Druck finanzierte er selbst mit Gewinnen beim Pokerspiel. Es ist das Stück mit dem Titel „Nirwana" (1909). Den zweiten dramatischen Versuch „Das Reich" brachte er als „Tragödie einer Menschenidee" 1908/1909 in Lausanne zu Papier. Nur eine Szene wurde zehn Jahre später in der Zeitschrift „Das junge Deutschland" publiziert. Der dritte dramatische Versuch „Das unendliche Gespräch. Eine nächtliche Szene" (1913) erschien jedoch bereits als Band 2 in der bei Kurt Wolff herausgegebenen Reihe „Der jüngste Tag", die heute als vielgefragtes Bestseller-Konvolut aller Buchauktionen vorgemerkt ist. „Das unendliche Gespräch" entfaltet sich „In der Bar Santa Maria Mercede" als Deklamation Franz Werfels und Walter Hasenclevers selbst zwischen einem „Chor der Kaufleute" und einem „Chor der Damen", eine Kurzrevue in Versen, das Bild des Dichterischen im Nachtlokal zwischen den gesellschaftlichen Polen Geschäft und Erotik, im Stil Großmanns oder eines gemäßigten George Grosz, mehr getuscht als graviert.

Der erste große dramatische Wurf gelang Walter Hasenclever mit dem Drama „Der Sohn" (1914), uraufgeführt 1916 in Prag, Theatergeschichte geworden durch die interne Aufführung des gleichen Jahres in Dresden mit Ernst Deutsch in der Titelrolle. Eines der Hauptthemen des Expressionismus betrat mit diesem Stück die Bretter der Bühne: der radikale Sohn gegenüber dem nicht weniger radikalen Vater, der aber zuletzt von der eigenen, nicht mehr stabilen Natur durch einen Herzschlag aus der Kontroverse zurückgenommen wird. Reinhard Johannes Sorge in „Der Bettler" (1912), Georg Kaiser in „Die Koralle" (1917) und „Gas" (1918), Arnolt Bronnen in „Vatermord" (1920) und Joachim von der Goltz in „Vater und Sohn" haben das gleiche Thema darzustellen versucht. Walter Hasenclever kam ihnen auf der Bühne zuvor. Das Stück „Der Sohn" avancierte zum „Michael Kramer" des Expressionismus.

Der Hasencleversche Sohn hatte aber nicht nur Zeitgenossen, sondern auch eine Reihe von Vorfahren. Im Verlauf der drei Tage, innerhalb der er zwar nach klassischem Maß, aber in unklassischer Maßlosigkeit Furore erzeugt, heizt er den Konflikt erneut an, den vor ihm schon Klinger, Gerstenberg, Leisewitz und Schiller geschürt und in Flammen gesetzt hatten, so z. B. durch die Gestalten eines Karl Moor, eines Ferdinand, eines Carlos und eines Max Piccolomini. Walter Hasenclever will in seinem Stück nicht nur zwei Exponenten der historischen Folge des Lebens, also des Generationenwechsels gegeneinander stellen, nicht nur den Zeuger und den Gezeugten, sondern zugleich auch zwei Stilformen der Existenz: Moral als Zucht und Moral als Freiheit, gespenstischen und lebenssüchtigen Willen, Tod und Leben. Obwohl der Vater tüchtig ist, aufopfernd, hilfsbereit für die Mitmenschen, eine Seele von Arzt, pflichtbewußt und uneigennützig, gilt er dennoch dem Sohn als todeswürdig, weil er ihn mit Gesetzen und Normen traktiert, weil er ihn einsperrt und den Drang nach Freiheit verdammt und verriegelt, nach einer Freiheit allerdings, die sich dem Sohn mit Autos, Séparées, Sekt und Weibern, mit Erotik, Romantik und gut dotierter Streunerei vorgaukelt, eine Freiheit der Playboys im heutigen Sinne. Zuletzt stehen sich Vater und Sohn mit Hundepeitsche und Pistole gegenüber, wie Feudalbedrohung und technischer Mord.

Mochte der Hasencleversche Sohn wie der Schillersche Carlos das zeitlose Thema der Mutterlosigkeit enthalten, mochte dazumal das Problem des Generationenwechsels als Freudscher Ödipuskomplex bereits wissenschaftlich plakatiert worden sein und die ersten Inszenierungen der Hasencleverschen Stückes das damalige Publikum geradezu erschüttern, nach wenigen Jahren war der Ruhm dieses Stükkes in die Literaturgeschichte abgewandert, und heute geben ihm prominente Kritiker bereits das Prädikat „verstaubt".

Mit der Inszenierung des Dramas „Der Retter" (1916) eröffnete 1919 Karlheinz Martin das Berliner avantgardistische Theater „Die Tribüne". Es geht um die Frage der Rettung einer Nation. Sie wird abstrahiert und zur einfachsten Funktionsgleichung gemacht, die es gibt. Zwei Nenner stehen als Retter der Nation zur Wahl: der Militarist und der Dichter. Natürlich wird zuletzt der Dichter als Retter proklamiert. Die Gleichung aber steht schief, aus Enthusiasmus schief, weil eigentlich beide Protegés am Untergang einer Nation beteiligt sein können, der eine rascher als der andere. Bei einem Militaristen geht es meistens schneller. Johst, Blunck, Baumann, Kolbenheyer und so weiter und so weiter, falls man sie als Dichter gelten lassen mag, hatten zwar keine Soldateska als Ausführungsorgane zur Verfügung, waren aber mit ihrer Fabrikation an volkshaften Helden- und Durchhalteliedern auch am Untergang der Nation beteiligt. Die Frage lautet vielmehr: Was für ein Dichter ist ein Retter der Nation? Und weiter: Unter welchen Bedingungen und bei welchen Verhältnissen kann er es sein? Walter Hasenclevers Ansatz ist richtig. Er stellt den Dichter vor den Militaristen. Aber er läßt seinen Dichter ohne Ausführungsbestimmungen. Die primäre Sache eines Dichters ist das richtige Wort und nicht der vorschnell angebotene Opfertod.

Walter Hasenclevers Tragödie „Antigone" (1917), „Tilla Durieux zugeeignet", wurde bereits im Jahr der Drucklegung in Leipzig uraufgeführt. Das Stück erhielt den vielbegehrten Kleist-Preis. 1920 inszenierte es Karlheinz Martin in Max Reinhardts Großem Schauspielhaus zu Berlin mit Emil Jannings als Kreon und Gertrud Eysoldt als Antigone. Der Stoff der Antigone ist oft schriftstellerisch aufgegriffen worden, seit Sophokles die Möglichkeit seiner dramatischen Verarbeitung erschlossen hatte, so u. a. von Hölderlin, Brecht und Anouilh. Wie Felix Dahn in seinem Roman „Ein Kampf um Rom" eine epische Maskerade seiner Zeitgenossen arrangierte, inszeniert Walter Hasenclever in seiner Tragödie „Antigone" einen zeitkritischen Maskenzug der Schlußphase des Wilhelminischen Zeitalters. Nur, daß Walter Hasenclever doppeltes Spiel treiben läßt. Er läßt einen Wilhelm spielen und bindet dem gespielten Wilhelm noch die Maske Kreons um. Er projiziert zwei Bilder übereinander, um die Person, das Modell des Gespielten und auch noch Maskierten doppelt zu treffen. Eine „Modernisierung der Antike" hat Herbert Ihering das Stück genannt, aber als Mischung.

Während Anouilhs „Antigone" die Tragödie des eigensinnigen Ichs präsentiert und Brechts „Antigone" über das ungebrochene politische Bewußtsein eines Menschen belehrt, stellt Walter Hasenclever mit seiner „Antigone" wie Sophokles zunächst ein Exempel der Geschwisterliebe als Demonstration natürlicher Menschlichkeit, im heutigen Sinne der Humanität auf die Bühne, konfrontiert diese Protagonistin der allgemeinen menschlichen Wahrheit dann aber mit einem Kreon, der kein Thebaner, sondern ein Preuße und noch dazu ein schlechter Preuße ist, kein echter Kreon, sondern ein Wilhelm II. Der Hasencleversche Kreon und die Hasencleversche Antigone kommen aus zwei Gegenden, die durch Tausende von Kilometern und Tausende von Jahren getrennt sind. Wie sollte sich diese Antigone angesichts eines Kreon alias Wilhelm II. aus einer Ödipustochter zur glaubhaften Agitatorin gegen den autoritären Staat verwandeln? Um dieser Agitation willen aber wurde das Stück geschrieben. Daß es jedoch mit solcher Tendenz von einem einstmals Kriegsfreiwilligen, später auf dem Kriegsschauplatz aber Belehrten 1916 geschrieben,

1917 veröffentlicht und auf die Bretter der Bühne gebracht wurde, bewies Mut und politisches Format des Autors, wiewohl das charakteristische Format größer war als die dichterische Form.

Das Schauspiel „Die Menschen" (1918), uraufgeführt 1920 in Prag, ist als ein nicht humanitäres, sondern lediglich humanes Zeitbild gedacht, als dramatisierter Katalog der Zeitgenossen, ein Physiologus humanus von damals, ein Stichwortregister in über zwanzig belehrenden Szenchen. Signale, Abziehbildchen des Individuums Mensch werden geboten, die dank der auswalzenden Buchkunst ein Buch ergaben. Abstraktionen der Zeitprobleme wie Sexualismus, Sozialismus, Spiritismus, Spieltrieb usw. werden mit Kurzbrennerszenen anvisiert. Der Telegrammstil der Sturm-Dichter wie August Stramm und Kurt Schwitters stand Pate. Die Sprache wird auf ein Minimum zurückgeschraubt, daß z. B. jeder Sprechende auf weite Strecken hin immer nur ein Wort sagen darf, daß mehr als fünf Worte keiner Dialogzeile zugeteilt werden. Bei solcher Einsparung der Sprache tritt die Pantomine, ob gewollt oder ungewollt, in den Vordergrund, bis sie die Sprache ersetzt. Das war zugleich eine Tendenz, die Walter Hasenclever zum Film förmlich hinschob. Tatsächlich erschien, aus seiner Feder stammend, der erste Filmtext in Buchform unter dem Titel „Die Pest" (1920).

Das Drama „Jenseits" (1920), uraufgeführt im gleichen Jahr durch Berthold Viertel in Dresden, ist eines der so gern geschriebenen Dreiecks-Stücke Walter Hasenclevers, eine Mischung aus Kotzebue und Ibsen, betreffend die eheliche Intervention der Vergangenheit, weil der verstorbene Ehegatte das Liebesduett seiner lustigen Witwe mit ihrem Hausfreund aus dem Jenseits her stört. Der Verstorbene wird zum unruhigen und Unruhe stiftenden Sexualgeist. Die Eifersucht läßt ihm selbst im Grab keine Ruhe. Hier kommt nicht der Hausfreund dem Ehemann ins Gehege, sondern umgekehrt. Dabei ist das Ganze nichts als eine Einbildung der beiden Liebesvögel. Es wird berichtet, Agnes Straub und Wilhelm Dieterle hätten 1921 bei der Aufführung des Stückes in den Berliner Kammerspielen „geradezu eine transzendentale Leistung" vollbracht.

Das Drama „Mord" (1926), entstanden in Paris, also in Frankreich, im Lande des Theaters der leichten wiewohl meisterlichen Hand, uraufgeführt 1926 im Berliner Deutschen Theater durch Erich Engel, zwischen den Kulissen, die Caspar Neher schuf, mit Leonard Steckel in der Rolle eines satirisch gezeichneten Psychoanalytikers, Paul Bildt in der Rolle eines ausweglos fischenden Anwalts und Eugen Klöpfer in der Rolle eines moralisch triefenden, unschuldigen Mörders, ist ein Stück im Ehe-, Dirnen-, Anwalts-, Ärzte-, Presse- und Gerichts-Milieu. Es handelt vom „Fall eines Eisenwerksbesitzers, der seinem Eheweib, die übrigens auch nicht astrein ist, schon immer den Tod gewünscht hat, der dann bei einem bezahlten Seitensprung im Bett der Dirne die Leiche des Zuhälters findet, als Mörder verhaftet, zum Tode verurteilt, nach dieser Abreibung aber wieder freigelassen wird, weil die inzwischen geflüchtete Dirne vom sicheren Ausland her den Mord zugibt". Der metaphysische Witz des Stückes liegt darin, daß der Schlotbaron das über ihn verhängte Todesurteil annimmt, weil er sich des Gedankenmordes an seiner Frau schuldig glaubt.

Das Lustspiel „Ein besserer Herr" (1926), ebenfalls in Frankreich entstanden, in Paris und Nizza, uraufgeführt 1927 in Frankfurt am Main, im gleichen Jahr auch im Berliner Staatlichen Schauspielhaus von Heinz Hilpert mit Paul Bildt, Albert Florath und Elsa Wagner inszeniert, zählt zu den meistgespielten Stücken Walter Hasenclevers. Was hat es mit dem „besseren Herrn" auf sich? Er ist als besserer Herr sozusagen die nächste Steigerungsstufe eines guten Herrn. Während ein guter Herr nur eine Börse unterhält, kassiert der bessere Herr auch die Dividende, und weil der Gegensatz zum Herrn die Dame ist, hat der gute Herr eine Damenbörse, eine Buchhaltung des anderen Geschlechts. Aber der bessere Herr hat nicht nur eine Damenbörse, sondern auch den Damenkonsum, er bewältigt nicht nur die Registratur der unbefriedigten Schönheit, sondern auch die Lektüre der Registrierten, die er sich selbst vermittelt, nicht ohne Honorar, versteht sich. Er ist zugleich Hahn als Platzanweiser und Hahn als Herr in allen Kammern, im Kaleidoskop seiner Ehevermittlung, einem Kaleidoskop, in dem er jeden Stein, jede Konstellation mit sich selbst präsentiert, wie es den Damen hautgerecht ist.

Eines Tages verfällt er der Methode seines eigenen Geschäfts, wird er ein Opfer der Meisterschaft seiner Liebesübung. Er gerät an ein Fabrikantentöchterlein, in das er sich verliebt. Wie es dann so ist, stellt sich alsbald der wachsame Vater als Schwiegerpapa in spe ein, der die Vergangenheit des zukünftigen Eidams kriminalistisch durchblättert. Er, der vom Herzensbrecher aus Profession zum Herzensbrecher aus Passion geworden ist, wird konfrontiert mit der Kompanie der inzwischen aufgeklärten Damen seines Geschäfts. Die aber rehabilitieren ihn und empfehlen ihn gradezu als Fachmann. Er gab ihnen faktisch, was sie sich in schlaflosen Nächten nur erträumen konnten. Sie weisen ihn dank ihrer Erfahrung nicht nur als guten, sondern sogar als besseren Herren aus, der durchaus berechtigt war, Spesen für seine Idee und Leistung zu kassieren. Fazit: Geschäft regiert die Welt und die Welt fährt nicht schlecht dabei. Der eine handelt mit Kohle und Erz, der andere mit Liebe und Seligkeit. Walter Hasenclever hat diese Komödie mit gekonntem und heiterem Konstruktionsstil geschrieben, reizvoll hineingestellt in den Stil der Zeit des Tango- und Shimmy-Schrittes, der gefransten und kniefreien Sackkleider, der glitzernden Augen unter topfbehüteten Bubiköpfen. Hier gelang ihm nicht nur eine Synthese von Georg Kaiser und Carl Sternheim, sondern auch der Sprung in ein lustiges, neues Weidrevier der leichten wiewohl nicht leichtzunehmenden Muse.

Die Glückssträhne dieser Art setzte sich fort mit der nächsten Komödie, die erst den Titel „Doppelspiel" (1928) trug, dann aber unter dem Titel „Ehen werden im Himmel geschlossen" im gleichen Jahr in den Berliner Kammerspielen mit Werner Krauss, Carola Neher, Theodor Loos, Grete Mosheim und Hermann Thimig uraufgeführt wurde. Das Stück ist der eklatanteste Hinweis, daß Walter Hasenclever den Expressionistenhut an den Nagel gehängt hatte. Der Expressionismus wollte nur ernst genommen werden, manchmal todernst wie etwa in Georg Kaisers Drama „Die Bürger von Calais". Seine Komödien erzeugten zwar schallendes Gelächter, aber keine Heiterkeit.

Alfred Kerr schrieb folgende Rezension über die Berliner Inszenierung des Hasencleverschen Stückes:

Ehe mit Hausfreund scheint für Hasenclever die Grundform der Ehe zu sein ... Da ist er doch zu sehr Feminist ... Weshalb ... bloß die Welt vom Standpunkte der Frau mit zwei Männern betrachten? Nicht ein kleinstes bißchen vom Standpunkte des Mannes mit zwei Frauen? Man fühlt sich zurückgesetzt. (Überdies von einem Geschlechtsgenossen. O pfui, Herr Hasenclever.)

Das Ganze präsentiert sich als Spiel von der Repetition der irdischen Ehe-Existenz, weil sich im himmlischen Schaltraum der irdischen Geschicke eine Unsauberkeit eingeschlichen hatte. Sartres verfilmtes Stück „Das Spiel ist aus" hat hier einen trivialisierten Vorfahren. Das Spiel läuft durch drei Dreiecksgeschichten: 1. Ein an Geld und Jahren reicher Gatte, die ihn frequentierende Gattin selbst und ihr jugendlicher Hausfreund. 2. Ein mit Geld, Jahren wie Freizeit weniger bedachter Gatte, nämlich Bergwerkskumpel, sein Weib und ein bejahrter Hausfreund. 3. Gottvater, Petrus und Magdalena. Ein dreistöckiger Parallelismus mit spaßigen, kecken Dialogen.

Nach der „Musikalischen Komödie" mit dem Titel „Bourgeois

bleibt Bourgeois" (1928), die Walter Hasenclever zusammen mit Ernst Toller und Hermann Kesten schrieb und deren Uraufführung 1929 im Berliner Lessing-Theater mit Max Pallenberg und Trude Hesterberg der brillanteste Durchfall gewesen sein soll, den Berlin seit Jahren erlebte, entstand das Stück „Napoleon greift ein. Ein Abenteuer in sieben Bildern" (1929), uraufgeführt 1930 in Frankfurt am Main. Walter Hasenclever präsentiert einen zeitgenössischen, zeitkritischen, halb politischen, halb gesellschaftlichen Märchen-Ulk, eine lustige Ausbeutung des Siebenschläfermotivs. Napoleon reinkarniert sich 1930 aus der Wachsfigur eines Kabinetts im Stile von Mrs. London, um die Geschicke Europas wieder in seine bewährten Hände zu nehmen, vor allem, um Europa vor Amerika zu retten. Wäre dieses Stück heutzutage geschrieben worden, hätte man Walter Hasenclever gewiß eine heimtückische Beleidigung de Gaulles angelastet. Angetan mit der Hose Mussolinis, der Weste und dem Cut Stresemanns, dem Kragen und der Krawatte des Präsidenten der Vereinigten Staaten und unter dem Arm die Mappe Kelloggs, beginnt Napoleon seine dritte Karriere. „Das ist die Politik der Zukunft", bestätigt der Wachsfigurenkabinettsgenosse Napoleons, der als Frauenmörder zu Weltruhm gelangte: Landru. Napoleon scheitert am Geld und an der Liebe. Wie war er seinerzeit in Josephine verliebt! Jetzt erfährt der erwachende Siebenschläfer auf Grund der inzwischen mit Akribie getriebenen historischen Forschung, daß seine Josephine ihn betrogen hat. Und er erfährt es ausgerechnet aus dem Drehbuch eines historischen Films, der Stärke Amerikas, die sich Hollywood nicht ausreden läßt. Der Europa-Held Napoleon streicht die Flagge vor dieser intimen Überraschungsattacke amerikanischen Stils.

Zusammen mit Kurt Tucholsky schrieb Walter Hasenclever die politisch-satirische Komödie „Christoph Kolumbus oder die Entdekkung Amerikas" (1931/32). Es folgten die Stücke „Sinnenglück und Seelenfrieden" (1932), „Ehekomödie" (1935) und „Konflikt in Assyrien" (1938/39). Aus dieser Schlußphase der dramatischen Produktion heraus ragt das Schauspiel „Münchhausen", das 1934 im Exil entstand und erst posthum 1948 in Leipzig uraufgeführt wurde. Hier ist Walter Hasenclever, der Expressionist und Jüngling, zum Weisen avanciert, wenn die Sentenz von Albert Camus richtig ist: „Ein Weiser lebt von dem, was er hat, statt auf das zu spekulieren, was er nicht hat."

Münchhausen kommentiert und ergänzt die Worte von Albert Camus mit der Bemerkung: „Wenn ein Mensch das höchste Gefühl, dessen er fähig ist, zum Maßstab für andere macht, dann begeht er die größte Torheit seines Lebens."

Der weise Münchhausen, der einstige Meister der Lüge, der Spitzenreiter des Schwindels, der Grand Seigneur der Phantasie, er hat erkannt, daß die menschliche Wahrheit des Lebens im Glück des Lebens liegt, im schönen, ewig jungen Schein, im Abentuer der mit Lächeln durchschauten Einbildung ewiger Jugend, der Lüge als süßester Wahrheit.

Walter Hasenclever, der Lyriker und Dramatiker, verabschiedete sich von der Welt wie Georg Kaiser mit zwei Romanen. Der Roman „Irrtum und Leidenschaft" entstand zwischen 1934 und 1939 in Italien und Frankreich. Er ist bis heute unveröffentlicht. Er erinnert als Schlüsselroman an Herrmann Essigs „Taifun", weil er die Zeit und die Zeitgenossen mit gleichviel Distanz und Intimität, mit gleichviel Liebe und Ironie gezeichnet hat. Es ist ein Barockroman des gleicherweise dichterischen wie dokumentarischen Bekenntnisses, ein Nekrolog der Zeit eines abenteuerlichen Nomadenlebens phantastischer Intelligenz, eines Lebens, das mit den so übertrieben bedeutsamen zwanziger Jahren, aber auch mit den in ihrer Brutalität und Lebensangst noch immer unterschätzten dreißiger Jahren zusammenfällt, ein Nekrolog mit vitalen Bildern, mit Konterfeis aus geradezu hautnahen Masken.

Der Roman „Die Rechtlosen" wurde 1939/40 aufgezeichnet und posthum 1963 veröffentlicht. Er liest sich wie ein akzentuiertes Protokoll, wie ein objektives, allerdings nicht neutrales oder gar neutralistisches Erlebnis-Dokument und ist ein erzählter Zeugenbericht über das Emigrantendasein in den Internierungslagern Frankreichs. Er ist ein Zeitdokument.

Was ist abschließend zu sagen? Walter Hasenclever, einer der Repräsentanten des Expressionismus, der wie viele seiner prominenten Kollegen, wie Alfred Wolfenstein, wie Ernst Toller, wie Carl Einstein, wie Kurt Tucholsky in den zwanziger Jahren triumphierte, von den faschistischen Machthabern jedoch aus dem Wurzelboden seiner Sprache und seines Lebensraumes gerissen wurde, in der Emigration nach Jahren der Arbeit, Verfolgung, Angst und schließlich der Verzweiflung sich selbst beschloß, er war ein Dichter. Er hat gewiß oft das Theater mit der Litfaßsäule verwechselt. Er hat geirrt. Er hat mit dem Leben geflirtet. Aber er hat seine Zeit auch richtig erkannt, meistens dann, wenn er sie auf die leichte Schulter nahm. Er hat Mut bewiesen. Und er hat vor allem mit seinen Komödien nicht nur das so arme Bukett deutscher Lustspieldichtung bereichert, sondern auch auf die Tatsache verwiesen, daß ein Drama dann gut und zugleich dichterisch ist, wenn es für das Theater taugt.

1966

Über Walter Rheiner

Walter Rheiner, ein Vergessener der deutschen Literatur, wurde am 18. März 1895 als Sohn eines Kaufmanns in Köln geboren. Dort absolvierte er die Realschule und begann anschließend eine kaufmännische Lehre, die er in Lüttich, Paris und London fortsetzte, wo er sich beste Kenntnisse in Französisch und Englisch erwarb. Als er 1911 literarisch zu schreiben begann, stieß er seinen bürgerlichen Namen Schnorrenberg ab. Er nannte sich Rheiner. Sein nächstes Ziel war Berlin, dazumal kultureller Brennpunkt Europas. Dort schrieb er auch seine meisten und wohl besten Texte, lyrisch wie episch. Seine 1917 erfolgte Liebesheirat mit der vermögenslosen Tochter einer Jüdin aus Brühl und eines Kölner Tischlermeisters, der noch dazu Dissident aus dem thüringischen Bernburg war, brachte ihm Streit mit der Mutter ein.

Triumphe in der Literaturkritik sind für Rheiner nicht zu buchen, obwohl seine literarischen Zeitgenossen viel von ihm hielten. Ein erstes positives Urteil stammt aus der Feder Oskar Loerkes, der ihn in der „Neuen Rundschau" in einer Sammelrezension „Vielerlei Zungen" (1918) mit Johannes R. Becher vergleicht. Ein Jahr zuvor hatte allerdings Camill Hoffmann in den „Dresdener Neuesten Nachrichten" die Autoren des Felix Stiemer Verlags, darunter an erster Stelle Rheiner, als eine „Anzahl junger Bolschewiki des Geistes" abgekanzelt. Kurt Pinthus schrieb wohl dann und wann über Rheiners Produktion, vergaß aber, wenigstens eines seiner Gedichte in die epochale Expressionisten-Anthologie „Menschheitsdämmerung" (1920) aufzunehmen. Theodor Däubler, der Entdecker von George Grosz, frequentierte gern die Autorenabende der Dresdner Galerie Arnold, auf denen neben Rudolf Adrian Dietrich, Conrad Felixmüller, Bess Brenck-Kalischer und Heinar Schilling auch Rheiner las. Eines Abends packte Däubler die Hände des Lyrikers mit den Worten: „Ich beneide Sie um die Formulierung *Menschen, fleischgewordene Sterne.*" Den Arbeitsprozeß seines kurzbemessenen Lebens beschrieb Rheiner in seinen autobiographischen Notizen selbst als einen Weg vom naiven, unbeholfenen, naturalistisch-impressionistischen Gedicht zur bewußt sprachrevolutionären radikal-expressionistischen Symphonie. Indessen war die Existenz dieses unverbesserlichen Enthusiasten schon zu dessen Lebzeiten eine Legende geworden.

Als historische Einflußsphären wären die Lehren Friedrich Nietzsches, Henri Bergsons und Edmund Husserls zu nennen, die er gelegentlich marxistisch verbrämte. Über seine Dresdner Künstler-Kollegen der Sezession Gruppe 1919 schrieb er im Stil Nietzsches voll Begeisterung: „Und sie stoßen, was stürzt, sie fällen das Fallende." Den Triumph des Elementaren in der damals modernen Malerei und Plastik pries er mit Bezug auf Bergsons élan vital. Husserls Theorie einer praktischen Phänomenologie adaptierte er in seiner Arbeitsparole: „Das ist's! Seht nicht nur hin –: *schaut*!" Von den Altvordern der deutschen Literatur schätzte er Goethe und Hölderlin. Was Wunder, wenn er von Leipzig und Dresden aus nach Weimar und Tübingen geradezu wallfahrte. Über Dostojewski äußerte er sich mit kritischer Sympathie. Er rangierte ihn neben Rimbaud, Baudelaire und Verlaine, denen er sich wie die meisten Expressionisten verwandt fühlte. Auf der Suche nach historischen Prägemustern verstand sich dieser moderne Homo viator sogar als Reinkarnation des Odysseus. Deshalb gab er allen Städten, in die es ihn verschlug, den Beinamen Ithaka.

Wer zählte zu Rheiners Bekannten- und Freundeskreis? René Schickele schätzte er als Kriegsgegner aus Idealismus. Er ließ ihm entsprechende Beiträge für dessen „Weiße Blätter" zukommen. Felix Stiemer war sein Verleger und Freund. Else Lasker-Schüler und Arthur Silbergleit, im Freundes-Kreis „Goldrutsch" genannt, fühlte er sich solidarisch verbunden. Beide waren wie er so etwas wie literarische Nomaden der Weltstadt Berlin, kampierten wie er in billigen Logis, die meisten Stunden des Tages jedoch im Romanischen Café. Richard Huelsenbeck nannte er einen Literaten von „widerlich blasierter Art". Er hustete zu gern in die Kaffeetassen seiner Kollegen. Obwohl er für Franz Pfemferts Zeitschrift „Aktion" oft gearbeitet hatte, apostrophierte er ihn doch zuletzt als „Selbstherrscher aller Literaten mittleren Kalibers". Im Kometenschweif Salomo Friedlaender/Mynonas flanierte er diskutierend mit dem scharfzüngigen Philosophen des Dionysos über den Kurfürstendamm in Richtung Halensee und retour. Im Romanischen Café traf er auch mit dem von Jakob Steinhardt so trefflich porträtierten John Höxter zusammen. Am Existenzpegel dieses von Gift ausgemergelten Malers und Komödianten, der seinen satirischen Weltschmerz mit Drogen in Szene setzte, konnte

Rheiner das Maß der eigenen Rausch-Misere taxieren, leider letztlich zu spät. Das Romanische Café wurde sogar zur Autorenfundgrube für seine Zeitschrift „Menschen". So lernte er dort auch Jomar Förste und Franz Knickenberg kennen. Ludwig Meidner verschaffte ihm recht oft in seinem vergammelten Atelier am Südwestkorso eine sogenannte Bleibe für die Nacht.

Zwischen 1918 und 1920 hielt sich Rheiner erst in Bühlau und dann Am Weißen Hirschen bei Dresden auf. Unter den expressionistischen Zentren, zu denen Hannover, Leipzig, München, Wien, Zürich, ja selbst Kiel und Regensburg zählten, bestätigte sich zwar Berlin gewiß als das aktivste, Dresden jedoch nicht als das geringste. Dort erschienen z. B. als Organe jener jungen Generation die Zeitschriften „Neue Blätter für Kunst und Dichtung" und „Die neue Schaubühne" unter Hugo Zehder, „Die Rettung" unter Franz Blei und Paris von Gütersloh, „Der silberne Spiegel" unter Ernst Rothschild und „Menschen" unter Heinar Schilling. Redakteur des letztgenannten Blattes wurde von August 1918 an der aus Köln stammende Walter Rheiner. Er spielte dann sehr bald eine führende Rolle im Kreis der Dresdner Expressionisten. Damals begann seine Caféhaus-Bekanntschaft mit Walter Hasenclever, der nach ihm 1920 die Redaktion der Zeitschrift „Menschen" übernahm. Mit ihm traf er sich nicht selten auf den Gartengesellschaften von Frau Woermann, die so etwas wie einen Freiluftsalon für die kunstbeflissen sich gebende Dresdner High Society unterhielt. Dort verkehrten auch Oskar Kokoschka, Jakob Hegner, Armin T. Wegner, Rainer Maria Rilke, Hugo Zehder und Paul Adler.

Das Geld scheint nicht Rheiners Freund gewesen zu sein. Es wich ihm, obwohl er doch einstiger Bankfachmann war, meistens aus. Sobald er jedoch nur einen Auslösegroschen für sein oft besuchtes Leihhaus in der Tasche fand, löste er dort vordringlich sein Privatexemplar von Hasenclevers „Antigone" (1915/16) aus. Dieses 1917 in Leipzig uraufgeführte Stück seines Freundes schätzte er höher als den expressionistischen Erstling „Der Sohn", dessen so denkwürdige Inszenierung mit Ernst Deutsch 1914 in Dresden stattgefunden hatte. Die Garderobe der Familie Rheiner blieb auch im Winter mantellos. In der Gesellschaft übersah man das oder schob es auf die allgemeine, eben nationale Finanzmisere der Nachkriegszeit Deutschlands. Als Preisträger der Dresdener Stiftung von 1919 kassierte der lyrische Habenichts einen so minimalen Betrag, daß dieser nicht einmal zur Begleichung der inzwischen aufgelaufenen Mietschulden reichte. Im finanziell besonders heiklen Sommer 1919 bat er Walther Rathenau um Hilfe „in größter wirtschaftlicher Bedrängnis durch einen Geldbetrag in [. . .] beliebter Höhe". Von seinem Berliner AEG-Büro aus ließ Rathenau ihm eine „nicht rückzahlbare Beihilfe von 50 Mark" überweisen.

Rathenaus Freund war seinerzeit Berlins Kritikerpapst Alfred Kerr. Dessen geschliffene Texte im roten „Tag" und seit 1918 im „Berliner Tageblatt" verschlang förmlich der hungernde Prolet-Idealist Rheiner als nächtliche Bettlektüre, des Winters nicht selten bei ungeheiztem Ofen, weil es die Kohlen zu sparen galt. Auf die bejubelnden Fanbriefe des „Kokain"-Autors aber reagierte der Rezensent in der Douglasstraße nicht. Otto Freundlich und seine Frau hingegen versuchten zu helfen. Claire Studer und ihr zweiter Ehemann Iwan Goll nannten ihn in ihren Briefen aus Paris nicht nur „Bruder", sondern sandten auch Bücherpakete, ja ließen sogar dann und wann Honorare für ihre Zeitschriftenbeiträge auf Rheiners Konto überweisen. Am 11. Februar 1920 hob Goll als gleichnamiger Patenonkel den Sohn Johannes Walter Karol Rheiner aus der Taufe. Die Umgebung gewährte ihm durchaus auch Zuneigung, allerdings pipettenweise. So luden ihn gelegentlich in Berlin Mechthilde Lichnowsky und in Dresden Julius Meier-Graefe zu Tee und literarischem Plausch.

Rheiner, wiewohl aus gutbürgerlichem Hause stammend, war zeitlebens unbemittelt. Aber er war nie undankbar. Er revanchierte sich für Hilfe, Freundschaft und Solidarität auf seine ihm verbliebene Weise. Von Alfred Momberts Œuvre, in das er sich 1919/20 geradezu vertiefte, glaubte er sich derart beschenkt, daß er jedem Zyklus seiner Lyrik-Sammlung „Das Fo-Buch" (1921) programmatische Verse des Karlsruher Freundes als Motto voransetzte. Sie sind nicht nur Votivtafeln literarischer Dankbarkeit, sondern auch Schlüssel zur Erkenntnis geistiger und emotioneller Verwandtschaft. In dem Gedicht „Grab Henri Heine" hat er vom „Steinbild", das „hell und tief leuchtet", geschrieben. Kein Lobgesang, sondern gleichsam lyrische Rezension. Wollte er dabei den Nekrolog auf sich selbst vorwegnehmen?

Selbstverständlich tendierten Rheiners Ambitionen auch zur Musik, zur bildenden Kunst, ja selbst zum Kino. Die Musik spielte eine besondere Rolle in Leben und Werk des ebenso empfindsamen wie rigorosen Expressionisten, anregend und besänftigend zugleich. Giacomo Puccini und Frédéric Chopin bildeten einerseits den romantischen und andererseits den slawischen Pol seiner Musik-Interessen. Werner Richard Heymann vertonte für seine „Rhapsodische Sinfonie", die 1918 unter Stabführung von Felix Weingartner durch die Wiener Philharmoniker uraufgeführt wurde, neben Versen von Rilke auch das „Liebeslied" von Rheiner. Sein Hauptpartner unter den bildenden Künstlern war Conrad Felixmüller. Er schuf mehrere Porträts von Rheiner als Holzschnitt oder Zeichnung und in Öl. Sie sind eine Synthese von Kunstwerk und Zeitdokument. Von ihm stammt auch jenes berühmte Tafelbild, das den Freitod des Dichters gleich einer expressiven Himmelfahrt in sprühenden, fast phosphoreszierenden Farben darstellt.

Die zwar ekstatische, aber dennoch produktive Epoche des Expressionismus wies sich nicht zuletzt durch zahlreiche Zeitschriften aus. Rheiner zählte zu den Mitarbeitern der wohl bedeutendsten unter ihnen. So schrieb er z. B. nicht nur für „Die Flöte", die Carl Stang und Julius Kühn in Coburg, für „Die Schöne Rarität", die Adolf Harms, später Gerhard Ausleger zusammen mit Georg Tappert in Kiel, und „Die Aktion", die Franz Pfemfert in Berlin redigierten, sondern auch für „Die Neue Rundschau" des damals in Berlin ansässigen S. Fischer Verlags und für die schon erwähnten „Weißen Blätter", die in Leipzig erschienen. Überall standen seine Gedichte und Prosatexte in exklusiver Nachbarschaft.

Rheiners Œuvre ist schmal, aber komprimiert. Seine Gedicht- und Sammelbände „Insel der Seligen" (1918), „Das schmerzliche Meer" (1918), „Das tönende Herz" (1918), „Der inbrünstige Musikant" (1918, 1919), „Der bunte Tag" (1919) und „Das Fo-Buch" (1921) stellen in der historischen Folge ihrer Entstehung von 1911 bis 1920 Etappen der revolutionären Entwicklung ihres Autors dar. Sie beinhalten oft sehr zarte, schwärmerische, aber auch nicht selten rigorose lyrische Protokolle der Erfahrungen, sodann Entwürfe und Belehrungen als Ergebnisse dieser Entwicklung. Rheiner war sich schon am Anfang seines literarischen Arbeitsprozesses zusammen mit vielen seiner expressionistischen Genossen als „Verkünder einer neuen Welt" bewußt. Er schrie der herrschenden Klasse des Spätbürgertums ins Gesicht: „Eure famose Welt zerbricht! Merket ihr's noch nicht? Sie liegt in Trümmern. Sie ist zerfallen und tot, wie alles Mechanische tot ist und tot sein muß." Der Beitrag des revolutionären Künstlers zur Konstituierung dieser „neuen Welt" bedeutete zunächst Zertrümmerung des Vorgefundenen und daraufhin Formung des Notwendigen. Solche Formung bestand im Gegensatz zur Tradition nicht in genauer „Abschilderung, schöner Reproduktion, sanfter Wiederholung, bloßer Poesie". Während Lenins frühes politisches Publikationsorgan den Namen „Iskra" (Funke) trug, plädierte Rheiner hinsichtlich der Durchsetzung seines literarischen Programms für das Stichwort „Die Flamme". Er machte es zum Titel einer leider nie erschienenen Sammlung vor allem politischer Gedichte, aus der aber Hugo Zehder 1919 in seinen Dresdner „Neuen Blättern für Kunst und Dichtung" einen Vorabdruck brachte. Ziel der revolutionären Bemühungen Rheiners war die dynamische Objektivität, die nützliche und lebendige Ordnung der Humanität. In ihr fungiert der Geist nicht als denkender Diktator, sondern als elementare Seinsweise, als Existenform der wahrhaftigen Tatsächlichkeit. Als Ergebnis dieses Kampfes präsentiert sich die Welt in unmanipulierter Form; „ein Baum ist jetzt wirklich Baum, nichts sonst". Zugunsten der Objektivität wurde die Autorität restlos abgelehnt. Es ging um die Verwirklichung eines bewußten Menschen. Er rief deshalb seinen Zeitgenossen zu: „Auf aus dem Schlaf! Auf aus der Blindheit! Lernt den Blick! Lernt den Geist!"

Das Weltbild, das sich Rheiner in Entsprechung zu solchen Tendenzen entwarf, benutzte immer erneut antike Vorstellungen, jeweils in dialektischer Dreiteilung von metaphysischer Dämonie, objektiver Ordnung und menschlicher Unzulänglichkeit. Da er die Gesamtstruktur dieser drei Machtsphären kosmisch verstand, verwendete er innerhalb ihrer literarischen Demonstration als entsprechende Requisiten nur allzu gern Sterne, Monde und Sonnen. Die Landschaft seiner insofern gestirnten literarischen Produktion wurde abgesteckt durch die Lokalitäten Köln, Paris, Berlin, Dresden und Leipzig. Aber auch das Kriegserlebnis und dessen unmenschliche Geographie wurden ausgewertet. Anfangs waren die Bilder der Gestirne noch stark von Rilkescher Manier bestimmt. Doch sehr bald durchpulste sie ein dynamischer und revolutionärer Elan, bis sie zuletzt wie Produkte einer monomanischen Wut, ja Verzweiflung ihres Autors sich auftürmten. Der Dichter ist davon überzeugt, nicht mehr bloß „Weltkind", Sohn oder Entdecker der Welt, sondern deren Kreator, ja Geschlechtspartner zu sein. Gleich einem Flammen-Phallus steht seine Intention an der gespaltenen Schwelle der Erde. In nahezu Goetheschem Stil heißt es: „Nun fliegen alle Sonnen singend auf!" Damit hatte auch Rheiner die Hochform des expressionistischen Revolutionsstils und dessen Thematik erreicht. Ja, sie wurde von ihm auch bereits überdehnt. Daneben gelangen ihm gelegentlich Verse und Prosatexte, die an Georg Trakls späte Produktion heranreichen: „O großer Fluß, der Blumen treibt und Leichen."

Mit Trakl hatte Rheiner manches gemeinsam. An Ludwig von Ficker schrieb jener im Jahre 1913, was Rheiner zehn Jahre später in „Kokain" darzustellen suchte: „Es [ist] ein so namenloses Unglück, wenn einem die Welt entzweibricht. O, mein Gott, welch ein Gericht ist über mich hereingebrochen. Sagen Sie mir, daß ich die Kraft haben muß noch zu leben und das Wahre zu tun. Sagen Sie mir, daß ich nicht irre bin. Es ist steinernes Dunkel hereingebrochen." Trakl war von slawischer sowie österreichisch-ungarischer Abkunft, Rheiner von deutscher sowie romanisch-keltischer. Auf den einen wirkte das Salzburger und auf den andern das Dresdner Barock. Beide verfielen den Narkotika als Möglichkeit einer Flucht aus der Existenznot, also nicht wie die Hippies eines Glücksrausches wegen. Beide fühlten sich zuletzt als Verfolgte der Gesellschaft. Und beide wählten den Freitod auf nahezu gleiche Weise.

Aber auch zu Franz Kafka lassen sich Parallelen entdecken. Die Figur des Gautier Fémin von Rheiner trägt Züge des K. in Kafkas „Der Prozeß" (1914/1915). Gautier Fémin ist zwar in keiner Versicherungsanstalt in Prag angestellt, dafür aber in einem Handelsbüro in Paris, wie K. von anonymen Gestalten gejagt, stets auf der Flucht und im technischen Gitter der Stadt vereinsamt.

Rheiner geriet auch mit der herrschenden Staatsmacht in Konflikt. In Küstrin kam Rheiner 1917 ins Untersuchungsgefängnis. Angeklagt wegen „Dienstverweigerung durch selbst verursachte Unfähigkeit zum Dienst", dem er sich aus antimilitaristischen Motiven entziehen wollte, wurde er von der polizeilichen Staatsmacht vor ein Kriegsgericht zitiert. Seinen Namen hatte man auf der Abnehmerliste der in Berlin verhafteten Morphium-Verteilerin Marga Graeber ausfindig gemacht. Rheiner verteidigte sich selbst und kam überraschenderweise frei. Als Souvenir trug er noch lange eine Brille mit dünnem schwarzem Stahlgestell, die man ihm damals als kurzsichtigem Häftling aus der Hinterlassenschaft einer Küstriner Zuchthäuslerin angepaßt hatte. Die Aktion seines revolutionären politischen Bewußtseins bestand zwar primär in der Tatsache, antibürgerlich zu sein und sich dementsprechend unbürgerlich zu verhalten. Aber er erkannte auch im richtigen Augenblick die historische Wahrheit und äußerte sie dann freimütig. Unter Hinweis auf die Ermordung von Karl Liebknecht und Rosa Luxemburg setzte er als Redakteur der Zeitschrift „Menschen" auf die Titelseite vom 15. Januar 1919 die demonstrative Feststellung: „Die Regierung ist des vielfachen Mordes schuldig! Die Menschenschlächter des Militarismus sind ihre gedungenen Schergen. Ehre und Ruhm ihren toten Gegnern! Wir neigen uns vor ihnen zur Erde." Und er fordert darauf von seinen Mitbürgern, worunter er die wahrhaften Menschen verstand, mit logisch sich steigernder Richtigkeit einer politischen Agitation: „Klärt auf! Sprecht! Redet! Schreit!"

Als Rheiner die Redaktion der Zeitschrift „Menschen" übernommen hatte, bekannte er sich im Leitartikel seiner ersten Nummer zum „anationalen Sozialismus, der unbedingt und radikal gefordert wird, nicht nur im Geiste, sondern in der Tat". In seinem letzten Brief vom 3. Juni 1925 schrieb er: „Ich weiß, daß in erster Linie die heutige menschliche Gesellschaft in ihrer europäisch-bürgerlichen Form das wirklich Minderwertige ist."

Rheiner starb vereinsamt und in existentieller Verzweiflung, getrennt von Frau und Kind, am 12. Juni 1925 den Freitod im Zimmer eines Absteigequartiers, Charlottenburg, Kantstraße Nähe S-Bahn-Überführung. Nach einigem Hin und Her erlaubte die Evangelische Gemeinde der Kaiser-Wilhelm-Gedächtniskirche die Beisetzung auf dem Friedhof Fürstenbrunner Weg. Sie erfolgte am 18. Juni 1925 ohne öffentliche Beteiligung.

Wenn sich Rheiner, der von Däubler so enthusiastisch beneidete Lyriker, auch als Meister der Prosa überzeugend zu bestätigen verstand, dann durch seine Novelle „Kokain", die er während seines Berliner Aufenthaltes Ende Juli 1918 in kürzester Frist zu Papier brachte. Sie erschien noch im gleichen Jahr durch den Dresdner Verlag von 1917. Die Novelle „Kokain" ist mehr als ein biographischer Schlüsseltext, mehr als ein existentielles Bekenntnis ihres Autors, also mehr als eine literarisch gefaßte Selbstanalyse im Sinne Sigmund Freuds. Es reicht auch nicht aus, sie als exemplarisches Protokoll für die fatale Mentalität jener Nachkriegsgeneration von 1918 zu deuten, die als glücklose Vorform der heutigen LSD-Frequentierer eingestuft wird. Sie charakterisiert sich vielmehr als psychische Topographie eines zum Paradigma gewordenen Ballungszentrums der Dekadenz „in einer krachenden Stadt, einem Wirrsal wilder Verwüstungen, einem riesenhaften, gefährlich-tückischen Maschinen-Karussell [. . .] im Sausen der Hochbahn über finsterste Dächer [. . .] einer erstarrenden Stadt-Leiche".

Die Großstadt selbst, als Landschaft ekstatisch geschachtelter, zerklüfteter und erdrückender Häusergebirge, wie sie George Grosz und Frans Masereel in ihren Bildern getroffen haben, als urbanes Labyrinth der herrschenden Klasse für „Laster und Irrsinn", wird hier zum Brennspiegel der Seele des Betroffenen. Es ist die Stadt, in die Rheiner mit nur zu verständlichen Hoffnungen aus dem klerikalen Köln am 6. Juni 1917 geflüchtet war, weil sie ihm die Freunde als bestmöglichstes Sprungbrett ins offene Leben offeriert hatten. Tatsächlich aber war sie auch schon damals kaum mehr als ein konzentriertes Feuerwerk der Kultur und der Macht aus imposanten Kulissen.

Rheiner hatte Berlin zunächst 1914 kennengelernt, als er dorthin zur Musterung beordert war, also im Stil des preußischen Kommiß. Damals schloß er sich dem revolutionären Kreis um Johannes R. Becher an, der durch Einnahme von Narkotika Dienstuntauglichkeit als agitatorische Kriegsdienstverweigerung praktizierte. Die meisten von ihnen kamen vom Kokain nicht mehr los, auch wenn Harry Graf Kessler vielen durch Finanzierung einer Entwöhnungskur zu helfen versuchte. Zu den latenten Opfern zählte Rheiner.

Nach 1917 erfuhr er dann die Härte, Kontaktarmut und Unbarmherzigkeit, die ebenso hektische wie bittere Tatsächlichkeit des nordischen Kolosses auf dem Asphalt der Straßen und durch die trüben Fensterscheiben einer tristen Künstlerkaserne in der Kantstraße 10. Rheiners Stadtrevier kehrt taumelnd und doch überdeutlich in seiner Novelle „Kokain" wieder, in jenem „Planquadrat der Nischen, Gebüsche und Bedürfnisanstalten zwischen Gedächtniskirche, Bahnhof, Zoo, Kurfürstendamm Ecke Joachimsthaler Straße, Kaiser-Wilhelms-Platz mit seiner ziegeligen Protestantenkirche". „Kokain" zählt zu den trefflichsten literarischen Texten, die an der Schwelle zu jenen zwanziger Jahren entstanden, die man fälschlich als die goldenen deklariert hat.

1969

Literat und Politiker. Über Erich Mühsam

Die Einstufung oder Bewertung des Literaten wie des Politikers im Arbeitsprozeß der modernen Gesellschaft, mag sie sozialistische oder kapitalistische Struktur haben, gerät immer noch, da weniger, dort mehr, in den idealistischen Interpretationsmechanismus. Die These von Avenarius, in diesem Zusammenhang ein „Vorgefundenes neben Vorgefundenem" zu sehen, scheint vorläufig auch hier noch das klügste Regulativ zu liefern. Literaten als Politiker, als politische Praktiker oder umgekehrt sind, historisch gesehen, nichts neues. Platon entwarf die Verfassung für so manchen neugriechischen Staat. Nero schlug angesichts des von ihm selbst in Brand gesteckten Roms in die Saiten. Goethe war Staatsmann in Weimar und Claudel ein angesehener Diplomat. Noch nie aber kam es zu einer solchen Häufung, zu einem derart geschlossenen Kollektiv von Literaten als Politikern, ja als Regierenden wie zur Zeit der Münchner Novemberrevolution von 1918. Zu ihnen zählten Eisner, Landauer, Leviné, Toller und nicht zuletzt Erich Mühsam.

Für den am 6. April 1878 in Berlin geborenen Erich Mühsam, Sohn eines jüdischen Apothekers, war, seit er zu schreiben begann, das politische Engagement, so scheint es, eine Sache seines Naturells. Und das blieb es bis zu seiner bestialischen Ermordung durch SS-Schergen im KZ Oranienburg am 10. Juli 1934. Er starb, die Internationale auf den Lippen. Wedekind, mit dem er befreundet war, hat noch vor den Tagen der Münchner Räterepublik Mühsams Betätigung als Literat und Politiker mit dem Satz apostrophiert: „Sie reiten stehend auf zwei Gäulen, die nach verschiedenen Richtungen streben; sie werden Ihnen die Beine auseinanderreißen." Und Mühsam gab zur Antwort: „Wenn ich einen laufen lasse, verliere ich die Balance und breche mir das Genick."

Mühsams Hang, Politisches mit Literarischem, insbesondere mit literarischer Praxis konkret und zielbewußt zu verbinden, zeigte sich bereits in der Jugend, bis schließlich nach einer gereiften Bewußtwerdung dieser Notwendigkeit geradezu eine Identifizierung des politischen Engagements mit der eigenen Existenz erfolgte, ähnlich wie bei Giordano Bruno. Schon als Sechzehnjähriger bereicherte er die Komikercouplets eines Lübecker Zirkusvarietés regelmäßig mit den letzten lokalen und politischen Aktualitäten, natürlich unter zeitkritischem Aspekt. Das erste Stück des damaligen Sekundaners mit dem Titel „Jugurtha" trägt nicht etwa nur politische Züge, sondern ist bereits radikal-politisch ambitioniert. Mit siebzehn Jahren wurde Mühsam wegen „sozialistischer Umtriebe", so heißt es in der Begründung seines Schulleiters, aus dem Lübecker Katharineum entfernt. Ein Jahr später, nach dem Besuch des Parchimer Gymnasiums wieder in Lübeck, schrieb er insgeheim, ansonsten Lehrling der dortigen Adler-Apotheke, zusammen mit Curt Siegfried angriffslustige Kolumnen für sämtliche Tageszeitungen der alten Hansestadt, zumeist über längst überfällige kommunale Reformen. Der später als Bohémien und als „Prototyp eines Caféhausliteraten" verschriene Schriftsteller schärfte also schon früh seinen Blick fürs Konkrete. Später brachte er die Vielfalt seiner realistischen Tendenzen auf folgenden Nenner: „Zweck meiner Kunst ist der gleiche, dem mein Leben gilt: Kampf! Revolution! Gleichheit! Freiheit!"

Allein schon an den Titeln der Texte Mühsams wird ablesbar, wie stark sein Gesamtœuvre politisch bestimmt ist: „Dem Andenken Gustav Landauers" (1919), „Brennende Erde. Verse eines Kämpfers" (1920), „Judas. Arbeiter-Drama in fünf Akten" (1921), „Das Standrecht in Bayern" (1923), „Alarm. Manifeste aus zwanzig Jahren. Dichter und Rebellen" (1925), „Gerechtigkeit für Max Hölz!" (1928), „Von Eisner bis Leviné. Die Entstehung der bayerischen Rätepolitik. Persönlicher Rechenschaftsbericht über die Revolutionsereignisse in München vom 7. November 1918 bis zum 13. April 1919" (1929) und „Die Befreiung der Gesellschaft vom Staat. Was ist kommunistischer Anarchismus" (1932). Als 1904 Mühsams Gedichtband „Die Wüste" erschien, richtete der damals zwanzigjährige Senna Hoy eine politische Liebeserklärung an den Autor. Hoy wurde später aus politischen Gründen von einem zaristischen Gericht zu achtundzwanzig Jahren Haft verurteilt. Mühsam war einer von jenen unnachgiebigen Individualisten des menschlichen Gerechtigkeitsgefühls, die sich zur Rechtfertigung ihres Ichs für andere einsetzten und preisgaben. Ein Beispiel dafür ist sein uneigennütziger Einsatz innerhalb der Organisation Rote Hilfe für die Befreiung politischer Gefangener der Arbeiterklasse in der Weimarer Republik. Er war tatsächlich das, was man einen guten Menschen nennt, aktiv wie passiv.

Tendenz, ideologische Ausrichtung um der Gerechtigkeit willen, als „humanistisches Weltbild" umschrieben, zählte für Mühsam neben Formtalent, „Fleiß und Gesinnung" zu den Wesensmerkmalen eines Künstlers. Die Devise hieß: Sozialismus. Das aber bedeutete: Politisierung der literarischen Produktion. Diese Tendenz potenzierte sich seit der Jahrhundertwende in den Texten Mühsams bis zum Radikalismus der Humanität. Schon in seinen sozialkritischen Aufsätzen, die Hans Land in der Wochenschrift „Das neue Jahrhundert" veröffentlichte, dokumentiert Mühsam ein starkes Interesse für die Arbeiterbewegung, die von Bismarcks Gesetzgebung übervorteilt wurde.

1901 holte Julius Hart den jungen Anarchisten in die Neue Gemeinschaft, die damals ihr Domizil in der Berliner Uhlandstraße hatte, wo auch Martin Buber und Magnus Hirschfeld zu Worte kamen. Doch Mühsam, dem dieser sich revolutionär gebende Klub politisch als zu wenig profiliert erschien, zog sich zusammen mit Landauer schon dort und später auch in der Wohnkommune am Schlachtensee als Gemeinschaftskoch in die Küche zurück oder überfuhr die zum Gespräch Versammelten mit Witzen, was Fidus mit der Bemerkung apostrophierte: „Mühsam liegt schon seit zwei Stunden auf der Kalauer!" Nach erster Schwärmerei für Dehmel und Liliencron wurde Landauers revolutionär-philosophische Schrift „Durch Absonderung zur Gemeinschaft" schließlich richtungsweisend für ihn. Seit 1901 nannte er gerade auch deshalb Landauer seinen Lehrer, während er in den Brüdern Hart nichts anderes mehr sah als „die fröhlichste Kreuzung von Weinwirten und Religionsstiftern".

Mühsam liebte es, das pädagogische, ja agitatorische Element des politisch Engagierten zu praktizieren, so z. B. auch gegenüber Peter Hille, mit dem er in Berlin Freundschaft voll echter Verehrung geschlossen hatte. Auf ihren nächtlichen Gesprächstouren durch Moabit zwischen Kessel- und Chausseestraße, aber auch später in Friedrichshagen und Hoppegarten, unterließ es Mühsam niemals, der Thematik einen politischen Trend zu geben. Auch Bruno Wille und Wilhelm Bölsche, die zusammen mit den Brüdern Hart in Friedrichshagen so etwas wie ein Heerlager des Naturalismus vor den Mauern Berlins etabliert hatten und Morgen für Morgen von dort aus nach Rahnsdorf zur Bahn nach Berlin pilgerten, zog der sie allemal begleitende Mühsam, damals Mitbegründer der Wochenschrift „Der arme Teufel" und Bewohner eines Waschküchen-Nebenraums in der Ahornallee, in hitzige Diskussionen mit politischer Thematik.

Mühsam hatte sofort die politische Relevanz des Naturalismus erkannt, den inneren Zusammenhang zwischen den sozialen Erschütterungen der Gründerzeit und den berechtigten Literaturkämpfen der Naturalisten gegen „die süßlichen Nettigkeiten der Viktor Scheffel und Julius Wolff". Im Naturalismus sah er mehr als nur einen Stil. Er galt ihm vielmehr als jene „Literatur-Revolution", der es gelingen mußte, das „Jüngste Deutschland", also ein sozialistisches Deutschland, mitzurealisieren. Mühsam plädierte für „Rinnsteinkunst", nicht nur aus Gründen der Ehrlichkeit. Gerade auch deshalb griff er in seinem Artikel „Tendenz-Kunst" (1902), erschienen im „Armen Teufel", vor allem die L'art-pour-l'art-Lyrik Georges an, und er sparte dabei nicht an Schärfe. Gegen diese „politischen Sinnlosigkeiten" stellte er u. a. seine eigenen Beiträge von Wolzogens Überbrettl in der Köpenicker Straße, bei den Kommenden im Nollendorf-Casino, in Max Tilkes Kabarett Zum hungrigen Pegasus an der Potsdamer Brücke und Im siebenten Himmel, einem Kabarett, das Georg David Schulz im Weinrestaurant des Theater des Westens etabliert hatte, dort zusammen mit Roda Roda. Verständlicherweise war er begeistert von Scheerbarts antimilitaristischem Mondroman „Die große Revolution" (1902).

Wie nahezu jeder Intellektuelle oder Literat jener Berliner Zeit frequentierte auch Mühsam das Café des Westens. Doch er hob sich von dem dort immer breiter werdenden Zirkel der Ästheten und Blasierten sehr bald ab. Mit seiner wiederholt bekundeten „Anteilnahme an den Kämpfen und Sorgen der Arbeiterklasse" galt er den dort verkehrenden Snobs als „hoffnungsloser Rationalist", ja als „Verrückter".

Während seiner Wanderjahre von 1904 bis 1909, die ihn nach München, Wien, Zürich, Ascona, Genua, Florenz und schließlich wieder nach München, anschließend noch nach Paris führten, suchte er allerorts Kontakt mit politisch Gesinnten, vor allem aber Gleichgesinnten, zumeist mit Anarchisten im Fahrwasser Bakunins, und natürlich abermals mit dem politischen Kabarett in den betreffenden Orten, so mit den Elf Scharfrichtern in München und mit dem Kabarett Nachtlicht in Wien, für das er zusammen mit Egon Friedell einen Sketch verfaßte. Die Wahl der Gesprächspartner oder Freunde traf er stets mit gezielter Gesinnung. Zille und die Reventlow zählten zu ihnen, aber auch Halbe, Dauthendey, Meyrinck, Wolfskehl, Ringelnatz, Hardekopf, die Hennings und vor allem Wedekind. In ihm glaubte er zugleich einen Gesinnungsgenossen und zweiten Meister gefunden zu haben. Peter Altenberg, Kubin und Karl Kraus waren seine Gesprächspartner in Wien. In Paris traf er mit Pascin, Purrmann, Picasso, Gretor, Hervé, Guillaume sowie mit „alten Communards und jungen Revolutionären" zusammen. Paris, von dem er sagte, daß es „lebt", während „Berlin funktioniert", begrüßte er als die Stadt „der großen Revolution, des Juli-, des Februaraufstandes oder der Commune".

Nach der Begegnung mit Landauer in Berlin befreundete er sich schließlich in München mit dem zweiten späteren Schicksalsgenossen der Münchner Revolution, nämlich mit Edgar Jaffé, der Finanzminister der Eisner-Regierung wurde. Ebenfalls in München sprach er während der Kriegszeit mit Martin Andersen Nexö, der ihn in seiner anarchistischen, antimilitaristischen Haltung bestärkte. Kurz vor Kriegsende warnte ihn Meyrinck vor seinen Ambitionen für eine Revolution, die gleichsam in seinen Wünschen lebe und ihn wie ein Magnet „im Guten wie im Schlimmen" anziehe. Doch gerade durch die Revolution, die ihn mit den Realitäten und Notwendigkeiten der politischen Praxis konfrontierte, wurde, wenn auch tragisch, aus dem Anarchisten Mühsam der Revolutionär Mühsam, wandelte sich der Revoluzzer-Literat zum literarischen Praktiker der Politik. Retrospektiv bekennt Mühsam in diesem Zusammenhang: „Eine gewandelte Gesellschaft wird ja nicht den Charakter eines Menschen, aber die Wirksamkeit jedes Charakters wandeln."

Die Bayerische Räterepublik, zu deren Köpfen sie zählten, forderte von Mühsam wie von Landauer, sich auf relevantes politisches Handeln einzustellen, das nicht mehr einer anarchistischen, sondern revolutionären Vernunft entsprach. Mühsam als aktives Mitglied des Revolutionären Arbeiterrats bedeutete nicht nur für ihn persönlich, sondern aufgrund seiner besonderen Rolle, ja Position innerhalb des deutschen Anarchismus auch für die allgemeine politische Entwicklung so etwas wie eine Rationalisierung des Anarchismus, dessen Befreiung aus gesellschaftlicher Isolation und dessen Verwendbarkeit als echte revolutionäre, also positive Kraft für den historischen Prozeß, auch wenn das Scheitern der Münchner Novemberrevolution dies zunächst verdecken mochte. Mühsam, der bisher Anarchismus mit absoluter Gewaltlosigkeit gleichgesetzt hatte, nicht zuletzt im Sinne Tolstois, erkannte jetzt unter dem Zwang der historischen Notwendigkeiten, daß er als Ideologe des sozialen Radikalismus nicht mehr um „den gewaltsamen Charakter der Revolution" herumkommen konnte. Wie auch anders wäre eine Revolution machbar? Die Realität der Revolution schließt einen Pazifismus anarchistischer Prägung aus. Sie verlangt vielmehr jenen einschneidenden Humanismus, von dem auch Thomas Mann überzeugt war: Beseitigung der alten Herrschaftsformen und Sicherung der neuen, was ohne Gewalt nicht denkbar ist. Zumindest existiert vorläufig keine Alternative dafür. Mühsam war es, der Landauer in der ersten Räterepublik zum Kultusminister, also zum Volksbeauftragten für Volksaufklärung vorschlug. Noch in der Schrift „Von Eisner bis Leviné" (1929) bewertete er Landauers „radikale Maßnahmen" hinsichtlich einer Revolutionierung der Münchner Hochschulen als eine der wirklich positiven Leistungen der Münchner Revolution.

Mühsam war schließlich auch wie Landauer ein Meister ohne Jünger, ein Agitator ohne Partei. Gerade auch deshalb plädierte er während der Novemberrevolution für eine Einheitsfront aller revolutionären Kräfte, gleichgültig zunächst welcher Couleur. Hier erwies er sich als kluger Taktiker. Zur Durchsetzung der Revolution war eine tragfähige Basis der revolutionären Macht, also eine Volksfront erforderlich. Dafür gründete Mühsam am 30. November 1918 die Vereinigung revolutionärer Internationalisten Bayerns als Ansatz.

Das Scheitern der Münchner Novemberrevolution ihren „literarischen Köpfen und literarischen Idealisten" in die Schuhe zu schieben, ist eine jener Geschichtsdeutungen, die der kritischen Überprüfung bedürfen. Auch jene These von der angeblichen Unfähigkeit Mühsams, die Grenze zum Proletariat zu übersteigen, relativiert sich selbst angesichts der totalen Lebenstat dieses Menschen, nicht zuletzt aber angesichts seines Todes als wahrhaftiger politischer Märtyrer. Toller und Weinert haben ihm dafür ein literarisches Denkmal gesetzt. Toller in seinem letzten Stück „Pastor Hall" (1939) und Weinert bereits 1934 mit den Sätzen: „Du bist vor allem ein glühender Revolutionär und konsequenter Klassenkämpfer gewesen [. . .] Die Unterwelt wußte besser als deine Nachrufschwätzer, wer du warst. Und deshalb hat sie dich zu Tode gequält. Aber dein revolutionärer Name wird leben, unvergeßlicher Freund!"

1974

Carl Einstein und sein „Laurenz"

Für das Repertoire seines in München geplanten Künstlertheaters (vor 1914) hatte sich Hugo Ball u. a. folgende Namen notiert: Kandinsky, Marc, Fokin, Hartmann, Klee, Kokoschka. „Carl Einsteins ‚Dilettanten des Wunders'", so erinnerte er sich später, „bezeichneten die Richtung." In der ebenso amüsanten wie trefflichen Sammlung „Das große Bestiarium der Literatur" (1920, 1924) von Franz Blei heißt es: „Der Einstein. Das ist eine kometarische Angelegenheit [. . .] katastrophal für bürgerliche Hirne." Und 1951 schrieb Gottfried Benn an Ewald Wasmuth: „An Einstein denke ich oft und lese in seinen Büchern, der hatte was los, der war weit an der Spitze." Carl Einstein selbst reihte 1910 sein literarisches Porträt in folgende Ahnengalerie ein: Mallarmé, Beardsley und Baudelaire. 1913 fügte er noch Flaubert und Swinburne hinzu. Jean Paul akzeptierte er übrigens auch.

Carl Einstein wurde am 26. April 1885 in Neuwied am Rhein geboren. Er war der Sohn eines aus Bayern stammenden, ebenso strenggläubigen wie wissenschaftlich kritischen Juden, der 1888 zum Lehrer des israelitischen Landesstifts in Karlsruhe und zum Sekretär des dortigen Oberrats gewählt wurde. Nach dem Tode des Vaters, der den vierzehnjährigen Knaben tief getroffen hatte, brach Einstein den Besuch des Großherzoglichen Gymnasiums in Karlsruhe ab und wurde Lehrling am dortigen Bankhaus Veit L. Homburger. Neunzehnjährig ging er nach Berlin, wo er mehr als zwei Jahrzehnte lebte und arbeitete, u. a. in der Kastanienallee 13 (Neu-Westend), dann in der Jenaer Straße 28 (Wilmersdorf), also unweit der Wohnung seines Namensbruders Albert Einstein sowie der von Arno Holz und Gottfried Benn, mit dem er sehr bald freundschaftlich verbunden war, und zuletzt in der Bayerischen Straße 26/27 (Wilmersdorf). In Berlin studierte er Philosophie, Geschichte, Kunstgeschichte und Altphilologie. Zu seinen Lehrern zählten der Soziologe Simmel und der Neukantianer Riehl.

Die erste Veröffentlichung Carl Einsteins erschien 1907 in der von

Franz Blei herausgegebenen Zeitschrift „Die Opale" unter dem Titel „Herr Giorgio Bebuquin". Es folgten in der ebenfalls von Franz Blei zusammen mit Carl Sternheim redigierten Zeitschrift „Hyperion" 1908 die vier Legenden „Verwandlungen", 1909 der Essay „Der Snob" und 1910 die Schrift „Vathek". Damit war gewissermaßen der erzählerische wie theoretische Ansatz für die weitere Entwicklung zugleich programmatisch und ästhetisch proklamiert. Nach 1907 hielt sich Einstein mehrmals in Paris auf, wo er mit Picasso, Braque und Gris zusammentraf. 1910 kam es in Berlin zu Kontakten mit Kurt Hiller und Franz Pfemfert, wobei sich das Verhältnis zu Pfemfert, dessen russische Schwägerin Carl Einstein heiratete, sehr bald als besonders wichtig erwies. Pfemfert veröffentlichte in seiner Zeitschrift „Die Aktion" nicht nur den später als „absolute Prosa" apostrophierten Roman „Bebuquin oder die Dilettanten des Wunders" (1912) von Carl Einstein, sondern auch dessen akzentuierende Arbeiten wie z. B. „Revolte" (1912), „Politische Anmerkungen" (1913), „Der Arme" (1913), „Der Tod" (1913), „Der Besuch im Irrenhaus" (1913), „Die Sozialdemokratie" (1914), „Totalität" (1914), „Augenleidende Kunstkritiker" (1914) und „Didaktisches für Zurückgebliebene" (1916). Aber auch andere Publikationsorgane veröffentlichten inzwischen Schriften von ihm, so „Der Demokrat" 1910 den Text „André Gide", „Die Gegenwart" 1910 den Text „Der Maler Schmitt-Reute", in dem Einsteins Theorien der dreißiger Jahre bereits angesprochen sind, ebenfalls „Die Gegenwart" 1911 seinen „Brief an die Tänzerin Napierkowska" und „Die weißen Blätter" 1913 den Text „Über Paul Claudel", in dem er seine poetologischen Vorstellungen darlegt. Bahnbrechend nicht zuletzt für die expressionistische Kulturrevolution wirkte sein Buch „Negerplastik" (1915), das den snobistischen Rassismus der Europäer gegenüber der afrikanischen Kunst widerlegt, weil sie dort nicht wie bisher lediglich unter folkloristischen und positivistischen, sondern primär unter formalen Aspekten richtig gesehen, ja eigentlich erst entdeckt wird. Für Carl Einstein gilt sie gegenüber der sogenannten abendländischen Kunst als ein im Sinne von Avenarius „Vorgefundenes neben Vorgefundenem" und zudem als eine eklatante Formdemonstration des Kubismus. Literarische Parallelerscheinungen dazu liefern die „Gespräche mit Negern" (1901) von Georg Kaiser sowie Ferdinand Bruckners Übertragungen amerikanischer Neger-Lyrik. Schließlich hatte man ja auch auf den Revolutionsbällen von 1914 selbst Goethes Verse provokativ vom Tisch gewischt und nach Negersongs als künstlerischem Ausdruck der Gültigkeit gerufen.

Bereits als Soldat im besetzten Brüssel hatte sich Einstein mit linken Gruppen solidarisiert. Nach der Kapitulation von 1918 wurde er Mitglied des Brüsseler Soldatenrates und kämpfte dann in Berlin auf seiten von Spartakus. 1919 gab er zusammen mit George Grosz die satirische Wochenschrift „Der blutige Ernst" heraus, die es aber nur bis zur Nummer 6 brachte. Im gleichen Jahr publizierte Ludwig Rubiner in seiner Anthologie „Kameraden der Menschheit" Gedichte von ihm unter dem Gesamttitel „Die Internationale". Sein Stück „Die schlimme Botschaft" (1921) brachte ihm einen geharnischten Prozeß wegen Gotteslästerung ein, obwohl es sich tatsächlich um eine Bürgerlästerung handelte. Die reaktionäre Presse wertete es als einen „Beweis, wie weit jüdische Frechheit sich in unserer Republik vorwagen darf". Nach 1922 gehörte Einstein jener Diskussionsrunde an, die sich in Georg Kaisers Absteigequartier am Charlottenburger Luisenplatz, Haus Nr. 3, traf, dort, wo übrigens Kurt Weill seine Musik zur „Dreigroschenoper" von Bertolt Brecht schrieb. Csokor, Rudolf Leonhard, Wolfenstein, Angermayer, Brecht und Melchior Vischer waren weitere Mitglieder dieses Literatenclubs. Doch Carl Einsteins exquisiter Bekannten- und Freundeskreis war größer. Mehring, Becher, Stadler, Toller und Goll zählten dazu, und dann über Berlin hinaus Scheler, Block, Majakowski, Meyerhold, Gide und Cocteau. Bis zum Tode reichte die Freundschaft mit Kahnweiler.

1925 gab Einstein zusammen mit Paul Westheim den „Europa-Almanach" heraus, der mit Bildwerken und Texten der damaligen Schrittmacher innerhalb der Literatur, Kunst und Architektur die avantgardistische Elite des Kontinents präsentiert, weit umfassender als die aufs Literarisch-Architektonische begrenzte Auswahl der beiden Jahrbücher „Die Erhebung" (1917 und 1920) von Alfred Wolfenstein und die aufs Lyrische und Nationale beschränkte Sammlung „Menschheitsdämmerung" (1920) von Kurt Pinthus. Schlemmers „Triadisches Ballett" und Härings Ideen vom „organischen Bauen" gelten heute als Bestandteile von geradezu akademischer Lustbarkeit des abendländischen Kulturreservoirs. Carl Einstein, so beweist es sein „Europa-Almanach", wußte das bereits vor mehr als fünfundvierzig Jahren und wagte, es auch derart zu deklarieren. Seine 1926 als Band 16 der „Propyläen Kunstgeschichte" publizierte Arbeit „Die Kunst des 20. Jahrhunderts" avancierte zu einem Standardwerk der Zeit. Wiewohl ein sogenannter Wälzer und natürlich teuer, mußte die Ausgabe dreimal aufgelegt werden, um den Markt zu befriedigen.

1929 übersiedelte Einstein nach Paris, wo er bereits viele Freunde hatte und kein Unbekannter mehr war. Das Französische beherrschte er übrigens, als wäre es seine Muttersprache. Zusammen mit Georges Bataille, Wildenstein und Georges-Henri Riviére gab er dort von 1929 bis 1931 die Zeitschrift „Documents. Doctrines. Archéologie. Beaux Arts. Ethnographie" heraus, in der er Arbeiten über Picasso, Masson, Braque, Bapindi, Cézanne, Mirò, Gris und Arp veröffentlichte, im kritischen Stil und in ihrer Bedeutung vergleichbar mit jenen Arbeiten, die er 1920 über „Rudolf Schlichter", 1922 über „Utrillo", 1923 über „Otto Dix" und 1926 „Kandindsky zum 60. Geburtstag" für „Das Kunstblatt" sowie 1925 über „Georges Rouault" und 1927 über „Rudolf Belling" für die Zeitschrift „Der Querschnitt" geschrieben hatte. Waren von ihm 1914 in Berlin die französischen Briefe von Vincent van Gogh an dessen Bruder für eine zweibändige Ausgabe übersetzt worden, so sorgte er 1932 in Paris für Übersetzungen von Texten deutscher Schriftsteller in der amerikanischen Zeitschrift „Transition". Damals arbeitete er auch mit James Joyce zusammen. Und obwohl oder gerade weil die Revolution von 1918 in Deutschland gescheitert war und die Weimarer Republik zum sogenannten Tausendjährigen Reich Hitlers entartete, ging Einstein 1936 nach Spanien, um auf seiten der Anarcho-Syndikalisten (CNT) in der Kolonne Durruti gegen den Franco-Faschismus zu kämpfen. Der letzte zu seinen Lebzeiten erschienene Text war sein leidenschaftlicher Nekrolog für Buenaventura Durruti, diesen populären Helden des Spanienkrieges, der bei der Verteidigung der Universitätsstadt Madrid am 21. November 1936 erschossen wurde. Selbst diese Totenrede, die er über den Sender CNT-FAI hielt, nutzte er zu einem ästhetisch-pädagogischen Traktat: „Durruti, dieser außergewöhnlich sachliche Mann, sprach nie von sich, von seiner Person. Er hatte das vorgeschichtliche Wort ‚ich' aus der Grammatik verbannt. In der Kolonne Durruti kennt man nur die kollektive Syntax. Die Kameraden werden die Literaten lehren, die Grammatik im kollektiven Sinn zu erneuern."

Als Franco, unterstützt durch die sich dort erprobende Kriegsmaschinerie Mussolinis und Hitlers, gesiegt hatte, wurde Einstein mit Resten der Republikanischen Armee über die Pyrenäen gedrängt und in Südfrankreich als Republikaner von Republikanern interniert. Aus dem Lager Argelès kaum entlassen und nach Paris zurückgekehrt, wo er seine literarische Tätigkeit erneut aufnahm, wurde er im Mai 1940 abermals arretiert und in ein Internierungslager bei Bordeaux verschleppt, diesmal als Deutscher, weil Hitlers Truppen in Frankreich eindrangen. Schließlich auf der Flucht, aber eingepfercht zwischen den herannahenden deutschen Divisionen, in deren Gefolge die Gestapo war, die Abschußliste in der Tasche, und der für den ehemaligen Freiheitskämpfer versperrten spanischen Grenze, schnitt sich Carl Einstein die Pulsadern durch. Mönche der dortigen Gegend fanden den schon Verblutenden und nahmen ihn mit in ihr Kloster. Zwei Tage später stürzte sich der von den anrückenden faschistischen Truppen weiter Gefährdete in den Gave de Pau. Es war am 5. Juli 1940. Sein Grab befindet sich auf dem Friedhof von Boeil-Bezing, Basses-Pyrénées. Es war ein Freitod wie der so vieler deutscher Emigranten, wie der von Tucholsky, Toller, Hasenclever und Benjamin. Carl Einstein erscheint als ein Giordano Bruno seiner Zeit, als ein Sisyphos der Wahrheit, als ein Rabbiner der Weltrevolution des Humanismus, gerade auch innerhalb seiner Ambitionen für den Marxismus, ja Kommunismus, als ein tragisch „unentwegter Platoniker" der Aktion kritischer Menschlichkeit. Er wurde von der Brutalität seiner Zeit ermordet. Er schrieb den Satz: „Die Ermordeten sind stärker als die Faulenden."

Der Text „Laurenz oder Schweißfuß klagt gegen Pfurz in trüber Nacht" ist eines der Fragmente zu einem Roman, an dem Carl Einstein nach 1928 schrieb, der aber nicht beendet wurde. Im Gegensatz zu den übrigen Fragmentteilen wurde die vorliegende Fassung vom Autor selbst redaktionell bearbeitet und mit einem Titel herausgehoben, was auf eine geplante Einzelpublikation verweist, die jetzt postum erfolgt. Zudem hatte Einstein eine Kurzfassung des Textes bereits 1930 für die Nummer 1 der Jahrgangs 1 von „Front", herausgegeben in Den Haag von Norman Macleod, S. Prins und dem Sekretariat der Föderation von Sowjetschriftstellern, zur Verfügung gestellt.

Der „Laurenz"-Text entstand in jener Existenz- und Produktionsphase Carl Einsteins, als der Autor nach einer Kollektivierung des Individuums zu tendieren begann, weil er das Ich als „Hypothese", als „Fiktion", lediglich als eine „Gedächtnisausstellung", ja eben als „Grundirrtum" betrachtete. Und da mit dem Menschen als Ich, als Person, eine grammatikalisch reglementierte Sprache, die z. B. auf eine Klaviatur der Personalpronomina abgestimmt ist, ferner Begriffsmodifikationen wie Seele, Idee, Metaphysik und das Absolute zusammenhängen, derart jedoch die ersehnte „Materialisation des Geistes" verhindern, werden auch sie in einem paralysierenden Prozeß von geradezu visueller Denkanalyse als „Fiktionen" herausgestellt. Da ferner in der klassischen Tradition mit dem Ich, mit der Person, eine Einheits-, ja Ganzheitsvorstellung verknüpft ist, wählte Einstein als Medium ihrer Widerlegung ein Exemplar, das bereits von Natur her, von Geburt auf, gespalten ist, nämlich den Hermaphroditen, der das Ganzheitsideal durch sich selbst ad absurdum zu führen mag.

Schon im „Bebuquin" hatte Carl Einstein den einzelnen Figuren Namen gegeben, deren Bedeutungspluralismus vielerlei Anspielungen enthält und auslöst. So auch hier. Der Name der Titelfigur, des Hermaphroditen Laurenz, verweist zunächst auf den Erzdiakon Laurentius, der nach der Legende 258 in Rom auf glühendem Rost den Märtyrertod starb. Er gilt als Patron der Armen. Der Laurenz Carl Einsteins verbrennt auf dem Rost seiner Bisexualität. Und nach der Theorie des Autors ist der „Arme" einer, „der dem Nichts gegenübersitzt". Er „wird zum sozial Unfaßbaren". Insofern ist sein Laurenz tatsächlich ein Patron seinesgleichen, aber eben nicht sozial, sondern existentiell gesehen. Und „das Absolute beruht" auch für ihn „auf dem Nichts". Zugleich ist Laurenz, indem mit seinem Namen die Würde des Poeta laureatus anklingt, als ironische Paraphrase des Goetheschen Menschenbildes gedacht, dessen Vollendung oder Ganzheit sich aus der Durchdringung oder Ergänzung jener beiden polaren Lebensformen ergeben sollte, die Goethe mit Prometheus und Ganymed bezeichnet und Nietzsche später als „apollinisch" und „dionysisch" deklariert hat, Namen und Adjektiva, die Carl Einstein in seinen „Laurenz"-Text nicht nur einstreute, sondern in bezug auf die zwittrige Titelfigur dort auch kritisch persifliert und ausspielt. In einer späteren Notiz von ihm heißt es übrigens: „Dieser Goethe, dieser Laurenz der Ganzheit pfurzenden Eigenliebe." Die gleiche Wortwahl begegnet im „Laurenz"-Text und in jenem Pamphlet, das Einstein anläßlich des 100. Todestages Goethes verfaßte und in dem eine Sentenz steht, die reziprok auch auf Laurenz zutrifft: „Völlig von sich eingenommen, übersah er ganz, daß das Ich in der Tätigkeit untertaucht und vergessen wird und daß wir nur soweit handeln, als das Ich zerstört wird. Denn das Ich ist nichts weiter als eine nachträgliche Rückschau."

Die Lüge des Idealismus von der Einheit, ja Ganzheit der Person wird durch den zunehmenden und schließlich permanenten „kollektiven inneren Monolog" des Laurenz entlarvt. Ein Prozeß der Aufhebung des Denkens durch sinnliche Preisgabe, durch psychophysisches Verströmen erfolgt bis hin zur „schreiend stummen Dominante des Nichts". Deshalb auch wird Laurenz ein „mißglückter Antonius" genannt. Der in Koman um 251 geborene Heilige Antonius starb um 356 als Einsiedler in der ägyptischen Wüste, wo es ihm aber gelang, sich den Verführungen seiner Phantasie zu widersetzen. Er gilt als Begründer und Patriarch des Mönchtums. Nach ihm sind die Antoniter benannt, die sich als Spitalpfleger betätigen. Auch Laurenz ist ein Eremit, wiewohl in einer Stadtwüste. Er wird wie Antonius „aus einem Übermaß an Geschlecht (sexueller Phantasie) geschlechtsloser Asket". Doch er flüchtet „in Begriffe", denen er erliegt. Auch Laurenz hat Spitalbeziehungen, und zwar sexueller Art, nämlich zu einer Krankenschwester.

Um die Entlarvung des Ichs als „Fiktion" mehrschichtig zu erreichen, ist in den Gesamttext z. B. auch der von Laurenz reflektierte, natürlich persiflierende Traktat über den grammatikalisch fixierten Gebrauch der Personalpronomina eingeschoben, der nicht nur die korrumpierte Syntax des bürgerlichen Individualismus zugunsten einer „kollektiven Syntax" abbauen soll, sondern zugleich eine historisch-kritische Gesellschaftsanalyse bezweckt. Die grammatikalisch oktroyierte Ordnung aus drei Personen, nämlich auch ich, du, er, sie, es, wobei sich also die sogenannte dritte Person noch zusätzlich in drei Geschlechtsformen spaltet, ferner die Einbürgerung des Plurals nicht etwa als Kollektiv, sondern gleich als drei Personengruppen, ja Klassen, das alles läuft auf eine sogar von Philologen inszenierte Ideologisierung und Brutalisierung der Gesellschaft hinaus, wiewohl es im Grunde die Schizophrenie eben der Person, ihren Zerfall, und zwar allein schon sprachlich deklariert. Da werden ja im Endeffekt nicht Ordnung und Logik praktiziert als vielmehr gesellschaftsfeindliche „Fiktionen" petrifiziert, die gegeneinanderstehen. Denn auch Personalpronomina sind „Fetische".

Der „Laurenz"-Text ist im weiterentwickelten Stil des „Bebuquin" eine visuelle und theoretische Polemik, die sich gegen die Gesellschaft der ausgehenden zwanziger Jahre richtet, und zwar eine antibürgerliche Polemik, also kein Klassenkampf, allein schon deshalb nicht, weil Laurenz kein Talent zum Revolutionär besitzt, ja nicht einmal des Ausdrucks einer „antibürgerlichen Revoltestimmung" fähig ist, auch wenn er über die Exkremente der bürgerlichen Dekadenz mault. Er erweist sich vielmehr als die Aufhebung des Spätbürgerlichen durch sich selbst, als seine Paralyse. Schon vom Untertitel her, der einst als Haupttitel fungierte, wird das deutlich. Entsprechend der mit sich selbst zerstrittenen Zwitterhaftigkeit des Laurenz stehen zwei persiflierende Äußerungsformen der bürgerlichen Kulturdekadenz miteinander im Streit, die passive und die aktive Atmosphärebildung, wobei die passive Klage erhebt. Der passive Stinker klagt gegen den aktiven Stänkerer, das stinkende Fußvolk gegen den verpestenden Anal-Expressionisten. Das erinnert an Dürrenmatts Stück „Herkules und der Stall des Augias" (1954). Mit der für Carl Einstein typischen Methode der assoziativen Namensausdeutung wird auch im „Laurenz"-Text zunächst in der Vornotiz durch „Heraklit Anadyomenos" in verfremdeter Form und später im Hauptteil ganz offen auf Herkules angespielt. Die Klage erfolgt „in trüber Nacht". Der Anachronismus „trübe Nacht" (weil es bekanntlich nur einen trüben Tag geben kann!) und die kubistische Raumvorstellung des Autors verweisen auf den Symbolwert und das historisch-zeitliche wie geographisch-räumliche Verständnis dieser Bestimmung als Spätzeit des Abendlandes. Das Abendland ist im Gegensatz zur einst auftauchenden „Anadyomene" in die Nacht hinabgetaucht, die noch dazu unklar, nicht etwa getrübt, sondern aus sich heraus „trübe" ist, wie man etwa trivial von einer „trüben Tasse" spricht.

Die Anspielung auf den Mythos des Abendlandes wird erhärtet durch die vielfache textliche Einbeziehung von Namen der Antike, die sich als Prägemuster selbst noch für die Spätzeit in jenen Figuren reinkarnieren, mit denen Laurenz umgeht oder umzugehen glaubt. Hatte nicht auch James Joyce seinen kleinbürgerlichen Helden Dublins als Ulysses vorgestellt? Doch wie die antiken Prägemuster oder Vorformen im „Laurenz"-Text verwendet werden, das macht ihren Verfall, den Potenzschwund ihrer Wirksamkeit in der Gegenwart, ja ihre inzwischen fiktiv gewordene Existenz deutlich. Laurenz ist eben Prototyp einer Generation, der „die Basis fehlt". „Pluvius", einst schmückendes Synonym Jupiters, bei Goethe noch Anlaß zu einer Ode des Sturm und Drang, ist hier ein Spülmittel für untere Partien. Die „Karyatiden" tragen mit schimmeligem Leib das Tempeldach eines Pissoirs, wo Laurenz auf seine Weise opfert. Lissi, das andere „Ich" des Hermaphroditen, gewaschen mit allen Wassern, Schlepperin, Hure, Mannequin am Strich, wird schließlich als Aphrodite „Anadyomene" inthronisiert. Die Seele ist nichts als eine „raumlose Hybride", und den Vogel schießt Ella, die Mutter von Laurenz, als „Persephone" ab. Ihr Hausfreund Rulgein, eine schnoddrige Wagner-Type, charakterisiert sie und damit zugleich die Mutter-Generation des Laurenz mit dem Hinweis: „Sag mal Geist – dann nimmt sie still einen Kognak." Und dennoch ist Ella eine geradezu frappante Entsprechung zur antiken Persephone, wiewohl „in trüber Nacht". Persephone, lateinisch Proserpina, war ja die Tochter des Zeus und der Demeter. Sie wurde von Hades geraubt und zur Gattin genommen. Zwei Drittel des Jahres durfte sie bei ihrer Mutter im Himmel und ein Drittel bei ihrem Ehegespons in der Hölle oder Unterwelt verbringen. Sie galt als Göttin des Erdreichs, der Toten und des Jenseits. Antike Statuen stellen sie als junge Frau mit Fackeln, also mit phallusartigen

Lichtzeichen dar. Diese bigenitale Arabeske und ihre Tendenz zum Humus, ihr Wechsel der Existenzlokale inklusive der Partner, von „Nepp und Tabus", werden von Ella, der Mutter des Laurenz, tüchtig fortgesetzt.

Die Lokalisierung des Gesamtvorgangs, der adäquat zur diffusen Erscheinung der Titelfigur zerfließt, erfolgt, und zwar abermals in Entsprechung zum zwittrigen und dekadenten Charakter des Laurenz, durch zugleich mythische wie historische, zeitliche wie räumliche, pathetische wie trivialisierende, religiöse wie profane, ökonomische wie philosophische und politische wie künstlerische Markierungen. Eine faszinierende Kulturkulisse oft allein schon durch die Nennung bloßer, allerdings symptomatisch gewählter Namen von Philosophen und Richtungen, Malern, Komponisten, Schriftstellern und Theaterleuten, Politikern und Ideologien, Firmen, Einrichtungen, Zeitungen, öffentlichen Lokalen und historischen Lokalitäten richtet sich zu einem Labyrinth auf, in dem der „Minos" Laurenz sich schließlich verirrt. Dazu gehören u. a. Heraklit, Platon, Laotse, Buddha und Tauler, Spinoza, Kant, „Hegel als Skat oder Flirt" und natürlich der unvermeidliche Freud mit einem „UB" (Unterbewußtsein!), Teleologie, Idealismus, Tattvamasi und Mesmerismus, aber auch der Élan vital und die Relativitätstheorie, dann Cézanne und van Gogh, Surrealismus, Neue Sachlichkeit und Neue Linie, Chopin, Schubert, Hugo Wolf und der (Berliner) Choralverein, ferner Chamisso, Thomas Mann, Sternheim, Döblin und „Gerhard" Hauptmann, der allerdings mit erweichtem Konsonantenende, Chaplin, „Erwin (Piscator) als Gefreiter" und die Orska, Stresemann, Kommunismus, Schwarze Reichswehr, Staatsobligationen und Feuerversicherung, schließlich auch noch Etam, Ufa, Cloppenburg und Mampe, AEG, Wertheim und das „Taufhaus des Westens", Pschorr und Berliner Einkaufsgenossenschaft, U-Bahn, Zoologischer Garten und Säuglingsfürsorge, (Berliner) Tageblatt, USA, Hebrontal, Verdun und der Kreuzberg. Kaum ein Name oder Hinweis bleibt ohne Anspielung. Jeder hat trotz seiner scheinbaren Zufälligkeit eine genau berechnete Funktion für das Gesamte.

Die Örtlichkeiten, die Laurenz frequentiert, die Lokale, in denen er verkehrt, die Straßen und Plätze, über die er schlendert, sie schichten sich zusammen wie in einem Kaleidoskop, stets mit Kontrastwirkung, bilden durch Laurenz eine kubistische Imagination, kreuzen sich diagonal und reflektieren ihren Anblick. Sakristei und kirchlicher Damenlokus, Buchauslage und Pissoir, Warenhausfenster für den Schlußverkauf und Litfaßsäulen neben spiegelndem Asphalt, Kaiser-

Wilhelm-Gedächtniskirche und Schwulenlokal, alles Abstellräume seiner Gesellschaft, und dann Konditoreibesuch mit „Kuchenfresserei", Bars und Bierkneipen, Voyageur-Einblick durch das offene Fenster in die Intimsphäre und muffige Peinlichkeit einer Kleinbürgerwohnung, Wittenbergplatz, Tegeler Forst, Bamberger Straße und Hasenheide.

So symptomatisch Laurenz für seine Generation auch erscheint, erweist er dennoch jene Jahrzehnte nach der Jahrhundertwende lediglich als Episode, obwohl sich „diese Zeit" in ihrer vielfältigen Simultaneität, wie sie auch die Dadaisten demonstrierten, gebrochen durch „Zufall und Verkehrsstörung", als „Epoche" ausgab. Und so reihen sich in der Todeswanderung des Laurenz nicht Geschichten, sondern Episoden als „Formen" der Existenz aneinander. Keine Existenzmöglichkeiten werden präsentiert, sondern Ergebnisse, auch wenn sie sich funktional darbieten. Handlungen, Erinnerungen, Gedanken, Reflexionen, Einbildungen und Gespräche sind voneinander kaum unterscheidbar, fließen ineinander über, werden von theoretischen Passagen und abrupten Netzhautreaktionen durchschossen. Vieles erinnert an die Erzählmethode, die James Joyce für seinen „Ulysses" (1922) gebrauchte. Insbesondere die Gesprächspassagen sind in ihrer Ordnung quasi diffus. Direkte oder indirekte Gespräche, tatsächlich an Laurenz gerichtete Fragen oder nur von ihm erhoffte und deshalb lediglich eingebildete Partner- oder Selbstgespräche, Kommentare von Laurenz oder anderen, ausgesprochene oder nur gedachte Gedankensplitter, festgestellte oder imaginative Eindrücke, logische oder assoziative Bewußtseinsfunktionen, Wirkungen der Außenwelt oder des Unterbewußtseins, das alles verhält sich entsprechend zur Titelfigur schizophren, konfus. Kaum ein Satz wird beendet, weil ihn der nächste bereits überrollt. Kontrapunkt triumphiert. Gegen Systematik, Logik und Ästhetik wird aber nicht etwa Sturm gelaufen. Sie werden vielmehr unterboten, ja unterschlagen. Eigentlich existieren sie gar nicht mehr. Ihre Notwendigkeit kommt einem nicht einmal in den Sinn. Wie die Gespräche sind auch die Partnerbeziehungen konfus und fragwürdig. Lissi, Erwin, Rulgein usw. sind zugleich Partner und „Fiktionen". Tatsächliche und imaginative Beziehungen vertauschen sich unentwegt. Die Struktur des Textes, der nicht als Erzählung im herkömmlichen Sinne gelten kann, wird von dem undurchschaubaren Gesetz seiner Titelfigur bestimmt. Es ist eine Struktur ohne Ordnung, besser gesagt, der gleichzeitigen Ordnung und Unordnung. Sogenannter Wert und Unwert, Wirklichkeit und Utopie, Tatsächlichkeit und Phantastik sind unterirdisch miteinander verknüpft, wie es auch eine „Verwandtschaft zwischen Philosophischem Seminar und Bordell" gibt, „die durch unterirdische Gänge verbunden sind", eine Vorstellung, die in umgekehrter Form, nämlich zum Nutzen des idealistischen Ganzheitsdenkens auch Georg Kaiser mit der These von der „Sinnlichkeit des Gedankens" zum besten gab.

Aus seinem Unvermögen, „sich [zu] fixieren und zu entscheiden", ja aus diesem Verurteiltsein zur Indifferenz wird auch die Wut des Laurenz auf die Sprache und die Begriffe verständlich: „diese Sausprache diese Sausubstanz", „jeder Satz ein Selbstmord". Und außerdem ist jeder „Begriff nur ein Trick zu vergessen", „selbst unsere Namen nennen uns nicht mehr, in uns würgen Sprachbänder, kriechen in uns herein und decken uns zu, erwürgen die Sprache". Das Scheitern der das Elementare erklärenden und ordnenden Begriffe ist so eklatant wie im „Erlkönig" (1782) Goethes, nur nicht so balladesk. Die Flucht des Laurenz zu den Begriffen gleicht einer Leichenschau. Auch die „Fiktion" der Sünde und die Therapie der Askese sind nichts als Verirrungen, keine Rettung aus der schizophrenen Tatsächlichkeit. Der Hermaphrodismus des Laurenz artet schließlich zur paralytischen Ideologie aus, deren Doppeldeutigkeit in eindeutige Zweideutigkeit der Vulgärzonen abrutscht. Aus Dialektik und Widerspruch wird Widersinn und zuletzt Widerwärtigkeit. Der Eckenschlenderer Laurenz, der immer zugleich nach zwei Seiten schaut, dieser Asphaltbruder, den es allemal zugleich in entgegengesetzte Richtungen zieht, paralysiert sich schließlich selbst. Wenn er noch Personalität hätte, könnte man ihn die personifizierte Paralyse nennen. Der einst angeblich den Vulgarismus der gegensätzlichen Geschlechter snobistisch übersteigende „Übermensch" Nietzsches ist hier zur leidenden Groteske des Zwitters geworden, ein „Unmensch", wie es heißt, jedoch nicht einmal mehr als Gefahr für andere, sondern nur noch für sich selbst. Er nimmt sich nicht etwa zurück, fällt auch nicht auseinander, sondern in sich zusammen. Während Bebuquin, sozusagen der Vorfahre des Laurenz, noch von „Kunst" sprach, wird derartiges hier nur noch als „Kunscht" abgetan. Während der „Bebuquin"-Text noch reichlich über ein gewissermaßen reguläres Satzgefüge, einen ausgebauten Satzbau verfügte, dominieren im „Laurenz"-Text die Andeutungen, die Satzfetzen, das Litaneiische. Nebensätze sind mehr als rar. Nicht nur Sätze, sondern sogar auch Worte können in der Mitte abbrechen. Ihre Beendigung oder Ausführung ist nicht einmal notwendig. Das widerspräche zudem der Theorie Einsteins von der Notwendigkeit als „Fiktion". Der Text endet in einer Sprachagonie, der sozusagen als deren Vorform ausgerechnet ein Gedicht vorangesetzt wird, also Lyrik, also klassische Literaturform, noch dazu gesprochen bzw. gelallt für eine Teekanne, also nicht für eine Person. Das Ende des Laurenz ist eine Pleite der Existenz, die mit dem Bild einer Allee zur Unterwelt ausklingt, gefüttert „mit diskret tönendem Stickstoff".

1971

Ricarda Huch / Max von Schillings
Dialog in Briefen

Die Geschichte jener Kulturinstitution, in der sich Ricarda Huch 1933 zu einer Rebellion des Gewissens entschloß, beginnt 1696, als unter dem Kurfürsten Friedrich III. von Brandenburg, der sich 1701 zum ersten König Preußens krönte, die Preußische Akademie der Künste und der Mechanischen Wissenschaften in Berlin gegründet wurde. Das war vier Jahre vor der Errichtung der Preußischen Akademie der Wissenschaften und vierundvierzig Jahre vor dem Regierungsantritt Friedrich II. Kurfürstin Sophie Charlotte und deren geistiger Ratgeber Gottfried Wilhelm Leibniz waren die eigentlichen Initiatoren dieser nach Rom und Paris drittältesten Kunstakademie Europas, deren Tradition die heutige Akademie der Künste fortzusetzen versucht.

Zu den bedeutendsten Persönlichkeiten der ersten Akademie-Epoche, deren besonderes Interesse dem architektonischen und pädagogischen Aufbau der Metropole Berlin und den städtebaulichen Schwerpunkten Brandenburg-Preußens sich widmete, zählten Schlüter, Knobelsdorff, Schadow und die beiden Humboldts. Zu den Ehrenmitgliedern der Königlichen Akademie der Künste gehörten unter anderen Gleim, Herder und Goethe. Den hilfreichen Argumenten Goethes ist es zu verdanken, daß Karl Friedrich Zelter 1833 die Gründung einer Sektion für Musik gegen einen gewissen Widerstand der etablierten Maler, Bildhauer und Architekten durchzusetzen vermochte. Im 18. und 19. Jahrhundert zählten die bekanntesten Künstler Europas zu den Mitgliedern der Akademie, die also schon damals, im Gründungszeitalter vieler europäischer Nationalstaaten, auch das internationale Terrain der Künste erkannte. So wurden Chodowiecki, Mendelssohn-Bartholdy, Feuerbach, Menzel, Böcklin und der auch in diesem Fall unvermeidliche Anton von Werner als Mitglieder berufen, aber auch Tschaikowski, Chopin, Liszt, Cherubini und Glasunow. Diese Epoche der Akademie war geprägt vom Geist der Humanität und Aufklärung.

Nach dem Zusammenbruch des Königreichs Preußen begann 1918 die republikanische Epoche der Akademie. Als nicht mehr Königliche, sondern einfach Preußische Akademie der Künste erhielt sie 1926 eine weitere Abteilung: die Sektion für Dichtkunst. Ihre Gründung war erst jetzt auf dem Boden der ersten deutschen Republik möglich. In die Sektion für Dichtkunst wurden berufen oder später gewählt: unter anderen Gerhart Hauptmann, Georg Kaiser, Hugo von Hofmannsthal, Thomas und Heinrich Mann, ferner Theodor Däubler, Alfred Mombert, Alfred Döblin, Gottfried Benn, René Schickele, Arthur Schnitzler, Franz Werfel, Leonhard Frank, Rainer Maria Rilke und als erste Frau Ricarda Huch, die später zur stellvertretenden Vorsitzenden der Abteilung avancierte. Der ganze Fächer deutschsprachiger Literatur der zwanziger Jahre schlug sich in dieser Sektion auf, die zu Recht als gültige Repräsentation der deutschen Literatur jener Zeit gelten durfte.

Unter dem Vorsitz von Heinrich Mann entwickelte sich die Sektion für Dichtkunst zu einer Keimzelle des demokratischen Bewußtseins, ja zum „künstlerischen Gewissen der Nation". Sie protestierte rechtzeitig und entschieden gegen ein neues Zensurgesetz, gegen die Verurteilung des ungarischen Schriftstellers Hatvány und gegen die einseitigen Maßnahmen der reaktionären Justiz im „Fall Johannes R. Becher". Sie setzte sich ein für eine Reform des Urheberrechts, für die Delegierung von Mitgliedern der Akademie in den Reichstag als Berater in kulturellen Angelegenheiten, organisierte ein Akademisches Praktikum an der Berliner Universität, innerhalb dessen prominente Mitglieder der Abteilung vor den Studenten über so aktuelle Themen wie das Verhältnis von Kunst und Staatsmacht, Kunst und Wissenschaft sowie Kunst und Gesellschaft sprachen.

Am 30. Januar 1933 war Hitler die Macht übergeben worden. Mit einem Fackelzug der SA-, SS- und anderer Parteiformationen durch das Brandenburger Tor setzte der „Hexensabbat" der deutschen Geschichte ein, wie Georg Kaiser es nannte. Die innerpolitische „Gleichschaltung" begann programmgemäß, verwickelte sich aber zunächst auch auf kulturellem Gebiet in vielerlei Widerstände. Noch hatte der Diktator des Dritten Reiches nicht sein Ermächtigungsgesetz in der Tasche, mit dem er wenig später auf sogenanntem legalen Wege den geplanten Terror eröffnen konnte. Die Preußische Akademie der Künste war schon vor 1933 nicht nur vom „Völkischen Beobachter", sondern auch von den rechtsgerichteten bürgerlichen Blättern häufig mit demagogischen Schlagzeilen angegriffen worden wie z. B. „jüdisch verseucht", „bolschewistisch", „politische Schreckenskammer", „marxistische Observanz" und „Rotfront".

Ein Wahlplakat des Internationalen sozialistischen Kampfbundes, das, noch einmal zum Kampf gegen Hitler aufrufend, Anfang Februar 1933 drei Tage lang an den Berliner Litfaßsäulen hing und auch von Heinrich Mann, dem damaligen Vorsitzenden der Sektion für Dichtkunst, sowie von Käthe Kollwitz, ebenfalls Akademie-Mitglied, unterschrieben war, wurde zum willkommenen Anlaß genommen, jetzt auch offiziell gegen die Akademie wiewohl zunächst gegen die den Faschisten so verhaßte Sektion für Dichtkunst vorzugehen. Ein sogenannter Reinigungsplan, ausgeklügelt vom berüchtigten NS-Kampfbund für deutsche Kultur, lag dafür bereits parat. Er sah eine Selbstreinigung vor, zu der sich leider mehrere einflußreiche Mitglieder der Akademie hergaben, unter ihnen Gottfried Benn, Oskar Loerke und Rudolf Binding. Jene Methode, die sich damals gegenüber der so bedeutenden Kulturinstitution bewährte, wurde später noch ausgebaut und auch gegenüber den weiteren Kulturgremien Deutschlands angewandt. Damals teilten sich die Mitglieder der Akademie, die wenige Jahre vorher noch verkündet hattte, „das künstlerische Gewissen der Nation" sein zu wollen, in Handlanger Hitlers, in unpolitische Mitläufer und in Opfer oder Betroffene. Zu den Betroffenen zählte Ricarda Huch. Zwischen ihr und der Akademie kam es in der Zeit vom 17. Februar und 9. April 1933 zu einer Korrespondenz, die nicht nur die damaligen Vorgänge konzentriert widerspiegelt, sondern als „Rebellion des Gewissens" auch zu einem einmaligen Dokument aktuell gebliebener Literaturgeschichte aus Deutschlands dunkelster Zeit wurde. Was geschah?

Aufgeputscht und vorbereitet durch eine Pressekampagne, die sich vor allem gegen Heinrich Mann richtete, drohte der von Hitler eingesetzte „Kommissar des Reiches für das Kultusministerium", der spätere NS-Reichskultusminister Rust, in einer Rede vor dem NS-Studentenbund am 14. Februar 1933 im Auditorium Maximum der Berliner Universität mit der Auflösung der Akademie, die er nach den Regeln der Sippenhaft für den, wie er sagte, „Skandal" des Heinrich Mann verantwortlich machte. Der Präsident des attackierten Künstlergremiums, Max von Schillings, brach daraufhin eine Auslandsreise ab, auf der er sich gerade befand, kehrte schleunigst in Preußens Metropole zurück und eilte schon am Morgen des kommenden Tages zur Audienz ins Ministerium, wo er den Kopf Heinrich Manns anbot. Er spielte den Herren des Dritten Reiches in die Hände, als er nach Absprache mit Rust noch für den Abend des 15. Februar 1933 durch Rohrpostbriefe die Mitglieder aller Sektionen zu einer Vollversammlung rief, damit die Akademie selbst mit ihrer „Reinigung" im Sinne Hitlers beginne. Denjenigen aber, um dessen Kopf es zunächst ging, nämlich Heinrich Mann, hatte man mit Absicht nicht eingeladen. Als die Sitzung, die nach § 23 der Akademie-Satzung „streng vertraulich" stattfand, auf Grund der mutigen Gegenargumente Alfred Döblins, Ludwig Fuldas, Leonhard Franks und des Stadtbaurats Martin Wagner entweder zu platzen oder wie das Hornberger Schießen auszugehen drohte, wurde Heinrich Mann herbeigeschafft, jedoch nicht in den Versammlungsraum selbst, sondern ins Dienstzimmer des Präsidenten geführt, wo er, durch Max von Schillings und Oskar Loerke beredet, schließlich seinen Rücktritt erklärte. Als dieser Rücktritt der Vollversammlung mitgeteilt wurde, gab sich die Sektion für Dichtkunst bis auf Gottfried Benn mit dieser unkommentierten Nachricht nicht zufrieden und meldete eine Stellungnahme an, die sie in der nächsten Sitzung beraten wolle; denn, so sagte man, „Heinrich Mann hat nur das getan, wozu jeder Staatsbürger berechtigt ist. Gegen die Akademie hat Heinrich Mann nicht verstoßen."

Die auswärtigen Mitglieder, die nicht an jener zwar turbulenten, aber im Endeffekt peinlichen Sitzung teilgenommen hatten, wurden durch ihr Institut nicht über die Vorgänge orientiert, mit denen sich die Akademie praktisch dem Faschismus preisgegeben hatte, anstatt gegen den Eingriff der Staatsmacht geschlossen zu protestieren. Eine Auflösung der Akademie oder ein einmütiger Protest des ältesten Kunstgremiums Deutschlands hätte die Welt alarmiert, hätte bereits damals durch ein zwar einfaches, aber eklatantes Exempel viele Augen geöffnet, die erst später durch die Scheußlichkeiten der KZs aufgerissen wurden. Am 17. Februar 1933 schrieb deshalb Ricarda Huch, stellvertretende Vorsitzende der Abteilung, an den Sektions-Schriftführer Oskar Loerke:

„Leider ist es mir nicht möglich, aus den Zeitungsnachrichten eine mir klare Vorstellung von den Vorgängen zu machen; namentlich, ob der Kultusminister wirklich einen Druck auf die Betreffenden ausgeübt hat. Es ist nach meiner Ansicht sehr zu beklagen, daß Herr Mann ausgetreten ist; ich finde, man hätte es darauf ankommen lassen müssen, ob der Kultusminister wirklich den Mut hatte, unsere Abteilung aufzulösen.

Vielleicht erinnern Sie sich, daß ich immer der Ansicht war, Dichter sollten nicht Mitglieder einer staatlichen Akademie sein. Regierungen haben immer die Neigung, wo sie können, ihre Richtung zu oktroyieren; [. . .] Sollte ich es für notwendig halten, meinen Austritt zu erklären, so würde ich hinzufügen, [. . .] daß ich es tue, um mir das Recht der freien Meinung und freien Meinungsäußerung zu wahren. Auf dieses Recht muß meiner Ansicht nach gerade der Dichter bestehen."

Am 20. Februar 1933 fand von 18 bis 21 Uhr jene Sitzung der Sektion für Dichtkunst statt, in der eine prinzipielle Stellungnahme zu den bisherigen Vorgängen bzw. ein Protest gegen die Anmaßung der NS-Staatsmacht im Verhältnis zur Akademie formuliert werden sollte. Es kam alles anders als erhofft. Mehr als zwei Drittel der Mitglieder erschienen gar nicht, lebten in einem Elfenbeinturm oder Wolkenkuckucksheim. Als der progressive Teil der Mitglieder ohne gemeinsames Aktionsprogramm in den Sitzungssaal kam, hatte der „rechte" Flügel bereits einen brillanten Schlachtplan ausgearbeitet. Rudolf Binding führte den Vorsitz, Oskar Loerke das Protokoll, das später im Sinne einer persönlichen Absicherung korrigiert wurde. Außer diesen waren zugegen: Gottfried Benn, Eduard Stucken und Alfred Döblin wie Leonhard Frank, die einen rechts, die anderen links. Die Chancen für den mit der NS-Regierung bereits sympathisierenden Flügel der Abteilung standen mehr als 60 zu 40. Die Entscheidung würde von der Stimme Oskar Loerkes abhängen. Plötzlich erschien im Sitzungsraum der Präsident der Akademie, Max von Schillings, der sonst nie an Sektionssitzungen teilzunehmen pflegte. Er machte antisemitische Stimmung, Gottfried Benn antikommunistische. Beide würgten sodann geschickt die Formulierung eines Protestes zu einer Kompromißerklärung ab, die Oskar Loerke erfand. Die Abteilung hatte sich quasi damit abgefunden, daß mit der Beseitigung von Heinrich Mann der politische Kopf der „Deutschen Dichter-Akademie" abgehackt worden war und ein kopfloser Rumpf zurückblieb. Mit ihm würde man schneller fertig werden. Dafür war eine Sitzung vorgesehen, die am 13. März 1933 stattfand.

Durch eine von Oskar Loerke geschickt erdachte Manipulation der Reisekostenfrage und durch verschleppte Benachrichtigung der auswärtigen oder unbequemen Mitglieder waren nur Rudolf Binding, der auf NSDAP-Kosten aus Breslau angeflogen wurde, ferner Oskar Loerke, Gottfried Benn, Walter von Molo und Eduard Stucken zugegen.

Man war also inzwischen sozusagen unter sich. Der nationale Bildungskuchen konnte aufgeteilt werden. Man akzeptierte gleich zu Beginn der Sitzung, als wäre es die selbstverständlichste Sache der Welt, die Nachricht, daß der inzwischen zum NS-Barden avancierte „Herr Hanns Johst zum Amtssenator der Abteilung ernannt worden ist", wiewohl ein solches Verfahren gegen die Statuten der Akademie verstieß. Unmittelbar darauf ergriff programmgemäß Gottfried Benn, wie es im Protokoll heißt, „das Wort zur Erläuterung der Lage", um anschließend eine von ihm formulierte und durch den wiederum anwesenden Präsidenten frisierte Erklärung auf den Tisch zu legen, die allen Mitgliedern der Abteilung vertraulich zur Unterschrift vorgelegt werden sollte, was sofort einstimmig beschlossen wurde. Sie hat folgenden Wortlaut:

„Sind Sie bereit, unter Anerkennung der veränderten geschichtlichen Lage weiter Ihre Person der Preußischen Akademie der Künste zur Verfügung zu stellen? Eine Bejahung dieser Frage schließt die öffentliche politische Betätigung gegen die Regierung aus und verpflichtet Sie zu einer loyalen Mitarbeit an den satzungsgemäß der Akademie zufallenden nationalen kulturellen Aufgaben im Sinne der veränderten geschichtlichen Lage."

Und so erreichte auf Grund des Beschlusses jener manipulierten Sitzung der Sektion für Dichtkunst auch Ricarda Huch dieser Text, begleitet von einem Schreiben des Präsidenten Max von Schillings mit folgendem Inhalt:

Preußische Akademie der Künste – Abteilung für Dichtung
Berlin, den 14. März 1933 Vertraulich!
Sehr geehrter Herr Kollege, die Sitzung vom 13. d. Ms. unter Teilnahme des unterzeichneten Präsidenten (Tagesordnung „Stellungnahme zu lebenswichtigen Fragen der Abteilung"), zu der Sie eingeladen waren, hat zu folgendem Ergebnis geführt: In Anbetracht der Lage müssen von der Abteilung sofortige Entschlüsse gefaßt werden. Die Abteilung unternimmt den Versuch, sich aus sich selbst heraus neu zu organisieren; sie sieht sich gezwungen, allen Mitgliedern die anliegende Frage vorzulegen, und bittet um sofortige Beantwortung ausschließlich mit ja oder nein und Ihre Unterschrift. Die Antwort muß spätestens am 21. März bei der Akademie eingetroffen sein.
Mit kollegialem Gruß Max v. Schillings

Das war ein den Mitgliedern oktroyiertes Abteilungsplebiszit für oder gegen Hitler. Zudem war es ein Plebiszit der Tücke. Wer mit Nein stimmte, hatte sich nicht nur selbst aus der Liste der Mitgliedschaft der Akademie gestrichen, sondern zugleich auch seine negative Einstellung gegenüber der NS-Staatsmacht mit Unterschrift preisgegeben, was später gegen den Betreffenden verwendet werden konnte. So wurde die Abteilung in einem abgekarteten Spiel mit Hilfe Gottfried Benns als Spiritus rector diaboli unter der Assistenz des Präsidenten Max von Schillings zum Handlanger des Hitler-Regimes, dem dadurch ein abermaliger eklatanter Eingriff erspart blieb. Die Prozedur dieser zweiten Reinigungsetappe zog sich bis Mitte April

1933 hin. Die Reaktion der einzelnen Mitglieder spaltete die Sektion in drei Gruppen. Die erste Gruppe waren die Mitläufer, die politisch Indifferenten, die alles blindlings unterschrieben, was ihnen die Akademie zur Unterschrift vorlegte. Die zweite Gruppe waren diejenigen, die ihr Jawort nicht ohne bekräftigenden Kommentar im Sinne der Nazis und mit dem Gruß „Heil Hitler" der Akademie übersandten. Die dritte Gruppe waren die Skeptiker, die politisch Wachen, die sich nicht einkaufen ließen. Zu ihnen zählte Ricarda Huch, die rasch entschlossen, nämlich bereits am 16. März 1933, und scharf formuliert folgenden Brief an den Präsidenten der Akademie richtete:

„In Erwiderung Ihrer Zuschrift vom 14. März bestreite ich Ihre Kompetenz, mir eine Frage von so unübersehbaren Konsequenzen vorzulegen, und lehne infolgedessen ab, sie zu beantworten. Die Mitglieder der Akademie werden nach Wortlaut der Satzung zur Ehrung und Anerkennung ihrer Leistungen berufen, ohne daß ein politisches Bekenntnis von ihnen gefordert wurde. Ich bin, seit ich der Akademie angehöre, stets mit Nachdruck dafür eingetreten, daß bei Beurteilung oder Wahl von Mitgliedern nichts anderes maßgebend sei als ihre künstlerische Leistung und die Bedeutung ihrer Persönlichkeit. Daran werde ich auch künftig festhalten. [. . .] Ricarda Huch"

Einen derartigen Brief wie diesen aus der Feder der mutigen Ricarda Huch hatte bislang kein Präsident der altehrwürdigen Akademie von einem ihrer Mitglieder erhalten. Nun ging es aber der Akademie aus Prestigegründen darum, sich angesichts des bislang erzwungenen Aderlasses gerade die Mitgliedschaft von Ricarda Huch, die im Ausland starkes Ansehen genoß, weiter zu erhalten. Max von Schillings glaubte, daß ihm dies mit den Mitteln seiner bisher so erfolgreichen Taktik gelingen würde, die er in die geschraubten Wendungen seines Briefes vom 22. März 1933 an die Rebellin verpackte:

„Sehr verehrte gnädige Frau, Sie haben darin vollständig recht, daß nach dem Wortlaut der bisher gültigen Satzung der Akademie meine an die Mitglieder gestellte Frage nicht zu meinen unmittelbaren Kompetenzen gehört. Aber wir befinden uns ja in einem Zustand der allgemeinen politischen und geschichtlichen Umwälzung, in der man auf die Satzungen und Statuten nicht mehr allein sich beziehen kann, wenn man zu lebensnotwendigen Beschlüssen gelangen will. In Einvernehmen mit der Abteilung für Dichtung ist der Beschluß gefaßt worden, außerhalb der Satzung allen Mitgliedern diese Frage zur Beantwortung vorzulegen.

Ich erlaube mir jedoch aus Ihrem Brief zu entnehmen, daß Sie zwar eine Beantwortung dieser Frage nicht zu geben wünschen, daß Sie aber andererseits auch nichts dagegen einzuwenden haben werden, wenn wir ein Mitglied von Ihrer hohen geistigen Bedeutung, Ihrem tiefen konservativen Lebensgefühl und Ihrer großen ins Volk reichenden schöpferischen Wirkung als Künstler weiter zu den Unseren zählen dürfen.

Mit dem Ausdruck ganz besonderer vorzüglicher Verehrung
Ihr sehr ergebener Max von Schillings"

Die kluge Frau indessen ließ sich nicht auf den Leim führen. Sie entgegnete dialektisch gewandt, nicht ohne ein Bekenntnis ihrer antifaschistischen Gesinnung abzulegen und ein vernichtendes Urteil über die Akademie zu fällen, die sich selbst verraten hatte. Ricarda Huch antwortete mit folgenden Zeilen aus Heidelberg am 24. März 1933:

„Sehr geehrter Herr Präsident! Aus Ihrem Schreiben vom 22. März schließe ich, daß Sie meine Ablehnung, die mir vorgelegte Frage zu unterzeichnen, so aufzufassen gedenken, als hätte ich sie mit Ja beantwortet; dies Ja kann ich aber um so weniger aussprechen, als ich verschiedene der inzwischen von der neuen Regierung vorgenommenen Handlungen auf das schärfste mißbillige.

Sie zweifeln nicht, davon überzeugt mich Ihr Brief, daß ich an dem nationalen Aufschwung von Herzen teilnehme; aber auf das Recht der freien Meinungsäußerung will ich nicht verzichten, und das täte ich durch eine Erklärung, wie die ist, die zu unterzeichnen ich aufgefordert wurde. Ich nehme an, daß ich durch diese Feststellung automatisch aus der Akademie ausgeschieden bin.

Außerdem müßte ich darauf gefaßt sein (Erlauben Sie, daß ich den ernsten Gegenstand durch einen Scherz würze), wenn ich in dieser Form in der Akademie bliebe, mein Leben im Zuchthause zu beschließen als ‚in einen nationalen Verband eingeschlichen'. Ich bin, sehr geehrter Herr Präsident, mit dem Ausdruck ausgezeichneter Hochachtung Ihre ergebene Ricarda Huch"

Der Präsident vermerkte auf einem diesen Zeilen angehängten Zettel, der für den Generalsekretär bestimmt war: „Sehr bedauerlich! Ob sich noch eine Einwirkung zur ‚Vernunft' erreichen ließe?"

Das Duell in Briefen zwischen der rebellierenden Ricarda Huch und dem „braunen" Präsidenten war damit noch nicht beendet. Erneut wurde ein sophistisch formulierter Lockbrief voll Speichelleckerei nach Heidelberg gesandt.

„Preußische Akademie der Künste
Berlin, den 6. April 1933
Hochverehrte gnädige Frau, die Fülle der Arbeiten der letzten Zeit und die Abhaltungen durch die Hundertjahrfeier der Musikabteilung der Akademie lassen mich erst heute dazu kommen, Ihren geschätzten Brief vom 24. v. Mts. zu erwidern. Sie betonen mit Recht, daß ich nicht daran zweifle, daß Sie an dem nationalen Aufschwung von Herzen teilnehmen. Sie legen aber unserer, den Mitgliedern zur Stellungnahme vorgelegten Erklärung einen nicht zutreffenden Sinn unter, wenn Sie annehmen, daß sich aus einer bejahenden Stellungnahme zu ihr ein Verzicht auf das Recht der freien Meinungsäußerung ergeben würde. Dies ist selbstverständlich keineswegs der Fall. Der Inhalt der Erklärung besagt doch nur, daß die Mitglieder, die ihr beitreten, gesonnen sind, im Sinne des nationalen Aufschwungs weiter an den Aufgaben der Akademie mitzuwirken und sich nicht öffentlich in einen Gegensatz zu der Regierung, die die Trägerin dieser nationalen Bewegung ist, zu setzen. Zur Vorlage dieser Erklärung gab uns das Verhalten des Herrn Heinrich Mann Anlaß, der in einem öffentlich plakatierten Aufruf die sozialdemokratische und kommunistische Partei zu einem Zusammenschluß und gemeinsamen Vorgehen gegen die nationalen Parteien bei der letzten Wahl aufforderte. Herr Heinrich Mann hat ja, wie Ihnen bekannt, aus seinem Verhalten die einzig mögliche Konsequenz gezogen und ist aus der Akademie ausgetreten. Daß Sie durch Ihre mir dargelegte Auffassung ‚automatisch aus der Akademie ausgeschieden' seien – dem vermag ich in Übereinstimmung mit meinen Herren Kollegen von der Dichterabteilung nicht beizustimmen. Ihr Austritt aus der Abteilung würde eine seltsame, unlogische Parallele zum Fall Heinrich Mann ergeben, die ganz sicher nicht in Ihrem Sinne liegen würde. Daß Sie in Ihren Anschauungen mit diesem Herrn und mit Herrn Dr. Döblin (der inzwischen ebenfalls aus der Akademie ausgetreten ist) im entschiedensten Gegensatz stehen, das ist, wie mir von Herren der Dichterabteilung versichert wird, früher in Sitzungen, deren Beratungen auf politische und weltanschauliche Gebiete führten, deutlich genug hervorgetreten. Es würde daher in der Öffentlichkeit nur mißverstanden werden, wenn auch Sie, ebenso wie Heinrich Mann und Dr. Döblin, aus der Akademie ausscheiden wollten. Daß ein solcher Schritt von Ihrer Seite undenkbar ist, das ist uns allen klar, denen Ihre deutsche Gesinnung und nationale Einstellung aus Ihrer von uns verehrten Persönlichkeit und aus Ihrem künstlerischen Schaffen bekannt ist. Wir können Ihnen nur versichern, daß es zu dieser Überzeugung für uns der

formalen Unterzeichnung der Erklärung nicht bedarf. Wir erhoffen aber von Ihnen ein bestimmtes Wort darüber, daß Sie uns treu bleiben werden, denn wie sollten wir die Möglichkeit gewinnen, die Abteilung für Dichtung im Sinne deutscher, nationaler Kunst zu stärken und auszubauen, wenn wir auf die Zugehörigkeit und Mitarbeit von Persönlichkeiten verzichten müßten, die schon längst auf die Gesinnung eingestellt sind, der die jetzige große nationale Bewegung zum Siege verholfen hat? Das Recht der freien Meinung verbleibt jedem nach wie vor; die Abteilung wünschte durch die Versendung der Erklärung nur eine Sicherung gegen unangebrachte, mit der nationalen Bewegung unvereinbare öffentliche politische Betätigung und zugleich ein Bekenntnis der Bereitschaft zur Mitarbeit an den Aufgaben der Akademie im nationalen Sinne. Dies möchte ich nochmals besonders betonen.

Mit der Versicherung größter Verehrung, Ihr ganz ergebener

Max v. Schillings (Präsident)"

Ricarda Huch antwortete umgehend, mit berechtigter Ironie, klar, endlich reinen Tisch machend, mit Sätzen, die für das andere Deutschland sprechen, das bereits zu entstehen begann, als das Dritte Reich seinen Marsch in den Untergang gerade erst angetreten hatte. Ricarda Huch schrieb am 9. April 1933 aus Heidelberg:

„Sehr geehrter Herr Präsident, lassen Sie mich zuerst Ihnen danken für das warme Interesse, das Sie an meinem Verbleiben in der Akademie nehmen. Es liegt mir daran, Ihnen verständlich zu machen, warum ich Ihrem Wunsche nicht entsprechen kann. Daß ein Deutscher deutsch empfindet, möchte ich fast für selbstverständlich halten; aber was deutsch ist, und wie Deutschtum sich betätigen soll, darüber gibt es verschiedene Meinungen. Was die jetzige Regierung als nationale Gesinnung vorschreibt, ist nicht mein Deutschtum. Die Zentralisierung, den Zwang, die brutalen Methoden, die Diffamierung Andersdenkender, das prahlerische Selbstlob halte ich für undeutsch und unheilvoll. Bei einer so sehr von der staatlich vorgeschriebenen abweichenden Auffassung halte ich es für unmöglich, in einer staatlichen Akademie zu bleiben. Sie sagen, die mir von der Akademie vorgelegte Erklärung werde mich nicht an der freien Meinungsäußerung hindern. Abgesehen davon, daß eine ‚loyale Mitarbeit an den satzungsgemäß der Akademie zufallenden nationalen kulturellen Aufgaben im Sinne der veränderten geschichtlichen Lage' eine Übereinstimmung mit dem Programm der Regierung erfordert, die bei mir nicht vorhanden ist, würde ich keine Zeitung oder Zeitschrift finden, die eine oppositionelle Meinung druckte. Da bleibt das Recht der freien Meinungsäußerung in der Theorie stecken.

Sie erwähnen die Herren Heinrich Mann und Dr. Döblin. Es ist wahr, daß ich mit Herrn Heinrich Mann nicht übereinstimmte, mit Herrn Dr. Döblin tat ich es nicht immer, aber doch in manchen Dingen. Jedenfalls möchte ich wünschen, daß alle nichtjüdischen Deutschen so gewissenhaft suchten das Richtige zu erkennen und zu tun, so offen, ehrlich und anständig wären, wie ich ihn immer gefunden habe. Meiner Ansicht nach konnte er angesichts der Judenhetze nicht anders handeln als er getan hat.

Daß mein Verlassen der Akademie keine Sympathiekundgebung für die genannten Herren ist, trotz der besonderen Achtung und Sympathie, die ich für Herrn Dr. Döblin empfinde, wird jeder wissen, der mich persönlich oder aus meinen Büchern kennt. Hiermit erkläre ich meinen Austritt aus der Akademie. [. . .] Ricarda Huch"

Wie Ricarda Huch und Alfred Döblin lehnten ein Ja für Hitler ab und verließen die Akademie: Alfons Paquet, Thomas Mann, Rudolf Pannwitz, René Schickele und Jakob Wassermann. Auf Grund eines damals „jüngst erlassenen Beamtengesetzes" wurden wenig später aus rassischen oder politischen Gründen Franz Werfel, Alfred Mombert, Ludwig Fulda, Bernhard Kellermann, Georg Kaiser, Leonhard Frank und Fritz von Unruh ausgestoßen. Die Aktion der sogenannten Reinigung der Deutschen Dichterakademie war am 8. Mai 1933, genau zwölf Jahre vor der bedingungslosen Kapitulation des Dritten Reiches, abgeschlossen. Der NS-Reichsdramaturg Rainer Schlösser stimmte im „Völkischen Beobachter" ein Triumphgeheul an, dem sich die übrige Presse, soweit sie inzwischen „gleichgeschaltet" war, anschloß. Der Präsident der Akademie, Max von Schillings, der sich beim Vollzug des „Reinigungsprozesses" im Sinne Hitlers verdient gemacht hatte, starb am 24. Juli des gleichen Jahres und erhielt als erster Akademie-Präsident ein Staatsbegräbnis, bei dem ein NS-Kampfbund-Orchester in der Stärke von 53 Mann aufspielte. Ihm wurde eine Stunde später auf Kosten der Akademie ein Faß Vollbier spendiert. Auf die verwaisten Sitze der Abteilung Dichtung wurden bereits am 5. Mai 1933 durch ein illegales Wahlverfahren jene wartenden Neulinge gesetzt, die eine Namensliste des NS-Reichskommissars für das Preußische Kultusministerium bestimmt hatte. Die sogenannte Reinigung der übrigen Sektionen der Akademie wurde auf Grund der inzwischen gewonnenen Erfahrungen bis Ende 1933 durchgeführt. Daraufhin war die Preußische Akademie der Künste, dieses drittälteste Kulturinstitut seiner Art in Europa, praktisch tot, wiewohl zum Weiterleben verurteilt. Ihre Tätigkeit im Dritten Reich hatte nur noch anekdotischen oder peinlichen Charakter.

1987

Alfred Kerr. Ein deutscher Kritiker im Exil

In den Morgenstunden des 23. Januar 1933 schrieb Alfred Kerr, der Starkritiker des „Berliner Tageblattes", seine letzte Theaterkritik auf deutschem Boden, in seinem Arbeitszimmer des Hauses Douglasstraße 10, Berlin-Grunewald. Es war die Rezension über die am Abend vorher gesehene Inszenierung von Goethes dramatischem Gedicht „Faust. Zweiter Teil" mit Werner Krauss und Gustaf Gründgens in den Hauptrollen im einstmals Königlichen Schauspielhaus am Gendarmenmarkt. Regie hatte Georg Lindemann geführt und die Bühnenbilder Teo Otto entworfen. Die sogenannte Vorkritik, kritisches Premieren-Signal, unmittelbar nach der Aufführung der Redaktion telefonisch übermittelt, war in der Morgenausgabe des „Berliner Tageblattes" erschienen. Der Setzer im Druckhaus wartete bereits wie immer auf das Manuskript der eigentlichen Rezension für die Abendausgabe. Alfred Kerr verfaßte volle 19 wohlüberlegte Absätze im Stil des bekannten und oft glossierten Stufenbaus seiner Texte. Der Absatz VI lautete:

„Was ist hier das Kerndrama? Es sind zwei Kerndramen. Erstens (aufs einfachste gebracht): in der verwirrenden Welt, voll von Roheit, Mühsal, Schönheit – arbeiten und nicht verzweifeln. Der andere Kern: die Liebe ist das Größeste. / Somit erstens: der Antrieb. Zweitens: der Trost. Der Antrieb (bewußtes Handeln) wird klar. Der Trost . . ."

Dieses Urteil Alfred Kerrs traf doppelt, traf zugleich Goethes große Dichtung und die deutsche Situation zu Beginn der dreißiger Jahre. Hunderte, ja aber Hunderte Kritiken aus der gleichen Feder waren vorausgegangen, in der „Königsberger Allgemeinen Zeitung", im „Breslauer Tageblatt", im roten „Tag" und in der „Welt am Abend", im „Hamburger Fremdenblatt", in der „Leipziger Volkszeitung", in den „Westfälischen neuesten Nachrichten" und in der „Roten Fahne", in der „Magdeburgischen Zeitung", im „Mannheimer Tageblatt", in der „Frankfurter Zeitung" und in der „Berliner Stimme". Feuilletons waren erschienen im „Pan", in der „Neuen Rundschau", in der „Literarischen Welt" und im „Neuen Weg", kritische Bemerkungen zur kulturellen und politischen Situation, zur Zensur, über die ewig rechts tendierende Justiz, vor allem aber gegen den zunehmenden Terror jener „Bewegung", die, vom deutschen Großkapital finanziert, von Hindenburg gerufen und von der Mehrheit des Reichstags gebilligt, am 30. Januar 1933 zur Staatsmacht gelangte, der in den folgenden zwölf Jahren Deutschland und 55 Millionen Menschen zum Opfer fielen.

Wer war dieser Alfred Kerr? Der Prototyp eines kritischen Temperaments jüdisch-deutscher Wirklichkeit, Sohn einer schlesischen Weinhändler-Familie. (In vino veritas!) Sein Vater wollte Maler werden. Er hatte die Revolution von 1848 erlebt. Aber dann wurde er doch nach der Eltern Geheiß ein Weinhändler. Der Sohn Alfred, am 25. Dezember 1867 zu Breslau geboren, notierte chronistisch mit biblischem Elan und merkantilem Stolz folgenden Stammbaum: „[. . .] auch meines Vaters Vater war Weinhändler gewesen und staatlicher Lotterieeinnehmer. Dessen Vater war gleichfalls Weinhändler gewesen; der Ururgroßvater ebenfalls – der hat ungarischen Wein, bevor es die Eisenbahn gab, in selbstgeführten Transporten jedes Jahr nach Deutschland gebracht."

In vino veritas! Nochmals sei es gesagt. Denn im Urenkel floß streitbares Blut, Blut der Wahrheit und der Schönheit. Die Väter hießen alle Kempner. So hieß der männliche Gipfelsproß nur bis 1911, als er den durch die schlesische Courths-Mahler, die sogenannte Tante Friederike Kempner, wie er meinte, zu arg belasteten Namen zusammendrängte in Kerr und dafür auch des Ministers von Moltke amtliche Segnung erwirkte. „Die Eltern" zwar, so berichtet er, „wünschten einen Sohn als Professor für Geschichte und Literatur". Er aber wurde, von seinem zwanzigsten Lebensjahr bis 1933 in Berlin lebend, ein Kritikus, als Nachfahre Lessings, Heines und Fontanes, ein Meister der exaktesten Ironie, ein produktiver Stilist, ein Bereicherer seiner geliebten Sprache, des Deutschen, ein wirklich freier Schriftsteller, frei schaltend und waltend, hörig allein der Wahrheit, aber mit Nuancen, mit Witz, mit schärfster Formulierung, romantisch, universal, vernarrt in die Natur, ins Leben und dennoch unerbittlich ordnend nach dem Gesetz seines kritischen Ichs. Alfred Kerr war ein Sprach-Praktiker, ein ästhetischer Trommler, pathetisch, aber nicht feierlich, deftig graziös, nicht sentimental manieriert. Anläßlich seines 60. Geburtstags zog er eine erste Summe seiner Tätigkeit, formulierte er ein erstes Resümee seiner kritischen Vielfalt:

„Ich glaube, daß die Sprache meine Sendung hienieden war: zugunsten Deutschlands. (Entschuldigen!) Ich habe den bloß auf lutherisch kennengelernten Stil des Alten Testaments verpreußt. Die Grammatik befreit. Die Kastelei gemordet. Die limpidezza gehöht. War bloß Kritik mein Gebiet? Die Sprache war es. (Obschon meine Kritik . . . Genug)"

Wie er vor allem die Hauptsachen schätzte und Nebensächliches beiseite ließ, wie er sich immer wieder konzentrierte, so schrieb er auch seine Texte meist mit Hauptsätzen und verzichtete auf Nebensätze, so zielte er jeweils ins Schwarze. Wie er andererseits gerade den Mann von der Straße mochte, liebte er es, seine Texte mit phonetischen Gassenbuben der Sprache zu würzen, mit Ausdrücken des Jargons, die meist trefflicher ausfielen als entsprechende Begriffe der Hochsprache. Seine Prosatexte sind nach Strophen geordnet. Sie bauen sich auf, sind modelliert nach dem unmittelbar erfahrenen Klang, sind pointiert, lieben den Stabreim und das Wortspiel, aber immer um der Sache willen, nie aus purem Unfug.

Alfred Kerr war Theodor Fontanes Entdeckung. Wie Theodor Fontane kämpfte Alfred Kerr neben Paul Schlenther und Otto Brahm für Ibsens Geltung auf der deutschen Bühne und im deutschen Bewußtsein. Theodor Fontane folgend, erkannte er Gerhart Hauptmanns Bedeutung und focht sie durch. Er, der Kempner hieß und sich Kerr nannte, war ein Kämpe, ein „Davidsbündler", ein Republikaner und Genießer. Nicht als Hobby, sondern als Lebensspaß galten ihm folgende Beschäftigungen: „Seefahren. Musikmachen. Kindern Gutenacht sagen. Atmen. Sätze meistern. Und Krach."

Was dieser literarische Bock und Prellbock geschrieben hat, strotzt noch heute von Aktualität und vom kritischen Temperament seines Verfassers. Der Funkenschlag Kerrscher Wort- und Satzkaskaden, die numerierte Treppe seiner geschliffenen Kristalle von Rezensionen, Gedichten, Songs, Plaudereien und Feuilletons entstand in der mit intellektueller Wollust gesuchten und provozierten Begegnung, ja im Zusammenprall zwischen seinem Ich und der Welt, will sagen, zwischen einem individuell-kritischen Subjekt und einem gerechtermaßen ausgelieferten Objekt. Ob diese Welt insofern der Liebe oder der Ironie ausgeliefert war, spielte keine Rolle. Das kritisch aufgeladene, also vernunftbegabte und leidenschaftlich formende Temperament eines solchen Subjekts besprang allemal ein mit Torheit und Seligkeit, mit Gemeinheit und Beglückung wartendes Welttier. Ein Temperament wäre sich selbst untreu, wenn es nichts als gerecht sein wollte. Ein Temperament benimmt sich auch nicht gleichförmig. Es tobt und wischt gelegentlich mit einer Handbewegung ganze Regimenter literarischer Produkte vom Tisch. Es ist einseitig wie das Glück, auf das alle Menschen erpicht sind. Doch wo sein Urteil wirklich Urteil ist, also nicht nur stimmt, sondern wahrhaftig und wahr ist, wird es zur Entdeckung, zur Überraschung der Wahrheit selbst. Und wo es sein Ziel verfehlt, wird dieser Fehlschuß ein Warnschuß für den im Hinterhalt wartenden Irrtum.

Das alles klingt berlinerisch. Alfred Kerr war nicht zuletzt deshalb ein so typischer Berliner, weil er aus Breslau stammte und somit dieser sprichwörtlichen Glosse eines der menschlichsten Argumente lieferte. Er war, wie sich selbst noch an der kläglichen Restbibliothek des Emigranten ablesen läßt, ein geistiger Feinschmecker, ein vitaler Impressionist, einer, der zwar allemal mit kritischen Händen, aber ästhetisch empfing. Der Name der von ihm herausgegebenen Zeitschrift „Pan" ist ein Symbol für Alfred Kerr selbst. Er war wie Pan ein stampfender, genießender und satirischer Mittagsgott des Lebens, der den Zenit des Welttages liebte, die Satten schreckte, zum munteren Reigen der Künste reizte und alles, was schön war, mit seiner Liebe umgarnte. Er wirkte in den ersten dreißig Jahren dieses Jahrhunderts wie ein Darwin des Künstlerischen, den Ausscheidungskampf des Wahren und Schönen betreibend. Sein Stil wie sein Urteil haben das wonnig Übertriebene der strotzenden Gesundheit und den selbstverständlichen Hochmut der Verwegenheit. In der Prägnanz seiner Sätze und Verse erklingt Sprachmelodie, erfreut das Pralle in der Kürze und fasziniert das Bestechende im Protokoll. Da dampft die Lebenslust des sinnlich Würzigen und schmeckt die Süßigkeit des geistigen Vergnügens.

Wer sich durch die Stapel an Zeitungen und Zeitschriften seines Nachlasses durchliest, der entdeckt mittendrin den für Alfred Kerr typischen Satz: „Heute wird als Kritiker siegen, wer unter ihnen der größte Künstler ist."

Dieser Anspruch war maßlos und ist richtig. Alfred Kerr forderte eine Kritik als Kunstgattung, demnach die Rezension des Künstlerischen mit äquivalenten Mitteln und in adäquater Form. Das war nicht nur ein Anspruch auf Qualität und Niveau. Das war auch ein Hieb gegen die Gemeinheit der Nivellierung des Künstlerischen zum Gebräuchlichen. Den Ansturm der Einebnung übersteht die Übertreibung des Echten. Also stockte Alfred Kerr auf dem Haus der Künste seine Wohnung auf. Zugleich ist Kritik als Kunstgattung im Zeitalter der Interpretation, der Exegese, des Weiterdenkens und Weitererlebens der zeichenhaften Künste, der chiffrierten Kunstäußerungen geradezu notwendig. Das Auslegen, Weiterdenken, Weitererleben des

Kunstdinges kann nur durch künstlerische Mittel, eben durch eine Kritik als Kunst möglich werden. So meinte Alfred Kerr. Und so kam durch ihn zum realistischen Handwerk der Kritik das schöpferische Feuer der Entdeckung, in dem sich subjektive Leidenschaft und objektive Vernunft verschmolzen. Solche Kritik formuliert nicht nur unter dem Quittungsstrich die Summe der geistigen Posten, sondern sie bebrütet auch die Eier der apollinischen Vögel. Da es sich beim Kritiker weder um eine Rechenmaschine noch um eine hellsichtige Glucke handelt, gibt es allerdings bei der Addition gelegentlich Fehler und gerät mitunter auch ein Kuckucksei ins Nest. Ist das Schuld? Wer will schelten? Der Betroffene. Er darf es.

Neben seinen literarischen Dingen hat Alfred Kerr auch recht aufschlußreiche biographische Souvenirs seiner Nachwelt vererbt. Dieser leidenschaftliche Mathematiker der Lebenslust war zugleich ein Sammler des Anschaulichen, ein Requisiteur seiner Existenz, oft sein eigener Korrepetitor, ja Kerr-Repetitor, nämlich kritischer Selbst-Korrektur. Dafür gibt es im Nachlaß vielerlei Hinweise: fünfmal nachkorrigierte Druckfahnen längst veröffentlichter, also ad acta gelegter Aufsätze, aus beschriebenen Papierschnitzeln zusammengekleisterte Kollagen von Manuskriptseiten und Notizblätter mit einer Auswahl von originellen Vokabeln als Wort-Rohstoff für ein Pamphlet. Was alles dieser Alfred Kerr in seinem ihm aufgezwungenen Nomadenleben für wert hielt, aufzubewahren, zeigt, daß er nicht nur ein poetischer Kritiker, sondern auch ein Poet des Lebens war. Die feinsinnige Mischung, ja Durchdringung von Sentimentalität und Zynismus, Wahrheit und Schönheit, Ethik und Eitelkeit, Liebe und Ironie kehrt in der skurrilen Struktur seines Lebensfundus wieder. Dort findet man unter anderem einen Jagdschein, der schon vor vielen Jahrzehnten abgelaufen ist, das Dokument der Namensumnennung, vielmehr der Namensverkürzung, in einem liebenswürdig beschrifteten Kuvert die ersten Haare des Sohnes, die Miniaturausgabe einer Psalmenbibel, Malbücher des Töchterchens Puppi, drei kleine Butzenscheiben aus dem Landhaus seiner Schwiegereltern in Holland, ein Kochrezept seiner Mutter aus Breslau, Theater- und Kintopp-Billetts und Fotos über Fotos. Dies und vieles andere schleppte der Emigrant Alfred Kerr mit sich herum, wußte gewiß, warum er sich bei aller Mühsal der Reisen nicht davon trennen mochte.

Alfred Kerr war ein Weitgereister, ein Nomade und Welteroberer. Seine Reisen nach Korsika, ins Yankeeland, nach Spanien, nach Frankreich, nach Italien und nach Algier waren Bereicherung des Lebens und der literarischen Substanz, Beiträge der Erfahrung und des

Weitblicks, zuletzt aber allemal, wie es die Briefe und Postkarten aus der Ferne melden, Ausbruch eines geradezu chronischen Heimwehs nach Berlin. Die längste Reise wurde dem deutschen Realpatrioten Alfred Kerr aufgezwungen. Es war die lange Reise seines Exils, die bei der Heimkehr nach Deutschland, am 12. Oktober 1948, als Reise in den Tod endete. Wie begann diese Reise, das oktroyierte Endspiel im Leben Alfred Kerrs?

Seit sechzehn Tagen war Hitler in Deutschland an der Macht. Die Gleichschaltung der deutschen Kultur hatte begonnen. Der faschistische Terror war ausgebrochen. Die Maschinerie der Verfolgung und Vernichtung setzte ein. Am 15. Februar 1933 mußte Alfred Kerr aus Deutschland fliehen. In seinem Buch „Die Diktatur des Hausknechts", das 1934 in Brüssel erschien, heißt es von eben jenem 15. Februar 1933, seinen Zusammenhängen und seinen bitteren Konsequenzen: „Hitler: das ist der Mob, der Nietzsche gelesen hat. [. . .] Das ist der Ochlokrat, der den ‚Individualisten' äfft. Das ist die Brutalität per Nachmachung [. . .]// Dies denkend lag ich im Grunewald mit Grippe im Bett. Ein Telephonanruf teilte mit: der Paß wird mir entzogen. Trotz 39 Grad Fieber raus aus dem Bett, nur einen Rucksack über, mit dem Allernötigsten. Nach dreieinhalb Stunden war ich in der Tschechoslowakei. [. . .]// Der Ehrenmensch Göring hat nachher im Radio gegen mich gekeift: weil ich der Stätte seines noblen Wirkens den Rücken gedreht habe. [. . .] Merkwürdigerweise vergaß er zu erwähnen, daß er 1923, nach dem Münchener Putsch, die Beine viel vorsichtiger in die Hand genommen hat . . . und in die Berge flennentlich ausgerückt ist; obgleich damals die Gefahr der Folterung für keinen bestand. Die Machthaber damals waren im Vergleich gutartig. / Ich floh vor Geiern, Herr Göring vor Hammeln. // Ich wüßte nicht, weshalb man dauernde Beleidigungsversuche solcher Burschen wortlos einstecken soll. Sie beschimpfen die Geretteten. Sie verleumden unsereins ganz dreckbewußt. [. . .] Unsagbare Komik: diese Pflanze als Richter zu sehn; uns als Angeklagte. Vor so einer Umkehrung fragt man: / Bin vielleicht ich es, der den Reichstag angezündet hat? Bin ich es, der erbärmlich-schmutzige Greuel beging (und sie verlogen abstritt)? [. . .] Bin ich es, der mit der Vorspiegelung ‚Sozialist' sich von der Großindustrie bezahlen ließ? Bin ich es, der mit der Maske ‚Vaterland' Deutschland [. . .] schändet? Bin ich es, der, mit dem Ladenschild ‚heroisch', den feigsten Krieg wider eine winzige Minderheit führt? (Auf einen Juden kommen in Deutschland mehr als hundert vorgebliche Arier.) [. . .] Bin ich es, der mit der Marke ‚Tod der Korruption!' die kleinen Gauner straft und korruptesten Gaunern die

Herrschaft sichert? [. . .] Bin ich es, der, mit der Schwindelbeteuerung ‚Disziplin', Mordlieder in den Straßen singen ließ? / Ich wüßte nicht, weshalb man Beleidigungsversuche solcher Kerls einstecken soll. // Ich rede nicht erst heut, vom sicheren Ort aus. Ich tat es in Deutschland, in Vers und Prosa, seit Jahr und Tag. Deshalb hat mich Goebbels, die rührige Mißgeburt, im ‚Angriff' damals auf die schwarze Liste gesetzt – mit der Weisung: solche Leute (sechs namentlich benannt noch, darunter Helmuth von Gerlach, Heinrich Mann, Arnold Zweig, der General Schönaich) seien an die Wand zu stellen. So eine Proskriptionsliste war in der Republik . . . möglich. // Ich hatte, soweit ein armer Einzelner es kann, den schmierigen Nazismus mit Gedichten, Aufsätzen, Reden bekämpft, verhöhnt, belichtet, bei jedem Anlaß, noch in Theaterkritiken. Ich brauchte damals, nicht erst heut, den Namen „Plagiatfaschismus". Ich hatte nach so vielen tierischen Mordtaten druckschriftlich erklärt: „Die geistigen Mittel sind erschöpft." Ich hatte die Antihitlerischen aufgefordert, „einen General zu mieten". Ich hatte durch mahnende Liedchen den linken Widerstand ermutigt: die sogenannte „Eiserne Front", die sich dann als blecherne Front erwies. Ich ließ im Radio keine Gelegenheit aus, zu gemeinsamer Abwehr gegen drohende Knechtung aufzurufen. Ich warnte diese laue, flaue, schlappe, mutlose Republik, die keine war.

Ich schrieb (1931):

Wer hat die schönsten Schäfchen?
Und klassische Musik?
Wer schläft das tiefste Schläfchen?
Eine gewisse, eine gewisse,
  eine gewisse Republik.

Wer sieht ein täglich Morden
Und findet keinen Rat?
Wer duldet Landsknechtshorden
Als rüden Staat im Staat?
Wer quirlt mit milden Händchen
Im Topf der Politik?
Wem mangelt dies Talentchen?
Einer gewissen, einer gewissen,
  einer gewissen Republik.

Sie hat ein reines Wollen
Und einen sanften Sinn.

Bevor noch Köpfe rollen,
Streckt sie schon ihren hin.
Wer schläft das tiefste Schläfchen
Trotz Militärmusik?

Wer hat die schönsten Schäfchen?
Eine gewisse, eine gewisse,
eine gewisse Republik.

Das erschien Jahre vor der Naziherrschaft. Vor dem Überfall auf ein Land. [. . .]// Ich schreibe diese Zeilen jetzt in Frankreich – und denke zurück an ein tief unglückliches Land. Es hat wunderbare Werte gezeigt . . . vor seiner Erniedrigung (die kitschverlogen Erhebung heißt). / Dem Land bleibt meine Liebe – man vergißt es nicht."

Der Berliner Korrespondent der „Wiener Volkszeitung" depeschierte unter dem Datum des 11. Mai 1933 folgenden Bericht an seine Redaktion:

„Mehr als zwanzigtausend deutsche Bücher sind gestern auf dem Opernplatz verbrannt worden. Möbeltransportwagen und Lastautos führten die Bücher vom Studentenhaus in der Oranienburgstraße über die Linden zum Scheiterhaufen, der auf dem Opernplatz errichtet worden war. Ein Fackelzug der SA und Studenten in Wichs begleiteten die todgeweihten Bücher, mehrere tausend Studenten und Jugendliche folgten. Vor dem Scheiterhaufen hielt der Studentenführer Gutjahr eine Ansprache, dann wanderten die Bücherpakete durch eine Kette von Händen zum Scheiterhaufen. Jedesmal, wenn ein Paket in die Flammen flog, wurde der Name des Verfassers ausgerufen und ein Spruch gesagt. (Ich hörte die Namen: Heinrich Mann, Erich Kästner, Sigmund Freud, Erich Maria Remarque, Kurt Tucholsky und Carl von Ossietzky. [. . .]/ (Der) Achte Rufer (gab zum Besten): Gegen Verhunzung der deutschen Sprache! Für Pflege des kostbarsten Gutes unseres Volkes! Ich übergebe den Flammen die Schriften von Alfred Kerr. / Zum Schluß hielt Reichsminister Goebbels eine Rede, in der er sagte: ‚Das Zeitalter des überspitzten jüdischen Intellektualismus hat sein Ende gefunden. Die Zeit ist vorbei, da sich die Bibliotheken anfüllten mit dem Unrat und dem Schmutz der jüdischen Asphaltliteratur'."

Am gleichen Abend, als in den deutschen Städten, in Berlin, Leipzig, München, Köln und Weimar, die Bücherverbrennungen stattfanden, ließ der holländische Arbeitersender in Hilversum bedeutende Autoren mit jenen Werken zu Worte kommen, die jenseits der

Grenze ins Feuer geworfen wurden. Darunter waren Texte von Alfred Kerr.

Am gleichen Tag erhielt Max von Schillings, Präsident der Preußischen Akademie der Künste, die Goethe-Medaille. Max von Schillings' Initiative hatte ja dazu beigetragen, daß Heinrich Mann und Käthe Kollwitz am 15. Februar 1933 (es war der Tag der Flucht Alfred Kerrs aus Deutschland) von der Mitgliederliste der Akademie gestrichen wurden. Am gleichen Tag referierte in der Klubsitzung der Sozialdemokratischen Partei zu Prag der Schulminister Dr. Derer über die Situation der in die Tschechoslowakei emigrierten deutschen Intellektuellen und über die Nutzbarmachung ihrer Fähigkeiten für die deutschen Kulturinstitutionen des Landes. Unter ihnen befand sich Alfred Kerr.

Im August 1933 wurde in Deutschland Alfred Kerr zum Staatsfeind gestempelt. Es folgten die offizielle Aberkennung der deutschen Staatsbürgerschaft und die Konfiskation seines Besitzes. Der Betroffene reiste weiter nach Paris. Dort sah er Ernst Busch wieder, den Genossen der Wahrheit, den Barden der Kommune, hörte ihn, hörte aus seinem Munde die Stimme Berlins, Deutschlands, des wahren Deutschlands, das sich retten wollte und nicht aufgab, das sich jenseits der deutschen Grenze wiederfand, eine Solidarität der Erinnerung und Hoffnung. Alfred Kerr brach in Tränen aus, lief aus dem Saal, stürzte nach Hause in sein Quartier und schrieb folgende Verse gleich einer Ballade nieder:

Ernst Busch in Paris

I
Und die métro ging, und der Abend erschien.
Und es flammten die Lichter des Saals,
Und er stand und er sang wie einst in Berlin,
Und es war wie dunnemals.

Und er kündete Streit der Fron und dem Leid
Des blutigen Jammertals,
Und er stand und er sang das „Lied der Zeit",
Und es war wie dunnemals.

II
Und er sang von dem Schwarm, den die Gnade flieht,
Von den Opfern, stumm und verstört,
Er sang zuletzt das „Stempellied"
(Das hab ich nicht mehr gehört).

Mit Lachen trotzt er dem braunen Troß,
Entging ihrer lockenden List.
Er heißt Ernst Busch, der kein Genoß
der staatlichen Kunstkammer ist.

III
Und er stand und sang im dämmrigen Kreis
Von dunklem Geleucht umloht,
Und sie saßen und lauschten, die Wangen heiß –
Und dachten ans Morgenrot.

Schon im ersten Jahr der Emigration stellte Alfred Kerr seine schriftstellerische Produktion ganz auf den Widerstand gegen Hitler um. Keine Theaterkritik wird geschrieben, weder in Prag, noch in Paris, noch in London, die nicht auch diese Frage stellt, auf sie anspielt oder sie sogar beantwortet, die Frage, was kann man tun, was muß man gegen Hitler unternehmen?

„Ja, wann wird Besserung denkbar? Rettung vor dem Gesinde-Terror, Rettung vor dem Weltversinken im Rotz. / Der Nazismus bleibt nur international zu beseitigen. / Zugreifen, eingreifen: das ist heute der kategorische Imperativ. Verdammte Schuldigkeit. // [. . .] Ruhe tritt letztens nur ein [. . .], wenn der Hitlerismus röchelnd am Boden liegt. // Dann wird ein menschlicher Rückfall wettgemacht. Dann wollen wir das Bündnis schließen. Dann schauen wir, die wir heut nicht Angeklagte, sondern Ankläger sind, in die entmistete Zukunft. Dann sehn manche die sehr geliebte Heimat wieder. Dann ist sie gesäubert von stinkenden Parvenüs; von rohen Wirrschädeln. Dann singen die Kinder, nicht mehr vom Haß durchseucht, nicht mehr von Demütigung bedroht, harmlos das hübsche Lied, das nicht mehr parodierende, heitere, vertraute, menschliche, friedvolle, befreite:

Wer hat die schönsten Schäfchen?
Die hat der goldne Mond."

So schrieb Alfred Kerr im Juli 1933. Doch bis zu seiner Rückkehr nach

Deutschland sollten noch fünfzehn bittere Jahre vergehen, Jahre weiterer Flucht, des Widerstands, des Heimwehs, der Erfahrung, des Zorns und der nimmermüden Erziehung.

Als erste Publikation Kerrs im Exil erschien 1934 in Brüssel das Buch „Die Diktatur des Hausknechts". Der Hausknecht ist Hitler. Sein Total-Konterfei prangt auf dem Umschlag des Buches: ein nacktes, brutales Etwas mit preußischem Haarschnitt, den blutigen Ochsenziemer in der Faust, die Hakenkreuz-Kette um den Stiernacken bis hinunter zum vorgeschobenen Wanst gehängt, den Tod als Freunderl an die Schulter geschmiegt, den rechten Zeh am linken Fußrücken reibend, stoppelig am ganzen Fleischkloß des Leibes, die Augen bis aufs Kinn verkniffen. Dem Ungeheuer konnte nur mit massiven Mitteln begegnet werden. Jedem das Seine. Unter der gleichen Devise waren die Texte und Verse verfaßt, die dieses Buch enthält: eine Tirade an Peitschenhieben, ein Trommelfeuer der wahrhaftigen Empörung, ein sprachlicher Aufstand der aktiven Humanität.

Alfred Kerr versäumte von jetzt ab keine Gelegenheit, mit Texten aus seiner spitzen Feder dem antifaschistischen Widerstand zu dienen. Er war kein Snob unter den literarischen Emigranten. Er formulierte die Zeilen so, daß sie der breiten Masse verständlich werden sollten. Er ging auf die Psyche des Mannes von der Straße ein. Er schrieb für alle, die ihn hören mochten. Denn alle mußten gegen Hitler mobilisiert werden. Aufklärung, immer wieder Aufklärung, das war die beste Parole, und zwar Aufklärung in allen Schichten.

Im Juli 1935 schrieb Alfred Kerr das Vorwort zu einer dreisprachigen (englisch-deutsch-französischen) Publikation mit Karikaturen über Juden, Christen und Heiden im „Dritten Reich". In diesem Vorwort heißt es:

„Es kann nicht schaden: die erzwungene Gemeinheit eines gedrosselten Europateils festzuhalten, druckschriftlich und im Bild. Den Zustand einer zur Hälfte viehischen, zur Hälfte bedauernswerten Menschengruppe sogar mit Lächeln zu belichten. Das Verzerrende wiederum in der Verzerrung zu beschwören – so daß wenigstens ein bißchen moralischer Ausgleich entsteht. // Gewiß, das alles vertreibt Hyänengeschöpfe nicht aus ihrem befestigten Stall. Das versperrt nicht ihre feig und schlau betonierten Mordstraßen. / Doch etwas nicht zu tun, bloß weil es vielleicht nicht nützt, ist nichtsnutzig in gewissen Fällen. / Vor Jahr und Tag schrieb ein damals blutjunger, sonst viel zu weicher Schriftsteller, der seitdem verscholl, namens Georg Hirschfeld, ein Stück – und von allem, was er je verfaßt, blieb nur ein Jugendwort hieraus im Gedächtnis: ‚Man muß protestieren!' Nämlich: ohne Rücksicht auf die Wirkung. Hier ist das frühe Facit eines ganzen Lebens; das Überdauernde; die Kerngültigkeit eines Imperativs. Man muß protestieren. / Und würden auch zwanzig europäische Ministerien unheilbar naziphil; und streckten auch zwanzig ministerielle Gentlemen zur Stärkung von Folterern, Brandstiftern, Gaunern, Rückbremsern, Kastrierern, Quacksalbern, Jahrmarktsmystikern, Menschenjägern ihnen zwanzigmal eine (künftig nicht leere) Hand hin – mit zwanzigfachem Rechtfertigungsvorwand: man muß protestieren. // Auch der Spaß kann ‚feststellen was ist'. // Läßt sich solchem Gesindel mit Bilderhumor beikommen? Doch. Warum nicht? Es kann nicht schaden. Jede Form ist mir heut recht. Sogar die hoffnungslos scheinende – sie braucht nicht hoffnungslos zu sein. Jeder Wille zum Feststellen fördert. (Aufklärung bleibt die Devise!) Jede Wallung zum Widerstand. Jedes Lachen als Anklage. Jede Heiterkeit als Angriff. Alles wird willkommen sein – nur das Nichthandeln nicht. Man muß protestieren. – / (Freilich: organisieren ist besser. Vergeßt es nicht)."

Als zweites Buch des Emigranten Alfred Kerr erschien 1935 bei Querido in Amsterdam der Band „Walther Rathenau" als „Erinnerungen eines Freundes", keine Biographie des jüdischen Großindustriellen, demokratischen Politikers und Schriftstellers, der am 24. Juni 1922 ermordet worden war, sondern ein kritisches Zeugnis für einen Menschen, erzählte Zeugenaussage, private Geschichtsbeschreibung für eine historische Persönlichkeit, die nach dem damals physischen Mord in der Weimarer Republik jetzt im „Dritten Reich" auch geistig exekutiert werden sollte. Diese Publikation war gedacht zugleich als Freundschaftsdienst und kämpferische Dokumentation, als Versuch einer historischen Richtigstellung auf dem internationalen Parkett und als Hieb gegen abermalige Handlanger der Gewalttätigen und nunmehr sogar Gewalthabenden in Deutschland, gegen solche, die sich für weitere Mordtaten und Meucheleien verkauften, hergaben oder hergeben würden. Anfang und Schluß der mit privater Objektivität und herzhafter Offenheit geschriebenen Monographie sind vom Ende Rathenaus überschattet.

„Ich war mit Walther Rathenau mehr als zwanzig Jahre befreundet. Lange lebten wir als Nachbarn im Grunewald. / Zwischendurch (weil ich seine unsichere Haltung tadelte) gab es in unserer Beziehung einen Stillstand. / Es war kein Bruch: sondern ein Einschnitt. Kein Schluß: sondern eine Pause. Später war alles Trennende vergessen. [. . .] // Wie ein freundliches Symbol des Friedens zwischen zwei einander Zugeneigten (obwohl Grundverschiedenen) war es, daß Walther kurz vor dem Tode den Kinderwagen schob, in dem mein erstgeborener kleiner Sohn lag. So zogen wir durch den Grunewald; er brachte das Wägelchen bis an das Haus – und auf diesem Spaziergang sprachen wir uns zum letzten Mal. // [. . .] Ich hatte Rathenaus Ermordung, als ich in Amerika war, in einem amerikanischen Blatt (New Yorks Staatszeitung) vorausgesagt – vier Wochen vor seinem Tod. // [. . .] Als der österreichische Sozialist Adler den Minister Stürgkh wegen Verfassungsbruchs erschoß, floh er nicht; er blieb tapfer wo er war; er ließ sich verhaften; er wollte für seine Tat einstehen. / Die stierköpfigen Trottel, die tückisch-brutal Rathenaus Wirbelsäule, Rathenaus Unterkiefer zerschmetterten, mit fünf Maschinenkugeln und einer Handgranate, sind nach der Tat feig geflohen. / Sie waren bezahlt. Nicht ihre völkische Falschromantik noch ihre hymnische Denkschwäche hatte sie gehindert, vor dem Mord Geld zu nehmen. / Sie durften sich nagelneu einkleiden (feine Ledermäntel); sie durften im Ratskeller von Steglitz Bier, Schnaps, Wein zechen; sie durften kleine Reisen machen (vorher besaßen sie keinen Pfennig); und hinterher hat einer von diesen Idealisten die andren für Geld an die Polizei verraten. Per Kasse. / Ihr Andenken wurde durch Adolf Hitler mit einem Festakt am Grabe geehrt. // [. . .] Sie waren Werkzeuge der Vollstreckung – für jenen Teil der Nation, der (wie Rathenau mir damals auf dem Spaziergang im Grunewald, mit dem Kinderwagen an der Hand, sagte), ‚einer sozialen Republik feindlich ist'. [. . .] / Maßgebend aber blieb: daß Rathenau Jude war. Ein Jude durfte nicht Außenminister sein; dem Lande nicht nützen – wie der Jude Disraeli in England, der Semit Gambetta in Frankreich getan hatten. Disraeli hat ein Denkmal vor der Westminsterabtei. Gambetta hat ein Denkmal im Garten des Louvreschlosses. In Deutschland wurde die eisernschlichte Gedächtnistafel an dem Ort, wo Rathenau fiel, von den Nazis abgerissen, beschmutzt, zerstört. (Wie Lassalles Grab auf dem Judenfriedhof in Breslau . . . obgleich er doch schon siebzig Jahre tot ist.) // [. . .] Ludendorff und Stinnes hatten sich gerächt. Jeder hatte, jeder nach einer Niederlage, den Minister Walther Rathenau öffentlich verdächtigt. // [. . .] Judentragödie? / Es ist eine: daß dieser Mensch, der sein ganzes Leben in Wahrheit für Deutschland gelebt hat; der keinen andren Wunsch als den, zu helfen, hatte; der sich, millionenreich, jedes Glück, außer diesem, versagt hat; [. . .] daß er von Deutschen roh ermordet wurde . . . weil er Jude war."

Seit 1936 gaben Bertolt Brecht, Lion Feuchtwanger und Willi Bredel in Moskau die literarische Monatsschrift „Das Wort" heraus, ein Zentralorgan der deutschen Literatur im Exil, das auch von Alfred Kerr mit Texten beschickt wurde. Im September-Heft des Jahrgangs

1938 erschien – neben Beiträgen von Julius Hay, Ludwig Renn, Georg Lukács, Herwarth Walden und anderen – Alfred Kerrs Filmplan „Cagliostro. Der große Scharlatan". Alfred Kerr sah in Cagliostro eine Personifizierung der regulativen Vernunft, der ausgleichenden Gerechtigkeit, die allen das zukommen läßt, was sie verdienen, die gegen Anmaßung, Dummheit, Eitelkeit und Gewalt mit Schlauheit agiert, zwar von den Herrschenden sekretiert wird, doch in der Wirkung auf die Gesellschaft unzerstörbar bleibt. Das „Tribunal der Inquisition" verurteilt Cagliostro „zu ewiger Gefangenschaft". Mit seiner „Rede vor Gericht" schließt das Film-Exposé Alfred Kerrs:

„Nur eine Kleinigkeit. An meinem Schicksal ist nichts mehr zu ändern. / Es ist natürlich nur ein Vorwand, daß ich wegen der ägyptischen Logen verurteilt bin, – das war ein harmloser Blödsinn . . . Ich bekenne hier freiwillig: ich habe viele betrogen – aber meistens waren es Esel. Manchmal Schurken. Es waren vielleicht auch bessere darunter; um derentwillen bereue ich mein Tun so tief, wie ein Mensch bereuen kann. Und es fliegt von hier ein Gruß an alle, die je freundlich zu mir waren – und die ich nicht zu betrügen brauchte. / Ich war eitel. Die meisten waren eitler als ich. Und verbrecherischer. Wenn ich beispielshalber an die russischen Fürsten zurückdenke: sie haben ihren unwahrscheinlichen Reichtum bestimmt auf schlimmere Weise erworben als ich; auf grausamere Weise. Im besten Falle waren es Nichtstuer, die viel zuviel geerbt hatten. Was macht denen die halbe Million, die ich stahl? Ich sage trotzdem nicht, daß es besonders ehrenhaft war . . . Und nun gar die Frauen, die meine kosmetischen Mittel unsinnig hoch bezahlten – die Damen waren wertloser als meine wertlosen Elixiere. Ich empfand hier keinen Gewissensbiß, sondern ruhige Seelenheiterkeit. / Ich bin mir klar: alle diese Menschen haben es mir sehr leicht gemacht. Diese Reichen und Großen nahmen mich glänzend auf, weil ich reich auftrat. Einen armen Schlucker mit denselben Prahlereien hätten sie noch nicht von hinten angeguckt. / Ich war ein Schwindler. Aber ich frage mich: wieso bin ich mehr Schwindler als hochangesehene Bankiers, die frei herumlaufen? Wieso bin ich mehr Scharlatan als hochgeachtete Ärzte? Wieso bin ich mehr Lügner als gefeierte Diplomaten? Wieso bin ich mehr Gesetzbetrüger als ein tüchtiger Anwalt? [. . .] / Nochmals: Ich habe viele Menschen geprellt – doch immer nur solche, die es hatten. Ich nahm nie einem Armen etwas – den Armen gab ich. Gewiß, ich war kein Engel – aber der Teufel, als den ihr mich hinstellt, war ich auch nicht. [. . .] / Ich schwöre bei den wenigen Dingen, die mir heilig sind, ich schwöre bei meinen Eltern im Grabe: ich war kein schlechter Mensch."

Die Schatten des nahenden Krieges verdichteten sich. Alfred Kerr begab sich von Paris nach London, aus seinem so geliebten Frankreich ins Land der Nebel. In London ruft er zum „Kreuzzug gegen Hitler" auf. Er rief es bereits in der „Pariser Tageszeitung", in der „Neuen Weltbühne", die in Paris erschien, im „Pariser Tageblatt" und in dem zu Paris gedruckten „Gegen-Angriff", und er ruft es jetzt auch über den „Deutschen Freiheitssender auf Welle 29,8", in der „New Yorker Staats-Zeitung", im „Argentinischen Tageblatt", im New Yorker „Aufbau" und über „BBC-London". Und als schließlich der Krieg Tatsächlichkeit wurde und Hitlers Heere Holland, Belgien, Frankreich, Dänemark, Norwegen und Griechenland überrannten, schreibt er Flugblätter, die über den besetzten Gebieten und über seiner Heimat Deutschland abgeworfen werden: Demaskierungen der Kriegsverbrecher, Aufrufe zur Vernunft, ja Bitten um Widerstand gegen den Teufel Hitler und seine Handlanger. Er ruft zum „Kreuzzug gegen Hitler", disputierend und aufklärend in Gesprächen, auf Partys, auf der Straße, in der Londoner Metro, am Strand der Themse, am Rinnstein, wo die Autos parken, im Foyer der Theater, in Theaterkritiken und in Essays. Er ruft die Engländer, die Franzosen, die Balten und die Italiener, die Juden und immer wieder die Juden in aller Welt. Für sie verfaßt er die Schrift „Ein Jude spricht zu Juden". An den Völkerbund richtet er folgende Zeilen:

„Wenn aber der Völkerbund eine Wirkung haben soll: er muß das dumme Prinzip der Nichteinmischung durchbrechen – in die inneren Verhältnisse. Wenn die menschliche Gesittung bedroht ist. (Sie ist es! Sie ist es! Und ein drittes Mal: sie ist es! Wo? In Deutschland! Seht Ihr es noch immer nicht? In Deutschland!) / Der Völkerbund hat die Pflicht sich einzumischen. Dann wird er ein Daseinsrecht haben. / Die wichtigsten Dinge: jede tiefste seelische Not, auch die des zweiten Mittelalters oder der drohenden Steinzeit mit Bakterienkrieg, ist nur international zu lösen."

Kerr wendet sich an die Arbeiter, so in der „Deutschen Volkszeitung" vom 26. März 1939, ruft zur „Sammlung aller antifaschistischen Gruppen" auf, verweist auf seine Parole, die er 1931 in der Zeitung „Welt am Abend" unter der Forderung „Widerstand" veröffentlicht hatte:

„Mit vorläufiger Beseitigung aller Unterschiede; von sämtlichen Linksparteien, vorneweg von den Arbeitern; ohne weltanschauliche Auseinandersetzung innerhalb dieser Parteien; (sie wäre 1. Zeitverlust, 2. Gefährdung einheitlichen Handelns). / Vielmehr soll dieser Zusammenschluß nur ein Zweckbund für den einen Fall sein. Was später kommt, sind spätere Sorgen. Die nächste heißt: Nullung der Augenblicksgefahr. Dann wird sie bloß eine Augenblicksgefahr gewesen sein."

In den Jahren des Londoner Aufenthaltes verfaßte Kerr das 410 Seiten umfassende Manuskript „Ich kam nach England" oder „Vive la bagatelle" und redigierte es für den Druck, der jedoch nie zustande kam. Im Vorwort nennt er den Text bereits „Ein gedrucktes Tagebuch: – der Harmlosigkeiten und der Schmerzen. / Mit einem Dank an England".

Mit dieser Schrift des Dankes an das Land, das dem Emigranten Asyl und neue Staatsbürgerschaft gewährte, entstand ein kritischer Spiegel der Zeit. Alfred Kerr geht mit seinen Freunden streng ins Gericht. So zieht er etwa einen Vergleich von 1937 zu 1922, als er bereits einmal in England war.

„Beispielshalber stehn die politischen Snowdens (Mrs. Snowden war 1922 bildhübsch und ist es gewiß heute noch; ihr Mann wurde seitdem viscount) – die Snowdens stehn heut im Geruch, aus Hakenkreuzschnäbeln zu piepen. [. . .] / Wahrscheinlich sind sie jetzt wie damals schlechthin ‚Deutschenfreunde'; das Wort deutsch wird als gleichbleibender Begriff genommen; was ein drolliger Irrtum wäre. / Denn deutsch vertritt an sich etwas Edles (besonders in musikalischer Hinsicht). Es kriegte ja nur durch die Nazis den Begriff: tückisch, verlogen, grausam-feig, großmäulig, ochlokratisch. / Aber das ist nicht deutsch, sondern braun. [. . .] // Liebe britische Verwechsler von deutsch und braun: schluckt ihr denn alles? Schluckt ihr einfach die braune Unethik und merkt nicht, daß damit in eurem Lande schon der Bazillenkrieg losgeht? Die seelische Seuche, die bei widerstandsloser Hinnahme jeden moralischen Besitz nullt? Ist das eine Kleinigkeit, ein Pappenstiel, eine Lumperei? (Eine Lumperei ist es.) / Findet ihr darin bloß etwas, das ‚politisch nicht ins Gewicht fällt'? Die Politik, ladies and gentlemen, soll ein Mittel zur Besserung sein: nicht ein Moloch gegen die Besserung! [. . .] / Seht ihr nicht, daß noch die Kunst herhalten muß zur letzten Unwahrheit: daß noch, wenn euer Sir Thomas Beecham ein Konzert in Berlin lenkt, Beifall auch bestellte Arbeit ist, auf die er kein Gewicht legen kann? Daß man ihn mißbraucht – für den politischen Zweck? / Seht ihr nicht den Unterschied sogar zwischen braun und braun . . . Sollen diese Dinge nicht gesagt, von euch nicht beachtet, diese Menschen nicht belichtet werden? [. . .] Wahnsinn wär's, weil man vormals deutschfreundlich war, heut nazifreundlich zu sein. // Es wird nicht besser werden in der Welt, bevor die Engländer einen Satz als wahr erkannt haben, der etwa so zu prägen bleibt: ‚Das Empire der Menschheit ist gefährdet.‘ (Nicht: ‚Das Empire ist gefährdet‘.)“

Ein Kapitel des Buches „Ich kam nach England“ erzählt von den Besuchen Alfred Kerrs bei Bernard Shaw, mit dem der Kritiker seit vielen Jahren im Briefwechsel stand, mit dem er sich kampelte, aber auch wieder vertrug.

„Bei Shaw. // Draußen war Nebel und Winter. Ich ging zu Shaw. / Seit unserem letzten Gespräch, 1922, waren dreizehn Jahren vorwärts in die Ewigkeit gerutscht. (Vorwärts?) / Shaw blieb davon unversehrt, federnd; lachend. Er streift nun die Achtzig. [. . .] // Als ich seinen weißen Bordeaux trank und mich zum Spaß deshalb entschuldigte, weil Shaw enthaltsam ist, wiederholte der Springinsfeld seinen Lieblingssatz: ihm tue, weit eher als ein Anregungsmittel, ein Beruhigungsmittel not. [. . .] // Draußen war Nebel. / Der Nebel gewann im Anblick dieses pumperlfrischen Achtzigers aber nicht die Bedeutung eines unangenehmen Zustands. Es schien als ob er einen erziehlichen Dramatiker gut konserviert hätte. [. . .] // Wie stehn die Engländer zu Shaw? Das wurde mir deutlich damals nach der Landung bei Newhaven. Behördlich wird man bei der Ankunft gefragt: ‚Wen kennen Sie in London?‘ Ich nannte Shaw. Später rang deshalb ein freundgewillter hoher Beamter die Augen: Shaw sei das Ungeeignetste, was in solchem Fall zu nennen bleibt [. . .] // Als Shaw früher gefragt wurde, ob er seine Stücke noch in Braundeutschland spielen lasse, sprach er (mit einer Frage antwortend): ‚Warum sollen meine Stücke nicht vor Kannibalen gespielt werden? . . .‘ / ‚Was hat ein voltairischer Mensch mit Blubo und Kartenlegerquatsch zu tun? Was ein hochstehender Pudel mit Ratten?‘ (Anmerkung: Leider hat sich der Pudel späterhin den Ratten etwas angefreundet. [. . .]) // Nach allem, was der im jetzigen Deutschland begünstigte Dramatiker unlängst in Aufsätzen für zwei Diktatoren (Mussolini und Hitler) schrieb – nach alledem weiß ich nicht, ob man bei einer Begegnung zu ihm sagen soll: ‚How do you do?‘ oder: ‚Heil Hitler!‘ [. . .] // (Gerade deshalb!) Man muß Shaw gegen Shaw verteidigen. Ein gutes Ölbild gegen einen vermanschten Öldruck. [. . .] // Alles das bleibt schmerzlich – vor dem jetzt (bereits) Zweiundachtzigjährigen. Doch Benjamin Franklin und Voltaire waren älter . . . und bestanden diese Greisenstufe mit besserem Erfolg.“

Auf dem Einladungszettel der in London ansässigen Zentren des PEN-Clubs zu einer Zusammenkunft in der Oxford Street am 15. Juli 1941 wird als Präsident der deutschen Gruppe Alfred Kerr genannt. Hitler hatte die Existenz und Wirkung des PEN-Clubs als „Bolschewisten-Tümpel" in seinem Machtbereich unterbunden. Alfred Kerr war vor 1933 der letzte legale Präsident der deutschen Gruppe gewesen. Nunmehr war er der erste Präsident der neu etablierten deutschen Gruppe im Exil geworden, die „dem Zusammenschluß deutscher anti-nazistischer Schriftsteller" dienen wollte. Die Situation war schwierig. Die finanziellen Voraussetzungen erwiesen sich als mager. Die interne Struktur war durch individuelle Nervosität mehr als gefährdet. Die sprachliche Heimatlosigkeit der Gemeinschaft blieb ein ständiger Unsicherheitsfaktor. Obwohl Alfred Kerr an Richard Friedenthal schrieb: „Der PEN-Club ist kein wichtiges Unternehmen, doch er braucht kein lächerliches zu werden", versuchte sein Präsident alle Möglichkeiten auszunutzen, um den Club für die Sache einzusetzen, die als Ziel seines Programms aufgestellt war: „Förderung von Verständnis und gutem Willen zwischen den Rassen und Nationen." In seiner Antrittsrede sagte Alfred Kerr:

„Liebe Flüchtlinge, – Das Kollegium, das die Vorarbeiten (für die deutsche Gruppe) geleistet hat, freut sich, Sie endlich begrüßen zu können. / Diese Vorarbeiten waren unverhältnismäßig schwer und langwierig: weil die nach Rudolf Oldens Tod vorgefundene deutsche Gruppe sich in tiefster Zerrüttung befand, in einem völlig unklaren Zustand. / Nicht mal die Adressen waren zu ermitteln; es stand nicht fest, wer Mitglied ist; wer deutsch, tschechisch, österreichisch, Mitglied des englischen PEN. [. . .] / Wir alle sind uns klar: daß der PEN im ganzen nichts Andres ist als eine gesellschaftliche Vereinigung für Schriftsteller mit ethischem Einschlag. / Wir, die deutsche Gruppe, sind zwar kein politischer Verein – aber wir haben ein gemeinsames politisches Ziel: Kampf gegen Faschismus [. . .] / Wir [. . .] kommen von sehr verschiedenem politischen Standpunkt her [. . .] Würde nun, innerhalb der deutschen Gruppe, ein Kampf um unsre verschiedenen Standpunkte ausgetragen: so würden wir auffliegen, bevor wir noch angefangen haben [. . .] / Fernzuhalten bleibt das ekelhafte Intrigieren, das in Emigrationen so oft im Schwange ist [. . .] / Wir wollen einen Club nicht verwechseln mit einer Komplott-Fabrik [. . .] / Unser Kampf soll sich gegen die Wölfe richten, nicht gegen die Gebissenen untereinander [. . .] / Liebe Flüchtlinge: – wir sind nicht Diktatoren, Usurpatoren . . . sondern wir waren bis jetzt (viel weniger pathetisch) Reinemachefrauen in einer furchtbaren Garage. Schollenmäßig ausgedrückt: Entsumpfungskolonne. Sie können mit uns säen. Wir werden gern Ihre Vorschläge hören. / Vielleicht können wir zusammen auch helfen – z. B. etwas für Kurt Kersten tun – der in Süd-Frankreich noch immer gefangen ist."

Alfred Kerr hielt mehrere Vorträge vor der deutschen PEN-Gruppe in London. Die meisten sind leider nur in Stichworten überliefert, die sich Alfred Kerr auf Heftblättern notiert hatte, mit blauen, roten und grünen, mit geraden oder gewellten Linien für den Vortrag präpariert. Zu den denkwürdigsten zählt der Vortrag, der Nietzsche und die Romantik zum Thema hatte. Er betraf Kerrs urtümlichstes Territorium, hatte er doch 1898 über „Godwi" seine Dissertation geschrieben und in allen Rezensionen, die er später verfaßte, niemals seinen romantischen Nährboden der klugen Arabeske, der Weltoffenheit, des französischen Metiers, der geistreichen Spielerei und rationellen Sinnlichkeit verleugnet. In den Notizen zu seinem PEN-Vortrag heißt es:

„‚Morgenröte, Gedanken über die Moral als Vorurteil', das hätte der Titel einer romantischen Schrift sein können. Daß es ‚nicht würdig' sei, ‚etwas zu bereuen', steht nicht im Nietzsche, sondern wörtlich im ‚Godwi' (Brentanos). Die Romantik verkündet einen ‚göttlichen Egoismus'. Wenn Nietzsche in Unverantwortlichkeit des Menschen predigt, wenn Nietzsche seiner Natur zu folgen als ersten Grundsatz hinstellt, so sind diese Punkte allesamt im Programm der Godwi-Zeit enthalten. [. . .] Heute ist die Romantiklehre wieder aufgeschleimt in dem verzweifelten, aber vor allem dummen Existentialismus. Während Nietzsche in Sachen des Unterschieds zwischen Hellenen und Nazarenern (die Grundlage seiner Hauptlehre) so gut wie alles aus der Speisekammer Heinrich Heines geholt hat. Nietzsche war im Hauptpunkt der appetitreichste Kostgänger dieses Dichters – und Heine war ein Romantiker, aber kein geistloser. Heine hatte nicht nur wie diese liebliche, fette Gefühle, sondern Ideen [. . .], aus denen die von Friedrich Wilhelm Nietzsche gewachsen sind."

Alfred Kerr hat die Resolutionen der PEN-Kongresse von 1933 in Jugoslawien, von 1934 in Schottland und von 1937 in Frankreich sehr gründlich studiert und, wie die Texte im Nachlaß zeigen, kluge Anmerkungen an den Rand gesetzt. Er wollte als Präsident der deutschen PEN-Gruppe nicht ausschließlich repräsentieren, sondern vor allem als kritischer, ja regulativer Kopf der Gemeinschaft gelten. Für die einzelnen Sitzungen schlug er u. a. folgende Diskussionspunkte der Tagesordnung vor: Förderung junger Talente, Gründung eines Lektorats-Ausschusses, der die Bücher junger Schriftsteller liest und rezensiert, Besprechungen neuester Literaturwerke des außerdeutschen Sprachraums, Referat „über die veränderte Lage im Film", die Situation des deutschen Verlagswesens und der deutschen Publizistik nach der Niederwerfung des Hitlerfaschismus, „Aussichten der Naturalisation" und die Club-Disziplin. Er wandte sich wohl gegen private Streitigkeiten zwischen Emigranten, plädierte aber für gegenseitige Kritik in literarischen Fragen.

„Es gibt über mich und Thomas Mann eine Menge Schauermärchen und Klatsch . . . Es ist aber doch (in einer freien Demokratie) nicht verboten, einen Schrifsteller weniger zu schätzen als andre; als viele von Ihnen. Es hängt (u. a.) instinktiv mit der Sprache zusammen. Geben Sie Denkfreiheit, Kritikfreiheit! Thomas Mann ist kein Glaubensartikel."

Alfred Kerr hat vor der deutschen PEN-Gruppe in London manche herzlich gepfefferte Laudatio auf ein, wie er es nannte, jeweils „reifes Geburtstagskind" des Clubs gehalten, aber noch mehr Nekrologe gesprochen, so für Robert Breuer, Fritz Stahl, Carl Sternheim und Franz Werfel, für Bruno Frank, Alfred Wolfenstein und Georg Kaiser. Im Nekrolog für Robert Musil heißt es:

„Musil kam nicht (wie so viele, die heut etwas sind) zu mir, als er noch auf der Schule war – sondern er war schon auf dem Polytechnikum. (Stuttgart) / Er war im Leben eine der anziehendsten, leichtschweren Gestalten, die ich getroffen habe. / Ein (auch äußerlich) ästhetischer Mensch – kein Ästhet! (Denn er hatte leisen Humor.) / Er war ein Grübler, – aber, trotz der Versenktheit, ein leicht-schwerer Grübler . . . Musil blieb immer ein Mittelding zwischen Mann und Knabe. Einer, der die unbegreiflichen Dinge des Hierseins bohrend, und fast hoffnungslos – aber mit einem nicht unheitren Kopfschütteln ansah. Er war offen für alles Ungelöste – dennoch nicht verzweifelt. Sondern lächelnd-kritisch. / Und ich liebte Musil, weil er nicht schmierte, sondern schrieb. // Das deutsche Sprichwort sagt: ‚Man soll bei Weibern wie bei Fischen / das Mittelstück erwischen.' – Es gilt nicht allemal für die Dichter. / Musils ‚Mittelstück' (nach dem ‚Törless') war nicht sein Bestes. / Das Hervorragende kam 1930 wieder: ‚Der Mann ohne Eigenschaften'. Ein Riesenroman. Riesig nicht wegen seines riesigen Umfangs, sondern wegen seiner riesigen Fülle. Es ist die kulturpolitische Betrachtung einer Epoche (in Deutschland), einer Gesellschaft (ebendort), vermengt mit der Spiegelung eines Ichs; seines Ichs; eines wertvollen Ichs. Das sein abgeschiedenes Ich überlebt. // Ja, er ging jetzt, mit 62 Jahren – der kleine polytechnische Student von damals. Seltsam. / Man denkt an einen Vergänglichkeitsvers, sogar von Hofmannsthal. Da sagt eine Person in ‚Elektra': ‚Es ist ja nicht ein Wasser, das vorbeirinnt – ich bins ja, ich.' // Ich sehe dem Dichter Robert Musil in Freundschaft nach – nicht sentimental, sondern noch dankbar für dieses Vergänglichkeitsgefühl, für das Lebensgefühl der Vergänglichkeit und für diese Stimmung, die noch sein Tod unsereinem gibt."

Während des Zweiten Weltkriegs wurden die ersten vier Takte von Beethovens Heldensymphonie, mit dumpfen Paukenschlägen intoniert, zum Pausenzeichen des Londoner Senders BBC, dessen Sendungen in deutscher Sprache nicht nur den Lügenvorhang des nazistischen Rundfunks mit objektiven Berichten zerteilten, sondern auch ein Sprachrohr der deutschen Emigration waren. Alfred Kerr war einer der fleißigsten und trefflichsten Autoren. Er verfaßte u. a. für BBC-London auf fünf Seiten ein Protokoll über „Hitlers Un-Weg von 1923 bis 1943", ein Konzentrat der Tatsächlichkeiten, wie er es apostrophiert, „nicht eine Charakteristik: sondern eine Anklage". Dafür reichte bereits die Aufzählung der Fakten aus. Man mußte sie lediglich bezeichnen. Wieder ergriff Alfred Kerr die Möglichkeit der Aufklärung, einmal gegenüber seinen Landsleuten, dem hörigen, hörigen, alles der „Vorsehung" zuschiebenden deutschen Volk, und ein anderes Mal gegenüber den zaudernden, mehr psychologisierenden statt aktiven Alliierten. Ein weiterer Vortrag für BBC-London trägt den Titel „Deutsche Psyche". Alfred Kerr greift das Thema historisch und aktuell auf. Aus der Geschichte lernen, hatte Hitler gepredigt. Also hielt Alfred Kerr eine Geschichtsstunde ab, riß den Vorhang weg, den Alfred Rosenberg zugezogen hielt und mit Mythen bemalt hatte. „Es ist affig, vor jedem Mythos auf dem Bauch zu liegen." Kerrs Analyse ist fundiert und rigoros, eine geradezu brutale, schockierende Wahrheit, aber eine Wahrheit, die leider, wagt man zwanzig Jahre nach dem Zusammenbruch des „Dritten", des „Tausendjährigen Reiches" eine ehrliche Retrospektive, nicht ohne Parallelen in der Gegenwart ist.

„Es lassen sich zunächst zwei Kategorien unterscheiden, die es jetzt in Deutschland gibt: solche Gestalten, die auf den Leim gehn – und solche, die tun, als ob sie auf den Leim gingen. Dazu kommt eine dritte Gattung, die für den Augenblick fest an Hitler glaubt, aber seinen Erfolg in Zukunft beargwöhnt. Ungefähr wie Letizia, die Mutter Napoleons, das ausdrückte: ‚Es geht gut – aber ist es von Dauer?' ‚Ça va bien pourvu que ça dure?' Auch diese Gruppe fragt, wohlgemerkt, nicht, ob Hitlers Tun vor dem Gewissen zu rechtfertigen ist, sondern: ob er auch künftig Erfolg haben wird. Zu dieser Gattung gehört das meiste, was jetzt in Deutschland lebt. Sie machen mit: indem sie die Wertung vom Ausgang abhängig machen. // Sogar moralisch empfindliche Deutsche (das ist sehr schmerzlich und zugleich sehr komisch) haben etwa folgenden Gedankengang – sozusagen in zwei getrennten Stockwerken. Erstens, im Oberbewußtsein: ‚Ich bin, als kultivierter Mensch, Anti-Nazi; ich verabscheue die entsetzliche

Grausamkeit, womit Hitler vorgeht; er ist ein schauerliches, erbarmungsloses Scheusal.' Dann, zweitens, im Unterbewußtsein: ‚Aber, alles in allem, Donnerwetter, ist dieses gewaltige Monstrum doch ein gewaltiges deutsches Monstrum.' Sie hassen ihn aus Pflicht, fühlen sich aber, durch den hohen Grad seiner Barbarei [. . .] geschmeichelt. Das sind die Schlimmsten. Moralisten, die instinktmäßig höchst unmoralisch sind. Besonders gefährlich, weil sie die Welt am sichersten täuschen. Sie machen nicht bloß den Eindruck überzeugter Hitlerfeinde, sie halten sich selber dafür, sie bringen Euch dazu, es zu glauben – und sie würden doch mit der zähesten Anhänglichkeit stets eine Hintertür finden, um den ‚verhaßten', ‚abscheulichen', ‚unmöglichen' Hitler in ein bewunderungsvolles Licht zu setzen. Ein Franzose des achtzehnten Jahrhunderts, Chamfort, sagte: ‚Am Unglück unserer besten Freunde ist etwas, das uns nicht mißfällt.' Als Seitenstück dazu sagt diese deutsche Gattung (sie sagt es nicht, aber sie fühlt es unbewußt) folgendes: ‚An der tierischen Roheit unseres schlimmsten Feindes ist etwas, das uns gegen unseren Willen gefällt.' Eine unmoralische Wildheit – aber doch eine deutsche Wildheit. // Die Deutschen sind ein Volk von Musikern, nicht von Charakteren. Selbst ihre edlen geistigen Heroen waren nicht sehr charakterstark – bei hervorragenden Leistungen. Kant widerrief sein größtes aufrichtigstes Werk in einem nachgesandten Zweifel, der Polizei zuliebe. Und als sein Wohnort Königsberg von den Russen besetzt wurde, war der erste Schritt dieses deutschen Denkers, die feindliche Zarin um Gehaltserhöhung zu bitten. Schiller, der in den ‚Räubern' ein Pronunziamento der Freiheit losgelassen hatte, schrieb während der Französischen Revolution das Wort: ‚Wenn sich die Völker selbst befrei'n, dann kann die Wohlfahrt nicht gedeih'n.' Goethe zog die Ungerechtigkeit nach eigenem Geständnis der Unordnung vor. Richard Wagner hat in Dresden als Republikaner gekämpft und schrieb dann den ‚Kaisermarsch'. Mein früherer Busenfreund Gerhart Hauptmann ist, nach den sozialistischen ‚Webern' und nach dem großen Drama ‚Florian Geyer', das gegen die Brutalität für Menschlichkeit kämpft, ein unterwürfiger Nazidiener geworden – er hat die Begegnung mit Hitler als den ‚größten Tag seines Lebens' bezeichnet; (er soll freilich manchmal, nach zwei Flaschen Rheinwein, sich unbefangen in anderem Sinn äußern). Beethoven allein blieb aufrecht. Er strich die Widmung an Napoleon auf der ersten Seite der ‚Eroica', sobald Bonaparte Diktator wurde. Er hat auch in Karlsbad nicht vor jeder aristokratischen Null gedienert, was er dem Goethe sehr übel nahm. / Beethovens Familie kam aus Belgien. // Ich habe, als Deutscher, natürlich

Deutschland sehr geliebt (nicht nur die Landschaft) und ich kann, bei so vielen Erinnerungen, nicht umhin, Deutschland noch immer zu lieben. Aber ich hielt eine Hitlerzeit nie für möglich; [. . .] / ich weiß jetzt, daß die Deutschen eine unvorstellbare Nation sind. [. . .] / Ja, es ist denkbar (so komisch es klingen mag), daß sie nach Hitlers Zusammenbruch den Nazismus aufgeben – aber nur auf Befehl. Und nur solange Demokratien die Gewalt haben. [. . .] // Eine unvorstellbare Nation. // Nietzsche sagt: ‚Gut deutsch sein heißt sich entdeutschen.' Er meint: um menschlicher zu sein, muß man einen großen Teil des deutschen Charakters loswerden. [. . .] // (Damit müssen die Deutschen selbst beginnen.) Ohne Sentimentalität – so wie diese Zeilen ohne Sentimentalität geschrieben sind. [. . .] / Wo nicht, könnte leicht etwas geschehn, was in der Terminologie desselben Nietzsche heißt: ‚Die Wiederkehr des Gleichen'."

Am 8. Mai 1945 war Hitler-Deutschland gezwungen, bedingungslos zu kapitulieren. Damit stand vor dem überlebenden deutschen Volk die Frage: ein neues Leben, ein wahrhaftiger Anfang in der Familie der Völker oder die „Wiederkehr des Gleichen". Am 13. Dezember 1945 veröffentlichte Alfred Kerr, der vier Wochen nach seiner Rückkehr in die deutsche Heimat am 12. Oktober 1948 starb, im „Wiener Kurier" einen Artikel über dieses Thema, in dem es heißt:

„Als ich im Frühling 1924 durch Amerika fuhr (ich war zum dritten Mal drüben), las ich auf einer Warnungstafel für Autos: ‚Fahre vernünftig – und du siehst unsere Stadt; fahre wild – und du siehst unseren Richter.' / Das Epigrammatische des Ausdrucks entzückte mich (man ist Schriftsteller – oder man ist es nicht); ich schrieb es begeistert auf und gab es begeistert wieder in einem begeisterten Buch, betitelt ‚Yankeeland'. / Heute ist es mir klar: diese Warnung galt nicht nur für Autolenker; auch für Politiker. / Nach meiner Begegnung mit Vercors, dem Dichter der französischen Widerstandsbewegung, und der Lektüre seines Romans ‚Das Schweigen des Meeres' dachte ich wieder an die Warnungstafeln. Und an die Kriegspolitiker, die nachher durch die Geographie gerast sind, Haltzeichen überrannten, Grenzpfähle zerbeulten, ganze Bevölkerungen überfuhren, blühende Jugend, blühendes Leben [. . .] und Sittengesezte zermalmten. / Sie haben ‚den Richter gesehn' (alle? Und wissen sie heut, die Überlebenden, was für ein Irrtum alles war? Wissen sies?)"

1966

Georg Kaiser – Dramatik und Dramaturgie

Die Frage nach Georg Kaisers Dramatik und Dramaturgie ist seit Diebold, Freyhan, Soergel, Lewin, Paulsen und Koenigsgarten in einer Vielzahl, ja Schwemme von Dissertationen sowie Magisterarbeiten der Literatur wie Theaterwissenschaft und sonstigen wissenschaftlichen oder feuilletonistischen Beiträgen gestellt worden. Die Antworten fallen teils miteinander identisch oder einander ähnlich, teils recht widersprüchlich aus. Die Gründe dafür sind erkennbar: zunächst noch fehlende Distanz zum Phänomen, um kritische Objektivität zu gewinnen, dann nicht selten gegensätzliche Aspekte wissenschaftlicher Theorien, wobei entweder idealistische oder pragmatische oder materialistische Intentionen eine Rolle spielen mochten, wenn es nicht gar Ideologie war, die jeweils auf ihre Weise zu einer ähnlichen oder anderen Einfärbung der Interpretation oder des Wertmaßes beitrug und schließlich dafür bestimmend war. Dies zu rekapitulieren und kritisch zu analysieren hieße, Eulen nach Athen zu tragen, ironisch gesagt, zusätzliche Fledermäuse nach Grünheide zu schleppen. Die betreffenden Texte sind bekannt bzw. liegen vor, sind bibliographiert. Es existieren zur Einsicht ein Georg-Kaiser-Archiv in Berlin und zwei Schwesterarchive desselben, das eine an der Universität Texas, das andere an der Universität Edmonton.

Was berechtigt, die Frage nach Dramatik und Dramaturgie Georg Kaisers erneut zu stellen? Jedenfalls kein Geburtstagsständchen! Er selbst gab einmal zum besten – ein typisches Aperçu seinerseits –, dafür der Nachwelt hundert Jahre Zeit zu lassen. Hegel verweist in seinen Schriften zur Ästhetik auf die unabdingbare historische Tatsache, daß bei der Entstehung eines Kunstwerks, somit auch eines Dramas bzw. „Stückwerks“, wie Georg Kaiser es nannte, drei Faktoren beteiligt, ja aktiviert sind: Wirklichkeit, Künstler und Kunstwerk. Sie stellen eine in sich geschlossene und gegenseitig bedingte Relation dar. Ändert sich innerhalb des historischen Prozesses einer dieser drei Faktoren, bedeutet das die zwangsläufige und entsprechende Veränderung der beiden anderen. Da sich seit der Produktion und ersten Rezeption des Kaiserschen Œuvres wie seiner wissenschaftlichen Beurteilung die historischen, politischen und gesellschaftlichen Verhältnisse eminent verändert haben, wird eine Neuorientierung darüber zwangsläufig. Derartige Bemühungen hinsichtlich Brecht, Unruh, Döblin und anderer Zeitgenossen Georg Kaisers haben längst begonnen. Dabei darf es weniger um ein wissenschaftliches, wenn nicht gar abstraktes Selbstverständnis gehen als vielmehr um den analytischen Test, inwieweit Georg Kaisers Dramatik und Dramaturgie für die heutige Theaterpraxis verwendbar, ja notwendig sind oder werden könnten. Wie hatte Georg Kaiser dementsprechend seine Aufgabe formuliert? „Begreifen wir doch alle: die Schaubühne ist keine moralische Anstalt – sie ist ein Kampfplatz."

Die in diesem Text integrierten Antworten auf den genannten Fragenkomplex werden angesichts der Breite und Vielfalt der Materie nur fragmentarisch bleiben können. Sie sollen der Versuch notwendiger Denkanstöße sein, natürlich auf ihre Art. Ähnliche Denkanstöße wurden zuletzt im Rahmenprogramm zur Ausstellung „Zwischen Widerstand und Anpassung" (gemeint ist die künstlerische Produktion zwischen 1933 und 1945 im faschistischen Deutschland) in der Akademie der Künste Westberlins versucht, dies durch die Inszenierung eines Präzedenzfalls der Dramatik Georg Kaisers, nämlich des Stückes „Klawitter" aus dem Diptychon „NSDAP". Anläßlich des 100. Geburtstags des Autors wird eine Wiederholung dieser Inszenierung im Studio der Akademie erfolgen. Welches Motiv steckte hinter diesem Wagnis? Wenn es darum gegangen wäre, den kaum noch gespielten Georg Kaiser wieder auf das Trapez jener Bretter zu heben, welche die Welt bedeuten sollen – und es fanden diesbezüglich viele Diskussionen statt –, dann hätte man wohl für eine paradigmatische Inszenierung zum Beispiel auf „Die Bürger von Calais", „Von morgens bis mitternachts", oder „Gas" oder „Nebeneinander" unter Beteiligung der Abteilung darstellende Kunst zurückgreifen müssen, zu der die bedeutendsten Regisseure und Schauspieler internationaler Couleur zählen. Doch das ist nicht Aufgabe der Akademie, sondern der hochdotierten Bühnen. Es ging vielmehr um das Wagnis eines Tests durch junge Theaterpraktiker, die den Faschismus nicht mehr erlebt haben und mit kritischer Intention nach einer gerechten Darstellung der Fakten suchen. Es ging um eine dramatische Dokumentation, um Aufklärung, um eine Lehrstück-Inszenierung in zweifachem Sinne, nämlich um ein sowohl dramatisches als auch dramaturgisches Lehrbeispiel unter historischem Aspekt.

Das Stück „Klawitter", das Georg Kaiser selbst als „eine ganz private Angelegenheit des Autors" bezeichnet hat, ja als, wie wir unter anderem von Julius Marx wissen, persönliche „Rechtfertigung vor der Geschichte", ist verständlicherweise im gängigen Repertoire der öffentlichen Bühnen, die mit Publikumszuspruch rechnen müssen, nicht aufführbar. Aber es ist ein dramatisches Zeitdokument besonderen Ranges, ist ein Zeugnis dafür, daß der brutale historische Prozeß imstande sein kann, die Dramatik eines Theater-Klassikers zu zerschneiden, der noch kaum ein Jahrzehnt vorher selbst die Karriere eines Gerhart Hauptmann übertrumpft hatte. „Klawitter" ist nicht nur ein selbstbiographisches Schlüsselstück, sondern auch das geradezu erschütternde Beispiel für eine Dramatik des Aufbäumens, wenn nicht gar des Hasses und doch auch der Hilflosigkeit zur Zeit des faschistischen Kulturterrors, der taktischen Gewalt gegenüber einem einst so brillanten Theatraliker und Meister der Dramatik. Ist Ernst Hoff, Held oder Unheld des Stückes, ein selbstkritisches, sarkastisches oder verblendet-ehrliches Selbstporträt Georg Kaisers? Dieser von den deutschen Gleichschaltungs-Faschisten getretene Dramatiker Hoff wird nicht zum antifaschistischen Kämpfer, sondern flüchtet sich in eines der Endasyle des deutschen Idealismus, in eines jener mißbrauchten Nester, aus dem auch der Hitlerfaschismus kroch. Hoff ist ein politischer Waisenknabe, ein Nurnochästhet, der die Verhältnisse eben derart nicht verändern kann noch will, sondern sich in Wartestellung und Anonymität zurücknimmt und deshalb letztlich gegenüber dem faschistischen Kulturterror scheitert. Er ist kein tragischer Held, sondern ein tragisches Etwas.

Solche im Banne des Kulturterrors produzierte Dramatik – dafür gilt Georg Kaisers „Klawitter" geradezu als Paradigma – enthält Wahrheitsfindung wie Verwirrung. Nur einige Beispiele: Zu den Teilen der Wahrheitsfindung des Stückes zählt die inszenierte Manipulation des kleinkarierten Naturburschen Klawitter zum erforderlichen Nationalkünstler durch den damit beauftragten Regierungsrat, auch ein Beispiel für die Menschenstrategie des Faschismus vom grünen Tisch aus. Wahrheitsfindung ist auch die Selbsterkenntnis des Autors in der Figur des verfemten und hintergangenen Dramatikers Hoff mit seiner pathetischen Ästhetik und humanistischen Träumerei, fern einer realistischen Bewußtseinsbildung politischer Notwendigkeit. Bei seinem Versuch, ein Zeitdokument über den Faschismus in ein Deutschland der Zukunft zu übermitteln, gab Georg Kaiser mehreren Figuren in seinem mit Galgenhumor als Komödie deklarierten Stück verfremdete, wenn nicht verballhornte Namen damaliger Akteure der

Theater-, Opern-, Film- und Verlagspraxis im Deutschland Hitlers, beispielsweise Pilpert von Hilpert, Koepfer von Klöpfer, Cabonari von Cebotari, Lida Dali von Lida Barová, Tibis vom Ares-Film von Tobis Klangfilm und Suhrke von Suhrkamp. Leider sind ihm dabei, wie die Forschung inzwischen beweisen konnte, wohl bedingt durch dazumal irrigen Eindruck und unzulängliches, nicht oder noch nicht gründlich kontrollierbares Quellenmaterial, auch peinliche Mißdeutungen unterlaufen. Georg Kaiser ist zu jenen Autoren eines gerechten Engagements gegen den NS-Faschismus zu zählen, die auf Grund ihrer traditionalistischen Schwerfälligkeit scheitern mußten. Brecht ist das Gegenbeispiel.

Georg Kaisers Dramatik ist über weite Flächen ihrer Legenden und Handlungen hin Schlüsseldramatik, dramatisierte Biographie, Selbstdarstellung. Hatte er nicht in den letzten Jahren seines Lebens immer erneut bekannt, daß sein eigentlichstes Werk sein Leben selbst gewesen sei? In seinen retrospektiven Aphorismen stehen folgende Zeilen: „Ich lebe für Georg Kaiser." „Nur mich rufe ich in meinen Werken auf – niemand anders." Ferner: „Ich versuche mir in meinen Werken klar darüber zu werden, wer ich bin. Das ist der Grund, weshalb ich schreibe. (Ich suche anderen nichts klarzumachen – ich suche mich. Nichts sonst. Ich bin in keiner Weise mitteilsam. Ich predige nicht – Ich rufe nicht auf – Ich will keine Jünger – keine Gemeinde. Nur mich.")

Daß eine Dramatik, die als expressionistisch festgeschrieben wurde, noch bevor es gelungen war, sich über das genügend Klarheit verschafft zu haben, was Expressionismus denn überhaupt war oder sein sollte, daß Ergebnisse einer derart, wie Pinthus es formulierte, „exzessiv-konstruktivistischen Theatralik" auf privatesten Erlebnissen, ja auf Realitäten, wenn nicht gar auf einem Realismus der Intimität basieren, wobei individuelle Quellen förmlich ausgeschöpft wurden, scheint überraschend zu sein. Barlach, Bronnen und Jahnn, aber auch Hasenclever, Toller und Wolfenstein können inzwischen als zusätzliche Kronzeugen dafür aufgerufen werden. Georg Kaiser hat sich selbst hinsichtlich der Stoffe und Entstehung mehrerer Stücke auf persönliche Erlebnisse und Anstöße berufen. Das klassische Beispiel ist das Stationendrama „Von morgens bis mitternachts", woraufhin ihn Brecht zu einem seiner „unehelichen Väter" ernannt hat. Doch von Georg Kaiser selbst nicht identifizierte Quellen konnten inzwischen eruiert werden. Einige Beispiele:

Die Schulverhältnisse in den Stücken „Der Fall des Schülers Vehgesack" und „Rektor Kleist" karikieren auch die von ihm frequentierte Klosterschule Unserer Lieben Frauen in Magdeburg. Tristan und Isolde im Stück „König Hahnrei" sind überzogene Konterfeis Kurt Weills und Lotte Lenyas, die Fritz Stiedry dem Autor überantwortet hatte, viel früher als bisher gewußt. Der „Silbersee" ist der Peetzsee, an dessen Ufer Georg Kaiser bis zur Emigration wohnte, deren Begrenzung er mit eigenen Finanzmitteln regulieren ließ. Und eben jener Olim erweist sich als literarisches Porträt des Landjäges von Grünheide, einziger Uniformierter, mit dem Georg Kaiser sprechen mochte, er, der dem durch die Faschisten verfemten Autor noch rechtzeitig zur Flucht verhalf vor der durch die Gestapo-Hauptstelle Groß-Berlin für den 25. Juni 1938 anberaumten Hausdurchsuchung in Grünheide. Jene Brücke zu den Pfahlbauten des Silbersees alias Peetzsees existierte tatsächlich – ich habe sie selbst gesehen –, wie sie auf Grund der Regieangaben des Autors im Stück auch szenisch etabliert werden soll. Ihr Sosein bedingt die dramaturgische Richtigkeit, ja Konsequenz des Vorgangs; denn wäre sie nicht derart wie im Stück konstruiert gewesen, hätte Olim die Broträuber gar nicht entdecken und also seinen das Spiel weiter motivierenden Schuß auf Severin auch nicht abfeuern können. Dramaturgisch gesehen, wäre ohne die Anregung durch die geradezu läppische Realvorlage des szenischen Versatzstückes der dramatische Prozeß am Schluß des ersten Aktes beendet gewesen. In der Hauskomödie „Die Dornfelds" hat der Autor die diffusen Verhältnisse der Großfamilie Kaiser literarisch, ja eben als Dramatik verarbeitet, wie er sie nach der Rückkehr aus Südamerika nicht nur bei den Eltern in Magdeburg, sondern auch bei seinen inzwischen verheirateten Brüdern in Trebitz bei Wittenberg und in Schulpforta bei Naumburg vorfand. Das zwar als vieraktig entworfene, leider aber im ersten Akt als Fragment steckengebliebene Lustspiel „Der Pfahl im Fleisch", zwei Jahre nach seiner Liebes- wie Geldheirat mit Margarete Habenicht geschrieben, porträtiert mit der Figur der Frau Fünfstück – Anspielung auf den Namen Habenicht – die auf kinderproduktive Finanzpolitik erpichte Schwiegermutter, zu der Georg Kaiser vor der Heirat zwar ein herzhaftes, wenn nicht gar intimes Verhältnis unterhielt, danach jedoch in eine wohl für beide Teile fast peinliche Bredouille geriet.

Exkursiv, da nicht zur Dramatik Georg Kaisers zählend, wiewohl voll dramatischer Brisanz, ist in diesem Zusammenhang auch auf die autobiographischen Quellen, Stoffe und Motive zu verweisen, die zur Entstehung der epischen Texte „Es ist genug", „Ein Arbeiter", „Soldat, der keine Auszeichnungen annehmen will" und „Die Diva und der Tod" beitrugen, um nur einige Beispiele anzuführen. Darüber mehr im Nachwort zu Band IV der Propyläen-Ausgabe.

Innerhalb der biographischen Quellen- und Motivkonstellation, die gewiß nicht nur für die Dramatik Georg Kaisers typisch ist, jedoch gerade in ihr einen besonderen Stellenwert einnimmt, erscheint die schon erwähnte „Klawitter"-Geschichte besondes eklatant. Sie ist historisch, politisch und nicht nur für den Autor selbst sogar entlarvend. Zum Vorgang: Als nach der Vertreibung der progressiven Dramatiker aus Hitler-Deutschland und dem Scheitern einer artgemäßen Dramatik nach Blut-und-Boden- oder Thingspiel-Manier mangels entsprechender „Talente" Goebbels um voreilig kaltgestellte, aber fachlich arrivierte Autoren im Lande zu werben begann, stieß der einstige Jesuitenschüler auch auf Georg Kaiser. Der Weihespielcharakter des Stückes „Die Bürger von Calais" mit seiner durchgespielten Penetranz vom Menschenopfer für eine Idee bot sich an. Georg Kaiser aber lehnte die Angebote des Reichspropagandaministeriums ab, für den NS-Staat zu arbeiten, wollte aber trotz der daraufhin von dort befohlenen Aushungerungstaktik Deutschland nicht verlassen. Von der Haltung des demokratischen Auslands während der Olympiade in Berlin enttäuscht, machte er sich Luft in jenen antifaschistischen Pamphletversen, die hektographiert ohne Nennung ihres Autors durch Arbeiter in den Werkhallen und Kantinen von Berlin-Siemensstadt verteilt wurden. Georg Kaiser fand dadurch Kontakte mit proletarischen Zellen des antifaschistischen Untergrunds in Berlin.

In diese Existenzsituation stößt folgende Tatsache, die durch einen Zeugenbericht belegt ist, der sich als Dossier im Georg-Kaiser-Archiv befindet, unterzeichnet mit notarieller Absicherung. Trotz Erlaubnis zu vorheriger inhaltlicher Wiedergabe soll vereinbarungsgemäß jedoch der Zeugenhut erst nach dem Tode seines jetzt noch in Berlin lebenden Trägers gelüftet werden. Ein Dramaturg der Ufa – es war der betreffende Zeuge – meldete sich in Grünheide an. Es kam zu einer Zusammenkunft, bei der Georg Kaiser die Lieferung eines Filmexposés mit klassischem Thema gegen einmalige Abfindung von Reichsmark 3000 vorgeschlagen wurde, allerdings unter der Bedingung seiner Anonymität. Und Georg Kaiser willigte ein, einerseits angesichts der Chance, wieder schreiben zu können, andererseits unter dem Zwang, leben zu müssen. Hatte ihm zu solchem Verhalten nicht bereits ein Berliner Theatermann im Juni 1935 geraten, als auf behördliche Weisung hin weder Gründgens noch Hilpert das ihnen parate Stück „Das Los des Ossian Balvesen" inszenieren durften? Im Brief Georg Kaisers vom Juni 1935 an Richard Révy heißt es: „Das Stückwerk war gut – aber es war von mir." Damals bereits tauchte der Plan auf, ein Stück „unter fremdem Namen" zu veröffentlichen. Jetzt war die Gelegenheit gekommen. Nur wußte Georg Kaiser nicht, wer der tatsächliche Auftraggeber war, für den jener Ufa-Dramaturg lediglich als Strohmann fungierte: Hermann Göring, dem es lediglich darum ging, seinem Rivalen innerhalb des Machtbereichs der NS-Kulturpolitik in Preußen, insbesondere in Berlin, nämlich Goebbels, damit ein Schnippchen zu schlagen. Der zur Aufführung des Films samt Mitarbeiterstab ins Reichsluftfahrtministerium geladene Chefpropagandist des Dritten Reiches äußerte sich enthusiastisch über Film und Thema. Als er sich nach dem im Vorspann nicht genannten Autor erkundigte, lüftete Göring schmunzelnd den Namen: Georg Kaiser. Goebbels soll daraufhin mit starrem Gesicht den Saal verlassen haben, angeblich auch mit Schwefelgestank. Wenige Tage später kam es zur Hausdurchsuchung in Grünheide, der Georg Kaiser, rechtzeitig durch den Landjäger des Ortes gewarnt, ins Schweizer Exil entfloh, aus dem er nicht mehr zurückkehrte.

Das sogenannte Werk, um das es in der Komödie „Klawitter" geht, ist, soweit bis jetzt eruierbar wurde, nach Inhalt und Titel mit dem seinerzeit gelieferten Filmexposé identisch. 1941 ließ Georg Kaiser mit dem Lustspielfragment „Abel Oberon" oder „Das gordische Ei" eine gesellschaftlich gelöste Variante des „Klawitter"-Themas folgen. Es wäre falsch, auf Grund des zunächst biographisch akzentuierten Querschnitts die Dramatik Georg Kaisers als so oder so gearteten Szenen-Exhibitionismus ausspielen zu wollen. Vor den Schluß seiner biographischen Schrift von 1920 setzte Georg Kaiser nach der im Telegrammstil vermittelten Reihung seiner Aufenthalte zwischen der Geburt in Magdeburg und der Ansiedlung in Weimar folgende Frage: „Was hält sich zwischen diesen Daten? / Sehr viele Tode. / Mit jedem Werk ein volles Leben gelebt." Also bedeutete ihm schon damals der Abschluß jedes Werkes – inzwischen waren „Gas" und „Gas. Zweiter Teil" mit seiner Totalvernichtung der Welt entstanden – nichts als jeweils ein gelebtes, also beendetes Leben, somit Tod. Im Œuvre Georg Kaisers wird, selbst schon auf Grund einer Statistik der dort dramatisch inszenierten Mord-, Totschlag-, Freitod- und gängigen Todes-Fälle geradezu eine theatralische Epidemie des letalen Abschlusses der menschlichen Existenz betrieben. Bereits sein erstes Stück, das Dramolett „Schellenkönig", deklariert ja der damals erst Siebzehnjährige als „blutige Groteske". Damit setzte der Todesreigen durch die reichlich produktive Stückzahl des allgemein als Klassiker expressionistischer Dramatik ausgewiesenen Tänzers der Stile und Themen ein. Steht dahinter ein permanenter Impetus, ein gedanklich formuliertes Motiv, vielleicht sogar eine Letalideologie?

Seit Soergels bedeutender Publikation „Im Banne des Expressionismus" (1925), diesem ersten Zitaten- und Bilder- wie Dokumentenarchiv expressionistischer Literatur in Buchform, gibt es kaum eine Abhandlung oder sontige Dissertation über Georg Kaiser, in der nicht dessen Sentenz zu finden ist: „Drama schreiben ist: einen Gedanken zu Ende denken." In der Tat: ein nachdenklicher, vom logischen Absolutismus des unabdingbaren Endes durchtränkter Satz, ja eine erschreckende Parole geistiger Finalität, welche die Existenz des Menschen als eines „Menschen im Tunnel" apostrophiert, des Individuums bei der Kanalisation in die Dunkelheit, ins Erdreich, nach unten, und zwar mit technischen Mitteln. Sind das weitergesponnene Todesgedanken des gleichen Dramatikers, der das Foto seiner Hände, leichenhaft hingefaltet und derart erstarrt im Prominenten-Fotostudio Riess der Metropole Berlin konterfeit, am 9. März 1930 eigenhändig mit dem Satz unterschrieb: „Das Leben ist eine Beunruhigung des Todes"? Gilt hier der Gedanke als Stellvertreter für das Denken überhaupt, für diesen letzten, unhintergehbaren Nachweis menschlicher Existenz im Gegensatz zur tierischen? Anderes wäre doch Vegetieren! Ende des Denkens als Endergebnis einer sich dementsprechend in ihren Einzelaktionen, also Stücken summierenden Dramatik bedeutet mehr als Gedankenschluß und damit Gedankenlosigkeit, Gedankenleere oder gar Gedankensinnlosigkeit, wenn nach dem letzten Akt der Vorhang dann gleichsam vor einem Nichts fällt, vor einem Loch, vor dem, was die antiken Tragiker nihil und nefas nannten, schaudernd vor dem Antlitz der Götter, die seit Kants Zerstörung der Metaphysik und Nietzsches Todesanzeige Gottes zumindest für die restlichen Abendländer verpufft zu sein scheinen. Brecht wollte genau das Gegenteil.

Georg Kaisers Tendenz einer Dramatik des gezielten Gedanken- und Denkauslaufs, Denk- und Gedankenschlusses, auf den ja dann nichts Menschliches mehr folgen kann, heißt auch bewußt inszenierte Ansatzlosigkeit, also auch Funktionsferne für jegliche Erkenntnis im Endeffekt und damit absolute, undurchlässige Mauer vor der Wahrheit. Das aber ist letztlich gleichzusetzen mit Menschenleere, mit Unmenschlichkeit, mit Tod. Spielte darauf bereits der Kamarillamord der Staatsmacht im ersten Stück Georg Kaisers, im „Schellenkönig", an? Und es folgten als weitere Demonstrationen: das konservierte Leichenfett im Margarinepäckchen auf dem Familienaltar des „Zentaurs", die Rücken an Rücken durch die Brust wie Schaschlik aufgespießten Liebenden Tristan und Isolde in „König Hahnrei", der sich in Existenzpanik über den Balkon in den Tod schaukelnde Kanzlist Krehler, das „abgeschlagene blutige Knabenhaupt / [. . .] auf dem Kopfkissen" am Schluß der „Ballade vom schönen Mädchen", der entleibte Kassierer unter den „Posaunenstößen" und den durch „Kurzschluß" explodierenden Lampen des Heilsarmeelokals im Schlußbild des Stückes „Von morgens bis mitternachts", die Translation, ja Altarerhöhung des sich selbst entleibenden und dadurch das Menschenopfer aller seiner Genossen fordernden Eustache de Saint-Pierre in den „Bürgern von Calais", der vom Gift bis zur exzentrischen Euphorie des Todes verbrannte Sokrates im „Geretteten Alkibiades" und so weiter und so weiter in einem nahezu penetranten tödlichen Rösselsprung von Stück zu Stück bis zum ästhetischen Mordmassaker der Rosamunde Floris, zum Soldaten Tanaka, der sich in nahezu Kleistschem Untergangstaumel den Gewehrkugeln der Staatsexekution ausliefert, zu Allan im „Floß der Medusa", der aus existentieller Generationsenttäuschung ablehnt, gerettet zu werden, mit unmenschlichen Erwachsenen weiterleben zu wollen wie Ingeborg im „Malte Laurids Brigge" (1904/1910) Rilkes, zu Paul in der „Spieldose", der aus Mordschuld ins todbringende Selbstopfer für andere flieht, und schließlich dem Lebensende des Autors selbst, dem Lebensende Georg Kaisers. Es war der Abschluß eines Lebens, das mit seinem Bogen von Magdeburg nach Ascona/Morcote einem recht undichterischen Tod zum Opfer fallen mußte, durch eine unsterile Injektionskanüle mit entsprechenden Folgen.

Die gesellschaftlichen Peinlichkeiten im Zusammenhang mit der Einäscherung der Leiche Georg Kaises am 6. Juni 1945 in Lugano sind bekannt. Sie erscheinen wie eine zwar nicht bewußte, aber eben doch erfolgte Dekadenzreaktion des klerikalen Spätbürgertums gegenüber dem Dramatiker von „Gats", also der Vermeidung des Lebens, gegenüber dem Dramatiker des Menschenopfers in den „Bürgern von Calais", dem Dramatiker dessen, was Goethe in seinem „Werther" (1779) die Penetranz des menschlichen Charakters genannt hat. Und was hatte zwei Jahrzehnte vorher der damals auf dem Zenit seines Schaffens und seines Erfolges stehende Dramatiker Georg Kaiser, Meister seiner Dramatik, „allen Schlechtorientierten", „Laubenkolonisten" und „Geschlechtslosen" aus der „ewigen Provinz" der „Viertelgefühle und Achtelgenüsse" mit ungenierter Bravour entgegengerufen, ja ins Gesicht geschleudert gleich einer Verkündigung: „Fehlte mir ein Stern – ein Erdteil: ich würde ihn entdecken." Wann und wo aber entpuppte er sich denn als Kolumbus einer derart hochgestochenen Dramatik, als dramatisierender Erdteilentdecker, ja sogar als dramatisierender Raumfahrer? Vielleicht noch im Stück „Gats" und im

Entwurf „Die Insel der Tausendjährigen Menschen"; doch da spricht er selbst von einem Romanplan, also nur von einem Plan.

Ein „Drama schreiben: ist einen Gedanken zu Ende denken". Unter dieser These hatte Georg Kaiser die Tendenzen seiner Dramatik subsumiert. War das so überraschend neu, so avantgardistisch, so typisch expressionistisch? Haben Lessings „Nathan" (1797), Goethes „Iphigenie" (1786) und „Egmont" (1788), Schillers „Wallenstein" (1800), Kleists „Penthesilea" (1808), Ibsens „Nora" (1879), selbst Gerhart Hauptmanns „Fuhrmann Henschel" (1898) wie einst Büchners „Woyzeck" (1836), Tschechows „Schwestern" (1900), Cocteaus „Orphée" (1926), nicht zuletzt aber Sartres Orest in den „Fliegen" (1943) und der „Caligula" (1938) von Camus nicht auch ihr Gedankenreservoir geradezu ausgeschöpft? Doch im Unterschied zu Georg Kaiser wurde der Kerngedanke ihres Themas nicht zu Ende gedacht, sondern durchdacht, durchgespielt, um schließlich Gedanke und Existenz miteinander zu identifizeren. Sie haben die von Georg Kaiser beschworene Einheit der Dramatik aus „Sinnlichkeit" und „Gedanken" realisiert. In Kaisers Stücken aber wird zu allermeist diese Einheit entweder zerrissen oder abgewürgt, gelangt sie weder zu Transzendenz noch zu Transparenz. Wie der Engel in den „Duineser Elegien" (1912–1922) Rilkes sind weder Eustache de Saint-Pierre und der Milliardärssohn noch der Kassierer und Marke aus den entsprechenden Stücken Kaisers, ja nicht einmal sein Pfandleiher existentiell nützlich. Sie alle gebärden sich letzten Endes als Pathetiker des Todes. In „Die Flucht nach Venedig" wird Dichtung sogar als Petrifizierung, als literarische Erstarrung des Erlebten vorgestellt: Dichtung als Tod des Lebens. In Entsprechung zu Rilkes Darstellung in seinen „Geschichten vom lieben Gott" (1904), daß Gott gebrauchbar sein müsse, taucht die Frage auf, was eine Dichtung soll, wenn sie nicht brauchbar werden kann, ja nicht einmal gebrauchbar werden will. Bei Georg Kaiser heißt es: „Dichter haben mit Publikum nichts zu schaffen." Er fordert: „Ausschließlich Hygiene." Also Desinfektion, Sterilität! Weg mit den selbst von Augustinus so geforderten Leidenschaften! Thomas Manns „Zauberberg" (1924) oder „Doktor Faustus" (1944), wo erst durch Bazillen Kreativität, Erhitzung des Geistes, das Schöpferische möglich wird, sind nur zwei Beispiele für die Antithetik eines Zeitgenossen zu Georg Kaisers Programm einer Dramatik der Abstraktion.

In den Rezensionen von Kerr bis Ihering zu Aufführungen Kaiserscher Stücke in den zwanziger Jahren kehrt der Hinweis immer wieder, daß zwar der erste Akt meist brillant, der zweite es insofern gerade noch, der dritte aber nur zu oft ein Versager gewesen sei. Und die Ursache dafür? Schwäche des Ansatzes solcher Dramatik oder genereller Konstruktionsfehler des dramaturgischen Aufbaus? Die Gültigkeit und eben auch Benutzbarkeit einer Dramatik werden nicht auf den Schreibtischen der Literatur- oder der Theaterwissenschaft nachgewiesen, sondern haben sich auf den Brettern der Bühne zu beweisen, durch die Theaterpraktik und Resonanz zum Publikum.

Warum schreibt ein Dramatiker seine Stücke? Zur Selbstbefriedigung oder Selbstbestätigung? Das mag teilweise z. B. auf die Produktion Hofmannsthals zutreffen. Schreibt der Dramatiker zwecks Lebensunerhalt oder, um gar Geschäfte zu machen? Hat er etwa darauf nicht auch ein Anrecht? Kunst geht nach Geld. Muß der Dramatiker nur Idealist sein? Ist er mit seiner Arbeit zum Pädagogen, Lehrmeister der Gesellschaft, wenn nicht gar zum praeceptor populi, ja mundi berufen, verpflichtet? Diese und ähnliche Fragen sind unzählige Male gestellt worden und haben sich bei der Beantwortung an rabulistischen Zitaten eigenwilliger, eigensinniger oder davon gelangweilter Autoren leider auch wissenschaftlich geradezu aufgegeilt und daher immer wieder aufgerieben. War es nicht Kafkas Wille, daß sein Werk nach dem Tode vernichtet werden soll? Gehört es zum Wesen einer Dramatik, ein Publikum zu wollen oder nicht? Wie steht es mit der Gültigkeit von Hölderlins These „Da ein Gespräch wir sind und wissen können voneinander"? Zählt es zum Charakter einer Dramatik, Gespräch oder Ansprache zu bilden? Tendiert sie zum Partner oder Beschenkten oder Belehrten oder gar zu einem von ihr Doktrinierten? Wie sah Georg Kaiser, der Biograph und Abschlußdenker der Dramatik, sein Verhältnis zum Publikum?

Gegenüber Karl Marilaun äußerte sich Kaiser 1921 (Entstehungsjahr von „Kanzlist Krehler" und „Noli me Tangere", zweier Stücke der Existenzkrise): „[. . .] es geht mich kaum mehr etwas an, wie meine Arbeiten vom Publikum aufgenommen oder vom Schauspieler gespielt werden." Also Desinteresse an Schauspieler wie Publikum, will sagen: an Inszenierung und Resonanz. Wenige Zeilen später dreht er jedoch den Spieß vehement um. Er rennt förmlich mit deklamatorischen Begründungen sein gerade noch desinteressiert betrachtetes Publikum an und macht das Theater zum Forum seiner Dramatik: „[. . .] da ich nicht in Büchern und Wälzern begraben wissen will, was ich ‚Allen' zu sagen habe, griff ich zum Theater. Es ist Plakat, Aufruf, lebendige Wirkung. Schon Platon fühlt, daß es – um wirken zu wollen – mit der Kontemplation nicht getan sei. Auch dieser weiseste Mensch greift schließlich zum ‚Theater'; zu Figuren, die in Rede und

Gegenrede den plastisch gewordenen Gedanken ins Hirn und Herz des Zuhörers hämmern."

Erst Dramatik des fast blasphemischen Desinteresses und dann Dramatik des massiven Rammhammers gegenüber dem Publikum. Ist das nicht eine Dramatik der Schizophrenie? Was tut Georg Kaiser in dieser Situation? Er holt sich einen Schutzheiligen. Und er sticht dabei hoch. Es beginnt die für ihn symptomatische Litanei der ebenso schwärmerischen wie verfehlten Berufungen auf Platon, auf den „Platonischen Dialog" als absolutes Prägemuster einer Dramenform. Alle Berufungen Georg Kaisers auf Platon lassen aber im Füllsel ihrer Übertreibungen keinen Satz erkennen, der irgendeine Identifizierungsmöglichkeit bietet. Die Superlative schwappen mit ihrem verabsolutierenden Pathos geradezu über. Nur einige Zitatbeispiele: „letzte Anschauung", „größte Möglichkeit", „maßloser Schwung", „profunde Weisheit", „grenzenloser Bezirk". Und dann: „Das Drama Platons [. . .] ist über alle Dramen." Hatte Platon solche Speichelleckerei nötig? Platon: ein Dramatiker, ja gleichsam Urvater der Dramatik? Er war konkreter als sein Schwärmer, war Schüler des Sokrates, war Philosoph, Entwerfer von Grundgesetzen, von Verfassungen, aber kein Dramatiker, auch wenn ihm die Formulierung seiner sokratischen Dialoge nicht ohne dramatische Spannung gelungen ist, wovon Georg Kaiser so manches für den Dialogstil etwa in den „Bürgern von Calais" oder im „Geretteten Alkibiades" gelernt haben mag. Aber ist derartiges vergleichbar mit der trefflichen Sinnlichkeit, wenn nicht Deftigkeit der Gedankenspiele in den Stücken Shakespeares oder mit dem barocken Arrangement der Gedankentiefe in Goethes „Faust II" (1832)? Hat da nicht auch die Commedia dell'arte mit ihrem lebenstrunkenen, saftigen und volkstümlichen Figurenregister eines Pantalone, Arlecchino, einer Pulcinella und Colombina viel mehr und eindrucksvoller Elementargut menschlicher Gedanken zum sinnlich herzhaften und zugleich verständlichen Spektakel der Wahrheit gemacht? Später bekannte Georg Kaiser: „Für mich blieb es immer ein erstaunlicher Vorgang, daß Stücke, die ich niederschrieb, aufführbar waren." Ist das als Resignation zu verstehen?

Georg Kaisers Stücke wurden nach 1945 auf deutschsprachigen Bühnen im Zuge eines gewissen Nachholbedürfnisses auf schwacher Flamme und unter dem Aspekt eines reuigen Wiedergutmachungsaspektes, ebenfalls auf schwacher Flamme, mit mäßiger Aufführungsziffer gespielt. Dann wurde es mit Ausnahme der Jahre 1959 und 1969 (80. und 90. Geburtstag des Autors) still um ihn in der Theaterwelt. Jetzt haben sich einige westdeutsche Bühnen entschlossen,

Georg Kaisers „Gas"-Diptychon als Abschreckungsbeispiel in Sachen Umweltschutz zu inszenieren; eine groteske Ambition. Mehr scheint nicht drin zu sein. Kommen die Thesen von der „Erneuerung des Menschen" und dem „gekonnten Menschen" heute nicht mehr an? Sind sie mit ihrem apostolischen Pathos längst überholt? Waren die Entwürfe und Kreationen solcher Dramatik, als sie in den zwanziger Jahren über die Bühnen der Welt rasten, vielleicht doch nur eine Sache der Mode? Und Georg Kaisers eigene Einstellung zur „Drama-Tat"?

„Mitteilung vom Dichter" stufte er schon in seiner ersten theoretischen Schrift als Strandgut ein. Ja er spricht insofern von „fatalem Unsinn". Was hält er von dem die Dramatik bestimmenden Geist, dem von den Expressionisten so vielfach beschworenen und zitierten? „Laßt ihn fließen [also liquidieren, W.H.] – man sieht das Rinnsal nicht – und eine Beschmutzung des Bürgersteigs bleibt ausgeschlossen." Warum? „Die öffentliche Ordnung hat ein Recht auf Trockenheit." Und außerdem: „[. . .] sowieso ist Geist das sinnvoll sinnloseste Abenteuer." Denn: „Dichter, das ist die Deplazierung in Figur." Doch die Warnung an den Bürger: „Krepiert ein Dichter – verrecken lautlos (gottlob lautlos!) vierzigmillionen Andere." Er reißt also die Bevölkerung eines ganzen Landes Europas mit sich in den Abgrund, ins Nichts, obwohl „die Devise Dichter" in den „Börsenhäusern für Kunst bestimmt nicht" notiert wird. Derart ironisch-pessimistisch, ja kaltschnäuzig, fast chaotisch-nihilistisch hat sich nicht einmal Benn seinerzeit geäußert. Das aber sind Sentenzen dessen, der zugleich wie ein Apologet, Prediger und Dogmatiker mit attraktiven Modeworten der zeitgenössischen Theologie gleichsam ex kathedra als Gesetz nicht etwa nur seiner, sondern der Dramatik überhaupt verkündet: „Vielgestaltig gestaltet der Dichter ‚eins': die Vision, die von Anfang ist. [. . .] Von welcher Art ist die Vision? / Es gibt nur eine: die von der Erneuerung des Menschen." Kann man in diesem Zusammenhang des Wortschwulstes dafür noch Husserls Begriff der Tiefenschau oder Bergsons These vom élan vital zum besseren Verständnis anbieten? Bei der Frage nach Dramatik, also nach Literaturproduktion, wie sie hier in bezug auf Georg Kaiser gestellt wurde, nistet sich von vornherein wie insgeheim im Hinterkopf die Gier nach Urteilsfindung ein. Da es um die Dramatik Georg Kaisers ging, ist es legitim, ihn selbst zur resümierenden Antwort aufzurufen. 1930 sagte er: „Ich finde, daß Wandern, Sporttreiben, seinen Körper spüren und beherrschen lernen, weitaus nützlicher ist als viel lesen, zumal das meiste davon ja doch nicht wert ist, daß man es behält und mit sich herumschleppt."

Die Frage nach der Dramatik Georg Kaisers hat thematisch, ja logischerweise die Frage nach einer Dramaturgie dieses emsigen Produzenten der „Drama-Tat" im Schlepptau. Dramaturgie nennt man im allgemeinen die Lehre vom Gesetz des Dramas. Wer entwirft, formuliert, verkündet und wendet dieses Gesetz an? Der Dramenproduzent selbst auf Grund seiner Produktionserfahrungen? Der Regisseur als szenischer Rezipient auf der Bühne? Der Dramaturg, der ja allein schon vom Namen her dafür zuständig erscheinen müßte? Der Schauspieler als Realisator der Figuren des Spiels? Der Rezensent als Kritiker oder Kritikaster von Text und Inszenierung? Ist Dramaturgie eine Sache der Theaterwissenschaft oder der Theaterpraxis oder beider Institutionen in dialektischer Korrelation? Geht es dabei auch um Demokratie, um ein Mitspracherecht des Publikums, des Theaterkonsumenten und Theaterfinanziers durch Eintrittsobolus und Steuerabgaben? Alle diese und weitere Fragen zum angesprochenen Phänomen werden parat bleiben müssen, wenn das Thema einer Dramaturgie speziell der Stücke Georg Kaisers kritisch zur Sprache kommen soll. Kann man überhaupt von so etwas wie einer typisch Kaiserschen Dramaturgie sprechen?

Diebold hat nicht zuletzt im Hinblick auf die Dramatik Kaisers sein denkwürdiges Buch zur Sache mit dem Titel „Anarchie im Drama" (1921) firmiert. Also Anarchie, nicht Gesetz, nicht Ordung! Andererseits schrieb er drei Jahre später für seine Georg-Kaiser-Monographie ein ganzes Kapitel über die „Denkdramaturgie" des betreffenden Autors, mit dem ihn bis zum Tode eine Haßliebe verband. Georg Kaiser hat in die Vielzahl seiner zumeist hinausgeschleuderten theoretischen Schriften zwar Sentenzen zur Dramaturgie hineingeschossen, die auf den ersten Eindruck hin wie Fundamentalsätze wirken, ja klingen, zumal sie nicht zuletzt mit ihrer Verwendung eines technisch plakatierten Vokabulars – „Energie", „Rotieren", „Quantum", „Bauplatz" etc. – durchaus nicht unoriginell gestrickt sind, wenn nicht sogar reizen. Dennoch ist in seinen Schriften kaum ewas Verwertbares zur Konkretisierung einer besonderen Dramaturgie Georg Kaisers zu finden. Seine dreizeilige Definition etwa des Unterschieds von „Tragödie" und „Lustspiel" ist kaum mehr als eine geschickte Wortmontage bereits anderweitig eingesetzter Termini. Der Text „Historientreue" wurde bekanntlich als bravourös formulierte Ausflucht geschrieben, nachdem sogar der „kleine Moritz" dahintergestiegen war, daß dem Klassiker des expressionistischen Dramas in seinen Stücken historische Schnitzer unterlaufen waren. Und der Betroffene? Einerseits betont er, was die Dramaturgie betrifft, ebenso markant wie kurz und bündig: „Er [der Dramatiker] konstruiert das Gesetz." Andererseits gesteht er kleinlaut, daß ihm selbst dieses „immanente Gesetz [. . .] schleierhaft bleibt". Schließlich schreibt er seinem zeitweiligen Sekretär Karl Otto, sich quasi aus der Affäre ziehend: „Das Aufschreiben von Theorie soll der dramatische Dichter unterlassen. Was er seine Figuren nicht sagen lassen kann, ist ihm selbst nicht deutlich." Nach einer einigermaßen ausgereiften Theorie des Dramaturgischen in den Texten Georg Kaisers zu suchen, noch dazu im Vergleich zu solchen Bemühungen etwa durch Aristoteles, Lessing und Brecht, mag einer Zeitverschwendung gleichkommen, selbst bei noch so emsiger, sozusagen mikrobiologischer Filtrierung unter theaterwissenschaftlichem Eifer. Dennoch hat Georg Kaiser eine zwar nicht unbedingt neue, aber für sein dramatischs Œuvre typische Dramaturgie entwickelt und mit unterschiedlicher Energie durch den Querschnitt seines Werks geschoben. Zehn dramaturgische Elementarbasen sind erkennbar.

1. Sentenz-Dramaturgie: Eine Reihe von Stücken – es sind mit seine besten – wurden von Georg Kaiser im Entwurf und Aufbau von einer vorgegebenen Sentenz her entfaltet. Diese Sentenz, sei sie vorher in einer Zeitung gelesen, sei sie während eines Gesprächs plötzlich als dramaturgisch relevant entdeckt, wurde, wofür auch Briefe des Autors zusätzliche Kriterien liefern, sofort notiert, später durchdacht und gleichsam mit Phantasie aufgeladen, so daß sie sich schließlich gleich einer dramatischen Entelechie szenisch zu entfalten vermochte. Beispiele dafür sind u. a. „Von morgens bis mitternachts" mit der Sentenz: „Man kauft immer weniger, als man bezahlt"; „Die Bürger von Calais" mit der Sentenz: „[. . .] ich habe den neuen Menschen gesehen – in dieser Nacht ist er geboren"; „Nebeneinander" mit der Sentenz: „[. . .] für einen fremden Menschen sich auf den Weg gemacht zu haben! – Darin liegt der Sinn und die Vollendung des Abenteuers"; ferner „Der Soldat Tanaka", erst als Stück im japanischen Händlermilieu geplant, dann aber, nicht zuletzt auf Grund des besonderen dramaturgischen Ansatzes, ins Koordinatensystem von Militär und Staatsjustiz transponiert, mit der Sentenz: „Der Kaiser soll mich um Entschuldigung bitten."

2. Psycho-Dramaturgie: Mit den in diesem Zusammenhang anzuführenden Stücken wie „Juana", „Der Protagonist", vor allem aber „König Hahnrei" erweist sich Kaiser nahezu als Sigmund Freud der Dramaturgie. In ihnen wird im Laufe des Spiels nicht etwa nur das Geflecht seelischer Komplexe seziert, freigelegt und in dramatische Handlung umgesetzt, sondern sogar auch mit dem Symbolreservoir

und nach den Verfahrensweisen der Psychoanalyse szenisch operiert. „König Hahnrei" ist dramatisierte Psychoanalyse, von Szene zu Szene den von Freud dafür vorgeschlagenen Phasen entsprechend; nur ist das Ende fatal, nicht Heilung, sondern Mord und Wahnsinn als Ergebnis des analytischen Erkenntnisprozesses. Vor der Urteilsverkündung im Münchener Prozeß rief Georg Kaiser den Richtern und dem anwesenden Publikum entgegen: „Tut dem Geist nicht zu weh, denn der Geist ist schon eine unheilbare Wunde."

3. Raum-Dramaturgie: Es geht um die Erkenntnis, daß dramatisches Geschehen wie das allgemeinmenschliche sich nicht isoliert, also nur in einem einzigen Raum entscheidet, sondern von den Geschehnissen in den Nachbarräumen beeinflußt ist, wenn nicht gar von dort bestimmt wird. Die Simultanität der Existenzen ist nicht nur zeitlich, sondern auch räumlich strukturiert; denn der Mensch ist körperlich. Die Dadaisten haben das in ihrem Zürcher Cabaret Voltaire schockierend demonstriert. Die Raum-Dramaturgie ist ohne die dementsprechenden architektonischen Bemühungen des Bauhauses und ohne Piscators Theatertechnik nicht denkbar. Georg Kaiser hat bereits bei der Niederschrift mehrerer seiner Stücke die Raum-Dramaturgie zur Forderung eines entsprechenden Bühnenbildes gemacht. Karl Jakob Hirsch und Traugott Müller griffen diese Forderung auf.

Im ersten Akt der „Bürger von Calais" fällt das Geschrei der drängenden Volksmassen von der hochgesetzten Marktfläche in die Tiefe des Versammlungsortes der noch zaudernden „Gewählten Bürger", während es im zweiten Akt aus der Tiefe in den hochgesetzten Saal der zum Opfer Entschlossenen hinaufstößt. Der Handlungsraum in „Noli me Tangere" ist dreigestuft: sichtbar das Männergefängnis, darüber unsichtbar die Frauenzelle mit Lichtschacht und darunter, ebenfalls unsichtbar, der „Keller", die Dunkelzelle für Sonderfälle. Was oben kichernd und unten stöhnend sich abspielt, wirkt sich auf den dramatischen Prozeß im Hauptspielraum zwischen oben und unten aus. In „Nebeneinander" wird die Raum-Dramaturgie der Simultanbühne sogar für Gesellschaftscharakteristik ausgewertet. Unten auf gerader Ebene vollzieht sich die Existenz des Pfandleihers, des ehrlichen, wahrhaftigen Menschentyps, oben rechts und oben links laufen oder tändeln die kleinkarierten und gerissenen Begebenheiten bzw. Aktionen der Schleusen- und der Kinoismusszenen ab, die einen in Blümchenblau, die anderen in Plüsch, aber auf schiefer Ebene, charakteristisch für die dort Agierenden. Piscator hat das in seiner Inszenierung des Stückes 1959 in Hamburg am trefflichsten verwirklicht. In „Zweimal Oliver" gelang Kaiser unter dem Aspekt einer

Raum-Dramaturgie sogar der Entwurf für die Arena eines Totaltheaters, zusammengesetzt aus den komplementären Spiegelbildern von imaginärem Zuschauerraum auf der einen und realem Zuschauerraum auf der anderen Seite. Über ihren Schnitt verläuft die Szene, auf der sich die Entscheidungen der Existenz des senil gewordenen Verwandlungskünstlers Oliver abspielen. Der ist durch diese dramaturgische Raumkonstellation gezwungen, nicht wie üblich zum Publikum hin, sondern für imaginäre Zuschauer zu spielen. Das Realpublikum schaut ständig hinter die Kulissen seiner Verwandlungstricks, ist also von Anfang an aufgeklärt. Mit Olivers Schuß auf seinen Doppelgänger kommt es auf Grund der hier angewandten, geradezu raffiniert entworfenen Raum-Dramaturgie gleichsam zu einem dialektischen Vabanquespiel zwischen Sein und Schein. Zwitter sind verurteilt, sich dort zu präsentieren. In den „Lederköpfen" wurde die bereits in „Noli me Tangere" bewährte Raum-Dramaturgie der Dreierstufung noch einmal aufgegriffen und weiterentwickelt. Über dem Saal des Basileus, des menschlich versagenden Potentaten, liegt nach einer emporsteigenden, ja emporjubelnden Treppe wie aus „Tausend und einer Nacht" die Kemenate der Prinzessin, der Verkörperung reinster Liebe, während aus dem Unterhof der Kamarilla die klatschenden Peitschenhiebe auf die Rücken der renitenten Lederköpfe zu hören sind, alles jeweilige Motive zum Fortgang der Handlung des Stückes.

4. Zeit-Dramaturgie: Die Zeitkontinuität innerhalb eines Stückes wird zerrissen, ja geradezu auseinandergekeilt. Das Gesetz der Aristotelischen Dramaturgie mit seiner Einheit von Raum, Zeit und Handlung wird liquidiert. Das erfolgt unter anderem in den Stücken „Der Mutige Seefahrer" und „Oktobertag", am eklatantesten jedoch in „Kolportage", jenem wohl bühnensichersten Sück Georg Kaisers, das mit seiner Berliner Nachkriegsinszenierung kaum noch von den Brettern des Schloßpark-Theaters herunterzuholen war, weil das Publikum wie die Schauspieler an diesem Gaudium festklebten. Zwischen dem Vorspiel und Hauptspiel des Stückes liegen zwanzig Jahre.

5. Zeichen-Dramaturgie: Sie entspricht wohl am meisten der Typendramatik, der Abstraktionstheatralik, wie sie Kaiser kalkulierte, nicht weit von jenem Stil entfernt, der Schlemmer in seinem „Triadischen Ballett" (1922) so überzeugend gelang. Nicht mehr Lebensformen wie in den Dramen Goethes, nicht mehr antithetische Ideen, wie sie Schiller gegeneinanderhetzte, auch keine biologistischen oder sozialen Probleme wie etwa in den Dramen von Holz und Gerhart Hauptmann, sondern Signale bestimmen das Schachspiel solcher Dramaturgie. Beispiele aus Stücken Georg Kaisers: das grelle Gelächter des

Lakaien im „Schellenkönig", die schwarzen Kugeln im präparierten Schicksalskorb der „Bürger von Calais", die Koralle im gleichnamigen Stück, der Schlips in „Zwei Krawatten", der verräterische Brief in „Nebeneinander", nicht zuletzt aber „Der weiße Herr" und die „Schwarzen Herren" in „Gas" sowie die „Blaufiguren" und die „Gelbfiguren" in „Gas. Zweiter Teil", in denen das Zeichen zur Marionette avanciert, eines der Tribute Georg Kaisers an Kleist.

6. Dramaturgie des kriminalistischen Elements: Es handelt sich um eine Wiederaufnahme und Weiterentwicklung jener dramaturgischen Praxis, wie sie Kleist in „Amphitryon" (1807) und dem „Zerbrochenen Krug" (1806) bereits so meisterlich beherrschte: das Herausfragen der Schuld durch den Befragten, die Entlarvung nicht des Verhörten, sondern des Verhörenden innerhalb des Verhörs, die Demaskierung des Anklägers als Schuldigem. Derartiges erfolgt nicht nur vor Gericht, sondern auch im anscheinend gutsituierten Ehenest mit seinen vor der Öffentlichkeit vertuschten Streits. Beispiele dafür liefern u. a. die Stücke „Die Bürger von Calais", „Der Gerettete Alkibiades", „Ächtung des Kriegers", „Hellseherei", „Adrienne Ambrossat", nicht zuletzt aber „Der Soldat Tanaka".

7. Dramaturgie des Spiels im Spiel: Sie ist seit Shakespeares „Hamlet" nichts Neues. Dort wurde bereits Dokumentartheater der historischen Aufklärung in Szene gesetzt, also nicht erst seit Hochhuth und Peter Weiss. Georg Kaiser verwendet dafür die Möglichkeiten und Chancen der Pantomime und des Wahnsinns, der ja doch eben auch ein Sinn ist. Wo im „Protagonisten" wie in der „Spieldose" Wahnsinn in Wahrheit oder gegenteilig umschlagen, läßt sich wohl kaum festschreiben.

8. Dramaturgie des Umkehrverfahrens oder reflexive Dramaturgie: Es geht um die gerade für Georg Kaiser typische Form des dramatischen Rösselsprungs, der kalkulierten Verwirrung, des unbemerkten Austausches, des dramaturgischen Kartenspielertricks. Sokrates im „Geretteten Alkibiades" ist Held und Betroffener. Der Vater des Eustache de Saint-Pierre in den „Bürgern von Calais" ist blind und sieht doch alles. Judith in der „Jüdischen Witwe" gilt als Witwe, ohne je tatsächlich Ehefrau gewesen zu sein. Die geschändete Catherine in „Oktobertag" wird zuletzt als apokryphe Bekenntnisbraut erkämpft. Von den vielen Doppelgängern, Spiegelfiguren, den Zweimaligen wie Oliver, Jean und Amphitryon ganz zu schweigen. Rosamunde Floris ist Massenmörderin und Unschuldige zugleich. Schon in der „Koralle" waren für die Öffentlichkeit wie für die nächsten Angehörigen Chef und Sekretär nicht auseinanderzuhalten.

9. Stationen-Dramaturgie: Was Brecht zum epischen Drama weiterentwickelt hat, wurde von Georg Kaiser initiiert. Das begann mit seiner Arbeitstechnik, nachts auf dem runden Arbeitstisch in Grünheide die Blätterstapel für ein geplantes Stück wie das Zifferblatt einer Uhr zu verteilen, um dann, um den Tisch laufend, etappenweise die Szenen- und Akttexte von Fall zu Fall aufzuschreiben. Die Stationentechnik blieb eines der liebsten Kinder Kaiserscher Dramaturgiepraxis. Ihren Präzedenzfall lieferte das Stück „Von morgens bis mitternachts". Aber auch „König Hahnrei", „Die jüdische Witwe" und selbst noch die dramatischen Entwürfe „Cham und Dal", an Brechts „Arturo Ui" (1957) erinnernd, sind dafür als gültige Kriterien gebrauchbar.

10. Dramaturgie der Satzzeichen und Orthographie: Georg Kaisers zwar eigenwillige, wiewohl durchdachte Satzzeichensetzung mit Reihungen von Rufzeichen und Gedankenstrichen, was aber alles einer sinnvollen, ja zweckmäßigen Dramaturgie dienen sollte, wurde vor allem von den Setzern seiner Ausgaben oft mißachtet, so daß er schließlich keine Korrekturen mehr las mit der Bemerkung: „Ich kann mich gegen den Setzer nicht durchsetzen." Indessen ist es so, daß durch die klar bemessene Häufung der Gedankenstriche innerhalb eines Dramentextes genaue Einheiten von Schweigefeldern signalisiert sind. Werden sie im Rhythmus des Gesamttextes vom Regisseur beachtet, trifft die Inszenierung den Originalstil und stimmt. Weitere Beispiele für diese grammatikalische Signaldramaturgie sind u. a. die häufige Kleinschreibung substantivierter Adjektiva, Participia und Verba, wodurch entweder die Minderwertigkeit der betreffenden Artikulation, Funktionsträchtigkeit oder Funktion selbst im Gesamtzusammenhang des Spiels apostrophiert oder eine herabsetzende Einschätzung des jeweiligen Kontrahenten gegenüber seinem Gegenspieler deutlich gemacht werden soll. Kleingeschriebenes Du in einem Dialog kennzeichnet Solidarität, ja Brüderlichkeit der Gesprächspartner, während ein großgeschriebenes Sie Distanz, wenn nicht gar Abneigung gegenüber dem Angesprochenen demonstriert. Das von Duden als „Lärmstange" angekreidete Rufzeichen hat in den Texten Georg Kaisers über seinen Satzzeichenwert hinaus auch Symbolwert. Selten steht es hinter Ruf- oder Befehlssätzen, sondern meistens hinter solchen, die wegen ihrer besonderen Bedeutung aus dem Kontext herausgehoben werden sollen. Wird ein Hauptsatz von seinem folgenden Infinitiv- oder Nebensatz durch kein Komma getrennt, ist es der Ausdruck dafür, daß eine Funktionsunterordnung der Passage durch die Regie falsch wäre, weil es sich um eine Handlungseinheit wie Denkeinheit handelt, also um Aktionskontinuität.

Die Beispiele dieser Form der Dramaturgie bei Kaiser sind vielfältig. Sie reichen bis in die emotionalisierte Einfärbung der Regieangaben, die nicht selten sogar über ihre übliche Aufgabe des Hinweises hinausschießen und dramatische Handlungsteile eines Spiels darstellen, gleichwertig dem Sprechtext, die Katharsis nicht weniger tragend wie diese.

Was ist abschließend zu dieser hier nur angeschnittenen Dramaturgie als Praxis zu sagen? Ich zitiere dazu Georg Kaiser selbst, der insofern gegenüber Hermann Kasack bekannte: „Ich möchte mein ganzes bisheriges Werk ‚Die Schule des Dramas' nennen."

1980

Der Epiker Georg Kaiser

Vor fünfzehn Jahren, am 4. Juni 1945, also nicht ganz zwei Monate nach dem endgültigen Zusammenbruch der nazistischen Diktatur in Deutschland, starb in der Schweiz der Dichter Georg Kaiser, eines der ungezählten Opfer seiner Zeit. Zwölf Jahre Ächtung, davon sieben Jahre bitteres Exil, Trennung von der Familie und brotlose Arbeit fanden mit diesem Tod ein tragisches Ende. Hoffend und planend wie kaum ein zweiter, hatte Georg Kaiser seine Rückkehr in ein befreites Deutschland seit langen Monaten vorbereitet.

Der allgemein als Dramatiker bekannte Dichter beschloß sein Leben als Epiker. Die letzte Niederschrift auf dem Sterbebett ist der erschütternde Versuch, den Roman „Ard" noch vor dem Eintritt der Agonie zu beenden. Die dramatische Feder hatte er bereits im Vorjahr nach der Niederschrift des Schauspiels „Bellerophon" aus der Hand gelegt. Auch „Das Werk Gedichte", zumeist ein Diktat der letzten sechs Lebensmonate, war abgeschlossen. Die Tatsache dieser prämortalen Arbeitseinsamkeit eines Dichters, der als Dramatiker Triumphe feierte und um dieser Dramatik willen aus seiner Heimat verbannt wurde, der dann aber vor seinem Tode die lyrische Formkraft geradezu beispiellos ergriff und dennoch mit der leidenschaftlichen Arbeit an einem Roman Abschied vom Leben nahm, scheint Anlaß genug zu sein, die Frage nach dem Epiker Georg Kaiser zu stellen. Das Kriterium seines epischen Nachlasses macht die gerechte Sache dieses Anlasses zu einer realen Notwendigkeit.

Siebzehn Titel epischer Werke Georg Kaisers sind bekannt. Unter historischem Aspekt läßt sich dazu feststellen, daß er lediglich in den letzten fünfzehn Lebensjahren als Epiker gearbeitet hat. Sie machen, 1930 einsetzend, ein Drittel seiner produktiven Schaffenszeit aus. Die Jahre 1932 bis 1937, 1941 und 1943 sind in diesem Drittel Schweigefelder. Von einer epischen Hochsaison kann man von 1938 bis 1940 und von 1942 bis 1945 sprechen. Im Hintergrund wird dafür zunächst ein recht realistisches Denken erkennbar. Von 1938 bis 1940 ist es der angestrengte Versuch, nach den großen materiellen Verlusten in Grünheide, die der Ächtung von 1933 auf den Fersen folgten, sich jetzt im Exilland einen schriftstellerischen Verdienst zu sichern. Es war eine Frage des Lebensunterhalts. Druckangebote lagen nicht für Dramen, wohl aber für Romane vor. Der Roman „Villa Aurea" erschien 1939/40 innerhalb kürzester Zeit in London, New York und Amsterdam. In einem Brief aus dem September 1941 an Julius Marx stellt der Dichter darum fest: „Dramen bleiben in unsern Schubladen liegen. Romane finden die Öffentlichkeit." Diese Erfahrung verbindet sich mit dem Auftauchen neuer Stoffe, die nur episch zu bewältigen waren, und mit dem für Georg Kaiser bezeichnenden, geradezu moralischen Impetus, schreiben zu müssen. So kommt es zur zweiten epischen Saison von 1942 bis 1945.

Unter formalem und statistischem Aspekt gliedert sich der Gesamtertrag in drei vollendete Romane, von denen einer textlich verschollen ist, drei Romanfragmente mit vollendetem ersten Kapitel, von denen ein Fragment eine zusätzliche Disposition mitbringt, die den Gesamtplan umreißt, fünf Romanpläne, teils mit ausführlichen und teils mit spärlichen Angaben in Briefen, wobei ein Plan zumindest ein durchdachtes Filmexposé abwirft, einen Novellenplan mit umgreifenden thematischen und kompositorischen Bemerkungen in einem besonderen Brief aus der Entstehungszeit und mit erhellenden Diskussionen zur Sache in der zeitlich benachbarten Korrespondenz, drei vollendete Erzählungen, ein Märchen, leider ebenfalls verschollen, und eine geplante Selbstbiographie, die als Apotheose des Gesamtwerks überhaupt und als Realisation des Satzes gewollt war: „Der Künstler kann nichts Größeres schaffen als sich selbst."

Unter thematischem und stilistischem Aspekt zeichnet sich eine Verwandlungslinie ab, wie sie auch von der Dramatik bekannt ist. Ihre Natur ist allerdings, dem epischen Element entsprechend, differenzierter und nicht so konsequent. Die Entwicklung der Kaiserschen Dramatik vom Expressionismus zum Wesensrealismus ist evident. Als der Dichter jedoch seinen ersten Roman schrieb, war die Grenze des Expressionismus bereits überschritten. Dem Vollzug des Wesensrealismus in der Dramatik entspricht in der Epik ein dialektischer Prozeß von Phantasie und Realität, von vorgestellter und vorgefundener „Vision", von mythischem und historischem Stoff, von Pathos und Ironie. Thomas Mann, ein Zeuge von unbestreitbarem Rang, hat das deutlich und mit dem Ausdruck seiner Bewunderung bemerkt. Vom subjektiven Wunschbild und seiner Sättigung führt der Weg über das gesellschaftskritische, historische und politische Sujet zur ätzenden oder erschütternden weltpolitischen und welthistorischen Parabel. Der Stil ringt um ein richtiges Äquivalent. Die vom Puppentheater stammende, anfangs also noch dramatische, bunte und irreale Holzschnitt-Technik verschärft sich in ein den demagogischen Idealismus verhöhnendes Pathos, gewinnt den eiskalten, fast abstrakten Protokollstil realistischer Plakatierung und reift aus zur faszinierenden, durch sich selbst überzeugenden, schwebenden Wahrheit sprachlicher Wirklichkeit.

Von den elf bekannten Romantiteln Georg Kaisers heißt der erste „Es ist genug". Dieser Roman entstand 1930/31 in Grünheide und erschien 1932 bei Transmare in Berlin. Er ist zugleich die erste epische Arbeit des Dichters. Daß der eingefleischte Dramatiker die epische Formkraft ohne eigenständige Vorform sich zu eigen macht, mag überraschen. Allerdings war das epische Element schon sehr früh in seiner dramatischen Arbeit zur Geltung gekommen. Bereits im Stück „Von morgens bis mitternachts" setzt es sich stilbestimmend durch. Ist der nunmehr entschiedene Griff nach dem anderen dichterischen Instrument geniale Spielerei, oder wird er erklärbar aus der für Georg Kaiser bekannten tänzerischen Virtuosität in vielen Stilarten? Vielleicht reizte es den Dichter, seine Erfahrungen aus der meisterlich beherrschten Typendramatik einmal mit dialektischer Akribie im Epischen auszuwerten und zu bestätigen, wo die Psychologie unabdingbar zu herrschen schien. Tatsächlich erhält in diesem Roman das Reale überscharfe Konturen durch eine Synthese des Psychologischen mit dem Typischen. Man könnte von einem Schlüsselroman reden, wenn man geneigt ist, die in der Gegenwart ruhende Möglichkeit bereits als Realität zu durchleben. In einem revueartigen Wechsel von eindrucksstarken Bildern und Spiegelungen begibt sich eine Erfahrungsreise zwischen Sein und Schein mit dem Ergebnis des triumphierenden, wenn auch tragisch triumphierenden Seins, der Wahrheit des Wirklichen, also eine episch sich ausbreitende Variation des Kaiserschen Grundthemas von Geist und Leben, von Vorstellung und Wirklichkeit.

Im August 1938, also im ersten Monat der Schweizer Emigration, wird mit dem Roman „Villa Aurea", dem zweiten vollendeten Roman, das gleiche Problem von Schein und Sein abermals aufgegriffen, allerdings nicht mehr in eine zwar real ausgeleuchtete, aber imaginäre Welt, sondern in historisch und geographisch abgesteckte Räume gestellt, soweit sie sich von Reisen her auch in der Phantasie des Dichters angesiedelt hatten. Eine „Villa Aurea" existiert tatsächlich in Sizilien, wo Georg Kaiser mehrere Wochen verbracht hatte. Der Roman erschien bisher zweimal in seiner deutschen Fassung, zweimal in seiner englischen und einmal in seiner spanischen Übersetzung. Verständlich genug war er mehr aus Gründen des Verdienstes als aus dichterischer Notwendigkeit verfaßt worden.

Der dritte vollendete Roman, „Maria Zimmermann", setzt den Weg in die Geschichte fort und ist zugleich ein bedeutsamer Schlüssel zum Wesen des Dichters selbst. Viel Grundwasser aus dem Brunnen dieser Dichtung ist in die Spät-Lyrik Georg Kaisers eingedrungen. In einem Brief an Friedrich Witz heißt es: „Die Gedichte ‚Der Kindermord' und ‚INRI' sind Pole jenes Bogens, der bedeutet: Was er angerichtet hat und wie er zugerichtet wurde. Hier haben Sie auf die kürzeste Formel gebracht Maria Zimmermann. Ein Wutgeheul wird das Buch empfangen – oder die tiefste Gleichgültigkeit." Schon im Spätherbst 1941 beschäftigt den Dichter dieser seltsame Stoff. Im Mai 1944 ist der Entwurf und Ende Oktober des gleichen Jahres der Roman selbst beendet. Trotzdem wird noch Anfang März 1945 am Text gearbeitet, der von da an jedoch verschollen ist. Aus der in den Briefen eng datierten und von immer anderer Seite beleuchteten Entstehungsgeschichte sowie aus mündlichen Berichten läßt sich eine recht aufschlußreiche Rekonstruktion der Legende herstellen. „Maria Zimmermann" ist eine Abrechnung mit der Geschichte des christlichen Abendlandes. Sie will um so mehr verletzen, als sie in den Mund einer Frau, der leiblichen Mutter des seit Jahrtausenden erwarteten Erlösers der Menschheit, gelegt wird. Maria Zimmermann ist die Frau des Zimmermanns Joseph aus Nazareth, nach dem christlichen Dogma Königin des Himmels und irdische Jungfrau, überschauende und unberührte, also objektive Einheit von irdischer und himmlischer Natur, prädestiniert für das Amt, das ihr der Dichter in seinem Roman zuweist. In die Gegenwart ungezählter Gnadenbilder an ungezählten Stellen der Welt gebannt, ist sie seit dem Beginn unserer Zeitrechnung zur vieläugigen Zeugin vor allem der Geschichte des christlichen Abendlandes geworden, seines Hochmuts und seiner Verkommenheit. Aus einem dieser Bilder, wohl aus dem von Sils Maria oder von Brissago, ruft sie nicht die Liebe eines Pygmalion, sondern ihr eigener mütterlicher Protest gegen die Verschleuderung des Erbes ihres unter Schmerzen geborenen und geopferten Sohnes in die Leibhaftigkeit zurück. Wie ihr Sohn, der einfache Zimmermannssohn, mutig in den Kreis der Pharisäer trat oder den Tempel von den Händlern und Wucherern säuberte, so wagt auch sie sich mutig und unerschrocken in das Nest des üblen Zeitgeistes, steigt als fremde Dame im Zürcher Hotel Baur au Lac ab. Die Welt des bürgerlichen Kapitals, die sich dort ihr Stelldichein gibt, wittert Gefahr und wehrt sich mit ihren Methoden gegen das Ungewöhnliche. Maria Zimmermann wird als Hochstaplerin und, da man bei ihr die kostbaren Votivgeschenke von Sils Maria bzw. Brissago findet, schließlich als Diebin verhaftet. Soweit der erste Teil des Romans, „Maria in der Stadt". Der Untersuchungsrichter überantwortet die Arrestantin einer psychiatrischen Beobachtung. Im Irrenhaus trifft Maria Zimmermann mit den „Exponenten" der bürgerlichen Gesellschaft und den „Ausläufern" des absterbenden Adels zusammen. Halb aus Flirt, halb aus Neugier suchen die zum Typ gestempelten Vertreter jener Gesellschaft ein Gespräch mit der exotischen Schönheit. Daß sie jüdischer Abkunft sein soll, stört und reizt zugleich. In den Gesprächen wird die Geschichte des Abendlandes aufgerollt. Marias objektive, faszinierend kritische und der „Herren" retrospektive, ja reaktionäre Sicht konfrontieren sich. Eine eigenartige „Zauberberg"-Situation ist damit gegeben. Herausgehoben aus dem Lauf der Geschichte, werden Schuldige und Kläger auf einer Ebene gehört. Der Kunstgriff eines die Geschichte der Welt durchwandernden oder durchstehenden Zeugen ist von der Figur des „ewigen Juden" her bekannt, die sich Goethe für seinen Plan erwählt hatte. Wie im Fragment „Protheseus" ist also auch hier Georg Kaiser bei Goethe in die Schule gegangen. Zumindest bietet sich der Vergleich an. Soweit der zweite Teil des Romans, „Maria bei den Irren". Der dritte Abschnitt ist betitelt: „Maria im Zuchthaus". Der Psychiater, der diese Gespräche belauscht und notiert, stellt bei Maria Zimmermann den Vollbesitz der geistigen Kräfte, ja sogar eine überscharfe, fast gefährliche Intelligenz fest und weist sie daher wieder dem Richter zu. Wie könnte es auch anders sein. Doch Maria entzieht sich kraft ihrer himmlischen Macht und angeekelt von diesem unbelehrbaren Abendland ihren Bewachern, kehrt wieder in die Erstarrung des Gnadenbildes zurück und wartet auf eine bessere Welt für ihre Mission des wahren Menschentums.

Im September 1938, also parallel zu „Villa Aurea", beginnt die Niederschrift des ersten der drei Romanfragmente. Es trägt den Titel „Leutnant Welzeck". Obwohl das allein beendete erste Kapitel eine geschlossene Ganzheit bildet und darum für sich bestehen kann, hätte man sich doch eine Vollendung gerade dieses Romans gewünscht. Ein Jahr vor dem Zweiten Weltkrieg, gewissermaßen noch im Vorhof der Okkupation der Tschechoslowakischen Republik durch das militaristische Deutschland Hitlers, wird die „Vision" des „totalen Krieges" zum warnenden Thema und mit den Mitteln reziproker Verfremdung, mit einem Blick auf die Büchnersche Figur ähnlichen Namens, eben jenem Leutnant Welzeck als Handlanger zur Verwirklichung untergeschoben. Die eigentliche Tatsache des Militarismus wird hier vom vorgegebenen Argument bloßer Verteidigung über den hemmungslosen Pflicht-Wahn, die Demagogie eines berechnenden Kriegsministers und die Blindheit eines angeblich demokratischen Parlaments bis zum Schreckbild der militaristischen Diktatur zu Ende gedacht. Welzeck ist eine Fortführung der Figur des Stadthauptmanns aus dem Schauspiel „Die Bürger von Calais", der den Kampf verabsolutiert und die Zerstörung um einer hohlen Ehre willen fordert. Die negative Figurenreihe der Soldaten im Kaiserschen Werk, allemal Vertreter des Offiziersstandes, kann man unter den Titel „Die Ächtung des Kriegers" stellen. Sie wird erst von den meuternden „Lederköpfen" und vom „Soldat Tanaka" unterbrochen, also von unten her, von einem Soldaten aus dem einfachen Volk, der aus dem Kadavergehorsam erwacht und sich zum Anwalt des Rechts macht.

Zu den Romanfragmenten mit vollendetem erstem Kapitel zählt die undatierte und titellose Handschrift aus den Exiljahren, hier „Albin Achilles" genannt. Dieser fingierte Titel ist von der Hauptperson des Romans hergeleitet. Es ist ein Arbeitslosenroman aus der deutschen Inflationszeit. Im Gegensatz zur Selbständigkeit des Fragments „Leutnant Welzeck" wirkt das allein vorhandene erste Kapitel von „Albin Achilles" wie eine bloße Vorgeschichte. Allerdings sind in ihr die Grundaspekte des gesamten Romans bereits aufgerissen: Automatisierung, Bildung von Aktiengesellschaften, die Manier der „herrschenden Klasse" im Sinne der Bilder von George Grosz, vor allem aber die infame Lüge jener Partei, die sich frech eine deutsche Arbeiterpartei nannte und sozialistische wie nationale Prädikate aneignete, obwohl schon in den Anfängen ihres Treibens die Teufelssaat für den Ruin der gesamten Nation ausgestreut wurde. Bereits der Vater des Albin Achilles erkennt in der Geburtsnacht seines Sohnes mit dem natürlichen Scharfsinn des kleinen Mannes die Kriegspläne dieser Partei. Die dem Thema entsprechende einfache Deutlichkeit des Stils assoziiert im Leser die Atmosphäre der Bilder Otto Nagels. Doch aus den Figuren spricht auch die Verschmitztheit des proletarischen Elements. Nicht durch Beschreibung, sondern in Bewegung und Handlung errichtet sich die Gestalt. Mit einfachsten Sätzen wird eine unmittelbare, fast ergreifende Wirkung erzielt. Eine Magie des Unerwarteten, brütend Revolutionären entfaltet sich. Das dritte Romanfragment, das über ein erstes Kapitel nicht hinauskam, trägt den Titel „Ard". Es erweckt Ehrfurcht, weil es nicht nur die letzte epische

Dichtung, sondern die letzte Arbeit Georg Kaisers überhaupt ist. Eine Niederschrift auf dem Sterbebett, verzeichnet auf der Rückseite eines Briefumschlages, versuchte bis zum Eintritt der Agonie den Abschluß dieses Romans, mit dem sich der Dichter seit Anfang April 1945 befaßt hatte. Die Blätter des ersten Kapitels konnten vor wenigen Jahren in der Schweiz gefunden werden. Mündliche Berichte und eine handschriftliche Disposition ermöglichen eine geschlossene Überschau. Erneut geht es um eine Abrechnung mit dem christlichen Abendland, um eine mit Brennglas-Methode erreichte „wirkliche Schau – alle Erlöser und Heilande – religiöse und politische Demagogen – deutend". Das im Sinne Thomas Manns mythische Gründungsgeschehen für den internen Konflikt des abendländischen Menschen wird haarscharf in den Beginn unserer Zeitrechnung, in das Jahr Null verlegt. Es begibt sich mit der Konfrontierung und Verknüpfung der Lebens- und Schicksalslinien einer irdischen und einer himmlischen Familie, der Familie Ard, Elisabe und ihres Kindes und der Familie Joseph, Maria und Jesus. Das Verwobensein von Schuld und Unschuld, von Verbrechen und Sühne auf beiden Ebenen und zwischen beiden Ebenen schreit nach Erbarmen und Versöhnung. Bereits beim Kindermord von Bethlehem hört man die Schreie der Kinder des Konzentrationslagers von Theresienstadt. Wie in anderen parabolischen Werken wird ohne Namensnennung, vor der Georg Kaiser Scheu oder Ekel empfand, das Verbrechen seiner Gegenwart, unserer Gegenwart, ins urtümliche Bild eingefangen. Der Dichter hat hier einen neuen, nur ihm eigenen epischen Stil gefunden, der sich von der dramatischen Sprache völlig gelöst hat, der reale und irreale Schichten übereinander projiziert und mit schwebendem Licht eine demütige, aber entschiedene Überzeugung erbittet.

Von fünf Romanplänen berichten die Briefe und das Skizzenheft Georg Kaisers. Mitte April 1939 schreibt der Dichter an Julius Marx, daß er an dem Roman „Mörder ohne Mord" arbeite. „Eine Art ‚Schuld und Sühne' – und ich glaube, daß er an Dostojewskis Werk heranreicht." Aus dem russischen Studenten Raskolnikoff ist bei Georg Kaiser ein amerikanischer Großindustrieller geworden, der den Namen Thomas Garland trägt. Er hat sich nicht eines leiblichen Verbrechens, sondern des seelischen Mordes an der eigenen Frau schuldig gemacht. Ihr Selbstmord in seiner Gegenwart läßt schleichende Verdachtsmomente gegen ihn aufkommen. Anfangs verwahrt er sich gegen diese Anschuldigungen. Doch im Laufe der Gerichtsverhandlungen und seiner Haft erkennt er die tieferen, eben eigentlichen Hintergründe seines Vergehens. Und er bekennt sich vor dem Richter des Mordes an seiner Frau schuldig. Der Roman wird von der Frage ausgelöst: „Wer nützt der Allgemeinheit, wenn er den Einzelnen tötet?" Ob das Werk geschrieben wurde oder ob das erhalten gebliebene Filmexposé das einzige Ergebnis des Planes ist, läßt sich zur Zeit noch nicht sagen. Zumindest gewährt das Exposé bedeutsame Einblicke. Georg Kaiser hat das bei Kleist gelernte und in mehreren Dramen weiter ausgebaute kriminalistische Stilelement auch in diese Dichtung hineingenommen. Während der Gerichtsverhandlungen, der Verhöre und in der Rekapitulation des Lebens während der Einzelhaft kommt es zum Einblenden der Vergangenheit, zum Entfächern der vielfältigen Vorgeschichte, deren umgekehrte Perspektiven konzentrisch in der Gegenwart zusammenlaufen und wie ein Brennpunkt des Wesentlichen die Erkenntnis der Schuld ins Bewußtsein hineinbrennen. Das Leben für die Allgemeinheit beginnt beim Leben für den Einzelnen.

In der Nachbarschaft des Romanfragments „Albin Achilles" kann man sich die Pläne zu dem Roman „Es reicht nicht für alle" denken. Nur der Titel, deklariert als Roman, und seine Datierung mit dem Jahr 1940 sind im Skizzenheft Georg Kaisers vermerkt. Die Briefe des Dichters schweigen sich darüber aus. Doch die Formulierung des Titels läßt das soziale Moment recht deutlich durchscheinen.

Ein Roman mit dem Titel „Westasien" wird in Georg Kaisers Korrespondenz aus dem Herbst 1942 erwähnt. Ob dieser Roman ein Plan blieb, ob er vielleicht doch wenigstens eine skizzenhafte Konzeption gewann, sie möglicherweise sogar überschritt und bis zur Niederschrift gelangte, das läßt sich angesichts der gelegentlichen, mitunter sogar hermetischen Verschwiegenheit des Dichters über seine Produktion, vor allem aber angesichts der großen Handschriftenverluste während des Exils und des plötzlichen Auftauchens völlig unbekannter Handschriften dieser Zeit jetzt noch nicht mit Bestimmtheit sagen. Zeugen oder Zeugnisse für die Vollendung sind nicht vorhanden. Ebensowenig gibt es aber auch Hinweise dafür, daß der Plan aufgegeben wurde. Briefzeilen an verschiedene Empfänger, beginnend mit einem Schreiben aus Sankt Moritz vom 8. Oktober 1942 an Julius Marx, befassen sich mit der Sache und gewähren perspektivischen Einblick. Bereits den genannten Brief an Julius Marx beschließt Georg Kaiser mit der Zeile: „So grüßt Sie Ihr ehemaliger Europäer, jetzt Westasiate." Westasien ist also Europa. Die geographische Lage Europas als Halbinsel, als zersplitterter Ausläufer des asiatischen Kontinents wird zum Symbol für die historisch-politische Situation und Zukunft dieses einstmals kulturbestimmenden Erdteils, der zum

Herd und Schauplatz des kulturzerstörenden Zweiten Weltkriegs geworden ist. Dieses Symbol hat dialektischen Inhalt. Einmal ist es eine ironische Bloßstellung des perfiden Gedankens einer Neuordnung der Welt durch die aus Europa vordringende faschistische Okkupation. Dann taucht der Gedanke einer schmerzhaften Rückkehr des seit Jahrtausenden geistig und kulturell emanzipierten Erdteils zu seinem nicht nur geographischen Mutterbereich auf. Der Terminus, ja Begriff „indogermanisch", „indoeuropäisch" als europäisch-asiatische Synthese und die bei Goethe in glückhaften Versen des „West-östlichen Divans" gesungenen Vorstellungen und Empfindungen, vermischt mit Gedankengängen der Freiheitskriege, die von Osten, nämlich von Rußland her eine politische Bewegung gegen den aus Frankreich, also vom Westen her einbrechenden Despoten Napoleon aufrollten, wirken stark herein. Ob sie stofflich und formal zu einem Roman ausreifen konnten, läßt sich bezweifeln.

Der Plan des Romans „Der ungöttliche Jesus" liegt im Vorfeld des Romans „Maria Zimmermann". Ein Brief vom 1. Januar 1940 berichtet davon. Die Figur eines „ungöttlichen Jesus" kehrt noch einmal wieder im ersten Teil der dramatischen Skizze „Eine Art Faust" aus dem Jahre 1944, die in ihrer Struktur auf ausgesprochen episches Theater hindeutet. Von dort her fällt Licht auf die dunkle Jesus-Figur des geplanten Romans. Ungöttlicher Jesus heißt menschlicher Jesus, der sich aus Trotz gegen seinen Vater die Erlösung der Menschheit zur faustischen Aufgabe gemacht hat. In einem Brief des Dichters aus Sankt Moritz vom 4. Januar 1944 findet man die Zeilen: „Der verwandelte Jesus spricht: ‚Ich habe die Partei der Menschen ergriffen. Ich kann Gott nicht länger verteidigen.'"

„Er oder ich" ist der vorletzte Romantitel und letzte Romanplan Georg Kaisers. Den einzigen Hinweis erteilt ein Brief aus Ascona mit dem Tagesstempel vom 12. Dezember 1944 an Julius Marx. Die Notiz lautet dahin, daß sich die Konturen eines neuen Romans abzeichnen. Das ist zu einer Zeit, die zwischen dem Abschluß von „Maria Zimmermann" und dem Beginn von „Ard" liegt. Eine vergleichende Analyse des Titels mit seiner thematischen Nachbarschaft vor allem der Lyrik vermag den einzigen, recht spekulativen Ansatz für eine Untersuchung zu liefern.

„Stauffenberg" ist nicht, wie man bisher irrtümlich glaubte, der Titel eines Dramenplans, sondern der einer fast lückenlos konzipierten Novelle, von der sich jedoch nicht sagen läßt, ob ihre textliche Ausformung gelang. Wie kaum ein zweiter Plan hat gerade dieser einen sehr starken Niederschlag in der Korrespondenz des Dichters aus dem Frühjahr 1945 und in der Erinnerung derjenigen gefunden, mit denen er diesen Plan damals diskutierte. Zunächst scheint sich die Novellenform mit ihrem Konflikt, zu dem das Geschehen mit konvergierenden Strahlen hinführt, um sich von dort dann wieder in divergierenden Strahlen zu verlaufen, für die Verschwörung des 20. Juli 1944 nicht nur als formales, sondern auch als symbolisches Äquivalent einer Dichtung geradezu anzubieten. Doch die Denkkonsequenz Kaisers ist gründlicher. Er dachte daran, diese Novelle in Entsprechung zum historischen Stoff als eine Reihung der Akte des inneren Zauderns und der offenen Zufälle aufzubauen, die indessen, so meinte der Dichter, aus ganz bestimmter geistiger Verkettung logisch sich ergaben. Den Grund des Scheiterns dieser Veschwörung, des Überhandnehmens der negativen Zufälle suchte Georg Kaiser in der Verfallenheit Stauffenbergs an die Geisteshaltung Stefan Georges, in der Distanz des gerechten Rebellen zur Masse der Widerstandsbewegung. Deshalb wird der eigentliche Konflikt der Novelle nicht mit dem Attentat arrangiert, sondern in die bittere Einsamkeit jener kurzen Frist verlegt, die Stauffenberg zwischen seiner Gefangennahme und seiner Füsilierung von den nazistischen Schergen gelassen wurde. Dort ereignet sich die auf den bloßen psychologischen Vorgang beschränkte Konfrontierung des mutigen Rebellen mit sich selbst und seiner großen, jedoch gescheiterten historischen Tat und ihren Vorbereitungen.

Vor der Niederschrift der drei vollendeten Erzählungen hat Kaiser mehrere Filmexposés ausgearbeitet. Das macht sich jetzt positiv bemerkbar. Über den ganz besonderen, zur Konzentration und Sensation, zur Deutlichkeit, Sparsamkeit und Spannung tendierenden Stil des Filmexposés gelangt der Dichter zu einer epischen Kurzform, die Reportage, Wesentlichkeit und realistische Dichte zu einer Einheit schweißt und die einen seltsamen Reiz metallischer Spannung und leidenschaftlicher Treffsicherheit besitzt. Die Nähe zur Parabel ist unbestreitbar. Die erste der drei Erzählungen trägt den Titel „Die Insel der tausendjährigen Menschen". Sie war zunächst nur in einer englischen Fassung auf vier Schreibmaschinenseiten vorhanden. Ihre bisherige Deklarierung als Idee zu einem Film und als Novelle ist falsch. Nachdem jetzt die in deutscher Sprache abgefaßte Originalhandschrift gefunden ist, bestätigt sie sich, allein schon durch einen Hinweis des Dichters selbst, eben als Erzählung. Sie erschien im Aprilheft 1960 der Zeitschrift „Du". Auf Grund historischer Vergleiche muß die Erzählung dem Augsut 1938 entstammen. Es ist ein dem Siebenschläfer-Motiv abgeleitetes, in geradezu politische Aktualität projiziertes Märchen vom „ewigen Leben" mit Reporterjagd, Geschäftsmord, Staatsaffäre und Meinungskampf eines internationalen Gutachterausschusses. Erstaunlich genug setzt sich zuletzt die Erkenntnis eines rettenden Entschlusses durch, dessen Realisierung den Weltfrieden bewahrt.

Die Erzählung „Ein Gelehrter" ist undatiert. Der großflächige Stil weist sie in die Zeit nach den ersten Filmexposés. In fast verächtlich knapper Form, wiewohl mit unerbittlicher Eindringlichkeit, wird die Haltung gewisser deutscher Naturwissenschaftler während der Nazidiktatur und der Zeit des Rassenhasses gegeißelt. Eine logische Konfliktreihe spult sich in wenigen Zeilen ab. Trotzdem erregt das mit kühlen Worten Gesagte unmittelbare Vorstellungen und Erlebnisse. Die aus der Blüte des Expressionismus bekannte Satzzeichenhäufung, die dort als dramaturgische und szenische Choreographie, ja als Sprechpartitur zu verwenden war, wird hier erneut aufgegriffen und zum epischen Erlebnisfaktor gemacht. Die gehäuften Satzzeichen sind Aufzeichnungen für den Herzschlag der Erzählung, die in ihnen verstummt und sich schweigend, aber deutlich erzählt. Ein Gelehrter opfert lediglich für die experimentelle Bestätigung seiner unwahrscheinlich klingenden These das Leben seiner Tochter, seines Assistenten und schließlich sich selbst. Nicht von ungefähr wird dem Gegenstand des unmenschlichen Experiments die Schreibweise biblischer Gottesweisung gegeben. „Er" ist Mammon geworden, die zur Gottheit, eben zum Absolutum erhöhte These selbst. Das Schicksal des Zauberlehrlings vollzieht sich hier am Meister, der sich verging. Die zur Personifizierung gedrängte These vollstreckt sich selbst und verschlingt ihren Ursprung. Die Relativität des wissenschaftlichen Objektivismus wird tragische Wirklichkeit. Die totale und bedenkenlose Hingabe des Forschers an den Gegenstand seiner Forschung steigert sich zum Fetischismus, zur Verfallenheit an die Idee des Objekts. Die pervertierte Logik der Rassentheoretiker und ihre als legitim apostrophierte Kalkulation mit dem Mord unter dem Deckmantel der Wissenschaftlichkeit wird mit ihrer letzten Conclusio plakatiert.

Mit seiner dritten Erzählung „Nach einem verlorenen Krieg" hat Georg Kaiser über den unmündigen Teil seiner Nation die gerechte Peitsche eines politischen Bewußtseins geschwungen und für die Zukunft ein Fanal politischer Wachsamkeit gesetzt. Diese Erzählung läßt erkennen, daß der Dichter jenes Grundmotiv von Sein und Schein, von Wahrheit und Täuschung, das er in vielen Dramen dialektisch variiert hat, nicht aus eigenwilliger Subjektivität, sondern aus Sorge um den Menschen immer erneut aufgriff. Hier geht es darum, die geschichtliche Metamorphose des Tyrannen auf eine makabre und allgemeinverständliche Bildformel zu bringen. Die Anspielungen auf die deutsche Geschichte sind unverkennbar. Teuflische Mimikry, Spekulation und Verführung sind die Hilfsmittel des Tyrannen. Hungersnot und Verkommenheit, also Mangel an materiellen und geistigen Werten, können zum Nährboden seiner Macht werden, wenn sich politische Dummheit mit Verzweiflung, Massenpsychose und religiösem Wahn verbindet.

Das „Märchen mit dem Ritter und dem Schatz im Felsen" wird unter diesem zwar romantischen, aber bloßen Titel und ohne Datierung im Skizzenbuch Georg Kaisers erwähnt. Dabei an die Siegfried-Sage oder andere Märlein mit einem Hort zu denken, ist müßig. Wer weiß, welche Ironie sich hinter dieser scheinbaren Biederkeit verbarg.

Die Selbstbiographie „Alles in einem Leben" wird in vielen Briefen der letzten Exiljahre genannt. Sie war als Brennspiegel der größten Dichtung Georg Kaisers gedacht, der Dichtung seines Lebens. Das ist zweifellos ein romantisches Erbe. Georg Kaiser aber stellte dieses reizvolle Erbe unter den Aspekt unerbittlicher Kritik an sich selbst und an seiner Welt, vor allem an der Umwelt, in die ihn die Verbannung trieb. Er wollte diese Selbstbiographie nach der Rückkehr in die Heimat, in „ein befreites Deutschland", seiner Tochter in die Maschine diktieren. Ihm ging es um ein hartes Protokoll, das nichts wegläßt und nichts hinzufügt, um „die nackte Wahrheit bis zuletzt". Sein Vertrauen in die Kraft des Wortes ist sein herrlichstes Erbe.

1960

„Jede Spur ist siebenfach ein Siegel“
Die späte Lyrik Georg Kaisers

„Ich bin mit den reinsten Empfindungen in dies Leben hineingeschritten und wurde von oben bis unten besudelt. Neben dem Hohn kenne ich nur den Schmerz.“ „Ich habe mich nicht geschont – ich habe bis an den Rand des Versagens gewirkt und geschaffen.“ „Im Grunde erscheint mir alles ausweglos.“

Ein erschütterndes Bekenntnis klagt in diesen Zeilen, realistisch, illusionslos und dennoch an die letzte Pforte der Dichtung hämmernd. Es sind Briefzeilen, die Georg Kaiser 1943/44 im Schweizer Exil niederschrieb, er, der zehn Jahre vorher noch auf dem Gipfel des dramatischen Triumphes stand. Hatte er nicht vor 1933 mit 41 Uraufführungen allein in zwanzig Jahren die Bühnenkarriere aller seiner Zeitgenossen übertroffen und mit seiner schöpferischen Leidenschaft auch die Welt des Buches und des Films, der Presse und der Literaturwissenschaft erregt, immer wieder in zwei Lager zerschnitten und ins Rätsel des Lebens gelockt? Seine gesamte Dramatik dieser Jahre war der Gründung jenes neuen Weltmodells gewidmet worden, das er unter die Devise des „neuen Menschentums“ stellte, nachdem die alte Generation versagt hatte. Seine Dramen „Die Bürger von Calais“, „Gas“ und „Von morgens bis mitternachts“ eroberten nicht nur die Bühnen der Welt, sondern wurden auch symptomatische Teilhaber der Weltliteratur, erschienen in französischer, spanischer und englischer Übersetzung.

Nach einem halben Jahrzehnt des inneren Exils, des Aufführungs- und Druckverbots, entzog sich der Dichter der politischen Gewalt und reiste im August 1938 über Holland in die Schweiz, wo die Verbannung ausartet zu einer andauernden Flucht vor der registrierenden Bürokratie, vor den Forderungen seiner Gläubiger und nicht zuletzt vor dem Dämon des eigenen Ichs. Doch aller Resignation und aller Not zum Trotz werden neue Fackeln des dramatischen Spiels entzündet, aktuell und real an der Grenze zwischen Freiheit und Despotie, zwischen Neutralität und Krieg, zugleich gültig in ihrer Gestalt.

Im Novenber 1944 findet der Verbannte auf dem Monte Verità bei Ascona sein letztes Asyl. Im April des gleichen Jahres hatte er vor der Welt mit dem Abschluß des Dramas „Bellerophon", des letzten Stükkes seiner „Hellenischen Trilogie", die dramatische Feder aus der Hand gelegt.

„Meine dramatische Laufbahn betrachte ich als beendet. Ich erinnere mich noch hier und da an meine Leistungen, die mich nicht in den Glanz sondern in die schwärzeste Nacht geführt haben." „Wie weit reichen Worte?" „Wer erfährt hier die Wahrheit?" „Das Weiß meiner Haare nimmt die Farbe des Schnees an." „Mein Leib ist kein Lager der Freude, sondern ein steinerner Herd." „Alt – alt sehe ich aus, das Exil hat mir gewaltig zugesetzt. Fast habe ich das Vertrauen verloren. Ich wurde auch innerlich zum Greis. Was ist von mir noch zu erwarten?" „Ich altere täglich um Jahre. Bald bin ich tausend alt."

In diesem existentiellen wie dichterischen Vakuum, kaum mehr als ein halbes Jahr vor dem Abschluß des Lebens, vollzieht sich für Georg Kaiser der längst vorbereitete Wechsel seiner Schöpferkraft vom bislang geübten dramatischen Formprinzip zum lyrischen.

In der Spätlyrik Kaisers wechseln lyrische Erkenntnisprotokolle mit wortgewordenen Erfahrungsbildern und Seelengesängen einer inneren Realität. Mit Realismus hat diese Weise der Ausformung seelischer Inhalte nur noch den Schein der Stimmigkeit gemein. Nicht selten kommt es zu einer eigenartigen lyrischen Schockdramatik, zum abrupten Zusammenbruch der intensivierten Gefühle durch expressive Überraschungen oder Enttäuschungen. Es wird spürbar, daß hinter dieser Lyrik ein Dramatiker steht. Der große, fast unverbesserliche Individualist Georg Kaiser, vordem im offenen Kampf mit der Welt, jetzt in der verschlossenen Einsamkeit bei sich selbst, hatte nach der Spannungsaussage des Dramas die Ich-Sprache der Lyrik gefunden.

„Jetzt bin ich ganz in den Zustand des Eremiten versetzt. Ein seltsames Leben in Selbstsein und Selbstsicherheit." „Sonderbar, daß ich erst so spät im Leben diese dichterische Form ergriff." „Hier wächst mir eine neue Stimme, um viel zu sagen. In meinen Tiefen bin ich sehr erregt über dieses unerwartete Ausdrucksmittel."

War es wirklich eine neue Stimme, eine neue Form des Ausdrucks für

Georg Kaiser? Wer die Literaturgeschichte dieses Lebens sondiert, wird eines Besseren belehrt. Zeugnisse für eine Universalität des Lyrischen in der Dichtung Georg Kaisers bieten sich mehrfach an. Sie gehen zurück bis ins Jahr 1896, als bereits der erste dramatische Versuch des Siebzehnjährigen, der Einakter „Schellenkönig", in Versen entstand. Wohl treten diese lyrischen Zeugnisse bis 1944 nur sporadisch auf, doch reicht ihre Klaviatur vom Volkslied zum Hymnus, von der Ballade zum satirischen Epigramm, vom romantischen Liebesgedicht zum rhythmischen Traktat, um selbst noch den dramatischen Monolog in eine Arie zu erlösen. Wer aber den durchdrungenen Lyriker Georg Kaiser gewahren will, findet ihn erst in der vom Tod gezeichneten Einsamkeit jener letzten sechs Lebensmonate, die dem verbannten Dichter auf dem Monte Verità am Lago Maggiore bis zum 4. Juni 1945 beschert sind.

Schon ein halbes Jahrzehnt davor treten die ersten Spuren der Spätlyrik in den Briefen Georg Kaisers auf. Ein in St. Moritz am 29. April 1943 vollendetes Gedicht deutete bereits auf das Programm des andringenden lyrischen Repertoires, mehr noch, es versuchte sogar die äußersten Pole seines Weltbogens zu befestigen. „Ich nenne es ‚Himmel und Hölle'", schrieb Kaiser am gleichen Tag. Achtzehn Monate später werden in einem Rausch überscharfer Realitätssicht und gleichzeitiger Vision in der geringen Restzeit des Lebens über 150 Gedichte niedergeschrieben, an manchen Tagen bis zu fünf oder sechs, das eine Mal in einem einzigen Wurf, das andere Mal wieder in mehreren Arbeitsgängen mit quälenden Etappen. Die meisten Gedichte haben mehrere Fassungen. Es entsteht „Das Werk Gedichte", wie Kaiser es selbst mehrmals nennt, dies eigentlich ohne gleichwertige epische und dramatische Nachbarschaft. Gewiß sickert auch reichlich Grundwasser des verschollenen „Domspiels" und des nicht weniger mysteriös verschollenen Romans „Maria Zimmermann" in die Kanäle dieser Lyrik ein.

Georg Kaiser wurde von dieser intensiven Produktivität so fasziniert, daß er sich bereit erklärte, allein für ein Gedicht gern ein halbes Dutzend seiner Dramen hinzugeben. Die geradezu phantastisch anmutende Atmosphäre dieser Monate steht dem mächtigen Volumen der großen dramatischen Periode Georg Kaisers nicht nach. Sie entgrenzt es in noch geheimnisvollere Räume. Bernhard Diebold nannte einmal den Dichter „die Sphinx unter den modernen Dramatikern". Jezt sagt der Lyriker von sich:

„Ich begreife mich selbst nicht mehr." „Ich fühle förmlich, wie ich von einem silbernen Licht umgeben bin." „Das Wunder meiner Gedichte." „Ich schäme mich fast meiner Erschütterungen und des Ausdrucks, den ich ihnen verleihen konnte." „Ich muß diese unaufhörliche Produktion einstellen – ich verbrenne in eigener Flamme." „Ich wandle in der Feuerwolke der Eingebung." „Schwer ist es jedoch: in einem Feuer zu brennen – und sich nicht verzehren zu lassen. Kalt sein in der Glut – das ist die Aufgabe, die zu erfüllen unsre gewaltigste Leistung sein soll. Gott sprach zu mir in seinen Feuern."

Wenn Georg Kaiser jemals von der Überzeugung seines Dichterberufes völlig erfüllt wurde, dann war es damals. Endlich, so schrieb er, könne er in jener reinen Luft atmen, die einzig seinen Lungen tauge.

In den Personalbogen der Preußischen Akademie der Künste, die ihn als „Kulturbolschewisten" im berüchtigten Jahre 1933 aus ihrer Gemeinschaft strich, hatte sich einst der gefeierte Dramatiker der zwanziger Jahre als „Schriftsteller" eingetragen. Jetzt unterschreibt er seine Briefe mit: „der Dichter Georg Kaiser".

Erst sind es „Gedichte des Wartens". Bald heißt es: „Sie sind Illustrationen zu meinen Stimmungen". Tatsächlich war ein illustrativer Gebrauch der lyrischen Formkraft am Beginn vorhanden. Eine gewisse Anzahl von Gedichten des ersten Drittels hinterläßt den Eindruck, Transformierungen aus dem malerischen in das dichterische Element darzustellen. Es wird berichtet, daß eine Reihe von Gemälden der erlebte Ansatz vieler Gedichte war. Doch sehr bald schlägt das Pendel des fast rational-kritischen Gefühls einen größeren Winkel. Menschheitsgegenwart und Tiefe des eigenen Ichs werden begriffen:

„Eifersüchtig wache ich über das späte Gut meiner Gedichte." „Warum sollen sie von Höllenbewohnern gelesen werden?" „Wie Stürme jagt es durch mich hin. Woran soll ich mich halten?" „In welcher Spannung ich mich befinde – den Grad meiner dichterischen Aufgewühltheit erkennen Sie aus den Gedichten, die urplötzlich entstehen und sich aus mir aussingen. Ich schrieb sie fast willenlos nieder." „Tausend Meter über den Dingen." „Ich wurde zum Visionär und in meinem Haupt nisten die Weltvögel."

Rilkes Gedichte zählten dazumal zur verheimlichten Lektüre Georg Kaisers. Ein dem Dichter des „Buches der Bilder" zugewandtes Gedicht bestätigt diese Neigung:

Ecce poeta

Das Buch der Bilder und der Klänge,
das diesem Dichter überfloß,
bis sich der Mund am Kreuzgestänge
den ungesprochnen Strophen schloß –

stößt nicht den urgetriebnen Riegel
vor endlich anderm Werden los –
und wo ein Siegel bleibt das Siegel
getastet haftend fester bloß.

Vorbei dem bessern und dem bösen
geschah der Wahn in diesem Haupt –
so rätselschön, daß es zu lösen
wird keinem Frevelmut erlaubt.

In seiner Dramatik, deren Titel an die Hundertgrenze reichen, griff Georg Kaiser weltweite und diffizile Bilder auf, in der Historie und Geographie geradezu maßlos hausierend. Eine Weltgeschichte und Weltgeographie scheinen kaum auszureichen als Schauplätze seines dramatischen Dialogs. Der Lyriker Georg Kaiser aber beschränkt sich auf ein imaginäres Naturbild am See, rückt die menschliche Geographie dem Urbild des elementaren Systems näher, sich mit Luft, Erde, Feuer und Wasser begnügend. Er reduziert die Geschichte auf die Epochen abendländischer Gründung, auf Antike, Bibel und Mittelalter. Er vereinfacht das Figurenrequisitorium und Dingarsenal auf Urtypen, auf den Seher, Dichter, Gründer, Gast, Reiter und Erlöser, auf Buddha und Odysseus, auf die Gegenstände des Irrationalen und Wesenhaften. Auch die Begriffsetzung enthält sich der Buntheit und des Gefälligen, um ins Abstrakte zu gelangen, zu Berufung, Urteil und Zeichen, zu Vollendung, Ende und Anfang. Ein mystischer Realismus setzt sich durch.

Die Hauptrolle aber fällt dem Ich zu, in dem der Dichter sich selbst mit dem lebenden und sterbenden, jubilierenden und klagenden, unendlich wandernden Weltwesen identifiziert. Das Ich ist die Geschichte und die Geschichte ist das Ich. Es wechselt die Form der Erscheinung und hat so an allem Anteil. Es verflucht und begnadigt sich, ist es doch schuldig und erlösend zugleich, Verstoßener und Gigant, Wiederholung ewiger Prägeformen gültigen Daseins, in die Sterne versetzt und zum Fluß der Unterwelt hinabsteigend. Dieses Ich durchwandert das Kontinuum der Lyrik Georg Kaisers, in dem die einzelnen Gedichte nur Stationen seiner Erscheinung sind. Es tritt wie aus einem Spiegel und kehrt in ihn zurück. Es taucht auf, benennt sich, stellt Frage um Frage und bleibt antwortlos. Schon taucht es wieder unter in der Flut der Bilder, in denen es die Gestalt verwandelter Gegenwart gewinnt, um auf diese Weise abermals dazusein, zornig, schmähend, forschend, unter Tränen beglückt und gefoltert, ein Siegel der eigenen Existenz:

Selbstbildnis

Nicht die Gestalt bin ich, in der ich mir erscheine
hintretend vor die blanke Widerwand des Spiegels –
und nicht mit allen Tränen, die ich ätzend weine,
erweiche ich das Eisenwachs des starren Siegels.

Das Rätsel löst auch nicht mein Zorn, der schmähend poltert
und sich zum Fluch auf mich und dich und jeden steigert –
ich hatte mich umsonst mit Dorn und Pfeil gefoltert,
als ich die Frage stellte, Antwort blieb verweigert.

Nun forsch' ich nicht mehr nach dem eignen dunklen Wesen.
Manchmal nur, wenn mich kühnste Ahnung überschauert,
glaub' ich in einem grauen Buch mich selbst zu lesen,
der schon zu Anfang war und der unendlich dauert.

Dieses Ich begegnet als Wanderer einer der seltsamsten Legenden, die sich aus den einzelnen Gedichten trotz ihrer scheinbar wahllosen Folge zusammenfügt. Fast sämtliche Gedichte sind dreistrophig. Jede Strophe wird aus vier gleichmäßigen Verszeilen gebündelt. Die drei Strophenbilder stehen zueinander wie die drei Gemälde eines Triptychons, das seine Legende entweder links und rechts vom Zentralbild gegensätzlich aufschlägt oder aus den gegensätzlichen Seitenflügeln im Mittelstück vereint. Der Stil mittelalterlicher Tafelmalerei, deren Farbkomposition, Ekstase und Thematik begegnen in dichterischer Transformierung. Entweder in antithetischem Schwarzweiß oder in der Realsymbolik Grünewalds, mit Verzückung und Fieber auf Goldgrund projiziert, inthronisiert sich das Ich auf dem Altar des Weltsinnes.

Diese lyrische Legende beginnt mit dem bekannten Augustinischen Bild der brennenden Seele, die vergeblich das Meer Gottes leerzuschöpfen versucht. Doch der Name Gottes bleibt ungenannt. Goldener Schlacksensand wird in der Tiefe sichtbar, das Werk des Dichters. Schon brennen Flammenzungen an den Ecken. Ein Wanderer pocht an das Tor. Er wird mit Fischresten abgespeist, hüllt sich in seinen Mantel und schreitet durch unendlich sich verzweigende Winkelgassen der Stadt. Lurche mit fahlem Fleischbauch stellen sich ihm entgegen. Ein geiferndes Nässen und Sudeln berührt den Saum des Mantels. Indessen schreitet ein Engel auf goldener Fährte über die graue Menschengruft. Sein strahlender Finger weist weiter. Ein anderes Rot als das bisherige fällt über die Geschichte herab. In ihm verbleichen das Einst und das Jetzt. Dort steht Sebastian am Marterbaum. Pfeile schwirren. Ein Taubenschießen setzt ein. Der letzte Pfeil grünt im Leib des Sterbenden. Das Blut des Geopferten ernährt das ewige Leben. Beginnt eine neue Zeit?

Ein Wahrsager betritt den Markt. Das Kommen der Gelobten erfährt Huldigung. Der Teppich der Legenden wird entrollt. Wieder endet es in Murren, Pfeifen und Steinigung. Hier glostet schwerer Wein in Kristallen, und ein goldener Löffel liegt bereit. Dort fällt Speichel auf eine Schwelle, wird ein Klopfer an der Tür gerüttelt, hinter der ein Sessel mit Löwenklauen und Quasten steht. Auf ihm thront der Henker. Und draußen beginnt der Mummenschanz der Schöpfung, ein grausiges Maskenfest. Geschrei aus tierischen Stimmen setzt ein, ein Krähen, Wiehern, Mauzen, Grunzen, Bellen. Der Mensch feiert sein Fest. Verrenkte Augen, Ohren und Nasen. Backen wie gequollene Eiterbeulen, Warzen und schlaffer Kinnsack. Das ist also das wahre Antlitz, das mit pfeifendem Stöhnen verweht. Die Wälderbrust der Erde zersprengt ein heiseres Ächzen. Felsen zerschmettern. Zehn Donner rollen. Dann herrscht die Stille, und südgesandte Wolken schweben wie Lämmer.

Jetzt werden Bilder der Vorzeit beschworen: Moses, der mit dem Stab das Wasser aus dem Felsen schlägt, Samson, mit Sternbällen spielend, das Blut des Hirten auf den Hörnern seiner Herde, Feuersprüche an den Wänden und ein brennender Rosenbusch. Eine Türangel kreischt im Rost. Blicke heben sich nach der Türöffnung. Ein Gast tritt ein. Wasserstürze verwischen sein Bild. Man eilt hinaus und findet eine Spur im Schlamm, gründend und gültig, aber eben nur eine Spur, durch gekrümmte Gassen, an Türmen vorbei, über die sich Wolkendünste schieben. Den Suchenden tritt jetzt das Ich entgegen. Seine Schritte sind nicht zu messen. Es schüttelt Kometen aus dem Haar. Ein blendendes Feuerspiel. Schon wird der Abdruck seiner Sohlen auf dem Pflaster einer anderen Stadt sichtbar, Spiegel der Größe.

Die Geschlechter folgen seiner Fährte, scheu, beschwichtigt, raunend. Ist dies das heillose Erfahren Gottes? Der Weg führt weiter, an Tempeln und Türmen vorüber, durch das Gewölbe der Brust, schließlich unter einem Glockenturm ins Innere eines Schiffes, das auf dem Ozean treibt, beladen mit reichen Stoffen. Da zerfetzt ein scharfes Riff den Leib des Seglers. Ende der Wonnen. Die Litanei verklingt. So wurde ein zweiter Menschheitsweg abermals beschlossen.

Der nächste Akt beginnt. Eben waren ein Prunkzug und ein Mahl beendet worden, da hißt man zur Warnung den Körper eines Schächers am Kreuz. Er hat von den Tempeln abgeraten und ist des frechen Diebstahls überführt worden. Blutlos hochgereckte Händeknäuel von Müttern werden sichtbar. Das Schwert tritt hinter den Sternen hervor, und ein Blutstrom durchbricht das Wehr der Gnade.

Apokalyptische Sensationen begegnen irdischer Not. Kinderleiber mit geöffneten Adern. Ein Engel wird mit dem Himmel bekleidet, ein blinder Krüppel in grobem Hemd wird auch noch mit Taubheit geschlagen. Die Menge versammelt sich am Markte. Und während dort noch ein Bruderruf erklingt, hört man hier bereits das Schleichen eines leisen Schuhs. Ein Licht wird ausgeblasen. Der Verräter, die Silberlinge in der Faust, spricht feurig ins offne Freundesohr. Jetzt zerrinnen Stirn und Kinn unter der Krone und die Verdammung zum Kreuz wird aufgerufen. Aber der Händler schlichtet geschäftig, da der Schrei vom Kreuz die Luft zerreißt, Zinsrollen und Geld in der Truhe. In den Höfen rollt Unrat, Winkel voll Kot und Verdorbenheit. Doch Engel feiern mit übergroßen Fittichen. Abermals erfüllt sich die Zeit. Ein Blitzstrahl zerschlägt die vollgeladenen Fächer des Marktes.

Wieder wechselt das Bild und mit ihm die Stimmung der Farben. Die Vision einer antikischen Mythe beglückt das Ich, das nach dem dunklen Schicksal auf Erden Einzug im Muschelgrund des uferlosen Sees hält. Silberblaues Auf und Ab der Fischervölker. Da überläuft ein Zittern den blanken Spiegel des Wassers. Poseidon fährt aus:

Sieben Silberrosse vor der Welle
lenkt der Flutgott seinen Wasserwagen –
peitscht die sieben blanken Wasserfelle,
die mit halbem Wasserleib entragen.

Unten stampfen die versunknen Hufe –
greifen aus wie durch zersprengte Winde
und des Wagens breite Wasserkufe
gleitet wie auf Räderrund geschwinde.

Wo ist jetzt die Wasserjagd geblieben?
Nahm sie mit sich alles wilde Stürmen?
Oder haben Glöckner angstgetrieben
sie verscheucht von ihren Glockentürmen?

Noch fällt nicht der Vorhang vor dem Schauspiel des Sees. Poseidon war nur Präludium, war Exempel im Vorgang. Die Wasserfläche platzt. Schwärme von fliegenden Fischen flüchten heraus. Diamantene Bänder ketten sich durch die Luft. Die Sonne sprüht von den Schuppenschichten der ungewöhnlichen Vögel, die sich wieder in banger Dunkelheit verlieren. Verschwiegene Lustfahrt der Fische in den Fluren der Fluten, während der Mensch im Dickicht der Gespräche sich verletzt. Doch der Stern der Stille leuchtet über dem Urwald der Reden. Er bringt die Enthüllung der Welt. Strömende Winde kommen auf und bauschen die Segel. Unbekannt sind die überblauten Sunde nach glatter Meerfahrt, unbekannt die frachtbergenden Golfe, die neue Insel. Der erste Sturmstoß trug das Kartenblatt davon. Wie ein verfluchter Odysseus fährt das Ich, unbekannt mit Grad und Pegel, aber mit vollen Segeln und gehäufter Ladelast dahin. Fahrt ohne Rückkehr. Wassermassen stauen sich. Trümmer und geborstener Mast. Kiele ragen zum Himmel. Wüstenei von Spieren, Rahen, Rippen. Hinter dem Kap der toten Hoffnung grinst ein lockender Dämon. Oben aber ist ein Kreisen um die Sterne. Von Peitschenhieben gejagt, mit vorgestreckten, goldenen Hälsen tanzen die Sternvögel nach ihrer Brut. Als Fazit der antiken Meervision wird das Bild eines pluralen Sisyphos beschworen:

Vergeblichkeit

Jetzt entsteigen, da es Nacht ist, Riesen
den am Tag verschlossnen Wassergründen –
stehn am Ufer auf den Flossenfüßen,
schwingen Eimer, die aus Schilf sich ründen:

und nun schöpfen sie in wildem Fronen
Eimer ein und Eimer aus bis Morgen,
ohne Odem in der Brust zu schonen –
sich um Sturm, der tobend peitscht, zu sorgen.

Wenn sie wieder in die Tiefe ziehen,
war umsonst ihr riesiges Verrichten –

alles Wasser rann zurück. Wann fliehen
Dichter wir in klügeres Verzichten?

Nach den drei Bildreihen Augustinischer, biblischer und antiker Vision hat das Ich Anteil an der Weltzeit des Mittelalters. Schließlich überschreitet es im Kleide eines Fremdlings die Grenze zur Neuzeit. Fluch empfängt den Wanderer. Im Wald, den er am Morgen betritt, beschleichen ihn Wölfe. Immer enger ziehen sie ihre Kreise zum Abend. Doch er entzieht sich ihrer Besudelung auf den Kreuzesbaum. Die Verbannung des Dichters wird bittere Wahrheit. In den Städten wohnen die Unberedten, die Gliederlosen. Sie besitzen nicht den Schlüssel, durch den das Schloß aus seiner Klammer fällt. Der Fremdling aber tritt mutig dem Thronherrn entgegen. Da sich die beiden in gleicher Augenhöhe gegenüberstehen, springen Blitze des Urteils blendend ins Gesicht des Despoten. Er sinkt in die Knie, und das Ich wird in den Purpur gehoben. Doch was nützt der Augenaufschlag des Erwählten, was nützt das Wunder der Vollendung; denn Schmerzensschreie gellen. Das Menetekel ist ewig. Von sieben Plagen trägst du sieben. Der Gang in die Freiheit führt hinab zum Fluß der Toten. Im Aufbruch durch Karst und Schlucht belehrt das unterirdische Wälzen des Flusses zur Deltamündung, daß alle Wasserstraßen hin zum Abgrund streben. Leeres Rufen nach dem Meister. Unendlich scheint die antwortlose Pause, vom Sekundenpuls der Uhren überhäuft. Nunmehr kann die große Kreuzigung sich vollziehen:

Genug – genug. Nicht mehr ist zu ertragen,
mehr nicht – mehr nicht. Der Blitze ist genug,
die mir die tiefen Wunden brennend schlagen.
Es ist kein Segen mehr – es ist ein Fluch.

Laß' doch in Dunkelkälte mich eingehen,
wohin vom Schein der Widerschein nicht dringt.
Laß' mich nicht aufrecht solchem Angriff stehen,
der Riesen – Riesen in die Knie zwingt.

Dem Schrei ist Antwort heißeres Entzünden
und das Erbarmen reicht noch weiter weit.
Mehr denn. Trifft mich in meinen tiefsten Gründen.
Verbrenn' mich – glüh' mich aus. Ich bin bereit.

Diesen apokalyptischen Reigen von Metaphern, diese voll Demut und Hochmut empfangene Dichtung eines geschichtlichen Erdrutsches wird man begreifen müssen aus dem existentiellen Gefälle Georg Kaisers, das seit einem halben Jahrzehnt zum Tode hin stürzte. Zugleich begegnet hier das Gefälle letzter Subjektivität, einer Subjektivität, die sich in den Weltsinn verpflanzen möchte. Die Hast der Arbeit ist gekennzeichnet von einer Überfülle an bedrängenden Vorstellungen und von der heraufsteigenden Ahnung einer nur noch als Rest verbleibenden Lebenszeit:

> „Mir sind Dinge aufgegangen – Sternenwelten, die noch niemand geahnt hat. Und eines Tages wird dies mein schwerster Abschied sein: der Abschied von den ungeschriebenen Werken. Ich möchte zehn Köpfe und zwanzig Hände und zweihundert Finger haben, um alles das aufzuschreiben, was ich in meiner großartigen überfüllten sausenden singenden klingenden Einsamkeit höre und sehe – in greifbarer Gestalt. Aber wie schwach ist die Kraft, um soviel zu halten, wie sich mir darbietet – im Rausch und in der Klarheit. Mitten im Leben bin ich im Tod meiner Gestalten."

Georg Kaiser ist Eremit des Zeitalters der Technik, das ihn durchsetzt und zugleich begrenzt, ein Hirt, verlassen, ja verstoßen von seiner Herde und dennoch besessen von Verantwortung. Gleich seinen mittelalterlichen Vorläufern formuliert auch er Gebete und Fluch, übt die Selbsterforschung und bedient sich der Predigt. Da er sich noch sättigt an eigener Natur und stolzer Resignation, befallen ihn auch schon Zweifel und Versuchung, Gottesferne und Auslieferung an die Menschentiere. Von der Erleuchtung bis zur Verblendung reicht das Register seines religiösen Gefühls. Doch nicht mystisch, sondern sondierend verfährt seine Erkenntnis.

Wenn man die halb technischen und halb physiologisch insektenhaften, wie Knorpelgestänge verdorrt anmutenden Bilder in der Lyrik Kaisers betrachtet, wird man an Reg Butler und Alberto Giacometti erinnert. Es fällt schwer, Kaisersche Lyrik zu genießen, zumal man sich im allgemeinen von Lyrik einen Genuß verspricht.

Aber vielleicht begegnet man hier einem Zug, den die Lyrik mit der Dramatik dieses Dichters gemeinsam hat, die in der Kritik auf ähnliche Widerstände stieß, weil sie den Konflikt gewollt hat und aufreizen mußte, weil sie nicht um Einlaß bat, sich nicht einschmeichelte, sondern bestürzte. Statt der Verbindlichkeit Rechnung zu tragen, brach sie die Brücken zur Realität bewußt ab und weitete die Perspektiven in die Richtung der Wahrheit und somit in die unangenehme Richtung. Um der Reinheit willen wird die Saite des lyrischen Instruments förmlich überdreht:

Noch straffer diese Saite? Damit reiner
aus noch vermehrter Schwingung wächst der Ton?
Zerreißt mich nicht der Überschwang wie keiner
vor andern Tönen mich gemartert schon?

Wird denn die Reine nur durch Weh errungen?
Heischt so der unerläßliche Befehl?
Und jener Vogel, der die Nacht besungen,
ersingt den Tag aus unverschlafner Kehl?

Will denn die Luft nicht diesen Schall entbehren,
die zur Empfängnis schon die Zelte blaut?
Straff' mich und überdrehe letztes Wehren –
laß' mich erheben in dem reinsten Laut.

So reißen Georg Kaisers Gedichte nicht unbedingt mit. Abseitig erscheinen die Themen und Bilder. Die Metrik hat Härte, die Wortfolge aber Farblosigkeit. Der Rhythmus, so meint man, holpert.

Georg Kaiser hat selbst für seine Dichtung den Begriff des „gotischen Verses" gebraucht. Die Wortsubstanz verhält sich in fast farbloser Demut, vereinzelt in einen transparenten Lichtknoten verdichtet. Mit dienender Gewährung nehmen die schmalen, sandgrauen Vers-Säulen die wenigen eingepaßten Bilder in sich auf. Doch diese leuchten in leidenschaftlichen Farben und sparen nicht mit ihren Gebärden. Eine Parallele zur Eigenart im technischen Naturell dieser Wort-Gotik wird man jedoch weniger in der mittelalterlichen Stilnachbarschaft, als vielmehr im etruskischen Empfinden einer geistigen Vitalität suchen müssen. Hinsichtlich des Klangvolumens und seines Stils erinnert man sich der atonalen Musik. Fast kein Gedicht will ein Zentrum seiner lyrischen Klangbezüge anerkennen. Elegische, hymnische, protokollierende und pathetische Passagen wechseln sprunghaft, sich nach einem relativen Funktionszentrum abstimmend. Die Polarität von Konsonanz und Dissonanz wird mehr und mehr in ein Sprach-Jenseits befreit, wo die Gesetze des Schweigens zu Worten gerinnen. Im Selbstopfer verklingt diese seltsame und einsame Lyrik des „Eremiten vom Monte Verità":

Da sich zu solcher Flamme Scheit und Schicht
des Meilers meiner Lebenszeit erhob –
verwandelt nun vor Kläger und Gericht
sich Schuld in Gabe – Tadel wird zu Lob.

In Niederung schwelt euer Brand nur Ruß
des faulen Holzes, das euch einzig wert
zum Opfer – unergiebig im Genuß
und Becher, der sich nicht an Lippen leert.

Doch häuftet ihr auch Zederholz getränkt
mit Sandelöl zur Feuersäule steil:
leeres Verlohn. Mir nur, der sich verbrennt,
wird Raum und Zeit der obern Welt zuteil.

1962

Inflation als Phänomen der Existenz
Ödön von Horváths Kritik am Spießertum

Was mit der Machtergreifung Hitlers am 30. Januar 1933 in Deutschland als Endspurt der bisher ärgsten historischen Brutalität begann, und zwar nach einem politischen Gefälle von Jahrzehnten, war nicht zuletzt die Folge einer penetrant gewordenen Lebensform, besser gesagt Lebensunform, nämlich die wütende Inflation des deutschen Spießertums. Carl Gustav Jung hat in seiner Arbeit „Psychologie und Alchemie" von 1944 die Inflation als Lebensform umschrieben. Ein „aufgeblasenes Bewußtsein" ist ihr Träger. Dieses Bewußtsein, so heißt es, „ist immer egozentrisch und nur seiner eigenen Gegenwart bewußt. Es ist unfähig, aus der Vergangenheit zu lernen, unfähig, das gegenwärtige Geschehen zu begreifen, und unfähig, richtige Schlüsse auf die Zukunft zu ziehen. Es ist von sich selbst hypnotisiert und läßt darum auch nicht mit sich reden. Es ist auf Katastrophen angewiesen, die es nötigenfalls totschlagen." Die Katastrophe des deutschen Spießertums auf Staatsebene erfolgte 1945. Wer seit dem Ende der sogenannten goldenen zwanziger Jahre ein kritisches Spiegelbild dieser Lebensform wie kaum ein Zweiter geliefert hat, war der Schriftsteller Ödön von Horváth. Deshalb traf ihn der Bannfluch der Nazis.

Am 14. Februar 1933, zwei Wochen nach Hitlers Einzug in die Reichskanzlei, veröffentlichte der spätere Reichsdramaturg Rainer Schlösser im „Völkischen Beobachter" eine Hetzschrift unter dem Titel „Die Sünden des Systemtheaters! Eine Kunst, die nichts mit deutschem Blut zu tun hat und die nicht aus unserer Seele kam". Das Pamphlet gibt einen Vorgeschmack dessen, was als faschistischer Kulturterror wenige Wochen später zur Tatsache wurde. Mit üblen Verwünschungen nennt es bereits viele Dramentexte, die dann am 10. Mai 1933 auf dem Scheiterhaufen der deutschen Kultur landeten, angefeuert von Goebbels und angesteckt von deutschen Studenten wie Wissenschaftlern. Die Schmähschrift des faschistischen Managers richtete sich auch gegen den Dramatiker Ödön von Horváth, dessen

Stücke vor allem in Berlin, und zwar in der Volksbühne am Bülowplatz, im Lessing-Theater, im Theater am Schiffbauerdamm und im Deutschen Theater, dem Bühnen-Tempel Max Reinhardts, durch Victor Schwannecke, Erich Fisch, Francesco von Mendelssohn und Heinz Hilpert uraufgeführt worden waren. Von Alfred Kerr, dem Berliner Kritikerpapst der zwanziger Jahre, hatte Horváth als „stärkste Kraft unter den Jungen" 1931 quasi den Dichter-Lorbeer erhalten. Im gleichen Jahr wurde der Autor des Stückes „Geschichten aus dem Wiener Wald" (1930) durch Carl Zuckmayer sogar mit dem vielbegehrten Kleist-Preis dekoriert. Im „Völkischen Beobachter" aber wurde jetzt mit folgenden Sätzen der Stab über ihn gebrochen: „Ödön von Horváth besaß die Frechheit, die Nationalsozialisten anzupöbeln. Seine ‚Italienische Nacht' zeichnet uns als Feiglinge. Wird sich der Ödön noch wundern!"

Wer war dieser Ödön von Horváth? Der am 9. Dezember 1901 in Susak, einem Vorort von Fiume (heute Rijeka), geborene Autor hat in seinem Roman „Der ewige Spießer" (1930) die Skizze eines Selbstporträts eingefügt, die er einem der sogenannten Helden dieses Buches zuschreibt: „Als geborener Österreich-Ungar . . . hatte er ein kolossales Sprachtalent und beherrschte infolgedessen alle Sprachen der Donaumonarchie, aber infolgedessen leider keine ganz perfekt." Aus diesem gebrochenen Talent der Jugend entwickelten sich zwei der wesentlichsten Aspekte in Horváths Produktionsstil: 1. Aufbau eines Stückes von der Sprache her, indem sich dessen Helden durch ihre Sprache demaskieren, und 2. Improvisation der Szenen und Auftritte, indem deren Helden ihre Insuffizienz phantasiebegabt überbrücken. Horváth, der sich selbst „eine typisch altösterreichisch-ungarische Mischung: magyarisch, kroatisch, deutsch und tschechisch" genannt hat, ergänzt sein Selbstporträt in „Der ewige Spießer" an anderer Stelle mit dem Hinweis: „Soziologisch betrachtet stammte er aus k. und k. Offiziers- und Beamtenfamilien, aber er hatte nie etwas übrig für das Bürgerliche. Er war ein geborener Bohemien. Bereits 1905 ging er ohne Hut. Seine Schwäche war die Metaphysik." Das gleicht einer apostrophierenden Bespiegelung zwar nicht der ersten Produktionsphase mit ihren Werken historischen Inhalts, wohl aber der zweiten mit ihren antibürgerlichen Zeitstücken und Volksstücken, vor allem jedoch der dritten mit ihrem metaphysischen Hang, im letzten Falle sogar negativ: „Seine Schwäche war die Metaphysik"! Horváth heißt übrigens Kroate, wie Nemeth Deutscher, Thot Slowake, Olah Rumäne und Raz Serbe bedeutet. Zu dieser ungarischen Namenszuteilung, an der auch die Familie des Autors partizipierte, kam es durch die Gepflogenheit, die magyarischen Grenzsiedler des Reiches der Stephanskrone nach den anrainenden Völkern zu benennen. Der durch den Diplomatenberuf des Vaters bedingte häufige Wohnungswechsel machte bereits die Knabenzeit Horváths zu einer Art Nomaden–, wenn nicht Zigeunerleben, natürlich auf entsprechender gesellschaftlicher Ebene. Venedig, Belgrad, Wien, Budapest, Preßburg und München wurden zu Orten der Kindheit und Jugend des Privatschülers, dann Gymnasiasten und schließlich Universitätsstudenten, der bereits früh in einen Konflikt mit Erziehung und Konfession geriet, wobei er z. B. den Spruch des Evangeliums „Du bemerkst den Splitter in den Augen deines Nächsten und siehst den Balken nicht in den eigenen" als ökonomisches Problem der Holzverwertung interpretierte.

Der schon in der Jugend allem Lokalnationalismus entwöhnte Horváth, der mit einem an Rimbaud erinnernden Knabengesicht in die Welt blickte, der von hochaufgeschossener und später etwas dicklicher Gestalt war, sich zumeist eines Füllfederhalters mit hellblauer Tinte bediente, er schrieb die Notiz: „Ich habe keine Heimat und leide natürlich nicht darunter, sondern freue mich meiner Heimatlosigkeit, denn sie befreit mich von einer unnötigen Sentimentalität." Horváth interessierte sich für die revolutionären Schriften des ungarischen Schriftstellers Endre Ady, der sich selbst einen „Menschen in der Unmenschlichkeit" genannt und gegen jeden „phrasenhaften Hurra-Nationalismus" gewandt hatte. Horváth, dieser aus gutem, ja adeligem Hause stammende Sprößling mit seinen meist flatternden Haaren und schlaksig-eleganten Bewegungen, der sich gern in Ringerpose photographieren ließ, liebte die Bilder van Goghs und sympathisierte 1918 mit dem Galilei-Kreis der radikal-revolutionären Jugendorganisationen Budapests. Schon damals ließ er sich von der Deftigkeit und Trefflichkeit im Sprachduktus Shakespeares beeinflussen, fand er viel Gefallen am Getto-Jiddisch Preßburgs und der Wiener Leopoldstadt, insbesondere an jüdischen Witzen, von denen er stets einen parat hatte, aber auch an der Wiener Volks-Komödie, an Nestroy, Raimund und Mozart. Während seiner Wiener Zeit besuchte er gern Heurigengärten. Er war Stammgast des Liliputanercafés am Wiener Prater, notierte dort und in anderen Lokalen, das Papier auf einen der angekratzten Pseudomarmortische gebreitet, Redewendungen und Ausdrücke der Bierkutscher und Nachtbienen, verkehrte in dem Salon von Alma Mahler-Werfel, der einem Gesellschaftspanoptikum der degenerierten Donaumetropole glich, und bekannte gegenüber seinem Freund Ulrich Becher: „Wenn ich einmal eine Familie gründe, möcht ich eine Tochter haben, die sich als Riesenweib, und einen Sohn, der sich als Löwenmännchen ausstellen kann. Auf diese Weise können die Kinder dann ohne viel Arbeit ihren Vater ernähren. Von irgend etwas muß ja ein Autor leben."

Obwohl gebürtiger Ungar, dessen Mutter tschechischer Abkunft war, schrieb Horváth seine literarische Produktion nahezu ausschließlich in deutscher Sprache, dies nicht anders als sein älterer Landsmann, als der aus Csatád bei Temesvár stammende Nikolaus Niembsch, Edler von Strehlenau, genannt Lenau. Lediglich die Vorarbeiten zu seinem Fragment gebliebenen historischen Drama „Dósa" (1923), also zu einem seiner Erstlinge, enthalten Notizen in ungarischer Sprache.

Sieht man von einigen literarischen Schulheftnotizen ab, so beginnt Horváths Produktion als Schriftsteller um 1920, also während der Münchener Universitätszeit, die vom Herbst 1919 (Immatrikulation an der Ludwig-Maximilians-Universität) bis zum Wintersemester 1921/22 reicht. Horváth belegte Vorlesungen in Philosophie und Germanistik. Die Manuskripte seiner allein schon vom Titel her an Rilke und an den Jugendstil erinnernden lyrischen Jugenddichtungen „Das Buch der frühen Weisen" (um 1921) und „Aus einem Herbst", von Siegfried Kallenberg als Melodrama vertont, verbrannte der Autor. Die zwar auf Bestellung von Kallenberg, tatsächlich aber aufgrund einer Personenverwechslung durch den Auftraggeber entstandenen Tanzdichtungen „Das Buch der Tänze" (1921) zeigen allerdings bereits avantgardistische Züge, liefern sie doch lyrische Texte für eine Pantomime. Später kaufte Horváth die gesamte, beim Schahin Verlag 1922 erschienene Auflage von 5000 Exemplaren auf und vernichtete sie.

Die von Horváth selbst anerkannte literarische Produktion setzte 1923/24 mit den „Sportmärchen" ein, die zum Teil im „Simplizissimus" erschienen, vor allem aber mit dem Beginn des dramatischen Schaffens. Dafür aber mochte innerhalb des deutschen Sprachbereichs der urbane Koloß im Norden, nämlich Berlin, Zentrum auch des Theaterlebens der zwanziger Jahre, das zwar nicht einfachste, zweifellos aber sicherste Sprungbrett in die Veröffentlichung bieten. Nach einer mehrwöchigen Parisreise entschloß sich also Horváth, es war Silvester 1924, nach Berlin zu gehen. Er kam aus dem bayerischen Murnau, wo er im Landhaus seiner Eltern gewohnt und Freunde gefunden hatte, aber auch bereits mit den Nazis auf deren Bierseidel werfenden Wahlversammlungen handgreiflich zusammengeraten war, weshalb man ihn vor Gericht zitierte und in den rechtsradikalen

Blättern angriff. In Berlin avancierte Horváth zu einer Art literarisch-dramatischen Mischung von George Grosz und Alfred Kubin, erreichte er in kaum einem Jahrzehnt den Kulminationspunkt seines Schaffens und zum Teil sogar enthusiastische Anerkennung durch Publikum und Kritik. R. A. Stemmle erzählt: „Ich lernte Ödön von Horváth 1928/29 in Berlin kennen. Er . . . berichtete uns – eigentlich als Erster – über Hitlers Persönlichkeit. Er hatte ihn nicht nur bei Großkundgebungen gesehen, sondern ihn auch im kleineren Kreis kennengelernt. Was er über diesen ‚kommenden Mann' damals schon klargesichtig prophezeite, ging in Erfüllung."

Das Jahr 1933 wurde wie für so viele andere auch für Horváth zu einer Zäsur der Existenz. Das bisherige, zum Teil beruhigte Nomadenleben artete zu einer fast fluchtartigen Odyssee aus, an deren Ende keine Heimkehr, sondern quasi als dunkle Penelope mit Handkantenschlag der Tod wartete. 1933 wurde Heinz Hilpert aufgrund einer Attacke im „Völkischen Beobachter" gezwungen, Horváths Stück „Glaube Liebe Hoffnung", dessen Uraufführung vorgesehen war, vom Spielplan des Deutschen Theaters abzusetzen. Das Haus der Eltern Horváths in Murnau wurde von der Gestapo durchsucht. Horváth flüchtete aus Deutschland über Salzburg und Wien nach Budapest, um sich dort seinen ungarischen Paß erneuern zu lassen. 1934 kehrte er noch einmal nach Berlin zurück, um dort das Treiben der SA zu studieren, über die er ein Lehrstück schreiben wollte. Von seinen Freunden Walter Mehring und Franz Theodor Csokor durch Briefe bestürmt, verließ er ein zweites Mal fluchtartig Berlin, wo die Nazis ein Kesseltreiben gegen ihn entfachten. Nach einer Atempause in Österreich floh Horváth, als auch dieses Asylland von den deutschen Faschisten okkupiert wurde, in die Tschechoslowakei, von dort nach Ungarn, Jugoslawien, Italien, und zwar nach Triest wie Venedig, das er schon als Knabe kennengelernt hatte, dann weiter über Mailand in die Schweiz. Aus Zürich schrieb er am 7. Mai 1938 an Csokor Zeilen von satirischer Melancholie: „Hier in der Schweiz ist es sehr still und freundlich, kaum vorstellbar für unsereinen. Die Villen der Millionäre liegen in ihren schönen Gärten, und lieblich lächelt der See – wie lange, wie lange noch?" Von Brüssel und Amsterdam kommend, wo ihm eine Wahrsagerin in bekannter Pythia-Verschlüsselung das Ende prophezeit haben soll, traf er am 28. Mai 1938 in Paris ein.

Am 1. Juni war er mit Robert Siodmak in einem der Cafés auf den Champs-Elysées verabredet, um neue Theater-, vor allem wohl Film pläne zu schmieden. Eines der typischen Juni-Gewitter von Paris zog auf. Gegen 19.30 Uhr, wenige Minuten nach dieser Begegnung, wurde Horváth durch einen vom Unwetter getroffenen Baum gegenüber dem Théatre Marigny getötet. Also starb er doch gleichsam den Tod des Dichters, eines modernen Pans der Literatur, durch die zum Baum erstarrte und von der Leidenschaft des Blitzes erregte Nymphe Echo! Mehring berichtet, Horváth sei in die Arme des ihn fällenden Todes gelaufen wie ein fasziniert Verliebter. Das Grab des Sechsunddreißigjährigen befindet sich auf dem Pariser Friedhof St. Quen. Zuckmayer rief dem Freund einen sich aufbäumenden Nekrolog der Unfaßlichkeit nach, während Klaus Mann für ihn Worte protokollarischer Erkenntnis fand. Doch die meisten Handschriften des Lebenswerkes von Horváth überwinterten die Nazizeit im Tresor einer Münchener Bank, also ausgerechnet in der „Hauptstadt" jener „Bewegung", die auch die Vernichtung seines geistigen Erbes beschlossen hatte.

Zu den ältesten und zugleich gültigsten Prototypen nicht nur der abendländischen Literatur, sondern auch des abendländischen Kulturbewußtseins zählt neben Odysseus oder Ulysses, Don Quichote und Faust die Figur des Don Juan. Seinem Stück „Don Juan kommt aus dem Krieg" (1935) hat Horváth ein Vorwort vorausgeschickt, in dem es u. a. heißt: „Man weiß es nicht, ob Don Juan als historische Person jemals gelebt hat. Fest steht nur, daß es den Typus Don Juan einstmals gegeben hat, und infolgedessen (eine für Horváth typische Logik) ist es klar, daß es ihn auch heute noch gibt und immer geben wird. Ich habe es mir erlaubt, einen Don Juan unserer Zeit zu schildern, weil uns die eigene Zeit immer näher liegt. Scheinbar gehört auch dieser Don Juan der Vergangenheit an, denn er starb während der großen Inflation (1919/23), also in einer Zeit, in der sich, auch im banalsten Sinne des Wortes, alle Werte verschoben haben. Es ist aber, wie gesagt, nur eine scheinbar vergangene Zeit, denn von einer etwas höheren Warte aus gesehen, leben wir noch immer in der Inflation, und es ist nicht abzusehen, wann sie zu Ende gehen wird."

Hier spricht Horváth nicht nur der Hegelschen Theorie von der Penetranz der exemplarischen Phasen des Geschichtsprozesses das Wort, daß nämlich jede ursprüngliche Phase in den darauf folgenden Phasen aufgehoben ist und derart in ihnen permanent weiterwirkt, sondern er bezeichnet auch mit dem Namen Inflation den Grundstoff seiner trefflichsten literarischen Produktionen. Wie z. B. der Begriff der Dialektik nicht mehr lediglich auf die Philosophie beschränkt geblieben ist, sondern auch in den übrigen Bereichen der Existenz sich bewährt hat, ist ein Gleiches für den ursprünglich nur ökonomisch gemeinten Terminus Inflation anwendbar. Im Oeuvre Horváths wird

Inflation als Phänomen der Existenz deutlich, als Existenz-Typ, als deformierte Form des historischen Bewußtseins der „ewigen Spießer".

Bereits das Stück „Sladek, der schwarze Reichswehrmann" (1928) trägt den Untertitel „Historie aus dem Zeitalter der Inflation". In den häufigen Vorworten zu seinen Stücken, die Horváth so gern und pädagogisch geschrieben hat wie später Friedrich Dürrenmatt, setzt sich immer wieder der Hinweis auf die Inflation als Hintergrund, Ursache oder Verhältnisform der Vorgänge, ja als Gesinnungsart der sogenannten Helden des jeweiligen Spiels recht auffällig durch. Schließlich kam ja Horváth aus einem 1918 endgültig abgewirtschafteten Vielvölkerstaat, aus der Österreichisch-Ungarischen Monarchie, die durch eine politische Inflation auseinanderbrach, deren Folgen im 1. Weltkrieg bzw. durch dessen historisch folgerichtigen Ausgang unausweichlich wurden. In der wissenschaftlichen Definition des Begriffes Inflation heißt es übrigens, daß ihre ausgeprägte Form „meist mit politischen Krisenzeiten (Kriegen, Revolutionen) verbunden" sei. Während sie ökonomisch „als Aufblähung des Preisniveaus der Wirtschaft" deklariert wird, „die auf eine Geldvermehrung zurückzuführen ist, der keine entsprechende Vergrößerung der Produktion und des Güterangebots gegenübersteht", kann sie existentiell als Aushöhlung der Werte und Vorstellungen, eben des Bewußtseins verständlich werden. Sie erweist sich ja in ihrer Totalität als Substanzverlust der Wirklichkeit, als Fehlen einer Seinsäquivalenz innerhalb der übertriebenen Daseinsformen. Wortbild und Wortinhalt decken sich dann genau so wenig wie Lebensstil und Lebensinhalt. Das Gesetz der Identität ist liquidiert. Die Übertreibung, die Maske, der Kitsch, die Sentimentalität, das Strohfeuer, die Banalität, die Frustration herrschen, ja vorabsolutieren sich. Die existentielle Hochstapelei dominiert. Die auf den Lebensmarkt geworfenen Schecks sind nicht einlösbar, weil ein entsprechender Existenzwert eben kaum noch oder gar nicht mehr existiert. Mangelnde Ehrlichkeit wird dann zu boshafter Dummheit. Dies einzugestehen und die Konsequenzen daraus zu ziehen, scheitert jedoch an der Lethargie des „ewigen Spießers", des „Schlamperls", eben des „Kindes unserer Zeit", wie sie derart im Werk von Horváth auch wahrheitsgemäß bezeichnet werden.

Im Stück „Dósa" (1923), dieser frühen, von Horváth „großangelegten", aber nie vollendeten „sozial-nationalen Tragödie" aus der Geschichte Ungarns während des Freiheitskampfes gegen die Türken, erweisen sich inflationistische Tendenzen bereits als recht relevant. Dósa, eine Art Verwandter des Schillerschen Wallenstein, zwischen den Herren des Landes und dem Volk des Landes stehend, scheitert an der Diskrepanz zwischen den egoistischen Freiheitsvorstellungen der herrschenden Klasse und den ehrlichen Freiheitsvorstellungen des opferbereiten Volkes. Die Mächtigen, die zum Freiheitskampf aufrufen, dessen Schecks ausgeben, wollen aber selbst für die Freiheit nicht bezahlen. Eine spätere Fassung des dramatischen Fragments nennt in der Disposition nicht wie vorher Aufzüge alten Stils, sondern 9 Bilder und stellt sich insofern auf die Stationentechnik des modernen Dramas ein, wie sie durch Brecht ihren inzwischen klassisch gewordenen Gipfel fand.

Der Ingenieur des sozialkritischen und stark mit expressionistischen Zügen durchsetzten Stückes „Revolte auf Côte 3018" (1926), Titel der späteren Neufassung „Die Bergbahn" (1927), steht ähnlich wie Dósa, nur eben als Vertreter der „technischen Intelligenz" ebenfalls zwischen zwei Fronten: zwischen den ausgebeuteten Arbeitern und den ausbeutenden Unternehmern. Es ist ein Stück in der Tradition jener sozialen Arbeiterdramen, wie sie mit Gerhart Hauptmanns „Die Weber" (1892) innerhalb der deutschen Literatur einsetzten, nach deren Uraufführung bekanntlich der deutsche Kaiser seine Berliner Theaterloge mit Brettern vernageln ließ.

Nicht mehr bloß als Vergleichsmoment, Hintergrund oder roter Faden, sondern als Grundmotiv, ja derart sogar im Untertitel genannt, erweist sich die Inflation in dem Stück „Sladek, oder Die schwarze Armee" (1928), Titel der späteren Fassung „Sladek der schwarze Reichswehrmann" (1928). Sladek, dieser überzogene Woyzeck, läßt sich von den falschen, mit Klischees operierenden sozialen und politischen Verhältnissen der Nachkriegszeit in die Schuld an einem Fememord hineinziehen. Die schwarze Armee maskiert ihre verbrecherischen Aktionen mit nationalen Motiven, die jedoch nichts als leere Parolen sind, weil sie längst abgewirtschaftet haben. Sladeks zeitbedingt verqueres Selbstbewußtsein, das Ich mit der Nation zu identifizieren, wird von dem Vortrupp des Faschismus, den Landsknechten der Schwarzen Reichswehr, zur Mittäterschaft ausgenutzt. Er selbst bekennt angesichts der Schuld: „Ich hab' nur an die Gerechtigkeit gedacht." Und er fleht, nicht aus Gründen politischer Einsicht, sondern nur aus Gründen kreatürlicher Ehrlichkeit: „Ich bitte, mich als Mensch zu betrachten und nicht als Zeit." Doch seine Bitte kommt zu spät. Mit ähnlichen falschen Schecks, aufgeblähten Klischees, nämlich Behauptungen ohne entsprechende historische Substanz wird auch in dem Stück „Zur schönen Aussicht" (1926) herumgeworfen, indem z. B. als Ursache der deutschen Nachkriegsmisere nicht der angezettelte, sondern der verlorene Krieg hinausposaunt wird, um derart das Motiv für die Notwendigkeit eines neuen Krieges zu oktroyieren, damit z. B. die Kolonien zurückerobert werden können usw. Der „Dolchstoß von hinten" wird nicht als manipulierte Wahrheit, als Dolchstoß-Legende, sondern als historische Wahrheit deklariert und somit als getarnte Fälschung in Umlauf gebracht.

Die Gesinnungsinflation als moralisches Ergebnis einer sozialen Krise demonstriert das Stück „Rund um den Kongreß" (1930). Der international besetzte Kongreß zur Bekämpfung der Prostitution und des Mädchenhandels endet in „Fressen und Saufen", wie es in der lakonischen Regieanweisung heißt, und mit dem ironischen Hinweis auf die Notwendigkeit eines der Sache dienlichen Gesetzes, „um die schamlose Ausbeutung der Fräuleins zu verhindern und den anständigen Mädchenhandel zu schützen". Der Kongreß wird allein schon durch seinen Generalsekretär zur Farce, der, ohne es zu merken, sich selbst und zugleich die aufgeblasenen Moralklischees der Gesellschaft entlarvt. Als es nämlich nicht mehr um Theorien, sondern um einen konkreten Fall gehen soll, um die Rettung eines Fräuleins dieser Art, das dem Kongreß über sein Schicksal berichtet, weist der Generalsekretär die Sache mit den Worten zurück: „Wo kämen wir hin, wenn wir für das Studium einer Prostituierten 48 Mark bezahlen würden, und dann würde es sich plötzlich herausstellen, daß wir ja nur das Seelenleben einer kleinbürgerlichen Ehefrau durchleuchtet haben."

Horváth hat das Thema der aufgeblähten Werte, der Formen mit inadäquatem Inhalt, des Ausverkaufs der leeren Ideen bis in die Titel seiner Stücke und in die typisierenden, wenn nicht gar glossierenden Namen ihrer Rollen bzw. Figuren getrieben. Was das biedere Publikum von einem Theaterstück mit dem Titel „Geschichten aus dem Wiener Wald" (1930) erwartet, trifft ja nicht ein, wenn diese Geschichten ihre unheimliche Wahrheit ausbreiten. In „Glaube Liebe Hoffnung" (1932) triumphiert zuletzt das Gegenteil dieser drei christlichen Kardinaltugenden, noch dazu innerhalb einer christlichen Gesellschaft. In dem Stück „Pompeji" (1935) trägt die überdrehte, Ideengespinsten nachlaufende Frau des ruhmsüchtigen Feldherrn Gloriosus den bezeichnenden Namen Idiotima, dies nicht ohne reziproke Anspielung auf Hölderlins Diotima. Ja alle Personen dieses Spiels tragen Masken in Entsprechung zu dem jeweiligen Charakter, den sie vorspielen. Sobald sie jedoch ihre Masken lüpfen, kommt ihr wahres Gesicht zum Vorschein, das allerdings in einem schroffen Gegensatz steht. Auch der Zauberkönig in den „Geschichten aus dem

Wiener Wald" (1930) ist alles andere als ein König des Zaubers, der Magie. Er kann sich ja nicht einmal selbst beherrschen. Der Rittmeister im gleichen Stück wird keinen Ritt mehr meistern, wie er sich gibt. Er kann höchstens noch als Restausschüttung jenes sattsam bekannten Kapitalkontos altösterreichischer Offiziersritterlichkeit gelten, eine Chimäre des stereotypen Männercharmes der Operette. Der Richter in „Glaube Liebe Hoffnung" (1932) bringt die Voraussetzungen für einen Wahrer des Rechtes wahrhaftig nicht mit, weshalb er aus bornierter Blindheit zu einem Wahrer des Unrechts wird. Auch der Polizist im gleichen Stück versagt aus Substanzlosigkeit als Hüter des Rechts. Er fördert ja durch sein Verhalten genau das Gegenteil. Die Inflation der sozialdemokratischen Behäbigkeit, wohl nicht nur während der Weimarer Republik, verdeutlicht sich in dem Stück „Die italienische Nacht" (1930) als Paradigma für eine entsprechende sogenannte demokratische Verhaltensweise jener deutschen Republik, deren Gründung bereits inflationistische Züge innerhalb ihres politischen Programms trug. Sehr bezeichnend hieß es ja schon 1918: „Der Kaiser ging, die Generale blieben." Der selbstzufriedene, autoritative Stadtrat des Spiels nennt sich zwar Vorsitzender der Republikaner, müßte jedoch, nach seiner politischen Haltung und Aktivität beurteilt, bereits im untersten politischen Schulungskursus nachsitzen. Dieser Republikschützer verspricht Sicherheit vor den Faschisten, ohne jedoch Sicherheit geben zu können. Unbelehrbar demaskiert er sich selbst mit den Schlußworten: „So lange es einen republikanischen Schutzverband gibt – solange ich die Ehre habe, Vorsitzender der hiesigen Ortsgruppe zu sein, so lange kann die Republik ruhig schlafen!" Und Martin, der Funktionär des linken Flügels der Partei, ergänzt trefflich: „Gute Nacht!"

Während die Sprache in den Stücken Horváths eine demaskierende Funktion besitzt, die Sprechenden dadurch sich selbst demaskieren läßt, wird dem Szenenbild zumeist die Funktion des Spiegels, wenn nicht gar des Symbols für die Tatsächlichkeit der betreffenden Gesellschaft bzw. deren Vertreter übertragen. Der Rummelplatz in „Kasimir und Karoline" (1931) ist ein Spiegel der vorgespielten Lebendigkeit, Heiterkeit und Lebenslust. Die dort immer wieder eintretenden Pannen reißen den Vorhang vor der latent herrschenden Hilflosigkeit, Öde, ja Seelenlosigkeit auf. Die abgewirtschaftete Kaiserstadt Wien verdeutlicht sich in dem Stück „Geschichten aus dem Wiener Wald" (1930) mit geradezu makabren Requisiten des Szenenbildes der „Stillen Gasse im achten Bezirk". Ein Panoptikum von Gegenständen der Leblosigkeit, der Vorspiegelung, der Halbheit und des kleinkarierten

Existenzstils wird deutlich: „Von links nach rechts: Oskars gediegene Fleischhauerei mit halben Rindern und Kälbern, Würsten, Schinken und Schweinsköpfen in der Auslage. Daneben eine Puppenklinik mit Firmenschild ‚Zum Zauberkönig' – mit Scherzartikeln, Totenköpfen, Puppen, Spielwaren, Raketen, Zinnsoldaten und einem Skelett im Fenster. Endlich: eine kleine Tabak-Trafik mit Zeitungen, Zeitschriften und Ansichtskarten vor der Tür."

Der Kitsch als eklatantes Beispiel einer Inflation des Geschmacks, dessen, was sich als Kunst ausgibt, ohne es zu sein, spielt im Oeuvre Horváths eine so durchgängige Rolle, daß ihr der Autor gelegentlich selbst erlag wie etwa an manchen Stellen seines von jener kitschigen Maske der „Unbekannten aus der Seine" her entwickelten gleichnamigen Stückes (1933), in dem das Undinemotiv ausgewertet wurde. In seinem Plan zum „Volksstück in drei Teilen" mit dem Titel „Der dumme Hans" heißt es sogar vom sogenannten Helden: „Er muß eine ganz kitschige Szene spielen: religiös–liebevoll." Eine Passage im Roman „Der ewige Spießer" (1936), die paradigmatisch für viele andere stehen kann, schildert die Inflation des gesellschaftlichen Stils, der Geselligkeit, des Kulturniveaus, mit einem trefflichen Beispiel, ohne dabei die Sache zu karikieren oder ins Parabolische zu verpflanzen, sondern geradezu protokollarisch: „Harry (der Held des Romans) lernte AML im ‚Diana' kennen. Das ‚Diana' und der ‚Bunte Vogel' in der Adalbertstraße zu Schwabing waren während der Inflation sogenannte Künstlerkneipen mit Künstlerkonzert, und es trafen sich dort allerhand arme Mädchen, Corpsstudenten, Schieber, verkommene Schauspieler, rachsüchtige Feuilletonisten und homosexuelle Hitlerianer (also die Creme einer Inflations-Gesellschaft!).

Hier entstand dies Lied:

Wir wollen uns mit Cognak berauschen
Wir wollen unsere Weiber vertauschen
Wir wollen uns mit Scheiße beschmieren
Wir wollen überhaupt ein freies Leben führen!"

Im Gefolge einer Inflation, wenn nicht echte revolutionäre Bewußtseinsbildung den Haushalt der Menschlichkeit neuordnet, steht zu allermeist die Diktatur. Sie löst die ungedeckten Scheine durch Gewalt ein und macht sich auf diese Weise zufriedengestellte und willfährige Handlanger ihrer Machtpolitik. Dieses Thema, das Horváth bereits im „Sladek" (1918) darstellte, griff er noch einmal in seinem letzten Roman „Ein Kind unserer Zeit" (1937) auf. In dem Stück

„Himmelwärts" (1933), das an die Komödie „Ehen werden im Himmel geschlossen" (1928) von Walter Hasenclever erinnert, zeigt Horváth die logische Alternative zum kleinbürgerlichen, jovialen Tingeltangel einer nicht ernst genommenen Inflation des Himmels, nämlich die Hölle, wo militärischer Drill, ständiger Großeinsatz und die Ordnung der Gewalt herrschen, wo in Nazideutsch gesprochen wird und ein Führer diktiert, den stets Büttel und Scharfrichter umgeben.

Ein zweiter Weg der Konsequenz aus der Inflation ist der in die existentielle Erstarrung, also nicht ein Weg der Bewußtseinsbildung, sondern ein metaphysischer Weg, der in den Stücken Horváths nach 1933, insbesondere in den prämortalen Werken sich abzeichnet. Der Weg des Sohnes der Inflation ist ausweglos. Der aus der Katastrophe zurückkehrende Held in dem Stück „Don Juan kommt aus dem Krieg" (1935) erstarrt am Grabe seiner für immer verlorenen Geliebten. Schnee begräbt ihn. Und das dazukommende junge Mädchen unternimmt nicht etwa Rettungsversuche, sondern „haut auf den Schneemann los". Das ist die Reaktion der jungen Generation gegenüber den Söhnen der Inflation draußen vor der Tür. Das Gesetz der progressiven Geschichtsentwicklung ist rigoros.

1932, an der Schwelle zur faschistischen Diktatur in Deutschland, schrieb Horváth seinen „Totentanz in fünf Bildern" unter dem Titel „Glaube Liebe Hoffnung". Hilpert wurde durch die inzwischen zur Macht gelangten Nazis an der Uraufführung des Stückes gehindert. Sie fand deshalb erst am 13. November 1936 in einem Wiener Kellertheater statt. „Außer ein paar Prominenten", so berichtet Hertha Pauli, „wie Ödöns unzertrennlicher Freund Franz Theodor Csokor, Werfels und Zuckmayers – achtete kaum jemand darauf." Dieses Stück, so schmal es im Verhältnis etwa zu den breit angelegten „Geschichten aus dem Wiener Wald" (1930) und so manchem anderen Werk Horváths erscheint, bezeichnet den Scheitelpunkt seiner Gesamtproduktion. Es ist kein Randstück, kein Peripher-Dramolett, sondern eines der wohl dichtesten und in der Thematik wie in der Transparenz vielschichtigsten. Es ist ein Zeitstück, ein Gewissensdrama, ein Lehrstück, ein dramatischer Bilderbogen sowie eine Demonstration von Horváths eigenem tragischen Gesellschaftsbewußtsein. Die Tatsache der existentiellen Inflation zeigt dieses Stück durch die Demonstration jener unerbittlich ablaufenden Realität, daß nämlich lumpige 150 Reichsmark sich zu einer Todesursache aufblähen können. Ein Bilderbogen von der penetranten Pathologie des „ewigen Spießers" wird aufgeschlagen, der nachzuweisen vermag, daß der Totentanz auch im zwanzigsten Jahrhundert eine so aktuelle Angelegenheit sein kann wie seinerzeit im Mittelalter. Über 150 Reichsmark und 14 Tage Arrest zu stolpern, das reicht aus, um im Zeitalter der angeblich triumphierenden Vernunft einen Totentanz auszulösen, und zwar ausgerechnet durch das Räderwerk der sich so fortschrittlich gebenden modernen, also nicht mehr mittelalterlichen Gesetzgebung. Was zunächst nur spießbürgerliche Lokalchronik zu sein scheint, erweist sich schließlich als Totalchronik der gesamten Gesellschaft. Die verlogene Menschenfreundlichkeit der Phrase und die retuschierte Bestialität des Verhaltens wie Handelns, wie sie hier an einem sogenannten banalen Fall demonstriert werden, spielen sich überall ab, wo immer ein Individuum mit der herrschenden Gesellschaft konfrontiert ist. Dieses Schicksal erlitt Egmont wie Oppenheimer. Und welcher Mensch beginnt nicht immer wieder auf seine Weise die Jagd nach dem „großen" kleinen „Glück" wie Elisabeth, die Heldin dieses Stücks, die nicht nur Züge des Hauptmannschen Hannele bei seiner Himmelfahrt im Polizeirevier, sondern auch des Goetheschen Klärchens trägt, nur daß dieses Horváthsche Klärchen keinen Egmont findet.

Elisabeth ist eine Ophelia, die einem kleinkarierten, sich selbst bemitleidenden Schupo-Hamlet vertraut, eine Rose Bernd ohne Kindesmord, ein weiblicher Michael Kohlhaas der Inflationszeit, eine Schwester des getretenen Schusters Voigt, nicht des Hauptmanns von Köpenick, weil es für solche Schnippchen gegen den Staatsapparat zu ihrer Zeit keine Möglichkeit mehr gab. Zwar Tochter eines Versicherungsinspektors findet sie selbst keine Sicherheit. Sie stirbt den Herztod an der Herzlosigkeit ihrer Umgebung. Sie scheitert an der Dichte, an der Geschlossenheit der sich zwar menschlich gebenden, tatsächlich aber unmenschlichen Verhältnisse, am Zynismus der reziprok praktizierten Kardinaltugenden Glaube, Liebe und Hoffnung. Die Überlegung der staatlichen Anatomie, warum sie einer Lebenden das Anrecht auf deren Leiche für gutes Geld abkaufen sollte, wenn sie diese Leiche mit wenig Geduld ja doch einmal umsonst bekommt, bestätigt, bewahrheitet sich. Elisabeth scheitert an der Dämonie eines Alltags, in dem eine verderbte Sprache, ein Hochstapler-Hochdeutsch, eine Sprache aus falscher Lunge und falschem Herzen gesprochen wird, ohne daß die Redenden wissen bzw. wissen wollen, wie sehr sie sich mit jedem Satz verraten. Sie scheitert letztlich an den Verhältnissen. Das Argument ihres gewollten Abschlusses ist berechtigt. Sie sagt: „weil ich nichts mehr zum Fressen hab."

Ödön von Horváth, dem Franz Werfel zurief „mein Freund, mein Bruder", dessen dramatisches Werk man heute nicht ohne Augenzwinkern zwischen dem des Augsburger Bürgersprößlings Brecht und dem des Konolfingener Pastorensohns Dürrenmatt einzustufen versucht, er war der Georg Kaiser Österreich-Ungarns, wenn nicht gar des österreichischen Expressionismus in dessen Wandlung zur demaskierenden De-facto-Dramatik. Gerade weil er dies als österreichischer Ungar war, verzichtete er auf das für seine deutschen Kollegen so bezeichnende Pathos. Seine Figuren schreien nicht lauthals, sondern sind von schreiender Echtheit. Sie predigen nicht, sondern vermitteln die menschliche Wahrheit mit geradezu penetranter Tatsächlichkeit. Die Methode des Schriftstellers Horváth war die literarische Objektivität. Ihm ging es wie Brecht um die kritische Bildwerdung der doktrinären Verhältnisse, wie Sigmund Freud um die „Demaskierung des Bewußtseins" und wie Kafka um die reflektierte „Ehrlichkeit" des Symbols, „indem dich nämlich", wie Horváth es selbst formulierte, „die liebe Ehrlichkeit gewiß nicht über dich (das wäre Einbildung), doch neben und unter dich stellt". Dieser Carl Sternheim des Donaureviers und Wiener Walds, dieser Prinz Eugen des Bewußtseins-Proletariats im westlichen Balkan, der von Fiume und Budapest herauf über Paris hinausreicht, dieser Jüngling moderner Gesellschaftspraxis, „Kind unserer Zeit", Chronist der herzlosen Offenheit unseres Jahrhunderts, Peter Weiss aus Maghrebinien, Berliner aus Susak, Ganymed der immer noch dunklen Gegenwart europäischer, abendländischer Geschichte, er formte das Resümee seines Testaments in folgende Verse:

Und die Leute werden sagen
In fernen blauen Tagen
Wird es einmal recht
Was falsch ist und was echt.

Was falsch ist, wird verkommen
Obwohl es heut regiert.
Was echt ist, das soll kommen –
Obwohl es heut krepiert.

1970

Ödön von Horváth
Existenz und Produktion im Exil

Es wäre falsch, den Beginn der Emigration Horváths mit dem 13. März 1938 zu datieren, also mit dem Tag seiner Flucht aus Wien nach der Okkupation Österreichs durch die deutschfaschistischen Truppen. Als der von den Nationalsozialisten Verfemte 1933 zum erstenmal Berlin und Deutschland bei Nacht und Nebel verließ, waren es die gleichen Ursachen, die ihn über die Grenze eines Landes trieben, in dem er jahrelang gelebt, gearbeitet, ja sich als ein dort Ansässiger betrachtet hatte. Horváth war kein österreichischer Staatsbürger. Er war ein zumeist deutsch schreibender Schriftsteller ungarischer Herkunft. Daß er auch Ungarn verließ, wo er sich zuletzt 1938 aufhielt, hatte indessen keinerlei Exilmotive. Seine Emigration begann de facto 1933 als Folge der faschistischen Machtergreifung in Deutschland. Die Emigration des am 9. Dezember 1901 in Susak, einem Vorort von Fiume, geborenen Diplomatensohnes Ödön von Horváth hatte nicht rassische, sondern politische Gründe. Daß es nach einer Machtergreifung Hitlers in Deutschland dazu kommen würde, war seit dem Beginn seiner schriftstellerischen Produktion evident. So hatte er bereits 1928 mit dem Stück „Sladek oder Die schwarze Armee" den militanten Vortrupp der späteren Machthaber und 1929 im Roman „Der ewige Spießer" den deutschen Mittelstand als tragende Gesellschaftsschicht des deutschen Faschismus entlarvt. Mit dem Stück „Italienische Nacht", das 1931 in Berlin uraufgeführt wurde, war schließlich den Nationalsozialisten ein offenes Motiv in die Hand gegeben, gegen den unbequemen Dramatiker Horváth vorzugehen. Und so heißt es dann auch in der Schmähschrift, die der spätere Reichsdramaturg Rainer Schlösser im „Völkischen Beobachter" vom 14. Februar 1933 unter dem Titel „Die Sünden des Systemtheaters! Eine Kunst, die nichts mit deutschem Blut zu tun hat und die nicht aus unserer Seele kam" veröffentlichte: „Ödön von Horváth besaß die Frechheit, die Nationalsozialisten anzupöbeln. Seine ‚Italienische Nacht' zeichnet uns als Feiglinge. Wird sich der Ödön noch wundern!" Der Autor selbst kommentierte dieses Stück in der „Wiener Allgemeinen Zeitung" vom 5. Juli 1931 folgendermaßen: „Es geht nicht gegen die Politik, aber gegen die Masse der Politisierenden, gegen die vor allem in Deutschland sichtbare Versumpfung, den Gebrauch politischer Schlagworte."

Aber auch außerhalb des Werkes, das noch dazu von dem jüdischen Theaterkritiker Alfred Kerr progressiv beurteilt und von dem jüdischen Schriftsteller Carl Zuckmayer mit dem so bedeutenden Kleist-Preis honoriert worden war, fanden die deutschen Faschisten reichlich Gründe, Horváth zu ächten und aus dem Land zu treiben. Noch bevor er 1924 aus Murnau, wo er im Landhaus seiner Eltern gewohnt und Freunde gefunden hatte, nach Berlin kam, war er bereits den Nationalsozialisten auf Wahlversammlungen nicht nur begegnet, sondern mit ihnen auch handgreiflich aneinandergeraten. Robert A. Stemmle schreibt: „Ich lernte Ödön von Horváth 1928/29 in Berlin kennen. Er [. . .] berichtete uns – eigentlich als Erster – über Hitlers Persönlichkeit. Er hatte ihn nicht nur bei Großkundgebungen gesehen, sondern ihn auch im kleineren Kreis kennengelernt. Was er über diesen ‚kommenden Mann' damals schon klargesichtig prophezeite, ging in Erfüllung."

Im Juli 1931 wurde Horváth in einem sogenannten Saalschlachtprozeß vor Gericht zitiert, als Zeuge vernommen und von den Nationalsozialisten beschimpft.

Mit seinen Stücken „Kasimir und Karoline" (1932) und „Glaube Liebe Hoffnung" (1933) lieferte Horváth den Nationalsozialisten zusätzlichen Zündstoff, gegen ihn zu agitieren. Nach dem 30. Janaur 1933 war ihnen die Macht gegeben, nunmehr rigoros gegen ihn und seine Sippe vorzugehen. Erstes Signal: SA durchstöberte das Haus der Eltern in Murnau, die aber vorher die Schriften ihres Sohnes in einem Safe in München deponiert hatten. So kam es, daß ausgerechnet in der „Hauptstadt der Bewegung" jener Teil des Horváthschen Nachlasses die Bewegung überwinterte. Horváth selbst floh von Berlin nach Salzburg. Von dort reiste er über das Zillertal, Innsbruck und Schärding weiter nach Wien, wo er mit Hertha Pauli zusammentraf. Bei allem Wohlbefinden in den dortigen Prater-Cafés und Heurigen-Lokalen blieb die Tendenz, auch weiterhin politisch und gesellschaftskritisch zu schreiben. Sie wurde zum Motor einer raschen Entscheidung, die sich aber als ebenso spontan wie weltfremd erwies. Noch während der Niederschrift der Komödie „Die Unbekannte aus der Seine" (1933) plante Horváth ein Stück über die SA, sozusagen einen zweiten Teil zur „Italienischen Nacht". Dafür wollte er Studien in Deutschland selbst, insbesondere in Berlin treiben, wo er sich bestens auskannte. Er wollte die Aufmärsche von Hitlers brauner Landsknechtsgarde beobachten, sich Notizen der Parolen, aber auch über die Reaktion des Publikums während der Großkundgebungen machen. Als ungarischem Staatsbürger könne man ihm ja doch nichts anhaben. So meinte er. Da sein ungarischer Paß abgelaufen war, reiste er zur Erledigung der erforderlichen Formalitäten nach Budapest.

1934 unternahm Horváth die geplante Forschungsreise in die Hauptstadt des Dritten Reiches. Den Unterhalt verdiente er sich durch Arbeiten für die Filmindustrie. Darüber schreibt er in einem Brief vom 16. September an Hans Geiringer: „Du machst Dir ja keine Ahnung, mit welchen Schwierigkeiten hier gefilmt wird, Zensur und dergl. – so daß alle Leut den Kopf ständig mit Zores voll haben." Von seinen Freunden Walter Mehring und Franz Theodor Csokor bestürmt, verließ er zusammen mit der Schauspielerin Wera Liessem ein zweites Mal fluchtartig Deutschland, wo die Nationalsozialisten inzwischen ein erneutes Kesseltreiben gegen ihn begonnen hatten.

Zürich, Wien, Prag, Rom, Amsterdam und vor allem Henndorf zählten zu den Aufenthaltsorten der beiden nächsten Jahre, die von Arbeitsfieber und Unrast, von Depressionen und finanziellen Sorgen gekennzeichnet waren. Aus dieser Zeit stammt Horváths Notiz: „Ich sitze auf meinem Zimmer und bin abgeschnitten von der Welt. Vielleicht wissen aber auch die Spitzen des Geistes nicht, was ich weiß. Denn sie leben nicht so, wie ich, in geistiger Not und Angst." Als er im Sommer 1936 wagte, seine Eltern in Possenhofen zu besuchen, wurde ihm noch einmal verdeutlicht, was man in Deutschland von ihm hielt. Er mußte nach Entzug der Aufenthaltserlaubnis binnen vierundzwanzig Stunden über die Grenze.

Nach der Okkupation Österreichs verlor Horváth seine letzten Freunde in Salzburg und Wien. Zuckmayer floh wie Mehring in die Schweiz, Hertha Pauli nach Frankreich und Csokor nach Polen. Die letzte Etappe der Horváthschen Emigrationsodyssee begann. Nach Aufenthalten in Budapest (März 1938) und in Teplitz-Schönau (April 1938) schrieb er am 7. Mai 1938 aus Zürich, wohin er über Budapest, Triest, Venedig und Mailand gelangt war, an Csokor Zeilen von satirischer Melancholie: „Hier, in der Schweiz, ist es sehr still und freundlich, kaum vorstellbar für unsereinen. Die Villen der Millionäre liegen in wunderschönen Gärten, und lieblich lächelt der See – wie lange, wie lange noch?"

Von Brüssel und Amsterdam kommend, wo ihm eine Wahrsagerin in bekannter Pythia-Verschlüsselung das bevorstehende Ende prophezeit haben soll, traf er am 28. Mai 1938 in Paris ein. Hertha Pauli hatte ihm ein Zimmer im Hotel de l'Univers reservieren lassen. Am 30. Mai schrieb er noch an Frau von Hatvany nach Budapest, daß er das Pfingstfest in der Schweiz verleben wolle. Am 1. Juni war er im Café Mathieu unweit des Panthéon mit Robert Siodmak verabredet, um neue Theater-, vor allem wohl Filmpläne zu schmieden. Eines der typischen Junigewitter von Paris zog auf. Gegen 19.30 Uhr, wenige Minuten nach dieser Begegnung, wurde Horváth durch einen vom Unwetter getroffenen Baum gegenüber dem Théatre Marigny getötet. Mehring berichtet, Horváth sei in die Arme des ihn fällenden Todes gelaufen wie ein Verliebter. Das Grab des Sechsunddreißigjährigen befindet sich auf dem Friedhof St-Quen im Pariser Norden. Die Beisetzung erfolgte am 7. Juni 1938. Nekrologe verfaßten Klaus Mann, Walter Mehring, Franz Werfel und Carl Zuckmayer. Soweit das Protokoll über die Existenz Horváths im Exil. Und seine damalige Produktion?

Das erste Stück, das der zunächst nach Österreich ausgewichene Schriftsteller 1933 schrieb, „Die Unbekannte aus der Seine", reflektiert weniger in der Thematik als vielmehr durch Situationen und Verhaltensweisen der Akteure, der Gesellschaft, die letzten Erfahrungen des Autors in Deutschland, seine damalige Gemütslage, die sich mehr und mehr metaphysisch einzufärben begann, ja das Existenzniveau eines Geflüchteten, dessen Emigrationsschicksal unvermeidbar zu werden schien. Viele Parallelen zwischen der titeltragenden Figur des Stückes, der „Unbekannten", und dem aus Berlin geflüchteten Autor sind feststellbar. Sie kommt wie er aus einem anderen Reich, aus dem sie gewissermaßen verschlagen wurde. Sie ist wie er besitzlos, heimatlos, hilflos, der Welt nicht gewachsen, wiewohl an ihr Anteil nehmend, andererseits von einer geradezu gelassenen Toleranz ihr gegenüber, indem sie das Böse mit Horváths eigenen Worten kommentiert: „So ist's nun einmal."

Man wird an Dürrenmatts Stück „Ein Engel kommt nach Babylon" (1954, 1958) erinnert. Auch Horváths „Engel" ist in die Hände der Menschen gefallen, hat sich in ein Babylon verirrt, das „jede Stadt sein kann". Auch er wird mit Spießern und Unverbesserlichen konfrontiert, bis er sich schließlich wieder zurücknimmt. Der von Natur her unschuldige, aber in die Zeugenschaft des Verbrechens verstrickte Bote aus dem Nirgendwo will, nachdem er Zeuge der Tatsache war, nicht auch noch Zeuge ihrer Anklage werden. Die Gesellschaft treibt ihn in den Freitod, zwingt gleichsam diese Undine in die

Tiefe der Existenzströmung zurück, an deren Ufern die Menschen wie Treibsand liegen.

Muschlers gleichnamige Bestseller-Schönheit fand hier eine ungleich größere Schwester, letztlich voll ätzender Poesie, einen „Engel“ als Menschen, der aber so unter den Menschen nicht zu leben vermag. Was die „Unbekannte“ ihrer Umgebung zurückläßt, die Maske ihres Gesichts – ausgerechnet die Maske, durch die bekanntlich nach antiker Vorstellung die Wahrheit des Spiels tönt –, entlarvt die Gesellschaft. Denn die aufs Kommerzielle ausgerichtete Gesellschaft vermarktet das Lächeln der Wasserleiche zum kitschigen Dekorationsobjekt ihres kolportierenden Geschmacks.

Dieses „ins Wasser geschriebene“, erst 1949 uraufgeführte Stück erinnert aber auch mit seinem den Existentialismus persiflierenden Fluidum an Giraudoux, an dessen „Ondine“ (1939). Es ist ein die Gesellschaft – nicht nur von 1933 – dekuvrierendes Kriminalstück. Zwischen Blumenladen und Uhrmachergeschäft, zwischen den beiden ökonomischen Miniaturpolen des blühenden, dekorativen, lieblichen Lebens und der Zeitmesser-Technik, der organischen und der technischen Existenzsubstanz, geschehen Mord und Selbstmord. Und sie bleiben unaufgeklärt und lassen teilnahmslos. Der Mörder avanciert zum biederen Familienvater mit einem herzigen Sprößling seiner Zeugungskraft. Sein die Gesellschaft erhaltendes Gemüt erweist sich als ordinär. Ein „realistisches Wunderspiel“ in finsterer Zeit läuft ab, metaphysisch interpretiert als eine mit den bewährten drei S (Sensation, Sentimentalität und Sexualität) garnierte Demonstration der Tatsache, daß die Welt schlecht ist und schlecht bleibt, auch wenn gelegentlich Wunder geschehen, banale zwar, wiewohl auch solche, die sogar das Verbrechen decken. Vergleicht man „Die Unbekannte aus der Seine“ mit den zwei Jahre vorher entstandenen „Geschichten aus dem Wiener Wald“, deren skizzenhaft gearbeitetes, nahezu aquarelliertes Pendant sie sein könnte, dann wird das inzwischen eingetretene Emigrationsgefälle im Leben und Werk Horváths deutlich, und zwar trotz der geradezu poetischen, märchenhaften Verfremdung, mit der das Stück die Wirklichkeit vorstellt. Die Grenze des Absurden liegt nicht weit. Die peinliche Entfernung jener Gesellschaft, die hier getroffen werden sollte, nämlich der deutschen, aus dem Salon der Welt, ihr geschmackloses Inferioritätsgefühl, ihre Verbindung von Zynismus und Banalität, das alles spiegelt sich in den Figuren des Spiels. Wie sich z. B. die „Herumsteher vor dem Mordhaus“ verhalten, das charakterisiert nicht nur die Reaktion der unpolitischen Volksgenossen von 1933, das Reservoir der Mitläufer in Deutschland nach der Machtübernahme, sondern auch das Verhalten des demokratischen Auslands, das einen Hitler nicht nur duldete, sondern sogar sanktionierte, bis er auch ihm zur unmittelbaren Bedrohung wurde.

War es von Horváth als sarkastische Aufklärung gedacht, daß am Ende des Spiels nicht wie bei Dante die Bösen in der Hölle und die Guten im Himmel, sondern die einzige Gute im Nichts und alle Bösen bei der etablierten Alltagsordnung landen? Friedrich Heer hat das Stück eine „Commedia humana" genannt. Er hatte recht. Denn es ist ein Stück der Angst und der Brutalität, der Hilflosigkeit und der Gewalt, der Verzweiflung und der Distanz, alles jedoch mit Banalität gezuckert. Persiflage der damaligen Ufa-Filme?

Und es ist ein Stück des Vergessens, wie später die Wohlstandsgesellschaft nichts mehr davon wissen wollte, was historisch vorausgegangen war; wie sich kein Schuldiger mehr seiner Schuld zu entsinnen vermochte, jeder ein Bruder des Albert aus dem Horváthschen Stück, der, kaum Vater geworden und in bestem Auskommen, den Ort des „guten Ruhekissens" mit dem Porträtsouvenir jener dekoriert, die er in den Tod getrieben hat. Mag sie lächeln wie Mona Lisa, so doch unter ganz anderen Umständen. Es ist nicht das Lächeln eines Renaissancebildes aus dem Louvre, sondern einer Gipsmaske aus den Ramschläden der dreißiger Jahre.

Noch im gleichen Jahr begann Horváth, der inzwischen von Wien nach Budapest gereist war, um sich dort seine ungarische Staatsbürgerschaft bestätigen zu lassen, ein weiteres Stück, in dem das Schicksal des Staatenlosen nicht mehr lediglich mit entlarvender Melancholie, sondern als grotesker Fall dargestellt werden sollte. Hatte er sich mit dem Stück „Die Unbekannte aus der Seine" in eine Komödie geflüchtet, um „das Komische und Groteske der Tragik" des Fremdlings in einer teilnahmslosen Gesellschaft zu vermitteln, in ein „Experiment", das nach seiner Meinung „in der Form" bestand, so griff er jetzt mit dem Stück „Hin und her" bewußt zur deftiger wirkenden Posse und nach einem echten Emigrantenstoff. War in dem Stück „Die Unbekannte aus der Seine" eine Frau die Zentralfigur, eine Schwester der Elisabeth aus „Glaube Liebe Hoffnung", nur recht anders emanzipiert als diese, die ja zuletzt der Gesellschaft mit einem letalen Protest aufsässig widerspricht, während die Unbekannte mit geradezu sentimentaler Abneigung in den Tod geht, so ist es diesmal ein männliches Wesen, das den armen Hauptfelden zu spielen hat.

In dem Stück „Hin und her", das 1934 in Anwesenheit des Autors in Zürich uraufgeführt wurde, geht es um das Thema des Menschen im Niemandsland, des Staatenlosen zwischen den Staatsbestimmungen, des Emigranten, der aus dem einen Land ausgewiesen und in das andere Land nicht hineingelassen wird. Als amtlich, ja sozusagen legal getretene Kreatur, Opfer der Bürokratie, Anonymus durch die Macht der Paragraphen, die sich auch in Staaten mit unterschiedlicher Ideologie nahezu gleichermaßen inhuman anwenden lassen, irrt er auf der Brücke, dem uralten Symbol der Verbindung, hilf- und ratlos zwischen den da wie dort ihm verschlossenen Grenzen hin und her. Daß unter derart unorganischen Bedingungen selbst die Erfinder dieses Antagonismus, die Potentaten aus den beiden Nachbarstaaten, sich auf der gleichen Brücke verirren und dabei verwechselt werden können, ist eine ironische Episode im Spiel, bei dessen Niederschrift zweifellos Brecht, Polgar und Tucholsky dem Autor über die Schulter blickten. Allein schon die rettende Ironie der sogenannten Sondergenehmigungen spricht dafür, die bei all ihrer Ambivalenz und ihrem parteiischen Selektionscharakter ja eben auch etwas Positives haben können, was dem Hinweis gleichkommt, derartige Sondergenehmigungen doch unter humanitären Aspekten zur Dauerregel werden zu lassen. Warum sollen sich bürokratische Eskapaden nicht einmal auch als Retter bewähren können?

Horváths Stück demonstriert einen ganzen Katalog an Nuancen und Schattierungen der Grenzfrage als Sache menschlicher Not und Unzulänglichkeit. Die Hintergründe für die Ausweisung bzw. Einreiseverweigerung haben im gegebenen Fall weniger ein politisches als vielmehr ein ökonomisches, soziales Motiv. Dabei ist der Betroffene nicht ganz unschuldig. Er gerät in die Schlinge der Paragraphen, weil er sich über die Gesetze, Verfügungen, ja über die gesamte Entwicklung des einen wie des anderen Staates nie orientiert hatte. Dieser Held der Geschichte liest in den Zeitungen immer nur die Todesanzeigen, nie aber das, was für seine Existenz von Wichtigkeit ist. Und legt er nicht eigentlich auch später als Ausgestoßener auf der Brücke reichlich viel politische Inkonsequenz an den Tag? Warum z B. hat er die beiden ihm ausgelieferten Staatsmänner wenn schon nicht umgelegt, dann doch wenigstens als Geiseln benutzt? Warum macht er sich gegenüber den Schmugglern zum Helfershelfer jener gesetzgebenden Kräfte, die auch ihn getroffen haben? Warum verharmlost er als Postillon d'amour zwischen den Grenzhäuschen die Konfrontation der Staaten zu einer familiären Rivalität zwischen Dörfern? Er ist halt nur ein Mensch, kein Staatsbürger!

Der Ausgestoßene, zwischen den Peripherien der Staaten Kampierende nimmt zwar bei all seinem privaten Elend an allem teil, was zwischen den Grenzen, was an den Fronten stattfindet, weit mehr als jene, die im Lande wohnen und behütet sind, vermag aber in kein Geschehen aktiv einzugreifen. Er sieht mehr, erlebt mehr, wird in mehr verstrickt, ist aber stets zur Passivität verurteilt. Nur gelegentliche Handlangerdienste bleiben ihm überlassen, die sich jedoch im Endeffekt als nützlich für alle, für die Allgemeinheit, erweisen, als Vorteil und Möglichkeit dessen, der eine neutrale Position einnimmt, während sich immer erneut die Tatsache bestätigt, daß der Grenzschutz da wie dort, also bei beiden Gegenparteien, durchaus nicht in generell verläßlichen Händen liegt.

Bei Horváth heißt es: „Alle meine Stücke sind Tragödien – sie werden nur komisch, weil sie unheimlich sind. Das Unheimliche muß da sein." Gerade auch deshalb wird das zwielichtige Niemandsland, das Thomas Mann ein „Waidrevier des Teufels" genannt hat, für den Ausgestoßenen zur erlittenen Heimat der Heimatlosigkeit und für die Grenzorgane, für die Amtlichen, zum Tummelplatz ihrer Sturheit, Laune und Polizeimacht. Die unheimliche Groteske dessen, was Völkerrecht und Rechtsstaat genannt wird, die Austauschbarkeit der Rechtspositionen, das Geflecht der Dienstleistungen, das Fehlen der Zuständigkeit im Staatsbürokratismus und der Automatismus der Staatenlosigkeit lassen im Verhältnis zum Betroffenen die politische Problematik zu einer existentiellen werden. Demgegenüber charakterisieren Ohnmacht und zunehmende Vereinsamung den ausgewiesenen kleinen Mann, der zwar aufbegehrt, aber höflich bleibt, nur leise klagt, bis er sich in sein Schicksal ergibt, wo er sich improvisierend einzurichten versucht. Horváth steht hier als kritischer Romantiker zwischen Kafka und Nestroy, also zwischen Unheimlichkeit und Galle.

Das 1934 geschriebene Stück „Himmelwärts", als „Märchen in zwei Teilen" deklariert und in bearbeiteter Fassung 1937 als Matineevorstellung in Wien uraufgeführt, steuert im Kampf der gegensätzlichen Mächte des Weltspiels trotz seiner im Titel genannten Himmelsrichtung auf einen Kompromiß zu. Flucht ins Märchen, noch dazu mit den dialektisch gestaffelten Schauplätzen: Himmel, Erde, Hölle, Pakt mit dem Teufel, auch hier wie zumeist aus Karrieregründen unterschrieben, das zählte schon immer zum Themenrepertoire der Literatur, nicht nur in historischen Notzeiten.

Horváths Stück erinnert an die Komödie „Ehen werden im Himmel geschlossen" (1928) von Walter Hasenclever. Doch es besitzt auch zeitkritischen Lehrspielcharakter. Es demonstriert die logische Alternative zum kleinbürgerlichen, sich jovial und unverbindlich gebenden Tingeltangel einer Invasion des Himmels auf Erden, die ihrem Metier entsprechend nicht ernst genommen wird, so etwas wie ein leichtgeschürztes Konterfei der sogenannten goldenen zwanziger Jahre. Diese Alternative ist die Inflation der Hölle, übrigens ein gesellschaftliches Phänomen, ja eine gesellschaftliche Tatsächlichkeit. Denn dort herrschen die Gewalten des Dritten Reiches: militärischer Drill, ständiger Großeinsatz und Ordnung der Brutalität. Dort wird Nazideutsch gesprochen, und ein Führer diktiert die nicht mehr artfremde oder entartete Lebensart, sondern die Existenznormen des „Übermenschen". Den Führer umgeben allerorts und immer Büttel und Scharfrichter.

Durch die angespitzte Lebensphilosophie für besondere Umstände, wie sie Horváths Stück im burlesken Stil der Wiener Pawlatschenkomödie des 18. Jahrhunderts präsentiert, dringt an vielen Stellen bitterster Galgenhumor. Selbst in den freundlichen Passagen, die zunächst wie in den „pièces roses" klingen, steckt – so entdeckt man bei deutlicherem Zuhören – fast apokalyptischer Bodensatz, riecht es nach Schwefel. Man gewinnt den Eindruck, als tauchten in den Figuren des Stückes Vorstellungen von George Grosz und Max Ernst ineinander. Schließlich fällt das Charakteristikum auf, daß gerade der besessene Mensch, der Radikalist, besonders anfällig für ein Paktieren mit dem Teufel ist, ein typisch deutsches Phänomen, das auch von Thomas Mann im „Doktor Faustus" (1947) literarisch aktualisiert wurde. Die Conclusio des Stückes versucht mit lehrhaften Meriten überzeugend vorzutragen, daß ein friedvolles Erdendasein nur das Ergebnis eines Kompromisses zwischen Himmel und Hölle zu sein vermag, zumal ja jeglicher Erfolg nur möglich ist, wenn er vorher dem Teufel abgehandelt wurde.

Sein 1935 im Auftrag des Max Pfeffer Verlags in Wien geschriebenes Stück „Mit dem Kopf durch die Wand" nennt der Autor selbst „einen Sündenfall". Er verwarf es nach der Uraufführung, die noch im gleichen Jahr in Wien erfolgte. Horváth schreibt: „[. . .] ich machte Kompromisse, verdorben durch den neupreußischen Einfluß und wollte ein Geschäft machen. Es wurde gespielt und fiel durch. Eine gerechte Strafe." Als Teil der Emigrationsproduktion ist diese Komödie vom Inhalt her kaum interessant, dafür aber unter entstehungsgeschichtlichem Aspekt. Es zeigt sich, zu welchem literarischen Fauxpas die Existenznot einen Emigranten bringen kann. Der gesteigerte Drang nach immer neuer Selbstbestätigung, die finanzielle Misere und die Angst, einen endlich gefundenen Verlag nicht wieder zu verlieren, verführten zu Produktionshast, Stilbruch und falschen Zugeständnissen. Dementsprechend entstand ein Kolportagestück aus Geschichten und Tratsch jener Theater- und Filmwelt, wie sie Horváth noch vor seiner Flucht im Jahre 1933 in Berlin erlebt hatte. Aus Propagandagründen, vielleicht auch mit Selbstironie, baute er sein zwei Jahre vorher verfaßtes Stück „Die Unbekannte aus der Seine“ als Inszenierungsobjekt in die Handlung ein. Auch sein zunehmender Hang zum Spiritismus färbt auf so manche Passage des Stückes reichlich ab. Die vom Autor bei einem Interview vor der Uraufführung eingestreuten Bemerkungen unter der Apostrophierung „Wer kennt Ödön v. Horváth?“ und „Abwarten, was das Publikum sagt!“ werfen nicht nur bezeichnende Schlaglichter auf die Lebenssituation des Emigranten, sondern erhärten auch die verhältnisbedingten Mißleitungen seines Geschmacks bei der Entstehung des Stückes „Mit dem Kopf durch die Wand“, dessen Titel entsprechend wie ein Offenbarungseid klingt.

Das Jahr 1936 ist durch Produktionshektik gekennzeichnet. Horváth selbst gesteht: „Es ist vielleicht grotesk, in einer Zeit, die wie die, in der ich lebe, unruhig ist, und wo niemand weiß, was morgen sein wird, sich ein Programm im Stückeschreiben zu stellen. Trotzdem wage ich es, obwohl ich nicht weiß, was ich morgen essen werde [. . .]“ Zunächst gelang es, das Stück „Der jüngste Tag“ abzuschließen, das ein Jahr später in Mährisch-Ostrau uraufgeführt wurde. Von einem unmittelbaren Bezug der Thematik des Stückes zur Emigration des Autors kann nicht die Rede sein, wiewohl sich andererseits eine Reihe von Anspielungen auf Tendenzen und Verhaltensweisen während der Zeit des deutschen Faschismus finden läßt. Allein schon der Titel ist dafür bezeichnend. Horváth lebte damals teils in Wien, teils in Henndorf. Es war eine verhältnismäßig beruhigte Zeit, ein Atemholen innerhalb der Odyssee zwischen 1933 und 1938. Das Stück „Der jüngste Tag“ ist als Schauspiel in sieben Bildern deklariert. Die Siebenzahl beschwört einen schlimmen Ausgang. Und so handelt es sich tatsächlich um ein Katastrophenstück in mehrfachem Sinne, für den Schuldigen wie für die Betroffenen, um einen Kriminalfall, in dem sich zuletzt der Mörder angesichts des Jüngsten Gerichts selbst stellt. Die Szenerie ist in den shakespearehaft angelegten Geisterszenen wie von Kubin erfunden.

Vermochten sich im Stück „Glaube Liebe Hoffnung“ lumpige hundertfünfzig Reichsmark zu einer Todesursache aufzublähen, so ist es hier ein flüchtiger, nicht ernst zu nehmender Kuß, eine kindische Provokation, der ein Zugunglück mit vielen Toten und Verletzten, einen

Mord und die Zerstörung einer bisher grundehrlichen Existenz zur Folge hat. Bekanntlich aber war schon in Goethes „Tasso" auch ein Kuß die folgenschwerste Sache. Ein balladeskes Spiel von Schuld und Sühne, von letzter Erkenntnis unterdrückter Schuld läuft ab. Wollte Horváth lehrstückhaft über die Grenze nach Deutschland weisen, als er den Antihelden seines Stückes, diesen „Mann ohne Eigenschaften" entwarf, dessen Flucht vor der Ehrlichkeit, dessen Mangel an Selbstkontrolle durch die Gesellschaft unterstützt, ja geschürt werden, der die Stimme des Gewissens durch Mord ersticken will, bis er im Provinzpanoptikum seiner bösartigen Umgebung die wechselnde Volksgunst, den durch Sensationslust bedingten raschen Umschwung von Achtung in Verachtung, von Hosianna in Crucifige kennenlernen muß, weil die Eskalation der Schuld, die Kettenlogik der Geburt eines Verbrechens aus dem andern, unaufhaltsam ist, solange die Sühne nicht dazwischentritt? Dort, wo Mord geschieht, wo Schuld verdrängt wird, haben die Stunden und Minuten, hat die Zeit, ja die Geschichte eine andere Gangart. Traf das nicht bereits 1936 auf Deutschland zu? Ob jedoch die Frage „Was sagt deine innere Stimme?" einen Menschen, der mit Versuchung und Schuld konfrontiert wird, die seine Fassungskraft übersteigen, der blind ist und durch Blindheit zum Verbrecher wird, zur Besinnung bringen kann, bleibt dahingestellt, zumal er in einer Gesellschaft lebt, von der es heißt: „Traurige Leut gibt's auf der Welt – Leut, die gar nichts mehr rührt. Radikal nichts – es rührt sie nicht, ob einer verurteilt wird oder freigesprochen, schuldig oder unschuldig – sie denken nur an ihr Bier." Im Stück „Figaro läßt sich scheiden", das 1936 entstand und 1937 in Prag uraufgeführt wurde, ist die Emigration offensichtlich ein Kernmotiv. Bereits im Vorwort wird ihre Thematik angeschnitten. Dort heißt es: „Die Komödie ‚Figaro läßt sich scheiden' beginnt einige Jahre nach Beaumarchais' ‚Hochzeit des Figaro'. Trotzdem habe ich es mir erlaubt, das Stück in unserer Zeit spielen zu lassen; denn die Probleme der Revolution und der Emigration sind erstens: zeitlos und zweitens: in unserer Zeit besonders aktuell. Unter der in dieser Komödie stattfindenden Revolution ist jegliche Revolution gemeint; denn jeder gewaltsame Umsturz läßt sich in seinem Verhältnis zu dem Begriff, den wir als Menschlichkeit achten und mißachten, auf den gleichen Nenner bringen."

Interessant ist, wie vielschichtig Horváth hier differenziert, indem er Revolution und Emigration zwar als historische Fakten sieht, ihre Probleme jedoch für „zeitlos", also für etwas von der Geschichte Unabhängiges und somit trotz historischer Entwicklung Unveränderliches erklärt, um schließlich mit seinem Spiel eine dramatisierte Subsumtion „jeglicher Revolution" vorzustellen. An dieser Inkonsequenz mögen zwei Motive beteiligt gewesen sein: einmal die mit Benn gemeinsame Skepsis des Autors gegenüber einer „Vernunft der Geschichte" und dann der seit 1933 zunehmende Trend Horváths zur Metaphysik. Daß gezielt auf das angespielt wird, was die deutschen Faschisten ihre Revolution nannten, und außerdem die 1933 ausgelöste Emigrationswelle gemeint ist, dafür spricht die Tatsache, daß hier das Schloß Almavivas nicht bei Sevilla, sondern nahe der deutschen Grenze liegt und daß es sich um eine Revolution handelt, bei der faschistische Verhaltensweisen auftauchen, weshalb man dortzulande nicht die Marseillaise oder Internationale, sondern das Horst-Wessel-Lied erwartet.

Wie klassenbedingt, ja geschlechtsbedingt die soziologische Umschichtung der Emigranten im Asylland erfolgt, wird an konkreten Beispielen demonstriert. Der Graf Almaviva läßt sich von der verbohrten Überzeugung nicht abbringen, daß die Revolution kaum mehr als ein Strohfeuer sei, weshalb mit einer baldigen Rückkehr gerechnet werden könne. Er will seine adligen Allüren auch im Exil nicht aufgeben, verpraßt oder verspielt sein Restvermögen, bis er wegen geschäftlicher Unkorrektheiten im Gefängnis landet. Cherubin, einstmals Page, also Mittelklasse, wird in der Emigration zum Playboy, zum verfetteten Hedonisten und Inhaber des Emigranten-Nachtlokals Chez Chérubin, wo die emanzipierte Susanne nach ihrem Seitensprung so lange kellnert, bis der „Hergelaufenen" die erforderliche Arbeitsgenehmigung verweigert wird. Figaro, der dem Proletariat entstammt, bleibt Realist und handelt den Verhältnissen entsprechend. Er versucht sich zu akklimatisieren. Er, der übrigens nicht aus politischen Gründen, sondern „aus Liebe" emigriert ist, macht sich selbständig und nützt seine handwerklichen Fähigkeiten in bezug auf die veränderten gesellschaftlichen Bedingungen. Doch da ihm jetzt die gewohnte Herrschaft fehlt, sackt er vom einstigen Revolutionär zum Opportunisten und Spießer ab. Und was finden die Emigranten in ihrem Asylland vor? Dort gibt es zwar einen „Internationalen Hilfsbund für Emigranten", doch er ist nichts als eine Farce. Die Emigranten werden von den Einheimischen immer wieder übers Ohr gehauen. Die Hauptthemen des Emigrantendaseins sind eben: Untätigkeit, Schwund der mitgebrachten Finanzen, charakterlicher Verfall, Enttäuschung, Lethargie und Tod oder gezwungenermaßen Rückkehr. Gerade auch deshalb hatte Horváth wohl aus Rücksicht auf eines der damals immer noch kulantesten Asylländer für die Prager

Uraufführung von 1937 sein Stück entschärft. Die bittere Originalfassung wurde erst 1967, basierend auf Originaltexten aus dem Berliner Ödön-von-Horváth-Archiv, in Wien uraufgeführt.

Die Remigration der Überlebenden ins Land, aus dem sie bei Nacht und Nebel fliehen mußten, wo aber indessen das Feuer der Phraseologen und Ideologen verglüht ist und die Revolution zur Korruption wurde, so daß „sie es nicht mehr nötig hat, Menschen in den Keller zu sperren, die nichts dafür können, ihre Feinde zu sein", wird in Horváths Stück als sarkastische Idylle geboten, als eklatante Komödie vom „Sieg der Menschlichkeit". Im Schlußteil des Stückes gibt es eine Szene, die, denkt man an den Tod Horváths zwei Jahre darauf in Paris, fast schockiert. Der vergrämte und verarmte Remigrant Almaviva will wissen, wo ein besonders schöner Baum seines Parkes geblieben sei. Der Blitz habe ihn getroffen, erfährt er. „Dann bin ich beruhigt", sagt daraufhin der Graf.

An Mozart erinnert noch ein zweites Stück, das Horváth 1936 schrieb. Es ist das Schauspiel „Don Juan kommt aus dem Krieg". Erst 1952 wurde es unter dem Titel „Don Juan kommt zurück" in Wien uraufgeführt. Der Kommentar zum Stück verdeutlicht, wie sich Horváth damals immer mehr einzuigeln begann. Sein zu politischem Bewußtsein drängender Instinkt der Zeit vor 1933 zog sich in einen nahezu praktizierten Fatalismus zurück. So spricht er z. B. hinsichtlich der politischen Zeitverhältnisse um 1936 von „Katastrophen, die die Allgemeinheit betreffen", also nicht von Ergebnissen einer falschen gesellschaftlichen Entwicklung. Und die Wirkung der „Katastrophen", mit denen bekanntlich von Menschen unabwendbare Naturereignisse gemeint sind, besteht in der Tatsache, daß „sich jeder einzelne in seinem innersten Wesen ändert". Das klingt wie eine Anerkennung des naturwissenschaftlichen Kausalprinzips auf schicksalhaft apostrophierter Ebene. Bedeutet das eine Wiedergeburt Gerhart Hauptmanns noch vor dessen Tod?

In dem Stück „Don Juan kommt aus dem Krieg" griff Horváth nach zusätzlichen historischen und gesellschaftlichen Erfahrungen während der Emigration noch einmal sein Grundthema von der Inflation als Existenzform auf. Er schreibt: „Ich habe es mir also erlaubt, einen Don Juan unserer Zeit zu schildern, weil uns die eigene Zeit immer näher liegt. Scheinbar gehört zwar auch dieser Don Juan bereits der Vergangenheit an; denn er starb während der großen Inflation 1919–23, also in einer Zeit, in der sich, auch im banalsten Sinne des Wortes, alle Werte verschoben haben. Es ist aber, wie gesagt, nur eine scheinbar vergangene Zeit; denn von einer etwas höheren Warte aus gesehen leben wir noch immer in der Inflation, und es ist nicht abzusehen, wann sie zu Ende gehen wird." Als nützliches Demonstrationsobjekt für sein geradezu resignativ vermitteltes Bekenntnis zur Hegelschen These von der Penetranz der historischen Phasen, daß eben auch der Hitlerfaschismus auf seine Weise nichts als eine Inflationszeit ist, wählte Horváth das bewährte Prägemuster Don Juan. Er projizierte die verpaßte Chance der Katastrophengeneration von 1933 auf die historisch richtige Vorform von 1918, als sich nach dem Ersten Weltkrieg den Vätern noch einmal die Möglichkeit zu moralischer Umkehr anbot, ohne jedoch genutzt zu werden. Der angesichts des Zusammenbruchs seiner Welt zu moralischer Umkehr entschlossene Heimkehrer bleibt der alte Don Juan der Existenz, ohne Mythos und Dämonie, nichts als ein versagender Exponent seiner Gesellschaft. Er betäubt sein Gewissen durch Steigerung der alten Fehler unter neuen Bedingungen, bis er zuletzt an dem Wirtschaftswunder seines Sexualkonsums scheitert. Die Generation der Söhne und Töchter überrollt die schuldig gewordene und unverbesserliche Vätergeneration, die „draußen vor der Tür" bleibt. Mehr noch! Sie zertrümmert sie wie einen Schneemann. Csokor war es, der seinem Freunde Horváth bescheinigte, daß er „vorausgesehen" habe.

Horváths Don Juan ist nicht mehr der Liebesheld des Tirso de Molina und des Molière. Er ist von Anfang an vom Tod gezeichnet, hinsichtlich seiner Potenz kaum mehr als ein genutzter Anlaß für andere, für eine Kunstgewerblerin, einen Blaustrumpf, eine Witwe im letzten Frühling und für Huren aller Schattierungen, ein hilfloser Odysseus, ein „möblierter Herr", ein maskuliner Metaphysiker der Dekadenz in einer ausschließlich diesseitsbezogenen Weiberwelt. Nicht unähnlich dem Don Juan des Max Frisch, wie dieser in eine Idee verrannt, ein Miniatur-Faust ohne Mephisto, weil er beides zugleich sein will, sozusagen ein kleindeutsches Format mit großdeutschen Ansprüchen, ein Hinkemann des Triebs nach Selbstbestätigung, wird er von einer Besitzergreifung automatisch zur andern getrieben, bis er sich übernommen hat. Und so werden aus Faustens Müttern hier Don Juans Hexen, jene Alten, die ihn nicht zur Apotheose emporheben, sondern zum Friedhof weisen, wo er einschneit und in Kälte erstarrt, Frustration statt Nietzsche-Pathos. Die Solveig dieses deutschen Peer Gynt ist der Tod im Schnee. Und wie war es mit Hitler, mit dessen Gier, ein Land nach dem andern zu erobern, bis der russische Winter ihn ereilte?

Das fünfte Stück, das Horváth 1936 beendete, ist das Lustspiel „Ein Dorf ohne Männer", geschrieben nach dem 1901 entstandenen Roman von Koloman von Mikszáth, uraufgeführt 1937 in Prag. Shakespeare, Boccaccio und Kleist standen sozusagen Pate. Besser wäre es gewesen, der Autor wäre diesmal bei Sardou, Gogol und Tschechow in die Lehre gegangen. Man hat das Stück, in dem sämtliche Frauen eines Dorfes in Siebenbürgen zu Kriegerwitwen werden, worauf sie sich, entsprechend der patriarchalischen Zeit, direkt an den König um Abhilfe ihres Notstandes wenden, als Antikriegsdrama interpretiert. Horváth selbst hat mit einigen in die Dialoge eingestreuten Sentenzen dieser Art eine solche Einordnung unterstützt. Wovon das Stück tatsächlich bestimmt wird, sind Heiterkeit, deftiger Spaß und bizarres Arrangement. Politisch ist es harmlos, auch wenn es um eine Korruptionsaffäre auf Staatsebene geht und der König das pointierte Resümee spricht: „Es kommt nicht darauf an, ob man einer verfluchten Rasse angehört; es kommt darauf an, ob man Rasse hat." Die Politologie, die in diesem Stück zur Anwendung kam, scheint eher Kaiser Franz Joseph als Karl Marx verfaßt zu haben, selbst wenn die Frau Gräfin recht emanzipatorisch an den Gittern des Ehegefängnisses rüttelt. Hans-Sachs-Spiel aus der Pußta, Kabale und Liebe mit Happyend an der Donau! Ist es nur ein buntes Bilderbuch von der letzten Endes also doch heilen Welt oder die ironische Verkleidung gerade des Gegenteils? Einem „märchenhaften" Märchenstil Horváths ist nicht zu trauen.

Sein dramatisches Œuvre beschloß Horváth 1937 mit dem Stück „Pompeji", uraufgeführt 1959 in Wien. Ist es eine letzte Abrechnung mit dem Land, das ihn vertrieb, oder ein vordeutendes Lehrstück? Es trägt die Deklaration „Komödie eines Erdbebens" und wirkt schon insofern als eine vorwegnehmende ironische Paraphrase auf den zwangsläufig kommenden Untergang des Dritten Reiches. Mit dem bekannten historischen Beispiel aus der römischen Antike werden die acht Jahre später eintretende Katastrophe Hitler-Deutschlands als Vergeltung für den Übermut einer sich deplazierenden Gesellschaft und die dem Untergang vorausgehenden Jahre als „Tanz auf dem Vulkan" anvisiert. Um z. B. den Ausverkauf der Kultur im Dritten Reich zu glossieren, gibt Horváth der überdrehten Frau des ruhmsüchtigen Feldherrn Gloriosus, die Ideengespinsten nachläuft, den bezeichnenden Namen Idiotima, dies nicht ohne reziproke Anspielung auf Hölderlins Diotima. In Pompeji alias im Dritten Reich gibt es Ausbeuter und Ausgebeutete, herrschen Käuflichkeit der Freiheit und eine Moral, die gar keine mehr ist. Nur drei dem Christentum, der rettenden Lehre der Nächstenliebe, nahestehende Sklaven überleben in den Katakomben, also im Untergrund, den Feuerregen des strafenden Himmels. Wie allerdings die neue Lehre des Proletariats sich konkretisieren wird, bleibt ungewiß; denn Paulus geht nur vorbei.

Nach dem Abschluß des Stückes „Pompeji" begann Horváth 1937 in Henndorf die Arbeit an dem Roman „Jugend ohne Gott". Bereits ein Jahr später wurde der Text in Amsterdam publiziert. Der Autor selbst berichtet, daß er in diesem Buch „ohne Absicht, auch zum erstenmal den sozusagen faschistischen Menschen (in Person des Lehrers) geschildert habe, an dem die Zweifel nagen – oder besser gesagt: den Menschen im faschistischen Staate". Das Thema betrifft also nicht die Emigration. Doch das Buch zählt zur Emigrationsproduktion Horváths. Und gerade von dorther wird mit ihm ein für die Gattung spezifisches Moment akzentuiert. Für den Epiker ist bekanntlich die Position der Distanz zum Stoff, ist seine Möglichkeit der Überschau von besonderer Bedeutung. Denn derjenige, der mitten im Trubel der Ereignisse steht, vermag kaum die Dinge objektiv zu sehen. Vor allem aber erkennt er stets weniger als jener, der mit Abstand die Vorgänge betrachtet. Denn nur diesem ist die Möglichkeit der so notwendigen Reflexion und des erforderlichen Vergleichs geboten. Und so sieht und erkennt auch hier der Romancier Horváth von seiner exterritorialen Warte des Beobachters her, aber auch kraft seiner Erinnerung viel mehr als jene, die es unmittelbar anging, ja angehen mußte.

Die Jugend Deutschlands, für Hitler einer der wichtigsten Substanzspeicher zur Durchsetzung seiner Ziele, wird im Roman Horváths zum Paradebeispiel für die Jugend jedes autoritär verwalteten und ideologisch verseuchten Staatsgebildes. Faschisierung der Jugend durch Konkretisierung der Idee vom „Übermenschen" muß konsequenterweise Folgen haben, wie sie hier mit Einzelbeispielen verdeutlicht werden: Rassismus, Gewissenlosigkeit, Brutalität und Mord. Doch diese „gottlose Jugend", wie Horváth sie nennt, kommt nicht von ungefähr, ist nicht erst das Ergebnis ihrer Zeit. Die Hauptschuld tragen die Eltern, die Generation des Wilhelminischen Zeitalters. In Horváths Parabel von den Folgen autoritärer Erziehung spielen der für das Abendland typische abstrakte Humanismus und unpolitische Idealismus in der Figur des beamteten Lehrers eine peinliche Rolle. Mehr als Feigheit, Hilflosigkeit und Resignation hat der Pädagoge alter Schule nicht zu bieten. Und außerdem: „Was vermag ein Einzelner gegen alle?"

Noch während der Niederschrift des Textes „Jugend ohne Gott" begann Horváth mit den Arbeiten an dem Roman „Ein Kind unserer Zeit", der ebenfalls bereits im darauffolgenden Jahr 1938 in Amsterdam erschien und sehr bald in viele Sprachen übersetzt wurde. Stoff und Tendenz charakterisiert am trefflichsten der Titel der chinesischen Ausgabe. Er lautet: „Soldat des Dritten Reiches“. Horváth notierte damals: „Ich muß dies Buch schreiben. Es eilt, es eilt! Ich habe keine Zeit, dicke Bücher zu lesen; denn ich bin arm und muß arbeiten, um Geld zu verdienen, um essen zu können, zu schlafen. Auch ich bin nur ein Kind meiner Zeit.“ Bei aller Distanz zu den „Helden“ seines Romans erkannte der Autor das Gemeinsame der damaligen Generation, das Csokor ein „Leben ohne Geländer“ genannt hat.

1973

Erst Dionysos, dann Hiob
Über Karl Wolfskehl

Von Wolfskehl wird berichtet, daß sich ein Gespräch, ja eine Plauderei mit ihm jedesmal gelohnt hat. Er deponierte dabei sozusagen Konten seines Einfallsreichstums im Bewußtseinsreservoir seiner Umgebung. Er, dessen Leben als Gesamtheit so unruhig war wie jeder Augenblick dieses Lebens, faszinierte durch den anschaulichen Entwurf seiner Worte, aus dem jeweiligen Augenblick trefflich herausgegriffen, in der zufälligen Begegnung richtig entdeckt. Wolfskehl zählte sich zu den „Sprechmenschen", bekannte sich zur Partnerschaft im Worte, dies nicht ohne Anspielung auf Hölderlins Vers: „Da ein Gespräch wir sind und wissen können voneinander." Dennoch hatte Stefan George recht, als er ihn den „Verschwiegensten aller Menschen" nannte, verschwiegen aus Güte und Humanität.

Karl Wolfskehl wurde vor hundert Jahren, am 17. September 1869, in Darmstadt geboren. Er entstammte einer dort altansässigen Familie jüdischer Patrizier. Noch vor seiner Promotion über „Germanische Werbungssagen" (1893) setzte seine Beziehung zu George ein. Ein Gießener Freund hatte ihm die Bücher Georges und einige Hefte der von ihm gegründeten „Blätter für die Kunst" zur Lektüre geliehen. Am 16. November 1892 wagte Wolfskehl einen schwärmerischen und dennoch recht selbstbewußten Brief an den Autor des „Algabal", sozusagen eine erste Rezension, der später noch viele folgten. In allem maß und erprobte Wolfskehl seine Vorstellungskraft an der des großen, ja gelegentlich übermächtigen späteren Freundes.

Die erste Begegnung zwischen ihm und George erfolgte im Spätsommer 1893 in München, zusammen mit Ludwig Klages und Alfred Schuler, den Mitbegründern des dortigen „Kosmoskreises", dessen Organisator Wolfskehl und dessen Mittelpunkt George wurde. Sie alle konnten als aktive Mitarbeiter der Georgeschen „Blätter für die Kunst" gewonnen werden, Wolfskehl bis zur letzten Folge dieser Zeitschrift. Der Mitarbeiterstab bildete eine Art Dichtertafel der Elite, der es nicht darum zu tun war, wie George es formulierte, „eine neue

Schule oder Richtung anpreisen zu wollen", sondern die sich zum Ziel setzte, lediglich „gegen das unvornehme Geräusch des Tages der Schönheit und dem Geschmack wieder zum Siege zu verhelfen".

Zur Dichtertafel dieser Ästheten und neuromantischen Neoklassizisten zählten neben George u. a. Klein, Melchior, Lechter, Richard Perls, Klages, Schuler, sodann Ludwig Derleth, Henry Heiseler, Friedrich Gundolf, Lothar Treuge, recht locker auch Hugo von Hofmannsthal und natürlich Paul Gérardy wie Wolfskehl. Der Berliner George-Kreis, an dessen Gründung Wolfskehl einen wesentlichen Anteil hatte, traf sich bei Lechter in der Kleiststraße 3, bei dem Malerpaar Sabine und Reinhold Lepsius, in der Grunewald-Villa des Verlegers Georg Bondi, in den Wohnungen von Berthold Vallentin, Friedrich Wolters, Kurt Hildebrandt und Paul Thiersch sowie im „Pompeianum", dem Atelier des Bildhauers Ludwig Thormaehlen. Überall pflegte man das gleiche Arrangement. Da wie dort saß man in „matt erleuchteten Räumen", „unter verschleierten Lampen", zu allermeist „auf florentinisch eingelegten Sesseln, auf verblaßtem Brokat" und George las auch hier, genau wie in München, „mit leiser gleichmäßiger Stimme, mit feiner diskreter Betonung". Am Leseabend des 14. November 1897 bot sich Wolfskehl die Gelegenheit, unter den ausgesuchten Gästen auch Rainer Maria Rilke, Lou Andreas-Salomé und Karl Gustav Vollmoeller persönlich kennenzulernen.

1898 heiratete Wolfskehl Hanna de Haan, Tochter des Darmstädter Kapellmeisters Willem de Haan. In den Jahren von 1899 bis etwa 1916 gelang es ihm und seiner tüchtigen Frau mit viel gesellschaftlichem Charme und Geschick, in ihrer Münchner Wohnung, zunächst in der Leopoldstraße und später in der Römerstraße, auf ihre Weise jene Tradition fortzusetzen, die einstens von den berühmten Berliner jüdischen Salons so bedeutsam und nachhaltig gepflegt worden war. Was im München dieser Jahre auf kulturellem Gebiet Rang und Namen hatte oder gewinnen wollte, Tradition wie Avantgarde, traf sich bei den Jours in der Wolfskehlschen Etage, eilte zur „Hofhaltung" des „Zeus von Schwabing". Lesungen und Diskussionen, vor allem Plaudereien im Thomas Mannschen Sinne, aber auch Feten und Maskenfeste, wie sie einstmals Goethe so gern veranstaltet hat, fanden statt, so z. B. das „Antike Fest" (1903), das Franziska Reventlow, die damals als Syrinx blasender Hirte auftrat, in „Herrn Dames Aufzeichnungen" beschrieben hat.

Wolfskehl war es übrigens, der nicht nur Oskar Schmitz, sondern gerade auch Friedrich Gundolf dem George-Kreis zugeführt hat, ihn also, von dem Edgar Salin berichtet, daß er für viele Jahre Georges

„rechte Hand in allen wesentlichen Angelegenheiten" wurde. Für einen noch bedeutenderen als Gundolf wurde die Wohnung Wolfskehls zum Medium der Begegnung mit George. Hugo von Hofmannsthal war im Februar 1903 bei Wolfskehls in München zum Tee geladen, als er dort mit George zusammentraf. Die angebahnte Verbindung konnte jedoch nicht lange dauern. Zu verschieden waren die beiden im Charakter wie in ihren literarischen Intentionen. Hofmannsthal tendierte sehr bald stärker zu Wolfskehl, weil dieser im Gegensatz zu George nicht die Bedeutung des Theaters negierte. Denn für Hofmannsthal „als Österreicher war das Theater immer etwas Unzerstörbares und Hohes".

Daß Anfang 1904 die kosmische Runde zerbrach, hatte vielerlei Gründe. Eine Hauptursache war zweifellos die Tatsache, daß zwischen den Mitgliedern mehr und mehr „wachsende Unterschiede der Weltanschauungen" offenkundig wurden, indem z. B. Klages und Schuler sich einer grundsätzlich anderen Bewertung der historischen Rolle des Judentums in der Weltgeschichte befleißigen mochten als Wolfskehl. 1940 motivierte Klages rückblickend seinen damaligen Austritt mit dem Hinweis, daß ihm wie Schuler die, wie er meinte, zunehmende Abhängigkeit der „Blätter für die Kunst" von einer jüdischen, eben von Wolfskehl geleiteten Zentrale zur Gewißheit geworden war.

Noch vor der Krise hatte Wolfskehl, der sich übrigens später auch als ideenreicher Mitarbeiter am „Jahrbuch für die geistige Bewegung" (1910/11) erwies, zusammen mit George die mehrbändige Sammlung „Deutsche Dichtung" nach Art der Kelmscott Press herausgegeben. Die Ausstattung lag in den Händen von Melchior Lechter. Was heute kaum mehr als eine bibliophile Kostbarkeit darstellt, kam damals einer Wiederentdeckung alter Meister der Literatur gleich, und zwar in einer Form zwischen den noch heute unvermeidbaren „geschmacklosen Prachtausgaben", mit denen die kapitalkräftigen Spätbürger ihre Stilmöbel garnieren, und den „nicht schlechteren Notausgaben", die schließlich, da sie keiner kauft, verramscht werden.

In den folgenden fünfzehn Jahren trat nicht nur in Deutschland eine der Vorkriegszeit entgegengesetzte historische Situation ein. Die gesellschaftliche Umschichtung, wie sie die Oktoberrevolution in Rußland progressiv vollzogen hatte, spitzte sich in Deutschland zu einem mehr und mehr negativen Spannungsverhältnis zwischen den republikanischen und faschistischen Kräften zu. Der George-Kreis demaskierte sich innerhalb dieser Kämpfe, die zumeist auf der Straße ausgefochten wurden, als reaktionärer Elfenbeinturm. Nach den Verirrungen in der Interpretation des ersten Weltkriegs als „gottgewolltes Ereignis der Reinigung" und nach den Erschütterungen der Nachkriegszeit durch Inflation und Arbeitslosigkeit funktionierte Wolfskehl die überholte These der „Blätter für die Kunst" als „Kunst für die Kunst" in die Devise „Leben für das Leben" um.

Wie der George-Kreis mit historischer Notwendigkeit zerbröckeln mußte, bis der Beginn des Dritten Reiches, am erschütterndsten aber das Scheitern der Rebellion des 20. Juli 1944 seine Haltung ad absurdum führte, verlor sich schließlich auch der Kontakt Wolfskehls zu dieser geistigen Separatistenbewegung elitärer Snobisten. Doch zur Beisetzung des gealterten Freundes, des vergreisten George, der am 4. Dezember 1933 in der Schweiz gestorben war, reiste der jüdische Emigrant Wolfskehl aus Florenz nach Minusio an. Das Verhältnis zwischen Wolfskehl und George war so originell wie nuanciert. Wolfskehl war ein besonderer Georgeaner, an George gefesselt und zugleich von George durch Welten getrennt. Er war niemals Satrap oder gar Sklave dieses hierarchisch denkenden und herrschenden Kopfes. Nicht Unterwürfigkeit, sondern Partnerschaft realisierte er stets gegenüber dem kastalischen Inquisitor von der Jahrhundertwende bis ins dritte Jahrzehnt. Zwischen dem ehrlichen deutschen Juden Wolfskehl und dem versessenen deutschen Arier George, zwischen dem Hiob im Chaos der Geschichte und dem ordnenden Wegbereiter des Chaos, zwischen dem Geselligen und Ungesellschaftlichen, eben zwischen Wolfskehl und George lagen nun einmal Welten.

Wolfskehls Produktion hatte zwar das Formenkorsett der Produktion Georges klug adaptiert, sich die gesellschaftlichen Nuancen des damals so umworbenen Freundes zunutze gemacht, ist aber thematisch alles andere als von dort beeinflußt. Allein schon durch seine Verwendung der biblischen und dann der fernöstlichen Themen des Nirwana übertrifft Wolfskehl die Enge Georgescher Stoffe um ein Vielfaches, eben mit allgemeinmenschlicher Bedeutung. Das erweisen bereits seine „Gesammelten Dichtungen" (1903). George war literarischer Statiker, Wolfskehl aber literarischer Dynamiker. Der eine entwickelte sein Werk aus der Form, wenn nicht aus dem Formalismus, der andere aber aus dem Thema.

Wolfskehl war im Gegensatz zu George kein Anhänger oder gar Verkünder von Definitionen und Dogmen, sondern ein Initiator des täglichen neuen Aufbruchs, der Wandlung: „Nur wer sich wandelt, bleibt mir verwandt." Sich selbst nannte er einen „Spätest-Romantiker", dies in bewußter Distanz zu den Thesen der Neuromantiker. Seine Tendenz zum Nirwana, dem er einen ganzen Zyklus innerhalb seiner „Gesammelten Dichtungen“ (1903) widmete, spricht für die Richtigkeit dieser Selbst-Apostrophierung. Interessanterweise gelang es ihm aber, seine Spätest-Romantik mit einer Gesinnung zu durchsetzen, die nicht im romantischen Subjektivismus, sondern im naturalistischen Objektivismus zu Hause ist.

Sein Buch „Der Umkreis“ (1927) ist das zentrale, wenn auch nicht bedeutendste Werk innerhalb des Gesamt-Œuvres. Es unternimmt einen Zirkelschlag um die dialektisch zueinander stehenden, aufeinander bezogenen und sich einander bedingenden Punkte oder Markierungen der Existenz aus Leben und Tod. Ein dynamischer Kreis, eben ein Um-Kreis, eine ausgeworfene Lassoschlinge dichterischer Bemühung wird präsentiert. Weltschmerz und Nihilismus der „Gesammelten Dichtungen“ von 1903 haben sich im Buch „Der Umkreis“ von 1927 zu apokalyptischer Gesinnung und düsterer Weltreligiosität verdichtet.

In dem Sammelband „Bild und Gesetz“ (1930) bestätigte der Autor, der ja vor allem als Lyriker und nur am Rande auch als Dramatiker tätig gewesen war, sein Talent als Essayist, ja als Theoretiker, wiewohl Rudolf Pannwitz sehr richtig im Zusammenhang mit diesem Band von der „konkreten „Wissenschaft eines Orpheus“ spricht. Die pädagogische Absicht seiner Texte ist unverkennbar. Wolfskehl fühlte sich als Meister und wurde von seiner Umgebung auch als solcher anerkannt, ja sogar derart angesprochen. Seine sprachpädagogischen Intentionen gipfelten in der Überzeugung, daß „das Handwerk der dichterischen Sprache [. . .] zu einem hohen Grad erlernbar“ sei, womit sich schließlich der Plan verband, eine „Schule der Poetik“ zu installieren. Er lebte literarisch, weshalb er auch nach einer Literatur des Lebens strebte, für die er die These „Form ist Inhalt“ zum obersten Gesetz erklärte.

Das Jahr 1933 war für den Juden Karl Wolfskehl mehr als ein historischer Einschnitt. Auch seine Existenz wurde damals zerbrochen. Wenn in der Folgezeit noch bedeutende Produktionen entstanden, so entstammten sie „früheren Kraftquellen seines Wesens“, wie er selbst bekennt. Am 28. Februar 1933, Faschingsdienstag, am Morgen nach dem Reichstagsbrand, verließ Wolfskehl von München aus in einem Schnellzug über Freiburg nach Basel jenes Deutschland, das ihm „wie allen anderen Mitbetroffenen alles erdenklich Widrige antat“. Der Emigrant fand zunächst ein Asyl in der Schweiz und später in Italien. Im Mai 1938 floh er aus dem ungastlich gewordenen Europa auf des „Erdballs letzten Inselriff“: nach Neuseeland. Er, der sich immer gerühmt hatte, „die Menschen seien seine Leidenschaft“, zog sich, gedrängt von Unmenschen, in seine „pazifische Entrückung" zurück, die ihn nie mehr entließ. Als „Entrechteter" demonstrierte er mit diesem endgültigen Abbruch seiner Zelte in Europa die bittere eigene Erfahrung vom „Bruch der Geschichte und Tradition" in dieser Zeit. Dabei erfüllte sich in tragischer Weise für den mehr und mehr Erblindenden ein Lebenstraum. „Nur aus dem fernsten her kommt die Erneuerung", hatte er einst geschrieben, als es ihn drängte, nach Paraguay oder Mexiko, auf eine griechische Insel oder nach Palästina zu gehen. Er ließ sich nicht in der Hauptstadt, sondern in der menschenreichsten Stadt Neuseelands, in Auckland nieder, als suchte er möglichst viel Menschenwärme für die letzten ihm verbliebenen zehn Jahre seines Lebens.

Aus dem Exil hat er viele Briefe nach Europa und Amerika geschrieben, mehr Briefe als je zuvor in seinem Leben. Seine Korrespondenz galt ihm als Kontakt zur „Welt". Es sind Briefe als retrospektive Tagebuchblätter, Rekapitulationen seines Lebens, der Wochen, Monate oder Jahre in Darmstadt, München, Berlin, Florenz und Rom, aber auch Briefe als Hiobsklage, Bekenntnisse und Ratschläge, alles zusammen jedoch stets Darstellungen im Wort. Als Dokumentation seiner endgültigen Trennung, seines absoluten Abschiedes von Europa und der Vergangenheit sowie als Zeichen des Dankes gegenüber dem Land seiner Zuflucht nahm er schließlich die Staatsbürgerschaft von Neuseeland an.

Was er nach 1933 schrieb, stellte er unter den Segen Leo Baecks, in dem er den Leitstern des zeitgenössischen Judentums sah. Im Exil entstanden die Bücher „Die Stimme spricht" (1934) und „Hiob oder Die vier Spiegel" (1950 ersch.). Bereits durch ihre Titel verweisen sie auf das Alte Testament als Quelle. Was sich in Wolfskehls Büchern vor der Emigration als Sprache mitgeteilt hatte, wurde in den Exilwerken zur Klage. Durch die Emigration, durch die erlittene Distanz zum Abendland wandelte sich der Dionysos Wolfskehl in den Hiob Wolfskehl. Mehr als ein Konzentrat jüdischer Glaubensträchtigkeit ist ihm in diesen Büchern gelungen. Die Geschichte überhaupt als menschliche Passion, als Leidensweg wird in ihnen lyrisch repräsentativ, trotz Demütigung, Bitternis, Heimweh und Elend des Autors, der einen Triumph der Klage anstimmt. Wolfskehls letzte Werke, sein lyrischer „Ruf an die Deutschen" (1947) und sein „Sang aus dem Exil" (1950 ersch.), sind zu Recht als „stolzes Zeugnis geschändeten deutschen Judentums" bezeichnet worden. Sie sind Bekenntnisse und Mahnungen vom anderen Ufer, Rufe einer männlichen Iphigenie, voll Heimweh und Treue.

Am 17. März 1947, also ein Jahr vor dem Tode in der Fremde, schrieb Wolfskehl an seinen inzwischen ebenfalls ergrauten Freund Emil Preetorius:

„[. . .] hör zu, Du, weil ich alles verloren habe. Ich habe nämlich die Heimat verloren. Weißt Du was das heißt für einen Dichter? [. . .] Ich habe die Heimat verloren, darin ich, ich meine das Geschlecht, dem ich entstammte, seit Karl dem Großen im gleichen Rhein-Main-Eck ansaß. Ich habe den Rhein in mir, so wie das Mittelmeer, dem ich entstamme [. . .]

Ich habe die Stätte verloren, wo ich gewirkt habe ein langes Menschalter durch, die Stätte der Arbeit, der Freundschaft, der Liebe, des Überschwangs [. . .]

Dort völlig vergessen, hier völlig vereinsamt. Das ist mein Dasein im neunten Jahr."

Wolfskehl blieb bis zum letzten Lebenstag ein Abendländer, „römisch, jüdisch, deutsch zugleich", nicht verschwommener Idealist, sondern bewußter Geistes-Mensch. Seine Entschlüsse waren selten Ergebnisse eines Entwurfs oder einer Konstruktion, sondern zumeist Ergebnisse einer Analyse, einer Einsicht in Notwendigkeiten, stets aber Deklarationen der Überzeugung von der Richtigkeit des Denkens, Wissens, Handelns.

Karl Wolfskehl starb in Auckland in der Nacht zum 30. Juni 1948. Die Platte, die nach jüdischem Brauch ein Jahr später aufs Grab gelegt wurde, trägt in lateinischen und hebräischen Buchstaben den Namen und die Worte: Exul Poeta. Eine Zypresse steht über dem Grab, Naturzeichen des Mittelmeers und der Antike.

1969

Ferdinand Bruckner und seine Negersongs aus Amerika

Die Bezeichnung „Sklavenstaaten" erhielten 13 Länder der nordamerikanischen Union, nämlich Virginia, Georgia, Florida, Alabama, Mississippi, Missouri, Tennessee, Kentucky, Louisiana, Arkansas, Texas, North- und South-Carolina, weil sie vor 1865 die Sklavenhaltung verfassungsrechtlich duldeten. Der Import von Negersklaven aus Afrika vor allem nach Nordamerika, aber auch nach Westindien, sowie in die Gebiete des heutigen Brasilien und Venezuela erfolgte zwischen dem 16. und 19. Jahrhundert. Virginia war bereits 1619 als einer der Hauptumschlagplätze des Sklavenhandels mit Negern bekannt. Erst der 16. Präsident der Vereinigten Staaten von Amerika, Abraham Lincoln, schaffte 1865, gefördert durch den Sieg der Nordstaaten im Sezessionskrieg, die Sklaverei, diese „Bewirtschaftung von Menschen", mit Gesetzeskraft ab. Doch die sogenannte Negerfrage blieb bis heute in den USA ungelöst. Aus Sklaven waren nach der Befreiungs-Deklaration zum Großteil lediglich Ausgebeutete oder Lohnabhängige bzw. Arbeitslose zweiter Kategorie geworden. Auf Grund rassistischer Vorurteile in kastenartige Absonderung, in schwarze Gettos gedrängt, nicht zuletzt durch den Klu-Klux-Klan und die Bürgerwehren vor allem der Südstaaten eingeschüchtert, von häufiger Lynchjustiz bedroht, wanderten zunehmend die Neger Amerikas und zwar oft massenweise, in die großen Industriegebiete des Nordens ab, wo sie dann überwiegend das unterste Proletariat bildeten. Durch offizielle oder aus dem Hinterhalt zielende Gesellschaftspolitik an den Vorteilen des Industriezeitalters in Bildung und Sozialprodukt kaum partizipierend, ja vom gesellschaftlichen Fortschritt geradezu ausgeschlossen, jedoch als Kanonenfutter während aller Kriege sowie als Jazz- und Sport-Koryphäen im Kulturgeschäft zur „Ehre" ihres Staates gern gebraucht, verhärteten die US-Neger immer mehr ihren Haß gegen die Weißen, nicht eigentlich gegen die Weißen abstrakt, sondern gegen ihre Taten. An die Stelle jener Gesinnung, wie sie z. B. in den religiös vertröstenden Spirituals zum Ausdruck kommt, trat mehr und mehr die politische Bewußtheit, marxistisch bestimmt, humanistisch wie radikal, etwa durch die Völkerrechtsbewegung unter Martin Luther King einerseits wie durch die Black Panther andererseits, so oder so bereits vorbereitet in den Schlußversen der alten, entweder klagenden oder sich aufbäumenden Negersongs: „Ja, sie wissen sich zu helfen, die Reichen. Und schutzlos sind die Schutzlosen geblieben“ bzw. „Boß, Deine Zeit ist um.“

Die jetzt erstmals veröffentlichten Negersongs aus Amerika, gefunden im Nachlaß Ferdinand Bruckners, der im gleichnamigen Archiv bei der Westberliner Akademie der Künste existiert, können also auch einen Beitrag zum Verständnis der sogenannten Negerfrage liefern. Gewiß ist es ein Beitrag von primär literarischer Natur, wiewohl er substantiell und formal eine Vielzahl historischer und soziologischer Elemente seiner Aktualität einschließt. Allerdings stellen die Lieder eine literarische Adapiton ihrer ursprünglichen Wirklichkeit durch einen Europäer dar, jedoch durch einen Europäer, der sich nicht zuletzt durch sein ihm aufgezwungenes Exil nach 1933 mit den US-Negern und ihrer Geschichte solidarisch verbunden fühlte. Ferdinand Bruckner war jüdischer Herkunft. Die Juden Europas haben nicht erst zwischen 1933 und 1945 durch die deutschen Faschisten, damals zwar in brutalster Weise, ein den Negersklaven und ihren Nachkommen ähnliches „Schicksal“ erfahren müssen, abgestempelt als Menschen zweiter Klasse, ja als „Untermenschen“, in Gettos verwiesen, gesellschaftlich diffamiert, andererseits in ihren Fähigkeiten gern zum Besten ihrer Herren benutzt, geächtet, unterdrückt, zuletzt massenweise als Arbeitssklaven in Menschenfabriken ausgebeutet, als Handelsware mißbraucht, der Lynchjustiz preisgegeben und millionenfach, dies im Gegensatz zu den US-Negern, ausgerottet.

Ferdinand Bruckner (Pseudonym für Theodor Tagger) zählte zu den schillerndsten Persönlichkeiten des Berlins der zwanziger Jahre. Nur wenige repräsentierten jenes vielzitierte, aber problematische Jahrzehnt der Weimarer Republik in der faszinierenden Bannmeile seiner Metropole so beziehungsreich wie er. Bruckner wurde als Sohn eines Österreichers und einer Französin am 26. August 1891 in Sofia geboren. Er studierte Germanistik in Wien und Musikgeschichte in Paris wie Berlin, wo Max Bruch und Franz Schreker zu seinen Lehrern zählten. Ferruccio Busoni wurde sein Freund. Als Musikhistoriker, Pascal-Übersetzer und Herausgeber der Zeitschrift „Marsyas“, für die er als Mitarbeiter u. a. Hugo von Hofmannsthal, Carl Sternheim, Franz Werfel, Alfred Döblin, René Schickele, Franz Kafka, Paul Klee, Max Pechstein und Rudolf Grossmann gewinnen konnte, errang er schon als Dreiundzwanzigjähriger Anerkennung, ja Bewunderung in Fachkreisen. Sein Existenzprogramm trug ebenso psychologische wie soziologische Akzente, war einerseits auf Modernität und andererseits auf klassische Haltung ausgerichtet.

Ab 1914 nahm Ferdinand Bruckner seinen Wohnsitz in Berlin, wo er 1922 das abgewirtschaftete Terra-Kino in der Hardenbergstraße zu einer Bühne umbauen ließ, die als Renaissance-Theater mit Lessings „Miß Sarah Sampson" unter der Regie von Ludwig Berger am 18. Oktober des gleichen Jahres eröffnet wurde. Dort und später im Theater am Kurfürstendamm präsentierte Ferdinand Bruckner lebendiges Zeittheater, woraufhin ihm Julius Bab bescheinigte, er „habe einen Bühnenbetrieb von erstaunlicher Skrupellosigkeit" installiert. Sehr bald erwies sich Bruckner als Meister der Bühnenkunst überhaupt, als Souverän aller Sparten dieses Metiers. Er beherrschte zunehmend alle Elemente, die ein Theater zur Realisierung seiner Wirklichkeit benötigt: das eines gründenden, organisierenden und gestaltenden Theater-Direktors, der mit geübter Hand gleichermaßen ökonomisch und künstlerisch zu fungieren versteht, sodann das eines Theater-Regisseurs, der seine Inszenierungen in kluger Relation zum Stil des Hauses, zum Bild der Zeit und ihrer Gesellschaftsform einzurichten versucht, ferner das eines Dramaturgen, der avantgardistisch, aber auch retrospektiv, jedenfalls phantasievoll den Spielplan bedenkt, und nicht zuletzt das eines Dramatikers selbst, der im Einklang mit den Stimmen der Praxis und den Anrufen des Tages für die Bühne produziert. Die Schriften des Theater-Theoretikers Ferdinand Bruckner sind hinsichtlich ihrer prinzipiellen Passagen bis heute gültig geblieben.

Ferdinand Bruckner war ein Autor der „dramatischen Zeitdiagnose", wobei er zum erstenmal auf der Bühne eine Gruppenanalyse vorstellte, sodann des psychologischen Geschichtsdramas, indem er die historischen Ereignisse aus den vielschichtigen, subtilen Charakteren der Geschichtsakteure entwickelte. Sein erster Bühnentriumph wurde die Inszenierung des Stückes „Krankheit der Jugend" am 26. April 1928 im Berliner Renaissance-Theater durch Gustav Hartung mit Hilde Körber als schauspielerischer Neudeckung. Die Uraufführung am 17. Oktober 1926 in den Kammerspielen Hamburg durch Mirjam Horwitz war mehr oder weniger durchgerasselt. In Berlin aber wirkte das Stück stärker als Klaus Manns „Anja und Esther" (1925). Der illusionslose Realismus des Brucknerschen Stückes, ja sein expressiver Naturalismus war von eminenter Überzeugungskraft. Das Programmheft berichtete über den immer noch geheimgehaltenen Autor, daß er ein Wiener Arzt sei und sich gern bei einem ausländischen Patienten in Reims aufhalte. In gehobenen Kreisen Berlins entstand damals sogar die Vermutung, daß dieser Ferdinand Bruckner in Wirklichkeit „eine Ferdinande" sei. Kurt Pinthus indessen gab zum besten, daß hinter dem Pseudonym wohl „eine literarische Betriebsaktiengesellschaft" stecken müsse. Später setzte förmlich eine „Jagd nach Bruckner" ein. Die „B. Z. am Abend" versprach dem Entdecker einen hohen Finderlohn. Erst Max Reinhardt gelang es, den Autor Ferdinand Bruckner mit dem Direktor des Renaissance-Theaters Theodor Tagger zu identifizieren.

Max Reinhardts Deutsches Theater avancierte übrigens zur Hausbühne, zum szenischen Heimatstall Ferdinand Bruckners. Im März 1925 war dort bereits seine nach Alexander Dumas verfaßte „Kameliendame" mit Elisabeth Bergner über die Bretter gegangen, nicht ohne vorherigen Krach, weil der damalige Dramaturg des Hauses, Bertolt Brecht, den letzten Akt des Stückes ohne Wissen des Autors restlos umgeschrieben hatte. Im gleichen Haus inszenierte Heinz Hilpert am 23. Oktober 1928 das Prozeß- und Zeitstück „Die Verbrecher" von Ferdinand Bruckner mit Lucie Höflich und Hans Albers in den Hauptrollen. Es erinnerte an „Bibi, Jugend 1928" (1928) von Heinrich Mann und auch an „Jahrgang 1902" (1928) von Ernst Glaeser, übertraf aber beide Werke beträchtlich. Der Münchener Zensor genehmigte den dortigen Kammerspielen nur eine geschlossene Vorstellung, weil das Stück das Vertrauen in die staatliche Rechtspflege erschüttere. Die Inszenierung in München mit Will Dohm und Therese Giehse in den Hauptrollen hatte übrigens Richard Révy besorgt. Tatsächlich aber wird im Brucknerschen Stück die amtliche Rechtspflege als Ausschreitung des Unrechts demaskiert. Schon Lew Tolstoi hatte das Gericht des Menschen über den Menschen verworfen. Und wie Nestroys Volksstück „Zu ebener Erde und im ersten Stock" zum erstenmal einen Hausquerschnitt auf die Szene gebracht hatte, so verteilt Bruckner auch hier den Vorgang auf Simultan-Spielorte in Etagen, gleich sechs an der Zahl. Seine Ernestine ist gleichsam aus Gerhart Hauptmanns Repertoire entsprungen, wenn nicht entliehen. Zumindest ist sie eine Schwester der Frau John aus den „Ratten". Alfred Kerr lobte im „Berliner Tageblatt" die „packend naturalistischen Szenen" in den „Verbrechern". Kurt Pinthus bezeichnete sie im Berliner „8-Uhr-Abendblatt" mit steigernder Apostrophierung als „ein Lehrstück, ein Aufklärungsstück, ein Tendenzstück", geschrieben gegen eine Gesellschaft, „in der jeder Schuldlose jedes Verbrechens beschuldigt werden kann", verfaßt von einer „Theaterbegabtheit, die selten ist".

Als am 10. März 1930, wieder im Berliner Deutschen Theater, Bruckners Stück „Die Kreatur" Premiere hatte, nannte Felix Hollaender den Autor „ein außerordentliches Talent – oder eine Genossenschaft außerordentlicher Talente, deren Betrachtensweise mehr aus soziologischen als phantastischen Bezirken kommt". Er sprach von ihm als „einer [. . .] gescheiten Begabung", einem Stückeschreiber, „der mit seinem Rhythmus und seinem Zeitgefühl im Augenblick wenigstens stärker als irgendein anderer deutscher Autor die internationale Bühne befruchtet hat". – Wie Franz Werfel seinen „Juarez und Maximilian" (1924), Wolfgang Goetz seinen „Neidhardt von Gneisenau" (1925) und Fritz von Unruh seinen „Bonaparte" (1927) geschrieben hatten, so brachte jetzt, wie im Zuge der Zeit und trotz vorheriger Triumphe im Zeitstück, auch Ferdinand Bruckner mit dem Stück „Elisabeth von England" seinen zeitgenössischen Beitrag zum historischen Drama auf die Bühne. Damit war zugleich der Gipfel seines Œuvres erreicht, auch wenn die spätere Exildramatik, darunter das politische Zeitstück „Die Rassen" von 1933/34 und die Widerstandsstücke „Denn seine Zeit ist kurz" sowie „Die Befreiten", beide von 1943/45, aus der deutschen Literatur sozusagen nicht mehr wegdenkbar ist. Am 1. November 1930 fand im Deutschen Theater durch Heinz Hilpert die Uraufführung der Brucknerschen „Elisabeth" statt, obwohl sich damals im Lessing-Theater noch Abend für Abend die „Elisabeth" von Henri R. Lenormand darbot. Fritz Engel bescheinigte im „Berliner Tageblatt" der Brucknerschen „Elisabeth", in der Agnes Straub und Werner Krauss in den Hauptrollen brillierten, „größte Bühnenwirkung von heute, größte und beste". Und Bernhard Diebold schrieb in der „Frankfurter Zeitung": „von allen Elisabethen der deutschen Bühne die historisch möglichste".

Die Erfahrungen von Paul Bourget, Gabriele d'Annunzio, Maurice Maeterlinck und Henrik Ibsen bis Frank Wedekind, Carl Sternheim und Henry Bernstein benutzend, erreichte diesmal Bruckner eine Hochform des Jugendstils, dessen ausgereifteste, wenn nicht gar überreife Frucht, dramatisierte Psychoanalyse im historischen Kleid, Szenendemonstration der neorealistischen Emphase, Sigmund Freud als Realphilosoph historischer Existenz. Reportageszenen in episch verflochtener Reihung, Geschichtsvermittlung um kontrapunktisch gefügter Ideen, ja Ideologien willen, keinesfalls aber zur Verherrlichung des klassischen Helden! Elisabeth agiert wie eine Penthesilea des anglikanischen Utilitarismus, jedoch in Blaustrumpfmanier, ein naiver Backfisch wie die heilige Johanna von Bernard Shaw, allerdings greisenhaft, mit verschrumpfter Gier, in ihrer nordisch-protestantischen Insuffizienz der Gefühle von politischer Haßliebe gepackt gegenüber dem fernen Gegengipfel in Spanien, also gegenüber Philipp, dem Potentaten einer fast hündisch-höllischen Inbrunst des jesuitischen Katholizismus. Die Zwiegespräche zwischen Elisabeth und Philipp durchdringen auf simultanem Szenenarrangement die unsichtbaren Wände ihrer Grenzen und doch auch Gemeinsamkeiten. Beide vermissen bei sich des anderen Talent und Potenz, Elisabeth die Kraft der Romantik und Idee Philipps, Philipp wiederum den Zweckgeist und Protokollsinn Elisabeths. Sicherheit und Skepsis, Glaube und Vernunft, Leidenschaft über und unter dem Nullpunkt drängen aus ihrem Kontrast zur Synthese, um sie gleichzeitig zu fliehen. Eine mittelalterliche Alchemie der Seelen im Widerstreit, eine Psychochemie im Greco-Stil kocht auf der Bühne. Hier wurden ähnliche Techniken etwa bei Georg Kaiser, Dos Passos und Alfred Döblin mit dialektischer Bravour übertroffen.

Die faschistischen Kulturdemagogen setzten Ferdinand Bruckners Werke auf die schwarze Liste des Verbots. Auch seine Bücher, obwohl in 17 Sprachen übersetzt, landeten auf dem Scheiterhaufen der deutschen Kultur vom 10. Mai 1933. Schon vor der „Gleichschaltung" hatte der spätere Reichsdramaturg Rainer Schlösser in einer faschistischen Schmähschrift Ferdinand Bruckner als „marxistischen Gottesleugner" beschimpft, als „Skandal-Dramatiker und frechen Propagandisten der Amoral" diffamiert. Aus seiner Wahlheimat Berlin vertrieben, emirgrierte dieser universale Meister der deutschen Bühnenwelt 1933 über Prag nach Frankreich. 1936 verließ er Paris und übersiedelte nach USA. Im bitteren Exil entstand Werk um Werk, ein jedes geschrieben als Dokument der Humanität. 1933 hatte das Zürcher Schauspielhaus mit der Uraufführung des Stückes „Die Rassen", inszeniert durch Gustav Hartung, in der Hauptrolle Ernst Ginsberg, seine historische Mission begonnen, zum Theater-Asyl der deutschen Exil-Dramatik zu werden. 1941 bearbeitete Ferdinand Bruckner Lessings Drama „Nathan der Weise" in englischer Sprache für das New Yorker Theater Belascos, wo es im Jahr darauf Erwin Piscator inszenierte, um mit diesem Dokument der Versöhnung und Menschenfreundlichkeit angesichts der zunehmenden deutschen Verrohung auch das andere Deutschland zu dokumentieren.

In den Monaten Mai und Juni 1943, als die Vernichtungsfabriken der deutschen Faschisten auf Hochtouren arbeiteten, übertrug Bruckner in den USA Teile der dort von ihm gesammelten Sklavenlieder der Neger ins Deutsche. Die ältesten Lieder stammen aus der Zeit vor dem Sezessionskrieg. Leider fehlen die Datierungen. Der einstige

Dramatiker der existentiellen Befreiung, dramatische Kämpfer gegen Tabus, Volksverhetzung, soziale Zwangsjacken und Justizmorde besann sich seines lyrischen Talents. Die Akzente seiner Themen der zwanziger Jahre: Krankheit der Gesellschaft, juristische Manipulation, gesellschaftlicher Snobismus usw., sie alle kehren in den Negersongs aus Amerika wieder, nur noch ergänzt durch die Erfahrungen des Autors mit dem Rassismus der deutschen Faschisten. Ferdinand Bruckner war es gewohnt, bei der Vorbereitung seiner Werke wissenschaftlich vorzugehen. Ein gleiches geschah jetzt. Sein Notizbuch vermerkt Verfasser einschlägiger Werke zum Thema, so z. B. Sandburg, Scarborough, Wiley, White und Hart.

Die Sammlung Ferdinand Bruckners, aufgezeichnet in einem Schulheft mit dunkelgelben Deckeln, ist im Umfang doppelt so groß wie seine Übertragungen ins Deutsche, die im gleichen Heft zwischen den englischsprachigen Sammelteilen eingetragen sind, teils sogar in Gabelsberger-Stenographie notiert. Bruckner selbst hat die Sammlung, übersetzt oder nicht übersetzt, in 26 Kapitel eingeteilt, die er zum Teil mit Verszeilen aus der Sammlung betitelte. Der Inhalt der einzelnen Kapitel zeigt eine dialektische Struktur, jeweils Feststellung und Gegenfeststellung, Argument und Gegenargument, Gefühl und Bewußtheit, Mitteilung und Kontroverse, eben These und Antithese vermittelnd, wobei die dialektischen Passagen sich entweder innerhalb eines Kapitels mehrmals abwechseln oder auf die beiden Kapitelhälften verteilt sein können. Auch die Gesamtstruktur der Sammlung ist dialektisch gegliedert. Der Freiheitsprognose des 1. Kapitels z. B. entspricht die Freiheitsforderung des letzten. Dem Arbeitslied des 6. Kapitels entspricht das Arbeitslied des 21. Kapitels, also des sechsten vom Schluß her gerechnet. Und so korrespondieren miteinander das 2. und vorletzte, das 3. und drittletzte Kapitel usw., während als Achse dieses Kapitel-Fächers oder Kapitel-Rades das 13. Kapitel mit der Überschrift „Des Negers tiefe Verbundenheit mit Tieren" fungiert, der Bericht über die seinerzeit einzigen Bundes- wenn nicht Leidgenossen der amerikanischen Neger. Denn nicht der angeblich „freundliche Plantagenbesitzer", nicht die kollaborierende „Schwarze Mammy", am wenigsten die zu Wohlstand gekommenen Neger sind es, die als wahrhaftige Genossen gelten können, sondern die Tiere Bre'r Rabbit, Sister Toad, King Buzzard und vor allem Kaiser Bill, der schwarze Köter. „Denn sie sind hungrig und keine Vandalen." Sie verstehen die gemeinsam interessierende Sache richtig zu machen, kennen die gerechten Tricks und sind deshalb Brüder, ja Lehrmeister. – Die Sammlung wirkt wie eine balladeske Collage, balladesk, da sie im Sinne Goethes aus lyrischen, epischen und dramatischen Elementen montiert wurde. Wenn ihre Lieder auch primär während der Arbeit oder als Protest- bzw. Ritual-Songs gesungen wurden, im letzten Fall von rythmischem Händeklatschen aller Beteiligten begleitet, ja angefeuert, so fanden sie nicht selten auch Verwendung beim Tanz, da ihr Rhythmus geradezu automatisch in die Glieder übersprang. Eine lyrische Legenden-Sammlung der harten, zumeist brutalen Realität einerseits und zugleich eine Soziologie mit einfachsten, aber trefflichen literarischen Sprachmitteln andererseits liegt hier vor. An ästhetische Normen wurde bei ihrer Entstehung gewiß nicht gedacht. Auch die Tendenz der Agitation wie des Genusses, wohl vorhanden, wurde im Vollzug aufgehoben. Ihre Wirklichkeit präsentiert zugleich Wahrheit, wie sich ihre Wahrheit als Wirklichkeit vorstellt. Die Vers-Collagen setzen sich zusammen aus Momentaufnahmen der Sklavenexistenz, aus Reaktionen des Gemüts und des Bewußtseins, aus Entschlüssen und Gefühlen, Naturbildern und Protokollen, aus Wortfetzen, Schreien und geflüsterten Bemerkungen. Da wird in assoziativer Reihung geflucht und gebetet, konstatiert und entworfen, trocken und gefühlvoll, pathetisch und satirisch. Manchmal sind es nur auf Versbrocken begrenzte lyrische Schattierungen, manchmal aber auch in strenge Strophen gegliederte Lieder, nicht selten mit Rezitativ ausgestattet, dann wieder protokollierende Litaneien, oft durchsetzt von Kommentaren im Rhythmus der Songs. – Der Begriff des Volkslieds trifft für die Negersongs nur bedingt zu. Sein Romantizismus schließt ja die hier permanent vorhandene, wiewohl aufgehoben wirkende politische Akzentuierung aus. Kein Volk, sondern eine Schicht der Unterdrückten und später Ausgebeuteten gleicher Hautfarbe kommt hier zu Wort und entwikkelt Vorformen für die vielfältigen, bewußt gebildeten Demonstrationen ihrer heutigen Nachkommen.

Diese Ausgabe ist eine Erstveröffentlichung. Sieben Lieder, die allerdings in der Handschrift, auf der diese Ausgabe basiert, nicht enthalten sind, hat Bruckner mit einem kurzen Vorwort bereits im Heft 4/1948 der Zeitschrift „Ost und West" veröffentlicht. Sie wurden deshalb hier nicht wiedergegeben. Die mit logischer Akribie gehandhabte Satzzeichensetzung des Originals, oft im Gegensatz zu den starren Regeln des Duden, wurde beibehalten. Den Titel dieser Ausgabe erfand das Produktionskollektiv, da die Brucknersche Sammlung titellos ist.

Ferdinand Bruckners Existenz-Devise lautete: „Vermenschlichung des Lebens". Er war der literarische Vollender des Jugendstils, ein expressionistischer Skeptiker ohne Nachbarschaft, einer der ausgeprägtesten Söhne des Psychovaters Sigmund Freud innerhalb der deutschen Literaturproduktion. Er war Theoretiker, Praktiker und Phantast eines gesellschaftlichen politischen und literarischen Theaters, sogar ein Meister des dichterischen Journalismus, der Bertolt Brecht der Negersongs aus Amerika, ein protestierender Mann der Weisheit und insofern ein wortwörtlicher Sohn seiner Vaterstadt Sofia. Er starb, in seine alte und zuletzt erneute Wahlheimat Berlin zurückgekehrt, am 5. Dezember 1958.

1970

Über Jochen Klepper

Jochen Klepper, der am 22. März fünfundsechzig Jahre alt geworden wäre, wurde im einstmals oberschlesischen Beuthen an der Oder geboren, im gleichen Jahre 1903 wie Theodor Adorno, der gesagt hat, daß es nach Auschwitz unmöglich sei, noch einen deutschen Vers zu schreiben. Beuthen war damals eine Kleinstadt mit kaum mehr als 3000 Einwohnern, ein idyllischer Provinzort an dem heute östlichsten Fluß des deutschen Sprachraums. Jochen Klepper war das älteste von fünf Kindern eines evangelischen Pfarrers.

Das Pfarrhaus mit seiner wohltemperierten, aber strengen Atmosphäre bestimmte Kleppers Entwicklung. Unter dem heftigen Patriarchat des lutheranischen Vaters pubertierte der zartbesaitete Knabe. Damit waren die ersten existentiellen Weichen gestellt. Die Tradition brachte es selbstverständlich mit sich, daß er als der älteste Sohn einer preußischen Pastorenfamilie die Universität der Landeshauptstadt, also Breslaus, besuchen mußte, um dort natürlich Theologie zu studieren. Das Studium, zeitweise in Erlangen fortgesetzt, wurde nicht durch die erforderlichen Prüfungen abgeschlossen. Damit war die altehrwürdige Erbnachfolge des Vaters durch den Sohn auf der Kanzel in der heimatlichen Kirche unterbrochen. Auch der labile Gesundheitszustand des Studenten ließ eine spätere professionelle Ergreifung des Pfarramtes als nicht ratsam erscheinen. Als Theologiestudent zählte Jochen Klepper zum engeren Kreis um Ernst Lohmeyer, dem großen, später angeklagten und dann verschleppten Theologen.

In Breslau traf Klepper mit Kurt Ihlenfeld, dem damaligen Leiter des Evangelischen Presseverbandes, dann mit Rudolf Mirbt, einem Initiator der Volksbildungsarbeit, und mit Friedrich Bischoff, dazumal Intendant des Rundfunks, zusammen. Sie erschlossen dem stürmischen Talent, das sich selbst zu bestätigen trachtete, durch Betätigung in Presse, Vortrag und Rundfunk ein Feld der Lehre und Bewährung. Die Zeit um 1930 war krisenhaft, eine Flucht in Leben und Pflicht, eine Flucht aus Verzweiflung in Entscheidung, aus Zwiespalt in Sicherheit.

Jochen Klepper arbeitete damals an dem Roman „Die große Direktrice", den er später unter dem Titel „Das Glück der Vergänglichkeit" umschrieb, ohne jedoch einen Verleger zu finden. In der distanzierten Nachfolge der großen schlesischen Barockromane wird in ihm eine moderne Heroine zur Zentralfigur erhoben, „eine ungefüge ältere Frau", wie es heißt, die es zwar nicht versteht, sich selbst vorteilhaft zu kleiden, dafür aber für andere Kreationen von exquisiter Eleganz und Schönheit entwirft. Ihre Gegenspielerin ist „eine zierliche kleine Jüdin". Mit dieser Konstellation der Personen und dem existentiellen Ansatz der sich episch entwickelnden Fragen ist viel eigene Problematik nachgeholt und zugleich präludierend die spätere, so entscheidende Lebensbindung Jochen Kleppers vorgespielt. Dazumal, 1929, wohnte der jugendliche Schriftsteller als Untermieter bei der Witwe des jüdischen Rechtsanwalts Felix Stein, die mit einem bekannten Berliner Modehaus Verbindungen hatte. Am 28. März 1931 heiratete Klepper gegen den Widerstand seiner Eltern die um dreizehn Jahre ältere Frau. Sie brachte zwei Töchter, zehn und zwölf Jahre alt, in die Ehe mit. Die aus einer alten jüdischen Familie stammende, kultivierte und feinsinnige Frau wurde ihrem jugendlichen Ehemann, der sie um Haupteslänge überragte, zur Frau und Mutter, zum Herz und zur Herrin der Familie, aber auch, ohne es zu wissen, zum Angelpunkt seines tragischen Heroismus, nicht jenes Heroismus, der sich wie ein aufbäumendes Pferd großmächtig und dekorativ darstellt, sondern eines Heroismus des harten Tages, der schleichenden Bedrohung, des verzweifelten Taktierens, eines Heroismus der Treue. Im Herbst 1931 ging Jochen Klepper als Journalist und Rundfunkautor nach Berlin, wohin ihm seine Frau ein halbes Jahr später folgte, um mit ihrem Geld ein Haus in Südende zu erwerben. Hier fand Klepper ein Doppeltes: den für ihn so notwendigen stillen Arbeitstisch des freien Schriftstellers und den für ihn nicht weniger notwendigen Lebenstisch familiärer Bürgerlichkeit.

Zwei Pole bestimmten sein Werk: Potsdam und Wittenberg, Preußen und der Protestantismus. Seine Existenz, das Spannungsfeld zwischen diesen beiden Polen, aber wurde durchwebt vom unmittelbaren Anteil an der Not des Judentums. Jochen Kleppers kurzfristige Zugehörigkeit zur Sozialdemokratie, eine sowohl konfessionelle als auch aktiv frömmige Bindung an den Protestantismus und seine familiäre Treue zur jüdischen Frau belasteten ihn bereits Anfang der dreißiger

Jahre angesichts des zunehmenden Einflusses rechtsradikaler Kräfte in Deutschland. Nach 1933 wurden sie ihm zum Verhängnis. Er aber identifizierte sich mit diesen Bindungen bis in die Wurzeln seiner Existenz. Die im November 1932 erreichte feste Anstellung beim Berliner Rundfunk wurde schon im Juni 1933 gekündigt. Auch die daraufhin gewonnene Verdienstmöglichkeit beim Ullstein-Verlag war nur von kurzer Dauer. Trotz dieser materiellen Existenzschwierigkeit, die sich später zur seelischen Bedrängnis ausweitete, schuf Jochen Klepper gerade in diesen Jahren sein Lebenswerk.

Zunächst war ein Voltaire-Roman, dann ein Buch über Paulus geplant. Es blieb bei den Plänen. Doch diese Pläne erwiesen sich als Versuchsfeld einer prinzipiellen Intention und deren späteren Verwirklichungen. Kleppers Faszination galt dem Vatertum. Was ihm die Gestalt des eigenen Vaters vorgelebt, ihm selbst aber die Natur leiblich verwehrt und die ererbte Konfession mit der Gestalt des Gott-Vaters als Leitbild eingeprägt hatte, danach griff er als Schriftsteller. Ein Leben lang war er unterwegs zur Konkretisierung dieser Idee des Vatertums. Und es wurde der tragische Weg eines Vertreters der damaligen Sohn-Generation.

Nach dem Scheitern des Plans, die geistige, intellektuelle Vaterschaft Voltaires und die religiöse, pädagogische, ja dogmatische Vaterschaft des Paulus schriftstellerisch zu gestalten, schrieb Klepper den historischen Roman des Preußenkönigs Friedrich Wilhelm I. mit dem bezeichnenden Titel „Der Vater". Es ist das Buch eines vaterhaften Gründers, des Kreators des preußischen Volkscharakters, der aber in sich letztlich gebrochen war, zunächst zwar Ansatz zum Staats-Schauspiel der Glorie, letztlich aber doch Ursache einer historischen Liquidierung. Ein Gottes-Auftrag endet in den Abgründen der Geschichte, die kein Schicksal, sondern das Ergebnis menschlicher Taten, menschlicher Verstrickung und Schuld ist.

Das auf strengen Quellenstudien basierende, 1937 erschienene Buch knüpft an die große Tradition historischer Literatur an, der es bisher mit erkennender Tendenz gelang, das Bild einer historischen Figur oder Epoche im allgemeinen Bewußtsein deutlicher zu prägen, sozusagen wahrheitsträchtiger als alle Geschichtswissenschaft. Wie das Bild Julius Caesars, das wir kennen, weniger von der Wissenschaftlichkeit Ranckes oder Mommsens als vielmehr von der dichterischen Imagination Shakespeares getragen wird, wie unser Goethe-Bild gerade vom Goethe-Roman Thomas Manns in wahrhaftigere Perspektiven erweitert wurde, als sie die Literaturwissenschaft bislang zu bieten vermochte, so ist auch das Bild des wirklichen, nicht liquidierbaren Preußens weniger von der Geschichtswissenschaft als vielmehr von Theodor Fontane mitgeprägt worden. Jochen Kleppers Roman „Der Vater" ist ein Beitrag zu solcher literarischen Wahrheitsfindung preußischer Geschichte.

Noch im Vorfeld der Machtergreifung Hitlers, der faschistischen Okkupation der Staatsmacht in Deutschland mit Hilfe der bürgerlichen Verblendung und Lethargie, hatte Jochen Klepper seinen Roman „Der Kahn der fröhlichen Leute" geschrieben, eine Arbeit von sechs Wochen, ein, wie es heißt „heiteres, unbeschwertes Buch", erinnernd an eine gleiche Produktionsphase von Kurt Tucholsky mit dem Roman „Schloß Gripsholm" und von Karl Jakob Hirsch mit dem Roman „Felix und Felicia". Kleppers Roman ist ein Buch der „Oderschiffer, die zwischen Cosel und Stettin auf ihren Kähnen stromauf- und abwärts fahren". Wie Günter Grass in seiner „Blechtrommel" das Bild Danzigs für unser Bewußtsein bewahrt hat, nachdem es historisch verspielt wurde, so hat Jochen Klepper im „Kahn der fröhlichen Leute" das Bild der Oder bewahrt, eines Flusses, der die historische Starrolle des „Vaters Rhein" inzwischen mit echter historischer Tatsächlichkeit in den Schatten stellte.

An der Oder liegt die Geburtsstadt Heinrich von Kleists, des Preußen, Romantikers und Todgeweihten, der sein Grab am Wannsee fand. Jochen Klepper war ein bürgerlicher Bruder Kleists, aus dem gleichen geographischen Raum stammend, wie Kleist bohrend und konfliktreich nach Selbstfindung strebend, wie Kleist voll Sehnsucht nach Idylle, wie Kleist in der gleichen Stadt den gleichen Tod sterbend, nur unter anderen gesellschaftlichen, ideologischen und politischen Bedingungen, und in der Mentalität mehr preußisch als brandenburgisch, mehr pietistisch als romantisch, mehr theologisch als philosophisch. Was für Kleist Kant bedeutete, das wurde für Jochen Klepper mehr und mehr Luther, wiewohl in einer zum Positiven schattierten Neigung. Schon im Roman „Der Vater" durchdrangen sich das Historische und Ewige, erscheint der Preußenherrscher zuletzt als „schmerzensreicher Vater", als Gegenbild der Pieta. Auch in Homers „Ilias" und „Odyssee" geschieht das Irdische in Entsprechung zu den Beschlüssen und Konstellationen des Olymps. Goethes Iphigenie sucht das Einverständnis zwischen Menschentat und dem Willen der Gottheit. Jochen Kleppers Luther-Roman „Das ewige Haus" wollte noch einmal die Utopie der menschlichen Ganzheit beider Bereiche beschwören. Das Buch blieb ein Fragment. Bereits im Sommer 1939 gesteht der Autor, vor nahezu unüberwindlichen Schwierigkeiten zu stehen. Der Ernst der Arbeit und die Größe des Themas überstiegen seinen Entschluß.

Inzwischen aber hatte sich ihm eine andere Tür seiner Arbeit geöffnet. Angeregt von Kurt Ihlenfeld, beteiligte sich Jochen Klepper 1935 an einer Anthologie geistlicher Lyrik. In den Folgejahren entstanden weitere Lieder und Gedichte, die dann in dem Band „Kyrie" erschienen. Lutherische Sprache, Tonart von Matthias Claudius, Melodik Rilkes, aber vor allem Grundsätze von Rudolf Alexander Schröder sind als Einflüsse unverkennbar. Mögen auch einige Lieder ins kirchliche Gesangbuch gelangt sein, viele von ihnen eine Vertonung gefunden haben und in ihrer strengen oder idyllischen Güte nahezu volksliedhaft wirken, so sind sie doch Endpunkte einer Entwicklung des geistlichen Liedes, sind sie mit ihrer traditionalistischen Terminologie von Reich und Königtum, von Thron und Sternenzelt fast wehmütige Imaginationen eines Abschieds vor härterer, unbarmherziger Zukunft.

Die Schatten um die Familie Jochen Kleppers zogen sich immer dichter zusammen. Die Judendeportationen begannen. Das Haus in Südende mußte geräumt werden. Ein neues Haus wurde zwar im Westen der Stadt gebaut. Doch es wird das Haus des Todes werden. Am 8. Oktober 1941 wurde der inzwischen zur Wehrmacht eingezogene Schriftsteller, da er sich von seiner jüdischen Frau nicht scheiden ließ, wegen „Wehrunwürdigkeit" aus dem Heeresdienst entlassen. Die ältere der beiden Stieftöchter jüdischer Herkunft durfte zwar noch emigrieren. Doch die in Deutschland Zurückbleibenden: er, seine Frau und die jüngere Stieftochter, sie blieben dort zurück für den Tod, den das so geliebte Vaterland für sie unausweichlich einzurichten schien, letzte Tragik der Idee des Vatertums.

Die von Klepper in den Jahren von 1932 bis 1942 aufgezeichneten Tagebuchblätter, nicht wie Rilkes Briefe für das Publikum verfaßt, sondern als Protokoll und Rechenschaft seines Ichs vor sich selbst und doch auch als Dokument eines Dezenniums deutscher Geschichte, sie legen Zeugnis ab für den guten Willen, für die Ordnungsliebe, für den Fragenkomplex und die Härte, aber auch für die Grenzen und das Überwältigtwerden eines guten und gutmeinenden Deutschen in dunkelster Zeit. Er selbst zieht ein Resümee seines Konzepts: „Was will ich den Menschen sagen? Vom Glauben an den *deus absconditus* und den *deus revelatus*. Von Eltern, Kindern, Mann und Frau. Vom Idyll, vom Kampf, vom Abgrund, der jedes Leben umschließt. Von Heimat. Nichts von Aktivismus. Nichts von Entscheidung. Nichts von Überzeugung. Das kann ich nicht. Da bin ich einer, der nichts zu sagen hat."

Trotz vieler Beziehungen zum deutschen Kaiserpaar in Holland, zu

Frick und anderen Einflußreichen, trotz des großen Erfolgs des als patriotisches Buch gewerteten Preußen-Romans Jochen Kleppers, trotz unzähliger eigener und von Freunden unternommener Anstrengungen wurde die Rettung der Familie vor dem inzwischen auf Hochtouren laufenden Kollektivmord an den Juden im Dritten Reich unmöglich. Noch am Tage des Todes traf Jochen Klepper mit Adolf Eichmann im Sicherheitshauptamt zusammen, um dort sozusagen das Todesurteil zur Selbstvollstreckung zu empfangen. In der darauffolgenden Nacht entzog er seine Frau, die Tochter und sich dem Zugriff der Mörder, nahm er die Familie aus der Geschichte zurück. Er ging mit ihnen in einen Tod, in den Millionen getrieben wurden, in den Tod durch Gas. „Unter dem Schatten Deiner Flügel" lautet der Titel seiner Tagebuchaufzeichnungen. Es waren zuletzt die Schatten und Flügel eines Todesgottes, die einer letzten Überwältigung und Befreiung eines getreulichen Bürgers durch die Treue des Todes.

1968

Besuch in Güstrow. Zur Arbeit Ernst Barlachs

Hier also hat Ernst Barlach seit seinem vierzigsten Lebensjahr gearbeitet, er, der auf seiner oft und gern zitierten Rußlandreise (1906) mit Maxim Gorki zusammengetroffen war und dessen Sarg Gerhard Marcks, Erich Heckel und Karl Schmidt-Rottluff begleiteten. Den Zeitungen seines „Vaterlandes", das zu verlassen er abgelehnt hatte, war für die Todesnachricht vom 24. Oktober 1938 ein äußerstes Limit von zehn Zeilen einer Schmalspalte gesetzt, eine höhnisch „gerade" Zahl für den beschränkten Nekrolog auf einen Unmeßbaren. Unerschrocken hatte Ernst Barlach bis zuletzt vor der Brutalität einer erst schleichenden und dann offenen Diktatur sein „volles Recht auf ungehemmte Betätigung" des künstlerischen Willens gefordert.

Als Käthe Kollwitz und Heinrich Mann gemaßregelt und aus der Liste der Preußischen Akademie der Künste gestrichen wurden, weil sie einen Aufruf gegen Hitler unterzeichnet hatten, schrieb Ernst Barlach am 23. Februar 1933 an den damaligen Präsidenten der Akademie, Max von Schillings, folgende Zeilen: „Trotzdem ich mangels anderer Information die Freiwilligkeit des Austritts von Heinrich Mann und der Frau Professor Käthe Kollwitz aus dem Verband der preuß. Akademie der Künste annehme, ist mir dennoch nicht ganz wohl dabei, und ich unterbreite Ihnen, sehr verehrter Herr Professor, somit die Bitte, mir gütigst Klarheit darüber zukommen zu lassen, ob mit dem Verbleib in der Akademie der Künste ein irgendwie politisch gefärbtes Gesinnungsbekenntnis verbunden oder nur vorausgesetzt wird. Obgleich ich keiner der momentan mißliebigen Parteien als Mitglied angehöre, so ist die Unterschiedlichkeit zweier Rechte, desjenigen der freien Meinungsäußerung als Künstler und desjenigen als Staatsbürger für mich nicht annehmbar." Die unerbittliche Selbstverständlichkeit und die fast ironische Eleganz der ultimativen Dialektik dieses Protestes sind bestechend. Es gibt Dinge, mit denen man sich nicht abfinden kann.

So blieb Ernst Barlach auch in den letzten und zugleich dunkelsten sechs Lebensjahren ein Meister seiner durchaus nicht dubiosen, sondern sinnlich-rationalistischen Existenz, selbst als sich das Netz der Verfemung um ihn zusammenzog; er blieb ein Meister der brennenden Feder, des Zeichenstifts und des Schnitzmessers, ein Meister vor allem der eigenen, plastisch formenden Hände. Wohl erstarrten diese Hände in der verhängten Einsamkeit ihrer Arbeit, aber als sprechende Hände eines zwar geschändeten, jedoch ungebrochenen „Protestanten", wenn nicht protestierenden, ja heidnischen „Mönchs". Ernst Barlach starb in aufrechtem Gram, wie ein Gustav Adolf des Expressionismus; denn seine Werke, diese Gottheiten der Realität, diese Urbilder der Tatsache Mensch, wurden nach 1933 vom Sockel gestoßen, aus den Galerien und Museen geräumt und, wie bezeichnend inkonsequent oder listig, zuallermeist in Kellern magaziniert.

Auf dem Heidberg bei Güstrow, zwischen Rostock und Schwerin, ließ Ernst Barlach 1909/10 sein Atelier bauen. Er wurde seßhaft. Weder die Akademie in Dresden (1891) noch die Akademie Julien in Paris (1895/96), nicht einmal der Aufenthalt in Berlin (ab 1900) und jener in Florenz (1909) vermochten den Holsteiner (geboren am 2. Januar 1870 in Wedel an der Niederelbe) dem Norden zu entführen. Er wußte, wo er mit seiner Arbeit zu Hause war. Seine Monate in der Seine-Stadt beschließt ein recht nüchternes Protokoll: „Ich war mir übrigens gründlich gleichgeblieben, hatte bitter wenig gelernt und gar nichts vergessen." Und über sein Verhältnis zum Koloß an der Spree schreibt Ernst Barlach: „Nach Berlin gehe ich im letzen Grunde nur darum nicht, weil ich der Kompliziertheit des Lebens nicht gewachsen bin, eine Schwäche, will ich zugeben, die mir schlecht ansteht, die aber einem Zwang, einer Not entspringt [. . .] Es ist nur der Instinkt, der mich antreibt, mich zu verstecken, um das zu treiben, wozu ich noch die Kräfte fühle."

Für das Güstrower Atelier, vordem waren zumeist Scheunen das Asyl oder Nest des Künstler-Nomaden und seiner Arbeit, hatte Tilla Durieux, deren plastische Porträts noch heute, sinnlich und unverfälscht, in einem Arbeitsraum dieses Hauses zwei Nischen füllen, die volle und dann doch nicht restlos verfügbare Bausumme vorgestreckt. Das Geld sollte in Raten aus einer beträchtlichen Dotation Paul Cassirers, des ersten, tragisch geendeten Mannes der Schauspielerin und gleichzeitigen Verlegers Ernst Barlachs, flüssig gemacht werden. Als Äquivalent und Anreiz zugleich wurde der spätere, von der „Gönnerin" zwar nicht eingelöste, schließlich aber von Hermann Reemtsma aufgekaufte „Fries der Lauschenden" in Auftrag gegeben. Mochte dies alles zu einem Pyrrhussieg der beiden Menschen ausarten, so wurde es doch zuletzt zu einem zwar tragischen, aber bleibenden Triumph des Künstlers.

Mit diesen und anderen, objektiven und subjektiven, literarischen und biographischen Gedanken-Notizen im Gehirn steht der erwartungsvolle Gast vor der Güstrower Parzelle „Heidberg 15", einst Atelier und Haus Ernst Barlachs, jetzt, nach arger und sich nunmehr erholender Geschichte, Ort der Nachlaßverwaltung, feinsinnig, treu und strotzend vor Wahrheit. Nach einem Druck auf den Klingelknopf öffnet sich ein Teakholztor jüngeren Datums. Dahinter liegt eine Lichtung des mecklenburgischen Waldes, zwischen See und Landstraße, als sei es ein Platz, ja ein Lokal zwischen Romantik und Realismus, nicht im chronologischen, sondern im thematischen Sinne, eine fast idyllisch geographische Expression, ein landschaftliches Präludium zur Missa humana, die sich in ihrer Herberge selbst zelebriert. Hat hier der Mann Ernst Barlach versucht, „im Elementaren des Landes" die Kindheit zu repetieren? Kinderhände, bethlehemitische und Theresienstädter Kinderhände, zornige und schmerzende, Kinderhände aus dem nordischen Weide- und Flachland, erschütternd zart und schlank trotz ihres Schicksals, aber auch rund und hart, selten gespreizt, fast immer geschlossen bei aller Not ihres Ausdrucks, bei aller Skepsis, Unschuld und Kraft ihrer inständigen Entschlossenheit und revoltierenden Demut, bei aller Stille ihrer Inbrunst oder Bitternis, zeigen fast die meisten Bilder Ernst Barlachs, selbst jene, denen man vom Thema her am wenigsten diese beglückende Urtümlichkeit menschlichen Begreifens zumuten würde.

Ein Haus im Jugendstil, doch ohne Schnörkel, ohne das Ornamentale und Dekorative dieses ästhetischen Vitalismus, aber etwas verschachtelt und mit jenen typischen Giebelfenstern, auch mit äugenden Türluken und einer Tür gleich einer platten Gallionsfigur, steht wie in einer Rodung. Hier wird feststellbar, daß selbst auf diesem reifen Terrain, gewiß gebändigt, wie unter dem regennassen Mörtel der Wände dieses Hauses versteckt, doch durch sein Gesamtprofil unverkennbar, die Jugend des Künstlers sich immer noch durchsetzt. Es ist jener Stil, in dem Ernst Barlach um die Jahrhundertwende gezeichnet hat, etwa ein Tielblatt für die Zeitschrift „Jugend" oder andere Eskapaden („Eheliche Auseinandersetzung", 1897) von nahezu Ibsenscher Parodie.

Schon in diese Begegnung mit dem Haus spielen Zeit und Natur hinein. Da die Sonne plötzlich von Wolken bedeckt wird, zeigt das Gebäude im verdunkelten Licht ein anderes, nicht weniger Barlachsches Profil. Da sitzt es, dieses Haus, auf seinen Grundmauern wie jenes „Alte Weib", das die eigenen Kinder wieder in den Schoß zurückgenommen hat. In der Städtischen Galerie zu München sah ich diese unvergeßliche Skulptur. Da saß, ja thronte es, das herrliche „Alte Weib", ausladend breit und doch nicht massig, nicht schwer, sondern sicher, eine Verkörperung der Machtposition des Weiblichen, urtümlich und ewig modern, alle Spielarten des Weibes nicht verschwendend oder ausstellend, sondern in sich bergend, fast unbekümmert über jeglichen Einwand des Ästhetizismus, abwartend, nicht lauernd, kein Pantherweibchen, sondern ein Menschenweib, ein Tempel der bereits verhangenen Mutterschaft, gewölbt von der Erfahrung eines langen, schweren Lebens, deshalb nicht unzufrieden, aber auch nicht einverstanden, der eigenen Fülle wie aus Genugtuung bewußt, da sich das Leben, wie es auch war, erfüllt hat. Sie lauscht in ihrer ganzen Breite, diese Sibylle, dieses „Alte Weib", dieses Welt-Weib Europas im Gewand einer mecklenburgischen Bäuerin.

Friedrich Schult, der Hausherr, empfängt, er, der langjährige Begleiter und Freund Ernst Barlachs, Kenner, Zeuge und Bewahrer eines großen Erbes, wissend und wartend, schmächtig die Gestalt und mit forschenden Augen unter der hohen Stirn. Ihm ist die Katalogisierung des umfangreichen Barlachschen Werks zu danken, in Buchform herausgegeben durch die Deutsche Akademie der Künste bei Hauswedell in Hamburg, ein gültiges Paradigma ihrer Art. Unschätzbar und nicht echt genug gewürdigt sind sein Beitrag, sein Rat und seine kritischen Bemühungen bei vielen Ausgaben des Barlachschen Nachlasses, bei der Wiederentdeckung und dem Wiedergewinn des so arg verschütteten Barlachschen Erbes.

Über das gewölbte Parkett der Diele, vorüber an Truhen und an einer Kredenz, hinter deren Scheiben altes Pozellan und Kristall aus Böhmen oder Murano für den Hausgebrauch bereitstehen, hinauf über die knisternden Stufen einer Wendeltreppe und schließlich am Ende eines kurzen und schmalen Ganges betritt man das Arbeitszimmer des Hausherrn. Alte Stiche, Schattenrisse, ein Empire-Sekretär, belegt mit Schriften, Büchern und Briefschaften, Mobiliar im klassizistischen Stil, trotz alledem keine verträumte Klause, sondern eine zwar eigenwillige, aber tüchtige Werkstatt des Geistes. Nur Bücher und eine kleine Tonplastik erinnern hier an Barlach. Diese Kargheit hat ihren gezielten Sinn. Das Haus ist keine Kultstätte, sondern ein Ort der Begegnung und Forschung.

In dem kleinen Raum, zwischen Kachelofen und Diwan, zwischen Tür und Fenster, im fragenden und antwortenden, berichtenden und diskutierenden, horchenden und erzählenden Gespräch wurde mir durch Friedrich Schult in wenigen Stunden eine Erfahrungsreise vermittelt, wie ich sie jenen von Herzen gönne, die sich immer noch unerschrocken aufmachen, um eine Welt zu entdecken. Doch ich will versuchen, möglichst nicht zu interpretieren, sondern zu berichten, vom Gang durch das Haus, insbesondere durch das Atelier, ein Protokoll des Sehens, des Hörens und des Erlebens, widergespiegelt in meinen Gedanken, die sich gewiß auch der unumgänglichen Substanz des Unvergessenen und Unvergeßlichen bedienen. Ernst Barlach hat in seiner Jugend mit schwelgendem Vergnügen die Erzählungen und Romane von Cooper, Dickens und Scott gelesen. Doch von bleibender und befruchtender Wirkung scheint die Lektüre der Dramen Shakespeares gewesen zu sein. Jene beiden fast lebensgroßen Holzplastiken, die im Vorraum eines der Barlachschen Arbeitszimmer hocken, von denen die eine „Hexe Pfefferzunge" und die andere „die Gewittersche" heißt, beide von Ernst Barlach selber die „Hausgeister" genannt, zeugen dafür. Hier ist das Hintergründige, das Inkalkulable, die tückische Gleichgültigkeit des Elements, der Hohn der Natur, der uralte, gellende, niemals eingesehene, aber tatsächliche Sieg jener größeren Realität Bild geworden, die längst vor dem Menschen auf der Welt war und die den Menschen überdauern wird. Als Michelangelo die Fresken der Sixtine schuf, hat er an bestimmten Stellen, mit südlichen Farben und den Vorstellungen der Renaissance Erkenntnisse dokumentiert, die hier in zwei fast einfache Naturdinge aus Holz zurückgenommen wurden. Es sind zwei scharfe und harte Wurzelgebilde des Weltsinns, die ausgegraben wurden und jetzt im Licht das Tages genauso unerbittlich da sind wie vordem unter dem Erdreich.

Auch hier erweist sich, daß dieses Haus keine Gedenkstätte ist, nicht sentimental und aufgeputzt, kein Ort der Vergangenheit und der verstaubten Gloriolen, sondern ein Ort der jungen, gesammelten Gegenwart aus Wirklichkeit und Wahrheit. Dieser Ort und seine Dinge haben ja das Pathos einer Gedenkstätte gar nicht nötig. Hier muß es nicht um irgendeine Wirkung gehen, weil die Wirklichkeit groß genug ist. Kinder der Erde sind diese Wirklichkeit. Sie sind beladen mit ihrer irdischen Sinnlichkeit, mit der guten Last ihres Leibes, aber auch zugleich aufgehoben und beinahe transparent in ihrem geistigen Spiel. Der Körper des „Ehrenmals im Güstrower Dom" trifft in seiner extrem empfundenen Horizontalen genau jene Linie, in der sich die Schwerkraft der Erde, der Leiblichkeit und deren Aufgehobensein durch den Weltraum, durch das Überirdische im ganz natürlichen Sinn, bildhaft tangieren.

Zu ebener Erde hat das Haus mehrere, zum Teil miteinander verbundene Räume. In der rechten Wand der schon genannten Diele mit dem Original des bekannten Selbstbildnisses Ernst Barlachs aus dem Jahre 1928 führt eine glatte Tür mit bräunlicher Sperrholzmaserung zu den Arbeitsräumen. Links von der Diele liegen die Gastzimmer des jetzigen Hausherrn, an der Wand eine schöne und kluge Porträtmaske Friedrich Schults. Die Arbeitsräume greifen dreiteilig, gestuft, beinahe kreisend ineinander über. Das Schreibzimmer, karg und schwer, mit Tisch, Stuhl, einem breiten Bücherregal im Rücken des Sessels, einigen Zeichnungen und Photographien, öffnet sich durch zwei später installierte, byzantinisch anmutende Säulen in Blau und Gold zu einem weißgekalkten Vorraum, in dem jene beiden „Hausgeister" hocken. Weder die Urkunde des Kleist-Preises ist zu sehen, der dem Dichter Ernst Barlach im Jahre 1924 zuerkannt wurde, noch der Orden Pour le mérite, der dem Künstler Ernst Barlach noch im Februar 1933 durch Max Planck, den damaligen Kanzler der Ritterschaft, überreicht worden war. Doch man vermißt die beiden Ruhmeszeichen nicht, weil dieses Haus eben kein Arsenal des vergänglichen, gar relativen Ruhmes, sondern ein mehrdimensionales Zeughaus der unverfälschbaren Wahrheit Ernst Barlachs ist.

Das Schreibzimmer mit seinem Vorraum verbindet durch zwei enge Türen die beiden gleichsam im verlängerten rechten Winkel zueinander stehenden eigentlichen Arbeitsräume zu einer trinitarischen Einheit: halbrechts zunächst ein kabinettartiges Atelier mit einem Kamin aus dunklen Steinen, ihm gegenüber eine vielflügelige, die ganze Breite der Wand beanspruchende Fenstertür mit dem Blick auf den Inselsee, die übrigen Wände teils glatt strukturiert, teils mit holzgetäfelten Nischen besetzt, halblinks sodann der hallenförmige Atelierraum, fast fabrikmäßig streng, sachlich, zweiseitig am obersten Wandsims die Schienen mit Kran und Kette des Hebezugs für Großplastiken, an der Tür zum Schreibzimmer die blankgefegte Hobelbank mit den Spuren ihres Gebrauchs.

In diesen beiden Räumen – der größere diente eine Zeitlang als passabler Pferdestall – wohnen viele der Welt-Kinder Ernst Barlachs wieder in ihrem Vaterhaus. Es sind zuallermeist die Originalmodelle, aber auch ihre Vorformen und Zwischenstufen. Sie haben alle noch die atmende Lebendigkeit, das Unmittelbare, die Wärme der arbeitenden Hände dessen an sich, der sie schuf, seine Leidenschaft des Räumlichen, des Verbindenden von oben und unten, einer Mittlerschaft, der es gelingt, Substanz und Idee zum Bild zu vereinigen. Hier erkennt man, daß die Abgüsse und Reproduktionen, mögen sie noch so exakt ausgeführt sein, mit ihrer glatten Haut aus Bronze und Porzellan, in den Museen und Galerien verteilt, letztlich doch nur zu repräsentieren vermögen, weil sie durch den technischen Zugriff in Nuancen des überspielten, des nivellierenden Stils geraten. Hier aber sind die legalen Kinder und erzählen mit allen Stellen in ihrer unverfälschten Muttersprache. Wie Venedig, diese wundersame Kristallisation einer geistigen Urbanität, keine Langeweile zuläßt, wie diese Stadt im wahrsten Sinne des Wortes immerzu überbrückt, die physische Müdigkeit vergessen läßt, von Stelle zu Stelle weiterzieht, ja sogar immer wieder von vorn beginnen läßt, so ist es auch hier in diesem Haus in Mecklenburg. Man wird nicht fertig, ja man versäumt immerzu, weil man nicht genug Augen hat, um wenigstens für die Erinnerung zu registrieren, was Herz und Hirn bei aller sympathisierenden Rationalisierung an Ort und Stelle nicht zu gebieten imstande sind. Die sichere und wissende Hand des Freundes hat die Gebilde klug im Raum, in den Nischen oder an den Wänden verteilt, nicht museal, sondern organisch und mit dialektischer Logik, teils auf Sockeln, teils ebenerdig, jeweils mit geradezu gerechter Lokalisierung. Das ist lehrreich und beglückend. Der Gast kann Ernst Barlachs Geographie des menschlichen Geist-Körpers nicht nur durchwandern, er kann um die Gebilde herumgehen, kann so mit Gesicht und Vorstellung selbst Raum werden, kann die Körper nicht nur sehen, sondern sie auch, wie es den Körpern mit Recht zukommt, greifbar, also mit der Hand, erkennen. Er erkennt physisch. Er spürt die Anatomie durch die Haut der Gewänder, die gleichberechtigte, ja elementare Teilhaber des bildhaften Ausdrucks sind wie in einem Tanz Mary Wigmans. Und wenn das messende Auge Widersprüche zu den Gesetzen der Anatomie feststellen will, belehren die Berührung der Hände und das thematische Durchdenken des Verstandes zugleich über die Stimmigkeit des Ganzen. Gerade durch den Widerspruch gelingt oft das Einverständnis, und man ist plötzlich logisch glücklich, daß diese Bilder so und nicht anders sind. Als bloße Spiegelbilder der Realität würden sie gleichgültig lassen, aber als Ausdruck der Wirklichkeit wecken sie das erkennende Erlebnis. Was anders wollen wir denn als endlich erkennen. Weil diese Körper wahr sind, vermögen sie das zu erzählen, was nicht nur richtig ist. Ihr Gesicht ist nicht allein auf das Antlitz begrenzt. Sie sind in ihrer Totalität Gesicht. Selbst der Wind, ja der Sturm ihrer Gewänder oder die Windstille ihrer Bekleidung ist Sprache, ist unaufhörliche Mitteilung. Die Skizzenbücher Ernst Barlachs, von denen Friedrich Schult erzählt, sind Registraturen empirischer Erkenntnisse, gleichgültig, ob sie der Anschauung innerer oder äußerer Natur entstammen. Sie sind bildhafte Aufzeichnungen einer Erforschung des Seins. Für Ernst Barlach war das Sein ein menschliches Sein. Aus dem Überfluß der Aufzeichnungen wählte er förmlich nach einem Gesetz des künstlerischen Darwinismus jene Bildnotizen zur plastischen Verwirklichung aus, die imstande waren, die Gesetze des Plastischen nicht nur zu ertragen, sondern sogar zu übersteigen. Damit war ihre Prüfung längst nicht bestanden. Wie Leonardo da Vinci zerlegte Ernst Barlach mit dem Skalpell seines Zeichenstifts Gliedmaß für Gliedmaß der ausgewählten Skizzen, bis ihm über dieses Studium der Anatomie ihre Wirklichkeit geläufig war. Dann übertrug er die Wirklichkeit des Bilds in die Wahrheit des Bilds. Der Ansatz wurde in kleinem, ja in Miniaturmaßstab gestaltet. Eingezeichnete Zahlenmarkierungen auf den ersten Entwürfen und auf den Zwischengliedern verraten den geradezu geometrisch klaren Konstruktivismus, der sich jedoch im vollendeten Bild wie in all seinen Vorstufen mit dem sinngemäßen Organismus des Themas restlos vereinigt.

Ernst Barlach wußte, daß seine Hände nicht zu formen, daß sie ihre Bilder nicht zu finden vermochten ohne die Hilfe seiner Augen, ja ohne die vorausgehende Korrespondenz mit ihnen. Er war ein Erfahrender. Diese Erfahrung wäre als Passivität nutzlos geblieben. Sie mußte Leistung sein von Anfang an. Diese Leistung aber bestand in der Preisgabe des Ichs an die Wirklichkeit. Das war das Pfand für die Hingabe der Welt. „Am Ende mußte ich immer mehr erkennen", schreibt Ernst Barlach, „daß das Gesicht in allen Dingen sich nicht enthüllt, wenn man selbst nicht sein Gesicht zeigt. Nicht mit Belauern war etwas zu machen, kurz, das Sichtbare wurde mir zur Vision." Mit dieser Vision ist jedoch nichts Mystisches gemeint, sondern die Wahrheit der Wirklichkeit, also nicht nur die genaue Oberfläche, sonder zugleich auch der Sinn des Realen, gegeben im Ausdruck. Dieser Ausdruck ist die Sichtbarkeit des Sinnes, also nicht Exzeß, nicht Rauch, nicht Pathos, sondern reales Zeugnis, ja von Überzeugung gesättigte Bild-Manifestation dessen, was ist, nicht in der figurativen Abstraktion, sondern in der körperlichen Konkretisierung des Allgemeinen schlechthin durch den Menschenleib.

Hier in Güstrow sind die Seinsbilder des Menschen noch einmal beieinander, nicht alle, doch bedeutsame, jedes für sich, volltönend, und zugleich immer nur eine der vielen Stimmen, die Namen von fast kreatürlicher und darum so überzeugender Einfachheit, der „Singende Klosterschüler", die „Lesenden Mönche", die „Drei singenden Frauen", der „Melonenschneider", die „Stehende Frau" und jene unvergeßliche „Frierende Alte". Keines von diesen Menschen-Bildern ist fertig. Das ist nicht im thematischen Sinne gemeint. Sie sind Bild gewordenes Problem. Sie sind alle unterwegs. Sie erzählen von ihrer Wanderung. Sie erzählen sich selbst. Ihr Hauptmotiv ist allemal episch. Auch der lyrische „Flötenspieler" ist nur einer, der sich jetzt eine Rast gönnt. Bei den meisten ist die Bewegung so stark, daß sie als Ruhe erscheint.

Irgendwo zwischen diesen erfahrenden Gesichtern entdeckt man das fast zärtlich verschlossene Gesicht des „Blinden". Es trägt die Züge Ernst Barlachs. Der Vater der Sehenden und Erfahrenden als Mensch mit verschlossenen Augen. Der Thematiker des „Ausdrucks" mit dem Motiv der Introvertiertheit. Ein bitterer und doch nicht verbitterter Schalk seiner Existenz und des menschlichen Daseins überhaupt.

Der Gast darf noch einmal hinauf ins Arbeitszimmer des Hausherrn. Er darf, soweit ihm die Zeit bleibt, in einigen Handschriften des Dichters Ernst Barlach blättern, rasche, aber belehrende und kritische Textvergleichungen anstellen.

Aus wohlverschnürter Verpackung lösen sich die engbeschriebenen Blätter. Eine zweite und doch gleiche Welt, ein Kosmos als Gehäuse für die „menschliche Situation in ihrer Blöße zwischem Himmel und Erde" schlägt sich auf. Da sind sie, leibhaftig, objektiv und philosophisch „meßbar", diese Naturdinge von Handschriften, einmal der Dramen Ernst Barlachs: „Der tote Tag" (1912), „Der arme Vetter" (1918), „Die Sündflut" (1924), „Der blaue Boll" (1926) und „Der Graf von Ratzeburg" (Nachlaß). Und dann jene anderen Werke: „Ein selbsterzähltes Leben" (1928), „Der gestohlene Mond" (1936/38) und „Seespeck" (Nachlaß). Zu den Namen im Atelier gesellen sich die literarischen Namen wie Noah und Calan, wie Celestine und Elise, Iver und Steißbart, Namen für Menschenbilder, in denen Typ und Charakter zur Einheit verschmelzen, in denen der Verstand sich so versinnlicht, daß er zur Exekutive eines religiösen Realismus wird.

Hier ist Bestes, wiewohl keine ausgeklügelte Sammlung des Besten der Barlachschen Produktion. Dieses Prinzip wäre eine Verfälschung des Ortes, der die Arbeit des Meisters, dieses modernen Riemenschneiders, zu dokumentieren versucht. Es ist eine kluge Demonstration aus Ebbe und Flut, eine Demonstration der Gezeiten von Erfahrung und Ausdruck des künstlerischen Willens.

1962

Günther Weisenborn. Widerstandskämpfer, Humanist und Schriftsteller

Günther Weisenborn, der sich auch die Decknamen Eberhard Foerster und Christian Munk gab, war ein revolutionärer Intellektueller, aber von intelligenterer Art als so mancher der heutigen Generation, ein kluger, einerseits erzählender, andererseits dramatisierender Kalkulator sowohl der historischen Erfahrung als auch der gesellschaftlichen Phantasie. Er wurde am 10. Juli 1902 in Velbert geboren, in jener Stadt des südlichen Ruhrgebiets, die durch ihre Schlösser- und Beschläge-Industrie weltbekannt ist. Der Sohn der Stadt Velbert haßte jedoch ein Leben lang Schlösser und Beschläge, am meisten Maulkörbe. Ihm ging es vielmehr um Erschließung. „Erklären", so schreibt er in seinem Buch „Am Yangtse steht ein Riese auf" (1961), „das ist diskutieren, ist umerziehen, ist aufklären und Vorstellungen verändern, analysieren, überzeugen, seine eigene Situation erkennen. Einsicht in die Notwendigkeiten erreichen." Sein seltsam gemischtes Doppelstudium der Germanistik und der Medizin, in Köln und in Bonn, scheint bereits eine solche dialektisch angestrebte „Einsicht in die Notwendigkeiten" gewesen zu sein.

Gemäß seinem Geburtsdatum war Günther Weisenborn ein Jahr jünger als Willi Bredel, Martin Kessel und August Scholtis, jedoch ein Jahr älter als Peter Huchel, Jochen Klepper und Theodor Adorno. Am nächsten stand er Bertolt Brecht, dem vier Jahre Älteren. Aber er stellte selbst unmißverständlich klar: „Von Brecht unterscheidet mich [. . .] eines: die Tatsache, daß ich Weisenborn bin." Wie Bertolt Brecht, mit dem zusammen er 1931 Maxim Gorkis Roman „Die Mutter" dramatisierte, stand er sozusagen links, ohne jedoch einer Partei anzugehören. Zwar parteilos, ergriff er allerdings schreibend und handelnd Partei, war er niemals unparteiisch, kein Neutralist. Wie Bertolt Brecht mußte er nach 1933 Deutschland verlassen, kehrte aber im Gegensatz zu diesem 1937 in die Hölle der Diktatur zurück, um im Widerstand zu arbeiten, wurde 1942 von der Gestapo verhaftet und landete im Zuchthaus Luckau, aus dem ihn 1945 die Rote Armee befreite. Wie Bertolt Brecht war er nicht nur als Dramatiker tätig, sondern auch als Theaterpraktiker, allerdings nicht im Sinne eines Verfremdungseffektes wie sein Freund, sondern mit dem Ziel einer offenen, wie er es nannte „ortlosen Dramaturgie". Doch nicht nur für eine „ortlose Dramaturgie" setzte er sich ein, sondern auch für eine aktive Dramaturgie, unter der er die geradezu kollektive Zusammenarbeit zwischen Autor und Regisseur, ja zwischen dem Autor und den Schauspielern eines zu inszenierenden Stückes verstand. Ihm ging es um Dramaturgie als lebendiges Labor, als Arbeits- und Experimentierstätte des Theaters, wobei seine Vorstellungen mit denen Erwin Piscators starke Verwandtschaft besaßen.

Eine der eklatantesten und gewagtesten Realisierungen dieser Idee ist ein Spätwerk des Autors, nämlich die „szenischen Untersuchungen" mit dem Titel „Unternehmen Walküre", also den 20. Juli betreffend, zum erstenmal der Öffentlichkeit vorgestellt in Form einer Urlesung am 16. Februar 1966 in der Akademie der Künste durch das „Junge Theater Berlin". Es handelt sich um eine kritisch-historische Rekapitulation der damaligen Geschichte unter proletarischem Aspekt. „Wie war's denn damals?" fragen zwei junge Bahnarbeiter ihren alten Kumpel, der dann Rede und Antwort steht. Die tendenziöse Isolierung der Offiziere, ja des Offiziersstandes gegenüber den revolutionären Kräften der anderen Stände und Klassen, diese letztlich Georgesche L'art-pour-l'art-Gesinnung einer Rebellion der gehobenen, sich auserwählt fühlenden Herrschaften wird in ihrem tragischen Endeffekt als „Tragödie der Tradition" apostrophiert.

Die Bemühungen Günther Weisenborns um das dramaturgische Handwerkszeug reichen bis in die zwanziger Jahre zurück. Heinrich George, der 1928 bei der Uraufführung des Weisenbornschen Erstlings, des Antikriegsstückes „U-Boot S 4", in der Berliner Volksbühne die Hauptrolle triumphal und auch mit szenischer Leibesmasse gefüllt hatte, holte ihn 1937 als Chefdramaturgen ans Berliner Schiller-Theater. Alfred Kerr, der Kritiker-Papst der zwanziger Jahre, schrieb über die Uraufführung von „U-Boot S 4": „Farbiger Film ist es. Herrlich. / Wenn [. . .] Weisenborn selber zu Worte kommt: oh, dann erklingt eine jener Melodien, wovon Robert Schumann gesagt hat: man weiß, wie sie weitergehen, bevor sie anfingen." Und er rät unter diesem Eindruck der schon damals wie heute angeknacksten Volksbühne: „Dichter des Landes sind unangemeldet vorzulassen."

Nach 1945 kreierte Günther Weisenborn zusammen mit Karl-Heinz Martin das Berliner Hebbel-Theater, wo er erneut als Chefdramaturg sich betätigte, um schließlich 1952 in den Hamburger Kammerspielen abermals diese undankbarste Theatertätigkeit neben dem Inspizienten zu übernehmen, auf den bekanntlich die meisten Nervengewitter der Intendanz, der Regie, des Ensembles und der Technik herabzuprasseln pflegen. Dreimal also unterzog sich Weisenborn diesem Sklavendienst im Reiche Thalias, jedesmal aber in politisch relevanter Situation, zuerst 1937, als Hitlers Machtpolitik unangreifbar schien, dann 1945, als Deutschland auf der hochmütigen Nase lag, und zuletzt 1952, als die westdeutsche Restauration einsetzte. Schließlich war er ja bezeichnenderweise Mitverfasser von Bertolt Brechts politischer Revue „Wir sind ja so zufrieden". Das klingt fast ironisch. Aber Günther Weisenborn praktizierte die Vernunft des Erzdramaturgen Lessing, des „Nathan"-Autors, des Meisters der Humanität. Fast ist man geneigt, ihn vom Charakter her einen Nathan-Sohn der letzten Vergangenheit zu nennen. Denn, so sagte Weisenborn: „Der Haß [. . .] ist ein schlechter Erklärer der Welt."

Daß sich Günther Weisenborn sowohl auf seine Tätigkeit als Dramaturg, als auch auf seine aktive Gesamtexistenz nicht etwa mit theaterwissenschaftlichen Studien vorbereitete als vielmehr mit Philosophie, Germanistik und Medizin, ist ebenso bezeichnend. Schließlich sollte nicht nur ein Dramaturg, sondern auch ein Schriftsteller im Bereiche der Dialektik, also der Philosophie, seiner Sprache, also der Germanistik, und quasi der Heilkunst, also der Medizin, auf seine Weise zu Hause sein, gewissermaßen als dialektischer Hippokrates der Sprache und der Agitation.

Der wie Friedrich Engels und Karl Marx aus dem Rheinland stammende Günther Weisenborn hatte viele Berufe, unter denen der des Dramaturgen eben nur ein thematisch und historisch bedingter blieb. In den letzten drei Jahren vor dem Beginn der faschistischen Diktatur in Deutschland entdeckt ihn der Chronist an ganz anderen Orten, nicht auf jenen Brettern, die die Welt bedeuten sollen, sondern in der Welt selbst: in Argentinien als Hirte, Farmer und Postreiter, nach 1933 in Berlin, sozusagen im Schein der Kulturscheiterhaufen, als Kassiberschreiber der deutschen Restkultur unter den schon genannten Pseudonymen Eberhard Foerster und Christian Munk, also in der inneren Emigration, dann in New York, in der äußeren Emigration, als Lokalreporter, von 1937 bis 1942 wieder in Berlin, diesmal den Notwendigkeiten der Geschichte folgend als Berufsrevolutionär, als Widerstandskämpfer, als eine jener „Hochverräter", von denen es damals in Deutschland leider viel zu wenige gab, weil sie die wahren Humanisten waren, nach 1945 zuerst als Landbürgermeister, dann als Herausgeber der bis heute immer noch existierenden und zur Zeit bestgemachten satirischen Zeitschrift deutscher Sprache, nämlich des „Eulenspiegels", zeitlebens aber als Odysseus, als Weltfahrer, in Latein- und Nordamerika, am romantisch-kleinkarierten Lago Maggiore und am breiten, gelben Yangtse. Im Buch „Der gespaltene Horizont" (1964) nannte er sich selbst einen „Außenseiter" und verstand sich dabei „als Partisan der Menschlichkeit". Günther Weisenborn, der Mitglied der Deutschen Akademie der Künste zu Berlin und der Deutschen Akademie der darstellenden Künste, Frankfurt am Main, war, starb am 26. März 1969.

Der antifaschistische Widerstandskämpfer Günther Weisenborn, wie Harro Schulze-Boysen und Arvid Harnack Mitglied der Gruppe „Rote Kapelle", hat sich niemals als Heros, als germanische Heldenfigur gesehen, sondern immer nur als Verteidiger der Humanität, als stiller Kämpfer für die gerechte Sache. Wie er in seinem von 104 Theatern inszenierten und von 5 Rundfunkanstalten gesendeten Stück „Die Illegalen" (1945) für „eine Welt derer" plädiert, „die guten Willens sind", war er 1937 selbst ein Illegaler geworden, als man die Gesetze gesetzlos gemacht hatte und mit Brutalität durchsetzte, blutig, unmenschlich, eben faschistisch. Was er schrieb, ob den Roman „Barbaren" (1931), das Buch „Memorial" (1947), die Widerstandsdokumentation „Der lautlose Aufstand" (1953) oder den Berlin-Roman „Der dritte Blick" (1956) und den Bonn-Roman „Auf Sand gebaut" (ebenfalls 1956), sein Œuvre weist ihn aus als einen Schriftsteller, dem die gerechte Sachlichkeit wichtiger war als die Eskapaden eines solchen Talents. Es legt Zeugnis ab für einen, der stets, wie er selbst bekannte, „fair und sachlich" sein wollte, objektiv, wiewohl niemals neutralistisch. Im Sinne einer progressiven marxistischen Ästhetik, also entgegen jeglichem L'art-pour-l'art-Ästhetizismus, fragte er stets danach, was war, was ist und was sein wird, ja sein muß, also nach der Geschichte, der Gegenwart und der notwendigen Zukunft. Geschichte lehnte er ab sowohl als Tragödie der Tradition als auch als Komödie der Avantgarde. Er forderte Geschichte als Tatsächlichkeit der Humanität. Deshalb war er unbequem, auch wenn sein Werk in mehr als 17 Sprachen übersetzt wurde und die Gesamtauflage seiner Bücher anderthalb Millionen überstieg.

Günther Weisenborn zählt auch zu den profilierten Meistern des Reisebuches, wie Alfred Kerr und Kurt Tucholsky. Seine „Niederschriften eines Außenseiters" z. B. mit dem Titel „Der gespaltene Horizont" (1964) sind mit ihrer kritischen Objektivität und ihrer phantasievollen Sachlichkeit ein Paradebeispiel dafür. Die dort berichteten Begegnungen etwa mit Mao Tse-tung und Tschu En-lai sind so informativ wie plastisch und korrekt, durchaus differenzierte Literatur unter der Devise eben nicht nur einer Reporter- oder Touristenreise, sondern eines „Bewußten Reisens".

Der Roman „Die Furie" (1937) von Günther Weisenborn vermittelt sogar eine Romantik der Reportage und doch zugleich jene politische Tatsächlichkeit, die ein moderner Ulysses in Südamerika, dem heute so aktuellen Kontinent, erfährt, reflektiert und dementsprechend berichtet. Zugrunde liegen persönliche Erlebnisse des Autors selbst aus den Jahren von 1930 bis 1932. Der junge Arzt Dr. Munk, der ins Sierra-Negra-Gebiet gekommen ist, um dort sogenannte Eingeborenen-Forschung zu treiben, der sich also mit wissenschaftlichen Absichten seinem Gegenstand widmen will, wird bei der Konfrontation mit der Wirklichkeit auf den Prüfstand seines Europäertums gehoben und muß feststellen, daß dieses Europäertum, auf das er sich so viel eingebildet hat, plötzlich angesichts der politischen Aktualitäten in Lateinamerika gar nichts zu taugen vermag, daß also seine Überprüfung erforderlich ist. Und so fordert der Autor, durch Tatsachen, durch Erfahrungen, nicht durch Doktrin angeregt, Kritik, positive Kritik zu üben.

Wie Weisenborn in seinem Werk, das Dramatik, Epik und Lyrik umgreift, Ironie mit Melancholie, Polemik mit Volkstümlichkeit, Zorn der Vernunft mit Spontaneität der Liebe zu vereinigen verstand, war er zugleich auch ein leidenschaftlicher Utopist der Menschlichkeit und ebenso ein aktiv Enttäuschter, ein stummer Agitator der Enttäuschung über „die Entwicklung der Welt nach dem Krieg", über die ungenutzte Erfahrung und Freiheit, die 1945 als Ansatz präsent waren. Bevor er sprach, bevor er antwortete und wohl auch bevor er schrieb, dachte er lange nach. Er überlegte und war gerade deshalb manchem seiner prominenten Kollegen überlegen.

„Die Vernunft", so sagte Günther Weisenborn in einem Interview im November 1962 in Berlin, „hat eine große Zukunft. Ich glaube an die Veränderung der Welt durch die Vernunft." Insofern war er ein geradezu selbstverständlicher Glaubensjünger der Vernunft, ein Idealist im Hinblick auf ihre Kraft, ein Bekenner ihrer Wahrheit.

1971

Das französische Theater der Gegenwart
Avantgarde und Tradition

Innerhalb der formalen Charakteristik der europäischen Nationalliteraturen wird immer wieder das epische Element den Russen, das lyrische Element den Deutschen und das dramatische Element den Franzosen zugeschoben, als wäre Rußland das Lokal des Romans, Deutschland der Vogelkäfig des Liedes und Frankreich die Rampe des Schauspiels. Diese einseitige Verteilung der literarischen Parzellen, die über die anderen Kulturnationen Europas kurzerhand hinwegsieht, ist ebenso falsch und richtig wie die reichlich bornierte Apostrophierung der Deutschen als Volk der Dichter und Denker. Allerdings zeigt die Tradition des fanzösischen Dramas eine dichtere Kontinuität als die Dramatik der Engländer und Spanier, wo die Gipfel Shakespeare und Calderon erst in der Gegenwart durch Shaw, Osborne und Eliot bzw. durch Garcia Lorca und Benavente wieder eine annähernde Nachbarschaft fanden. In Frankreich führt indessen ein nahezug unmittelbarer Weg von der barocken Willensheroik Corneilles und der romantischen Seelendramatik Racines über Molières unsterbliche Komödien zu Claudels theologisierender Realmetaphysik, zu Sartres philosophischen Lehrstücken, vor allem aber zu den Dramen der Anouilh, Camus, Ionesco und Genet, über denen gewiß der typisch französische Schatten des produktiven Nihilismus liegt, in denen aber zugleich das denkende Blut eines Cartesius fließt, bildhaft kritisch, sinnlich packend, charmant brutal, logisch real und brillant ästhetisch. Avantgarde und Tradition halten sich fast schelmisch die Hände, wissend, daß es Avantgarde ohne Tradition nicht gibt und daß das, was heute noch die Flagge der Avantgarde entrollt, morgen schon die Maske der Tradition um die Schläfen schnallt. Gerade die Stücke der Anouilh, Camus, Ionesco und Genet sind es, die der dialektischen Parole: „Avantgarde und Tradition" die trefflichsten Akzente aufprägen.

Jean Anouilh wurde 1910 in Bordeaux geboren. Seine Dramatik hat vieles mit dem Wein gemeinsam, der nach seiner Vaterstadt benannt ist. Sie schmeckt herb und ist doch süffig. Sie macht Appetit, ist gesellschaftlich und kann doch, falsch dosiert, den Magen übersäuern und das Spiel verderben. Sie ist ambivalent. Anouilh ist ein giftiger Charmeur. Seine Zärtlichkeit ist zersetzend, ja teuflisch, weil man ihre Wirkung erst erkennt, wenn es bereits zu spät ist. Anouilh ist ein leichtfüßiger Totengräber der abendländischen Werte zwischen den duftigen Kulissen der Bühne. Wohl sind die klassischen Werte in Europa seit Nietzsche tot. Doch beerdigt wurden sie erst von Anouilh. Jedes seiner Stücke ist ein gespielter, ja gemimter Nekrolog auf ein jeweils anderes Opfer abendländischen Geistes. Die Inszenierung gleicht allemal einem fast zärtlichen Einsargen, einem Schminken der Leiche und einem sentimentalen Verscharren. Die abendländischen Leichen der Liebe, der Treue, der Ehre etc. werden auf dramatischen Seidenkissen aufgebahrt, noch einmal beweihräuchert und schließlich dem Publikums-Friedhof überantwortet. Nach Anouilh müßte man eigentlich von vorne beginnen. Aber die Tradition lehrt ja den Leichenschmaus. Man genießt die Einäscherungen, denen dichterischer Weihrauch parfümierend beigegeben ist. Anouilh ist einer der Neffen der „Madame Lamort", die bereits in Rilkes „Duineser Elegien", wie es dort heißt: „Schleifen erfindet, Rüschen, Blumen, Kokarden, künstliche Früchte –, alle / unwahr gefärbt, – für die billigen / Winterhüte des Schicksals".

Anouilhs Komödien präsentieren in konventioneller Verhärtung die Tragik des komischen Menschen, auf dessen Schultern eine unwiderstehliche Skepsis geladen wird, den ein vernichtendes Gelächter trifft, das sich zuletzt in resignierendem Lächeln verliert. Seit Molière stellt die französische Komödie den unverbesserlichen Menschen, den penetranten alten Adam auf die Bühne. Das beste deutsche Lustspiel, Kleists „Der zerbrochene Krug", gibt seinem Haupthelden sogar den Namen Adam. Mit dem Menschen läßt sich einfach nichts mehr aufstecken. An ihm ist Hopfen und Malz verloren. Während aber Molière die unabwendbare Tatsache dieses prinzipiellen Charakterzugs des Menschen lediglich verdeutlichte, spielt Anouilh den Charakterzug des Komischen bis ans zwar leichtgeschürzte, aber unerbittlich lächerliche Ende. Graziös wird die Schnur um den Hals des alten Adam zugezogen. Ein zynischer Charme wird wirksam. Der komische Mensch wird von seiner falschen Gesellschaftsform in die Tiefe gerissen. Ist das unbarmherzig? Nein. Denn der Mensch ist an seiner Gesellschaftsform selbst schuld.

Anouilhs Komödien sind Abenteuer im Labyrinth der menschlichen Seele. Es gibt weder eine Idealfigur noch eine Realgestalt, auch keine Identität beider. Es sind alle Ausprägungen der Zwischenräume, auch die zunächst liebenswürdig erscheinenden Mädchengestalten. Die reizvolle und so natürlich auftretende Amanda z. B., die an Stelle der Leocadia dem Träumer untergeschoben werden soll, sie ist angeknackst, hat, wie sich's herausstellt, einen beträchtlichen Schwarm an Liebhabern hinter sich gebracht, von dem sie sagt, daß er ihrem Vergnügen gedient habe. Solche Einstellung kann man realistisch bezeichnen, gewiß aber nicht liebenswürdig. Anouilh ist eigentlich ein Gesellschaftskritiker. Doch er sagt die unverblümte Wahrheit so charmant ehrlich und offen heraus, daß man ihm höchstens mit einem parfümierten Damenhandschuh über die Nase fahren könnte.

Anouilh zählt sodann zur Gilde der Dramatiker des historischen Themas und der historischen Figuren. Wie Sophokles und Hasenclever hat er die Antigone, wie Euripides die Medea, wie Gluck, Offenbach, Krenek und Cocteau den Orpheus, wie Shakespeare, Bellini und Gounod Romeo und Julia, wie Mozart und Horváth den Don Juan, wie Schiller und Shaw die Jeanne d'Arc, wie Cervantes den Don Quijote, wie Grabbe und Kaiser den Napoleon und wie Rolland den Robespierre zu Figuren seiner Stücke gemacht.

Von dem jungen Anouilh wird berichtet: er habe Shaw und Pirandello „zerlesen" in seiner Tasche, Claudel aber „im Herzen" getragen. Doch Giraudoux gewährte ihm die Entdeckung, mit der seit Cartesius ein Franzose erst zum Franzosen wird, nämlich die Situation, daß er „plötzlich verstand". Dennoch hat Anouilh dem Verstand nicht das absolute Recht über seine Existenz eingeräumt. Wie ein Konditor anläßlich der Vermählung seiner Tochter eine Extratorte bäckt und ein Fleischer aus gleichem Anlaß ein besonderes Exemplar von Spanferkel schlachtet, so schrieb Anouilh, als sein schauspielendes Töchterlein unter die Haube geriet, ein Extra-Drama, das er sogar aus eben diesem Anlaß gleich inszenieren ließ. Anouilh beweist sodann Lebensstil, weil er bei der Uraufführung seiner Stücke immer auf dem billigsten Platz im Parkett sitzt, als wollte er damit sagen, daß er für die Sache bereits genügend ausgegeben habe. Wenn er in Deutschland lebte, würde er bestimmt nicht zur Gruppe 47 zählen. Denn er verabscheut Zirkel und Cliquen. Er ist übrigens nur zwei Jahre älter als Ionesco, dessen Stücken gegenüber die seinen wie Antiquitäten wirken. Er zieht die Dramen Molières der Dichtung Kafkas vor, läßt die Avantgarde lediglich gelten, um sich nicht verdächtig zu machen, schreibt aber selbst immer nur das Seine, wie seine Figuren immer nur das Leben ihres Ichs leben, fast komisch und unter dem Verdacht, ein

Reaktionär zu sein, fast bieder und als eingefleischter Individualist, hartnäckig charmant, ein Primgeiger seines musikalischen Œuvres.

Anouilh hat niemals Wunschbilder auf die Bretter des Theaters gestellt, sondern immer Realitäten zu Bühnenrollen verarbeitet. Sachlichkeit ist seine Devise. Diese Sachlichkeit ist nicht Spiegelbild im Sinne des Realismus, sondern Treffsicherheit des Stils, Distanz gegenüber der Spekulation und der Absurdität. In den Stücken Claudels ist Gott der Beherrschende. Bei Giraudoux ist Gott nur noch ein gleichwertiger Gesprächspartner des Menschen. Bei Anouilh aber ist Gott von der Bildfläche verschwunden. Die Spannung der Dramen Anouilhs liegt in der Diskrepanz zwischen Mensch und den degenerierten Erzeugnissen des Menschen, sei es Gesellschaft, Beruf, Geschichte, Familie, Staat. Die Erzeugnisse des Menschen haben sich verselbständigt und kehren sich gegen ihren Erzeuger. Der Konflikt ist nur durch den Untergang des Menschen lösbar. Diese Tragik ist konstant. Medea z. B. wird Gelegenheit zur Flucht gegeben. Aber sie hat keine Wahl mehr. Der Tod ist von Anfang an mit ihrem Ich identisch. Das Angebot zur Flucht hat lediglich die Aufgabe, die Dunkelheit dieser Tragik zu verstärken. Medea muß tun, was ihr Ich diktiert. Mit Recht sagte Jason zu ihr: „Ich kann dich nicht hindern, das Schlechte zu tun, das du in dir trägst.“ Es ist die Verkettung des Ichs an sich selbst, der Existenz an das Wesen des Ichs. Antigones Wesen steht im Gegensatz zur inhumanen Logik der Staatsmaschinerie. Sie würde aufhören, Antigone zu sein, wenn sie sich fügte und dem Untergang zu entgehen trachtete. Darum ruft sie Kreon, der ihr die Wahl anheimstellt, entgegen: „Ich bin nicht da, um zu verstehen. Ich bin da, um dir ein Nein entgegenzusetzen und zu sterben.“ Das zeigt die Unmenschlichkeit des Ichs bei Anouilh. Sein Konflikt ist von Anfang an gegeben. Das Spiel spielt ihn nur aus. Es ist ein Konflikt zwischen Mensch und Institution, wie er aus den Dramen Kleists bekannt ist, wo Penthesilea an der Diskrepanz zwischen ihrem Ich und dem Gesetz der Tanais zugrunde geht. So stirbt Antigone (1942) an ihrer Unschuld, Medea (1946) an ihrer Schuld und Jeanette (1945) an ihrer Liebe, alle drei aber an sich selbst, an der unerbittlichen Unvereinbarkeit ihres Wesens mit der Welt.

„Der Ball der Diebe“ (1923) war Anouilhs erster internationaler Erfolg. In diesem Stück wird Maskerade zum Symbol des menschlichen Lebens. Der Schein, ein Lieblingsthema Anouilhs, wird realisiert, wird mit Könnerschaft zur Tatsächlichkeit, ja zur Wahrheit, d. h.: zur Wahrscheinlichkeit im echtesten Sinne. Das Überschreiten der Realität wird nicht durch Metaphysik, Romantik oder Mystik, sondern lediglich durch die Mittel des Theaters, durch das Spiel, durch Maskerade, durch charmante Mache erreicht. Es geht um das Problem des menschlichen Lebens, um die Meisterschaft und das Pech der Verkleidung, der Verstellung, des Mogelns, auf das es überall ankommt, im Büro, im Geschäft, in der Kunst und in der Liebe. Wer am besten mogelt, hat den größten Erfolg. „Der Ball der Diebe" ist nach Anouilhs eigener Deklaration ein „Ballett für Schauspieler". Es zählt zu den „rosigen Stücken", die lediglich dazu beitragen sollen, daß die „Menschen ihr Schicksal und den Tod (für drei Stunden) vergessen". Es ist eine Verkleidungskomödie, ein Tanz um Gold und junge Dinger, eine Inszenierung als Theatralik des Lebens, dieses menschlichen Zeitraums als Mummenschanz, als Lumpenball, ein Gaunerstück der Unverbindlichkeit, mit dem Fazit, daß Gauner sich auch selbst bestehlen.

Das Stück „Einladung ins Schloß" (1947) greift ein Teilthema des „Balls der Diebe" auf. Hier geht es nicht um Maskierung, sondern um Demaskierung, und zwar von Adel und Kapital, deren Wesen und Struktur unweigerlich zum Snobismus führen, zur Mache, zum Theater, zum Spiel aus Langeweile und Einsamkeit. Der steinreiche Mann sagt sehr richtig: „Man ist allein. Das steht fest. Man kann nichts füreinander tun als das Spiel spielen."

Anouilh läßt das Karussell der Gesellschaft sich weiter drehn. Die Erotik ist der gesellschaftlichen Langeweile billigstes Kind. In „Ardèle oder Das Gänseblümchen" wird das wahre Gesicht der Erotik an die Rampe gerückt. Erotik ist kannibalisch. Sie frißt Menschenkinder, auch wenn sie ihre Opfer mit manikürten Fingern anfaßt. Anouilh liefert mit diesem Stück das treffliche Exempel für eine sogenannte „schwarze Komödie", eine Synthese von Satyrspiel und Tragödie. Dennoch steht in diesem Stück der eleganten Brutalität die Frage: „Könnte man nicht lieben, ohne sich weh zu tun?"

„Das Orchester" bietet Anouilh ein Paradebeispiel für seinen sarkastischen Pessimismus. Er erzeugt das pantomimische Spiel eines Damenorchesters, das von Nummer zu Nummer die illusionssüchtige Gesellschaft des gierigen Publikums verpflaumt. Das Weib als Kollektivmacht, als Orchester, als attraktives Sirenen-Ensemble der Gesellschaft, als Amazonenkompanie mit klingenden Fleischinstrumenten.

„Die Probe oder Die bestrafte Liebe" ist ein Rokoko-Stück, das zwischen den beiden Weltkriegen spielt. Personen: ein Graf und eine Gräfin. Er hat eine Geliebte und sie einen Geliebten, alles mit legitimer Gesellschaftlichkeit, ein kluges und ausgewogenes Kräfteverhältnis der Beziehungen, so arrangiert, daß kein Ernst der Gefühle aufkommen kann. Doch leider verliebt sich der Graf in ein armes junges Ding, und seine Verliebtheit wird Liebe. Das aber stört den Schlaf der Welt, den Status quo. Die Gräfin und die Mätresse des Grafen verbünden sich gegen die gemeinsame Gefahr, gegen die Wahrheit der echten Liebe, und hetzen einen Mephisto auf das Mädchenweib, das schließlich die Flucht ergreift. Die Waage der moralischen Unmoral tariert wieder ein. Vorhang. Das Leben, ob gespielt oder nicht gespielt, ist so geartet, daß wahre Liebe bestraft wird, um die frivole Masken-Gesellschaft zu erhalten. Denn Liebe ist ungesellschaftlich. Es triumphiert allemal die Sympathie für Sünde.

In diesem Sinne wurde auch das Stück „Leocadia" (1930) geschrieben. Die Herzogin, diese alte Despotin, wirkt mit ihren diplomatischen Floskeln der simplen Sprache wie ein weiblicher Adenauer.

„Romeo und Jeanette" erweist sich als Stück der Emanzipation des Weibes. Nach Christopher Fry ist zwar die Dame nicht für das Feuer. Bei Anouilh aber plädiert der Mann in der Gestalt des Friedrich, diesen Namen trägt er zu Recht, für „Gewißheit und Antwort", während das Weib in der Gestalt der Jeanette in die Frage verliebt ist. Sie agitiert für Motivlosigkeit der wahrhaftigen Tat. Mit der Frage nach dem Warum einer Tat werde die Tat bereits versäumt. Es gibt Situationen, „in denen die guten und vernünftigen Dinge nicht immer die richtigen sind". Das Stück zeigt echte Parallelen zu Goethes „Stella". Jeanette will mit dem Leben spielen, weil das Spiel mit dem Leben einem Protest gegen das Leben gleichkommt.

In dem Stück „Die Wilde" wird das gegen die Existenz des Glücks protestierende Weib zur tragischen Figur. Zunächst wird ein klug gemischter Aufguß des Märchens vom Aschenputtel präsentiert. Doch als das Aschenputtel bei seinem Prinzen ist, also ihr Glück eingeheimst hat, beginnt es, dieses Glück systematisch mit Axthieben seiner scheußlichen Vergangenheit zu zerstören. Wirklichkeit und Glück sind unvereinbar. Die Vergangenheit ist nicht zu bewältigen. Die Faktizität bleibt, so sagt auch Sartre, bindend.

Ende der fünfziger Jahre schrieb Anouilh nach einem Roman der Louise de Vilmorin den Einakter „Madame de . . .". Es ist ein Paradebeispiel des epischen Theaters, jedoch im Gegensatz zu Brecht. Brechts Verfremdung und Episierung dienen der Didaktik politischer, ideologischer Moralität. Anouilhs Verfremdung und Episierung haben rein dramaturgischen, szenischen Zweck, sind Tricks im Dienst der Theatermaschinerie, des Bühnenzaubers. Das Publikum genießt den Walzertanz der herzförmigen Ohrgehänge der Madame de ... nach Schnitzlerscher Manier des Liebeskarussells. Im Dreivierteltakt immer erneuter Dreierverhältnisse wechseln die Ohrgehänge der Liebe ihre Bäumchen und kehren zuletzt nach einer Weltfahrt der Liebe an die Ohrläppchen der Madame de ... zurück, an die sie einst als Hochzeitsgeschenk ihres Gemahls gehängt worden waren. Doch aus den Brillantherzen der Liebe, des Hochzeitsmorgens, sind auf den Wegen der Untreue, des Stolzes, der Eitelkeit, der Lüge und Rache schließlich Brillantherzen des Todes, der eisigen Sterbenacht geworden. Die Zeichen der Liebe haben sich bei gleichbleibender Substanz zu Zeichen des Nichts verwandelt. „Es ist nämlich eine traurige Geschichte", sagt sehr richtig der junge Kommentator des Stückes am Klavier, „obwohl zunächst alles nur wie ein launisches Spiel des Schicksals aussah."

In seinem Stück „Passagier ohne Gepäck" (1936), in dem ein Mann, der im Krieg sein Gedächtnis verlor, nach der Heilung es ablehnt, sich mit seiner früheren Existenzform zu indentifizieren, demonstriert Anouilh keinen Schuldfall der Amnesie, kein dramatisiertes Kolleg der Psychologie, sondern die Geschichte der Schizophrenie menschlicher Existenz. Jeder Mensch ist heute ein anderer als gestern. Die Geschichte oktroyiert uns ein Medusenhaupt auf die Schultern. Erst in der Distanz, während der Abwesenheit des denkenden Reflexes wird die Doppelgesichtigkeit unseres Wesens offenbar. Wer gestern wie dieser Gaston „ein kleines Ungeheuer", „ein gräßliches Individuum" war, kann heute ein braver Bursche sein oder umgekehrt. Die von Goethe akzentuierten „zwei Seelen in einer Brust" läßt Anouilh in diesem Stück als zwei historisch getrennte Existenzen sich ausleben, wobei er eine gnadenvolle Karenzzeit der reinigenden Salat- und Parkettpflege in einer Anstalt dazwischenschiebt. Resümee des Stücks: der Mensch als Reisender, der das Gepäck seiner Vergangenheit abwirft, Bewältigung der Vergangenheit nicht durch Sühne, sondern durch Liquidation der Erinnerung, durch eine Inszenierung des Gedächtnisschwunds, durch Sterilisation des Verantwortungsbewußtseins, durch Flucht aus der Realität der Schuld in die Romantik der Scheinheiligkeit.

„Das Rendezvous von Senlis" (1937) zählt nicht wie das vorhergehende Schauspiel zu den „schwarzen Stücken", sondern zu denen „in Rosa". Zugrunde liegt die Lebenserfahrung, die Anouilh der Hauptperson Georges in den Mund legt: „Ich aber, ich muß mein echtes Leben als eine Farce spielen." Der Wunsch ist hier nicht nur Vater des Gedankens, sondern Realisator, ja Ersatz der Wirklichkeit. Die reale Wirklichkeit wird vom Spiel der gewünschten Wirklichkeit korrigiert und aufgehoben. Das betrügerische Leben wird durch Spiel betrogen und zugleich demaskiert. Es ist eine schmerzliche Posse, die sich Georges vorspielen läßt, um die Realgegenwart mit Illusionsgegenwart zu durchsetzen. Isabella, die das Spiel mit dem Urteil der Liebe entscheidet, gleicht einer Justitia der Existenz. Die Binde des Glücks um die Augen, trägt sie die Waage des Lebens, auf deren einer Schale die schmutzige Wirklichkeit und auf deren anderer der reine Schein liegt. Von beiden Stücken sagt Anouilh selbst, daß sie als „Sittenpossen" in der „reinsten Molière-Tradition" stünden.

„Mademoiselle Molière" ist aus einem Filmszenarium entstanden, unter dem „Vorwand", wie Anouilh sagt, dem „Schutzpatron (Molière) ein bißchen nachzuträumen". Es ist ein Szenen-Mosaik der tragischen Lebensgeschichte des Theatralikers, Direktors und Schauspielers Molière. Mit diesem Bild eines Einsamen präsentiert Anouilh zugleich ein Selbstporträt, zumindest die Andeutung eines Selbstporträts: Anouilh in der Rolle Molières. Armanda, die „kleine Wanze" aus dem Kloster, Schauspielerin, Intrigantin, Gattin und Betrügerin Molières ist die leibhaftige Thalia Anouilhs.

Anouilhs Bild im Bewußtsein der Gegenwart wurde nicht zuletzt von den Stücken bestimmt, in denen antike Legenden ins moderne Sprachbild gelangten, so die Legenden von Medea, Antigone und Orpheus. „Medea" ist die Umkehrung von Goethes „Iphigenie". Während bei Goethe Thoas der maßlose, der absolut Fordernde ist und Iphigenie das Maß proklamiert, ist bei Anouilh Jason der um des Glückes willen sich Bescheidende und Medea die Furie des Absoluten, eine, die ihre Totalität ins Spiel wirft selbst gegen das eigene Glück. Sie ist ein Zigeunerweib der Größe, eine Fahrende, Magierin, Herrin des generellen Gefühls, während Jason der Vernunft das Wort redet. Medeas Kind ist der Haß. Jason aber will Frieden und Vergessen. Das ist vernünftig. Medea ist eine „Wölfin" der Geschichte, eine Hyäne der Vergangenheit. Größe und Tragik der Medea wie der Antigone ist das Ich. Beide Frauen handeln, wie sie handeln müssen. Die Freiheit ihres Ichs gewinnen sie im Tode. Im Tode ist ihr Ich festgestellt, bleibend, unwandelbar. Das ist Sartre. Nicht Gott, sondern das Ich ist prinzipiell, unhintergehbar. Die Erfüllung eines Ichs liegt in der Kongruenz von Anlage und entsprechender Handlung.

„Antigone" ist ein tragischer, bittersüßer Nekrolog auf die Individualität, die hier von einem schutzlosen Mädchen verkörpert wird. Antigone handelt selbstbesessen nach dem Motto: „Jeder tut, was er muß!" Dieses Muß ist keine kantianische Pflichtsache, sondern ein Wesensprotokoll im Sinne des Existentialismus. Antigone ist tatsächlich „eigensinnig". Sie, ihr Handeln und ihr Sinn sind eins. Sie sagt: „Ich will nicht ein wenig verstehen!" Sie ist für Totalität. Auch in Goethes „Die Laune des Verliebten" wird abgelehnt, ein bißchen zu lieben. Man liebt und versteht ganz und gar oder gar nicht. In Antigone triumphiert das Ich. Sie weiß, daß der König Kreon alle Macht besitzt. Aber sie weiß auch, daß seine Macht nicht imstande ist, sie zu retten, daß also die Macht vor dem Ich scheitert. Es geht um die Diskrepanz von Macht und Glück.

Auch im Orpheus-Drama „Eurydike" wird die Frage nach dem Glück gestellt, weil sie unter allen Fragen die einzig echte ist. Die Szene spielt auf einem Provinzbahnhof, auf dem Plateau des Umsteigens, des Anschlusses, des Wartens, des Abschiedes, des Ankommens, auf dem Ort, der auch im „Doktor Schiwago" Pasternaks und in den „Flüchtlingsgesprächen" Bertolt Brechts das generelle Lokal ist. Orpheus hat Eurydike bereits verloren, ehe er sie besaß. Ihre Liebe ist Illusion, eine Blüte an morschen Bäumen. Der Vater des Orpheus ist ein verlogener, hochstapelnder „Schwerenöter", die Mutter Eurydikes eine aufgetakelte Schlampe, Eurydike ein Flittchen mit romantischer Anwandlung und Orpheus ein geigenspielender Idealist. Die Welt ist eine Schlangengrube. Nur der Tod ist gütig, weil er Schlimmerem zuvorkommt. Doch ein resignierender Anflug von Hoffnung besteht. Die Scham macht die Liebenden zu Geschwistern. Aber die vorausgegangenen Tatsachen erweisen sich als bindende Wahrheit. „Leben ist nicht glücklich", heißt es ja bereits bei Shakespeare in „Maß für Maß".

Mit seinem Jeanne-d'Arc-Stück lieferte Anouilh zwei originelle Beiträge zur bisherigen Interpretation dieser geschichtlichen Tatsache aus französischem Munde. Hinsichtlich der Gesamtbewertung stellt Anouilh am Schluß des Stückes fest, daß das Ganze nichts sei als ein „Bild aus einem Lesebuch für Schüler", also ein pädagogisches Rücklicht auf präpubertierenden Schulbänken. Zudem wird an den Schluß des Vorgangs, der sonst die Verbrennung dieses ersten christlichen Teenagers bringt, die Krönung des Playboys von Charles, des Dauphins gesetzt. Während sodann in den bisherigen Darstellungen der Jeanne-d'Arc-Geschichte zumeist die Engländer als Teufelspack fungieren, ist bei Anouilh Rom das Satansnest.

Aus der Geschichte des christlichen Abendlandes stammt auch der Stoff zu dem Stück „Becket oder die Ehre Gottes". Mit der Virtuosität eines Shakespeare wird jener Stoff von Anouilh aufgegriffen, den Conrad Ferdinand Meyer in „Der Heilige" und den T.S.Eliot in „Der Mord im Dom" auf ihre Weise bearbeitet haben. Es ist das Thema von der Natter, die an der eigenen Brust genährt wurde, vom Freund, der zum Gegner wird, vom Wechsel der Kompetenzen, von Becket, der vom Saufkumpan und Günstling des Königs zum Bischof und Gegner des Königs aufsteigt. Becket opfert seine Freundschaft und sein Leben dem Geheimnis seiner Persönlichkeit, die er als „die Ehre Gottes" umschreibt. Ein dunkles Spiel vom Hochmut der Person und deren Triumph jenseits der Grenzen des Lebens rollt ins Blut des Schwertes.

Der Geruch des Blutes lockt den alten Adam Mensch als Politiker, als Militaristen, als gespielte Majestät in den Teufelskreis der Darbietung seines Ichs. „Majestäten" heißt Anouilhs Komödie vom Triumph der Reaktion, von der totalen Abwesenheit des Helden á la Hölderlin, von der Revolution aus dem Hinterlader, vom Status quo der primitiven Ehe. Die Fabel dieses Stückes hat bekanntlich auch Grabbe in seinem Drama „Napoleon oder Die hundert Tage" verarbeitet. Bei Anouilh entsteht daraus ein Lehrstück, ein Schauspiel der reaktionären Staatskunst, die nach dem Umsturz mit den Problemen der Opportunisten wie der Emigranten, der Kollaborateure wie der Résistance, der Wiederaufrüstung wie der Wiedergutmachung, kurzum mit der Wiederherstellung einer alltäglichen und nutzbringenden Ordnung im Staate fertig werden muß. Dabei zeigt es sich, daß man „politische Notwendigkeiten" zu akzeptieren hat, die leider „immer ungerecht" erscheinen. Der Begriff der Majestät, nach dem das Stück benannt ist, bedeutet an sich Größe, Hoheit, Erhabenheit im Sinne göttlicher Eigenschaften. Anouilh stellt Majestät als personelles Triptychon dar. Die Zentralfigur ist der sich durch alle Systeme hindurchdienende Polizeiminister, die permanente Majestät, die rechts und links verschiedene Gesichter trägt, links das Gesicht des mehr als ärgerlichen Revolutionärs, rechts das Gesicht des dickleibigen Reaktionärs, zusammen das Janusgesicht der Gewalt. Napoleon ist ein Faschist, Ludwig ein Bourgeois. Fouché ist die Synthese beider, der Opportunist. Das Dogma des Faschisten Napoleon lautet: „Gewissen ist mir etwas Widerliches. Das hat sich noch immer als hinderlich erwiesen, wenn man regieren will." „Wer schuldig ist, bestimmen wir." Indessen rät sein Nachfolger Ludwig wie nicht wenige Politiker des Nachkriegsdeutschlands hinsichtlich der historischen Vergangenheit, daß es das Klügste sei, „diese ganze Räubergeschichte (zu) vergessen, in die wir alle verwickelt waren". Der neue Held, der am Schluß des Stückes als neue Wetterfahne aufgepflanzt wird, marschiert auf Befehl seines Herren nicht in die männermordende Schlacht der Nationen, sondern in den zeugungskräftigen Krieg der

Ehe. Fazit: „Keine Experimente", sondern „heiraten und Kinder haben", wodurch diejenigen, die da herrschen, in Ruhe gelassen werden und ihr reichliches Kanonenfutter erhalten.

Das beste Exemplar einer solchen Züchtungsreihe ist der General im Stück „Don Quixotte". Er ist ein Nachfahre des Misanthrops aus der Komödienküche Molières. Er konspiriert gegen den Fortschritt, möchte die Uhr der historischen Entwicklung zurückdrehen, revoltiert für den Konservatismus und übersieht bei alledem, daß er selbst gar keine politische Zeugungskraft mehr besitzt. Deshalb wirkt sein pathetisches Anlegen des Gewehres komisch. Seine Proklamation von der Rettung des Staates ist eine Phrase. Man denkt bei ihm an Matthias Wiemann, von dem heiter-böse Zungen sagten, daß er stets ein Zitronengesicht mache, als ob er bedauere, nicht 1914 bei Langemarck gefallen zu sein. Er ist einer von der Sorte, die „ewig das gleiche Stück" spielt. Solange dieser Reaktionär mit dem nationalen Evangelium auf der Zunge ohne Einfluß bleibt, wirkt er komisch und harmlos. Doch wehe, wenn ihm Macht gegeben ist!

Im Stück „Der arme Bitos" wird Realität zum absurden Theater. Der Schwund einer positiven Antithese, eines ausgleichenden Gegensatzes, einer gerechten Polarität ist mit Bitos und seinen Gegenspielern erreicht. Es ist ein Schauspiel von brillanter Unverschämtheit, ein geniales Hohngelächter über den Menschen in seiner Erbärmlichkeit, an der er selbst schuldig ist. Jeder Akt ist ein Verhör und zugleich ein Lokaltermin für den Angeklagten, für den kleinen Mann als Machtmenschen, für den guten kleinen Mann als Prinzipienreiter, der zum moralisierenden Lustmörderchen wurde. Welche Erziehung auch immer der Mensch genossen hat, aus welchem Hause auch immer er gekommen ist, ob seine Jugend gut oder arg war, er wird zum Unmenschen, sobald er das Mitleid, sobald er die Nächstenliebe auf Urlaub schickt. Alle Blutopfer auch im Namen „des Volkes" enden letztlich in der Maschinerie einer unmenschlichen Macht. Dies war schon so, wie Anouilh zeigt, in der Französischen Revolution und ist es auch bis heute geblieben. Ein Spiel von Permanenz der Geschichte im Sinne Spenglers präsentiert dieses dramatisierte Wachsfigurenkabinett Anouilhs. Jeder hat sein Gegenstück in den früheren Zeitläuften. Wie sich Napoleon und Hitler in Alexander spiegelten, so hält sich Bitos im Nachkriegsfrankreich für eine Reinkarnation des Robespierre. Es bleibt alles beim alten. Wie sagte Wilhelm Busch? „Der Ort ist gut, die Lage neu, / Der alte Lump ist auch dabei."

Anouilh versteht es, innerhalb der progressiven Dekadenz des Abendlandes die Magie des Pessimismus mit der Magie der Witzes zu verbinden. Er ist der elegante Sternheim Frankreichs, dessen bürgerliche Gesellschaft mit ihrem verplüschten Revolutionsmythos in seinen Stücken ad absurdum geführt wird.

Auch Albert Camus sympathisierte sein Leben lang mit dem Tode, mit der Konkretisierung des Nichts. Das Pathos dieser Sympathie hatte den Reiz der Verführung, die Schönheit des männlichen Todesengels. Camus war der Sohn eines französischen Landarbeiters in Nordafrika, wo er im Kolonistendorf Mondovi am 4. November 1913 geboren wurde. Seine Mutter war spanischer Abkunft. Der Vater fiel im Ersten Weltkrieg. Die sozialen Verhältnisse zwangen die Halbwaise, sich die Finanzierung des Philosophiestudiums an der Universität in Algier selbst zu verdienen, so als Verkäufer, als Meteorologe, als Büroangestellter und als Aushilfsjournalist. Damals begegnete Camus einer Gruppe junger Schauspieler. Er wurde ihr Chef. Diese einfache Theaterpraxis war der fruchtbare Boden für die dramaturgischen Keime seines Talents. Er spielte selbst Theater, übernahm gelegentlich auch die Regie und gründete schließlich eine eigene kleine Bühne. Aus der Scheinwelt des Theaters ruft ihn der Krieg in eine unmittelbare Konfrontation und Verstrickung mit der Wirklichkeit. Camus wird Mitglied der Résistance gegen das deutsche Besatzungsregime Frankreichs. Aus dem Jahre 1943 stammt sein berühmtester Essay „Der Mythos des Sisyphos", in dem sich nicht nur sein Weltgefühl, sondern auch die heroische Intention seiner Weltbewältigung darlegen. Als Journalist und Redakteur leiht er nicht nur dem Freiheitskampf seiner Nation, sondern auch der Freiheit an sich, der „Religion der Freiheit", wie er es nennt, seine Stimme, die Stimme eines irdischen Seraphs. Der vierundvierzigjährige Camus erhielt den Nobelpreis. Er starb am 4. Januar 1960 durch einen Autounfall. Dieser „technische Tod" wurde ihm nachträglich als „metaphysischer Skandal" angekreidet.

Camus war ein Journalist, Dichter und Philosoph der Existenz über dem Abgrund des Nichts, des Absurden schlechthin. Er schreibt: „Leben heißt das Absurde leben lassen. Das Absurde leben lassen heißt, ihm ins Auge sehen. Eine der wenigen philosophisch stichhaltigen Positionen ist demnach die Auflehnung [. . .] Sie ist die ständige Anwesenheit des Menschen bei sich selbst." Bei Camus wird die Rebellion vor dem Antlitz des Todes zur schöpferischen Aktion. Es ist etwas vom Geiste Schillers in diesem Jüngling wirksam gewesen: das Unbedingte, Ideale und Ethische. „Die Anwesenheit des Menschen bei sich selbst", diese Aktionsform des eigentlichen Ichs, des eigentlichen Existierens, entweder in ihrer Negation oder in ihrer positiven

Verwirklichung, zum dramatischen Symbol zu gestalten, unternehmen Camus' Dramen. So ist bereits „Caligula" (1938) ein Drama der Erkenntnis dieser Wahrheit des Ichs. Camus schreibt über die Hauptfigur dieses Schauspiels: „Dem Menschen untreu aus Treue zu sich selbst geht Caligula willig in den Tod, weil er erkannt hat, daß kein Mensch sich allein zu retten vermag und daß die Freiheit nicht auf Kosten der anderen verwirklicht werden kann." Dem Sohn im Schauspiel „Das Mißverständnis" (1941) geht es auch um Erkenntnis. Er will von den Seinen anerkannt werden, ohne jedoch vorher seinen Namen genannt zu haben. Das ist absurd. Deshalb verfällt er der Vernichtung. In der Welt des Zufalls kann nur der sich retten und zugleich den andern vor Schuld bewahren, der die Parole der Gemeinsamkeit ruft, das Zeichen der Wahrheit gibt. Die Wahrheit braucht zur Rettung das Bekenntnis. Im Schauspiel „Die Gerechten" (1949) wird die unvorhergesehene Situation eines politischen Mordes zum Anlaß dafür, der unbedingten Aktion der Freiheit doch eine Grenze zu setzen. Hier überwindet Camus seinen Existentialismus der Tat mit dem Gedanken der Moralität des Lebens. Wo die Aktion der Freiheit zum Mörder macht, muß sie ins Selbstopfer zurückschlagen. Bei Rilke steht der Vers: „Rein ist im Geist, was an uns selber geschieht." In dem Schauspiel „Die Besessenen" wird schließlich durch eine mehr philosophische als dichterische Revue ein Pandämonium der Existenz beschworen, ein Maskenball menschlicher Wahrheiten.

Eines der extremsten Beispiele der Bedrohung des Ichs durch die Welt und der Befreiung aus dieser Umklammerung, zugleich aber auch Beispiel der Fremdheit, ja Absurdität der Welt gibt Camus' Schauspiel „Der Belagerungszustand" (1948). Camus kommentiert dieses Schauspiel mit folgenden Worten: „Ich habe für mein Schauspiel das als Mittelpunkt gewählt, was mir in unserem Jahrhundert der Tyrannen und der Sklaven die einzige lebendige Religion zu sein scheint, nämlich die Freiheit." Für die Offenbarung dieser Religion hat er ein Mysterienspiel geschrieben, in dem alle Rollen Symbole sind, beladen mit märchenhaftem und christlichem Traditionsgut, in dem sich journalistische Platitüde mit Bekenntnissätzen und lyrischen Chorpassagen zu einem Unikum dramatischer Eindringlichkeit und kabarettistischer Überredungskunst vermischt. Die Welt wird hier zu einem grausigen Gegenstück des himmlischen Jerusalems, zu einer Stadt des Verhängnisses, der Bedrohung im Innern, eben zu einer Stadt im Belagerungszustand. Dabei ist der Begriff des Belagerungszustandes genauso total umgekehrt worden, wie die Existenzphilosophie den Begriff der Existenz umgewertet hat. Eine belagerte

Stadt hat bekanntlich den Feind vor ihren Toren. Hier aber steht der Feind in der Stadt und die Freiheit liegt jenseits der Mauer. Die Freiheit ist draußen und drinnen ist die Gewalt. Es ist der Belagerungszustand des KZ.

Wie kam es so weit? Was geschieht in dieser Lage? Und wohin deutet sie? Wie das himmlische Jerusalem ist auch sein Gegenteil eine visionäre Stadt mit geographischem Namen. Doch Gewohnheiten eines dumpfen Alltags und trübe Tradition bestimmen ihr Gesicht. Eine Masse, die nicht weiß, daß sie sklavisch ist, sich ihrer selbst gar nicht bewußt ist, wird von einer aus Trägheit respektierten Obrigkeit regiert. Da ist eine korrupte Oberschicht: der Gouverneur, seine Minister und der Alkalde. Der Gouverneur ist borniert, grantig, mit altem Popanz behangen, verlogen selbst in der Sorge um die Stadt, mit vorgetäuschter Würde und nicht mit weiser Gerechtigkeit regierend, im Grunde ein seniler Kriecher, ein Gnom, eine stille, aber gerade dehalb dämonische Präfiguration der Despotie. Er ist der Reaktionär in Person. Seine Minister sind Ratgeber jedes Herrschers. Auf das jeweilige System kommt es ihnen nicht an. Der Alkalde z. B. dient sich durch drei Systeme durch, immer zum eigenen Nutzen und auf Kosten des Volkes.

Diese in blinder Selbstgefälligkeit vegetierende Stadt wird jetzt ihrer Grenzsituation preisgegeben, einer Situation, deren böse Möglichkeit seit langem lauerte, für die der dumpfe Schlaf der Stadt Vorform und Wegbereiter war. Zeichen am Himmel, auf dem Dach der Existenz, verkünden das drohende Unheil. Ein Komet taucht auf, das arge Gegenstück zu dem von Bethlehem. Doch die Obrigkeit vertuscht diese Zeichen, bagatellisiert sie, verbietet mit Gesetzeskraft, davon zu sprechen und fordert Ruhe, die altbekannte Bürgerpflicht. Auch der „Komet“ des Hakenkreuzes vom 9. November 1923 wurde ja bagatellisiert, bis die Pest selbst durch das Brandenburger Tor marschierte und nicht nur Berlin und Deutschland, sondern ganz Europa, das Abendland in den gleichen Belagerungszustand brachte. Die Worte jenes Befehls, den der Gouverneur wie ein Notstandsgesetz verkünden läßt, sind ein historisches Paradigma: „Befehl des Gouverneurs. Ein jeder begebe sich nach Hause und nehme seine Arbeit wieder auf. Eine gute Regierung ist eine Herrschaft, unter der nichts geschieht. Nun aber ist es der Wille des Gouverneurs, daß unter seiner Regierung nichts geschehe [. . .] Darum muß jedermann von dieser sechsten Stunde an für unwahr erachten, daß irgendein Komet sich am Horizont der Stadt gezeigt haben soll. Wer diesem Beschluß zuwiderhandelt, [. . .] wird unnachsichtig bestraft.“ Noch also ist es nicht die zwölfte, sondern vorerst die sechste Stunde. Ihr Kennzeichen ist die Umkehrung der natürlichen in die gewollte Wahrheit. Der sechsten Stunde der Lüge aber muß die zwölfte Stunde der Vernichtung folgen. Dem Zeichen folgt der Zeichengeber, dem Unheilszeichen das Unheil: die Pest. Nur zwei sprechen in dieser Stunde vom „Augenblick der Wahrheit": Nada, der Nihilist, und Diego, der Liebende. Beide wird am Schluß des Begängnisses der Tod ereilen, wiewohl es für jeden ein anderer Tod ist. Für Diego, diesen modernen Heiland, ist es der Opfertod der Freiheit, die Verschmelzung mit der Wahrheit, als er die Vernichtung durch seinen Tod besiegt, wie Christus die Herrschaft des Todes durch den Tod annullierte. Für Nada aber, den Nihilisten, ist es der Tod der Verzweiflung, der Tod im Tode, aus dem es keine Auferstehung zu sich selbst gibt.

Im Spannungsfeld zwischen diesen beiden Exponenten des Daseins, dem Nihilisten und dem Liebenden, dem „Ungeist" des Nichts und dem „Urgeist" der Liebe, begibt sich die Herrschaft der kalten Vernunft. Mehr als ein Symbol der politischen Despotie ist die Pest, die in eigener Person auftritt und von ihren ratlosen Schrittmachern, den Reaktionären, die Herrschaft über die Stadt, d. h. über die Welt fordert. Und die Folgen? Über die Urstätten der menschlichen Gesellschaft: über den Palast der Lenkung, über die Kirche, den Tempel der Frömmigkeit, über das Haus des Richters, den Ort der Urteilsfindung von Recht und Unrecht, und über den Markt, die Stätte der Begegnung von Handel und Wandel, von Schauspiel und Belustigung, über sie alle senkt sich lähmende Angst. Der Atem des Lebens, der Wind vom Meer, vom Schoß allen Lebens, ist abgeschnitten. Dafür beginnt ein Dasein der Beobachtung, der Kontrolle, der Befehle, der eisigen Ordnung, der Vernunft. Das Leben pulsiert nicht mehr aus eigener Kraft, sondern bewegt sich durch technische Erregung und in einer Organisation der Berechnung. Es wird der Logik zuliebe gelebt und gestorben, also nicht wahr, sondern richtig. Richtig sterben heißt in Reih und Glied sterben, darauf hygienisch eingeäschert werden und nicht in der Erde verfaulen. Jeder Mensch wird von seinem Ich, von dieser Spielerei der Individualität befreit. Er wird mit einem Abzeichen ausgestattet, das ihn uniformiert und bezeichnet, ja als Gezeichneten ausweist. Wer das Tragen des Abzeichens verweigert, erhält das Abzeichen der Abzeichenverweigerer. Jede Besinnung auf sich selbst wird durch sinnlose, wiewohl geordnete Arbeit von vornherein unterbunden. Man lebt und denkt nach Reglement. In diesem Mysterienspiel der modernen Religion der Freiheit wird mit Kubinscher Bildtechnik die tödliche Dämonie der Vernunft beschworen. Die Sekretärin des Diktators ist der Todesengel. Die Geschäfte der Vernunft werden also vom Tod selbst geführt. Tod ist Streichung. Deshalb werden die Lebensmittelkarten und Existenzbescheinigungen in der großen Verwaltungshalle des Friedhofes ausgegeben.

Hatte die Aufklärung, die Zeit der verabsolutierten Vernunft, eben diese Vernunft auf die Altäre erhoben und zur Göttin Vernunft erklärt, so geschieht hier ihre totale Verdammung. Sie wird mit dem religiösen Gegenpol Gottes, mit dem Teufel identifiziert. Ihrem Gefolge wird nicht nur der Tod beigegeben. Ihr Handlanger ist der Nihilist, der Verneiner von allem und jedem. Die höhnenden Worte des Nihilisten Nada, der unter der absoluten Herrschaft der Vernunft Oberwasser gewonnen hat, treiben den Spott auf den Gipfel der Schamlosigkeit. Die Kreatur triumphiert über den Menschen. Unter der Diktatur, die durch Teilung herrscht, werden alle schuldig. Wo Vernunft und Logik, das unabdingbare Fundament und das unabdingbare Gesetz des Denkens, zu Symbolen der Ideologie und Diktatur herabgewürdigt sind, muß ihr Überwinder zu einer Heilandsfigur und zu einem Liebesbold aufgewertet werden. Diego widersteht als einziger den Maßnahmen der Diktatur. Es gelingt diesem Rebellen, diesem Heiland ohne Motiv, diesem Sisyphos der Existenz, die Angst der Pest auszuhalten, durchzustehen und den Wind des Meeres wieder über die Stadt zu rufen. Die Pest weicht. Aber: Wunder und Tragik der Absurdität in der Geschichte: Diego geht in den Tod um einer vorläufigen Freiheit willen, die eine Freiheit auf Abruf ist. Zwar bezahlt der Opfertod Diegos die Verbannung der Pest, doch im gleichen Moment kehren die alten Herren der Korruption, der Dummheit und der Tradition wieder, die Reaktionäre, die Schrittmacher der Despotie, mit folgenden Worten des scheidenden Diktators begrüßt: „Da kehrt meine Chance zurück. Hier kommen eure alten Herren, die, wie ihr merken werdet, blind sind für die Wunden der anderen, trunken von Unbeweglichkeit und Vergessen. Und wenn ihr seht, wie die Dummheit kampflos triumphiert, werdet ihr müde werden. Die Grausamkeit empört, aber die Dummheit entmutigt. Ehre den Dummköpfen, denn sie bereiten mir den Weg! Sie sind meine Kraft und meine Zuversicht."

An dieser Stelle, die den Opfertod um der Freiheit willen an den äußersten Rand des Sinnes führt, erwacht die Frage, welchem Wert der höhere Rang zukommt, dem Leben oder der Freiheit? Ist die Freiheit ein Absolutes, daß sie das Opfer des Lebens fordern kann und somit zum Mörder des Lebens wird? Hier rächt sich die Verabsolutierung des subjektiven Denkens, die Grundthese des idealistischen Nihilismus Camus'.

Auch die Stücke von Eugène Ionesco vermitteln ein Theater der Überraschungen. Sie lassen das Unerwartete auftreten. Sie machen das Inkalkulable gegenwärtig. Überraschend ist das Ungewöhnliche, das, was nicht üblich ist, was dem faden Logismus des Alltags zu widersprechen scheint, was aus den eingefahrenen Spuren herausspringt und dennoch funktioniert, was auf alle Normen pfeift und dennoch besteht. Gerade deshalb hat Ionesco es sich in den Kopf gesetzt, Antistücke zu schreiben. Er hat sein erstes Stück, das er bewußt „Antistück" nennt, in der Absicht geschrieben, das Theater „lächerlich zu machen". Gemeint ist das klassische Theater, über das Ionescos satirische Lauge rinnen soll. Das klassische Theater lebt von der Spannung, von der Polarität oder Antithetik der Charaktere, Ideen, Typen und Lebensformen. Im Zeitalter des dialektischen Materialismus, der beiden antithetischen Weltlager, der Daseinsschizophrenie aus technischem Fortschrittsglauben und psychischer Illusionslosigkeit ist das Moment der Spannung so strapaziert, zudem von den außerkünstlerischen Mächten der Wirtschaft, Politik und Technik derart beherrscht, daß dieses gleiche Moment in der Kunst höchstens noch langweilen kann.

In Marinettis Theatermanifest aus dem Jahre 1924 heißt es: „Die Überraschung ist ein wesentliches Element der heutigen Kunst." Ionesco läßt deshalb in die Welt der technischen, medizinischen und politischen Stars, die den täglichen Bildschirm der Television beherrschen und die Titelseiten der Gazetten füllen, die überholten, die abgestandenen Figuren der menschlichen Gesellschaft einbrechen, jene Figuren, denen man eine Sensation gar nicht mehr zutraut. Aber sie marschieren ein mit den Waffen und in Uniformen der Überraschungsstrategen. Sie benehmen sich so dumm und dreist, wie es ihr Alltag will, so geschwätzig und banal, wie es üblich ist, so aufdringlich und wiederwärtig, wie es die Spatzen von allen Dächern pfeifen. Doch gerade das ist ungewöhnlich, weil es absurd erscheint, sich so zu benehmen, wie man ist, nämlich als ein Wesen des nihilistischen Zeitalters. Ionesco ist der Dompteur in dieser Manege. Er peitscht die lächerlich tragischen Existenz-Tiere, die man unter der Spezies Mensch zählt, gegeneinander.

Die Stücke Ionescos wurden zum absurden Theater gezählt und in das literarische Postfach mit der Anschrift „Surrealismus" geworfen. Absurd hat im Lateinischen die Bedeutung „gegen das Gehör", „das Ohr beleidigend", also sinnlos, ungereimt, aufkratzend. Ionescos Stücke haben, als sie uraufgeführt wurden, Proteststürme erregt, und noch heute lüften nicht wenige Damen und Herren ihre Sessel im Parkett oder Rang und verlassen mit schlagenden Türen das Theater, noch ehe der Vorhang sich schonend über dem Scheiterhaufen einer Absurditätendemonstration Ionescos geschlossen hat. Absurdes Theater ist Theater der Wahrheit, weil die Wahrheit im Zeitalter der Lüge absurd erscheint. Das absurde Theater konfrontiert das Publikum mit seiner eigenen Absurdität. Der Mensch steht immer im Schatten des Nichts. Er kann diesen Schatten für eine gewisse, von ihm selbst nichtbestimmbare Zeit ertragen, ihn vielleicht sogar um Millimeter zurückdrängen. Aber das Nichts bleibt die letzte Instanz. Sein Sieg ist generell.

Ionesco wurde am 27. November 1912 in Slatina an der Donau als Sohn eines rumänischen Vaters und einer französischblütigen Mutter geboren. Im Alter von anderthalb Jahren kam er nach Paris, wo er seine Kindheit verbrachte. 1925 kehrte er dreizehnjährig mit seinen Eltern nach Rumänien zurück. Großes Aufsehen erregte sein literaturkritischer Essayband „Ja und Nein". 1938 bekam er ein Stipendium der rumänischen Regierung für einen Studienaufenthalt in Paris. Den Kriegsausbruch erlebte er in Marseille. Nach der Befreiung von Paris kehrte er dorthin zurück.

Wie in den Dramen Cocteaus spielt auch in den Stücken Ionescos der Tod eine bedeutsame Rolle, wenn nicht sogar die Hauptrolle. Er tritt allerdings nicht persönlich oder personifiziert auf. Er spielt vielmehr eine hintergründige Rolle. Er spricht nicht das entscheidende oder letzte Wort, sondern ist die letzte Wirklichkeit. Er ist in der abschließenden Tat gegenwärtig. Die Handlung endet bei ihm. Nur ist es im Gegensatz zu den Dramen Cocteaus so, daß die Figuren der Dramen Ionescos nicht vom Tode fasziniert sind, daß er für sie keine mythische Größe darstellt, sondern ein kausales Ergebnis, ein logischer Schluß, ein mathematischer Zufall ist, also ein absurdes Fazit. Sie schlittern in seine Falle, sie geraten unversehens und doch unausweichlich in seine Schlinge, die von Anfang an gelegt war. In dieser tatsächlich tragischen Relation begreift man die Erscheinung Ionescos selbst, von der es heißt, daß sie ein weinendes und ein lachendes Auge zur Schau stelle, ein Auge unsäglicher Traurigkeit und ein Auge philosophischer Satirik. Ionesco erscheint wie ein leidender Vagabund, wie ein Bajazzo, der unter Tränen Späße treibt.

Das Stück „Die Unterrichtsstunde" (1951) endet mit der Ermordung einer Schülerin durch den Professor. Die Schülerin ist das Leben, dessen Talent darin besteht, daß es mit Bravour und Lust zu addieren versteht. Aber der Professor, der Exponent der Analyse, der verkorkste, wiewohl trotz seiner Lächerlichkeit dominierende Vertreter des tödlichen Geistes, belehrt sie: „Sie haben immer die Tendenz, addieren zu wollen. Aber man muß auch subtrahieren. Man muß nicht immer nur zusammenfassen wollen, man muß auch auflösen. So ist das Leben. So ist die Philosophie. So ist die Wissenschaft überhaupt. Das nennt man Fortschritt. Zivilisation." Die Begegnung des Geistes mit dem Leben wird als „Skalptanz" entlarvt. In den Regieangaben heißt es: „Der Professor tötet sie (die Schülerin, diese exhibitionistische Demonstration des Lebens, der lustvoll expansiven Leiblichkeit) mit einem einzigen, wohlgezielten, theatralischen Messerstich." Es ist ein „unsichtbares Messer", dessen er sich bedient. Also ist es ein magischer Mord, ein Geistes- wenn nicht Geistermord. Die Ermordete wird in einer unzweideutigen Haltung vorgefunden. Das Ergebnis der Pädagogik ist demnach der Tod des Wißbegierigen.

Bei Däubler heißt es: „Der Geist ist die Befreiung vom Sichtbaren." Georg Kaiser ergänzt in seinem Stück „Die Bürger von Calais" (1914): „[. . .] der ungeheure Tag der Tage ist draußen!" Eduard von Hartmann formuliert es so: „Der wachsende Geist zehrt das physische Sein der Welt auf." – Mit Hilfe des Dienstmädchens im Haushalt des Professors, der Personifizierung der Wirklichkeit, wird die Ermordete, das liquidierte Leben, beiseite geräumt, ehe die nächste Delinquentin an der Türe klingelt, an der Türe des Todeshauses, der Mördergrube, an der Öffnung des Geistes. Fazit: Der Geist als Mörder, das Leben als unermüdlicher, unbelehrbarer Lieferant der Mordsubstanz, die Wirklichkeit aber als Dienstmädchen des Mörders, als Mitwisserin, als Kupplerin, Schlampe des Nichts.

Auch die „tragische Farce" „Die Stühle" (1952) endet mit einem Sturz in den Abgrund des Nichts, mit einem Sturz aus dem Loch der relativen Leere in das Loch der absoluten Leere, aus dem Raum des Dunkels in den Raum der Finsternis. Die beiden Akteure dieses Stükkes, „Der Alte" und „Die Alte", sind Gestalten des Abends, des Abendlandes, des geistigen Ausklangs, der testamentarischen Illusion unseres Erdteils. Sie sind ohne Erben und wollen deshalb ihr verspieltes Leben sich selbst vermachen. Das verspielte Leben aber ist der Tod. Die beiden Alten bitten, flehen, locken und nötigen zuletzt auf die leer gebliebenen Sessel ihrer Existenz die Wirklichkeit der Illusion. Sie suchen den Ersatz. Aber aller Ersatz ist immer das Nichts, das nicht Echte. Sie rufen eine Zeit und den Inhalt einer Zeit, die gar nicht mehr sind. Die Substanz des zitierten Nichts setzt sich zusammen aus den Vertretern jener Gesellschaft, von der sich das Abendland nicht zu trennen vermag. Es sind die Ladenhüter des bankrotten historischen Geschäfts, die illusorisch gewordenen Personifizierungen, die Gespenster, ja Leichen der personifizierten Werte und Ideen des Altenteils der Welt. Diese imaginären Gäste, vom Duett der beiden Alten gerufen und doch nicht vorhanden, drängen während des Spiels mit der Masse ihres Nichtseins die Rufenden an die Wand, treiben sie durch den vorläufigen Restraum, werfen sie wie Bälle durch das Zimmer und nötigen sie schließlich zum Fenstersturz in die tatsächliche Leere des Seins: in den Tod. Eine bittere Nachfolge des „Zauberlehrlings" begibt sich, den Goethe 1797 beschworen hatte, der auch die Geister, die er rief, nicht mehr los wurde. Der Evangelist dieser Zeit, unserer Zeit, ist „Der taubstumme Redner". Es gibt keinen besseren Interpreten des Nichts als einen Redner, der nichts hören und nichts sagen kann, das deutlichste Exempel der Dichtung der Gegenwart und innerhalb der Politik des Herrn Strauß. Und dennoch sind die beiden Alten, diese beiden erschütternden Stuhl-Helden, Figuren eines unvergeßlichen Erbes der Antike. Philemon und Baucis empfangen die Götter unserer Zeit, die Gottheiten des Nichts, die Schablonen des Abendlandes.

Das „Pseudodrama", wie das Stück „Opfer der Pflicht" (1953) vom Autor selbst genannt wurde, wie soll es bei seinem kantianischen Titel, der vom „kategorischen Imperativ" unzweideutig beeinflußt ist, anders enden als abermals mit einem permanenten Messerstich, der zunächst eine ordenswütige Brust von ihrer Seele befreit und nach dem Mord des Pflichtbewußten eine Epidemie, einen selbstmörderischen Amoklauf, ein Harakiri der Überlebenden auslöst mit dem Kriegsschrei: „Kauen! Runterschlucken!" und „Kauen! Runterschlukken!" Doch was schlucken diese schreienden Ekstatiker als Pille des Todes herunter? Brot, das Nahrungsmittel, Symbol und Zeichen des Lebens. Das also ist das höhnische Ergebnis des Evangeliums der Hostie, der Abendmahls-Hymne Hölderlins und der Losung „Brot für die Welt"!

Im Stück „Die Nashörner" (1959) wächst den Menschen die innere Wahrheit physiologisch über den Kopf. Dabei kommt es nicht nur zu einer peinlich schmarotzenden Offenbarung dessen, was die Menschen im Grunde immer waren, nämlich Exponenten des Tierreiches, sondern auch noch zu einer Gleichschaltung ihrer Physiognomie. Sie unterscheiden sich nicht einmal mehr durch tierische Individualität. Sie sind alles Nashörner, nichts anderes, nicht Esel oder Kaninchen, nicht Löwe oder Fuchs, nicht Schaf oder Schmetterling, sondern nichts als stampfende, sentimental-wütige, fauchende Dickhäuter, Urwaldkolosse mit einer Nase ohne Rückgrat, ohne Nasenbein. Die Person des Menschen versackt in einem tierischen Fleischklotz, der freie Wille im diktierenden Trieb, der Intellekt im blinden Instinkt. Der Mensch entwickelt sich zurück. Er hört auf, Mensch zu sein. Er stirbt ins Vormenschliche zurück. Er ist nicht mehr. Die Wohnungen der Zivilisation und Kultur werden von den Bulldozer-Hufen derer geschleift, die einstens ihre Erbauer waren.

Im Drama „Fußgänger der Luft" (1961) tritt Ionesco die Nachfolge Ferdinand Raimunds an. Ein Zaubertheater bitterer Poesie wirbelt über die Bretter der Bühne. Der in England lebende französische Schriftsteller Behringer behauptet, allein durch die Kraft seines Willens ohne maschinellen Antrieb fliegen, sich vom Boden dieser Erde erheben zu können. Und er kann es tatsächlich. Die Illusion als Distanz von der üblichen Realität kann kein besseres Symbol finden. Entführt nicht das Pferdchen Pegasus jeden Dichter in die Lüfte der Phantasie, „auf den First des unsichtbaren Daches, wo Raum und Zeit sich begegnen"? Und die Konsequenz? Als der Dichter die Welt verlassen hat, seinem Wahne hingegeben, seiner Natur verfallen, die ihn entrückt, bricht unten auf Erden der Jüngste Tag herein, wiewohl dort unten an allen Tagen Jüngster Tag ist. Über seine Frau fallen die Ungeheuer eines bösen Traum-Strafgerichts her. Mord- und Galgen-Bilder gewinnen Wirklichkeit. Die Flammen schlagen so hoch, daß des Dichter-Vogels Blick vom Weltbrand angekokelt wird. Er sieht die Vernichtung des Kosmos, die Verbrennung der Seligen, das Grauen der Tiefe. In diesem Spiel mischt Ionesco alte Requisiten des abendländischen Bewußtseins: die Bilder des Vogelflugs der Seele, das Abenteuer des Ikaros, der mit wachsgeklebten Flügeln der Gefangenschaft des Minos zu entrinnen versuchte und diesen Flug zur Sonne mit dem Tode bezahlte, den technischen Idealismus eines Leonardo da Vinci, besonders aber die apokalyptischen Visionen des späten Mittelalters und nicht zuletzt die Bilder eines Chagall, der seine Figuren in grausig-seligem Flug an das dunkle Firmament bindet, bleich das Gesicht der Braut und grün die Haut des fidelen Sängers und Bräutigams. Die Tochter des Dichters Behringer, dem sich die Worte versagen, spricht als schüchterne Andeutung einer Hoffnung das „Ite, missa est" dieses Mysterienspiels mit den Worten: „Vielleicht wird alles wieder gut . . . vielleicht werden die Flammen erlöschen . . . vielleicht wird das Eis schmelzen, vielleicht werden sich die Abgründe schließen, vielleicht werden die Gärten . . . die Gärten." Da bricht die Stimme entzwei. Die Erinnerung an den Garten des Paradieses ist jene Illusion, die sich der Mensch selbst im Abgrund noch leistet, im Abgrund der Letztzeit.

„Die kahle Sängerin" ist jenes Stück Ionescos, mit dem sich der

Dichter zum ersten Male auf den europäischen Bühnen vorstellte. Es wurde am 11. Mai 1950 in Paris uraufgeführt. Seit jenem Datum steigt der Stern Ionescos am Theaterhimmel der Welt. Der Titel des Stückes ist verlockend, reizt die schadenfrohe Neugier und ist dennoch nicht grotesk, sondern richtig. Wie in dem Stück „Der Hirt und sein Chamäleon oder Impromptu" (1956) weder der Hirt noch sein Chamäleon auftreten, weil es sie gar nicht gibt, weil sie genauso sinnlos und vergeblich erwartet werden wie Godot, so tritt auch die kahle Sängerin im gleichnamigen Stück nicht in Erscheinung, wiewohl es der Titel im Vergleich zu den klassischen Dramen, die ihre Helden schon auf der Stirn des Titels geschrieben haben, zumindest erhoffen läßt. Daß die „Titelfigur" nicht auftritt, geschieht im Sinne jener Theaterreform, die sich Ionesco mit seinen Antistücken vorgenommen hat. Der zweite Grund für die penetrante Unsichtbarkeit der kahlen Sängerin liegt im Spiel dieses Stückes selbst, das am Nachmittag eines gutbürgerlichen englischen Ehepaares die irrsinnige Geschwätzigkeit des menschlichen Lebens demonstriert. Bei Hölderlin hieß es von den Menschen im Unterschied zu allen anderen Kreaturen und Wesen: „Da ein Gespräch wir sind und wissen können voneinander." Mister Smith und Mistress Smith von 1950 wissen nichts mehr voneinander und vermögen auch nicht mehr ein Gespräch zu sein, wiewohl sie miteinander leben und miteinander reden. Sie präsentieren sich, ihren Hausfreunden und dem Publikum einen Salatteller des plattesten Geschwätzes, einen Drusch des leeren Strohs sogenannter ehelicher Konversation, Kaskaden des Hintersinns, eine Salonblödelei im Sprachraum Shakespeares und Shelleys. Auf diesem Salatteller ist die kahle Sängerin eine verschüttete Olive. Sie, die Jüngerin und Zeugin der Kunst, ist in der illusionslosen Spielzeugkiste dieser Menschenkinder eine skalpierte Puppe, ein Balg ohne Fell, weggeworfen, vergessen, überhäuft vom Gerümpel der Sinnlosigkeit.

„Die kahle Sängerin" ist ein konzertantes Gesellschaftsspiel mit sechs Stimmen. Dominant im gesamten Stück sind die Synkopen, diese immer wiederkehrenden Bindungen einer schweren Taktzeit an eine vorausgehende leichte Taktzeit. Immer wieder werden die echten Themen des Gesprächs durch Verschmelzung mit unechten Themen annulliert. Diese Synkopen sind das massierte Symbol für den Sinn des Stückes, für den Scheintod der menschlichen Gesellschaft am Kristallisationspunkt ihres Wesens, für die Herzlähmung der gesellschaftlichen Urzelle, der Ehe. Das aus dem Griechischen stammende Wort Synkope hat ja dort tatsächlich die Bedeutung: Ohnmacht,

Scheintod, Tod durch Herzlähmung, was übrigens keiner Ehe bekommen kann. Angeblich unterscheidet sich der Mensch vom Tier durch seine Sprache. Also läßt sich der Rückfall des Menschen ins Tierische, ja die Überholung der animalischen Kreaturen auf dem Vormarsch in die Regionen des Nichts am besten demonstrieren durch ein Pandämonium der Sprachorgie, der Sprachzersetzung, des Sprachkrebses und zuletzt durch die Geschwulst des Schreies. Die 11. Szene dieses Stückes präsentiert die Reduktion des Satzes erst auf assoziative Worte, dann Wörter, bis die Atomspaltung des Begriffs einsetzt in Buchstaben, in Laute, in Tierlaute und schließlich in die Feststellung: „Alle miteinander in allerhöchster Wut schreien sich gegenseitig in die Ohren." Das Pandämonium der rhythmischen Banalität, der Begabung des Blödsinns, ist Wirklichkeit geworden. Eine 12. Szene oder zwölfte Stunde braucht nicht mehr zu folgen. Schon in der elften Stunde ist dem Menschen, diesem „schöpferischen Tier", das Einbiegen in die Kreisbahn des Nichts gelungen. Die Regieangaben schließen mit dem Satz: „Das Ganze fängt von vorne an, die gleichen Sätze werden gesprochen, während der Vorhang fällt. Ende." Wie heißt es in Hölderlins Hymne „Mnemosyne" (1802)?: „Ein Zeichen sind wir, deutungslos / Schmerzlos sind wir und haben fast / Die Sprache in der Ferne verloren." Ionescos Dramen sind Erfüllungen dieser Vision Hölderlins.

Im Jahre 1952 erschien in Paris eine dreibändige Gesamtausgabe der Werke Jean Genets. Sie wird eingeleitet mit einer Studie, die Sartre über Genet geschrieben hat. Obwohl das Werk Genets einer Bankrotterklärung der Philosophie Sartres gleichkommt, bezeichnet dennoch diese Studie Sartres den Dichter Genet als einen „Heiligen", „Komödianten und Märtyrer", als einen „Erwählten des schwarzen Wunders". Mit ironischer Gläubigkeit werden hier vom Papste des modernen Nihilismus die Purpurmäntel religiöser Prädikate um die Schultern seines genialen Apostaten gehängt. Dieses literarische Zeremoniell im Lande des Cartesius lenkt den Blick auf die Philosophie Sartres als Sprungbrett ins Abenteuer der Dichtung Genets.

Sartre läßt, was nichts Neues ist, den Menschen als Fremdling in die Welt treten. Das Reisegepäck des Fremdlings enthält jene drei Grundweisen des Seins, die der bislang menschenlosen Welt nicht zu eigen waren: das Bewußtsein, die Freiheit und das Nichts. Dieses Nichts gleicht einem Loch im Leib der menschlichen Existenz, einem Loch, das nach Erfüllung schreit.

Die Dramen Genets spielen alle in Bild gewordenen Löchern der menschlichen Existenz, in leeren und doch umgrenzten, abgeriegelten Räumen einer bitteren Sehnsucht, im Inferno einer Freiheit der Fesseln, in der Ausweglosigkeit eines ständigen Bewußtseins der Distanz, der Andersartigkeit, der Unterscheidung. Im Drama „Unter Aufsicht" ist es die Gefängniszelle, im Drama „Die Zofen" das penetrante Schlafzimmer, im Drama „Die Neger" der Hofstaat, die Rasse und die Maske. Die Dramen „Der Balkon" und „Wände" deklarieren bereits mit ihren Titeln die Bildwerdung des beengten Raumes, der bewußten Distanz, der Freiheit als Fessel.

Die Tragödie „Die Zofen" schrieb Genet im Jahre 1946. Ort der Handlung ist „Das Schlafzimmer der gnädigen Frau. Möbel im Stil Louis XV. Spitzen. Im Hintergrund ein geöffnetes Fenster mit Blick auf die Fassade des gegenüberliegenden Gebäudes. Rechts das Bett. Links eine Tür und eine Kommode. Das Zimmer ist mit Blumen überladen. Es ist Abend." In diesem so exquisiten wie kitschigen Rahmen rollt eine Tragödie ab, die so alltäglich wie kolportiert und dennoch echt ist. Weil das Schlafzimmer seit jeher die Zielscheibe für die meisten Anspielungen bietet, gesellschaftlich wie ungesellschaftlich, ist dieses im Schlafzimmer angesetzte Drama ein Stück der Anspielungen, der Parabeln, der Zitate und der Gesellschaftskritik.

Es spielen drei Frauen und drei Männer; als Frauen: die Zofen Claire und Solange, ferner die gnädige Frau; als Männer: der gnädige Herr, der Polizei-Inspektor und der Milchmann. Auftritt haben nur die drei Damen. Die Herren werden zwar hörbar, sie erscheinen, bleiben aber akustische oder imaginäre Schattierungen. Die Damen sind Varianten des weiblichen Menschenbildes. Die beiden Zofen sind das dienende, das unterdrückte, das zu kurz gekommene, das unglücklich liebende, das gedemütigte und gerade deshalb aufbegehrende Weib. Die gnädige Frau ist das gesättigte, herrschende, besitzende, in seinem Sosein selbstbesessene Weib. Die Zofen sind Aschenbrödel, nicht aus Verkennung, sondern tatsächlich. Sie sind die vernachlässigten Schwestern. Die gnädige Frau aber ist die Märchenkönigin, die vom Schicksal bevorzugte, wiewohl bereits sterile Mutter. Ihre Existenz ist der Wunschtraum der Zofen. Klassenkampf in der Kemenate, Revolution im Schlafzimmer des Abendlandes wird inszeniert. Die Zofen imitieren die Herrin. Sie spielen das Spiel der gnädigen Frau. Sie toben ihren unterdrückten Widerwillen im giftigen wie barmherzigen Spiel aus, wobei sie sich in der Rolle abwechseln.

Eine Revolution begnügt sich jedoch nicht mit dem Spiel, sondern greift ein, wird aktiv. Da es eine Revolution im Schlafzimmer ist, wird auf die bereits in der Renaissance bewährten Mittel der Denunzierung und des Giftes zurückgegriffen. Es geht darum, der Herrin ihren

Gott zu nehmen, den gnädigen Herrn auszuschalten. Ein verleumderischer Brief der Zofen an die Polizei bringt ihn ins Kittchen. Doch das Telefon klingelt. Der gnädige Herr meldet seine Freilassung. Durch die nicht genau genug kalkulierte Denunzierung, durch diesen Mißgriff der Zofen, ist die Gefahr der nackten Tatsachen gegeben, das Ende des Spiels. Der gnädige Herr wird alles aufdecken. Deshalb muß die gnädige Frau beseitigt werden, ehe sie mit ihrem befreiten Gott in der Bar zusammentreffen kann. Mit dem allabendlichen Lindenblütentee soll sie das Gift des absoluten Schweigens trinken. Wieder greift das Inkalkulable in den Plan ein. Die Herrin will diesmal nicht Tee, sondern Sekt trinken. Claire, geübt in der Rolle der gnädigen Frau, fordert jetzt von Solange, die bei all ihrem Zofendasein noch zusätzlich immer wieder die Zofe spielen muß, den Gifttrunk für sich. Sie vollzieht stellvertretend den Tyrannenmord an sich selbst. Weil das soziale Gefüge betoniert erscheint, weil sich nichts ändert, verwüstet die aufbegehrende Zofe wenigstens im Spiel den Tyrannen, verwüstet ihn im eigenen Leibe und am eigenen Leibe.

Hier wird fürwahr ein Gesellschaftsspiel gespielt, das böse Spiel unserer Gesellschaftsform. Die Zofen, das ist die Menschheit, die sich in ihrer Zofenstellung zerfleischt. Die Zofen, das ist der wunde Mensch, die seit Jahrtausenden in die Ecke der Auszehrung gestellte Kreatur, das ins Kreuzfeuer von Sinnlichkeit und Intellektualismus geworfene Wesen dieser Welt, die in die Begrenzung der Geschichte gezwungene ewige Seele. In der Wohnung, die diesem Menschen der Gegenwart als Betätigungsort zugewiesen ist, die ihm aber nicht gehört, wie den Zofen das Schlafzimmer der gnädigen Frau nicht gehört, gibt es ein offenes Fenster. Aber das Fenster steht einer Fassade, einem Potemkinschen Dorf gegenüber. Die Wohnung hat einen Balkon. Man kann sich hinauslehnen aus diesem Gefängnis. Aber der Balkon ist unübersteigbar. Es gibt ein Telefon in dieser Wohnung, eine Sprechverbindung nach draußen. Aber sie vermittelt lediglich schockierende Nachrichten. Diese Wohnung, diese Welt, putzt sich zwar mit der Pracht der Vergangenheit, mit dem Mobiliar der großen Könige Frankreichs, sie ist zwar mit Blumen überladen, aber in Wirklichkeit ist sie die Welt der Taxis und des Telefons, der Gummihandschuhe und Schlaftabletten, der Polizei und des Milchmanns, der anonymen Briefe und des vergifteten Lindenblütentees. Bei allem Wandel des Äußeren ist es dennoch die alte Welt der Intrige, des Neides und Hasses, der Hysterie und Kostümierung, der Feigheit und der verpaßten Situationen geblieben. Sie ist eine Mischmaschine. Ein unaufhörlicher, wiewohl arger Austausch findet statt, ein Austausch zwischen Zofe und Herrin, zwischen Zofe und Zofe, ein Verwechseln der Stimmlagen und Tendenzen, ein Durcheinander des dunklen Spiels. Die Grenzen von Zeremonie und Privatleben verschwimmen, weil es die Grenze an sich gar nicht gibt, weil Tatsache und Spiel, weil Ernst und Heiterkeit, Liebe und Boshaftigkeit imaginäre Größen bleiben. Nur der Tod zieht eine einschneidende Grenze.

Die Tragödie der Zofen liegt nicht zuletzt in der Doppelhaftigkeit. Weil es zwei Brüder gab, einen Kain und einen Abel, so gibt es eine Claire und eine Solange, von denen immer nur eine die Herrin spielen will und kann. Dieses somit wohl reaktionäre Stück ist aber zugleich auch ein Stück der guten Erkenntnis, also doch auch ein Lehrstück. Der bewußte Zuschauer erkennt, daß diese beiden Zofen sich ihrer Einheit als Zofen nicht bewußt werden, der Einheit in der Solidarität, daß sie in der aufgezwungenen Gesellschaftsform eigentlich hätten Schwestern sein müssen. Solche Solidarität wird aber nicht in der Auslieferung an die Triebe, nicht im Spiel oder Traum, sondern im erkennenden Bewußtsein erreicht.

Vier Beispiele des modernen französischen Theaters, ein Fächer der Variationen des gespielten Lebens vor den Toren des Nichts, und doch Ansätze der Inthronisierung des Lebens, weil die tiefste Stufe die erste Stufe zu den gleichen Sternen ist, die bereits am Himmel Homers standen.

1964

Luigi Pirandello oder Italienische Dichtung zwischen Verismus und Dekadenz

Seit dem 13. Jahrhundert wölbt sich der Bogen der italienischen Literatur in unsere Gegenwart. Aufblühend aus dem „Sonnengesang" des Franz von Assisi, des „Cantico del Sole" (um 1224), gepflegt von den ersten italienischen Dichterschulen in Umbrien und am Hofe Friedrichs II., also der Dichterschule Siziliens, jener Provinz, in der Jahrhunderte später auch Pirandello geboren wurde, duftend von der kunstvollen Liebeslyrik, die um die Wende des 12. zum 13. Jahrhundert in Bologna und Florenz entstand, dem „Dolce stil nuovo", ausgebaut durch die Anfänge der italienischen Novellistik im 13. Jahrhundert, dem „Novellino", erhebt sich bereits im 14. Jahrhundert die italienische Literatur durch Dantes großartige Erfüllung der dichterischen Sehnsucht eines Jahrtausends, dann durch die Gesänge des mit Lorbeer bekränzten Petrarca und durch die zwar im Todesschatten geschriebenen, aber von unverwüstlicher Lebensjugend prallen Erzählungen Boccaccios auf Gipfel, die wir seit Goethe mit dem Begriff der Weltliteratur umschreiben: bleibend aktuell, nur zu gern genossen, weise, Form und Inhalt in uneinschränkbarer Vermählung, Quellen des Glücks, der Wahrheit und Bereicherung für die Familie der Menschen, Wegbereiter des Humanismus, eines modernen Weltbewußtseins.

Der Meister der Form Ariost, der literarisch gewandte Staatspragmatiker Machiavelli, der Barocklyriker Michelangelo, der Freiheitssänger Tasso und der mit kultivierter Nervosität brillierende Autobiograph Cellini sind die Sterne der italienischen Literatur des 16. Jahrhunderts. Mit dramatischen, epischen, lyrischen und theoretischen Texten, deren Strahlungskraft bis heute ungebrochen blieb, tragen Galilei, Giordano Bruno, Goldoni, Metastasio, Parini und Alfieri die Tradition der italienischen Literatur über die Schwellen des 17., 18. und 19. Jahrhunderts weiter.

Die Völker des in viele Provinzstaaten zerteilten Italiens besannen sich im „Risorgimento" des 19. Jahrhunderts auf ein gemeinsames

Staatsbewußtsein, das getragen von den Ideen der Aufklärung, gefördert durch die Gedanken Mancinis und Cavours und realisiert durch die Initiative Garibaldis in den Jahrzehnten nach dem reaktionären Wiener Kongreß von 1815, zur Befreiung des Landes von der Fremdherrschaft der Franzosen und Österreicher, 1861 zur Proklamation und 1870 zum Sieg eines geeinten Italiens führte.

Die hinter dem „Risorgimento" stehende literarische Kraft war die italienische Romantik, die zwar die lehrhafte arkadische Literatur durch eine dem Leben nähere, ja volkstümlichere ablöste, jedoch bei ihrer Konzentration auf die nationalen Fragen die sozialen Belange aus dem Blick verlor. Im Gegensatz zum Illusionismus der Romantiker wurde innerhalb einer neu sich bildenden literarischen Strömung, die sich bewußt „Verismus" nannte und deren Hauptvertreter Verga und Capuana sind, die Frage nach der Wahrheit der Wirklichkeit gestellt. Statt romantischer Träumerei wurde von den Veristen eine fast wissenschaftliche Analyse der Verhältnisse gefordert, statt Pathos Ökonomie, statt Heroismus soziales Ethos, statt Ästhetik Realismus der Tatsächlichkeit, nicht Glorifizierung von Helden, sondern Schilderung des Lebens der Armen, der Vernachlässigten, der Bauern und Fischer. Das Kausalprinzip wurde wie ein Dogma ausgewertet. Die biologischen Gesetzmäßigkeiten übertrugen die Veristen nahezu mechanisch auch auf die gesellschaftliche Struktur. Alles kommt, wie es kommen muß. Die Individuen sind an ihre natürlichen Anlagen gefesselt, die Klassen an ihre Herkunft. Fatalismus bestimmte die Haltung der Veristen, denen deshalb ein revolutionärer Gedanke von vornherein fremd war. Ihr soziales Engagement blieb im Mitleid mit den Unterdrückten und Entrechteten stecken und drängte zu keiner Änderung der Verhältnisse.

Schon um die Mitte der neunziger Jahre wurde deshalb der „Verismus" durch die rassistisch bestimmte Gruppe der bürgerlichen „Dekadenz" um D'Annunzio mit ihrem Ichkult des Herrenmenschen im Stil Nietzsches und ihrem faschistoiden Snobismus überrollt.

Die Sonderstellung Pirandellos

Zwischen „Verismus" und „Dekadenz" betrat Luigi Pirandello die Rostra der italienischen Literatur, die er vor allem durch seinen psychologisierenden Kritizismus, ja Skeptizismus bereicherte. Nicht lediglich Schilderung, Spiegelung der Tatsächlichkeiten, sondern Aufdeckung der Hintergründe will sein Werk vermitteln. Die Dialektik des Seins trieb ihn zu dieser Entschlossenheit. 1908 skizzierte Pirandello die Stellung des Menschen in der Welt mit einem geradezu atemlosen Hinweis, der wie eine Bitte um Verständnis, wie ein Hilfeschrei erklingt: „Ich bitte Euch, zu glauben, daß die Lage eines Menschen nicht heiter sein kann . . ., indem kein Gedanke geboren wird, ohne daß sofort ein anderer, gegensätzlicher entsteht; dem für einen Grund, den er hat, ja zu sagen, sofort ein anderer, zwei oder drei entstehen, die ihn zwingen, unmittelbar darauf nein zu sagen, und die ihn zwischen ja und nein fürs ganze Leben ratlos in Schwebe halten; eines Menschen, der sich keinem Gefühl hingeben kann, ohne sofort etwas in seinem Innern wahrzunehmen, das ihm eine Grimasse macht, ihn beunruhigt, aus der Fassung bringt und in Zorn versetzt."

Der Mensch durchläuft insofern die Welt, als wäre sie ein Spiegelkabinett. Im gleichen Moment, da er sich seinem Spiegelbild erkennend gegenüber sieht, lauert bereits dessen Aufhebung nicht nur im Rücken, sondern auch links und rechts, ja in unüberschauberen Richtungen. In einer autobiographischen Notiz aus Pirandellos eigener Feder heißt es: „Ich lebe vor lauter Spiegeln und vor lauter Augen, die mich beobachten." Der Mensch ist also nichts als ein gejagtes Individuum im Irrgarten der Aspekte. Er gibt sich selbst Masken, und Masken werden ihm umgeschnallt im Lebensspiel. Dennoch tönt wie einst im antiken Theater durch die Masken das unverwechselbare Wesen jedes Individuums. Schein und Sein durchdringen und durchbrechen sich. Jeder Mensch ist zugleich sein Ich und das Gleichnis, die Parabel seines Ichs. Der Monolog des Packers Galy Gay in Bertolt Brechts Stück „Mann ist Mann" (1927) enthält Sätze, die wie ein treffliches Resümee der Bekenntnisse Pirandellos klingen: „. . . bin ich der beide", „. . . und ich der eine und der andere ich?"

Photographien erinnern an das Gesicht Pirandellos, in dem der Stil seines Charakters wie seines Lebenswerkes eingezeichnet und erkennbar ist. Es ist das Gesicht eines römischen Sizilianers, nicht das eines Cäsaren oder Poeten, nicht beherrschend und glorreich, sondern wissend und suchend, Person und Maske, Spiegel der Tatsächlichkeit und Spiegel des Spiels, eher das Gesicht eines Gelehrten des Mitleids, eines Erfahrenen, als das Gesicht eines Schriftstellers und Arbeiters der Phantasie. Sein gepflegter Spitzbart erinnert an einen kultivierten Mephisto, an einen Mephisto der Weisheit, nicht der Schlauheit. Seine kräftige wiewohl scharfe Nase zerteilt das Gesicht in zwei zugleich unterschiedlich und zueinander kongruent erscheinende Hälften, in Intellekt und Natur, in Entschlossenheit und Einsicht, in Aktivität und Resignation. Ein Mensch des Zwischenraums, wie ihn in der deutschen Literatur Rilke produzierte, sieht den Beschauer an, ein mediterraner Bürger, in dem die Leidenschaften wie die Vulkane seiner sizilianischen Heimat lediglich weiterglühen und höchstens in sublimierter Form durchbrechen, ein Mann der zivilisierten Exzesse, der Denkexzesse, ein sizilierender Georg Kaiser des Südens, von Dionysos so weit entfernt wie von Empedokles, griechisch in der Feinsinnigkeit seiner spekulativen Phantasie und lateinisch im geradezu gesetzlichen Entwurf seiner psychologisierenden Sprache, ein Skeptiker und Wissender, ein Spieler und Weiser.

Luigi Pirandello wurde am 28. Juni 1867 in Girgenti, dem heutigen Agrigento, geboren, also in jenem Ort, der einstmals das Zentrum der dorischen Kolonie Akragas war, deren Gründung mit dem Jahr 581 vor unserer Zeitrechnung datiert wird. Nach dem Abschluß der Gymnasialzeit studierte er nicht, wie sein Vater es wollte, technische Wissenschaften, sondern Philosophie und romanische Philologie an der Universität Rom. Mochte die Landschaft Siziliens einstens die nach dem Süden vordringenden Germanen fasziniert haben, so zog es umgekehrt den Sizilianer Pirandello nach dem Norden. Er verließ 1889 Italien in nördlicher Richtung und setzte sein Studium in Bonn fort, wo er zwei Jahre später bei W. Foerster mit einer in deutscher Sprache verfaßten Dissertation über „Laute und Lautentwicklung der Mundarten von Girgenti" promovierte. Ein Jahr lang war er dann noch als Lektor für Italienisch an der Universität Bonn tätig. Damals übersetzte er Goethes „Römische Elegien" in seine Muttersprache. 1892 nach Italien zurückgekehrt, erhielt Pirandello den Lehrstuhl für Stilistik und italienische Literatur am höheren Lehrerseminar in Rom. Nach jahrzehntelanger Ausübung dieses Amtes hatten sich die finanziellen Verhältnisse des Philologie-Professors derart stabilisiert, daß der Wunschtraum seines Lebens verwirklicht werden konnte. Pirandello hing den Lehrerrock an den Nagel und arbeitete von nun ab als freier Schriftsteller. 1932 wurde er zum Mitglied der Königlich-Italienischen Akademie ernannt. 1934 erhielt er den Nobelpreis für Literatur. Er starb am 10. Dezember 1936 in Rom. Sechs Jahre vorher, als er Berlin verließ, weil ihm die Direktion der staatlichen Bühnen in Rom, Mailand und Turin angeboten worden war, hatte er, seine Worte mit leichter Handbewegung unterstreichend, der Presse gegenüber geäußert: „Mein Tod wird mein größtes Abenteuer sein. Ich werde mich hinsetzen und zusehen, wie Pirandello stirbt."

Pirandello hatte als Lyriker begonnen. Seine erste Gedichtsammlung mit dem Titel „Das angenehme Leben" („Mal giocondo") erschien bereits während seiner Bonner Zeit, ohne ihm jedoch Erfolg zu bringen. Die Pechsträhne fand lange kein Ende. Auch den folgenden Lyrik-Ausgaben schenkte man kaum Beachtung. Ähnlich erging es seinen damaligen Novellen, die er noch ganz unter dem Einfluß von Luigi Capuana schrieb und ab 1894 veröffentlichte. Erst mit dem Roman „Die Wandlungen des Mattia Pascal" („Il fu Mattia Pascal", 1904) gelang ihm der Durchbruch zur literarischen Anerkennung, diesmal gleich über die Grenzen seines Landes hinaus.

Pirandellos Grundthema

Das Grundthema Pirandellos, das bereits in den ersten Texten gleichsam präludierend vorbereitet wird, innerhalb seiner sogenannten „zweiten Manier" jedoch volltönend einsetzt und dann „von Werk zu Werk", sei es Novelle, Roman oder Bühnenstück, durch stets andere Darstellung, stets neue Konstellation der Figuren und Verhältnisse, gleichsam kaleidoskopisch variierend immer weiter ausgebaut wird, allemal jedoch mit der Tendenz, das „Thema" „zu Ende zu denken", weshalb sich Pirandello selbst zu den „philosophischen Autoren" zählte, dieses Grundthema ist die Frage nach der Identität der Person des Menschen. Die Personalität, dieses Erzaxiom, Generalkriterium des Menschseins, Träger des freien Willens, Voraussetzung jeglicher Moralität, Basis eines Selbstverständnisses, ja der prinzipiellen Existenzbestätigung, Ort und Quelle des Bewußtseins und der Freiheit eines jeden Ichs steht ein Leben lang gleich einem Atomkern unter vielfachem und unaufhörlichem Neutronenbeschuß.

Aus dem Unterbewußtsein des Ichs wird die vom Bewußtsein regulierte Personalität in ihrer Identiät widerlegt, sozusagen durch sich selbst negiert. Aber auch die Umwelt, jedes andere Ich, der so fromm als Mitmensch, als Gefährte deklarierte Andere gibt ihr mit jeder seiner Intentionen Bedeutungen, oktroyiert ihr Vorstellungen, die sie objektiv eigentlich gar nicht besitzt, so daß letztlich die Frage offen bleibt: wer also bin ich wirklich, der, für den ich mich halte, oder der, für den man mich hält, oder der, der ich tatsächlich bin, wiewohl ich von eben diesem möglicherweise gar nichts weiß, ja gar nichts zu wissen vermag, da dieses Ich nichts als ein Loch, da es vielleicht das Nichts selber ist.

Mit diesem Thema hat Pirandello inklusiv der Wahl der Termini seiner Erarbeitung die später von Sartre formulierte Theorie des „Anschauns durch den andern" und des dadurch notwendigen „Nichtens durch den andern", ja sogar das Dreier-Modell der Sartreschen

Strukturelemente des Menschseins aus „Bewußtsein", „Freiheit" und „Nichts" auf seine Weise vorweggenommen.

Während Pirandello die Helden jener Novellen, die er zwischen 1901 und 1919 in fünfzehn Bänden veröffentlichte und die später unter den Gesamttitel „Novellen für ein Jahr" erschienen, noch eingleisig fahren läßt, indem er ihre Maskierungsversuche, die Eruptionen ihres Unterbewußtseins und die damit verbundenen Verwandlungen immer noch auf einen Lebensbereich beschränkt hat, wechselt bereits Mattia Pascal, die Hauptfigur des gleichnamigen Romans (1904), seine Lebensbereiche, springt er aus einem Lebenskreis in einen anderen, häutet er sich wiederholt, fährt er also zweigleisig, gleichsam wie sein großer Namensbruder Blaise Pascal, der Physiker und Theologe war, Mathematiker und Apologet. Mattia Pascal lebt in unglücklicher Ehe. Eines Tages tot gesagt, nutzt er diese Gelegenheit, um seine Freiheit wiederzugewinnen. Ein Doppelleben spielt sich ab. Pascal steht neben sich, in der Intentio obliqua, hat jetzt ein Ich 1 und ein Ich 2, wird zum Spieler und seinem eigenen Zuschauer. Georg Kaiser hat in seinem Roman „Es ist genug" (1932) und Max Frisch in seinem Film „Zürich-Transit" (1966) die gleiche Geschichte mit Nuancen des geographischen und gesellschaftlichen Unterschieds und der stilistischen Umgruppierung noch einmal erzählt.

Die Dramen Pirandellos

Ab 1916 datiert das dramatische Schaffen Pirandellos. Es fand seinen ersten Höhepunkt in dem Stück „Sechs Personen suchen einen Autor" (1921), das auf sämtlichen größeren Bühnen der Welt gespielt wurde und bis heute immer wieder auf den Spielplänen erscheint. Sechs Figuren eines Fragment gebliebenen Stücks tauchen auf der Probe einer Schmierenbühne auf und fordern Abschluß und Inszenierung ihres Dramas. Der „Dämon des Experiments", wie es heißt, steckt in ihren Gliedern und läßt sie, die Angefangenen, nicht als Reste zur Ruhe kommen, sondern macht sie vielmehr zu fordernden Anfängen, die logischerweise ein Ende beanspruchen dürfen. Sie wurden von ihrem Kreator, ihrem schlampigen Autor als Zwitter zurückgelassen, halb Ausführung und halb Plan, halb Figur und halb Schatten, also in unvereinbarem Zustand. Sie haben somit Anspruch auf Richtigstellung durch Vollendung. Sie verlangen es, selbst auf die Gefahr hin, daß ihre Vollendung tragisch ausgeht, daß sie nach dem Vollzug wie ein Spuk wieder in sich zusammensinken, sich wie jede, noch so vollendete Inszenierung letztlich wieder aus dem Raum der Darstellung zurückziehen müssen, weil jedem Auftritt der Abgang folgt. Sie fordern das Paradies der Identität, gleichgültig, ob es ein strahlendes oder schwarzes Paradies der Erfüllung ist.

Die Strategie der Sechs ist klug kalkuliert. Sie suchen zur Realisierung ihres Planes die ihnen entsprechenden Partner, Genossen, die sich in adäquater Situation befinden und die zugleich das Zeug für eine Hilfe, für pragmatischere Solidarität besitzen. Der von ihnen angesprochene Regisseur und dessen Truppe werden auf einer Probenbühne aufgesucht, also während einer halbfertigen Inszenierung. Diese stehen mit ihrem Plan, mit ihrem Spiel genauso in der Halbzeit wie die Sechs. Eine Art existentieller Solidaritätszustand ist auf beiden Seiten gegeben. Daß die Sechs bei ihrer Autoren-Suchaktion nicht an die Tür einer Dichter-Klause klopfen, hinter der doch ein richtiger Autor zu vermuten wäre, sondern ihr Glück gleich auf den Brettern der Bühne packen wollen, ist ein Fingerzeig des Dramatikers Pirandello, daß nämlich ein Drama sein volles Leben erst auf der Bühne zu finden vermag, und sei es eine Schmierenbühne. Die Sechs bezeugen diese Wahrheit durch ihre Entschlossenheit. Dort oben im Lampenlicht aus dem Schnürboden und von der Rampe her erwarten sie ihren Sommer und Herbst, sollen die Früchte ihrer Entelechie reifen, nicht unter der Genielampe des Dichters, der sie ja auch im Stich ließ.

Doch wozu dieses utopische Manöver, da doch bekanntlich kein Werk vollendet zu sein vermag? Als die Sechs dem mehr und mehr interessierten Regisseur und den anfangs maulenden Schauspielern die Chancen ihres Spiels darlegen, stellt sich die Demonstration einer neuen Erkenntnis ein. Nirgends kann sich Wirklichkeit so vollendet präsentieren, sich so echt als Wahrheit der Wirklichkeit mitteilen wie im Schein. Nirgends kann die Wirklichkeit so perfekt, ja unhintergehbar vorliegen wie in der Form. Bekanntlich ist jede Formel der Mathematik und Physik oder Chemie, ist jede Theorie genauer als alle ihre Anwendungen. Jeder reale Kreis hinkt der reinen Form des Kreises nach. Plato hat das bereits vor Jahrtausenden gewußt.

Die Sechs, Repräsentanten der sechsten, noch nicht der zwölften Stunde, wiewohl mit Anspruch auf sie, erweisen mit ihrem Auftritt die Rampe, die Grenze zwischen Schein und Wirklichkeit als Illusion. Alle Grenzen sind Konstruktionen. Die Wellen des Scheins und die Wellen der Wirklichkeit fallen über die Rampe hinweg ineinander und begraben das Leben unter sich. Die Offenbarungen des sich später entfaltenden Spiels sind ja entsetzlich. Die Menschlichkeit, gewebt aus Schein und Sein, trägt ein Medusenhaupt. Die Höhepunkte des Spiels befinden sich deshalb zwischen den Worten, zwischen den Sätzen, jenseits der Sprache, im Sprachlosen, bei der bloßen, ja nackten Aktion, die erstarrend wirkt, also im Raum des Nichts.

In dem Stück „Heute wird aus dem Stegreif gespielt" (1929), das, obwohl Max Reinhardt gewidmet, in der Berliner Inszenierung durch Gustav Hartung zum größten Theaterskandal des Jahres 1930 führte, versucht Pirandello, die Rampe abzuschaffen, sie durch einen unmittelbaren Verkehr, durch ein Zusammenspiel von Schauspieler und Publikum, zwischen der Welt des Scheins und der Welt der Realität zu liquidieren, wie es in neuester Zeit Handke probiert, der genau so scheitern wird wie Pirandello. Das antike Theater hatte die Maske, die Rampe direkt am Gesicht des Akteurs, als Zeichen der notwendigen Distanz, des Unterschieds, der im Leben begründeten Teilung der Bereiche von Schein und Sein mit weiser Pragmatik eingeführt und damit den Bestand beider Bereiche garantiert.

Im Stück „Heinrich IV." (1922) liefert Pirandello den Menschen der Maske aus, läßt er ihn zu einem Gefangenen der Maske werden, wie es dem Knaben Malte in den gleichnamigen Aufzeichnungen (1910) Rilkes ergeht und wie es dem Dadaisten Tristan Tzara anläßlich eines Auftritts im „Cabaret Voltaire" in Zürich erging. Das erfindende Bewußtsein des Menschen als Maskenbildner und Rattenfänger des Ichs. Während im Stück „So ist es!" – Ist es so?" („Cosí è, se vi pare", 1917) die Verschleierung aus Menschlichkeit geschieht, sich die verschleierte Wahrheit als menschliche, nämlich erträgliche Wahrheit erweist, wie es das Götterbild von Sais nicht anders demonstrierte, endet im Stück „Diana e la Tuda" (1927), in diesem Drama der Umkehrung des Pygmalionstoffes, der Prozeß der Transponierung des Lebens in Kunst als Tragödie. Wie in Georg Kaisers „Die Flucht nach Venedig" (1923) gilt auch hier Kunst als eine Vergewaltigung des Lebens, als ein Geniestreich des Nichts.

Zwischen Sein und Schein

So wird es verständlich, daß Pirandello, dieser Rastelli der Dramaturgie, diese Mischung aus Maupassant, Hofmannsthal und Freud, aus Kafka, Thomas Mann und Georg Kaiser, dieser Philosoph und Psychologe, ja Psychoanalytiker, im Rollenfach für sein letztes, fragmentarisch hinterlassenes Stück „Die Riesen vom Berge" (1936) die Weichen der Inszenierung so gestellt hat, daß in diesem Stück das Theater sich selbst zum Thema wurde und daß das Theater des Theaters in den Rang des Mysterienspiels vom Menschen im Abgrund zwischen Schein und Sein hinaufsteigt, ja daß zuletzt der Thespiskarren vom herabfallenden Eisernen Vorhang knirschend in zwei Hälften zerschnitten wird, um in der Zerstörung Anteil für beide Welten zu sein, ein Teil für die des Scheins und ein Teil für die des Seins, Akt eines szenischen Franz von Assisi, der im Tode sein Werk, das erlittene Thema seines Lebens, beiden Bereichen vererbt, dem der Wahrheit und dem der Wirklichkeit.

1968

Die Gruppe 47. Literaten, Snobs oder Revolutionäre?

Die Gruppe 47 ist nicht nur eine immer wieder erscheinende fette Schlagzeile der Tagespresse, von Axel Caesar Springers „Bild-Zeitung" bis zu Franz Joseph Straußens „Bayernkurier", nicht nur ein Teenagertraum, Bürgerschreck und Gebrauchsthema der deutschen Rundfunkanstalten, nicht nur ein Dissertationsmotiv und gelegentlich auch Gegenstand einer aufgeregten Anfrage in verschiedenen Länderparlamenten, nicht nur ein Stein des Anstoßes für bundesdeutsche Christdemokraten und mitunter ein Ärgernis selbst für bundesdeutsche Sozialdemokraten, sondern sie ist sogar auch eine literarische Gemeinschaft, zwar ohne Statuten und dennoch recht aktiv, zwar ohne Mutterhaus oder Zentralbüro und dennoch kein verwaistes Häuflein, zwar keine Sammelstelle der sogenannten „heimatlosen Linken" oder gar die Brutstätte kulturbolschewistischer Literatur-Diversanten und dennoch links orientiert, mehr marxistisch als christlich, mehr oppositionell als traditionsgebunden.

Die Gruppe 47 ist eine literarische Gemeinschaft, die sich ihr Geburtsjahr 1947 auf die eigene Stirn tätowiert hat, die ihr Gründungsjahr als historisierendes Firmenschild präsentiert. Es ist ein Firmenschild mit den Zeichen der Nachkriegszeit: karg, sparsam, abstrakt wie eben eine Zahl, unter damaligen Aspekten insofern originell, obwohl auch Weine mit ihrem Jahrgang protzen. Die Gruppe 47 ist eine literarische Nachkriegserscheinung, die allerdings aus den Nähten des Matrosenanzugs ihrer Pubertätszeit platzte.

Die Situation der deutschen Nachkriegsliteratur war nicht nur ein schriftliches und gedrucktes Aufatmen über das Ende einer mehr als zwölfjährigen faschistischen Kulturdiktatur, über den Tod der Bestie im eigenen Loch. Sie war auch das Stadium der literarischen Bulldozer, die den Schutt der Blubo-Pathetik wegzuräumen hatten, das Stadium der literarischen Waldläufer, die auf den brachliegenden Literatur-Lichtungen nach den letzten Beeren einer Tradition suchten. Gewiß war zwischen 1933 und 1945 in der Emigration, ja sogar in den

KZs eine echte und die Welt beeindruckende deutsche Literatur entstanden, jedoch eine deutsche Literatur der Distanz vom deutschen Sprachraum und verständlicherweise des oft versteiften und zeitgebundenen Protestes. Die sogenannte deutsche Landesliteratur beschränkte sich von 1933 bis 1945 zumeist auf romantisierende Ästheten, fromme Geiger im nationalen Eremitenkleid, eventuell noch auf geschickte Praktiker der Methode, die Wahrheit zwischen die Zeilen zu schreiben, wie es etwa Bergengruen und Wiechert vermochten. Gewiß entstanden auch Widerstandstexte in Deutschland selbst, wie etwa Georg Kaisers pornographische Verse auf die politische Geilheit der Nazigrößen, Texte, die hektographiert in den Werkhallen von Berlin-Siemensstadt von Arbeiterhänden verteilt wurden. Jedoch, so fragte man sich, war das eine deutsche Literatur, die auch nach dem Zusammenbruch des „Tausendjährigen Reiches" noch Gültigkeit besitzen würde? Und dann war das Jahr 1945, der sogenannte Nullpunkt, das Vorhaus des „Kahlschlags", gekommen.

Die literarischen Scharlatane von 1933 bis 1945 – wie Kolbenheyer, Blunck, Jünger, Vesper – schwiegen erst einmal nach 1945, jedoch nur vorläufig, wie es sich später erwies. Daß sie heute nicht den Ton angeben, deutsche Literatur nicht bereits wieder allein repräsentieren, ist nicht zuletzt denjenigen zu verdanken, die den Gründungsstamm der Gruppe 47 darstellten und wirksam vermehrten wie Hans Werner Richter, Alfred Andersch, Wolfdietrich Schnurre, Heinrich Böll, Walter Kolbenhoff und Hans Georg Brenner, der übrigens zum Namensgeber der Gruppe wurde. Zwar nicht alle, doch die meisten von ihnen waren Mitarbeiter der im Jahre 1947 von der englischen Besatzungsmacht verbotenen Zeitschrift „Der Ruf", die damals ohne „publizistische Glacéhandschuhe" für die Realisierung einer progressiven Freiheit des Wortes und der Tat eintrat, einerseits gegen Revisionismus, Reaktion und Chauvinismus unter den überlebenden Deutschen und andererseits gegen Kolonialismus und Tendenzen des „kalten Krieges" unter den Besatzungsmächten mit unpathetischer Freimütigkeit des Wortes sich wandte. Als Sprecher der dezimierten Generation mißbrauchter Söhne verzichteten sie auf Haß wie auf Liebe gegenüber den Vätern, mochten aber auch keine Bevormundung derer, die siegreich den verblendeten Vätern mehr als den Kopf zurechtgesetzt hatten.

Die meisten übrigen Nachkriegszeitschriften Deutschlands mit literarischen Ambitionen arbeiteten wie die deutschen Nachkriegsverlage nur für das damals kommerziell noch vorteilhafte Nachholbedürfnis, druckten Hemingway, Wilder, Tolstoi, Ehrenburg, Sartre und natürlich auch lizensierte deutsche Emigrantenprodukte. Das sogenannte „Stadium der schöpferischen Selbständigkeit" deutscher Nachkriegsliteratur wird allgemein um 1950 zum erstenmal signalisiert. Walter Jens will den Zeitpunkt ganz genau wissen. Er schreibt:

„Ich glaube, ich könnte die Sekunde des Umschlags bezeichnen. Es war in Niendorf an der Ostsee, Frühjahr 1952, eine Tagung der Gruppe 47 fand statt. Die Veristen, handwerklich gute Erzähler, lasen aus ihren Romanen. Da plötzlich geschah es. Ein Mann namens Paul Celan (niemand hatte den Namen vorher gehört) begann, singend und sehr weltentrückt, seine Gedichte zu sprechen; Ingeborg Bachmann, eine Debütantin, die aus Klagenfurt kam, flüsterte, stockend und heiser, einige Verse; Ilse Aichinger brachte, wienerisch-leise, die ‚Spiegelgeschichte' zum Vortrag."

Soweit die historisierende Weihnachtsgeschichte von der Geburt der deutschen Nachkriegsliteratur im Stall der Gruppe 47 aus der Feder des Zeugen und Evangelisten seiner Art Walter Jens. Nun, Walter Jens ist selbst 47er, ist Gruppenmitglied, ist also Partei. Kein Wunder, wenn er das Datum des Umschlags ins Kreative und Positive eben für seine Gruppe okkupiert. Er wäre sonst ein schlechtes Mitglied. Doch nach 1945, aber eben noch vor dem Jensschen Datum waren nicht nur Hermann Kasacks Roman „Die Stadt hinter dem Strom" und die von Gunter Groll herausgegebene Anthologie „De Profundis" mit Werken von Reinhold Schneider, Kasimir Edschmid, Rudolf Alexander Schröder und anderen erschienen, Schwarz auf Weiß gedruckte Beweise, daß der für einen echten Umschlag erforderliche Nullpunkt tatsächlich gar nicht existiert hat.

Doch zur erwähnten Gruppe 47 selbst! Literarische Gemeinschaften, Klubs, Vereine, Zirkel und Zusammenschlüsse sind, noch dazu im Lande der Vereine, was Deutschland ja ist, keine außergewöhnliche Sache, kein Novum, keine schockierende Überraschung, sondern, entwicklungsgeschichtlich betrachtet, auch ein Produkt des sublimierten und bereits programmatisch funktionierenden Herdentriebs, im gegebenen Fall ein literaturgeschichtliches Relikt der biologischen Herkunft der Species homo sapiens. Sie sind entwicklungsgeschichtlich anzusiedeln zwischen Herde und Kollektiv, psychologisch zwischen Vereinigungen aus Geselligkeit und Solidarität, gesellschaftswissenschaftlich zwischen Brüdergemeinde und Gewerkschaft, literaturgeschichtlich als mehr oder weniger stilbestimmendes oder stoffregulierendes, zwar unvermeidliches, aber erfahrungsgemäß nur sporadisch auftauchendes Phänomen mit nicht allzu langer Lebensdauer, wobei dreißig Jahre, wie die Geschichte zeigt, bereits als eminente Existenzleistung anzusehen ist. Die Gruppe 47 ist jetzt zwanzigjährig, im Verhältnis zur Lebensgeschichte bisheriger literarischer Gemeinschaften also ein überreifes Weib, über dessen Schicksal bekanntlich Gruppenmitglieder selbst bereits Kassandrarufe ausstießen. Doch dann erhielt der schon erschlaffende Leib immer wieder Auftrieb durch neue, jünglingshaft vitale Kräfte, so durch Günter Grass und Uwe Johnson, so daß die Prallheit der Fülle abermals für eine gewisse Lebensspanne garantiert erschien.

Ein Urteil trifft auf alle bisherigen literarischen Gemeinschaften zu: Keine von ihnen konnte mit der jeweiligen Literatur ihrer Zeit identifiziert werden, keine von ihnen die Literatur ihrer Gegenwart repräsentieren. Das trifft auch auf die Gruppe 47 zu. Sie und die deutsche Gegenwartsliteratur sind nicht eins, sind nicht gleichzusetzen. Die Gruppe 47 ist nur ein Teil davon. Dafür zwei Beispiele: Von den 42 Mitgliedern der Abteilung Literatur der Akademie der Künste in Berlin gehören nur 8 Mitglieder auch zur Gruppe 47. Von den Mitgliedern der Sektion Dichtung der Deutschen Akademie zu Berlin ist sogar lediglich eins auch ein sporadischer 47er, nämlich Peter Huchel.

Innerhalb der deutschen Literatur ist eine Reihe von literarischen Gemeinschaften bekannt. Wir kennen die beiden Dichterschulen Schlesiens, den Göttinger Hainbund, die Stürmer und Dränger, den Jenenser und den Dresdener Kreis der Romantiker, das Junge Deutschland, die Zürcher Dadaisten, die Neopathetiker, den Sturm und jetzt eben auch die Gruppe 47. Der Umfang dieser nicht lückenlosen Tabelle umgreift nahezu zwei Jahrhunderte. Die einzelnen Gruppen selbst hatten teils regionalen, teils im Sinne des Sprachraums gesamtdeutschen Charakter. Die Gruppe 47 ist insofern regional, ist westdeutsch, bundesdeutsch, weil die Zugehörigkeit etwa Johannes Bobrowskis, Peter Huchels und Kunerts, die dem heutigen ostdeutschen Sprachraum zugehören bzw. zugehörten, eine Ausnahme darstellt. Daß z. B. die Österreicher Hans Weigel und Herbert Eisenreich auf Tagungen der Gruppe 47 gelesen haben, bedeutet noch keine literarische Annexion Österreichs. Max Frisch und Friedrich Dürrenmatt sind keine 47er; was also von Österreich gesagt wurde, kann auch auf die Schweiz angewandt werden. Die Lesung des in Ascona lebenden Walter Mehring darf nicht als Vertretung des literarischen Schweizer-Deutsch gewertet werden, weil Walter Mehring seit den zwanziger Jahren zu den Repräsentanten der in Berlin sich engagierten Neutöner zählt und außerdem Emigrant ist.

Die Gruppe 47 ist eine westdeutsche Nachkriegserscheinung mit Expansionsbemühungen, wie es ihre Tagungen in Schweden und

USA demonstrieren mochten. Sie hat zudem mit der zunehmenden Prosperität der gesellschaftlichen Etablierung der Bundesrepublik Schritt gehalten. Nicht wenige Mitglieder der Gruppe, die einst per Anhalter und mit einem Persilkarton unter dem Arm zu den ersten Tagungen anreisten, worauf sie stolz waren, benutzen heute ganz selbstverständlich als Verkehrsmittel ihren eigenen, schuldenfreien Mercedes, auch für Reisen in die sogenannten Ostblockländer, wo noch vor nicht allzu langer Zeit der deutsche Landser auf seine Weise gehaust hat. Die Generationsbreite der Gruppe 47 läßt sich am raschesten durch die Geburtsjahre von drei der arriviertesten Mitglieder abstecken. Hans Werner Richter, der Boss der Gruppe, ist Jahrgang 1908. Günter Grass, der prominenteste Bestsellerproduzent und exklusivste Exportartikel als schnauzbärtiges Enfant terrible beim Vorlesen wie innerhalb eines Interviews, ist Jahrgang 1927. Uwe Johnson, die Entdeckung des erst von West nach Ost und dann wieder von Ost nach West marschierenden Literaturprofessors mit Advokaten-Vorbildung Hans Mayer, dieser Uwe Johnson, selbst Ost-West-Läufer, trotzdem weiterhin dialektisch formulierender, mit Brechtschen Verfremdungseffekten klug in der Prosa arbeitender Literatur-Marxist, er war erst dreizehnjährig, als die Gruppe aus der Taufe gehoben wurde. Das alles spielt im Gruppenmetier keine Rolle angesichts des praktizierten Mimikrys der unterschiedlichen Jahrgänge, ja sogar der unterschiedlichen Weltanschauungen, deren Vertreter sich während der Gruppenmeetings kollegial, ja kameradschaftlich, ja sogar mit dem Augenzwinkern einer geistigen Intimität gegenseitig auf die Schultern klopfen und sozusagen Parteidisziplin demonstrieren.

Die Gruppe 47 entstand in einer existentiellen Hungersituation. Seit ihrer Gründung gewissermaßen an schmalen Währungsreformtischen sind Jahre der finanziellen Marshallplan-Injektionen und der EWG-Fleischtöpfe, des Wirtschaftswunders, der Volksaktien, aber auch der Wiederaufrüstung und der Nato ins Land gegangen und am Bonner Bundeshaus, gewissermaßen am Rosenzüchter Adenauer, Pfeifenraucher Wehner und dem Ritterkreuz-Mende vorbei, den deutschen Rhein hinabgeflossen. Die Gruppe hat sich seit ihrem Bestehen zwar niemals geschlossen, dafür nicht selten politisch engagiert, selbst innerhalb des deutsch-französischen Verhältnisses durch eine Solidaritätserklärung für die von de Gaulle quasi geächteten französischen Literaten. Rudolf Krämer-Badoni hat konzentriert zu formulieren versucht, inwieweit sich die 47er in weltanschaulicher, politisch-ideologischer Weise einig sind:

„Keine Beibehaltung der kapitalistischen Wirtschaftsordnung

(‚Restauration'), keine Machtblockpolitik (‚Reaktion'), keine kompromißreiche Parteienpolitik (‚Konformismus'), keinen kirchlichen Einfluß auf das öffentliche Leben (‚Klerikalismus'), keine bloß formale Demokratie (‚subtile Unfreiheit'), keine Stärkung des westdeutschen Staates (‚Verhärtung der deutschen Spaltung'), keine Bewaffnung (‚Deutsche gegen Deutsche'), keine Atomwaffen (‚Vorbereitung des Krieges und der Weltvernichtung'), keine Kanzlerdemokratie (‚Autoritarismus'), keinen Stalin (‚Stalinistischer Verrat am Sozialismus'), keine grundsätzliche Feindschaft gegen Kommunismus (‚dummer Antikommunismus'), keinen Kolonialismus, keinen Nationalismus, selbstverständlich keinen Nationalsozialismus und keinen Neonazismus – was immer das letztere sein mag."

Das literarische Programm der Gruppe hatte man im Gründungszeitalter, und das ist angesichts der Schnellebigkeit auf allen Gebieten weit her, unter dem Schlagwort „Kahlschlag" zusammengeballt. An Adornos nach 1945 sehr beeindruckenden Satz, daß nach Auschwitz kein Vers mehr zu schreiben möglich sei, daran denkt man heute nicht mehr, da wohldotierte Rundfunk- und Fernsehaufträge von den 47er Literaten untereinander verteilt werden, da eine Flut von Literaturpreisen, in deren Jurys nicht selten ein Gruppenmitglied sitzt, mit klingendem Geld in die Literatenklausen rollt und die dritten Programme der Rundfunkanstalten beinahe wie literarische Müllschlukker agieren, nein, daran denkt heute wohl keiner mit entsprechendem Respekt. Adornos Satz der moralischen Diät im Literarischen ist zum Zitatwert herabgesunken. Der 47er Peter Weiss hat den Spieß sogar umgedreht, als er Teile von KZ-Prozeßprotokollen nicht nur mit erschütternden Zeugenaussagen ehemaliger KZ-Opfer, sondern auch mit erzdeutsch bullernden Kaduk-Worten in den Rang und in die Bedeutung literarisch-dramaturgischer Demonstrationen hob.

Zola hat einmal gesagt, daß auf Erden der ärgste Haß zwischen den Dichtern zu Hause sei. Die Tatsache dieser Sentenz kennzeichnet nicht selten das Verhältnis der Gruppe 47 zu Nichtmitgliedern der deutschen Gegenwartsliteratur und umgekehrt. Für die immer wieder aufflackernden Kontroversen graben die einen Vergangenheitsdelikte der anderen aus, rechnen die anderen den einen wieder politische Verantwortungslosigkeit, Mangel an Patriotismus, Auslandsreisen hinter den Eisernen Vorhang, ja Kollaboration mit den „bösen Kommunisten" vor. Zumeist bedient man sich zur Beweisführung aus dem Zusammenhang herausgerissener Zitate, welche die einen sehr gern dem „Spiegel" und die anderen noch lieber der Springer-Presse entnehmen. Dabei sind sie alle, ob 47er oder Traditionalisten, ob Spiegelisten bzw. Augsteiner oder Springerianer, entwicklungsgeschichtlich in der Bourgeoisie steckengeblieben, sobald es darum geht, innerhalb der Literatur aus dem kreisenden und bohrenden Psychologisieren, aus dem protokollierenden Historismus und dem sattsam als avantgardistisch gepriesenen Experiment, was ja alles längst dagewesene Phänomene sind, herauszutreten, endlich einen progressiven Stil zu entwickeln und nicht nur retrospektiv zu sein, sondern der gesellschaftlichen Wahrheit sowie ihrer Zukunft Rechnung zu tragen. Fakt ist, daß es heute nicht eine, sondern zwei deutsche Literaturen gibt und daß auch in der Gruppe 47 das Politische wie gesellschaftskritische Bewußtsein des Jahres 1947 mehr und mehr einem avantgardistisch sich gebenden Ästhetizismus Platz macht. Die 47er geben sich zwar demonstrativ antikapitalistisch und machen doch nur zu gern beim literarischen Honoritäten-Baseball-Spiel der Literaturpreise mit, bei diesem Bäumchen-wechsle-dich-Spiel der gegenseitigen DM-Dekorierungen, und unterscheiden sich dabei lediglich durch mehr oder weniger brillante Fouls von ihren kapitalistischen Kontrahenten. Man kassiert die Literaturpreise mit gleichbleibender Nonchalance aus den Taschen der kleinen Steuerzahler wie aus den Scheckheften der Industriekapitäne. Dafür aber demonstriert man soziales Gewissen bei den nicht unbedingt sektlosen Wahlkampfempfängen der Opposition, der einzigen noch legalen Links-Partei mit Rechtsdrall. Die Gruppe 47 ist ein literarischer Spiegel der pluralistischen Gesellschaft einer immer noch prosperierenden Bourgeoisie.

Die Gruppe 47 als Aufsehen erregende literarische Gemeinschaft ist vielfach und unterschiedlich apostrophiert oder deklariert worden. Im Großen Brockhaus heißt es: „Die Gruppe 47 wendet sich illusionslos den geistigen und sozialen Problemen nach dem Zweiten Weltkrieg zu [. . .]" Es wird berichtet, daß die Gruppe selbst über derartige lexigraphische Deklarationen lacht. Sie hat also eine gesunde Respektlosigkeit, die jedoch gelegentlich hart an die Grenze zum L'art-pour-l'art-Snobismus stößt. Man nannte die Gruppe 47 auch „die wandernde Metropole" der deutschen Gegenwartsliteratur, unterschätzte dabei allerdings die Bedeutung einer Metropole. Man bezeichnete sie ferner als „Umschlagplatz der literarischen Produktion Deutschlands", wobei wiederum die gegenwärtige geographische Situation Deutschlands reichlich ungenau respektiert wurde. Man gab ihr die Namen „Kaffeehaus", „Diskussionsbühne", „Werkstatt" und „Akademie", alles Namen, die entweder zu hoch oder zu tief stechen. Schon treffender ist der Kommentar aus den eigenen Reihen: „Erst war sie eine literarische Würstchenbude und heute ist sie ein regulärer, klug arrangierter Dichtermarkt, eine Literatenauktion." Rezensenten der idealistischen Schule, die bekanntlich immer noch nicht ausgestorben ist, sprachen sogar hinsichtlich der Gruppe 47 recht hochtrabend von einem „Gewissen der Nation", wie es etwa die Deutsche Dichterakademie unter Heinrich Mann sein wollte und deshalb als eine der ersten Kulturinstitutionen Deutschlands der „Gleichschaltung" Hitlers zum Opfer fiel. Die „Frankfurter Allgemeine Zeitung" hat sich erlaubt, die Bemühungen der Gruppe 47 als eines „Gewissens der Nation" folgendermaßen zu charakterisieren: „Sie machen sich mit ihren unbedarften Versuchen, die Weltachse zu schmieren, innerhalb und außerhalb der deutschen Grenzen lächerlich." Diese Lektion der FAZ meint die Aufrufe, Rezensionen und offenen Briefe von 47ern zu jenem sattsam bekannten 13. August, als Walter Ulbricht ungestört die Mauer durch Berlin zu bauen begann, Texte, die zusammengefaßt und mit östlichen Gegenstimmen konfrontiert von Hans Werner Richter unter dem Titel „Die Mauer oder der 13. August" im Spätherbst 1961 herausgegeben wurden. Der Berliner „Tagesspiegel" benutzte den Begriff „Gewissen der Nation" zu einem Wortspiel und schrieb von „angemaßtem Gewissen". Tatsächlich ist die Gruppe 47 weder eine Institution, noch ein Organ, noch eine Situation, sondern ein Prozeß, dessen Arbeit und Struktur charakteristisch erscheinen.

Die Arbeit der Gruppe 47

Die Arbeit der Gruppe 47 sind ihre Tagungen, die zumeist einmal, mitunter auch zweimal im Jahre stattfinden auf denen eigens dazu geladene Gäste sich dem Gremium der kritiklüsternen Gemeinschaft gegenüber plazieren, ängstlich oder couragiert ihren mitgebrachten Text letzter Produktion verlesen und dann schweigsam, ohne Muckser die Kritik des versammelten Kollektivs akzeptieren. Dokument der Mitgliedschaft bzw. Mitgliedsdiplom ist also praktisch der jeweilige Einladungsbrief aus der Hand Hans Werner Richters, des ungekrönten Papstes der Genossenschaft, zur Jahrestagung. Die aktive Teilnahme an den Tagungen gilt als Test für den Verbleib im nie ganz überschaubaren Gremium. Die Inthronisierung auf den sogenannten „Elektrischen Stuhl" und die anschließende wie von einem Pamino in der „Zauberflöte" schweigsam erduldete Prüfung oder Kritikmühle kommen einem Ausleseverfahren, einer darwinistischen Prozedur gleich, deren Maßstäbe allerdings die Routiniers der 47er, die Sprachgewandten, die Ungenierten, die Theatraliker auf den Brettern der Kritik setzen. Während sich die bereits Arrivierten durch abermalige Lesungen im Ansehn der Gruppe immer höher schrauben, weil es nicht Art eines Kritikers ist, eine einmal gemachte Entdeckung zu verdammen, das hieße ja, sich selbst revidieren, sind Lesungen der Unbekannten, der Neulinge, ein Vorsprechen auf der Bühne, sind Noviziat, Examen, Konfrontation mit Großinquisitoren. Literarische Rassenaufzucht nach Kardinalsgeschmack schnell und geschickt formulierender Literaturprofessoren wird geboten. Dabei wird immer wieder die literarische Flagge mit der Aufschrift „Bestes vom Besten" in den ideologischen Wind gehängt. Interessanterweise läßt sich die Tatsache beobachten, daß nicht selten gewisse Talente und deren Texte, die angeblich erst durch eine Lesung bei der Gruppe 47 entdeckt worden sind, tatsächlich vorher sogar von Gegnern der Gruppe, etwa von Günter Blöcker, exzellent und nachhaltig rezensiert worden waren.

Bei den Arbeitstagungen der Gruppe 47 mit ihrer Tortur des „Elektrischen Stuhls" existiert so etwas wie ein Reglement der Pfadfinderspiele, wo die Neulinge, die Pimpfe, die Wölflinge auf eine Mutprobe ausgeschickt werden, da entdeckt man Ähnlichkeiten zum Ritus der Freimaurerzirkel, da wird das Individuum einer literarischen Mannbarkeitsprüfung unterzogen, da erfolgt ein exhibitionistisches Ausschälen vor dem angespitzten Kollektiv, da herrscht eine Stimmung wie auf mittelalterlichen Konzilen, die einen Johann Hus oder Martin Luther in den Prüfstand zitierten, nur daß sich die heutigen Hus und Luther freiwillig der Prozedur unterwerfen und mit Approbation kalkulieren, weil dies einen Freipaß ins Verlagsgeschäft bedeutet.

Die Tagungen sind also literarische Schlachtfeste für die Kritikerprominenz und für die Verlage. Das Kardinalskollegium der deutschen Literaturkritik, Walter Jens, Walter Höllerer, Hans Mayer, Joachim Kaiser und Marcel Reich-Ranicki, vollzieht einen Sichtungsprozeß der literarischen Produktion des jeweils vorangegangenen Jahres, hält ein in ihrem Sinne objektives, will sagen: im allgemeinen Sinne subjektives, also dogmatisches Vorlektorat als Literaturauguren ihrer Publikationsorgane. Natürlich ist diese, wie es ein Mitglied selbst meinte, literarische Fleischbeschau, diese Schönheitskonkurrenz der Literaten und Literatinnen auch ein willkommenes Fressen für die Verleger, die bereits dort erfahren, wie die Herren Kritiker später die gedruckten Bücher rezensieren werden. Die Verleger umlagern alljährlich die Tagungen der Gruppe 47 wie die Lobbyisten der Waffenindustrie das bundesdeutsche Verteidigungsministerium. So ist aus dem ehemaligen Klingelbeutel der Gruppe heute eine Literaturbörse geworden, auf der bereits Preise und Auflagehöhen von Büchern kalkuliert werden, die noch gar nicht fertig sind.

Wer die Prüfung der Gruppe bestanden hat, besitzt aber nicht nur einen Paß für Verlage, sondern auch für Fernseh- und Rundfunkstationen, für Feuilletonredaktionen und Goethehäuser, ja neuerdings sogar für altehrwürdige Kunstakademien. Auf einen Sitz der Sektion Literatur der drittältesten Kunstakademie Europas, der Akademie der Künste in Berlin, wurden nicht nur die waschechten Dichter der Gruppe 47: Ilse Aichinger, Günter Grass und Peter Weiss, sondern auch die wortgewaltigen und wortgewandten Kritiker-Professoren der Gruppe 47: Hans Mayer, Walter Jens und Walter Höllerer gehoben. Der 47er Ernst Schnabel war sogar Chef dieser Abteilung.

Man hat den Mitgliedern der Gruppe 47 vorgeworfen, daß sie sich gegenseitig die roten Teppiche zu den Eingangstüren der Verlagshäuser und Rundfunkanstalten legen, daß sie sich Tips für günstige Geldquellen wie Kassiber zuschieben und offene Schlüsselpositionen im Literaturhaushalt signalisieren. Nun, warum sollten ausgerechnet die Literaten nicht auch das Recht besitzen, so etwas wie eine Solidaritätsgemeinschaft, wie eine Gewerkschaft zu realisieren? Kunst geht nach Geld. Oft hängen die Beteiligung und das Niveau einer Tagung der Gruppe 47 davon ab, ob es Hans Werner Richter gelungen ist, vorher einen Verlag oder eine Verlegergruppe für einen wohldotierten Gruppenpreis zu finden. So etwas sickert förmlich schon Tage vorher durch die Telefone. Mit der These „Kunst geht nach Geld" hängt es auch zusammen, daß die inzwischen finanziell Gesättigten, die gerade durch die Gruppe 47 zu „Prominenten und Eminenzen" geworden waren, später für ihre liebe einstige Hebamme und den Kreißsaal und das Kreißbett ihrer Buchmarkt-Inkarnation keine Zeit mehr haben.

Welches Bild bietet sich dem Neuling einer Tagung? Zunächst ein bohemienhafter Hang zum Extravaganten. Die Gruppe 47 frequentiert für ihre Tagungen recht gern romantische Lokalitäten, Schlösser und die Gastfreundschaft von Adeligen. Insofern ist sie ein epigonales Rilke-Kollektiv. Jede Tagung ist ein Cocktail aus Traditionalismus und Avantgarde. Klaus Wagenbach, der es ja wohl wissen muß, berichtete neuerdings von Gruppenbildungen innerhalb der Gruppe, von einer Spaltung in zwei Lager, „in eine Kalterer-See- und eine Valpolicella-Gruppe". Nun: Klaus Wagenbach ist ein kritischer Beobachter! Er schaut in die Tiefe.

Und was für Gesichter, Antlitze, Physiognomien sieht der Neuling?

Die Herren sind zumeist etwas ältere Knaben mit Ponyfrisuren, falls es der Haarwuchs noch erlaubt, eine Mischung von Brecht-Mönch und Filmstar, aber auch Exemplare der Unauffälligkeit. Die Damen schätzen ein Duse-Gesicht, auch Greta-Garbo-Imitation, die Negation dessen, daß der Blaustrumpf noch nicht unvermeidbar ist, eine Palette, ja einen Aufschnitt der Individualität, einen Fächer der fast erotisierenden Druckerschwärze, der mondänen Melancholie und des verschämten Intellektualismus. Da sind die von ihren schweren Lidern geschonten Augen der Ingeborg Bachmann, da ist der gotische Hals des Großinquisitors Walter Jens, da ist die scharfe Fridericus-Rex-Nase Walter Höllerers, ferner der schwarzgelackte Mongolenschnauzer des Günter Grass, die lederne Doktorandenjacke Uwe Johnsons, die Balzac-Figur eines Humbert Fink, der revoltierende Seminarist Hans Magnus Enzensberger, der am meisten, und zwar im besten Sinne professoral aussehende Marcel Reich-Ranicki, das kleistische Nervenbündel Joachim Kaiser, der brillante Advokat in ideologischer Sprachkultur Hans Mayer, die liebenswürdige Mädchengestalt Ilse Aichingers und schließlich Hans Werner Richter selbst, der inzwischen recht gut genährte Papst seiner Zunft, alle aber ohne Ausnahme intelligent, die meisten geradezu hohnlachend intelligent. Über Wolfgang Bächlers Auftritt während der Gruppentagung im Herbst 1959 schreibt der Augenzeuge Hans Schwab-Felisch: „Aus dem nervösen, fast hektischen jungen Mann ist eine Gestalt geworden, die man vom Typ und Aussehen her zwischen Marx, Brahms und Däubler ansiedeln möchte." Als ob Marx, Brahms und Däubler Siedlungsräume wären! Jedenfalls wird zu Beginn der Tagung von den sich zumeist duzenden Arrivierten allweil lauthals Wiedersehn gefeiert. Diesen Fakt registrieren inzwischen 21 Zeitungen. Von Tagung zu Tagung installieren sich mehr und mehr die Requisiten der technischen Massenmedien um den Schauplatz der Ereignisse; Fernsehkameras und Rundfunkmikrophone schlucken die dort erfolgenden optischen und akustischen Expressionen in ihre technischen Löcher und Transmissionen, damit nur ja alles Volk daran teilhabe.

Dem Neuling einer Tagung fällt sodann auf, daß Sowjetrussen, falls sie an einer der Gruppentagungen teilnehmen, allemal und ausschließlich mit Hans Magnus Enzensberger den obligaten Bruderkuß auf beide Bäckchen austauschen. Der Neuling bei der Herbsttagung 1963 konnte feststellen, daß vor der Tür zum Sitzungssaal sogar ein Stand etabliert war mit den Konterfeis der bereits sozusagen Heilig gesprochenen des Gremiums, also so etwas wie die Bildchenbuden vor einem Zirkuszelt oder vor der Kirche eines Wallfahrtsortes. Auch dies gehört zum Stil der Gruppe, liegt in ihrem magnetischen Feld. Nach den Tagen der Tagungen sind die Nächte der Tagungen lang und die Mitteilsamkeit des Alkohols geradezu unbarmherzig. Der Geist im Gehirn und der Geist in der Flasche vereinigen sich im Bruderruf: „Gleich und gleich gesellt sich gern!" Auch das Tanzparkett kommt dann endlich zur Geltung. Und es ist zweifellos eine Augenweide, in Illustrierten nachzubetrachten, wenn etwa Alfred Andersch und Ingeborg Bachmann diese Möglichkeit zusammen frequentieren, er den Blick durch die randlose Brille immer geradeaus gewandt, sie ein Mondlächeln unter dem glatten Blondhaar vorschiebend und verbreitend.

Sieht sich der Neuling nach der Lesung, wenn die Wölfe der Kritik den aufgetischten Braten zerreißen oder verschlingen, unter sich aufteilen oder liegen lassen, sieht er sich mit Gesetzen der Kritik konfrontiert, oder aber mit einem von gut oder schlecht verbrachter Nacht, gut oder schlecht verdautem Frühstück, von Wetter und Sternbildkonstellation, von menschlich allzu menschlichen Bedingungen abhängigen jeweiligen Kritikergehirn, Richterkollektiv, ja einem Inquisitorenkollegium gegenüber? Schweigend, ja zum Schweigen verurteilt, die Augen vielleicht niedergeschlagen oder mit hektischer Röte die Ohren hinunter bis weiß wohin, beobachtet er das Pingpongspiel der Meister, die es ihm vormachen oder, von ihm absehend, ihn förmlich vergessend, ihr eigenes Spielchen spielen. Da ist dann immer wieder, das sind Zitate, vom „V-Effekt", will sagen: „Verfremdungseffekt" die Rede, ferner von „steriler Detaillierung", von „additiver Technik", von „biedermeierlicher Bravheit", von „der Sprache, die mit sich selbst spielt und, nachdem es keinen Helden mehr gibt, sich selbst zum Helden macht", von Texten, „in denen die Sprache gleichsam approximativ zu semantischen Kernen geführt wird und in denen die Grammatik nicht mehr nur Subjekt, sondern auch Objekt ist".

Und der Neuling ist verwundert über das alles, begreift nichts, während seine Richter – wie alle Richter – restlos miteinander verständigt sind. Zuletzt erfährt der Neuling, die Gruppe besitze zwar ein Verfahren, aber kein stilistisches oder thematisches Reglement. Damit gibt er sich zufrieden. Denn das stimmt. Doch hinter dieser Stimmigkeit lauert die Gefahr einer zur Meinungsdiktatur gelangten Lust der Kritik an sich selbst, eines Schaugeschäfts der Kritik, die mit einem schillernden Reservoir an Begriffen und Begriffsbildern, an Termini und Klischees auffährt, eine Weide der Formulierungsbravour ausbreitet und ein Karussell mit bunten Lichtern tanzen läßt, während der zu kritisierende Gegenstand, der Fahrgast, längst aus der Gondel gefallen ist. Der Neuling ist Zeuge, wie aus Langeweile und Snobismus Maßstäbe der Kritik gezogen werden und daß gerade deshalb Konstruktion und Addition als entsprechende Stilmittel zur Bewältigung derartiger Gegenwart anzuwenden sind, obwohl man doch mit der sogenannten Bewältigung der Vergangenheit eigentlich noch gar nicht begonnen hat. Der Neuling wird auf die so wichtige Tendenz der Moderne verwiesen, die Sprache klugerweise und kurzerhand nur als „Material" zu betrachten und dementsprechend mit ihr umzugehen, daß es primär darauf ankommt, „Texte herzustellen", daß ein echter Schriftsteller lediglich „Protokolle verfasse", sei es von politischen, sei es von psychischen Vorgängen. Angesichts all dieser wie in einem Kaleidoskop immer wieder anders präsentierten Thesen verwechselt zuletzt der Neuling das Kursbuch und das Telefonbuch mit einem avantgardistischen Lyrikband. Uwe Johnson hat die derat projizierte Literatur mit folgenden Worten charakterisiert: „... zum an die Wand hängen, aber es hilft nicht. So soll die Welt nicht sein, aber wie denn?"

Die Struktur der Gruppe 47

Die Gruppe 47 präsentiert sich als Gemeinschaft ohne Statuten, obwohl sich alle Mitglieder dem ungeschriebenen Gesetz des „Elektrischen Stuhls" unterwerfen. Sie hat vor allem deshalb keine Statuten, um sich von Oppositionellen nicht festnageln zu lassen. Die Gruppe 47 hat keinen Präsidenten und darum auch keine Sorgen mit Präsidentenwahlen. Und dennoch ist Hans Werner Richter der unangefochtene, nie in Zweifel gezogene, nie diskutierte, einfachhin akzeptierte Papst der Gruppe. In der ersten Reihe seiner alljährlichen Konzile sitzen ihm gegenüber die Kardinäle: die schon genannten Professoren-Kritiker. Und er freut sich über ihre Anwesenheit und über ihre Engagements, während sie ihm nicht dreinreden und allemal seinen Schlußsegen und sein Schlußwort erwarten und annehmen und schließlich mit herzlicher Miene wieder in die Welt hinausgehen. Hinter den Kritiker-Kardinälen sitzen die Bischöfe, die Kirchenfürsten für die einzelnen Provinzen der deutschen Literatur, die Gesegneten durch Talent, Bestsellerglück und Publikumssympathie: Günter Grass, Hans Magnus Enzensberger, Helmut Heißenbüttel, Peter Rühmkorf und da saß auch jener Literatur-Bischof, der heute kein Konzil mehr besucht: Heinrich Böll. Sie ergreifen noch dann und wann das Wort, überlassen aber die Schnellformulierungen der Dogmen den Kardinälen, es sei denn, einer ihrer Lieblinge kam nach der Epistel durch ein Mißverständnis bei den Purpurträgern zu kurz. Und schließlich füllt den Raum die große Schar der Brüder im Namen des Herrn Pegasus, schweigsam zumeist, nur dann und wann sich auf Demokratie und das Recht der freien Meinungsäußerung besinnend. Da zeigt es sich, daß die Gruppe 47 wohl eine Gemeinschaft ohne Statuten, jedoch mit einer Hierarchie ist. Die sozusagen Heiliggesprochenen der Gemeinschaft sind die Preisträger der Gruppe 47, in freier und geheimer Wahl von allen Teilnehmern eines Konzils gewählt: Günter Eich, Heinrich Böll, Ilse Aichinger, Ingeborg Bachmann, Adrian Morrien, Martin Walser, Günter Grass, Johannes Bobrowski.

Sollte einmal jemand, und es wird sich sicherlich einer finden, die Geschichte der Gruppe 47 schreiben, dann wird er die Tagungen der Gruppe als Wegweiser nehmen müssen. Auf der Tagung des Vorjahres zum 10. Jubiläum ihrer Gründung, in der DGB-Schule zu Niederpöcking am Starnberger See, wurde zum ersten Male Kritik an der Kritik geübt, also der absolutistische Motor der Gruppe in Zweifel gezogen, es war eine kollektive Selbstkritik, eine erschütternde Präfation zum bevorstehenden Dezennium.

Über die Tagung des zehnjährigen Bestehens selbst, abermals veranstaltet in der DGB-Schule zu Niederpöcking am Starnberger See, schreibt ein Prominenter der Gruppe, Joachim Kaiser: „Eingangs konstatierten wir eine Art schlechten Gewissens der Gruppenteilnehmer. Das läßt sich leicht begründen. Man spürt, daß die Gruppe 47 allmählich nur noch ‚Spaß' macht – sie ist in Gefahr, ihre Funktion zu verlieren." Dieser Kassandraruf ging in einer Kanonade von Sektflaschen unter, die der Bayerische Rundfunk anläßlich des Dezenniums knallen ließ. Die Sektkorken hatten recht. Ein Jahr später, 1958, zu Großholzleute im Allgäu wurden Günter Grass und Ruth Rehberg entdeckt. Im darauffolgenden Jahr, 1959, auf Schloß Elmau bei Mittenwald in Oberbayern, feierte der lange schweigsam gebliebene Wolfgang Bächler ein triumphales come-back trotz der Auftritte einiger Stars wie Walter Höllerer, der wieder einmal ein Kapitel seines noch heute im Entstehen begriffenen Romans „Die Elefantenuhr" zum besten gab, von Walter Jens mit den Worten rezensiert: „Höllerer hat *das* Thema für sich gefunden, – bloß, mit Verlaub wie soll es je enden?" Wolfgang Bächler indessen wurde bescheinigt, er hätte „zugenommen", ein Kritiker-Begriff, der auf eine körperliche Expansion, auf Gewichtszunahme zutreffen mag und den man klugerweise darauf begrenzen sollte. Dieser Sprachschnitzer unterlief, obwohl damals Hans Mayer zum erstenmal zugegen war. Damals wurde besonders deutlich, wie weit die Gruppe 47 von der einstigen „Trümmerliteratur", den Parolen der „heimatlosen Linken" und der „Kahlschlag-Prosaisten" bereits entfernt war, erhielt sie doch zum Zeichen dieser Entwicklungsstufe etwas später eine pauschale Einladung zum Bonner Presseball.

Manche Tagungen der Gruppe 47 wirken wie hochgestochene Schulungskurse oder Seminare für moderne Massenmedien, taktische Vorbereitung für deren inzwischen durchgeführte Okkupation. Die Frühjahrstagung 1960 in Ulm befaßte sich zunächst mit dem Hörspiel, das ja vom Hörer verlangt, eine „innere Bühne" aufzubauen, bei dem das Wort entscheidender ist als das Visuelle, weil die Vorstellungskraft des Hörers sich restlos auf das Wort verlassen muß. Die Gruppe ließ sich von den Fachleuten belehren und beraten, so über die Apparaturen, die zur Effekterzeugung in den Funkhäusern Verwendung finden, wie: Schwebesummer, Ringmodulator, Terzsieb, Oktavsieb, Albisfilter, Eckmiller-Verzerrer, Echozusatzgerät, Zeitraffer, Vocoda-Gerät, Wobbelgerät, also über die Trabanten einer „radiophonen Kunst", die mehr und mehr das Milieu des Hörspiels an sich reißen. Ein Jahr später testete die Gruppe 47 sodann die Möglichkeiten des Fernsehspiels. Gibt es eine gute und nützliche Funktionsbeziehung zwischen der Braunschen Röhre und den Literaten? Gibt es eine echte dramatische Fernsehkunst oder ist das Fernsehspiel lediglich Tagesprodukt?

Die Herbsttagung 1960 fand im Sitzungssaal des neuen Rathauses der Stadt Aschaffenburg statt, eine Tagung, von der ein Teilnehmer sagte, daß man sich am Schluß darüber im unklaren war, ob sie überhaupt stattgefunden habe. Diese Tagung wird in Erinnerung bleiben durch die damals formulierte Solidaritätserklärung zum französischen „Manifest der 121" über das Recht der Gehorsamsverweigerung im Algerienkrieg und dann durch außergewöhnliche Entdekkungen wie Formulierungen der Kritiker-Kardinäle, die dazumal wohl alle Niederungen menschlicher Banalität der Sprache verließen und wahrscheinlich nur noch mit den Göttern hinter den Wolken der Fremdwortballung verkehrten. Sie verkündeten damals die, ich zitiere, „Iteration, die semantischer oder materialer Art war", ferner die „Redundanz, die aufgewendet wurde, um Innovation wahrnehmbar zu machen". Da war auch die Rede von der „Verteilung in der syntaktischen und semantischen Dimension der Sprache". Kein Wunder, daß es während der Herbsttagung 1961 im Schloß Göhrde bei Lüneburg, also im ehemaligen Jagdquartier Wilhelms II., vielleicht war auch der einstige Hausherr dran schuld, zu Hörfehlern kam. Im Anschluß an die Lesung eines Neulings entflammte eine stundenlange Diskussion über Ionesco, bis zuletzt sich herausstellte, daß urtümlich nicht Ionesco, sondern die Unesco gemeint war. Oder war es vielleicht genau umgekehrt? Doch Ingeborg Bachmann durfte damals im Fürstenzimmer nächtigen.

Als die Kubakrise mit der minutiösen Annäherung von Kennedys Wachbooten und Chruschtschows Raketenfrachtern ihrem Gipfel zutrieb, sagten „die Handelsvertreter für Glas und Keramik, die Versicherungsmediziner und Lebensmittel-Detaillisten" aus Westdeutschland hurtig ihre Berlin-Meetings ab. Doch die Gruppe 47 reiste unerschrocken zu ihrem Herbst- und Jubiläumstreffen in die Inselmetropole an der Spree. Der Tagungsort war das „Alte Casino" am Wannsee, unweit des Grabes eines tragischen Kollegen mit Namen Kleist. Krönung war der bisher höchstdotierte Gruppenpreis von DM 7000,-. Den Preis erhielt nicht die von Enzensberger protegierte Femme fatale der deutschen Gegenwartsliteratur, die Autorin Gisela Elsner, für ihre Erzählung „Das Achte", in der sich sieben Sprößlinge ihrer Erzeuger bemächtigen, sie aufs Zeugungsbett fesseln und unter ihrer Zeugenschaft zur achten Kindesproduktion kommandieren, ja zwingen, den Preis erhielt vielmehr um eine literarische Nasenlänge Vorsprung vor Peter Weiss der Romancier und Lyriker Johannes Bobrowski, der in Westdeutschland durch die in Stuttgart erschienen Gedichtbände „Sarmatische Zeit" (1961) und „Schattenland Ströme" (1962) bekannt ist.

In Berlin kam es nicht nur zu Arbeitskontakten mit der „Oberhausener Gruppe", die unter Harro Senft, Peter Schamoni, Raimund Rühl und Strobl-Tichawsky das Gesicht des deutschen Films retouchieren will und nach einem „Kino der Autoren" ruft, sondern auch beinahe zu einer Affäre im Zusammenhang mit einer Affäre. Anläßlich der sogenannten Spiegel-Affäre, die man jetzt retrospektiv eher eine Bundes-Strauß-Affäre nennen muß, ergriff ein Teil der Gruppe die Gelegenheit, in Form einer Resolution sich nicht nur für die arretierten Spiegelredakteure einzusetzen, sondern auch gegen die spektakulöse Polizeiaktion, das Obrigkeitsdenken und die Hörigkeit, vor allem aber gegen den Militarismus und sein besonderes Metier zu protestieren. Im Protest heißt es: „In einer Zeit, die den Krieg als Mittel der Politik unbrauchbar gemacht hat, halten sie [die Unterzeichneten] die Unterrichtung der Öffentlichkeit über sogenannte militärische Geheimnisse für eine sittliche Pflicht, die sie jederzeit erfüllen würden.“ Einigen Unterzeichnern, so O.E.Hasse und Curd Jürgens, rutschte später das Herz in die Hose, so daß sie ihre Unterschrift zurückzogen, als eine Kampagne der reaktionären öffentlichen Meinung losbrach. Man sprach vom Mißbrauch der „Narrenfreiheit“, von „Zügellosigkeit“, „Anstiftung zum Landesverrat“, „Narren der Nation“, „kommunistischem Stil“, „Effekthascherei“ usw. Eine führende Berliner Tageszeitung schrieb: „Dies hat nichts mehr mit der Aktion gegen den ‚Spiegel‘ zu tun, und dies hat nichts mit einer Mißbilligung der Außen- und Wehrpolitik der Regierungspartei zu tun. Dies erfüllt, um juristisch zu sprechen, den Tatbestand einer Aufforderung zum Staatsgeheimnis- und Landesverrat. Gegen die Unterzeichner dieses Aufrufs könnte schon heute die Staatsanwaltschaft auf Grund der Paragraphen 48, 49a und 100, 101 des Strafgesetzbuches vorgehen, das in diesen Fällen Zuchthausstrafe vorsieht. Wenn sich, wie denkbar und wünschbar, herausstellen sollte, daß sich der ‚Spiegel‘ keines Landesverrats schuldig gemacht hat –, die ‚Gruppe 47‘ hat sich auf jeden Fall der Anstiftung zum Staatsgeheimnisverrat schuldig gemacht. Es wird niemand gegen Raddatz und Neuss vorgehen. Das ist die vernichtendste Antwort an die Intellektuellen: der Staat nimmt sie nicht mehr ernst.“

Das war im Oktober 1962. Die Justiz nahm die Sache ernster, nachdem Rudolf Krämer-Badoni, weitab vom Schuß, in Wiesbaden, den Tatbestand mit folgenden Worten apostrophiert hatte: „Diese Leute sind Kinder. Sie spielen Landesverrat.“ Das von der Bundesanwaltschaft in Karlsruhe eingeleitete Verfahren wurde später vom Westberliner Landgericht, dem es zugewiesen war, wie es heißt „aus Rechtsgründen“, eingestellt. Die 47er hatten Glück gehabt. Ihre Verleumder aber wurden nicht zur Rechenschaft gezogen. Zumindest war man einem möglicherweise peinlichen Prozeß wie jenem gegen Carl von Ossietzky, dem Herausgeber der „Weltbühne“, vom Jahre 1931 aus dem Wege gegangen.

An der Herbsttagung 1963 zu Saulgau in Württemberg schlug sich ein internationaler Fächer an Gästen auf, die aus Finnland, Polen, der Sowjetunion und Schweden gekommen waren. Und so fand die Herbsttagung 1964 in und bei Stockholm statt. Wollte man sich den Vorgeschmack einer eventuell möglichen Emigration vermitteln, nachdem der Geschäftsführende Vorsitzende einer der stärksten Parteien der Bundesrepublik eine massive Breitseite auf das gehaßte Narrenschiff der Gruppe abgefeuert hatte, die er eine „geheime Reichsschrifttumskammer“ nannte, sie also mit dem damaligen „Auschwitz der Literatur“ gleichsetzte, als wären ihre Kritiker Typen vom Stil eines literarischen Freisler und ihre Mitglieder literarische KZ-Bullen. Und die Gruppe selbst, die das alles überlebt hat und weiterlebt? Was hält sie von sich? Zum Prominentenring der Gruppe zählend, verfaßte Enzensberger eine Reihe von Gedichten, Vers um Vers, und fügte sie zu einem Sammelband mit dem Titel „Landessprache" (1960). In diesem Bändchen steht auf 11 Seiten das kritische Poem „Schaum", das durch diesen Autor der Gruppe selbst vom „Elektrischen Stuhl" her präsentiert wurde. War dies von Enzensberger auch als Anspielung gemeint, weil das Wort Schaum assoziativ die Bezeichnung Schaumschläger heraufruft? Jedenfalls rief der Autor mit eigenen Versen folgende Schlußrede in den Kreis der Versammelten:

> brüder im schaum, prälaten und feuerschlucker,
> schaumgeborene aufsichtsräte, ich sehe euch zu,
> gleichgültig, ehrlich gesagt, und frage mich:
> wahrlich, wahrlich, wohin mit euch,
> geblendete seifenherzen, wohin? und warum
> zur hölle, und warum nicht? und warum
> liebt ihr johann sebastian bach? und warum
> habt ihr nasen wie ich? und warum schäumt süß
> wie ein fernes blutgerinsel die zukunft
> am rosigen himmel?
> [. . .]
> wäre ich, zufällig, keiner von euch und von uns,
> wäre ich frei davon, von uns, von diesem schaum,
> diesem triefenden schmunzelnden süßen schaum
> vor dem mund des jahrhunderts, der steigt
> und steigt und bläht sich in den tresoren,
> in den brautbetten, in den gedichten, und,
> warum nicht? in meinem schaumigen herzen,
> das schwimmt, geblendet im kochenden schaum
> und rostet, und schwimmt
> unsterblich wie eine büroklammer,
> wohin wohin
> in die rosige zukunft.

Die Gruppe 47 – Literaten, Snobs oder Revolutionäre? Wohl von allem etwas, zumal das eine das andere nicht ausschließt und alle drei Deklarationen zusammen einen typisch demokratischen Verteilerschlüssel demonstrieren. Dennoch ist sie eine Gruppe, die immer erneut Aufsehen zu erregen vermag, die zwar gelegentlich den

Rattenfänger als Kollektivsymbol verwirklicht, aber nicht weniger gelegentlich auch die Wahrheit mitteilt in Gegenden der Sattheit und des Bürgerschlafs, eine Gruppe, die zur deutschen Gegenwartsliteratur zählt, sie jedoch nicht repräsentiert. Sie war einst eine Gruppe mit politischem Engagement und wurde zu einer Gruppe mit vereinzelten politischen Attacken.

1965

Friedrich Dürrenmatt oder Die Wiedergeburt der Blasphemie

Dürrenmatt ist ein kluger Kopf. Er besitzt einen geradezu intellektuellen Instinkt für echte theatralische Mache. Zumindest hat sich bei ihm ein solcher Instinkt von Stück zu Stück immer schärfer gebildet. Er schreibt seine Dramen, Hörspiele und Romane in der Art, wie ein tüchtiger Journalist seine Artikel verfaßt: aktuell, verständlich und natürlich kritisch, aber auch mit Ironie und Spott, nicht ohne einen gewissen Hang zum Vulgären und doch zugleich mit einem theologischen, ja moralischen Zeigefinger, der ins Schwarze sticht. Ganz besonders trifft das auf seine Traktate zu, die er fast jedem seiner Schauspiele vorausschickt oder anhängt, als müßte der Leser unbedingt bevormundet werden. In seinen Anmerkungen über „Theaterprobleme" äußert er sich u.a. auch über das Phänomen Dichtung. Was ist Dichtung? Um seine Antwort recht einprägsam zu machen, deutet er nicht etwa nur an, sondern zitiert regelrecht zum Zwecke des Vergleiches das, was ein Eunuch vermag oder nicht vermag. Die betreffenden Zeilen besagen, daß die „Kunst, Theaterstücke zu schreiben, mit der Liebe" zusammenhänge, „die der Eunuch nicht kann". Jene Kunst also, der sich Aischylos, Sophokles und Euripides, Shakespeare, Calderon und Racine, Lessing, Goethe und Kleist, ja sogar Hölderlin befleißigt haben, wird erläutert durch einen reziproken Vergleich mit dem armseligen verfetteten Unvermögen jener Kreaturen, die von orientalischen Despoten derart zugerichtet wurden, daß sie zum Dienst in der unverfänglichen Sicherungsgruppe für den Harem taugten. Allein dieses Bild-Zitat des Dichters als Nicht-Eunuch öffnet den Blick für die Blasphemie im Denken, Urteilen und Schreiben Dürrenmatts.

Mit Blasphemie bezeichnet man im allgemeinen die lästerliche, schmähende, ehrenrührige Rede, eben die Lästerrede, die Auflehnung durch Spott, die unerbittliche Darstellung des Komischen, ja Grotesken. Echte Dichtung ist gewiß immer eine Auflehnung, weil sie die Wahrheit will und weil jede Entdeckung der Wahrheit einer Auflehnung gleichkommt. Dürrenmatts Form solcher Entdeckungen durch

Blasphemie ist zeitgemäß, denn: „Die Tyrannen dieses Planeten werden durch die Werke der Dichter nicht gerührt, bei ihren Klageliedern gähnen sie, ihre Heldengesänge halten sie für alberne Märchen, bei ihren religiösen Dichtungen schlafen sie ein, nur eines fürchten sie: ihren Spott." Dürrenmatt verpackt diesen Spott, der weder vor einer Staatskanzlei noch vor einem Kirchenportal, weder vor der Staatsanwaltschaft noch vor dem Schlafzimmer eines Bestsellerfürsten, weder vor dem Palast eines Schlotbarons noch vor den Lackstiefeln eines Generalissimus haltmacht. Er verpackt ihn in heimtückisch harmlose Sentenzen, die vom Redefluß seiner Figuren zumeist überraschend an den Strand des Bewußtseins geworfen werden. Drei Beispiele aus der Komödie „Ein Engel kommt nach Babylon": Da ist ein Satz Nebukadnezars, der ebensogut aus dem Munde Hitlers stammen könnte: „Es gibt keine Angelegenheit in meinem Reich, bei der der Henker nichts zu suchen hätte." Da ist ein Satz des Erzministers, der ebenso einem Herrn Globke zu Gesicht stünde: „Leute wie wir kommen immer wieder irgendwie hoch." Da ist sodann ein Satz, der die politische Psychologie manchen Staatsmannes zu apostrophieren recht geeignet ist: „Je öfter sich ein Politiker widerspricht, desto größer ist er." Das will nicht bedeuten, daß Dürrenmatts Dramatik lediglich die Herren der Politik auf die Hörner nehmen will. Der eigentliche Tyrann der Gegenwart und Hauptfigur der Dramen Dürrenmatts ist der Spießbürger in vielfältiger Variation: der Bewohner von „Güllen", das Stinktier der Gesinnung, die Schnecke des Denkens, der Dandy, der Wohlfahrtskriecher und Literatenbulle, hinter dessen scheinheiliger Larve jedoch das Mörderchen wartet.

Die Produkte des Spießbürgers im Wohlstand, diese biederen wie protzigen Figuren, Vehikel, Utensilien und Schlagworte des glorreichen Fortschritts: das Scheckbuch und die Aktie, der Lift und der Klassenkampf, die rasenden Fernschnellzüge und der Mercedes 300, der Porsche und der Filmstar von Geiselgasteig, die Platz-an-der-Sonne-Hütte und der Schrebergarten, das Antiquitätengeschäft und der englische Hochadel inclusive des Mädchens à la Christine Keeler, sie werden als giftige wie banale Rosinen des Spottes in das dramatische Schaumgebäck dieses Berner Zuckerbäckers der heimtückischen Offenheit eingestreut. In der „Oper einer Privatbank", wie das Stück „Frank der Fünfte" deklariert wurde, wird dem so gern geprügelten Filou des Spießbürgers einmal Gelegenheit zum Plädoyer in eigener Sache gegeben. Da zeigt es sich, daß dieser harmlos wirkende Spitzbube quasi ohne Schuld ist, weil er doch trotz guten Willens allemal unter Zwang handelt. Dort heißt es:

Was wir schreiben und erraffen,
Was erpressen wir und schaffen.
Morden, prellen und betrügen.
Wuchern, stehlen, hehlen, lügen.
Tun wir nur, weil wir es müssen.
Möchten Gutes tun. Doch eben!
Wollen wir im Wohlstand leben,
müssen wir Geschäfte machen.

In der „tragischen Komödie" „Der Besuch der alten Dame" liefert Claire Zachanassian, geborene Wäscher, diese Dame des Waschküchendunstes, die für den Blick in den intimen Schmutz gleichsam geboren ist, einst rothaarige Göre aus Güllen, doch als Kindsmutter sitzengelassen, später eine der tüchtigsten Damen in Hamburgs Großer Freiheit, schließlich Multimillionärin und Inhaberin eines enormen Rennstalls an Ehemännern, ein Exempel existentieller Konsequenz, sie liefert das Staatsexempel für die Blasphemie des Generationenwechsels im 20. Jahrhundert. Claires Vater war Klosettbaumeister. Claire bleibt beim Bau, auf ihre Weise bei der Zunft. Sie wird Stifterin einer Gedächtniskirche.

Gewiß ist die Austreibung der Väter, dieser „Klosettbaumeister" unserer Kultur, nichts Neues. Die Schamlosigkeit der Sohn- und Tochter-Generation gegenüber den Altvordern taucht immer wieder auf. Beim Revolutionsball in München (1914) spuckten die hitzigen Expressionisten auf die Lyrik Goethes, die ihnen im Vergleich zum primitivsten Neger-Song nicht mehr als das Schwarze unterm Fingernagel wert war. Der Stürmer und Dränger Goethe hinwieder sparte in seinem Dramolett „Götter, Helden und Wieland" nicht an Hohn, um den Prinzenerzieher von Weimar, den Schöpfer des „Oberon", Verfasser der „Abderiten" und großen Shakespeare-Übersetzer lächerlich zu machen. Die Absage des Sturm und Drang sowie des Expressionismus an die Väter war ein Fanal der Leidenschaft. Dürrenmatts Aufsässigkeit gegen das bisherige der traditionellen Werte aber ist nicht nur ernüchternd, sondern auch kaltschnäuzig. Wie Dürrenmatt das klassische Drama einschätzt, wird aus einer nicht minder klassischen Kurzbrenner-Szene des Stückes „Frank der Fünfte" deutlich. Als das Dienstmädchen Emmi ihre Herrin und Arbeitgeberin fragt, ob sie erlaube, die im Fernsehen angekündigte Tragödie „Richard III." anzusehen, antwortet die Frau Bankdirektor: „Du darfst es dir ansehen. Ein klassisches Stück. Es wird demnach viele Tote geben." Das klassische Theater ist also eine Leichenanstalt, wenn nicht Mördergrube. Gewiß entstammt diese Ansicht dem halbgebildeten Gehirn einer sogenannten Dame von Welt, stimmt aber doch im eigentlichen Sinn.

Die Klassik war noch imstande, wenigstens Mörder zu präsentieren, also solche, die zumindest dunkles Schicksal besaßen und blutiges Schicksal erzeugten. Heute, im Zeitalter der Massen, der Massenvernichtungsmittel, der Massenexekutionen und Massengräber, ist der Mord, das letzte Zeichen des Schicksals, restlos in die Hände der Henker gelegt worden, in die ständige Vollmacht der gelegentlichen Vollstrecker anonymer Urteile, die von perversen Staatsanwälten gefällt wurden. Daher wird in den Stücken Dürrenmatts die zweite Hauptrolle entweder vom Henker oder vom Staatsanwalt gespielt. Sie sind der Spießbürger in Hochform, Don Quichotte der Zerstörung, heruntergekommener Zarathustra der Schlinge, des Beils und der Gaskammer, leidiger Kleinphilosoph des aufgeputschten Nichts, emsiger Kammerjäger zur systematischen Bekämpfung des Geistes, der Phantasie und der Individualität.

Die dritte Hauptrolle in den Stücken Dürrenmatts spielt der Ausgelieferte, das Jagdwild, das Opferlamm, das gerade noch rebellierende, aber zuletzt dem zermalmenden Mahlgang ausgelieferte Staubkorn in der Weltgeschichte, derjenige, der noch retten will, aber nicht mehr retten kann, den der Zufall im inkalkulablen Moment doch ertappt. Der Zufall treibt mit dem Menschen ein Katz-und-Maus-Spiel. Die restlos negative Möglichkeit des Zufalls ist der Absolutismus unserer Zeit, die Religion der Angst. Der Held ist nicht nur vom Kothurn gestolpert, sondern in der Versenkung verschwunden. Der Mensch hat die Voraussetzungen zum Heldentum, zur Translation auf den Sockel des Ruhms, zur selbstgefälligen Apotheose verspielt. Das Schicksal, der Helfershelfer des Heldentums, hat seine Hand angeekelt vom Scheitel und von der Schulter des technischen Sklaven dieser Welt zurückgezogen, zumal dieser Sklave sein Sklaventum selbst verschuldet hat. „Das Schicksal hat“, wie es bei Dürrenmatt heißt, „die Bühne verlassen, auf der gespielt wird, um hinter den Kulissen zu lauern.“ Und weiter heißt es: „Selbst der Krieg wird abhängig davon, ob die Elektronengehirne sein Rentieren voraussagen, doch wird dies nie der Fall sein, weiß man, gesetzt die Rechenmaschinen funktionieren, nur noch Niederlagen sind mathematisch denkbar: wehe nur, wenn Fälschungen stattfinden, verbotene Eingriffe in die künstlichen Hirne, doch auch dies weniger peinlich als die Möglichkeit, daß eine Schraube sich lockert, eine Spule in Unordnung gerät, ein Taster falsch reagiert, Weltuntergang aus technischem Kurzschluß, Fehlschaltung. So droht kein Gott mehr, keine Gerechtigkeit, kein Fatum wie in der fünften Symphonie, sondern Verkehrsunfälle, Deichbrüche infolge Fehlkonstruktion, Explosion einer Atomfabrik, hervorgerufen durch einen zerstreuten Laboranten, falsch eingestellte Brutmaschinen. In diese Welt der Pannen führt unser Weg."

Dieses geradezu schnoddrig vorgetragene Evangelium der Ernüchterung hat Dürrenmatt in seiner Erzählung „Die Panne" bereits auf dem Titelblatt festgenagelt. Die menschliche Substanz ist so banal, so billig, so abfällig geworden, daß sie vom Schicksal höchstens noch wie in einem Spülklosett beseitigt, weggeschwemmt wird. Der Mensch hat das Format verloren, weiterhin ein Partner oder Gegenspieler des Schicksals zu sein. Er ist dem Schicksal so gleichgültig geworden, daß er als Murmel dem Narren des Schicksals, eben dem dummen Zufall überlassen wurde. Im Kriminalfilm Dürrenmatts „Es geschah am hellichten Tag" wird der Mörder durch eine kriminalistische Kombination von höchster Akribie in die Falle gelockt und arretiert. Doch diese Gerechtigkeit ist nur scheinbar eine menschliche Leistung. Die Rechnung geht lediglich deshalb auf, weil sich der Zufall zufällig einschaltet, weil er mitzumachen geruht. In dem Buch „Das Versprechen", das den gleichen Stoff behandelt und das Dürrenmatt als ein „Requiem auf den Kriminalroman" schrieb, hat sich der allmächtige Zufall an einer recht unscheinbaren Stelle die Sache ganz anders überlegt, so daß also trotz gleicher Vorausetzungen, aber eben rein zufällig die Situation sich total umkehrt. Der Mensch ist dem Zufall ausgeliefert wie der Untertan seinem Fürsten zur Zeit des Absolutismus.

Einige Jahrzehnte vor Dürrenmatt hatte der Naturalismus treffende Beispiele dafür geliefert, daß der freie Wille des Menschen nur ein sogenannter freier Wille ist, vielmehr eine Ausrede bedeutet, weil dem Menschen vorbestimmte Fallen gelegt sind, in die sein Fuß folgerichtig hineintreten muß, ob er will oder nicht. Rose Bernd, Michael Kramer, Dorothea Angermann, Fuhrmann Henschel, diese bekannten Gestalten der gleichnamigen Dramen Gerhart Hauptmanns sind klassische Beispiele für diese Fesselung des Menschen an das unerbittliche Kausalprinzip. Während aber im Naturalismus noch die geordnete Folge aus Ursache und entsprechender Wirkung Gültigkeit besaß und gleich einem Gesetz anerkannt, ja erlitten wurde, triumphiert bei Dürrenmatt keine – und sei es eine noch so entsetzliche – Ordnung, sondern der banale, entweder peinlich brutale oder lächerlich sentimentale Zufall, eine fast metaphysische Blasphemie des Zufalls.

Alle Entschlüsse des Menschen sind undurchführbar, wenn der Zufall nicht als Bundesgenosse, als undurchsichtiger Kumpan mitmacht. Diese windige Tatsache erfährt der krebskranke Kommissar Bärlach im Roman „Der Richter und sein Henker", dem es nur mit Hilfe des Zufalls gelingt, den Verbrecher und Polizisten davon zu überzeugen, die gleiche Todesstrafe zweimal zu vollstrecken, einmal am Verbrecher und einmal an sich selbst. „Die Ehe des Herrn Mississippi" ist nichts als eine grandiose Durchdringung von Planung und Zufall. Deshalb wirkt in diesem Stück alles gleichermaßen echt und skurril. In der Komödie „Romulus der Große" hängt die Geschichte des Römischen Reiches von dem Zufall ab, daß der Germanenfürst Odoaker genau wie der römische Kaiser Romulus Augustus ein passionierter Hühnerzüchter ist.

Der Zufall ist aber nicht nur ein thematisches, sondern auch ein methodisches Regulativ in der Dramatik Dürrenmatts. Der Zufall ist so etwas wie ein Saufbruder der Phantasie. Er führt den Reigen, die Maskerade, ja die Gelage und Orgien der phantastischen Einfälle in den Stücken Dürrenmatts an. Die Phantasie tobt sich unter dem Patronat des Zufalls entsprechend aus. Deshalb plädiert Dürrenmatt für eine „Dramaturgie von Fall zu Fall". Deshalb bekennt er so freimütig wie stolz, daß er seine Stücke „ins Blaue" hinein schreibe oder diktiere. Also könne er gar nicht am Anfang wissen, wie die Sache ausgehen würde. Wer von allen Menschen weiß schließlich, wann und wie er einmal enden wird. Weil für den Zufall Laune, Überraschung und Spiel typisch sind, weil andererseits das Theater jener Weltsektor ist, wo Laune, Überraschung und Spiel nicht nur vorkommen, sondern sogar inszeniert werden, ist die Bühne der geeignetste Ort für den Auftritt des Zufalls. Das Ende aller Atriden ist bei Sophokles wie bei Gerhart Hauptmann von Anfang an festgelegt. Unter der Regie des Schicksals, des klassischen Tremendums, ist jeder Schritt berechnet. Der erste Schritt enthält bereits die Gangart des letzten Schrittes. Indessen steht für die Figuren der Dramen Dürrenmatts bis zuletzt immer aufs neue alles offen. Nur wo der Zufall seine Zustimmung erteilt, werden Pläne zur Realität.

Diese Vorherrschaft des Zufalls nimmt natürlich der Bühne den Anstrich der Verbindlichkeit, der Verläßlichkeit. Offen bekennt Dürrenmatt, daß seine Stücke „nicht um ihrer Aussage willen" da sind. Das Problem gehe nicht dem Stück voraus, werde im Stück nicht gelöst. Probleme seien vielmehr die „nachträglichen Folgen" eines Dramas. Hier erweist sich Dürrenmatt weniger als Schüler Brechts als vielmehr als Schüler Thornton Wilders, dessen Schauspiel „Wir sind noch einmal davongekommen" von stärkster Wirkung auf ihn war. Wie sich bei Wilder die Kulissen mitten im Spiel verschieben oder verflüchtigen können, wie bei ihm die Schauspieler auf offener Szene einen Kostümwechsel vornehmen, mitten im Text aus ihrer Rolle fallen und den Autor oder Regisseur des Stücks kritisieren, ist auch in den Dramen Dürrenmatts auf die meisten Kulissen, Rollen und Texte kein Verlaß mehr. Alles erweist sich im Spiel als auswechselbar. Es geht so konfus zu, wie das Leben selbst konfus ist. Immer wieder wird durch Fenster eingestiegen, postieren sich Menschen stellvertretend als Kulissen, ersetzen Menschenstimmen technische oder tierische Laute und tauschen Figuren ihre Rollen. Ein Toter tritt auf und wird von den Lebenden selbstverständlich und gesellschaftlich respektiert. Vor den Fenstern des gleichen Hauses können gleichzeitig zwei grundverschiedene Landschaften liegen. Der Auftritt eines Engels erzeugt unter den verbissensten Skeptikern keinerlei Erstaunen. Wiewohl sich der Zufall also auch Märchenspiel leisten darf, wiewohl er alle Axiome wegbläst, ist er doch ein Vollstrecker der Wahrheit, was das Ende des Stückes „Die Ehe des Herrn Mississippi" mit dem gegenseitigen Selbstgericht Anastasias und Florestans am deutlichsten erweist. Gerade die Komödien Dürrenmatts sind Paradebeispiele für den Verlust der Heiterkeit. Diese Komödien reizen zum Lachen, und man lacht gelegentlich auch schallend, schlägt sich begeistert auf die Schenkel und strapaziert fast haltlos das Zwerchfell. Doch oft schon mitten im Stück, gewiß aber kurz vor dem Ende wird einem das Lachen sauer. In der klassischen Komödie rutscht der Mensch dann und wann aus. In Dürrenmatts Komödien rutscht der Mensch weg.

Wer ist dieser Dürrenmatt, der in seinen Romanen und Stücken zu erkennen gibt, daß die Wahrheit dann kommt, wenn man nicht nach ihr fragt, der anläßlich der Verleihung des Schiller-Preises den Stiftern dieser Ehrung und der zur Huldigung Schillers herbeigeeilten Festversammlung den wie eine kalte Dusche wirkenden Hinweis offerierte, daß Schiller von Brecht überboten wurde, weil Brecht den Weg vom Rebellen zum Revolutionär gegangen ist? Wer ist dieser Dürrenmatt, der die ruhmbekränzten Klassiker aus dem Thronsessel der Götzen hob und sie zu einfachen Gesprächspartnern machte, der allen Kritikern Kopflosigkeit bescheinigte, der es sich andererseits in seinen Kopf gesetzt hat, die Literatur endlich „so leicht" zu machen, „daß sie auf der Waage der heutigen Literaturkritik nicht mehr wiegt"? Denn: „Nur so wird sie wieder gewichtig." Dieser Dürrenmatt, neben seinem Landsmann Max Frisch der meistgespielte und meistdiskutierte Gegenwartsautor deutschsprachiger Dramatik, stammt aus dem Lande des echten, also des autorisierten Emmentalers, stammt aus der Heimat des bis in die Schokoladen- und Marzipan-Industrie vorgedrungenen Tell-Apfels, stammt aus dem Mutterland des exklusiven und kostspieligen Tourismus und der säuberlichen Postkartenlandschaft. Er ist ein ausladend und stattlich gebauter Helvetier, äußerlich ein Mann der Bierruhe, in sich ein Mensch der fast intellektuellen Nervosität, ein deftiger Pastorensprößling, ein Gehirninhaber mit allseitigen Fleischpolstern des elefantinen Lebensstils. Dieser Diabolus veritatis trägt ein feistes Babygesicht, das allerdings nicht Milch, sondern am liebsten Sekt zu sich nimmt. Dann und wann rekelt sich dieser Dürrenmatt wie ein rosiges Honig-Baby Hollywoods. Dann und wann stampft er wie ein hartgesottener Bur aus dem Berner Oberland. Wie sein großer Lehrer und Entdecker Fritz Strich über dem Podium der Literaturwissenschaft zwei Scheinwerfer mit gegensätzlichem Licht, den der Klassik und den der Romantik, eingeschaltet hatte, so montierte auch Dürrenmatt zwei unterschiedliche Jupiterlampen auf der Beleuchtungsbrücke seiner Existenz: den Aspekt des Schlendrians und den des Fanatikers, den Aspekt des Systematikers und den des Phantasten, den Aspket der Satire und den eines verkappten Theologen.

Versuche eines Selbstbildnisses läßt Dürrenmatt in den Zügen des Herkules aus dem Spiel „Herkules und der Stall des Augias" erkennen. Herkules, alias Dürrenmatt, wird von Phyleus mit folgenden Worten kommentiert: „Es ist schändlich. Der Mann, der unser Land ausmisten könnte, diese einzige wirklich positive Kraft, muß im Zirkus auftreten." Das ist Blasphemie, ist Schmährede mit ebensoviel Treffsicherheit wie genialer Verfremdung. Es ist ein zugleich absolutistisches wie resignatives Selbstbildnis. Derjenige, der ausmistet, der den Stall der Gesellschaft reinigt, der Stallgassenkehrer und Desinfektor, der Revolutionär und Entdecker mit der Mistgabel in der Hand, der Aufwiegler und Exekutor, er hebt den Dreck, die üblen, wiewohl natürlichen, ja allzu natürlichen Exkremente des Lebensumsatzes vom Boden auf, macht damit den verschütteten Untergrund offenkundig, wirbelt den Schlaf des zugedeckten Gestanks auf, macht das Brodeln der inneren Dämpfe merkbar. Gewiß ist er als Ausmister auch ein Renovator, ein moralischer Luftverbesserer. Doch leider mistet er lediglich den Dreck aus. Es steht ihm nicht zu, auch die hinauszukarren, die den Dreck hinterlassen, die Schmutzfinken, die Absonderer und Ausdünster des Üblen. Dafür ist er wenigstens der einzige, der den Dreck als Dreck entdeckt, den der Dreck stört und der nicht noch länger warten will, sondern entschlossen ist und zupackt, endlich aufzuräumen. Sartre hat gesagt, daß der Mensch zur Freiheit verurteilt sei. Herkules (also Dürrenmatt, also der Dichter oder Schriftsteller) ist dazu geboren, dazu verurteilt, den Unrat der Welt zu entdecken und zu beseitigen. Er gleicht dem Staatsanwalt Florestan Mississippi, der „die Fähigkeit" besitzt, das „Böse aufzuspüren, wo auch immer es sich findet". Er ist ein Stänkerer. Daß er bei seinem Handwerk die Zähne fletscht, daß er sich dabei gelegentlich im Ausdruck vergreift, nicht immer von der sogenannten feinen Art ist, daß er häufig zynisch wird, eben wie ein Stallknecht auch flucht und gern ins Glas guckt, mag verständlich sein.

Die Methode Dürrenmatts, ein Stück zu schreiben, ähnelt der Taktik des Bazillus. Die Grundidee, der Ansatz, das Kalkül, die Entelechie eines Stückes ist ein ausgesprochener Einfall, ist wie der Fall oder Wurf eines Steines ins Wasser, ist wie die Injektion eines Serums, das Fieber erzeugt. Kreise ziehen sich um die Einwurfstelle. Fieber verbreitet sich im Organismus. Und weil sich das Fieber in einem Organismus verbreitet, vermehrt es sich trotz seiner giftigen Potenz, trotz seiner schockierenden Wirkung organisch. Dürrenmatt betreibt Schocktherapie.

Meist ist die zweite Dosis, der zweite Stoß entscheidend, also der jeweils zweite Satz eines Satzgefüges. Ein Beispiel: Im Traktat „Theaterprobleme" heißt der erste Satz eines Satzgefüges: „Natürlich kommen in meinen Stücken auch Personen vor, die einen Glauben oder eine Weltanschauung haben." Dieser Satz wirkt harmlos und ist plausibel. Er bliebe harmlos ohne den typischen zweiten Satz, ohne den heimtückischen Anhang, ohne jene eben aufhebende Erläuterung im Zusatz. Sie lautet: „Lauter Dummköpfe darzustellen, finde ich nicht interessant." Somit wird retrospektiv mitgeteilt, daß diejenigen, denen es an Glauben oder an Weltanschauung mangelt, eigentlich Dummköpfe sind. Allein durch diesen raffinierten Sprachgebrauch wird deutlich, daß Dürrenmatt mit seinem Publikum ein Katz-und-Maus-Spiel treibt. Besonders in seinen Traktaten ist er viel eher ein Plauderer als ein Theoretiker. Es gelingt ihm nicht, über den Zaun, den er um sein Talent und seine Möglichkeiten aufgerichtet hat, hinauszusehen. Ihm fehlt die Kraft der Distanz zu sich selbst. Er ist kein Komet, dessen Bahn das alte Planetensystem durchschneidet, sondern sein eigener Satellit.

1969

Die Pop-, Beat-, Hippie- und Underground-Generation und ihre Literatur. Frage, Antwort und Bericht

Pop-, Beat- und Hippie-Literatur sowie deren Radikalisierung in Underground-Texten ist eine Sache der westlichen Subkultur, der nichtherrschenden Gesellschaftsschicht intellektueller Söhne und Töchter, der antiautoritären Jugend, jenseits aller akademischen Kulturanalyse und altväterischen Literaturgeschichte, ja zum großen Teil selbst außerhalb der kommerziellen Verlagsanstalten. Sie existiert als unmittelbarer Vortrag in Beat-Kellern, auf Hippie-Wiesen, ferner auf handgeschriebenen oder hektographierten Zetteln, in einigen schnellebigen Zeitschriften, gelegentlich in Publikationen wagemutiger oder attraktionslüsterner Blätter und schließlich in der einen oder anderen Anthologie, wie z. B. in der von Karl O. Paetel 1962 bei Rowohlt herausgegebenen, die allerdings nur eine Auswahl amerikanischer Beat- und Underground-Produktion präsentiert. Wenn die Wochenendausgabe der „Frankfurter Allgemeinen Zeitung" gelegentlich einen lyrischen Underground-Text publiziert, wirkt so etwas wie das Ergebnis eines perversen Liebesaktes zwischen Jungfrau und Tier. Der Verlag Kiepenheuer & Witsch hat sich innerhalb des deutschen Sprachbereichs mit dem Autor Rolf Dieter Brinkmann einen ersten Salonlöwen derartiger Produktion in den Stall geholt. Hanser zog jetzt mit der verlegerischen Einverleibung von Wolf Wondratschek nach.

Pop-, Beat- und Hippie-Literatur, vor allem aber deren Radikalisierung in den Underground-Texten will nichts mit Kunst zu tun haben. Brinkmann schreibt in seiner Notiz zum Gedichtband „Die Piloten" (1968): „Man muß vergessen, daß es so etwas wie Kunst gibt!" Kunst ist für diese Avantgardisten ein Klischee der Väter, die hinsichtlich der prinzipiellen Existenzforderung, glücklich zu sein oder zu werden, restlos versagt haben und weiter versagen. Bei den Vätern ist nichts Prinzipielles in dieser Hinsicht zu holen. Was sie Kunst nennen, ist kaum mehr als ästhetisierte Tarnung industrieller und bürokratischer Brutalität. Für die amerikanischen Underground-Produzenten gilt die These, daß die dort bestimmenden Literaturkardinäle auf zwei Weißmacher schwören, auf den Dollar und auf Napalm. Ihr Heros kämpft in seinem Super-Super-Tank der westlichen Zivilisationskultur gegen asiatische Untermenschen in Vietnam, und zwar mit dem Friedensruf auf den Lippen: „Kill kill kill for peace!" Der deutsche Soldat des ersten Weltkriegs trieb es noch unverschämter. Er zog mit Goethes „Faust" im Tornister und mit Hölderlin-Sprüchlein auf den Lippen zum Massenmord aus. Die Weihnachtslieder der KZ-Bullen in den okkupierten Ländern des zweiten Weltkrieges markieren das Ende klassischer Literatur-Religiosität. Hingegen plädieren die Hippie-Literaten gerade auch deshalb für generelle Liebespraxis. Je ausgiebiger z. B. Soldaten des Nachts die Liebe praktizieren, um so müder werden sie tagsüber ihre Gewehrgriffe kloppen und um so mäßiger wird ihr Zielwasser für das Schießen sein. Nicht sexuelle Enthaltsamkeit, sondern sexuelle Erfüllung garantiert also den Frieden. Auch das als Bürgerschreck und insofern offenkundig antibürgerlich auftretende absurde Theater ist de facto nichts als ein dressiertes Klischee der herrschenden Gesellschaft. Es ist ein Theater der Bürger für die Bürger, die dort in eine literarische Unverbindlichkeit flüchten. Die Gesellschaft der Herrschenden bespiegelt sich im absurden Theater mit Bildern, die nicht ernst genommen werden müssen, weil sie absurd sind. Für den Beat-Literaten bedeuten deshalb die klassischen Literatursymptome wie Symbol, Metapher oder Verfremdung kaum mehr als Popanz, als aufmöbelnder Intellektualismus, als großkotziger Akademismus.

Der in Los Angeles geschätzte Charles Bukowski, ein gebürtiger Deutscher, dokumentiert seine Abscheu gegenüber der Verlogenheit durch Symbolisierung und ähnliche Stildrechseleien der klassischen Literatur durch eine betont grobe Simplifikation seiner Bilder und durch bewußte Jugendlichkeit der Sprache. Es geht ihm wie den anderen Produzenten seiner Art darum, die Dinge eben beim Namen zu nennen, und zwar in einer Sprache, die für alle verständlich ist, eben populär, weshalb man auch insofern von Pop-Art spricht. Hans Jörg Cordell wiederum fordert: „Ventilatoren / laß laufen", um nämlich den klassischen Sprachmief, diesen Sprachdunst der Vernebelung aus der Literatur hinauszubefördern. Damit ist auch gemeint das penetrante Hoffnungmachen auf ein besseres Jenseits im christlichen Sinne oder auf eine bessere Zukunft im Diesseits gemäß den Prognosen sowohl der kapitalistischen Wohlstandsgesellschaft als auch der ideologischen Utopie des Marxismus. Das alles ist für die Pop-, Beat-, Hippie- und Underground-Generation und ihre Literatur eine Großmutterweisheit, also sabberndes Blabla. Peter Coryllis schreibt: „Hoffnung hockt in den Hutschachteln, die auf Großmutters Dachboden stehen."

Die Pop-, Beat- und Hippie-Literatur sowie deren Radikalisierung in der Underground-Literatur entstand etappenweise, sich zum Teil auseinander entwickelnd, zum Teil nebeneinander entstehend, seit den fünfziger Jahren. Ihre Hauptzentren bildeten sich in New York, Los Angeles und San Franzisko. Allan Ginsberg, Gregory Corso, Peter Orlovsky, Tuli Kupferberg, Charles Bukowski, Frank Zappa und vor allem Frank O'Hara, der im Sommer 1966 mit vierzig Jahren bei einem Autounfall ums Leben kam, ähnlich wie der von dieser Generation als Halbgott verehrte James Dean, sind die bedeutendsten Vertreter der vier genannten Richtungen in USA. Falls man von einer Art Ideologie innerhalb dieser Literatur sprechen kann, dann handelt es sich dabei primär um eine Auswertung der Forschungsergebnisse des Psychogenetikers Wilhelm Reich, der in den dreißiger Jahren aus Deutschland bzw. Österreich nach USA emigrieren mußte. Eine starre Aufteilung der einzelnen Gattungen wie Roman, Film, Essay, Lyrik, Dramatik und Musik wird von allen abgelehnt. Es geht ihnen auch insofern stets um einen Akt künstlerischer Befreiung aus überlebten Vorstellungen. Liedtexte entstehen sozusagen kooperativ mit den Melodien. Ein Gedicht wird als Graphik auf Papier verfaßt oder auf den nackten Leib gepinselt. Underground-Filme sind Collagen aus aufgereihten Fotos, gespielten Szenen und Musik. Die Comicstrips mit ihren Sprechblasen vor den Lippen Carla-Lilys, Barbarellas, des Weißen Riesen, Batmans und all der wonnigen Go-Go-Girls sind Illustrationsdramatik, Nachkommen der Bänkelsangproduktion und der historischen Bilderbogen, jedoch im Zeitalter der genormten Industriegesellschaft. Schillernde Luftballons der Sprache lösen sich wie eine Art von Sprechplastiken aus dem Munde der dramatischen Akteure. Gesamtkunstwerk wird angestrebt. Richard Wagners Totalromantizismus feiert Urständ. Nicht von ungefähr sind die Amerikaner in Bayreuth vernarrt. Von USA aus verbreitete sich diese Art von Literatur in östlicher Richtung und erregte eine gleiche Produktion auch in Westdeutschland.

Was ist Pop, also auch Pop-Art, Pop-Literatur? Tom Wolfe, einer der Propheten und Erzpriester der späteren Beat-Welt, hat Pop „die Sache" genannt. Auch die Dadaisten hämmerten seinerzeit wie Spechte gegen die Gehirnrinde ihrer Zeitgenossen mit einer ähnlichen Parole, so z. B.: „Bevor Dada da war, war Dada da!" und „Dada ist der Urgrund aller Kunst." Wohl nicht zu unrecht beurteilte Richard Huelsenbeck, einer der Väter des Dadaismus, die Pop-Art als „ein uneheliches Kind der dadaistischen Anti-Kunstbewegung". Wie der Dadaismus ist Pop-Art vom Prinzip her eine Anti-Kunstbewegung, eine bewußte Mißachtung dessen, was man im herkömmlichen Sinne Stil nennt. Brinkmann z. B. notierte dazu folgende Sentenzen: „Gibt es etwas, das gespenstischer wäre als dieser deutsche Kulturbetrieb mit dem fortwährenden Ruf nach Stil usw.? Wo bleibt Ihr Stil, wo bleibt Ihr Stil. Haben Sie denn keine guten Manieren? Haben Sie nicht gelernt, mit Messer und Gabel zu essen, und falten Sie nie die Serviette auseinander? Warum sollte ich mich ausdrücklich um Stil kümmern, wenn sowieso alles um mich herum schon so stilvoll ist! Das wäre mir einfach zu langweilig." So langweilig, wie eben z. B. auch Stilmöbel sind, jenes Dekorationsmobiliar des spätbürgerlichen Großkapitals mit Phantasiedystrophie.

Man unterscheidet innerhalb der Literaturanalyse bekanntlich Begriffsbild und Begriffsinhalt, Darstellungsformen und Darstellungsinhalte, also Stil und Stoff. Aus einem generellen Zweifel an der Form überhaupt, also an dem Kulturkorsett, an dem kulturbildenden, die Elemente festhaltenden Prinzip der alten Generation und aus jugendlicher Ablehnung der Frustration, die jede Form mit sich bringt, also aus Ekel an einem Erstarren der Existenz wird in der Pop-Literatur kein Wert auf die Darstellungsformen, sondern auf die Darstellungsinhalte gelegt. Luther hatte einstens auch die alte Konfessionsform zu zertrümmern versucht, war aber schließlich als Reformator wieder reaktionär geworden. Auch die Formzertrümmerer der Dodekaphonisten wie der Expressionisten zerschlugen zunächst die vorgefundenen Systeme, um daraufhin aber ein neues System zu kreieren. Anders die Pop-Artisten! Sie übernehmen die Repräsentation der vorhandenen Welt, die Situationen, die Augenblicke, die Realität als Darstellungsinhalte ihrer Werke, wie sie sind und vorgefunden werden. Der erlebte Augenblick wird unmanipuliert zum Bild, zur Sprache. War er obszön, dann eben obszön. War er romantisch, dann eben romantisch. War er brutal, dann eben brutal. Wie auf den Pop-Art-

Bildern die Bierdose so erscheint, wie nun einmal eine Bierdose ist, arbeitet die Pop-Literatur mit Reklameslogans, wie sie eben geläufig sind.

Es geht also der Pop-Literatur um die Vermittlung direkter Wahrheiten ohne das Dazwischentreten irgendeiner Kunstform. So überraschend es klingt, geschieht das sogar im Sinne Goethes, der 1776 schrieb: „Jede Form, auch die gefühlteste, hat etwas Unwahres." Durch den Verzicht, ja durch die Ablehnung der Darstellungsformen und die unmittelbare Eingemeindung der Dinge bzw. Situationen in die Literatur als bloße Darstellungsinhalte kann hinsichtlich der Pop-Produkte nicht mehr von Kunst gesprochen werden, zumindest nicht von Kunst im herkömmlichen Sinne. Pop produziert und etabliert keine Kunstwerke, sondern Objekte, literarisch apostrophiert: keine Dichtungen, sondern Texte, gleichgültig, ob sie lyrischer, epischer oder dramatischer Spielart sind. Ihre besondere Spielart ist nicht zuletzt erst abhängig von der jeweiligen Reproduktion, also vom späteren Gebrauch. Sie lassen sich nämlich alle entweder lyrisch oder episch oder dramatisch reproduzieren.

Durch die unmittelbare Adaption der Realität innerhalb der Pop-Literatur geschieht jedoch etwas Überraschendes. Sozusagen beim Wort genommen, aus der Alltagsrelation und Abnutzbarkeit, aus dem Funktionsnetz der Zweck-Existenz eliminiert und als emanzipierte Objekte in einen Text transportiert, erscheinen dort die Dinge und Situationen plötzlich demaskiert und demaskieren dadurch zugleich ihre Produzenten und Konsumenten, also die herrschende Klasse. Der Weiße Riese z. B. wird zum „Seitensprung von Lieschen Müller" im Stil des germanischen Übermenschen. Oswald Kolle erscheint im „Lexikon des deutschen Wesens" als „Nationaler Scharfmacher", Fasching als „Legale Möglichkeit", Fernseh-Quiz als „öffentlicher Bildungsnachweis der Nation" und Persil 65 als „Das LSD der deutschen Hausfrau". Das aus seiner primären ökonomischen Zweckrelation befreite Ding wird in der Pop-Darststellung selbständig, eigenständig. Dadurch vermag es jetzt seinen Bedeutungspluralismus auszuschütten, all die verwirrenden Aspekte, die ihm von der Gesellschaft über seinen Primärzweck hinaus zwar gegeben, aber tabuiert werden, so z. B. Coca-Cola nicht nur als Durststiller, sondern auch als zugleich kühlendes wie anregendes Spülmittel für die Super-Mädchen in Frankfurts Bahnhofsnähe. Schließlich heißt es ja im Werbetext: „Mach mal Pause, trink Coca-Cola, eisgekühlt!" Das Intime der Gesellschaft wird also öffentlich, wird beim Namen genannt. Das Klischee wird vom Manipulationsfaktor zum Erkennungszeichen.

Die Dingneugier und der Dinghunger sind jedoch nichts Neues in der Literatur. Sie setzten bereits beim Realismus und Naturalismus des 19. Jahrhunderts ein. Rilke war geradezu ein Ding-Fanatiker. Hinter all diesen Bemühungen aber braute der uralte Kult des Dinges an sich, der Phalluskult der Etrusker und Römer. Der Surrealismus dämonisierte schließlich die Dingwelt, machte die Dinge wieder zum Fetisch wie in vorkulturellen Zeitläuften. Marinetti versammelte sogar die Dinge in neuer Konstellation. Er markierte z. B. als Gründungsakt des Bruitismus „das Erwachen der Großstadt" durch eine bewegte Sammlung von Schreibmaschinen, Kesselpauken, Kinderknarren und Topfdeckeln. Diese Tradition griff die Pop-Literatur auf ihre Weise auf.

Neben der zunächst genannten Emanzipation der Dinge und Situationen in ihrer Selbständigkeit präsentieren manche Texte der Pop-Literatur unerwartete Konstellationen der vorgefundenen Realitäten. Auch sie wirken demaskierend. Wiederum wird der Darstellungsinhalt und nicht die Darstellungsform akzentuiert. Wiederum geht es um unmittelbare Transponierung aus der Gegebenheit ins Bild. Ein von der Pop-Literatur mit Farbe und Schrift eingekreister Nabel wird zwar nicht verändert, wird nicht denaturalisiert, im Gegenteil, gewinnt aber so an Bedeutung innerhalb der Rivalität mit anderen erogenen Zonen. Ein vom Hals bis unter die Waden bunt beschrifteter Körper – wobei sich die Schrift genauso wie der Textinhalt an die jeweiligen Flächen und Rundungen anpaßt, sie also nicht retuschiert – erhält in dieser ungewöhnlichen Konstellation mit Literatur eine neue Ausdrucksform. Er ist entsprechend der Pop-Tendenz der Unmittelbarkeit nicht umkleidet oder bekleidet, sondern bietet sich so, wie er ist. Er bietet zugleich aber derart um einiges mehr. Er spricht ja jetzt zweimal, doppelt, leiblich und literarisch. Es kommt zu einer unmittelbaren, hautnahen Korrelation von Sprache bzw. Literatur und Leib. Auf diese Weise gewinnt einerseits der Inhalt des Textes eine zusätzliche Bedeutung durch die Sprache des Leibes, wie andererseits die Bedeutung des Leibes durch den Text eine recht beträchtliche Interpretation erfährt. Der bloße Leib ist im wahren Sinne des Wortes beschrieben. Er spricht nicht nur seine Sprache, sondern auch noch Schriftsprache.

Doch nicht nur derart physiologische Philologie, sondern auch eine gewisse politische Technologie, ja Night-Club-Politologie wird von der Pop-Literatur vorgestellt. Schließlich wurden ja die meisten politischen Entscheidungen bereits zu Zeiten der Königin von Saba wie der Kleopatra, von den vielen Louis auf dem Königsthrone Frankreichs ganz zu schweigen, zumeist im Séparée ausgeheckt. In der Publikation „Makrelen für Kalliope", herausgegeben von der Kieler Studentenzeitung „Skizze" (1966), steht folgendes Gedicht von Hartmut Püschel mit dem Titel „Pech":

Mir ist mein Stalin davongelaufen.
Ich hielt ihn tagsüber im Kühlschrank versteckt.
An einem Samstag gab ich ihm frei,
lieh meinen Anzug. Er ging in die Florida-Bar
(dort spielt eine Damenkapelle aus Prag).
Ich wartete lange an jenem Abend,
aber der Kerl kehrte nicht zurück.

Dieses Pop-Gedicht von 1966 könnte man geradezu eine visionäre Persiflage des 21. August 1968 nennen. Die Stalinisten bleiben in Prag kleben.

Pop-Art und so auch Pop-Literatur standardisiert, typisiert, zumal ja in der normierten Industriegesellschaft und Polit-Bürokratie von Charakteren kaum mehr die Rede sein kann. Der Pop-Praktiker und Pop-Theoretiker Andy Warhol hat in einem Interview mit G. R. Swenson im Jahre 1963 folgendes gesagt: „Jedermann sieht gleich aus und handelt gleich, und wir machen immer weitere Fortschritte auf diesem Weg. Ich glaube, daß jeder eine Maschine sein sollte. Ich glaube, daß jeder wie jedermann handeln sollte." – „Ist es das, worum es bei der Pop-Art geht?" – „Ja, es bedeutet, die Dinge zu mögen." – „Und die Dinge mögen ist wie eine Maschine sein?" – „Ja, weil man jedesmal dasselbe tut. Man tut es immer wieder." So erscheinen in der Pop-Lyrik z. B. die Mädchen als Sex-Maschinen, als fabrizierte Individuen, eben als Puppen, alle sexy, alle mehr oder weniger verwendbar, mit Nylonschenkeln, düpiert, geledert, das eine der Refrain des anderen, jedes sozusagen ein personifiziertes Rezitativ, alle zusammen ein Sexrhythmus ohne Ende. Wolf Wondratschek schrieb das Pop-Gedicht „Puppen", 43 Liebesgeschichten in Kurzversen, Variationen einer sexuell-pornographischen Psychotechnik der College-Girls bzw. Gymnasial-Maiden des zeitnahen Germano-Amerikanismus:

Didi will immer. Olga ist bekannt
dafür. Ursel hat schon dreimal
Pech gehabt. Heide macht keinen
Hehl daraus.
Bei Elke weiß man nicht genau.

Petra zögert. Barbara schweigt.
Andrea hat die Nase voll. Elisabeth
rechnet nach. Eva sucht überall.
Ute ist zu kompliziert.
Gabi findet keinen. Sylvia findet
es prima. Marianne bekommt
Anfälle. Renate spricht davon.
Edith weint dabei. Hannelore lacht
darüber. Erika freut sich. Bei
Loni könnte man einen
Hut dazwischenwerfen.
Katharina muß man dazu überreden.
Ria ist sofort dabei. Brigitte
ist eine Überraschung. Angela
will nichts davon wissen.
Helga kann es.
Tanja hat Angst. Lisa nimmt
alles tragisch. Bei Carola, Anke
und Hanna hat es keinen Zweck.
Sabine wartet ab. Mit Ulla ist
das so eine Sache. Ilse kann sich
erstaunlich beherrschen.
Gretel denkt nicht daran. Vera
denkt sich nichts dabei. Für
Margot ist es bestimmt nicht
einfach.
Christel weiß, was sie will. Camilla
kann nicht darauf verzichten.
Gundula übertreibt. Nina ziert
sich noch. Ariane lehnt es
einfach ab. Alexandra bleibt eben
Alexandra.
Vroni ist verrückt danach.
Claudia hört auf ihre Eltern.
Didi will immer.

Die von der Pop-Literatur radikalisierte Typisierung war im Expressionismus vorbereitet, dort jedoch zur expressiven Interpretation der Wesensinhalte verwendet wie etwa die Gelb- und Blau-Figuren in dem Diptychon „Gas“ von Georg Kaiser. Die Typisierung der Pop-Literatur ist jedoch nicht Interpretation, sondern unmittelbare Vergegenwärtigung des normierten Zeitstils der Industriegesellschaft. Dabei kommt es sogar zur Egalisierung der sekundären Geschlechtsmerkmale. Die Buben tragen Frauenhaar und bunte Damenblusen, die Bienen jedoch Blue-Jeans und Brecht-Schnitt. Der konventionelle Frauenrock wird zum allgemeingeschlechtlichen Lendenschurz verkürzt. Die primären Geschlechtsmerkmale bleiben zwar in ihrer nun einmal nicht zu ändernden Unterschiedlichkeit erhalten. Doch sie treten dafür in ihrer natürlichen Uniformiertheit auf, wie nun einmal nachts alle Katzen grau zu sein pflegen und alle Menschen nackt das gleiche haben, der eine ausgeprägter, der andere weniger prononciert. Literarisch spiegelt sich diese Uniformiertheit der Natur und der technisch-medizinisch denkenden Gesellschaft in der Verwendung der immer gleichen Vulgärausdrücke für solche eigentlich individuellen Sachen. Auf eine subjektive, individuelle Formbehandlung wird verzichtet. Die Trivialität triumphiert. Dies geschieht zugleich auch aus Protest gegen die verlogene „Würde des Sujets". Der Generalnenner, auf den alles gebracht wird, ist von überzeugender Deklarierung: „Alles ist Klasse" oder „Alles ist Scheiße!"

Andererseits erfolgt durch die Pop-Literatur aber auch eine Nobilitierung, ja Ästhetisierung der Dingwelt, des Alltäglichen, des von der herrschenden Honorität Übergangenen, Weggeworfenen, wodurch die sogenannte Abfallkunst der Gegenwart schockiert. Auch das Kind praktiziert ja diese Tendenz der Verwendung des Abfalls, des Unscheinbaren, zur Installierung seiner Märchenwelt. Es will nicht die vorfabrizierten Vollendungen der Erwachsenen, sondern gleich einem Prometheus Gottheiten aus der Produktion der eigenen Phantasie. In Rilkes „Geschichten vom lieben Gott" (1904) erklären die Kinder einen Fingerhut zur Realisation Gottes. Denn nur so ist er gebrauchbar. Ein Gott hinter Wolken und in Ewigkeiten gibt nichts her.

Beat-Ideologie: Vergöttlichung des Abfalls

Die Radikalisierung der Abfallkunst durch Pop-Art ist eine künstlerische Konsequenz der Bedingungen und Ergebnisse der nicht weniger radikalen, ja sich verabsolutierenden Industriegesellschaft. Schwitters' Klebebilder und Picassos Verwendung eines rostigen Fahrradwracks zur Herstellung eines Kunstwerks, das inzwischen zu einem Standardexemplar abendländischen Kunstwillens avancierte, werden als Vorläufer dieser Produktionsmethode erkennbar. Die moderne Industriegesellschaft ist in ihrem Lebensstil auf eine Steigerung von

Produktion und Konsum spezialisiert. Durch die Maschinierung, Automatisierung inklusive der zunehmenden Verwendung von Computern wird mehr produziert und konsumiert als je zuvor, auch hinsichtlich der Menschensubstanz, die in Klinik-Fabriken mit immer geringerer Ausfallspanne und Verlustziffer produziert wird und sich selbst mehr und mehr technisch verkonsumiert, als Produktions-, Verwaltungs-, Sex- oder Kriegsmaschine. Durch die Steigerung von Produktion und Konsum kommt es aber auch zu einer Steigerung des Abfalls. Ein Raumschiff eignet sich bekanntlich nur für ein einziges Raumunternehmen und fliegt dann in den Müllkasten oder landet in einem Museum, was das gleiche ist. Die Industrie spezialisiert sich auf die Herstellung von Kleidern, Hemden, Plastikbechern, Flugzeugbestecken, Tisch- und Taschentüchern, die nach einmaligem Gebrauch weggeworfen werden, deren Müllwert nach Verwendung bereits bei den Herstellungskosten einkalkuliert ist. Die Gebrauchsspanne aller Kulturgüter inklusive der Kunstgüter verkürzt sich zusehends. Das generelle Großstadtproblem ist nicht mehr der Verkehr, sondern der Müll, besser gesagt die Müllbeseitigung. Eiermann plädiert dafür, die Leichen künftig in den Weltraum zu schießen. „Weg damit!" Der Atommüll macht bereits internationale Konferenzen erforderlich. Wenn die Arbeiter der Müllabfuhr streiken, wirkt sich das auf die gesellschaftliche Situation verheerender aus als ein Streik der Produktionsarbeiter. Der momentane Schrott- und Leichenabfall des Eisenbahn-, Auto- und Flugverkehrs, also einer friedlichen Gesellschaftsbewegung, übersteigt längst den momentanen Jahresdurchschnitt des Abfalls aus kriegerischen Auseinandersetzungen herkömmlicher Art.

So artete die Wegwerfbewegung, die Geste der Abfallbeseitigung zur Basis einer dazu reziprok wirkenden neuen Ideologie aus, zur Beat-Ideologie, zur Vergöttlichung des Abfalls, der kleinen Töne, der Banalitäten, der lächerlichen Melodien, die mit Verstärkern aufgedreht werden, die überdimensional wie Sirenengeheul und mit geradezu faschistischer Brutalität über die Rampe stürmen. Beat-Literatur hat trotz Ähnlichkeit in der Schreibweise nichts oder nur zum Teil etwas mit Beate Uhse aus Flensburg zu tun. Die Beat-Literatur bedient sich wie die Beat-Musik der Wegwerfbewegung. Wie die Beatmusiker ausrangierte Uniformstücke und Haartrachten für sich aufpolieren und das, was sie mit ihren Instrumenten produzieren, über die Rampe schleudern, nicht ohne dabei die Schleuderbewegung mit ihren Musikalien gestikulierend zu imitieren, so verfahren auch die Beat-Literaten bei ihrer Produktion, und zwar hinsichtlich Gestus,

Material und Verfahrensweise. Beat-Lyrik will Situationsstil, Momentstil, keine Produktion mit Ewigkeitswert, keine Inhalte mit Transzendenz, sondern erfüllende Deklarationen des Glücksgefühls, hier, jetzt, sofort und ohne viel Umschweife. Die Beat-Literaten improvisieren, freuen sich über eine geglückte Wendung, über ein Wort oder einen Satz, der im richtigen Augenblick Balsam ist und morgen seelenruhig Abfall bedeuten kann. Sie hämmern also ihre Verse nicht in Marmor, sondern verfassen Texte als schnellebige Liebesbriefe voll Sehnsucht und Direktheit des Wunsches an Baby, das jedes Baby sein kann, weshalb alle Babys davon hingerissen sind. Ihre Wortfetzen sind so rasch verkonsumierbar wie der Hinweis eines Verkehrsschildes, an dem man vorüberrast, das einen guten Rat gibt und vor Unfall bewahrt. Sie sind Zeichen entlang des rasenden Lebensweges, jedoch nicht nur Hilfszeichen, sondern auch Vergnügungszeichen.

Beat-Lyrik verwendet kein sogenanntes gutes Deutsch. Die idealistische Sprachtheorie hat das sogenannte gute Deutsch zum Material der Dichtung erklärt. Doch gutes Deutsch macht noch lange keine Dichtung aus, wie Agnes Miegel beweist. Schon Büchner hatte darauf verzichtet, auch Gerhart Hauptmann, und erst recht die Dadaisten, während das Deutsch der Expressionisten konstruiert war. Beat-Lyrik ist unkonventionell und nicht poliert. Die Beat-Sprache ist salopp und kraß, je nach dem Motiv, das dort zur Sprache kommt. Doppeldeutigkeit und Obszönität sind ihr genauso zu eigen wie Sentimentalität und Direktheit. Ein Stil- und Ideen-Mosaik wird deutlich, hinter dem aber eine gemeinsame Grundhaltung steht.

Die beliebtesten Stoffe der Beat-Literatur lieferte die Märchenwelt. Jeder Beatle kleidet sich wie ein Jüngling von General oder Prinz oder Salonlöwe. Er ist Page oder verkappter Gott mit Zeusperücke. Barbarella avanciert vom Beat-Aschenputtel zur Beat-Fee, ja zur tollen Beat-Dame der Weltraumgesellschaft, des kosmischen Establishments, zwar auch gefährdet, wiewohl immer mit der Gelegenheit, selbst unter Bedrohung, die Sexreize zum besten geben zu können, zuletzt aber glückselig in mannbare Engelsarme verstrickt. Die großen Gestalten der Weltliteratur sind gerade gut genug, in den Beat-Helden reinkarniert zu werden. Die Brüder Grimm werden ausgeschlachtet, jedoch im Stil der Beat-Welt.

In dem Buch „Die Abenteuer der Phoebe Zeit-Geist" von Michael O'Donoghue & Frank Springer ist diese Transformierung einer Märchengestalt wie Schneewittchen zur Gesellschaftsbiene vorgebildet. Goethe hatte ja schließlich empfohlen, eine Geschichte richtig nachzuerzählen. Nun, das Schneewittchen von heute verbringt als emanzipiertes Weib ihre Nacht in sieben Betten, mit sieben männlichen Wesen, die für sie nichts als Zwerge sind, alle namenlos im Gebrauch wie Strichdamen, tagsüber jedoch recht tüchtig für den Lebensunterhalt ihrer Heroine tätig und des Nachts nicht weniger parat. Zu guter Letzt, nach durchtobter Jugend, landet das Schätzchen, das jetzt zur letzten Sache kommt, in den Armen eines Prinzen, eines Lords, eines galanten Vertreters des Establishments, der nicht auf die Vergangenheit schaut, wozu, sondern auf die eingeübte Tüchtigkeit Wert legt und mit seinem guten Namen so wie mit Kapital den friedvollen Lebensabend der Süßen sichert. Dementsprechend erscheinen auch die Helden und Heldinnen der deutschen Comic-Strips nach Beat-Manier, wie sie Meysenburg, der 1941 in Giessmannsdorf bei Bunzlau geboren wurde und bei Adorno seinen Studien-Segen empfing, mit Stift und Feder, bildlich und sprachlich produziert hat. Die Damen sind Richard-Wagner-Nymphen aus der DDR, dialektisch aufgeklärt, und die Herren Supermen aus Frankfurt á la made in USA, jeder ein Muskelprotz und auch sonst standardisiert. Diese Plakatsöhne Nietzsches, praktischere Nachfahren des Übermenschen, steigen nicht mehr witzlos wie Zarathustra in indischen Gebirgen herum, sondern auf anderen Erhöhungen, und gebrauchen das Ihre in direktem Sinn. Der Superman der Beat-Welt ist märchenhaft gekleidet, halb als Prinz und halb als Astronaut. Er tritt auf wie ein Nachkomme des Engels der „Duineser Elegien" Rilkes: „[. . .] und gesetzt selbst, es nähme / einer mich plötzlich ans Herz: ich verginge von seinem / stärkeren Dasein [. . .] hochauf- / schlagend erschlüg uns das eigene Herz." „Paff" würde es machen und „Usch". Dieser Superman schafft halt Positionen, ist in Position, wirft sich in Positur und ist außerdem possierlich.

Nicht nur Rilkes konsequenter Gabriel, sondern auch Goethes Egmont fand in der Beat-Literatur als Prägeform Verwendung, so z. B. in dem Buch „Sprechblasen" (1968) von Ernst Jandl. Im dort veröffentlichten Liebesstück mit dem Titel „Egmont" heißt es:

egmont:
        : ißt Käse
        :: mmmm
Klärchen:
        : n
egmont: masturbiert
klärchen: ooo
egmont:
        : aaaa

Darauf folgt erst einmal Schweigen. Dann faßt sich Klärchen und macht es, von Egmonts Liebespraxis überzeugt, diesem nach. Auch sie ißt Käse und masturbiert. Finis. Die Stereotypie der Industrieprodukte, der Serienproduktion, der Zivilisationsrituale, der klotzigen Großstadtöde, der Massengesellschaft legt solche apollinischen Eier. Nicht das Große, nicht das Erhabene, nicht das eindrucksvolle Symbol besitzen regulative und exemplarische Bedeutung für die Masse.

Das Individuum aus der Masse wird zum bereits vorfabrizierten Symbol hinaufgesteigert. Odysseus erscheint nicht mehr als der antike Held, als der Schlaukopf des Homer, sondern als Durchschnittsbürger, ja in jedem Durchschnittsbürger auf der Straße, wie ihn James Joyce bereits 1922 in seinem „Ulysses" vorstellte. Und dementsprechend säuft heute Hamlet seinen Whisky pur auf einer Party und Werther seinen Henckell Trocken im Bordell, ehe der eine Hand an andere und der zweite an sich selbst legt. Die Beats sind auch im Alltag Kinohelden, ein James Dean, eine Bardot, ein Tarzan. Brinkmanns Gedicht „Tarzan" lautet: „Ich erinnere mich/ noch sehr gut/ an mich selbst// und an die/ verschiedenen Größen/ der Lendenschürze/ von Johnny/ Weismüller/ bis zu Lex Barker/ in meiner Jugend/ war ich Tarzan// Johnny Weismüller / war Berufsschwimmer / ich auch / und der See / in dem er schwamm / war wirklich aus Wasser / das Krokodil aus Plastik."

Hippie-Welt: welkende Blütenträume

Grillparzer vertrat in seiner Novelle „Der arme Spielmann" die Ansicht, daß man in einer armen Magd die Größe einer Dido, Julia oder Medea entdecken könne. Auch jener Mann, dem Edgar Allan Poe in „The Man of the Crowd" durch die Straßen Londons nachgeht, war bereits eine Reinkarnation des herumirrenden Odysseus. Und Giraudoux und Cocteau haben innerhalb ihrer Werke immer aufs neue die alten Menschenbilder der Moderne entdeckt, und zwar stets in abseitigen Individuen.

Rilkes berühmter Malte Laurids Brigge, Prototyp des modernen Menschen, ist Hamlet, Hirte der Antike und Verlorener Sohn zugleich. Jene steigernde Typisierung abseitiger Individuen, wie sie in Entsprechung zu großen Vorbildern nicht nur von den Beat-Literaten, sondern auch von den literarischen Klassikern betrieben wurde und wird, hat van Gogh hinsichtlich der Dingwelt praktiziert und verdeutlicht. Er schrieb 1883 aus Den Haag an seinen Freund Rappard folgende Zeilen: „Heute habe ich dem Ort einen Besuch abgestattet, wo die Aschenmänner den Kehricht hinbringen. War das schön! Ich bekomme morgen ein paar interessante Stücke von dem Kehrichthaufen, unter anderem kaputte Straßenlaternen, damit ich sie betrachten oder, wenn Du willst, als Modelle benutzen kann. Sie sind verrostet und verbogen – der Aschenmann soll sie mir bringen. Es wäre etwas für ein Märchen von Andersen, diese Sammlung von abgedankten Eimern, Körben, Kesseln, Eßgeschirren, Ölkannen, Eisendrähten, Straßenlaternen, Ofenrohren [. . .] Ich werde heute Nacht wohl davon träumen, aber vor allem diesen Winter beim Arbeiten. Wenn Du wieder nach Den Haag kommst, empfehle ich mich bestens, Dich einmal zu diesem Platz zu führen und noch zu ein paar anderen, die, so unansehnlich sie auch sind, für einen Künstler doch ein Paradies bedeuten [. . .]"

Die Paradiesvorstellung auf Erden, die Traumwelt und Faszination, ja Magie, das Märchenhafte, von denen hier die Rede ist, sind Symptome der späteren Hippie-Welt.

Die Verse der Hippie-Literatur gleichen welkenden Blütenträumen. Ihr Rhythmus orientiert sich nicht am Mienenspiel, sondern am Schenkelspiel junger Mädchen. Jenes faszinierende Antlitz der Geliebten, von dem Rilke, der Großonkel der Hippies, schwärmte, liegt für sie nicht über dem Halbmond des Kinnes der Angebeteten, sondern unterhalb des Vollmonds ihrer Nabelpartie. Die wuchernde Schriftform der Hippies, wehend wie die Fahne des Rilkeschen Cornets, entstammt dem Jugendstil, wo ja bekanntlich auch bereits eine Wälzerei auf Blumenwiesen und in Birkenwäldchen stattzufinden pflegte. Rokoko des Industriezeitalters spielt sich ab. Schäferstündchen nicht mehr im galanten Hofstil, sondern im lieblichen Massensex finden statt. Von Rasputin haben sie nicht nur den langen Haarwuchs und die Faszination des Wortes, sondern auch die Mystifizierung des Sexuellen, von Sokrates nicht nur den Bartwuchs und den bisexuellen Hang, sondern auch die Skepsis und Dialektik des Denkens, von allen zusammen aber das Antibürgerliche, das Außergesellschaftliche geerbt. Fidus, der Naturapostel und Schönheitsgraphiker, der ästhetische Wandervogel und Liebesjünger der Jugendlichkeit, hat ihnen vieles am Rande der Großstadt Berlin vor mehr als dreißig Jahren vorweggenommen.

Auch die Hippie-Barden sind wie die Pop- und Beat-Literaten im Grunde genommen auf Realität aus. Diese Blumenkinder, Hautdekorateure, Achselschnörkler und Lendenpinsler, diese sanften Konterrevolutionäre der Bourgeoisie, Massenindividualisten und LSD-Romantiker, jeder Leib eine Drogen-Montgolfiere, Nachfahren der Wandervögel, nur nicht so stramm und straff, sondern ehrlicher in ihrem fleischlichen Ethos einer generellen Hingabe, Brüder und Schwestern des Heiligen Franz von Assisi, sie wollen nichts als die Realität des Glücks. Und sie suchen sie mit den Mitteln, die das technische Zeitalter erfand, so z. B. auch mit der Droge LSD, nachdem das gleiche technische Zeitalter ihnen alles übrige nahm, die Romantik der Jugend, die Nestwärme der Eltern, die Möglichkeit der Illusion. Es geht ihnen um die Realisierung, um die Tatsächlichkeit im Rausch: Dort werden ihre Märchen wahr. Denn gerade im Traum- und Rauschhaften kommt es zur Koppelung ungewöhnlicher Fakten, zur Vermählung von Cinderella mit Superman. Novalis hatte prophezeit: „Kommen die fremdesten Dinge durch einen Ort, eine Zeit, eine Ähnlichkeit zusammen, so entstehen wunderliche Einheiten und eigentümliche Verknüpfungen – und eines erinnert an alles, wird das Zeichen vieler." Freuds Symbolwelt der vielgedeuteten Eindeutigkeit findet in der Hippie-Literatur eine psychedelische Rekapitulation. „Anspitzen", „hobeln", „geigen", „durchziehen" usw. sind Wortbeispiele dieser Art für einen einzigen Akt. Und dennoch ist jeder sofort verständigt. Vom Märchenhaften der Groteskkoppelung zum Wunderbaren ist es schließlich ein kleiner Schritt. Batman, Superman und Weißer Riese schweben durch die Lüfte wie Ionescos Fußgänger der Luft, wie Ikaros und wie Leonardos technische Wunschträume. Nur sind sie in ihrer wunderbaren, fast komischen Erscheinung nicht mehr heroisch, keine Genien, sondern Geschwister der Verkäuferin Jolly Boom, wie sie Meysenburg vorstellte, befriedigt durch ihresgleichen. Ohne Problematik gehen sie aufs Ganze, zwingen Weiß rein und Grau raus, sind liebesparat ohne psychologische Präliminarien, klären die Lage ohne viel Worte.

Demonstration des Zeitbewußtseins – und seiner Kehrseite

Schon Flaubert hat von der Sympathie zum Banalen gesprochen: „Das Gemeine zieht micht an, es ist das Erhabene von unten, wenn es wahr ist, ist es eben so selten wie das von oben." Der Übermensch bekommt in der Hippie-Literatur eine menschliche Akzentuierung, wird hilfreich, segensreich, erfüllend. Die Industriegesellschaft lebt von Superlativen, schafft sich kraft des technischen Fortschritts das Paradies auf Erden, die Mühelosigkeit im Haushalt und Betrieb, transportiert Theater durch Fernsehen ins Zimmer, etabliert Komfort als Idylle des Luxus auf Luxusbetten, in Luxuswannen, Luxusautos, Luxusklasse, schafft die Folge der Erbsünde, die Arbeit, durch Automaten ab. Die Pop-Art, Beatproduktion und Hippie-Literatur sind Demonstrationen dieses Zeitbewußtseins und seiner Kehrseite. Sie sind mehr als originelle Urkunden, Zeugnisse der Zeit, selbst gegenüber kirchlichen Festen nicht abgeneigt, wie das Weihnachtsgedicht von Heidi Frommann zeigt:

weihnachten klemme ich mir
je ein sträußchen beifuß hinter die ohren
streiche eine brust silbern die andere golden
und stecke mir eine honigkerze
in den nabel
durch die nasenlöcher drehe ich mir
weihrauchstäbchen in die augen
flechte lamettafäden zwischen meine zehen
und male mir grüne tannenbäume
auf die fingernägel
in die kehle lege ich verheißung
unter die zunge ein zimtplätzchen
und singe

Underground-Hektographen: frei von Tabus

Während Pop-Literatur nicht schön, sondern gefällig sein will, Beat-Literatur von der Individualität selbst in der Masse nicht loskommt und Hippie-Literatur die sanfte Gewalt propagiert („Liebet eure Lehrer! Brüllen sie euch an, stopft ihnen Blumen in den Mund!"), gibt es für die Underground-Literatur keine Tabus mehr. Hier scheint im deutschen Sprachraum eines der weiblichen Mitglieder der Gruppe 47, also der literarischen Konterrevolutionäre Westdeutschlands, nämlich Gisela Elsner, wenn auch auf anderem Gebiet, eine tüchtige Vorarbeit geleistet zu haben. In ihrer Erzählung „Das Achte" brutalisiert sie die Machtergreifung der Kinder mit einem Schauprozeß der Eltern, der Urteil und Exekution zugleich ist. Die an die Macht gelangten Kinder, also die Erzeugnisse der bürgerlichen Ehe, binden ihre Erzeuger aufeinander und zwingen sie zum nächsten Zeugungsakt unter ihrer Zuschauerschaft. Underground-Literatur ist nicht weniger rigoros. Nur ist sie primär politisch, nicht erst über Metaphern. Ja, sie ist zumeist maoistisch. Sie will Agitation und Revolution mit allen literarischen Mitteln. Religiöse Ambitionen wie innerhalb der Beat-Literatur sind ihr fremd, wiewohl sie sich, aus der Beat-Literatur entwickelt hat. Sie ist engagiert. Sie will es sein. Sie ist wie die Underground-Literatur in USA, England und Frankreich auf eine Änderung der gesellschaftlichen Verhältnisse aus.

Die deutsche Underground-Literatur erreicht ihre Leser selten über Setz- und Rotationsmaschinen, sondern meist auf hektographierten Texten. Ihre Filme werden nicht in kommerziellen Kinos auf die Leinwand geworfen, und ihre Theaterteams meiden die spätbürgerlichen Musentempel. Sie spielen auf der Straße. Nicht christliche Heiterkeit, sondern proletarischen Spaß, nicht frustierte Liebe, sondern echten Sex, nicht bürgerliche Klassik, sondern freche Agitation werden gewollt. Grass ist für sie ein korrumpierter Bierbürger und Gisela May kaum mehr als ein schlaffes Brecht-Schätzchen, Handke ein Salonlöwe, ein Kapitalistenknecht zur schreierischen Vertuschung der Probleme, womit er noch dazu Geld scheffelt. Zentren der deutschen Underground-Literatur sind Mainz, Berlin, Nürnberg, Hamburg und München. In Berlin produzieren die Kommunarden Langhans und Teufel und der Außenministersproß Peter Brandt. In Hamburg ist die Ex-Fernsehansagerin Petra Krause als Mäzenatin von Underground-Filmen tüchtig. In Nürnberg agitierte satirisch der Ex-Kabarettist Blome auf öffentlichem Podium. Nach dessen Liquidation durch die demokratische Polizei unterhält er in seinem Buch- und Zeitschriftenladen „Cuba Libre" einen Umschlageplatz für Produktionen aus den unterschiedlichen Underground-Pressen, darunter das Nürnberger Blatt „Zündholz – Zeitschrift für Schüler", Chefredakteur Rolf Huwendieck, ein Gänseblümchen im Vergleich zu den Bürgerschreck-Postillen aus der ersten genossenschaftlichen Druckproduktion der Berliner Kommune I mit Kunzelmann, Langhans und Teufel, die jene Tradition von Büchners „Hessischem Landboten" progressiver fortsetzten als das Stiftungsblatt der Gruppe 47. Kein Wunder, daß die neidischen Väter der etablierten Marktgruppe, nämlich Hans Werner Richter, Günter Grass und Walter Jens, altväterliche Urteile darüber fällten. Die Ausstattung ist übrigens bibliophil, der Preis aber proletarisiert. Bernhard Fleischer, zweiundzwanzigjähriger Exoberschüler, gibt das 50-Pfennig-Blatt „Linkeck – Underground Zeitung Berlin" heraus, zusammen mit dem Ex-Schriftsetzer Bernd Kramer und Ex-

Buchhändler Hartmut Sander. Es erscheint mindestens zehnmal im Jahr, agitiert rot-schwarz wie die Bild-Zeitung, was aber nichts als Camouflage ist, wie es bereits die Schlagzeilen verdeutlichen: „Treibt Bonn in den Notstand!", „Wer Grundnahrungsmittel bezahlt, ist reaktionär!", „Alle Macht den Räten?", „1 Tag aus dem Leben des Klaus Schütz", „Sozialisiert die Bundesbahn: fahrt umsonst!" Die erste Nummer erschien in einer Auflagenhöhe von 5000 Exemplaren, die aber Herr Amtsgerichtsrat Dr. Filzinger „anstößig" fand. Nachdem sich eine Nummer mit dem Kopf des Berliner Springerblattes BZ getarnt hatte, was den Redakteuren eine Klage wegen Vertoßes gegen das Warenzeichengesetz einbrachte, widmete die nächste Nummer dem beanstandenden Herrn Amtsrichter Dr. Filzinger eine ganze Seite mit Konterfei als Korpsstudent unter dem Titelkopf des „Völkischen Beobachters", wo er sich wohl gut plaziert vorkommen mochte, nicht ohne ihn mit einem Kranz lesbisch aktiver Damen zu garnieren, was wiederum für ihn ja ungefährlich, kaum überanstrengend sein mochte. In „Linkeck" kann man fingierte Interviews mit der Gattin des in München während der Vor-Oster-Demonstrationen durch einen Steinwurf getöteten AP-Fotografen Kurt Frings und mit dem Dutschke-Attentäter Bachmann lesen, der dort gesteht: „Ja, selbstverständlich habe ich jeden Morgen Bild gelesen, eine der wenigen akzeptablen Zeitungen Deutschlands."

Weitere Berliner Underground-Blätter sind „Charlie Kaputt" und „Neuer Roter Turm", ein 1000-Exemplar-Blatt, dessen prominentestes Redaktionsmitglied der Star des „Katz und Maus"-Films Peter Brandt ist. Die CDU brachte eine Anfrage im Abgeordnetenhaus ein, was der Senat gegen den Vertrieb dieses Blattes zu unternehmen gedächte. Das Rechtsamt Zehlendorf leitete gegen die Redakteure des „Neuen Roten Turms" anläßlich eines Artikels über Greueltaten des Franco-Regimes eine Ermittlung wegen „Verbreitung jugendgefährdender Schriften" ein. Das Blatt befaßt sich kritisch mit der Sexualnot der Jugend, propagiert für erweiterte Schülermitverantwortung und druckt gern Texte des Polit-Barden Franz-Josef Degenhardt, also von dem West-Pendant zu dem Ost-Bänkler Wolf Biermann. Horst Bingel hat mit seiner in Frankfurt herausgegebenen „Streit-Zeitschrift" ein bereits über die Grenze Deutschlands hinaus bekanntes Publikationsorgan des inzwischen etablierten Teils deutscher Underground-Literatur geschaffen. Knut Estoam und Tobias Zeck haben versucht, die Lokal- und Zeitsituation dieser neuen Literatur der Pop-Produzenten, Beat-Barden, Hippie-Sänger und Underground-Agitatoren in ihrem Kollektiv-Gedicht „happy days" einzufangen:

Komm in das leergefreßne Haus und schau:
Den Schimmer babylonischer Gelage
Der Schaukelstühle vielbeseßnes Blau
Die vielen Blumen im Verblühen grade.
Nun holt die Ölsardinen von dem Speicher
Und klopft das Kotlett von der Süßen weicher;
Die späten Rosen welkten noch nicht ganz,
Erhebt euch, kleidet euch zu Lyriks Mummenschanz.
Vergiß auch diese letzte Camel nicht,
Ein Kasten Bier läßt uns noch einmal schweben,
Und auch was übrig bleibt vom süßen Leben
Verwelkt dann rasch im herbstlichen Gedicht.

1969

Das Dokumentartheater als Teil der literarischen Dokumentation

Hegel hat hinsichtlich der Entstehung eines Kunstwerks von dem dafür notwendigen Verhältnis dreier Fakten bzw. Faktoren gesprochen: Wirklichkeit, Künstler und Kunstwerk. Die Wirklichkeit als Inbegriff der historischen und gesellschaftlichen Phänomene wird durch die Formkraft des Künstlers im Kunstwerk „aufgehoben". Sie wird dort „transparent", also erkennbar fixiert. Es liegt im Wesen jeder Relation, daß sie sich, sobald eines ihrer Momente sich verwandelt, auch in ihrer Gesamtheit verändert. Da die Wirklichkeit einen Prozeß darstellt, nämlich den der Geschichte, fordert sie vom Künstler als Teil der Wirklichkeit entsprechende Kunstwerke. Die Produktionskraft des Künstlers und die Form des Kunstwerks sind abhängig von den jeweiligen historischen und gesellschaftlichen Fakten. Jede Zeit bedingt also ihre besonderen künstlerischen Produzenten und Produktionsmethoden.

Bereits Hegel folgerte nach seiner retrospektiven Analyse der Geschichte ein „Ende der Kunstperiode", weil der Prozeß der historischen Wirklichkeit, so meinte er, inzwischen an einem Punkt angelangt sei, wo er die ästhetischen Möglichkeiten der Kunst übersteigt. Mit wieder viel mehr Berechtigung konnte nach 1945 Adorno behaupten, daß nach Auschwitz ein Gedicht zu schreiben nicht mehr möglich sei. Doch wie Hegel irrte insoweit auch Adorno, bedingt durch eine zwar verständliche, aber falsche Einschätzung der noch unmittelbaren Geschichte, daß z. B. die „Fabriken des Todes" zur Zeit Hitlers und alles, was auch außerhalb dieser Mordfabriken an Entsetzlichem geschah, historisch unverständlich seien, die Historie übersteigen. Was der Vorstellungskraft und somit der Verantwortung des historischen Faktors Mensch jedoch entzogen sei, könne und dürfe folgerichtig für die menschliche Form der Ästhetik nicht zuständig sein und demnach nicht mehr Objekt der Kunst werden.

Adorno konstruierte in diesem Fall historische Metaphysik. Er übersah, daß auch die faschistischen Mordfabriken Menschenwerk waren, wiewohl ihre Realität alle bisherigen eschatologischen Vorstellungen, die Höllenvisionen Dantes, die apokalyptischen Bilder von Bosch, Breughel und Grünewald übertraf. Da sie nicht Ergebnisse außermenschlicher Kräfte, sondern historischer Tatsächlichkeiten waren, sind sie aber Geschichte, also Teil des historischen Gesamtprozesses, in ihm „aufgehoben" und deshalb weiter wirksam. Sie besaßen genauso historische Natur, wie jedes Kunstwerk historisch ist, weshalb sie und die Kunst, so grotesk es klingt, sich nicht gegenseitig ausschließen. Der seitdem erfolgte künstlerische Prozeß bestätigt sogar diese These. Auch jene die historische Faßbarkeit angeblich übersteigenden Tatsächlichkeiten zwischen 1933 und 1945 wurden ja inzwischen Gegenstand und waren sogar Orte der Kunstproduktion, für die sich innerhalb der Literatur eine entsprechende Methode entwickelt hat, die sogenannte literarische Dokumentation. Ihre Anfänge sind zu Beginn der vierziger Jahre feststellbar, als der Terror des deutschen Faschismus seinen Gipfel erreichte. Sie entstand damals in Europa, und zwar vor allem in jenen Ländern, die von den deutschen Faschisten besetzt bzw. unterdrückt waren. Von Anfang an stand sie in einer dialektischen Relation zu den historischen und gesellschaftlichen Fakten, um deren Aufklärung es ging, war zugleich aber auch Ausdruck einer progressiven menschlichen Haltung, ja eines gerechten Widerstandes gegen Unmenschlichkeit und forderte eine neue Gesellschaft als Konsumenten.

Bekanntlich wird der Kunst vom Wesen her ein Totalanspruch der Motive und eine Ästhetik als Prinzip zugesprochen. Der Tonsetzer Adrian Leverkühn im „Doktor Faustus" von Thomas Mann fordert dementsprechend wie sein Prägemuster Faust innerhalb der Produktion alles oder nichts. Bertolt Brecht wiederum, zwar Meister des Lehrstücks und des politischen Dramas, der historischen und gesellschaftlichen Agitation auf der Bühne, gebrauchte dennoch recht gern die Wendungen: „Schönheit produzieren" oder „die elegantere Lösung".

Wie soll jedoch das sozusagen Unfaßliche, das Monströse der letzten historischen Vergangenheit Deutschlands (z. B. die Endlösung der Judenfrage), aber auch das kaum weniger Monströse der Gegenwart (Vietnam, Biafra) in seiner Totalität künstlerisch faßbar, als Lyrik mittelbar, als Epik erzählbar und als Dramatik darstellbar werden? Wie soll es überhaupt Bild werden, ein Kunstprodukt, dessen Zweck darin besteht, auch das Scheußlichste in seiner Wahrheit wie Wirklichkeit nicht nur total und ästhetisch wiederzugeben, sondern dabei zugleich auch jenen Anspruch der Kunst zu realisieren, den Rilke in den beiden Schlußversen des Gedichtes „Archaischer Torso Apollos" zwar reichlich pathetisch, aber im Grunde richtig formulierte: „denn da ist keine Stelle, die dich nicht sieht. / Du mußt dein Leben ändern!" Die Musik hatte durch das Zwölftonsystem, durch die Entdeckung etwa des Glissandos als musikalisches Mittel und später durch die Möglichkeiten des elektronischen Klangmaterials bereits eine adäquate Kompositionsmethode entwickelt, um z. B. jene „Höllen auf Erden" auf ihre Weise zu vergegenwärtigen, wie es etwa Luigi Nono in seinem Werk mit dem Thema Auschwitz versucht hat, das er im Tonstudio von Radio Milano montierte. Eine Demonstration gleicher Art ist die Kollektivkomposition „Jüdische Chronik" von Boris Blacher, Paul Dessau, Karl Amadeus Hartmann, Hans Werner Henze und Rudolf Wagner Régeny. Hans Werner Henze hat mit seinem Oratorium „Das Floß der Medusa" und seiner Kantate „Versuch über Schweine" den historischen und gesellschaftlichen Motivkreis sogar noch erweitert.

Auch der bildenden Kunst standen jenseits der traditionellen, vor allem realistischen Vergegenwärtigung bereits überzeugende Möglichkeiten der Verarbeitung jener Fakten zur Verfügung, von deren Unfaßlichkeit die Historiker und Philosophen reden. Der Expressionismus, die photographische Montage und vor allem der sogenannte abstrakte Stil, aber auch die akzentuierende Methode der neuen Sachlichkeit lieferten entsprechende Ansätze. Picassos Bild „Guernica" mit seinen pornographisch-agitatorischen Vorstudien, die antifaschistischen Werke von George Grosz und John Heartfield, der Entwurf zum „Denkmal des unbekannten politischen Gefangenen" von Red Butler, Otto Herbert Hajeks Kreuzweg der für die Opfer des 20. Juli gebauten Kirche „Maria Regina Martyrum" in Berlin oder das wie ein Steinbruch aus Sarkophagen gebildete Ehrenmal auf dem Gelände des Lagers Auschwitz sind in dieser Hinsicht gültige Beispiele der auswertenden Realisation schon vorhandener Methoden.

Die Literatur mußte sich im Sinne des eingangs erwähnten Hegelschen Modells ihren Stil für die neue Wirklichkeit erst entwickeln, erarbeiten, ja erleiden. Eine Analyse des Buches „Theresienstädter Requiem" von Josef Bor, Paradigma literarischer Dokumentation aus dem tschechischen Sprachbereich, liefert Belege für die Tatsache, daß diese Idylle der grausamen Größe des Menschlichen, wobei der Begriff der Idylle im Sinne der Produktion Georg Trakls zu verstehen ist, nicht nur in der Erfahrung, sondern auch bei der Niederschrift erlitten wurde. Das Erleiden oder Mitleiden erweist sich in allen Werken der literarischen Dokumentation als thematische Quelle und formales Regulativ. Die literarische Dokumentation ist demnach eine Literatur der historischen Passion, ihrer Betroffenen und ihrer Zeugen.

Nach 1945 ergriff die literarische Dokumentation alle literarischen Gattungen und entwickelte sich neben der sogenannten Phantasieliteratur zu einer zweiten Weise literarischer Erkenntnis und Demonstration. Während im Bereich der Lyrik, bedingt durch die dortigen Formgesetze, vorerst nur Versuche auftauchten wie etwa die „Moabiter Sonette" von Albrecht Haushofer, der Zyklus „In den Wohnungen des Todes" von Nelly Sachs und die „Todesfuge" von Paul Celan, häuften sich im Bereich der Epik, deren Stil dem Protokoll verwandt ist, Tendenzen und Beispiele literarischer Dokumentation. Anna Seghers hat mit ihrem Buch „Das siebte Kreuz", das sie „den toten und lebenden Antifaschisten Deutschlands" widmete, ein zeitloses Zeitdokument über jenes Land geliefert, „von dem es heißt, daß die Geschosse des letzten Krieges jeweils die Geschosse des vorletzten aus der Erde wühlen". Die zumeist synthetischen Sätze des Buches, in denen protokollarischer Stil und symbolischer Inhalt miteinander verschmelzen, bilden ein literarisches Denkmal für die Verfolgten des deutschen Faschismus, eine Erörterung der historischen Ursachen und eine Belehrung für die Nachfahren. Wolfgang Borcherts Erzählung „Das Brot" vergegenwärtigt wie sein Stück „Draußen vor der Tür" in Form einer fast reportagehaften literarischen Dokumentation die Begegnungen des Opfers der Geschichte mit den Unbelehrbaren der Geschichte. Es dokumentiert Geschehnisse, dic tatsächlich und häufig stattgefunden haben, jedoch trotz ihrer paradigmatischen Härte aus Banalität nicht historisch relevant erscheinen. Der kleine Mann und das sogenannte kleine Schicksal bleiben für die Geschichtschreibung uninteressant, obwohl sie tatsächlich der Grundstoff der Geschichte sind. Albrecht Goes nennt selbst seine Erzählung „Das Brandopfer" eine „gebundene Erfindung". Gebunden an die Tatsächlichkeit der Geschichte, schildert sie einen exemplarischen Fall, der zwar unzählige Male erfolgte, aber niemals dokumentiert und aufgezeichnet wurde, obwohl bereits das 2. Buch Mose, Kapitel 3, Vers 2, auf ihn anspielt. Wiederum handelt es sich um historischen Grundstoff, wie bei Wolfgang Borchert, jedoch gestellt unter ein biblisches Leitmotiv.

Auch die literarische Dokumentation „Nackt unter Wölfen", dieses KZ-Buch von Bruno Apitz, wird von einem Leitmotiv gesteuert. Es ist das im KZ Buchenwald vor seinen Verfolgern versteckte Kind, Symbol der Widerstandskraft und der Untergrundorganisation, Christkind des Proletariats und der politisch Verfolgten. Der Autor, selbst sechs Jahre lang Gefangener im KZ Buchenwald, verwendete als Quelle seines Buches eine Zeitungsnotiz, deren Bericht er mit authentischen Beschreibungen des Ortes und tatsächlichen Geschehnissen des Lagers (Verhöre, Quälereien, Denunzierungen usw.) anreicherte und ausbaute. Er sagt selbst, daß viele Figuren seines Buches „die Namen toter Kampfgenossen aller Nationen" tragen, denen damit ein literarisches Denkmal gesetzt wurde. Die Erzählung „Wanderer, kommst Du nach Spa . . ." und der Roman „Und sagte kein einziges Wort" von Heinrich Böll schlagen einen Bogen aus der Zeit des deutschen Zusammenbruchs in die Zeit der westdeutschen Restauration. Der Autor dokumentiert literarisch Erlebnisse seiner eigenen Generation, liefert davon so engagierte Abschriften, daß der Leser zum richtigen Urteil über die Gesellschaft erzogen wird. Der Erzählung „Die Kommandeuse" von Stefan Hermlin liegt als historischer Fakt die Befreiung der ehemaligen KZ-Aufseherin Erna Dorn aus dem Gefängnis in Halle am 17. Juni 1953 zugrunde. Mit den Mitteln einer dokumentarischen Adaption entwirft der Autor ein mehrfaches Spiegelbild deutscher Vergangenheit und Gegenwart unter seinem politischen Aspekt. Als außerdeutsche Beispiele literarischer Dokumentation im Bereich der Epik können u. a. folgende Werke gelten: (polnisch): „Auschwitzer Erzählungen" von Maria Zarebinska-Broniewska und „Die steinerne Welt" von Tadeusz Borowski, (tschechisch): „Demanten der Nacht" von Arnost Lustig, „Theresienstädter Requiem" und „Die verlassene Puppe" von Josef Bor, „Die Kartei der Lebenden" von Norbert Fryd und „Das Hundekommando" von Karel Fabién.

Im Bereich der Dramatik entstanden die eklatantesten Werke der literarischen Dokumentation, dies vor allem innerhalb der deutschen Literatur, wo sie als Dokumentartheater die Wirkung und Bedeutung des absurden Theaters mit seiner spätbürgerlichen Reaktion und politischen Unverbindlichkeit ablösten. Dokumentartheater entrollt nicht nur historische Dokumente auf der Bühne, stellt nicht nur Fakten fest und berichtet darüber, wie es beim bloßen Dokument der Fall ist, sondern stellt mit jedem Bericht und seiner theatralischen Demonstration zugleich auch Fragen und fordert Antworten. Vor allem aber will Dokumentartheater die Ursachen der Fakten, um die es geht, bloßlegen und tendiert so durch Aufklärung zu einer Vermeidung der Unmenschlichkeit in der Zukunft. Es fungiert also zugleich ästhetisch, wissenschaftlich und pädagogisch.

Das moderne Dokumentartheater hat seinen jugendlichen Vorfahren und zugleich ältesten Lehrmeister in Hamlet, der den am dänischen Hof gastierenden Schauspielern ein vom herkömmlichen Repertoire abweichendes Spiel beibringt. Er liefert ihnen für die Abendvorstellung Stoff und Methode im Sinne eines parabolischen Dokumentartheaters: zur Entlarvung des Mörderkönigs, zur Entschlüsselung der verbrecherischen Motive und Fakten und zur Wandlung der Verhältnisse im Staate Dänemark. Im „Hamlet" von William Shakespeare heißt es: „Das Schauspiel sei die Schlinge, in die ihn sein Gewissen bringe." Gemeint ist der Mörderkönig, der, von den Seinen unangefochten, als Usurpator regiert. Solche einer zwingenden Conclusio gleichkommende Wirkung des Theaters ist jedoch nur möglich, falls der Mörderkönig ein Gewissen hat, wenigstens nachträglich, was z. B. die Angeklagten im Auschwitz-Prozeß nicht einmal angesichts der hart dokumentarisch vor Augen geführten Vergangenheit aufbrachten. Es geht also auch um Gewissensbildung, um Bewußtwerdung des Menschen als historischen Wesens, das der Erinnerung und Verantwortung fähig ist.

Demonstrative Aufklärung und Bewußtseinsbildung mit dokumentarischen Mitteln der Darstellung und Sprache, kritisch und politisch, falls notwendig sogar satirisch und schockierend, das war auch bereits Sache des Bänkelgesangs, der literarischen Bilderbogen und des Puppenspiels, ferner der balladesken Lieder Frank Wedekinds, der literarischen Satire Walter Mehrings und der politischen Verse Kurt Tucholskys, nicht zuletzt aber der Dramaturgie Bertolt Brechts. Brechts Theorien wiederum nutznießten von den Vorstellungen dieser Art, wie sie schon bei Emile Zola („Roman expérimental") und Henri Gartelmann (1892) zu finden sind. Beide forderten hinsichtlich der literarischen Produktion Ausschaltung des Übernatürlichen wie Irrationalen, Anwendung von wissenschaftlichen Methoden und Akzentuierung der historischen Erfahrung. Gartelmann plädierte für eine wirklichkeitsnahe, exakte, ja dokumentarische Sprache auf der Bühne. Entscheidend für die Wirkung eines Stückes sei die Handlung als Demonstration historischer Fakten, nicht aber der Entwurf von Charakteren und die Konstruktion phantastischer Einfälle. Statt Stimmung wird von ihm Information verlangt, statt Spannung Interesse, eine Projektion der Verhältnisse.

Erwin Piscators Totaltheater war schließlich die letzte Vorstufe vor dem Auftritt des Dokumentartheaters. Seine Entdeckung der dokumentierenden Mittel innerhalb der Dramaturgie und Szene, seine Verwendung filmischer und plakativer Elemente, ja überhaupt seine kluge Einbeziehung der modernsten technischen Medien in die Bühnendemonstration und sein politisches Theater für die Massen vermochten der Inszenierungspraxis des Dokumentartheaters entscheidende Initiativen zu vermitteln. In Piscators Bühnenpraxis waren alle dem Dokumentartheater nützlichen Tendenzen und Erfahrungen, wie sie vorweg beschrieben wurden, gebündelt, experimentell getestet und szenisch erprobt. Insofern ist es nicht erstaunlich, daß gerade auch diesem Altmeister der Regie die meisten Uraufführungen von Werken des deutschsprachigen Dokumentartheaters zu verdanken sind, so u. a. von Rolf Hochhuth, Heinar Kipphardt und Peter Weiss. Dabei handelte es sich um Uraufführungen jener Stücke, mit denen übrigens das erste Mal wieder nach 1945, ja nach 1933, zeitgenössische deutsche Dramatik ins Ausland exportiert wurde, um in New York und Moskau, Paris und Warschau, London und Budapest, Rom und Prag gespielt zu werden. Dem Dokumentartheater gelang es, das Interesse und Vertrauen der Welt in die deutsche Dramatik nach den Verschüttungen der faschistischen Kulturdemagogie wieder zurückzugewinnen.

Trotz seines Welterfolges stieß das Dokumentartheater jedoch auf starke Ablehnung. Es mußte nicht selten eine massive negative Kritik einstecken. Die Ablehnung des Dokumentartheaters wuchs mit dessen zunehmender Richtigkeit und Notwendigkeit. Das spätbürgerliche Publikum fühlte sich von ihm nicht nur betroffen, sondern auch angegriffen, die psychologisierende Kritik sogar schockiert. Dokumentartheater will Kunst als Politik. Eine derart progressive These konnte logischerweise nicht nach dem Herzen einer politisch lethargischen Gesellschaft sein. Der Trend des Dokumentartheaters zur marxistischen Ästhetik, wie ihn die Stücke „Lusitanischer Popanz" und „Vietnam Diskurs" von Peter Weiss am konsequentesten demonstrieren, erboste nicht nur den Alleinvertretungsanspruch der kapitalistischen Gesellschaft auf sogenannte Humanität, sondern ärgerte auch die Vertreter des traditionalistischen Theaterkults. Der Vorwurf der Kunstlosigkeit sollte das Dokumentartheater, vor allem, wie es Piscator inszenierte, am empfindlichsten treffen, sollte es aus der ernst zu nehmenden Literaturdiskussion und Theaterkritik hinausmanövrieren. Gegen diesen Vorwurf schrieb Rolf Hochhuth am 6. April 1966: „Niemals hat Piscator gemeint, daß Dokumentation schon Kunst sei, daß ungefilterter historischer Schutt, schaufelt man ihn nur auf die Bühne, schon zur Szene würde oder die Kommandos der Aktivisten zur Sprache. Piscator meinte nichts anderes als Goethe, wenn er sagte, er habe die Wirklichkeit stets für genialer gehalten als sein Genie. Das Studium der Wirklichkeit, nicht ihre ‚Einblendung', wie man momentan sagt, nicht ihre Abschrift war für Piscator eine Voraussetzung – eine! – seiner politischen Kunst." Dieses Plädoyer von Rolf Hochhuth für Piscator kann uneingeschränkt auch als Plädoyer für das Dokumentartheater gelten.

Das Dokumentartheater bedient sich zu seiner Realisierung besonderer, seinem Wesen adäquater Mittel, z. B. eines Sprachstils, der wie jener des Dokuments kühl, realistisch, präzis und objektiv, aber nicht neutralistisch ist. Sein Pathos ist nüchtern. Sentimentalität und Sensation werden nur sparsam betrieben, auf alle Fälle nur dann, wenn sie der Sache zu nützen vermögen. Distanz und Akzentuierung werden im klugen Rhythmus einer dramaturgischen Agitation der Wahrheitsfindung eingesetzt. Im Unterschied zur sogenannten Phantasieliteratur plädiert das Dokumentartheater für eine Zurücknahme des Symbolischen und Metaphorischen, dieser beiden klassischen Merkmale des Dichterischen, wie z. B. in dem Einakter „Die Unterrichtsstunde" von Eugene Ionesco der Professor das Bewußtsein symbolisiert und die Schülerin das Leben zu demonstrieren hat oder wie die großen Figuren der Stücke von Goethe, etwa Egmont oder Tasso, Lebensmöglichkeiten darstellen. Das Dokumentartheater transponiert die Aufgabe des Symbols einer Geschichte auf deren Sache und Nebenwörter.

Zwei Beispiele: im Stück „Der Stellvertreter" von Rolf Hochhuth finden mehrfache Dispute über die Rentabilität eines päpstlichen Protestes gegen die Mordfabriken Hitlers statt. Gerade sie wurden in den Rezensionen über das Stück zeitraubend fortgesetzt. Hätte ein offizieller Protest des Papstes die Verbrechen der deutschen Faschisten gestoppt oder aber noch forciert? Der Wortführer dieser merkantilen, machiavellistischen und kalkulierenden Dispute innerhalb des Stükkes ist der geschwätzige, wiewohl schlaue Lebemann von Kardinal. Sein auffallend häufig gebrachtes „Ja, nicht wahr", das er, wenn schon nicht an jeden Satz, so doch gewiß an jeden Absatz seiner Reden anfügt, quasi als Fazit des Gesagten, dieses „Ja, nicht wahr" bezeichnet nicht nur, sondern symbolisiert als sich ständig wiederholende Zustimmung zur Nichtwahrheit, zur falschen Wahrheit, also zur Unwahrheit eine entsprechende Gesinnung. Im Stück „Die Ermittlung" von Peter Weiss spielt diese auf ein Nebenwort zurückgenommene

Rolle des Charakteristikums, wenn nicht des Symbols des Wörtchens „nur“, dieses Adverb der Verminderung, ja Bagatellisierung. Es wird zum sprachlichen Signal der Gesinnung. Mögen die einzelnen Angeklagten auf Grund ihrer Herkunft, Bildung, Intelligenz usw. verschieden sein und dementsprechend sich sprachlich äußern, ihre uniformierende, gleichgebliebene Gesinnung wird durch das von allen gebrauchte, an sich so unscheinbare Wörtchen „nur“ auffallend demaskiert, so z. B. durch die Aussagen: „Ich habe nur meinen Dienst gemacht.“ „Ich war nur dort, um Medikamente entgegenzunehmen“. „Ich gehörte nur zu den Wachmannschaften.“ „Ich hatte nur meine Vernehmungen durchzuführen“, ferner durch die stereotyp wiederkehrende Behauptung der Angeklagten, man sei „nur einmal“, womöglich „nur zur Vertretung“ dabeigewesen.

Die Autoren des deutschsprachigen Dokumentartheaters, so u. a. Rolf Hochhuth, Heinar Kipphardt, Stefan Andres, Martin Walser, Claus Hubalek und Peter Weiss, sehen die Aufgabe der Literatur nicht darin, die Welt, die Geschichte, die Verhältnisse zu interpretieren, schmackhaft oder widerwärtig zu machen. Interpretation halten sie für eine Form der offenkundigen Stagnation. Sie wollen vielmehr Veränderung der Verhältnisse durch Literatur, durch Theater. Veränderung, das ist Leistung und Aktivität, also eine dem Theater, der Dramatik adäquate Sache. Wirkungen zu erreichen, war jedoch seit jeher ein Ziel der Dichtung bzw. der Literatur. Wortmagie zu erzeugen, war der Wunsch der Autoren. Goethe erfand in seinem „West-östlichen Divan“ dafür das gültigste Bild: „Schöpft des Dichters reine Hand, Wasser wird sich ballen.“ Vor allem die Romantiker und kaum weniger die Expressionisten nannten sich Magier der Sprache. Solche Magie des Dichterischen bezieht jedoch das Dokumentartheater nicht aus subjektiven und idealistischen Kraftquellen. Es will ja nicht Meinungen oktroyieren, sondern überzeugen. Deshalb überläßt das Dokumentartheater die Kraft der Magie der erschütternden Tatsächlichkeit des Historischen, das sie allerdings in konzentrierter Objektivität auf der Bühne zur Demonstration bringt. Peter Weiss ballt den über Wochen sich zerfleddernden Auschwitz-Prozeß zu einem unmißverständlichen Wahrheitskonzentrat von drei Stunden.

Die Entwicklung des Dokumentartheaters hat aber gezeigt, daß eine mechanische Konzentration natürlich nicht ausreicht, um jene Wirkungen zu erreichen, die einem echten Kunstwerk zu eigen sind. Rolf Honold z. B. hat sich in seinem Dokumentarstück auf eine Konzentration der Berichte beschränkt, auf eine zwar geschickte, aber nicht überzeugende Vermittlung von Briefen, Statistiken und Karteien, um mit ihnen die betreffende Geschichte in ihrer Totalität einzufangen und zu verdeutlichen. Trotz dieser Methode einer Vergegenwärtigung durch dokumentarische Konzentrierung wirkt aber sein Werk, wie Ernst Schumacher sehr richtig feststellt, nicht mit objektiver Magie, sondern melodramatisch. Geschickte Konzentration allein genügt also nicht. Es bedarf auch der literarischen Bearbeitung des ausgewählten Rohstoffs, einer Synthese von thematischer Konzentration, ordnender Konstruktion und künstlerischer Adaption. Auch akzentuierende Poetisierung eines historischen Falles reicht nicht aus, um dadurch das Niveau einer literarischen Dokumentation zu erreichen. Christoph Harlan ist diesem Fehler erlegen, als er für seine dramatische Chronik „Ich selbst und kein Engel", den Aufstand im Warschauer Getto betreffend, lediglich eine „demonstrative Spielweise" erfand. Der kaltschnäuzige, bürokratische und devote Stroop-Bericht, also das Protokoll des Exekutors selbst, erzeugt beim heutigen Leser eine weit stärkere Wirkung als die nach herkömmlicher Methode verfahrende Stilisierung des Falles. Nicht Stilisierung, sondern Verarbeitung ist erforderlich; das Maßlose muß ohne Einschränkung der Substanz sprachlich beherrscht werden. Insofern wird die Tradition dem Fortschritt nützlich.

Das wohltemperierte Klavier als Instrument und Zeichen für die Beherrschung, Temperierung der Leidenschaften aufs menschlich Ertragbare im Ausdruck gilt seit Johann Sebastian Bach als weises Beispiel der kulturbildenden Kraft. Temperierung der Leidenschaften auf menschliches Maß ist auch dem Dokumentartheater zu eigen. Sie dominiert dort durch das Formprinzip des Berichts. Der Botenbericht hatte bereits in der antiken Tragödie die Aufgabe, das nicht Darstellbare, das Furchtbare und Entsetzliche zu vermitteln. Es wurde durch die sprachliche Formulierung temperiert und dadurch akzeptabel. Vom klassischen Botenbericht der antiken Tragödie, der „Perser" des Aischylos, der „Medea" des Euripides und der „Antigone" des Sophokles, führt eine gerade Linie zu den Zeugenaussagen im Stück „Die Ermittlung" von Peter Weiss. Der Bericht bringt vermittelte Unmittelbarkeit, macht Vergangenheit zur Gegenwart, um über die Reflexion des Hörers die Zukunft zu erreichen. Der Hörer wird durch den Bericht der Wahrheit zur Vernunft gerufen. Das berichtete Protokoll mag zwar und soll auch bei seiner Ankunft beeindrucken, ja erschüttern, insofern emotionale Kräfte auslösen, jedoch lediglich mit dem Ziel, daß sie letztlich alle wie konvergierende Strahlen im Vernunftszentrum gebündelt werden und dort der Überlegung zunutze kommen. Die logische Reflexion und nicht die emotionale Befriedigung des Publikums ist also das Endziel. Nicht Entrüstung, sondern Entscheidung soll erreicht werden, kein Abschieben auf emotionale und sentimentale Plätze der Unverbindlichkeit, als vielmehr eine durch Emotion unterstützte Bewußtseinsbildung der Gerechtigkeit des historischen Urteils und der Entschlossenheit zu menschlichem Verhalten. Dem Dokumentartheater geht es demnach nicht mehr um bloß ästhetische Wirklichkeit, sondern immer und letztlich um einen moralischen, ja ethischen Aufbruch. Das Publikum soll aktuell so betroffen werden, als wäre es der historische Betroffene selbst, wodurch in ihm nicht nur Mitleid mit den historischen Opfern, sondern darüber hinaus auch die Widerstandskraft entstehen mag, die das in Zukunft verhindern will, was in der Vergangenheit an Unmenschlichem geschah. Denn die realistische Sühne der historischen Schuld von gestern, also die realisierte Bewältigung der Vergangenheit kann nichts anderes sein als die Verhinderung dieser Vergangenheit in der Zukunft.

In einigen Werken des Dokumentartheaters wird allerdings die dokumentarische Kraft des Berichts, der die objektive Totalität des Geschehens sprachlich einfängt, von der subjektiven Thematik des Episodischen gebrochen. Selbst noch das Stück „Der Stellvertreter" von Rolf Hochhuth, das zu einer Einheit literarischer Dokumentation mit historischer Dramatik im Sinne Shakespeares und Schillers gelangen möchte, bleibt bei entscheidenden Szenen im Episodischen stecken, wie es z. B. die Szene der Erschießung Charlottas und Riccardos durch den Doktor am Schluß des Stückes eklatant, eben in der bisherigen, geradezu klischeehaften Theatermanier zeigt. Diese Erschießung mag zwar historisch belegbar sein, ist aber trotzdem nicht imstande, szenisch die schaurige Apotheose der Hekatomben einer Vernichtung von Millionen zu vergegenwärtigen.

Rolf Hochhuth zieht sich in seinem Stück „Der Stellvertreter" übrigens gern auf vergleichbare Symbole zurück, wo ihm der Atem für überzeugendes Dokumentartheater ausgeht. Auch im späteren Stück „Die Soldaten" ist er über dieses Hindernis auf seinem Weg zur ungebrochenen literarischen Dokumentation nicht hinweggekommen. In dem Stück „Der Stellvertreter" ist es das symbolische Geräusch einer Kreissäge, die mit ihrem technischen Kreischen einer Knochensäge ohne Ende die unaufhörliche Zersägung des Lebens der Opfer, die Unmäßigkeit und Unmeßbarkeit der Vernichtung in den KZs akustisch einprägsam zu machen hat, ferner das perfide Symbol des Jägerkellers, der Ausgeburt von Goethes Auerbachs Keller und des dort zum besten gegebenen Jägerwitzes mit seiner ins Brutale gesteigerten eindeutigen Zweideutigkeit der rassistischen Übermenschen als Kammerjäger des angeblich untermenschlichen Menschenwildes. Trotz dieser Halbheiten schlägt aber der Duktus des Stückes gerade an dieser Stelle in die Echtheit der literarischen Dokumentation um. Was auch immer in diesem Jägerkeller an Zweideutigkeiten und widerlichen Banalitäten geäußert wird, was sich dort zwischen Stammtisch, Kegelbahn, Brotzeiteck und Klosett, den Marksteinen der etablierten deutschen Halbwelt zuträgt, als Verkehr zwischen dem medizinischen Todesengel mit Nietzsche-Gehirn, dem nüchternen Mordbürokraten, dem gewissenlosen Pragmatiker des Industrie-Kapitals, dem lüsternen Reichsbiologen und der NS-Schickse oder rassereinen Sexual-Braut, das alles ist so dokumentarisch, daß es in einem Verfahren der historischen Gerechtigkeit gegen die Angeklagten verwendet werden könnte.

Die in der Natur des Dokumentartheaters liegende Tendenz zum Bericht, zur Aussage, zur Zeugenschaft, ferner zur Erörterung der Fakten und ihrer Hintergründe und schließlich zum Urteil haben innerhalb dieser dramatischen Gattung selbst, noch mehr aber in ihrem Kometenschweif oder Kielwasser eine Flut von Prozeßstücken heraufbeschworen. Gerichts-, Prozeß-, Rechts- und Gesetzesthematik dominierte übrigens schon im Œuvre Franz Kafkas. Auch Georg Kaiser und Gerhart Hauptmann fügten immer wieder Gerichtsszenen in ihre Stücke ein. Das deutsche Fernsehen frönt geradezu in letzter Zeit einem Prozeß-Eifer, und zwar zumeist mit dokumentarischen Mitteln. Beispiele dafür sind: „Die rote Rosa“ von Walter Jens, die Fernsehspiele „Der Fall Jakubowski“ und „Der Käfig“, ferner „Die Begründung eines Urteils“ von Wolfgang Menge, „Der Prozeß Carl von O.“, „Der Fall Harry Domela“, die Fernsehdemonstrationen der Spionagefälle Claus Fuchs und Oberst Wennerström, „Der Mann, der sich Abel nannte“, „Standgericht“ und die nicht abreißenwollende Folge der prozessualen Langeweile „Das Fernsehgericht tagt“. Ist, so kann man fragen, diese Erscheinung, die gerade in Deutschland dominiert, als Symptom eines allgemeinen Schuldgefühls und des Versuchs zu werten, ein nicht abtragbares Schuldbewußtsein in der Form billiger Feierabendunterhaltung vor der Mattscheibe abzureagieren? Das Stück „In Sachen J. Robert Oppenheimer“ von Heinar Kipphardt handelt zumindest den Fall des Menschen von heute, des prononcierten Menschen im technischen Zeitalter, in der Grenzsituation seines geistigen, psychischen und gesellschaftlichen, ja politischen Verhältnisses, der Verstrickung des Ichs in die historischen Gegebenheiten ab. Dostojewski scheint mit seinem epochalen Roman „Schuld und Sühne" im Hintergrund zu stehen. Oppenheimer befindet sich in der tragischen Alternativ-Situation der Iphigenie. Wie auch immer er sich entscheidet, er verfällt der Schuld. Iphigenie war vor die Wahl gestellt, entweder zu lügen und zu retten oder die Wahrheit zu sagen und zu töten. Oppenheimer steht vor der Entscheidung zwischen Loyalität gegenüber dem Staat und Loyalität gegenüber der Menschheit. Doch jede der beiden Entscheidungen stempelt ihn zum Verräter. Diesen Gordischen Knoten nicht zu zerschlagen, sondern zu lösen, versucht das aufklärende Dokumentarspiel von Kipphardt. Jenes Thema, das bereits Bertolt Brecht in seinem „Leben des Galilei" als Lehrstück, Carl Zuckmayer in seinem „Kalten Licht" als Schauspiel und Friedrich Dürrenmatt in seinen „Physikern" als Groteske bearbeiteten, wird von Kipphardt in seinem Stück „In Sachen J. Robert Oppenheimer" mit den Mitteln des Dokumentartheaters erneut auf die Bretter der Bühne geholt.

Hinsichtlich der Gliederung des historischen Prozesses bedient sich das Dokumentartheater des Hegelschen Modells, durch das Geschichte als Kontinuum aus Vergangenheit, Gegenwart und Zukunft bzw. aus Ursache, Wirkung und Folge, scholastisch definiert als Vorhölle, Hölle und Nachhölle, demonstriert wird. Stücke lediglich der Vorhölle oder Hölle oder Nachhölle, also nur eines Teils der Geschichte, sind etwa „Zwischenfall in Vichy" von Arthur Miller, „Joel Brandt" von Heinar Kipphardt, „Sperrzonen" von Stefan Andres, „Eiche und Angora" von Martin Walser und „Die Stunde der Antigone" von Claus Hubalek. Im Gegensatz dazu gelang es Peter Weiss, in seinem Stück „Die Ermittlung" alle drei Momente des Historischen einzufangen und damit zugleich auch jener These Hegels zu entsprechen, daß „die Wahrheit das Ganze" ist. Weiss vermittelt Totaltheater im historischen Sinne. Er zeigt die Ursachen, Wirkungen und Folgen der Geschichte des deutschen Faschismus an einem eklatanten Fall. Ja, er ermittelt diese drei Phasen des Gesamtprozesses, indem er Vorhölle, Hölle und Nachhölle von Auschwitz dokumentarisch auf die Bühne projiziert. Die in seinem Stück an die Angeklagten gerichteten Fragen nach ihrer gesellschaftlichen Herkunft, nach ihrer Erziehung und nach der Geisteshaltung ihrer Eltern eruieren die Ursachen, die Vorhölle. Die Zeugenaussagen der einstigen Häftlinge sowie der Beteiligten vergegenwärtigen die Wirkungen, die Hölle. Die nicht selten von Gelächter begleitete Offenbarung der immer noch penetranten Gesinnung der Angeklagten und die Haltung des Verteidigers demonstrieren die Folge, die Nachhölle. Das Stück von Peter Weiss als Exempel literarischer Dokumentation auf der Bühne ist eine Tragödie der Verantwortung des Menschen, des bewußt unterdrückten Gewissens, seiner Negation. Es ist eine Tragödie der Geschichtlichkeit in der Geschichte, des liquidierten Bewußtseins, der versäumten Reue, weil die Aufgerufenen nach allem, was geschah und was ermittelt wurde, das nicht aufbringen wollen, was bei nächster Gelegenheit eine Wiederholung jener dokumentarisch belegten Vergangenheit in Zukunft auszuschließen vermag.

Von der Tatsache her, daß es dem Dokumentartheater gelungen ist, exemplarische Figuren oder exemplarische Fälle literarisch und dramaturgisch zu erörtern, erscheint die klassische Literatur der abendländischen Antike in einem neuen Licht. Unter diesem Aspekt ist es z. B. schwer zu entscheiden, ob Tacitus als ein wissenschaftlicher Geschichtsschreiber oder ein früher Meister der literarischen Dokumentation gelten soll. Auch Xenophons „Anabasis" erscheint plötzlich als ein spannend geschriebenes Werk der literarischen Dokumentation. Und so ist der Sprung zu Homer nicht weit. Seine „Ilias" und „Odyssee" erzählen im Sinne der literarischen Dokumentation Geschichte als Exempel der Menschlichkeit. Die historische Figur des Odysseus wurde schon durch Homer, nicht erst durch James Joyce, zu einem allgemeingültigen Menschenbild, zu einem literarisch dokumentierten Maßstab des Menschen als historischen Wesens. Wir alle sind ja immer wieder ein Odysseus: auf Reisen gehend, während der Fahrt gefährdet, da oder dort als Gast empfangen, mit immer neuen Situationen konfrontiert, und schließlich heimkehrend oder die Heimkehr erhoffend. Das Dokumentartheater entdeckte bei der Auswahl seiner Helden, also der verwendbaren Demonstrationsfiguren, daß das Allgemeinmenschliche im jeweiligen historischen Exemplar vorbereitet ist, ja daß es historische Prägemuster gibt, im negativen wie positiven Sinne, deren historische Nachfolge lediglich von der jeweiligen Gesellschaftsform her anders vorgestellt wird. Eichmanns in verschiedenen Größen und mit unterschiedlicher Machtfülle, so und so schattiert, saßen einst und sitzen noch heute allenthalben hinter ihren grünen Tischen der zwar kleinkarierten, aber entsetzlichen Brutalität. Die selektierende Rampensituation der KZs, die Vivisektionen und medizinischen Experimente am „Menschenmaterial" der SS-Ärzte, das Bild der schwarzen Mauer, die Tätowierung der Häftlinge usw. waren nicht nur zeitgebundene Phänomene des deutschen Faschismus. Sie avancierten inzwischen zu exemplarischen Prägemustern der schleichenden Unmenschlichkeit überhaupt. Sie machten sozusagen Schule. Der Verteidiger als Anwalt des Unrechts in der „Ermittlung" von Peter Weiss ist in der Figur des Winkeladvokaten und Rechtsverdrehers sogar eine populär karikierte Erscheinung. Andererseits hatte das „Theresienstädter Requiem" von Josef Bor sein historisches Prägemuster im biblischen Gesang der Jünglinge im Feuerofen, während der Pius im „Stellvertreter" von Rolf Hochhuth Merkmale seines historischen Vorfahren Pontius Pilatus trägt und sich wie dieser nach entsprechender Erklärung die Hände wäscht.

Rainer Maria Rilke hat im Zusammenhang mit seinen „Geschichten vom lieben Gott" die Frage gestellt, welchen Wert ein Gott habe, den man nicht benutzen könne. Wie steht es insofern mit dem Wert der großen Figuren der sogenannten Phantasieliteratur im entsprechenden Verhältnis zu denen der literarischen Dokumentation bzw. des Dokumentartheaters? Die exemplarische Form z. B. des historisch belegten Gerstein in Rolf Hochhuths „Der Stellvertreter" ist nicht nur innerhalb des historischen und gesellschaftlichen Prozesses, sondern auch vom Standpunkt einer allgemein menschlichen Menschlichkeit nützlicher als der metaphysisch apostrophierte Engel in Rilkes „Duineser Elegien". Sich wie Gerstein zu verhalten, ist eine Sache der Humanität. Der „Engel" Rilkes aber bleibt innerhalb der Lebenspraxis ohne Relevanz. Seine Art liegt nicht einmal am Rand der historischen Notwendigkeit. Er kann weder Maßstab noch Ziel sein. Er ist nichts als ein literaturgeschichtliches, eventuell kulturgeschichtliches Relikt.

Mit der literarischen Dokumentation und insofern auch mit dem Dokumentartheater ist in Entsprechung zur gesellschaftlichen Umwandlung eine neue Form der literarischen und dramaturgischen Bewußtwerdung des Menschen ins Bewußtsein der Öffentlichkeit getreten. Es handelt sich dabei um Demonstrationen eines zugleich künstlerischen wie gesellschaftlichen Prozesses, der in die Zukunft weist.

1969

Remigration als Todesfalle
In memoriam Joseph Wulf

Mir war es bestimmt, schon so manchen Nekrolog zu sprechen, allemal Totenworte der Freundschaft und persönlichen Trauer, die meisten für einstige Opfer des deutschen Faschismus, für dazumal Geächtete, Verfolgte, Vertriebene, die sich von jenem Schicksal mit dem sie 1933 belastet wurden, auch nach 1945 nie ganz zu befreien vermochten; denn es war zu monströs, und das Verantwortungsbewußtsein der in der Gesellschaft weiterbestimmenden Schuldigen stand in keinem Verhältnis zur Last der Erinnerung und zum Ausmaß der Folgen jener brutalsten Jahre deutscher Geschichte. Doch die Niederschrift keines Nekrologs fiel mir so schwer und schien mir dennoch zugleich so notwendig zu sein wie das Gedenken an Joseph Wulf, über dessen Tod sich die Schatten eben auch der Folgen des deutschen Staatsfaschismus geradezu erdrückend, ja, wie sich's zeigte, tödlich zusammengezogen hatten. Hegel hatte recht, als er von der Penetranz in der Geschichte sprach, daß nämlich die Vergangenheit in der Gegenwart zwar aufgehoben sei, jedoch dadurch in ihr unwiderruflich weiterwirke.
Joseph Wulfs Name stand nach 1950 häufig in den Zeitungen, sowohl in denen Berlins als auch in denen Westdeutschlands und des Auslands, nicht selten sogar als Schlagzeile. Knappe acht Wochen vor seinem Tode berichtete das SED-Zentralorgan „Neues Deutschland" in der Ausgabe vom 17. August 1974: „Der Erste Sekretär des Zentralkomitees der SED, Genosse Erich Honecker, empfing am Freitag den Historiker Dr. h. c. Joseph Wulf, Autor von 18 Büchern über die Verbrechen des Hitler-Faschismus, zu einem Gespräch." Es handelte sich da zwar nur um einen einzigen Satz der Feststellung, um eine Mitteilung, die weder über Inhalt noch Ergebnis des betreffenden Gesprächs orientiert, doch er nennt Joseph Wulf einen Historiker, was ihm übrigens hierorts trotz mancher Ehrungen, die aber lediglich Ehrungen blieben und kaum eine tatsächliche Anerkennung oder gar Hilfe bedeuteten, zumeist abgesprochen wurde. Zu deutlich erinnere

ich mich der diskriminierenden Apostrophierungen, die ihm während des II. Internationalen Symposiums zur Erforschung des deutschsprachigen Exils von 1933 bis 1945, das im August 1973 in Kopenhagen stattfand, von sich amtlich und zuständig gebender westdeutscher Seite angehängt, ja angetan wurden.

Über die Vorgeschichte der Wulf-Honecker-Begegnung vom August 1974 und das Gespräch selbst war bislang nur folgendes zu eruieren. Wulf hatte am 4. Juli 1974 an Honecker geschrieben. Dem Brief lag sein Buch „Das Dritte Reich und seine Vollstrecker" (1961) bei. Wulfs Kommentar dazu lautet: „Mein neues Werk sollte Tagebuch eines Ostjuden heißen und ich hatte den Wunsch, Honecker persönlich kennenzulernen." Unmittelbar nach der Rückkehr aus seinem Sommerurlaub vereinbarte Honecker als Gesprächstermin den 16. August, 12.00 Uhr, und als Gesprächsort das Haus des SED-Zentralkomitees am Werderschen Markt Berlins. In einem bereits vor dem 20. August, also unmittelbar nach dem Treffen gegebenen Interview enthielt sich Wulf mit der für ihn typischen Selbstverständlichkeit, Einzelheiten über die Unterredung mitteilen zu wollen, wiewohl er zu erkennen gab, daß jedenfalls ausführlich alle Aspekte des Judentums beleuchtet worden seien. Wortwörtlich kennzeichnete er gegenüber Annamarie Doherr von der „Frankfurter Rundschau" seine Ostberliner Begegnung mit den Worten: „Es haben sich zehn Jahre Zuchthaus Brandenburg (Honecker) und zwei Jahre Auschwitz (Wulf) getroffen." Und nach dem Hinweis, daß das Tausendjährige Reich eine Schule gewesen sei, die man nie vergessen dürfe, worüber man übrigens im Gespräch die gleiche Meinung geäußert habe, fügte Wulf wortwörtlich hinzu: „Wenn man das nicht vergessen hätte, hätte es kein Vietnam und Zypern gegeben, wo Kinder, Frauen und Greise ermordet wurden." Gerade auch mit diesem Satz hat sich Wulf erneut als Hegelianer in der Geschichtsauffassung ausgewiesen, als einer, der die größeren Zusammenhänge des historischen Prozesses erkannt hatte und die Erforschung des deutschen Faschismus nicht isoliert betrieb, sondern zeitbezogen, im Hinblick auf die Folgen begonnen hatte und dann vorantrieb. So hatte er z. B. schon früh sehr richtig erkannt, daß der Aufstand im Warschauer Getto, so verzweifelt und tragisch er auch gewesen sein mochte, sich dennoch später als zeitgeschichtlich stärkste Keimzelle für die Gründung und das historische Selbstbewußtsein des Staates Israel auswirkte. Im gleichen Sinne sah er auch den zwingenden Zusammenhang zwischen der bewußten Kaschierung, ja dem Vergessen des damaligen Staatsfaschismus und seinen Folgen auf internationaler Ebene nach 1945, so z. B. in Vietnam und andernorts.

Wer war dieser Joseph Wulf, der unter uns bis zum Tode als Staatenloser gelebt und gearbeitet hat, und zwar als Aufarbeiter jener deutschen Geschichte, die für ihn gemäß seiner Herkunft und unter dem Aspekt eines Kulturinteresses hätte gleichgültig, zumindest zweitrangig bleiben können, wäre er nicht selbst, seine Familie und Millionen von Brüdern und Schwestern seines Volkes davon betroffen worden. Sein Vater, ein wohlhabender Kaufmann, ist im Lager Plaszow bei Krakau erschossen worden. Seine Mutter, seine Schwägerin und seine zehnjährige Nichte wurden im KZ Belzec vergast. Sein Bruder kam auf dem Weg ins KZ Auschwitz ums Leben. Er überlebte als einer von wenigen. Doch nicht aus nur zu verständlichem Haß, sondern mit dem Motiv der Gerechtigkeit und des historischen Bewußtseins sagte er, eben als Historiker, in einem Interview mit der Pariser Zeitung „Combat" im April 1965: „Die Tätowierten von Auschwitz, die auf der Welt noch existent sind, sie sollten sich um ihrer eigenen geistigen Gesundheit willen und für ihre Familien um diese Gedächtnisstörung (die allenthalben anhält oder einbricht) bemühen. Aber leider wird ihnen das nicht so leicht gelingen. Mit welchem Recht jedoch kann ein Volk, das Menschen wie Tiere tätowiert hat, solche Taten vergessen?" Der ärgste Teil deutscher Geschichte wurde von Deutschen selbst auf Menschenhaut tätowiert. Diese neue Form der Geschichtsschreibung zeigte sich als eine Erfindung jenes Volkes, in dem auch Historiker wie Savigny, Herder, Ranke und Mommsen wissenschaftlich tätig waren.
Wulf entstammte einer angesehenen jüdischen Kaufmannsfamilie. Er wurde am 22. Dezember 1912 in Chemnitz geboren. Als Fünfjähriger kam er nach Krakau, in eines der bedeutendsten kulturellen Zentren des Ostjudentums. Dort wuchs er auf. Der Vater wollte, daß sein Sohn ein Rabbiner wird. Er aber wurde, bedingt durch die Notwendigkeit der Gesellschaft und der Geschichte, ein ebenso objektiver, wiewohl niemals neutralistischer, allerdings frommer Historiker, wenn Frömmigkeit Liebe zur Wahrheit bedeutet. Daß er bis zum Tode seinem genau projektierten und streng disziplinierten Arbeitstag von 14 bis 15 Stunden regelmäßig die Zeit für das Lernen einer Seite aus dem Talmud oder Sohar anfügte, bestätigt diese Tendenz. Das aber war zugleich auch Vatererbe. Der talmudisch gebildete Vater, ein kluger und korrekter Mann, sorgte dafür, daß sein Sohn an den Universitäten in Nancy, Paris und Krakau studieren konnte.

Nach dem Universitätsstudium arbeitete Wulf zunächst als Schriftsteller, bereits damals stets mit jenen kritischen Aspekten, wie sie für das Ostjudentum neben seinen chassidischen Ambitionen kennzeichnend sind. Gerade auch deshalb trägt seine erste Veröffentlichung den dafür charakteristischen Titel „Kritische Miniaturen". In jiddischer Sprache geschrieben, erschien das Buch unmittelbar vor dem Überfall Hitler-Deutschlands auf Polen, 1939 in Warschau. Ein Jahr später – Wulf war achtundzwanzig - begann für ihn der Leidens- und Kampfweg durch mehrere Gettos des Ostens. Zwischen 1941 und 1943 bewährte sich der einstige Literat als Kämpfer in jüdischen Untergrundorganisationen, die zu den Aufständischen des Warschauer Gettos Kontakte hatten. Wulf versteckte Frau und Kind bei polnischen Bauern und lebte selbst mit seinen Kampfgenossen in einem Krakauer Bunker. Am 13. März 1943 erfolgte seine Verhaftung durch die Gestapo, die ihn zwei Wochen lang verhörte, jedoch nicht einen einzigen Namen seiner Mitstreiter aus ihm erpressen konnte, obwohl sie zusätzlich zu den eigenen dafür bekannten Methoden sogar noch Berufsboxer auf ihn angesetzt hatte. Vier Wochen nach den Drangsalen in der sogenannten Todeszelle des Krakauer Gestapogefängnisses wurde er, zerschlagen und so zugerichtet, daß er kaum wiederzuerkennen war, in Auschwitz eingeliefert. Schon in Krakau, doch auch in der Hölle von Auschwitz hielt er für seine Schicksalsgefährten Vorträge über die Propheten, zugleich wartend auf die Befreiung durch die Rote Armee.

Am 18. Januar 1945 begann der Todesmarsch der Evakuierung von Auschwitz. Wulf gelang zusammen mit einigen anderen Häftlingen die Flucht. Sie versteckten sich in einem verlassenen Bauernhof bis zur Ankunft einer sowjetischen Vorhut. Ende Januar 1945 fand er sogar Frau und Kind wieder. Er ging nach Krakau zurück, wo er im Februar des gleichen Jahres, während der Krieg noch tobte, zusammen mit zwei Schriftstellern, den beiden einzigen Überlebenden des einstigen Jüdisch-Polnischen Schriftstellerverbandes, die Zentrale Jüdische Historische Kommission in Polen gründete, die allein bis Ende 1946 insgesamt 29 Dokumentationen über die Vernichtung der Juden durch deutsche Faschisten veröffentlichte. Damals prägte sich jene Devise in sein Bewußtsein ein, die seine wissenschaftliche und literarische Arbeit bis zum Tod bestimmte: „Man darf nicht vergessen!" Das war zugleich das Thema einer Rede, die Wulf zwei Monate nach seiner Befreiung vor 10000 Demonstranten einer Kundgebung hielt, die zu Ehren des Krakauer Gettoaufstandes stattfand. Und dann ging Wulf erneut nach Paris, um dort von 1948 bis 1950 eine leitende Stelle in der Zentrale für die Geschichte der polnischen Juden zu übernehmen. Bevor er sozusagen sein Lebensamt als initiierender Historiker des deutschen Faschismus und dessen Folgen antrat, betätigte er sich aber noch einmal als Literaturbeflissener bzw. als Biograph. Verfaßt in jiddischer Sprache, erschien 1948 seine Biographie des mit populärsten und gefeiertesten jiddischen Schriftstellers Jizchak Leib Perez, der 1851 bei Lublin geboren wurde, dem wir so bedeutende jiddische Stücke wie „Die goldene Kette" und „Die Nacht auf dem alten Markt", beide von 1907, sowie das Prosawerk „Die Kabbalisten" zu verdanken haben. Perez starb 1915 in Warschau. Mehr als 100 000 Juden begleiteten seinen Trauerkondukt. Wie anders war es doch, als sich zur Totenfeier seines Biographen Joseph Wulf nur eine kleine Trauergemeinschaft zusammenfand?

Von 1950 an hatte Wulf seinen Wohnsitz in Berlin genommen, wo er im vierten Stock des Hauses Giesebrechtstraße 11 sozusagen sein Ein-Mann-Forschungsinstitut aufbaute, das zum prädestinierten Grundstock jenes verhinderten Internationalen Dokumentationszentrums zur Erforschung des Nationalsozialismus und seiner Folgeerscheinungen hätte werden können, wäre ihm dafür durch die Mächtigen nicht die notwendige Hilfe versagt worden. Wulf hatte die internationale Bedeutung Berlins als Ort dieses inzwischen auch hinsichtlich seiner Idee verdrängten Instituts erkannt. Er wußte, daß die Erforschung des deutschen Faschismus und seiner Folgen nur auf internationaler Basis, jedoch konzentriert im einstigen Zentrum dieses Phänomens erfolgen kann. Er wußte, daß er die dafür zuständigen Forscher, Historiker, Soziologen und andere Wissenschaftler in Ost und West nur gleichsam auf einem quasi symbolisch dafür eklatanten und somit exterritorialem Punkt zusammenbringen konnte, weshalb er als Domizil des Instituts jenes Haus ‚Am Großen Wannsee 56' auswählte, in dem vor mehr als dreiunddreißig Jahren am 20. Januar 1942 jene berüchtigte Konferenz stattfand, in der die Pläne zur Vernichtung von 11 Millionen Juden, für die sogenannte Endlösung der Judenfrage gefaßt wurden. Doch das Haus, zu dem alle Forscher in West und Ost als trefflich, ja gerecht gewählte Forschungsstelle ja sagten, das sie zur verständlichen Bedingung einer Kooperation gerade wegen seines historischen Status machten, wurde dem Initiator verwehrt. Trotz längst vorhandener Etatmittel aus internationalen Quellen war damit auf weiche Tour eines der wichtigsten, wiewohl unbequemsten Forschungsprojekte deutscher Geschichte vom Tisch gefegt, unter den Teppich gekehrt, ja liquidiert.

Die Vorarbeit gleichsam, das archivarische Terrain wie das wissenschaftliche Fundament dafür, hatte Wulf selbst durch seine 18 Dokumentationen über das Dritte Reich gelegt. Zunächst noch mit Léon Poliakov entstanden anfangs die drei Bände „Das Dritte Reich und die

Juden" (1955), „Das Dritte Reich und seine Diener" (1956) und „Das Dritte Reich und seine Denker" (1959), wobei die beiden letztgenannten Dokumentationen schließlich mit dem von Wulf allein verfaßten Band „Das Dritte Reich und seine Vollstrecker" (1961) gleichsam zu einer historischen Trilogie zusammengefaßt wurden. Denker, Diener und Vollstrecker oder auch Kalkulatoren, Handlanger und Henker, dieser Dreierschritt kennzeichnet trefflich die Aktions-Hierarchie des Hitler-Faschismus. Während sich die Dokumentationen „Vom Leben, Kampf und Tod im Getto Warschau" (1958) und „Lodz, das letzte Getto auf polnischem Boden" (1962) mit der Realisation, mit der Vollstreckung dessen befassen, was Judenpolitik für die deutschen Faschisten bedeutete, legen die Bände „Die Nürnberger Gesetze" (1960) und „Aus dem Lexikon der Mörder" (1963) System und Methodik dar, die zu solcher Vollstreckung führten und sie zugleich bestimmten.

Die dokumentarische Verdeutlichung des sogenannten kulturellen Überbaus im Dritten Reich, tatsächlich jedoch der Kulturdemagogie des deutschen Faschismus bis in seine Wurzeln und inklusive des beträchtlichen wie peinlichen Trosses deutscher Künstler und Intelligenz, der Opportunisten, Mitläufer und patriotisch Verblendeten, des ebenso verfilzten wie ausgeklügelten Systems der Gleichschaltung durch Ächtung, Verbannung und Liquidation progressiver, nicht genehmer und aus politischen wie rassischen Gründen verhaßter Kulturproduzenten Deutschlands und die Auswalzung der faschistischen Blubo-Produktion hat Wulf als erster in dem fünfbändigen Kompendium „Die bildenden Künste" (1963), „Musik" (1963), „Literatur und Dichtung" (1963), „Theater und Film" (1964) und schließlich „Presse und Funk" (1964), sämtlich „im Dritten Reich", nicht nur zur wissenschaftlichen Diskussion gestellt, sondern als notwendiges Forschungsthema zum erstenmal vorgestellt. Mußte dafür erst ein jüdischer Historiker aus Krakau kommen, ein „Galizier", wie er sich in diesem Zusammenhang selbst nannte? Wäre das nicht primär eine Sache der deutschen Wissenschaft und deutschen Forschung gewesen? Durch Polemisieren oder Verachtung kann man genausowenig Erkenntnis über ein Phänomen gewinnen wie durch nostalgische Romantisierung. Kritische Dokumentation und anschließende nicht weniger kritische Analyse, objektiv, wiewohl niemals neutralistisch, führen, so erkannte Wulf, zur wahren wie wahrhaftigen Erkenntnis und bieten zugleich die notwendige Voraussetzung zur Vermeidung dessen in Zukunft, was zu vermeiden Voraussetzung der Menschlichkeit sein muß.

Nach der Darstellung der Vernichtungs- und Judenpolitik, der Kunstdemagogie und der Medienbeherrschung des Hitler-Faschismus plante Wulf auch eine Fernsehdokumentation über die beiden militaristischen Machtapparate des Dritten Reiches, nämlich eine „Geschichte der Wehrmacht" und eine „Geschichte der SS". Beide Werke und noch viele andere Pläne, so das „Tagebuch eines Zeithistorikers", das persönliche Aufzeichnungen und Korrespondenzen mit bekannten Zeitgenossen wie Artur Rubinstein und Marc Chagall verbinden sollte, sowie das Buch „Historische Rückblicke" wurden jedoch durch den Tod des Autors in ihren Anfängen zerschnitten.

Joseph Wulf ging es bei seiner Arbeit als Historiker um eine Identität von Erfahrung und wissenschaftlicher Forschung, um eine Synthese von dem, was er selbst als Widerstandskämpfer und Auschwitz-Häftling bezeugen konnte, und jenem, was die dokumentarischen Quellen dazu hergaben. Er war ein engagierter Forscher der zugleich unmittelbaren und vermittelten Unmittelbarkeit der Geschichte, also ein Geschichtsschreiber als Zeuge und Forscher. Mit Wissenschaftlichkeit verbindet sich der notwendige Begriff der Objektivität. Verständlicherweise richtet sich an Wulf als Wissenschaftler die Frage, ob es ihm denn überhaupt möglich sein mochte, schon rein menschlich gesehen, als Betroffener, als Verfolgter, als Gepeinigter überhaupt objektiv bleiben zu können. Seine Antwort: „Ich bemühe mich, objektiv zu sein, nicht aber neutral." Gerade auch deshalb, kraft dieser politisch bewußten Intention seiner Geschichtsschreibung, verfaßte er die Monographien über „Heinrich Himmler" (1960) und „Martin Borman – Hitlers Schatten" (1962).

Wulf wußte, daß man ganze Kapitel der Geschichte eben nicht ausstreichen, übertünchen oder gar annullieren kann, nur weil sie die Erinnerung belasten, dem Selbstbewußtsein einer Nation unangenehm, ja unbequem sind. Dabei handelte es sich ja nicht nur um Erinnerungslasten, sondern auch um Erinnerungsspiegel, um Lehrmaterial. Auschwitz ist auch in der heutigen deutschen Geschichte präsent und wird es immer bleiben, solange es Geschichte überhaupt gibt, nicht nur deutsche Geschichte. Die Schuld ist untilgbar. Sie ist weiterwirkend; wie sie jedoch weiterwirkt, ob zum Besseren oder zum Gleichen oder gar Ärgeren, falls es das überhaupt noch zu geben vermag, das ist eine Sache der Gegenwart, der Verantwortung jener, die Geschichte machen oder sich dafür verwenden lassen.

Joseph Wulf beherrschte viele Sprachen, vor allem jene der vom Dritten Reich betroffenen Völker, Sprachen, die jedoch zumeist jene kaum oder gar nicht beherrschen, die sich als Wissenschaftler mit der

Geschichte des Dritten Reiches zu befassen beginnen. Können sie sich aber im eigentlichen Sinne mit der Geschichte der Betroffenen befassen, wenn sie deren Sprache überhaupt nicht verstehen? Auch für die Antwort auf diese Frage liefert die Arbeit von Wulf ein exemplarisches Vorbild. Er suchte als Mensch und Wissenschaftler zugleich die Wahrheit. Ihm ging es um Aufklärung, nicht nur aus rationalistischen Gründen, nicht nur um der bloßen Wahrheit willen, sondern aus Menschlichkeit, aus Brüderlichkeit, um seines Volkes willen und um der Menschen auch der anderen Völker willen. Er war ein ebenso bewußter Sohn des jüdischen Volkes wie ein gerechter Kosmopolit. Und weil er ein bewußter Historiker war, wußte er den Wert nicht nur einer Stunde, sondern bereits einer Minute genau einzuschätzen. Er plante seine Zeit genau ein, war einer von jenen, die richtig zu disponieren verstehen. Er war „ein Mann im Eilschritt".

Der Historiker Joseph Wulf, dieser „ideenreiche Mobilisator des öffentlichen Gewissens", emsige Sammler und Forscher deutscher Vergangenheit und zugleich fleißige wie einfühlsame Interpret jüdischen Kulturgutes, ist für seine Arbeit und sein Engagement vielfach geehrt worden, als derartige Gesten einfach unabdingbar wurden. Doch zumeist wurden sie ihm durch jene Instututionen zuteil, die aus gemeinsamer bitterer Erfahrung entstanden waren. Der Zentralrat der Juden in Deutschland gab ihm 1961 den Leo-Baeck-Preis. Die Internationale Liga für Menschenrechte ehrte ihn 1964 mit der Carl-von-Ossietzky-Medaille, und der Vorstand der Jüdischen Gemeinde zu Berlin verlieh ihm 1967 den Heinrich-Stahl-Preis. 1967 wurde ihm, letztbezogen sozusagen außer der Reihe, auf der Internationalen Buchaustellung der damaligen Biennale in Venedig die Plakette des Löwen von St. Marcus für sein Buch „Theater und Film im Dritten Reich" zuerkannt. Ja die Freie Universität Berlin verlieh ihm sogar 1970 die Ehrendoktorwürde und gab ihm noch dazu als Lehrbeauftragtem die Möglichkeit, über seine Forschungsergebnisse zu berichten. Doch seine tatsächliche Universität war und blieb, wie er selbst bekannte, das KZ Auschwitz, der Ort seiner total, bezogener formuliert, universal erlittenen Erfahrung, nämlich der in die Menschenhaut der Opfer hineintätowierten historischen Wahrheit des deutschen Faschismus. Wulf wurde also, wie es scheint, mit Ehren überhäuft. Doch die gewiß unhintergehbaren Gründe für seine Flucht in den Freitod hat ihm unsere Öffentlichkeit, hat ihm unsere Gesellschaft weder verwehrt noch genommen. Die „Berliner Morgenpost" meldete in ihrer Ausgabe vom 11. Oktober 1974: „Aus dem Fenster seiner im vierten Stock gelegenen Wohnung in der Giesebrechtstraße

11 (Charlottenburg) stürzte sich gestern vormittag der 61jährige jüdische Historiker Dr. h. c. Joseph Wulf auf den Hof. Er war sofort tot." Ist es ein Trost? Vielleicht ist es ein Trost! Er wurde beigesetzt im Land seiner Väter: in Israel, benachbart dem Grab, in dem seine Frau liegt.

1988

Jean Cocteau

Die Gestalt des Orpheus ist die Zentralfigur der Dichtung wie der Existenz Cocteaus. Orpheus ist die Schlüsselfigur vor dem Rätselgitter seiner Werke. Wenn es bei Rilke heißt: „Immer ist es Orpheus, wenn es singt", dann läßt sich dieser monistische Spruch nicht weniger auf das Werk Cocteaus anwenden. Orpheus ist Ansatz, Kalkül, Fazit, Grundthema, Urform, Entelechie, Prägemuster, ja nicht selten sogar Schema, wenn nicht Klischee aller Figurationen der Dichtung Cocteaus. Er ist die geistige, bildliche und essentielle Mitte dieses Werks. Von ihm und zu ihm gehen die Strahlen dieser modernen Phantasmagorie. Er ist der Kern, das Zentrum dieser Fensterrose, durch die in magischen, bunten, faszinierenden wie betäubenden und berauschenden Farben das Licht aus dem unbekannten Raum dringt, der hinter den Spiegeln beginnt, aus dem Raum des Todes. Der Dichter steht in der Mitte des Seins, wo sich das Sein und das Nichts berühren.

Diese Position in der Mitte verlieh Cocteau die so oft bestaunte Kraft der Sicherheit trotz sprudelnder Phantasie, diesen unerschütterlichen und scheinbar selbstverständlichen Gleichgewichtssinn eines waghalsigen Seiltänzers. In allen Situationen schien er sich sicher zu fühlen. Ihm gelang es, den banalsten Stoff zu jonglieren, den Oberfluß zu praktizieren, ohne sich auszugeben oder wegzugeben. Seine Kraft wuchs in der Verschüttung, in der Hingabe, die niemals Preisgabe ist. Er ließ dampfendes Blut aus den Wunden seiner Figuren quellen, um sie zu erhöhen, um ihnen die Ewigkeit der Sympathie des Publikums zu erwerben. Der Satz, daß sich der gute Schauspieler auf den Brettern der Bühne in seinem Blute wälze, bezeichnet die existentielle Lust Cocteaus. Er wälzte sich immer auf einer Bühne, auch wenn er mit Storchenbeinen und Schnallenschuhen durch die Gesellschaft einer exclusiven Party stieg. Die Welt war sein Bühnenhaus, die Gesellschaft seine Kulisse, er aber der Hauptakteur und das Publikum in einer Person. Er durfte mit Sicherheit wagen, gewagt sein in der Kleidung, im Arrangement des Films, in der Wahl der Stoffe, im Benehmen, in jeder Hinsicht.

Ein Don Juan der Musen

Cocteaus Vielseitigkeit beruht weniger auf der Universalität, als vielmehr auf der Wendigkeit seines Talents. Wie er sich ohne Umständlichkeit von einem Thema zum anderen, von einem Gesprächspartner zum anderen, aus einer Maske in die andere zu wenden vermochte, so gelang es ihm auch mit Leichtigkeit, die Feder mit dem Pinsel, die Hand des Charmeurs mit der Hand des Regisseurs zu vertauschen. Er war das, was man einen Windhund in der Kunst nennt, ein Springinsfeld, ein Don Juan der Musen, die er wechselte nach Geschmack, Belieben und Nutzen seiner Phantasie. Und die Musen widerstanden ihm nicht, sie, denen allzuoft Sprödigkeit nachgesagt wird. Vielleicht liegt es daran, daß sie bei Cocteau zuerst den Franzosen und dann erst ihren Jünger spürten, vielleicht auch daran, daß er niemals bis an die Grenze ging, daß er ihnen gegenüber mehr ein kunstbeflissener Knabe als ein kunstbesessener Mann war, den Kopf voll mit „reizenden Windbeuteleien", wie der französische Literaturkritiker Albert Thibaudet gesagt hat, und nicht vernebelt von todernsten Ideen, die bei Damen, und das sind die Musen, wenig geschätzt werden. Allein im Bereich der Poesie hat Cocteau zu allen Ausdrucksmitteln gegriffen, die sich dort bieten, und sich ihrer allemal mit leichter Hand bedient. Er schrieb Romane und Erzählungen, Dramen und Filmtexte, und natürlich, was seit Petrarca einen Dichter erst zum Dichter macht, auch Gedichte. Doch er bediente sich der poetischen Feder auch als charmanter wie kluger Briefschreiber, als eleganter und mit schillernden Wendungen überraschender Essayist, und nicht zuletzt als trefflicher Kulturkritiker. Im Bereich der bildenden Kunst hat er in Entsprechung zur Gewandtheit der Feder das Dekorative des Bildes immer genützt. Wie er selbst im öffentlichen und privaten Leben stets den Dekor liebte, wie er sich mit geschmackvoller Originalität kleidete, stets mit Freunden von Rang garnierte, mit Djaghilew, Honegger und Milhaud, mit Picasso und Strawinsky, wie er seine Filme nur mit der Musik Bachs, Händels und der Klassiker untermalte, so war der Dekor das Ziel auch seines Zeichenstiftes, der selbst die Briefe nicht verschonte, der die Unterschrift verzierte, der die Bucheinbände seiner Werke mit Selbstdarstellungen überhäufte, der schließlich Dekorationen entwarf, Kostüme zeichnete und Kapellen ausmalte.

Die Hauptleistung Cocteaus besteht gewiß darin, daß er mit sich selbst, mit seiner dekorativen Figur und seiner dekorativen Existenz zur Dekoration der literarischen Gegenwart Frankreichs geworden ist. Er wollte immer bezaubern, faszinieren, nie wie ein Barbar oder Berserker, sondern als Jongleur, als apollinischer Don Quichotte, allemal aber, und das macht die Unerbittlichkeit dieser Wirkung aus, mit der Kraft des Nichts.

Er versprüht das Parfüm des Todes, wo er sich erhebt und mit schwarzen Pokalen den Gastgebern seiner Welt zuprostet. Er ist ein verspäteter E.T.A. Hoffmann der französischen Literatur. Wo immer er auftrat, selbst in der eigenen, natürlich exklusiven Wohnung, erschien er als Gast. Er kam immer von draußen, versäumte es kaum, in den eigenen Dramen immer wieder mitzuspielen, aus den Kulissen in sie einzutreten, immer mit dabei zu sein, wie die Maler des Mittelalters es nie versäumten, irgendwo auf ihren Bildern auch selbst zu erscheinen, durch ein Selbstporträt in der Menge. Nur, daß Cocteau sich nicht am Rand oder in der Menge plazierte, sondern in der Mitte, im Zentrum. Orpheus, die Zentralfigur des gleichnamigen Dramas, gibt sich beim Verhör durch das Gericht den Namen Cocteaus.

Die Erscheinung Cocteaus war immer dekorativ, selbst wenn sie nicht den Frack der Académie Française trug, sondern den legeren, aber eben extravaganten Hausanzug eines französischen Bohemiens. Diese gewollte Selbstdekoration hatte den Zweck, die Erscheinung des Dichters nicht nur herauszuheben, in den Mittelpunkt zu rücken, sondern auch zu einem Teil der Poesie selbst zu machen, sie also im romantischen Sinne zu poetisieren: dieses Bronzegesicht, als stünde es bereits auf dem Sockel des Ruhms, gekrönt von der flimmernden Gloriole der fliegenden Silberhaare, der von spöttischem Enthusiasmus geschnittene Strich seines Mundes unter dem spitzen Bogen der ätherischen Nase, die Uhrkette um den Hals, der sich aus dem Persianerkragen mausert, die nervösen, zarten Knochenfinger, pharaonisch, päpstlich belastet mit drei Ringen aus Gold, Platin und Weißgold, die Gestalt Don Quichottes als Lordsiegelbewahrer der Madame la Mort, der Muse des Nichts.

Dichtung als Dekoration des Todes

Es gibt kaum eine Dichtung oder ein Bild Cocteaus, in denen der Tod keine Rolle spielt. Die meisten Dichtungen enden mit dem legalen Abschluß. Alle Gesichter haben den Blick des Todes oder sind vom

Anblick des Todes fasziniert. Der Roman „Die schrecklichen Kinder", den Cocteau im März 1929 unmittelbar nach einer Opiumentziehungskur in drei Wochen niederschrieb, endet genau so mit einem Tod wie das 1938 kongruent dazu entstandene Theaterstück „Die schrecklichen Eltern". Im Schauspiel „Der Doppeladler" (1940) werden Mord und Selbstmord zum Gaukelspiel der Existenz. Eine Umkehrung der Penthesilea Kleists. Nicht die königliche Mänade vollzieht den Liebesmord, sondern der Anarchist Stanislaw ersticht die exaltierte Königin, um dann mit Hilfe des Gifts der ermordeten Geliebten in den Schoß des Nichts zu folgen.

Im Einakter „Die geliebte Stimme" (1930), berühmt geworden weniger durch die Darstellung der rauchig-platten Hildegard Knef als vielmehr durch den faszinierenden Alleingang der dunkel rauschenden Anna Magnani, in diesem Abschiedstelephonat einer verschmähten Mondäne mit ihrem Geliebten in der Nacht vor dessen Heirat wird die Entblößung einer in der Tat verworfenen Seele zur indiskreten Dekoration eines abermals letalen Ausgangs. Die letzte Verbindung zwischen den beiden Gesprächspartnern, die Telephonleitung, der verglühende Draht einer sterbenden Liebe, wird zum Drosselungsfaden, den sich der verschmähte Sofa-Schwan selbst um den Hals legt.

Bei Cocteau werden die Dinge der Selbstverständlichkeit und die Dinge der Zivilisation zu Geräten der mythischen Mächte. War es im letztgenannten Einakter eine Telephonschnur, so ist es im Drama „Die Höllenmaschine" (1934) ein Uhrwerk, das mit unerbittlicher Präzision und unverwundbarer Sicherheit das Ende eines Menschen bewirkt. Zweifellos ist das Uhrwerk ein kluges Symbol des Todes. Das Uhrwerk treibt die Zeit vor sich her, es läßt aus dem Hintergrund den Verfall der Zeit markieren, das Näherrücken des Endes immer aufs Neue bezeichnen, die Spuren des Nichts verdeutlichen. Das Uhrwerk ist die treibende Kraft hinter den Kulissen. Es arbeitet ungesehen, hinter dem Zifferblatt, hinter den Zeigern, die ihm gehorchen. Es ist ein Symbol der Seele des Todes. Die Seele verspürt zuerst die Witterung des Todes, viel früher als der Leib, dieses Uhr-Gehäuse des Lebens, und der Geist, dieses zeigende Zifferblatt der Oberfläche. Das Uhrwerk wird hier zu einem symbolischen Objekt der Psychoanalyse. Der Prolog zu diesem Schauspiel, das den Ödipus-Stoff des Sophokles psychoanalytisch interpretiert und auswalzt, schließt mit dem Satz: „Sie sehen jetzt, meine Damen und Herren, eine der vollendetsten Maschinen, ein Uhrwerk, das, völlig aufgezogen, langsam, ein Menschenleben lang, abläuft, von den teuflischen Göttern erdacht zur mathematischen Vernichtung eines Menschen."

Das ist eine seltsam ironische Variante zu jener Uhr, die Matthias Claudius, der Mitarbeiter des „Wandsbecker Boten“, mit pietistischem Aufklärungssinn und fataler Sentimentalität besungen hatte. Das unabwendbare Schicksal als geheimes Uhrwerk, die Götter als Diversanten der menschlichen Existenz, als boshafte und schlaue Geister der zerstörenden Allmacht, das erinnert an Cartesius, der die Erfindung des generellen Zweifels an allem, was ist, einem allmächtigen bösen Geist in die Schuhe schob. In diesem Schauspiel hat Cocteau den zersetzenden Intellekt, den Ort der Kalkulation, zum Quell und zur konstruktivistischen Kraft des Mythos erhoben. Mit spielerischer Frömmigkeit würfelt dieser poetische Hasardeur selbst um die letzten Dinge. Das Wagnis, den Intellekt, dieses Prinzip der Verneinung des Magischen und Mythischen, in den Mythos zu transponieren, ist eine verständliche Reaktion auf die Kälte des aufklärerischen Geistes und zugleich ein Spiegel für die unselige Vermischung der Bereiche des Rationalen und des Materiellen, also einmal ein Hieb gegen den kaltschnäuzigen Pragmatismus der Liberalen und das andere Mal ein Hieb gegen den Dogmatismus der Faschisten.

Diese Okkupation des Intellekts für die Gottheit wird im Schauspiel „Bacchus“ (1951) unter positiven Vorzeichen fortgesetzt. Aber auch dieser Vormarsch in die andere Richtung erfolgt ganz im Stil des Cocteauschen Metiers. Um Gott die Kraft der „Klugheit“, gemeint ist die Kraft des Intellekts, zurückzuerstatten, wird eine Maskerade des Guten inszeniert. Ein Feuerwerk der Theodizee wird abgebrannt, ein glänzendes Manöver der Heerscharen des Guten alarmiert, doch wiederum ist es der Mensch, der den Tribut an den Tod zu zahlen hat, der für seinen guten Willen die Münze des Nichts einstreichen muß. Und wir fragen: Wofür? In diesem Schauspiel geht es um die Dramatisierung der Dialektik des Guten, der verabsolutierten Tugend, der Diktatur der Güte. Das verabsolutierte Gute muß mit den Konkretisierungen des Guten in einen Konflikt geraten und ihnen unterliegen. Zur Verwirklichung des Guten bedarf es der Liquidierung der Idee des Guten. Solange das Kapital der Güte nicht flüssig wird, kommt es zu keinem Umsatz des Guten. Also wird das Gute um des Guten willen geopfert. Die Idee kapituliert um ihrer eigenen Intention willen vor der Realität. Auch das ist Nietzsche, der darauf verwies, daß eine Tugend zur Untugend wird, wenn man sie zu Ende denkt.

Das Urteil, das über Bacchus gesprochen wird, ist das gleiche Urteil, dem sich Cocteau selbst in seinem vorwitzigen Selbst-Nekrolog, in dem Film „Das Testament des Orpheus" (1960) mit Nonchalance unterwirft. Der dort von seinen eigenen Gestalten, den Figuren seiner Dichtung, des Vergehens der „Unschuld" angeklagte Dichter wird zum ewigen Leben durch Preisgabe des Lebens verurteilt. Dichtung ist Aufhebung der Wirklichkeit. Der Raum der Phantasie ist ein Raum jenseits dieses realen Lebens. Im „Testament des Orpheus" wandert der Dichter durch die Unterwelt seiner Phantasie. Cocteau hat einmal gesagt: „Der geringste Gegenstand in meinem Zimmer zeugt gegen mich." Somit leistet sogar die Realität Schützenhilfe des Nichts, verrät den Dichter an seine Richter. Das ist eine Situation der Verzweiflung, gewiß einer koketten Verzweiflung, wie es bei Cocteau nicht anders sein kann. Das ist nicht nur eine Anerkennung der Unabhängigkeit der Dinge vom Menschen, gegen den sie aussagen, weil sie in ihrer Aussage unbeeinflußbar sind, sondern auch eine Anerkennung der Einmischung der Realität in die Existenz des Menschen. Wer gegen einen zeugt, mischt sich in die Verfügung über den Verurteilten ein, sorgt für den Eingriff. Das ist zwar eine Teilhabe der Dinge am Menschen. Doch diese Teilhabe ist absolut negativ, eine Teilhabe im Sinne des Nichts.

Um so verständlicher ist es, daß sich der Dichter gegen eine solche Bloßstellung durch die Realität schützt. Er bedient sich dafür der ihm eigenen Kraft der Phantasie. Er erfindet Masken seines Wesens, die er um sich herum aufhäuft. Alle Figuren der Dichtung Cocteaus sind Masken vor dem Gesicht des Dichters selbst. In Entsprechung zu jenem Rilkeschen Vers in den „Sonetten an Orpheus" kann es von der Dichtung Cocteaus heißen: Es ist immer Cocteau, was sich dort darbietet. Es ist in seiner Gesamtheit die phantasievolle und phantastische Revue, der exklusive und geniale Maskenball seiner eigenen Existenz. Es ist die verlockende Scharlatanerie der Selbsterkenntnis und Selbstdarstellung in schillernden Arabesken des Nichts. Die Werke dieses Hofnarren im Palast der Kunst, der die Sensation hoffähig gemacht hat, der immer Öl in der Lampe seines phantastischen Intellekts besitzt, sie sind dichterische Ausstellungen, Bildergalerien des Poeten Jean Cocteau. Es sind Häkeleien seiner nicht zu bremsenden Phantasie, Wandteppiche und Mosaiks, in die sich Cocteau als Dichter und Mensch selbst verstrickt, einwirkt und einlegt, mit Leidenschaft, Absicht, Reiz und unverwüstlicher Jugend. Solange diesen

Poeten die Phantasie nicht verläßt, wird er leben in Ewigkeiten. Das ist es, was er sich wünschte.

Im Jahre 1926 schrieb Cocteau seine Tragödie „Orpheus", die Vorstufe des Films „Orphée". Weil dieses Drama wie das ganze Leben Cocteaus auf Sensationen angelegt ist, und zwar auf Sensationen angelegt aus Angst vor dem Nichts, mußte der Film besser gelingen als das Theaterstück. Die Sensation ist ein Element des Films nicht aber des Theaters. Sensation will Aufsehen erregen. Dafür eignet sich das Ungewöhnliche, wenn es sympathisch arrangiert wird, am besten. Ein ebenso mutiger wie schöner Witwer, der die in ihn vernarrten Bacchantinnen links liegen läßt und mit jugendlich elastischen Knien in die schaurige Unterwelt hinunterspringt, um sein Eheweib zurückzuholen, das ist eine sympathische wie sensationelle Figur. Sie ist nicht neu. Die als Schlauberger bekannten Griechen haben diesen Helden in das Repertoire der Weltliteratur eingeführt. Der nicht weniger schlaue Cocteau mischte die gleiche Karte als Trumpf ins Spiel seiner dichterischen Existenz. Es ist die Karte mit dem Bild des thrakischen Sängers Orpheus.

Im Schauspiel „Orpheus" präsentiert Cocteau mit einer antiken Legende und mit antiken Namen, im Kleid und im Milieu der Gegenwart ein mittelalterliches Thema, ein Cartesianisches Problem, eine These heidnischer Scholastik. Es ist der Versuch einer Dramatisierung der internen Dialektik des Menschen-Modells aus Geist, Leib und Seele. Dieses Modell offenbart zwar eine trinitarische Synthese des Phänomens Mensch, die Einheit aus Dreiheit. Es enthält andererseits aber auch den Zündstoff des Widerspruchs der drei Teile, zumal jeder Teil sich vom anderen unterscheidet, wiewohl jeder des anderen bedarf.

Der Raum hinter den Spiegeln

Dieses dialektische Thema aus der christlichen Erbschaft des Abendlandes wird im Drama „Orpheus" theatralisch ausgebreitet. Orpheus ist der Geist, Eurydike die Seele und das Roß der Leib. Die Aspekte des Widerspruchs haben sich seit dem Mittelalter verschoben. Die Menschheitsgeschichte ist weitergerückt. Eurydike, das Weib, ist die Belebende, die Konkretisierende, Orpheus aber der Formende, der Abstrahierende, während Heurtebise der Bote zwischen beiden ist. Er ist jener Dritte, der die Dinge übersieht und mehr weiß als die beiden anderen, die im Dasein verfangen sind. Er kennt auch den Raum hinter den Spiegeln, den bildlosen Hintergrund, kennt die Fäden des Todes, die an alles geknüpft sind. Orpheus, der Geist, ist in das Tier verliebt, in das Pferd, in die bloße Substanz, weil er dort sein Aufgabengebiet erblickt, weil er dem Ungemäßen das Maß vermitteln, dem Geistlosen den Geist einhauchen kann. Die Seele, der Ursprung des Geistes, entzieht sich solchen Eingriffen. Eurydike haßt das Pferd, weil es ihr die Liebe des Gatten entzieht. Die Seele will nichts als Liebe, als Hingabe und die Möglichkeit, sich hingeben zu können. Der bloße Geist aber kennt keine Liebe, sondern nur die Macht. Die Seele sucht den Leib als Physiologie des Geistes. Der Geist aber will die Abstraktion der Substanz. Er strebt nach der zu Zahl und Wort gewordenen Substanz. Deshalb bemüht sich Orpheus, dem Roß das Rechnen und Sprechen beizubringen. Die Seele will den Leib des Orpheus, weil er vom Geist besessen ist, mit dem Geist eins ist. Sie verschmäht den Leib des Rosses, des bloßen Tieres, weil es ohne Geist ist. Orpheus langweilt der Leib, der von der Seele durchwirkt ist, der von ihm Hingabe verlangt, wo er doch nach Macht strebt. Daher interessiert ihn zum Überfluß der Leib, dem er sein System, die Mathematik und Logik, zu oktroyieren vermag und der ihm dann das antwortet, was er erwartet.

Diese Situation ist überspannt und verlangt nach einer Lösung, die mit dem Abbau des Leibes, mit dem Tod, mit dem Medium der Verwandlung des Vorhandenen erreichbar wird, mit dem Einschnitt des Chirurgen, in dessen Arbeitskittel und mit dessen Instrumenten der Tod ins Spiel eingreift. Der Tod kommt, wo er notwendig ist. Madame la Mort ist eine mondäne Medizinerin, in Begleitung von ebenso kühlen wie beflissenen und umständlich hantierenden Assistenten. Sie heilt durch undurchsichtige, symbolische Manipulation, durch den Mystizismus der rigorosen Medizinweiber. Sie trägt Gummihandschuhe, um sich beim Eingriff in die lebende Substanz nicht mit Lebensbazillen zu infizieren. Die Todesgöttin entführt dem Geiste das Pferd und die Gattin, damit er endlich die wahren Zusammenhänge erkennt, weil ja der Geist nur unbeeinflußt von leiblichen und seelischen Hinzutaten oder Ambitionen zur Wahrheit gelangen kann. Der Tod ist also ein Gehilfe der Erkenntnis. Seine Arbeit stellt sich im Bereich der Lebenden verschieden dar: als Tätigkeit eines Taschenspielers, als Taubenfang der Seele, als Boxkampf bis zum k. o., als Überfahrt eines Schiffes, allemal begleitet vom Trommelwirbel einer sinnlos-pathetischen Rhythmik der Exekution.

Sobald der Tod unter die Lebenden tritt, muß er sich des Zeichens bedienen, der Merkmale des Todes. Die Lebenden existieren mit Zeichen. Sie haben Zeichen und geben sich Zeichen, Zeichen der Liebe, des Hasses, des Vertrauens, der Abneigung, der Güte und des Verfalls, Zeichen der Verständlichkeit ihres Sinnes. Das Zeichen des Orpheus ist das Pferd, der Pegasus, die rhythmisch bewegte Substanz, die Dichtung. Aber auch die Sonne, deren Priester er ist, weil er wie sie sichtbar machen will, was im Dunklen liegt. Eurydikes Zeichen ist der Mond, die romantische Fackel der Seele und der leisen Verwandlung, der Halbkreis des weiblichen Geschlechts, das stille Licht des magischen Rausches der Nacht, in der sich die Paare vereinigen, in der das Leben wächst, das gewährende Silberlicht der Intimität, während die Sonne mit ihrem grellen Licht des Tages die Dinge trennt, unterscheidet, in die Winkel der Geheimnisse hineinleuchtet und alles restlos sichtbar machen will, auch das, was nur im Dunkel der Natur zu existieren vermag. Der Götterbote Heurtebise, der Glasergesell der irritierenden Spiegelungen, der Renovator des Seelenglases der Eurydike, er sagt zu Orpheus: „An Dreistigkeit fehlt es Ihnen nicht!" Es ist ja tatsächlich ein Charakteristikum des Geistes wie des Lichtes, daß sie beide dreist sind. Sie entschleiern, entblößen, wollen alles erleuchten und aufdecken. Und wie das Grubenlicht in der Tiefe des Bergwerkes sich an die dort im Finstern wartenden Kristalle verschwendet, damit sie aus sich zu leuchten beginnen, so will Orpheus, der Geist, dem Pferd, der Materie, beibringen, daß es sich geistig benimmt, also etwas, was der Natur widerspricht. Das weiß der Geist, aber er duldet keinen Widerspruch, er will, daß alles widerspruchslos aufgeht. Er will die absolute Transparenz, die totale Durchsichtigkeit. Dieser maßlose Wille ist sein Wesen. Zornig bekennt Orpheus diese Bürde seines Schicksals: „Zum Unmöglichen [. . .] bin ich verpflichtet." Das ist die Herrlichkeit und zugleich die Tragik seiner Existenz.

Im Reich der Schatten

Zweimal betritt Orpheus das Reich der Schatten: einmal noch im Besitz der eigenen Leibhaftigkeit, um die entleibte Seele Eurydikes in das Reich der Sichtbarkeit zurückzuführen, das andere Mal selbst entleibt, befreit von jenem Hindernis, das die Identität von Seele und Geist immer verhinderte, die Verschmelzung mit seiner Gattin. Das Roß ist verschwunden. Beim ersten Gang in die Tiefe bedient sich Orpheus noch der eigenen Hilfsmittel, um wach zu bleiben, Hilfsmittel aus der Apotheke des Dichters. Er deklamiert beim Gang durch das

Reich des ewigen Schlafes eines seiner Gedichte, um dem Schlaf nicht zu verfallen. Dichtung ist also ein Hilfsmittel des verbleibenden Bewußtseins, der Klarheit des Kopfes, wiewohl das Rezitieren von Versen immer wieder als billiges Hausmittel zum Einschlafen angepriesen wird. Als Orpheus von diesem ersten Gang durch den Hades zurückgekehrt ist, verspürt er einen heftigen Durst. Im Reiche der Toten ist viel Flüssigkeit seiner Existenz verdampft. Bei Rilke heißt es: „Denn wir, wo wir fühlen, verflüchtigen; ach wir/atmen uns aus und dahin; von Holzglut zu Holzglut/geben wir schwächeren Geruch [. . ./. . .] Wie Tau von dem Frühgras/hebt sich das Unsre von uns, wie Hitze von einem/heißen Gericht." Orpheus stürzt, um seine Substanz wieder aufzufüllen, ein Glas Wein, die Substanz der Wahrheit, des Lichts, der Sonne, in seine brennende Kehle.

Die Rückkehr mit Eurydike, der entmaterialisierten Seele, aus dem Raum der Schatten in die nicht mehr adäquate Gesellschaft des Lichts erweist sich als unsinnig, ja als unerträglich. Die Orpheus gestellten Bedingungen sind nicht zu erfüllen. Das Verbot des Sehens, des Anschauens, ist dem Geist nicht nur widerwärtig, sondern auch unzumutbar. Der Geist, die Sonne, sie leben im Licht und durch das Licht. Für die vom Leib nicht mehr geschützte Seele ist indessen gerade das Licht ein Element der Beseitigung. So unsinnig das Verbot des Sehens für Orpheus ist, so berechtigt ist es für Eurydike. Eurydike kann nur bei Orpheus bleiben, solange er sie von seinen brennenden Blicken befreit: „Wenn ich sie *ansehe* verschwindet sie." Diese beiden Sätze des Orpheus sind ohne trennendes Komma geschrieben, sind also ein Kontinuum der unerbittlichen Kausalität. In der Existenzphilosphie Sartres heißt es, daß derjenige, der den andern ansieht, diesen nichtet, ihn um seine Natur bringt. Die Spannung ist nur zu lösen, wenn beide, nicht nur Eurydike, sondern auch Orpheus, also die Seele und der Geist, vom Leibe befreit sind. Die der Eurydike schwesterlichen Bacchantinnen, die von jeher den Leib des Orpheus begehrten, vollziehen diese befreiende Untat, zerreißen den Leib des Orpheus und teilen ihn unter sich. Nur den für sie ungenießbaren Kopf lassen sie übrig. Auch das ist Fügung, weil der Kopf des Dichters für den Sockel des Ruhms bestimmt ist. Der Steinhagel ihrer Wut, ihrer elementaren Raserei, zertrümmert den Spiegel im Arbeitszimmer des Orpheus und legt damit die Trennung der Räume des Lichts und der Räume des Dunkels nieder. Raserei hat allemal eine Nivellierung zur Folge. Der Spiegel, von dem es heißt, daß er die Tür sei, „durch die die Todesgöttin kommt und geht", ist nicht mehr. Beide Räume sind jetzt eins, der Raum diesseits und der jenseits des Spiegels. Das Tor des

Lebens und das Tor des Todes sind zueinander geöffnet. Die dominierende Finsternis verbreitet sich überallhin. Der Vorabend des ersten Schöpfungstages ist wieder gegenwärtig, als Licht und Finsternis noch ungeschieden waren.

Das ist der makaber höhnische Ort der Vernebelung, in dem noch heute die bürokratischen Gerichte herumtasten. Ihre gleicherweise arroganten wie hilflosen Exponenten treten auch hier auf, provozieren sich und verblassen unverrichteter Dinge. Der Kopf des Orpheus, der Sitz seiner Sonnen-Augen, der Sitz des Geistes, rollt durch das Zimmer. Er ist vom Leibe getrennt und somit befähigt, zur Ehre der Altäre, auf den Sockel des Ruhms gehoben zu werden. Die Guillotine des Lebensrausches der Bacchantinnen hat den Geist befreit und den Leib zerrissen. Gleiches fand tragisch den Weg zu Gleichem, gleich geworden im Raume des Nichts, des Todes. Nunmehr kann das Todesmahl der Vereinigung stattfinden, zu dem sich die schmerzhaftselig Gleichen setzen. Erfahren, seiend im Nichtsein, geborgen in der Unverletzlichkeit ihrer Transparenz, in der Substanzlosigkeit ihres bloßen Existierens, das ohne alles ist, leidenschaftslos, lichtlos, restlos befriedigt, die Apotheose des seligen Nichts.

Poesie – die Mutter des Todes

Das Drama schließt mit dem Dankgebet des Orpheus, der nach den Wanderungen der Qual, der Sehnsucht und des Schmerzes für die anspruchslose Geborgenheit im Hause des Todes dankt. Er dankt dem Gott, der den Tod sendet und walten läßt, dem Gott, der nicht ist, also dem Gott des Nichts. Und weil Orpheus die Poeterei auch hier nicht lassen kann, dankt er dem Gott mit den Worten: „weil die Poesie und *Du* ein- und dasselbe sind." Damit ist angesichts des Todes, ja im Besitz des Todes, das Bekenntnis erneuert, daß die Poesie nichts als die Mutter des Todes ist. Also ist die Poesie das Absolute, das Element dessen, was das Nichts ausmacht und in das Nichts entführt. Unter diesem Sternbild der Finsternis kommt es zum Mitternachtsessen der absoluten Leere, zum Mahl, das im Gegensatz zum Abendmahl der Erlösung des Lebens nicht Wein und Brot, sondern nur Wein kredenzt, die Auflösung, die Liquidierung der Substanz, den Saft der berauschenden Wahrheit.

Ist ein solches Spiel die Jahrmarktsware eines Schaubudenbesitzers oder das dramatische Stundenbuch eines Genies? Erkenntnisse uralter Wahrheiten werden mit journalistischer Leichtigkeit, wenn nicht

Leichtfertigkeit verabreicht. Natürlich: der Dichter muß dem Tod verfallen, er muß unter den weißglühenden Transmissionen der Nacht hindurch, er muß in die unmißverständlichen Spiegel tauchen wie ein Kormoran in die Fluten des unergründlichen Meeres, um dort seine Nahrung zu finden, die Nahrung der bleibenden Bilder, er muß von den Bacchantinnen zerrissen und in die Furchen des Seins verstreut werden, wenn er an allem teilhaben soll, um in allem auferstehen zu können, weil der Dichter derjenige geblieben ist, von dem wir auch im Zeitalter der Technik die verbindlichen Nachrichten über das erwarten, was uns nicht zugänglich ist. Denn wer kann Nachricht über etwas geben, was er nicht erfahren hat? Wer die Nachricht des Nichts berichten will, muß seine Hände mit dem Blute des Nichts tränken. Das ist zweifellos die klassische Vorstellung der Menschheit vom Poeta laureatus. Aber was will so ein Dichter in einer Welt, der wir heute ausgeliefert sind? In einer Welt, deren Geist, wie Cocteau selbst schrieb, bestimmt ist von der „Macht der Trägheit. Eine entschuldbare Macht bei Menschen, deren Auge den immer kürzer werdenden Abstand mißt zwischen der Lust, zu hängen, und der Angst, gehängt zu werden."

1964

Werner Mittenzwei

Forscher, Archivar, Mittler – Walter Huder

Forscher, die in nachgelassenen Papieren suchen, um den Lebensweg oder das Werk eines Dichters zu rekonstruieren, träumen davon, eines Tages einen Koffer mit Manuskripten und all dem zu finden, womit sie die Lücke schließen können, die die Geschichte gelassen hat. Geträumt davon haben viele, kaum einer hat einen solchen Koffer gefunden. Wohl aber Walter Huder, und weil er nicht nur einen entdeckte, ist daraus das Archiv der Akademie der Künste in Berlin-West geworden; er selber zu einem berühmten Archivar, eben der Professor Doktor Huder. Zu ihm pilgerten Wissenschaftler aus vielen Ländern, um seine Schätze zu sehen, die er reichlich vor ihnen ausbreitete. So könnte man den Lebensweg Walter Huders und den Aufbau des Akademie-Archivs als Märchen beginnen. Aber es ist eben kein Märchen, sondern die harte Geschichte eines Forscherlebens. Als Walter Höllerer gefragt wurde, ob er den Huder als Figur seiner „Elefantenuhr" erfunden hat, antwortete er: „Den Huder kann man gar nicht so gut erfinden, wie er in der Realität herumläuft."

Archivare, die nicht nur Manuskripte verwalten und katalogisieren, sondern aufspüren, sind meist eigenwillige Menschen und müssen es sein. Der Drang zu den Quellen, zur Urschrift, zum Sammeln ist bei ihnen eine Leidenschaft, die ein ganzes Leben ausfüllt. Leute dieser Art finden mit sicherem Griff aus Regalmetern das seltene Buch heraus. Sie besitzen ein kriminalistisches Gespür dafür, wo etwas liegengeblieben sein könnte. Vermutungen darüber speichern sie im Kopf als ihren eigenen Spezialkatalog. Vielen von ihnen kann man durchaus zutrauen, daß sie über alten Papieren das Neueste in der Welt übersehen. Nicht so Walter Huder. Zu diesem Typus gehört er nicht. Mit ihm kann man sich stundenlang über alle Einzelheiten eines alten Manuskripts unterhalten und plötzlich das Gespräch auf die neueste Inszenierung in diesem und jenem Theater lenken. Dann berichtet er mit gleicher Leidenschaft und ebensoviel konkretem Wissen, warum dieser Regisseur so verfuhr oder weshalb er mit dieser

Aufführung nicht zu Rande kam. In Walter Huders Tätigkeit verbinden sich sehr verschiedenartige Interessen und die unterschiedlichsten Begabungen. Daß ein Archivar auch ein engagierter Theaterfachmann sein kann, der sich im praktischen Theater auskennt, dürfte wohl nicht allzu oft der Fall sein. Jahrelang ging er zwei grundverschiedenen Berufen aus innerer Berufung nach: Er war zugleich Leiter des Archivs der Akademie und Professor für Theaterwissenschaft an der Freien Universität. Für ihn gab es nie das Problem, das eine tun zu müssen, um das andere liebend gern machen zu können. Bei ihm ging das eine in das andere über. Er brachte im wahrsten Sinne des Wortes das Archiv ins Theater, und das Theater kam ins Archiv. Wenn er mit seinen Studenten ein Werk analysierte, dann im Umgang mit dem Original. Das Seminar fand im Archiv statt, wo die jungen Leute vor Ort das Original in Augenschein nehmen konnten. Auch Schauspieler kamen dorthin, obwohl man ihnen nachsagt, daß sie es nicht gerade für nötig halten, zur Vorbereitung einer Rolle auch noch ein Archiv aufzusuchen. Bei Huder konnte man sie finden. In seinen Räumen war es durchaus nicht ungewöhnlich, daß der Student, der Material für seine Staatsexamensarbeit suchte, mit berühmten Schauspielern – so etwa mit Wilhelm Borchert, Marianne Hoppe, Martin Held, Martin Benrath, Erich Schellow, Maria Wimmer, Curt Bois, Bernhard Minetti, ja sogar Tilla Durieux – zusammentraf.

Huders Archiv, d. h. das der Akademie der Künste, besaß etwas von seinem eigenen Wesen. Die moderne Technik hatte, als er zu arbeiten begann, noch nicht Einzug gehalten, der individuelle Anteil an der Arbeit war nicht verdinglicht. Da gab es noch den direkten Bezug zu den Dingen, die er gefunden hatte. Die Manuskripte vermittelten etwas von ihrem Herkunftsort; man meinte zu wissen, wo sie früher aufbewahrt und wie sie ausgehändigt wurden. Über den Katalogkästen und Regalen hingen die Totenmasken der großen Dichter und Künstler, da es zu den Gepflogenheiten der Akademie gehörte, daß ihre Mitglieder mit ihrem Nachlaß auch die Totenmaske hinterließen. Auf großen Tischen stand oft gerade das, was für eine Ausstellung gebraucht wurde oder was ein Theater zu sehen wünschte. So z. B. Bühnenmodelle und Kostümentwürfe von Teo Otto und anderen großen Bühnenbildnern zu Inszenierungen von Erwin Piscator, Leonard Steckel, Leopold Lindtberg, Fritz Kortner, Fritz Wisten, Maxim Vallentin, Rudolf Bernauer, all jenen, die Theatergeschichte gemacht haben. Diese Gegenstände wiesen nicht nur darauf hin, was das Archiv alles besaß, sondern auch darauf, mit wem ihr Leiter Kontakt besaß, befreundet oder verbunden war. Denn ein Archiv, das neu aufgebaut wird, ist immer so reich, wie es an guten menschlichen Beziehungen reich ist, an Bekanntschaften, Freundschaften und an dem Bedürfnis nach Gedankenaustausch. Hier scheint wohl auch das Geheimnis des Archivars Huder zu liegen, warum er immer das fand, wonach er suchte und wovon er meinte, daß es seine Besucher unbedingt brauchten. Nachlässe leiten sich aus dem Umgang mit Menschen her.

Am Anfang allen Suchens und Findens stand das Werk Georg Kaisers. Sein Nachlaß führte zur Gründung des heutigen Gesamtarchivs. Doch das begann schon zu einer Zeit, als Walter Huder noch eingeschriebener Student für Germanistik, Slawistik, Kunstgeschichte und Philosophie an der Freien Universtitä in Berlin-West war. Im Hauptseminar seines Lehrers Professor Paul Altenberg meldete er sich mit einem Referat über Georg Kaisers Drama „Die Bürger von Calais", weil kein anderer Teilnehmer dazu bereit sein mochte. Wie so oft, wenn man sich auf Dinge einläßt, die in Erinnerung geblieben sind, die man aber selbst nicht mehr besitzt, geriet er in die größten Schwierigkeiten. Das Werk Georg Kaisers ließ sich damals in keiner Berliner Bibliothek auftreiben, nicht in den großen, nicht in kleineren. Und nun setzte das ein, was in der Folgezeit zu seiner Haupttätigkeit wurde: die Suche nach dem Buch, dem Original. Georg Kaisers „Bürger von Calais", wahrlich keine bibliophile Seltenheit, aber nach dem Kriege wie vieles andere auch schwierig zu erreichen, fand er schließlich in einer Volksbibliothek in Stralsund. Daß er sich im Seminar mit einem Thema über Georg Kaiser zu Wort meldete, dem Dichter, der kurz nach dem Krieg im Schweizer Exil starb, hing mit seinem eigenen Leben zusammen, denn aus dem Exil kam auch er. Deshalb soll hier erst einmal von seinem Leben die Rede sein.

1921 in Mladé Buky (ČSR) geboren, stammte er aus einer republikanisch gesinnten Familie von Österreichern, Tschechen und Juden. Sein Vater war Mühlen- und Sägewerksbesitzer, und im Elternhaus spielte das Buch bis auf die Bibel kaum eine Rolle. Zu seinen lebensprägenden Kindheitseindrücken gehört, daß der Vater von den organisierten Arbeitern des Ortes stets zu ihrem Feiertag, dem 1. Mai, eingeladen wurde. Anlaß dazu gab weniger die liberale Gesinnung des Sägewerksbesitzers, mehr der Umstand, daß er den Arbeitern zur Ausstattung der Festwiese das nötige Geld für Tische und Bänke zur Verfügung stellte. Zu den jährlichen Maifeiern nahm er den Sohn mit. Beide bekamen eine rote Nelke und saßen dann zusammen mit den Arbeitern an den langen Tischen und feierten den 1. Mai. Eine zweite Kindheitserinnerung scheint ihm aber wirklich bedeutend zu sein.

Die meiste Freizeit als Schulbub verbrachte er im Wald. Dort traf er den alten Stefan, Nachtwächter der benachbarten Fabrik, der Heilkräuter und Harze für Heilsalben sammelte, weil er als Altkommunist den Naturkräften mehr vertraute als dem Weihwasser in der Kirche. Er erzählte ihm mit Begeisterung von den revolutionären Matrosen im Winterpalais von St. Petersburg und von Lenin. Diese Verbindung zur sozialistischen Gedankenwelt der Arbeiter wurde vor allem in den Jahren deutlich, als Hitlerdeutschland einen immer stärkeren Druck auf die ČSR ausübte. Nach dem Besuch des Jesuiten-Gymnasiums, wo er nachts nicht nur Nietzsche, sondern auch Hegel und Marx las, begann Huder das Studium der Philosophie, Psychologie und Archäologie an der Karls-Universität bzw. in Litoměřice. Doch kaum hatte er es aufgenommen, kam es zu weltpolitischen Ereignissen, die sein Leben in ganz andere Bahnen lenkten. Die Hitlerwehrmacht marschierte 1938/39 in das Land ein und besetzte es. 1940 trieb es Walter Huder erst nach Frankreich, dann in die Sowjetunion, die ihm nahezu ein Jahrzehnt fast zur zweiten Heimat wurde. In dem neuen Lande wollte er helfen, wo er am dringendsten gebraucht wurde. Ihm schien das vorerst nicht das Gebiet der Literatur und der schönen Künste zu sein. Er arbeitete im Straßen- und Bergbau und wurde Ingenieur. 1944 beteiligte er sich auf der Seite der Roten Armee am Slowakischen Nationalaufstand. Er wurde nicht nur dekoriert, sondern auch schwer verwundet und kam in ein Militärhospital auf der Krim. 1949 fand er seine Familie in der Sowjetischen Besatzungszone Deutschlands wieder. Erneut das Studium aufzunehmen gelang ihm als Staatenlosen in Heidelberg nicht – innige Wunschuniversität eines Fremdlings –, sondern in Berlin. Der Wunschtraum seiner Jugend war es gewesen, einmal Strafverteidiger, Advokat zu werden. Jetzt aber strebte er zu Literatur und Kunst. War das ein Widerspruch? Brauchen Literatur und Kunst zwecks Wahrheitsfindung nicht auch ihren Verteidiger? So wurde Berlin, die Stadt, die er von früher gar nicht kannte, zur Stätte seines Wirkens. Hier spielte sich sein weiteres Leben ab.

Als er dort in seinem letzten Studienjahr mühsam nach einem Exemplar von Georg Kaisers „Die Bürger von Calais" suchte, schwor er sich, dessen Werk einmal in einer kritischen Gesamtausgabe zu edieren. Diesen Schwur erfüllte er; allerdings gab es nicht gleich nach dem Studium dazu Gelegenheit. Doch das Opus des Dichters beschäftigte ihn weiter. Wo mochten sich die Originale, der Nachlaß befinden? Walter Huder gehörte zu dem Typus des Literaturwissenschaftlers, dem es höchste Befriedigung gewährt, das Original einzusehen, und der erst dann zu sagen wagt, daß er das Werk kennt. Eine Selbstverständlichkeit war das in der Zunft durchaus nicht. Gibt es doch namhafte Literaturwissenschaftler, die interessant und aufschlußreich über ein Buch geschrieben haben, doch das Original niemals in Händen hatten. Huder wollte wissen, wo sich der Nachlaß des Dichters befand, der 1938 sein Haus in Grünheide bei Berlin verließ und in die Schweiz ins Exil ging. In Berlin-Dahlem in der Musäusstraße stieß Huder auf ein Schild mit der Aufschrift „Akademie der Künste". War Georg Kaiser nicht Mitglied der Preußischen Akademie der Künste gewesen, hatte ihn nicht der nationalsozialistische Kultusminister Bernhard Rust daraus vertrieben? Die Akademie der Künste in Berlin-West gab es seit 1954, die im Ostteil der Stadt gelegene Deutsche Akademie der Künste war vier Jahre früher gegründet worden. Beide Einrichtungen verstanden sich in der Tradition der Preußischen Akademie von 1696. In der Musäusstraße sprach Huder vor, ob die Akademie nicht ein Interesse daran habe, den Nachlaß ihres früheren Mitglieds Georg Kaiser aufzuspüren. Mitte der fünfziger Jahre gab es in solchen Einrichtungen noch allerhand zu ordnen und sicherzustellen. Nachlässe aufzuspüren wurde nicht als das Vordringlichste angesehen, zumal man oft nicht wußte, wie man das über den Krieg gerettete Archivgut unterbringen sollte. Der Generalsekretär der Dahlemer Akademie, Herbert von Buttlar, hatte in seiner Jugend Kaisers Stück „Gas" gesehen, daran erinnerte er sich noch sehr genau. Er besprach sich mit dem Präsidenten Hans Scharoun, dem ein solches Unternehmen einleuchtete, zumal das neugegründete Institut nach einem Repräsentationsvorhaben suchte. Sollte dieser Huder doch im Namen der Akademie den Nachlaß herbeischaffen. Bezahlt erhielt er nur die Reisekosten. Mit diesem Auftrag leitete Huder eine ganze Entwicklung ein. Er erreichte nicht nur eine Vereinbarung mit der Witwe des Dichters, Margarethe Kaiser, über den dichterischen Nachlaß ihres Mannes, ihm gelang die Entdeckung nahezu sämtlicher Originale, soweit sie den Krieg und das Exil überstanden hatten. In Ascona, dem letzten Aufenthaltsort Kaisers, spürte er in dem dortigen Polizeikeller die Niederschriften des Dichters auf. Die Originale der im Exil geschriebenen Dramen und epischen wie lyrischen Werke sowie einen umfangreichen Briefwechsel, der Einblick in Kaisers politisches Denken und in seine Haltung zum Nationalsozialismus gab und zugleich auch Auskunft über literarische Produktionsbedingungen des Exils gewährte, entdeckte er auf seinen Urlaubsreisen, in denen er den Exilweg Kaisers nachvollzog. Auf diese Weise kam es zur Gründung des Georg-Kaiser-Archivs, das den Grundstock für das

Archiv und die Bibliothek der Akademie der Künste bildete, deren Leiter Walter Huder 1959 wurde.

Nunmehr baute Huder das Archiv entsprechend der Grundstruktur der Akademie mit ihren fünf Abteilungen (bildende Kunst, Baukunst, Musik, Literatur, darstellende Kunst) systematisch aus. Er führte den über viele Orte verstreuten Archivbestand der alten Institution wieder zusammen – samt Gründungsurkunde, Sitzungsprotokollen, den handgeschriebenen Lebensläufen der Akademiemitglieder und dem vielfältigen Briefwechsel. Als geradezu sensationell erwies sich, daß ein Großteil der Protokolle und des Briefwechsels der Abteilung für Dichtkunst über die Vorgänge, die 1933 zur Vertreibung von Heinrich Mann, Thomas Mann, Alfred Döblin, Ricarda Huch, Jakob Wassermann und vieler anderer aus der Akademie geführt hatten, erhalten geblieben war. Fein säuberlich aufgereiht und abgeheftet fanden sich da die erzwungenen Austrittserklärungen, die alle mit dem von Gottfried Benn formulierten Satz begannen: „Sind Sie bereit ..." Insofern machte das Archiv die Öffentlichkeit nicht nur mit Neuentdeckungen über geschichtliche Vorgänge bekannt, es sorgte damit auch innerhalb und außerhalb der Einrichtung für Aufregung. Bei seinen archivalischen Wünschelrutengängen hatte Walter Huder weiterhin Glück. Aus einer Scheune unweit Londons gelangte in fünf Koffern der Hauptnachlaß des Schriftstellers und Kritikers Alfred Kerr nach Berlin. Ihm folgte aus einem Safe in München der Teilnachlaß Ödön von Horváths. Da Erfolg erfolgreich macht, erhielt Walter Huder viele Hinweise, wo etwas zu finden sei. Bedeutende Leute und Mitglieder der Akademie erkannten, daß ihr Nachlaß in dem von Huder gegründeten Archiv nicht nur gut aufgehoben sei, sondern lebendig zu Wirkung gebracht werden würde.

Als Walter Benjamin den Typus des Sammlers beschrieb, meinte er: „Sie haben schon von Leuten gehört, die am Verlust ihrer Bücher zu Kranken, von anderen, die an ihrem Erwerb zu Verbrechern geworden sind." Bei aller Leidenschaft, zu diesen wie jenen gehört Huder nicht. Aber ein Grundzug, den Benjamin dem Sammler zuschrieb, charakterisiert auch ihn: „... für den wahren Sammler ist die Erwerbung eines alten Buches dessen Wiedergeburt." Dem Werk die Wiedergeburt zu ermöglichen, das war Huders Anliegen, das betrachtete er als seine Aufgabe. Was ins Archiv einging, sollte auf andere Weise wieder in Umlauf gebracht werden, in die Welt treten. Er wollte ein Archiv, in dem nichts verstaubt. Deshalb machte er es zu einer Art Konzil der Forscher, auf dem beraten wurde, wie die „Wiedergeburt" eines Werkes vor sich gehen sollte. Die Manie einiger Archivleiter, ihre seltensten Stücke, ihre neuen Funde möglichst geheimzuhalten, um sie dann später selber einmal zu verwerten, und sei es auch nur in einem Zehn-Minuten-Vortrag auf einem Kongreß, war ihm völlig fremd. Bei ihm verband sich die Sammelleidenschaft mit der Begeisterung für Ausstellungen. Was gefunden wurde, sollte ausgestellt werden. Denn er hielt nicht viel davon, nur eine Information darüber zu geben, daß dies und jenes vorhanden sei. Kataloge sind zwar das A und O jedes Archivs, er aber wollte den Betrachter darauf aufmerksam machen, daß jeder Gegenstand, jedes Manuskript sein besonderes Schicksal hat. Daran lag ihm, dafür sollte das Publikum empfänglich gemacht werden. Zum besonderen Schicksal eines Manuskripts gehörten für ihn nicht nur die Mühen und Anstrengungen, die der Verfasser damit gehabt hatte, sondern auch die Art der Erwerbung, die Auskunft darüber, durch welche Umstände das Werk erhalten blieb und warum es gerade in diese Einrichtung gelangte. So wollte er die Besucher in die Geheimnisse des Archivs einweihen und sie zu Entdeckungen verlocken.

Die Ausstellungen wurden zu einem unmittelbaren Teil seiner Arbeit. Meist verbunden mit Kolloquien, waren sie Höhepunkte im Dialog mit der Öffentlichkeit. Nicht die üblichen Vitrinenausstellungen sollten es sein, die der Benutzer flüchtig wahrnahm, wenn er sich einmal eine Pause gönnte. Ihm lag an einem interessierten Publikum, das nicht auf Berlin, auf den kleinen Kreis von Freunden des Archivs beschränkt blieb. Die Georg-Kaiser-Ausstellung von 1958, mit der die Serie großer nachhaltiger Expositionen mit internationaler Resonanz begann, ging nach der Berliner Premiere auf Reisen. Zuerst nach Magdeburg, in die Geburtsstadt Georg Kaisers, und dann durch weitere elf Städte der damaligen DDR. Zuletzt war sie wieder in Berlin im Maxim-Gorki-Theater zu sehen. Meist waren es die Theater, die sich Huders Ausstellungen in ihre Häuser holten. So kam es zu jener Praxis der „Wiedergeburt". Der Fund des Sammlers, das Original eines Werkes nahm in vielfältiger Weise wieder seinen Weg durch die Öffentlichkeit, gewann seine Lebendigkeit in der Aufnahme durch das Publikum zurück. Daß Archiv und Theater aufeinander einwirken, ereignet sich nicht allzu oft, aber mit der Georg-Kaiser- und der Ödön-von-Horváth-Ausstellung gab Huder ein Beispiel, bewirkte er Folgen. Freilich gelang diese Wechselbeziehung nicht immer. Bei Ferdinand Bruckner, einem für Berlin so wichtigen Autor, blieb sie aus.

Die Geschichte der Akademie-Expositionen weist eine Entwicklung auf, die auf Huders Einsicht und Ansicht über Literaturausstellungen zurückgeht. Er wollte weg von der bloßen Bücherschau, es genügte ihm nicht, seltene Ausgaben und einzelne Manuskripte unter Glas zu zeigen. Eine Ausstellung mußte inszeniert werden wie eine Theateraufführung. Nicht ein literarisches Werk ausstellen, sondern vorführen! Dazu brauchte es den Ausstellungsbildner, der ein dichterisches Werk in einer Arena von Großfotos vorführte und es von der Leseweise in die Sehweise übertrug. Beim Betrachten der Großfotos beim Rundgang durch die Ausstellung mußte dem Besucher eine Geschichte erzählt werden. Um die Geschichte ging es ihm, die vom Schicksal eines Autors, eines Buches berichtete. Es kam ihm darauf an, diese so darzubieten, daß der Betrachter nicht die „Fabel" aus dem Auge verlor, aber dennoch auf Nebenlinien, auf Details, in Nischen verwiesen wurde. Immer mußte es auch Stellen geben, die zum Verweilen einluden, damit der Sammler Näheres ausführen konnte. Wohl am eindrucksvollsten gelang ihm diese Ausstellungsdramaturgie bei den Themen „Theater im Exil 1933–1945", und „,Das war ein Vorspiel nur . . .' Bücherverbrennung Deutschland 1933. Voraussetzung und Folgen". Bei der Exposition über das Exil wurde der Betrachter zunächst mit einem Großfoto vom Marsch der braunen Kolonnen durch das Brandenburger Tor konfrontiert, um schließlich zu einem anderen Bild zu gelangen, das das Tor von Auschwitz mit der Überschrift „Arbeit macht frei" zeigte. Ein historischer Prozeß sollte durchschritten werden und zu einem bewußtseinsbildenden Ergebnis führen. Ursprünglich hatte Huder vor, daß das Publikum den Raum betrat, indem es über eine riesige, auf den Treppenaufgang genagelte Hakenkreuzfahne schritt. Darüber mußte es hinwegkommen. Doch mit dieser Idee kam er nicht durch.

In der Archiv- und Ausstellungstätigkeit Huders dominiert das Thema antifaschistischer Widerstand und Exil. Man betrachte nur die einzelnen von ihm angeregten und aufgebauten Sammlungen und Archive von Ferdinand Bruckner, Carl Einstein, Lion Feuchtwanger, Martin Gumpert, Ödön von Horváth, Georg Kaiser, Walter Mehring, Salomo Friedlaender/Mynona, Alfred Neumann, Ernst Toller, Kurt Tucholsky, Alfred Wolfenstein, Paul Zech allein auf dem Gebiet der Literatur. Das antifaschistische Exil war, geschichtlich gesehen, eine kurze, aber bedeutsame Periode in der deutschen Literatur und Kunst des 20. Jahrhunderts. Die Geschichte des aufrechten Gangs in diesem Jahrhundert ist ohne genaue Kenntnis dieser Zeit nicht zu schreiben. Allein schon damit läßt sich die Dominanz dieses Themas begründen, aber sie berührt sich zugleich mit dem ganz persönlichen Anliegen Walter Huders. Vertreibung, Exil, antifaschistischer Widerstand sind

Teil seines eigenen Lebens, seiner Persönlichkeit. Daß die, die unter Hitler verstummen mußten, wieder zu Wort kamen, darin sah er seine eigentliche Lebensaufgabe. Und wenn ihm im Leben vielleicht auch nicht alles gelungen ist, dies schon; diesen Auftrag hat er erfüllt. Seine Archiv- und Forschungsarbeit ist selber wieder zu einsehbarer Geschichte geworden.

Mit der Ausstellung „Theater im Exil 1933–1945", genauer gesagt, mit der Sammlung und Aufbereitung der großen Exilnachlässe wirkte Walter Huder nachhaltiger und folgenreicher auf die Wissenschaft ein, als das im allgemeinen einem einzelnen Forscher mit seiner Arbeit möglich ist. Doch worauf er sein ganzes Interesse und seinen kriminalistischen Spürsinn richtete, das erwies sich in den fünfziger Jahren als politisch äußerst heikel. Unmittelbar nach dem Kriege gab es ein spontanes Interesse an der Literatur, die die Emigranten in ihrem Gepäck mit nach Hause brachten. Nach den Schicksalen der Dichter, die nach 1933 das Land verlassen hatten, wurde gefragt. Weiskopfs Buch „Unter fremden Himmeln" und Kantorowicz' „Verboten und verbrannt" nutzte man, als wollte man ihnen eine Nachricht, eine Botschaft entnehmen. Doch mit Beginn des kalten Krieges erschien dieses Thema plötzlich bedenklich und wurde aus der Öffentlichkeit verdrängt. Spürsinn auf diesem Gebiet galt jetzt als verdächtig. Man konnte glauben, daß das, was unter fremden Himmeln entstanden war, auch fremd bleiben sollte. Das Verhältnis und Verständnis zur Exilliteratur entwickelte sich in den beiden deutschen Staaten unterschiedlich. Es ganz zu bewältigen gelang vorerst keiner Seite. Während in dem einen deutschen Staat sich die Darstellung des antifaschistischen Exils mehr und mehr auf die Sowjetunion eingrenzte, betrachtete der andere deutsche Staat dieses Stück deutscher Vergangenheit überhaupt nicht als ein zeitgenössisches deutsches Thema. Exil wurde weder als literarische noch als politische Richtung angenommen. Von einer unbefangenen, unbeeinträchtigten Forschung konnte in beiden deutschen Staaten keine Rede sein. Besonders unterschiedlich gestaltete sich das Verhältnis zum antifaschistischen Exil in den beiden Akademien. Die Deutsche Akademie der Künste, deren erster Präsident Heinrich Mann werden sollte, der nur durch den Tod abgehalten wurde, diesem Ruf zu folgen, zählte einen Großteil von ehemaligen Emigranten zu ihren Mitgliedern, so Bertolt Brecht, Johannes R. Becher, Arnold Zweig, Willi Bredel, Anna Seghers, Hanns Eisler, Wolfgang Langhoff, Helene Weigel, Ludwig Renn und andere. Der Akademie der Künste in Berlin-West gehörten unmittelbar nach der Gründung Dichter als Mitglieder an, die 1933 in der alten Akademie geblieben waren, so Gottfried Benn, Walter von Molo, Wilhelm von Scholz und Ina Seidel. Walter Huder mit seinem Engagement für die Literatur und Kunst des Exils schien hier am falschen Platze zu sein. Als er 1989 von einer Reporterin des Senders Freies Berlin gefragt wurde, wie er denn zurechtgekommen sei, da es doch offensichtlich auch Mitglieder gegeben habe, die ihre Aversion gegen die Emigranten nicht verbergen konnten, antwortete er: „In diesem Fall würde ich ein Mitglied der Abteilung Literatur zur Zeugenschaft aufrufen! Es wurde gesagt, daß Huder das Archiv gegen die Akademie aufgebaut hat. Damit wird verständlich, daß mir erst unter der Präsidentschaft von Günter Grass der Titel Archivdirektor zuteil wurde." Inzwischen hatte sich die Situation geändert, nachdem Jüngere als Mitglieder aufgenommen wurden und als ehemalige Emigranten in die Akademie einrückten, hauptsächlich in die Abteilung darstellende Kunst, so Fritz Kortner, Leopold Lindtberg, Teo Otto, Leonard Steckel, Peter Weiss und Ilse Aichinger. Durch sie erhielt Huder Unterstützung, sie machten sich zu seinen Fürsprechern. Ernst Schnabel, der spätere Direktor der Abteilung Literatur, nannte Huder rückblickend einen „Partisan der Literatur", der der Akademie zu Schätzen verholfen habe, die gar nicht von allen Mitgliedern gewünscht wurden.

Als Walter Huder 1973 seine viel besuchte und gerühmte Ausstellung „Theater im Exil 1933–1945" eröffnete, bestand bereits eine veränderte Situation. Durch die politische Bewegung von 1968 fand auch das Thema Exil wieder stärkeres Interesse. Jetzt wurde vorwiegend von jungen Leuten nicht nur nach den literarischen und künstlerischen Werken jener Zeit gefragt, sondern auch danach, unter welchen existentiellen Umständen und politischen Bedingungen sie entstanden. In der westdeutschen Literatur- und Kunstwissenschaft, aber auch in der Geschichts- und Politikwissenschaft entwickelte sich die Exilforschung zu einer eigenständigen Richtung. Die Forscher in der DDR erkannten, daß sie auf diesem Gebiet ihren früheren Vorsprung eingebüßt hatten, und bemühten sich nun darum, wieder aufzuschließen. In dieser Phase gingen von Walter Huder die vielfältigsten Impulse aus. Durch seinen Elan und das von ihm aufbereitete Material, zusammengetragen aus mehreren Ländern, hat er eine junge Generation von Forschern an diesen Gegenstand herangeführt. Vor allem aber verstand er es, ihnen über Ausstellungen und Kolloquien in der Akademie ein Forum zu verschaffen, über das sie die Öffentlichkeit erreichten. Nicht alle haben sich den Elan dieser Jahre bewahrt, nicht alle konnten bei dem Forschungsgegenstand bleiben, obwohl ihnen Huder immer wieder neue Aufgaben stellte. Doch nicht jene behielten recht, die meinten, hier handle es sich nur um eine Moderichtung, die sich aufbläht und wieder in sich zusammenfällt. Die Exilforschung, die vormals in beiden deutschen Staaten mit unterschiedlichen Methoden, aber nicht ohne Erfolg betrieben wurde, steht heute auf einem soliden Fundament.

In all den Jahren versuchte Huder, die Wissenschaftler beider deutscher Staaten zusammenzubringen und zum Dialog zu bewegen. In ihm besaßen sie eine Vertrauensperson, die es ermöglichte, daß ein Gedankenaustausch und eine Zusammenarbeit zustande kam. Von ihm wußte man, daß er nicht von politischen Prämissen ausging, sondern einem inneren Auftrag folgte. Er hat sich nicht hergegeben für den Ton, der gerade hier oder dort gefragt war. Er ist nicht eingestiegen in die Konkurrenzkämpfe, die mit politischen Mitteln ausgetragen wurden. Er machte sich zum Mittler, der Forscher unterschiedlicher Standpunkte und Methoden zusammenführte und stets für ein Klima der Freundlichkeit sorgte, ohne das keine Wissenschaft auskommt, die selber zur Freundlichkeit der Menschen beitragen will. Gerade in Zeiten, in denen die Freundschaft und Freundlichkeit unter den Wissenschaftlern zu schwinden scheint, ist es gut, sich an Walter Huder zu erinnern.

Um wieder auf den Ausgangspunkt zurückzukommen. Diese Skizze ist von einem geschrieben, der zu Walter Huder pilgerte, nein, von ihm eingeladen wurde, sich seine Schätze anzusehen, und der sich reichlich belohnt fand.

Quellennachweis

Umkehr der Räume. Ein Beitrag zur Erkenntnis der Spätdichtung R. M. Rilkes In: Welt und Wort, 13 (1958) 7, S. 203–206.

Über Salomo Friedlaender/Mynona In: Salomo Friedlaender/Mynona 1871–1946. Katalog. Akademie der Künste, Berlin 1972.

Gerhart Hauptmann. Naturalist im Banne des Expressionismus In: Sonderdruck des Schloß-Theaters Celle anläßlich des 20. Todestags von Gerhart Hauptmann, 1966.

Über Theodor Däubler In: Theodor Däubler 1876–1934. Katalog. Akademie der Künste, Berlin 1968.

Alfred Wolfenstein und seine Produktion In: Alfred Wolfenstein, Ein Gefangener. Berliner Handpresse bei Propyläen. 36. Druck, Berlin 1972.

August Stramm. Impressionist im Banne des Expressionismus In: Welt und Wort, 15 (1960) 2, S. 40–47.

Der Dichter – Zeiger der Weltenuhr. Über Georg Trakl In: Welt und Wort, 19 (1964) 11, S. 331–336.

Abraham Goldfaden und das jiddische Theater In: Alexander Granach (1890–1945) und das jiddische Theater des Ostens. Katalog. Akademie der Künste, Berlin 1971.

Die goldenen zwanziger Jahre? Geschichte, Utopie und Wirklichkeit In: Welt und Wort, 27 (1972) 4, S. 169–179.

Walter Hasenclever und der Expressionismus In: Welt und Wort, 21 (1966) 8, S. 255–260.

Über Walter Rheiner In: Walter Rheiner 1895–1925. Katalog. Akademie der Künste, Berlin 1969.

Literat und Politiker. Über Erich Mühsam In: Europäische Ideen, 1974, Heft 5–6, S. 18–21.

Carl Einstein und sein „Laurenz" In: Carl Einstein, Laurenz oder Schweißfuß klagt gegen Pfurz in trüber Nacht. Berliner Handpresse bei Propyläen. 31. Druck, Berlin 1971.

Ricarda Huch/Max von Schillings: Dialog in Briefen In: Exile and Enlightenment. Studies in German and Comparative Literature in Honor of Guy Stern. Detroit 1987.

Alfred Kerr. Ein deutscher Kritiker im Exil In: Sinn und Form, 18 (1966) 4, S. 1262–1279.

Georg Kaiser – Dramatik und Dramaturgie In: Holger A. Pausch/Ernest Reinhold (Hrsg.), Georg Kaiser. Eine Aufsatzsammlung. Berlin-Darmstadt 1980.

Der Epiker Georg Kaiser In: Sinn und Form, 12 (1960) 5–6, S. 897–908.

„Jede Spur ist siebenfach ein Siegel". Die späte Lyrik Georg Kaisers In: Akzente, 9 (1962) 2, S. 130–143.

Inflation als Phänomen der Existenz. Ödön von Horvaths Kritik am Spießertum In: Welt und Wort, 25 (1970) 6, S. 178–183.

Ödön von Horvath. Existenz und Produktion im Exil In: Manfred Durzak (Hrsg.), Die deutsche Exilliteratur 1933–1945. Stuttgart 1973.

Erst Dionysos, dann Hiob. Über Karl Wolfskehl In: Welt und Wort, 24 (1969) 9, S. 281–283.

Ferdinand Bruckner und seine Negersongs aus Amerika In: Ferdinand Bruckner, Des Sheriffs Hunde. Berliner Handpresse bei Propyläen. 28. Druck, Berlin 1970.

Über Jochen Klepper In: Welt und Wort, 23 (1968) 3, S. 79–82.

Besuch in Güstrow. Zur Arbeit Ernst Barlachs In: Sinn und Form, 14 (1962) 5–6, S. 930–937.

Günther Weisenborn. Widerstandskämpfer, Humanist und Schriftsteller. In: Ilse Brauer/ Werner Kayser, Günther Weisenborn. Hamburg 1971 (= Hamburger Bibliographien Bd. 10).

Das französische Theater der Gegenwart. Avantgarde und Tradition Erstdruck.

Luigi Pirandello oder Italienische Dichtung zwischen Verismus und Dekadenz In: Welt und Wort, 23 (1968) 4, S. 113–116.

Die Gruppe 47. Literaten, Snobs oder Revolutionäre? Erstdruck.

Friedrich Dürrenmatt oder Die Wiedergeburt der Blasphemie In: Welt und Wort, 24 (1969) 10, S. 316–319.

Die Pop-, Beat-, Hippie- und Underground-Generation und ihre Literatur. Frage, Antwort und Bericht In: Welt und Wort, 24 (1969) 5, S. 139–145.

Das Dokumentartheater als Teil der literarischen Dokumentation In: Jahresband 1968 der Dramaturgischen Gesellschaft. Berlin 1969.

Remigration als Todesfalle. In memoriam Joseph Wulf. In: Newsletter der Society for Exile Studies, 1988, Nr. 9–10, S. 187–197.

Jean Cocteau In: Welt und Wort, 19 (1964) 1, S. 3–7.

Inhalt